经济教材译丛

（原书第12版）

当代全球商务

Global Business Today (12th Edition)

[美] 查尔斯·W. L. 希尔（Charles W. L. Hill）著

王炜瀚 译

机械工业出版社
CHINA MACHINE PRESS

本书是一本广受国内外读者欢迎的当代全球商务教材。全书分为6部分，共17章：第1部分包括第1章，主要阐述了全书结构，并对要讨论的关键问题做了概括性的陈述；第2部分包括第2～5章，其中第2～4章主要叙述各国在政治、经济和文化上的差异，第5章关注国际企业的伦理、企业社会责任和可持续发展问题；第3部分包括第6～9章，研究国际贸易和投资的政治经济问题，目的是描述及解释国际商务发生的贸易和投资环境；第4部分包括第10～11章，描述和解释全球货币体系，详细列出了国际商务实际交易过程中的货币框架；第5部分包括第12～13章，逐渐把关注点从环境转向企业，即从宏观问题转向微观问题，探究企业为了在国际商务环境中有效竞争应采取的战略；第6部分包括第14～17章，关注焦点进一步缩小，研究业务职能和相关操作。此外，作者将许多主要的经济、贸易理论融入案例之中，用来解释发生在我们周围的具体事例，不仅使理论的实践意义更加明确，还使读者能够更加深刻地领会国际商务理论的深层含义。

本书适合作为高等院校国际贸易、国际商务等经济管理类专业的本科生和研究生的教材，还适合作为国际贸易、国际商务等从业人员的参考读物。

Charles W. L. Hill.

Global Business Today, 12th Edition.

ISBN 978-1-264-06750-3

Copyright © 2022 by McGraw-Hill Education.

All Rights reserved. No part of this publication may be reproduced or transmitted in any form or by any means, electronic or mechanical, including without limitation photocopying, recording, taping, or any database, information or retrieval system, without the prior written permission of the publisher.

This authorized Chinese adaptation is published by China Machine Press in arrangement with McGraw-Hill Education (Singapore) Pte. Ltd. This edition is authorized for sale in the Chinese mainland (excluding Hong Kong SAR, Macao SAR and Taiwan).

Translation copyright © 2023 by McGraw-Hill Education (Singapore) Pte. Ltd. and China Machine Press.

版权所有。未经出版人事先书面许可，对本出版物的任何部分不得以任何方式或途径复制或传播，包括但不限于复印、录制、录音，或通过任何数据库、信息或可检索的系统。

此中文简体改编版本经授权仅限在中国大陆地区（不包括香港、澳门特别行政区及台湾地区）销售。

翻译版权 ©2023 由麦格劳－希尔教育（新加坡）有限公司与机械工业出版社所有。

本书封面贴有 McGraw-Hill Education 公司防伪标签，无标签者不得销售。

北京市版权局著作权合同登记　图字：01-2022-3167 号。

图书在版编目（CIP）数据

当代全球商务：原书第 12 版 /（美）查尔斯·W.L. 希尔（Charles W.L.Hill）著；王炜瀚译 . —北京：机械工业出版社，2023.5

（经济教材译丛）

书名原文：Global Business Today（12th Edition）

ISBN 978-7-111-72860-3

I. ①当⋯　II. ①查⋯ ②王⋯　III. ①国际贸易 – 教材　IV. ① F74

中国国家版本馆 CIP 数据核字（2023）第 103771 号

机械工业出版社（北京市百万庄大街 22 号　邮政编码：100037）

策划编辑：施琳琳　　　　　　　责任编辑：施琳琳

责任校对：龚思文　　卢志坚　　责任印制：常天培

北京铭成印刷有限公司印刷

2023 年 7 月第 1 版第 1 次印刷

214mm×275mm · 22 印张 · 696 千字

标准书号：ISBN 978-7-111-72860-3

定价：89.00 元

电话服务	网络服务		
客服电话：010-88361066	机　工　官　网：www.cmpbook.com		
010-88379833	机　工　官　博：weibo.com/cmp1952		
010-68326294	金　书　　　网：www.golden-book.com		
封底无防伪标均为盗版	机工教育服务网：www.cmpedu.com		

About the Author 作者简介

查尔斯·W. L. 希尔（Charles W.L. Hill）是华盛顿大学福斯特商学院战略与国际商务方向的教授，希尔教授曾在华盛顿大学讲授管理学以及 MBA、EMBA、技术管理 MBA 和博士生课程。在就职于华盛顿大学期间，他获得的优秀教学奖不少于 25 项，其中包括查尔斯·E. 萨默尔杰出教学奖。

希尔教授出生于英国，他从英国曼彻斯特大学获得博士学位。除了华盛顿大学，他还曾在曼彻斯特大学、得克萨斯农工大学和密歇根州立大学任职。

希尔教授在顶级学术期刊上发表了 50 多篇文章，这些期刊包括《管理学期刊》（*Academy of Management Journal*）、《管理学评论》（*Academy of Management Review*）、《战略管理期刊》（*Strategic Management Journal*）和《组织科学》（*Organization Science*）。希尔教授还著有多部教材，包括《国际商务》（*International Business*，McGraw-Hill）和《当代全球商务》（*Global Business Today*，McGraw-Hill）。他的研究成果在国际商务和战略管理领域被广泛引用。

希尔教授也以私人身份与一些组织合作。他的客户包括微软公司，他在微软教授高管培训课程长达 20 年。他还为许多大公司提供咨询服务，如 AT&T Wireless、Boeing、BF Goodrich、Group Health、Hexcel、Philips Healthcare、Philips Medical Systems、Seattle City Light、Swedish Health Services、Tacoma City Light、Thompson Financial Services、WRQ 和 Wizards of the Coast。此外，他还曾在几家初创公司里担任顾问委员会成员。

在娱乐方面，希尔教授喜欢滑雪和竞技帆船。

前　言 Preface

本书是研究国际商务的可靠选择。

密切联系、结合实际、高度整合

自《当代全球商务》第 1 版问世以来，已经超过了 25 年。到第 3 版时，本书已成为世界上广泛使用的国际商务教科书。自那以后，本书的市场份额只增不减。本书的成功归功于它具有许多特色。具体而言，第 12 版的特色如下：
- 兼具综合性与时新性；
- 有理论支撑，并与实践相关；
- 注重对国际商务概念的丰富应用；
- 各章节间的主题紧密联系；
- 注重国际商务概念对管理实践的影响；
- 重要的理论能让学生容易理解和感兴趣；
- 教辅资源为教材助力，使教学更加容易。

这些年来，一直到现在的第 12 版，我一直努力坚持实现这些目标。这并不容易。在过去的 25 年里，无论是现实世界的经济、政治和商业领域，还是理论和实证研究的学术领域，都发生了巨大的变化。我经常不得不大幅修改某些章节，舍弃旧例子，引入新例子，在书中加入新的理论和证据，逐步淘汰那些与现代和动态的国际商业世界不太相关的旧理论。这个过程在当前版本中仍在继续。正如后面提到的，本版已经有了重大的变化，毫无疑问，在未来会继续如此。在决定做出哪些改变时，我不仅以自己的阅读、教学和研究为指导，而且还从世界各地使用本书的教授和学生、审稿人以及 McGraw-Hill 公司的编辑那里得到了宝贵的反馈。我向他们所有人表示感谢。

综合性与时新性

一本国际商务教材的相关性和综合性体现在：
- 能解释世界各国之间的差异并解释差异形成的原因；
- 能全面涵盖国际贸易和投资所涉及的经济学与政治学问题；
- 能解决与伦理、企业社会责任和可持续发展相关的国际议题；
- 能解释全球货币体系的功能和形式；
- 能研究国际商务企业的战略和结构；
- 能评价国际商务企业各项职能的特殊作用。

相关性和综合性还要求涵盖国际商务的主要理论。我们一直致力于把最新的学术成果渗透到本书中，作为本书使用的理论的一个样本，如下研究成果已经被纳入：
- 新贸易理论和战略贸易政策；

- 诺贝尔经济学奖得主阿马蒂亚·森在经济发展方面的成果；
- 萨缪尔·亨廷顿有影响力的"文明的冲突"论题；
- 由保罗·罗默和吉恩·格罗斯曼提出的新增长理论；
- 杰弗里·萨克斯等人进行的国际贸易与经济发展之间关系的实证研究；
- 迈克尔·波特的国家竞争优势理论；
- 罗伯特·雷奇在国家竞争优势方面的研究成果；
- 诺贝尔经济学奖得主道格拉斯·诺斯等人在国家制度结构和财产权保护方面的研究成果；
- 从罗纳德·科斯和奥利弗·威廉姆森的交易成本经济学发展出来的对外直接投资的市场不完善方法；
- 巴特利特和戈沙尔在跨国公司方面的研究成果；
- C.K. 普拉哈拉德和加里·哈默尔在核心竞争力、全球竞争和全球战略联盟方面的著作；
- 从资源观的企业理论及其补充理论中得到的有关国际商务战略的见解；
- 保罗·萨缪尔森对自由贸易理论的批判；
- 包括保罗·罗默、杰弗里·萨克斯和大卫·奥特在内的多位学者对更加自由贸易的经济后果的实证研究；
- 关于全球供应链管理、物流、采购（寻源采购）、运营和营销渠道的概念性与实证性工作成果。

除了包括前沿的理论，反映国际商务环境的快速变化之外，我尽最大努力，尽可能保证本书的时新性。自本书第1版出版以来，许多重大的事件在改变着国际商务。在过去70年里，世界一直朝着基于规则的多国秩序方向发展，以治理跨境贸易和投资。其目标一直是降低国际贸易和投资壁垒，使各国能够从贸易中受益。其结果是更大程度的全球化和让国际企业可以蓬勃发展的优越的环境。也许这一运动的高潮是1995年世界贸易组织（WTO）建立，并在随后的10年中不断壮大。然而，自2016年以来，世界开始偏离这一共识。最值得注意的是，在美国前总统唐纳德·特朗普的领导下，美国单方面提高了贸易壁垒，并与中国产生贸易摩擦。世界上最大的两个经济体（共占全球经济活动的40%左右）正在进行一场持续的贸易争端，这一事实给国际企业带来了巨大的不确定性。竞争环境已经发生了根本性的改变。更糟的是，2020年初，SARS-CoV-2病毒导致COVID-19暴发，进而引发了一场全球性的流行病，严重扰乱了全球供应链，使全球经济陷入深度衰退。在这一版中，我将讨论这些变化对全球经济和国际商务实践的影响。世界已经改变，本书将反映这一现实。

第12版中新的变化

本书前11版的成功在很大程度上是基于不断地整合最新的研究成果，选用最新的案例和统计数据来说明全球趋势与企业策略，以及在适合的理论框架中讨论当下发生的事件。以这些优势为依托，第12版的目标是：

- 整合学术研究的新观点；
- 确保本书内容涵盖所有相关的问题；
- 确保本书在当下发生的事件、统计数据以及案例方面的时新性；
- 大部分章节都增加了更富洞察力的开篇案例；
- 将每章与管理聚焦启示联系起来；
- 在以管理为重点的章节（第12～17章）的"全景视角：宏观环境的影响"中详细描述了宏观环境的变化如何影响国际商业实践。

第12版是全面性的修订，每章相比以前版本都有变化，更新了材料和统计数据。本书详细讨论了近年来发生的重要实事。在本书中，你会看到中美贸易摩擦、英国脱欧、脱欧后英国与欧盟的前景、《北美自由贸易协定》的重新谈判及其后续协议USMCA的批准，以及新冠疫情对经济和商业的影响。此外，以前版本中章末关于宏观环境的"关注管理影响"部分已经被重新命名为"全景视角：管理启示"。在侧重管理的章节，我增加了一个新的部分——"全景视角：宏观环境的影响"，讨论了宏观环境的持续变化（如中美贸易摩擦和新冠疫情）如何影响管理实践。我相信这是对这个版本非常有价值的补充。

批判性的阐述和明晰的解释

许多国际商务问题十分复杂，因此需要从正反两个方面进行考虑。为了向读者说明这一点，我采用了批判性的方法来阐述对经济理论、政府政策、商业战略及组织结构等方面的赞同观点和反对意见。

我详细地解释了国际商务中许多理论和独特现象的复杂性，让读者全面了解理论和现象出现的真正原因。本书中的这些理论和现象较其他同类教材要深入得多。如果一个理论被狭隘地解释，那么还不如不对它进行解释。在国际商务中，对理论的一知半解是很危险的。

侧重于国际商务概念的丰富应用

告诉读者书中的知识与国际商务的实际运用之间的相关性非常重要。这一点在本书的后面几章中表达得非常明确，后面几章关注国际商务的运作。但在涉及宏观主题的前几章中，这个观点表达得不够明显。相应地，前11章的结尾关注国际商务环境，而不是特定的几家公司，这一部分被称为"全景视角：管理启示"。在这一部分中，各章所讨论材料的管理学含义得到了明确的解释。另外，大多数章节至少有一个"管理聚焦"专栏。这些专栏是为了说明本章材料与国际商务实践的相关性。最后，如前所述，第12～17章的重点明确放在管理问题上，增加了一个新的板块——"全景视角：宏观环境的影响"，我们将讨论宏观环境的变化如何影响跨国公司的战略管理和职能活动。

此外，每一章都配有开篇案例，为引入该章内容奠定了基础。

主题完整，循序渐进

许多教材的不足在于章节之间缺乏严谨、完整的主题连贯性。本书在第1章中就告诉了读者本书各个主题之间是如何联系的：通过材料串联起来，因而各章是建立在前面章节的逻辑基础之上的。

第1部分包括第1章，阐述了全书结构，并对要讨论的关键问题做了概括性的陈述。市场的全球化和生产的全球化是核心。

第2部分包括第2～5章，其中第2～4章主要叙述国家在政治、经济和文化上的差异，第5章关注国际企业的伦理、企业社会责任和可持续发展问题。很多国际商务教材将这部分内容放在后面，但我们认为先探讨国家间的差异是非常重要的。不管怎么说，许多国际贸易和投资、全球货币体系、国际商务的战略和结构，以及国际商务运作都源自国家间在政治、经济和文化上的差异。要完全理解这些问题，读者必须首先了解国家和文化的差异。伦理问题往往出现在此，因为很多伦理困境都源于国家间在政治制度、经济制度和文化上的差异。

第3部分包括第6～9章，研究国际贸易和投资的政治经济问题。这部分的目的是描述及解释国际商务发生的贸易和投资环境。

第4部分包括第10～11章，描述和解释全球货币体系，详细列出了国际商务实际交易过程中的货币框架。

第5部分包括第12～13章，逐渐把关注点从环境转向企业。换句话说，本部分从宏观问题转向微观问题，探究企业为了在国际商务环境中有效竞争应采取的战略。

第6部分包括第14～17章，关注焦点进一步缩小，研究业务职能和相关操作。这些章节解释企业如何能在国际商务环境中行使其核心职能：出口、进口和对等贸易；全球生产；全球供应链管理；全球营销；全球研究与开发（R&D）；人力资源管理，从而参与竞争和取得胜出。

总的来说，对于前面几章讨论过的主题及其与新材料的关系，我们也会在后面的章节中向读者指出，从而强化读者对这些材料如何联系成一个整体的理解。我们特意在宏观章节（第1～11章）中加入了"管理聚焦"专栏，并将宏观主题融入微观章节（第12～17章）中。

易于理解及趣味性

国际商务的舞台令人着迷又兴奋，我们希望把我们的这种热情传递给读者。如果教材以一种充满趣味、信息量大并易于理解的方式编写，那么读者理解起来就会更加轻松。为了达到这一目标，我们把案例与教材知识相结合，用案例说明理论。

大多数章节有"国际聚焦"专栏，此专栏提供与国际商务问题相关的国家的政治、经济、社会、文化方面的背景信息。

目 录 Contents

作者简介
前言

第 1 部分 概述

第 1 章 全球化 2

学习目标 2
开篇案例 底特律自行车 2
1.1 什么是全球化 4
1.2 全球机构的出现 7
1.3 全球化的推动力 8
1.4 全球经济中不断变化的统计数据 12
1.5 全球化的争议 17
1.6 在全球市场进行管理 23
本章小结 24

第 2 部分 国家间的差异

第 2 章 政治、经济、法律体制的国别差异 28

学习目标 28
开篇案例 中国的混合所有制经济 28
2.1 政治体制 29
2.2 经济体制 31
2.3 法律体制 32
本章小结 38

第 3 章 经济发展的国别差异 40

学习目标 40
开篇案例 阿根廷到底出了什么问题 40
3.1 经济发展的差异 41

3.2 转型中的国家 45
3.3 经济转型的性质 47
本章小结 52

第 4 章 文化差异 53

学习目标 53
开篇案例 俄罗斯文化 53
4.1 文化是什么 54
4.2 社会结构 57
4.3 宗教与伦理体系 61
4.4 语言 66
4.5 教育 67
4.6 文化与商业 67
4.7 文化的变化 70
本章小结 72

第 5 章 伦理、企业社会责任及可持续发展 74

学习目标 74
开篇案例 谁为你缝的名牌牛仔裤 74
5.1 国际商务中的伦理问题 75
5.2 伦理困境 79
5.3 不合乎伦理的行为的根源 80
5.4 伦理的哲学理论 82
本章小结 91

第 3 部分 全球贸易与投资环境

第 6 章 国际贸易理论 94

学习目标 94
开篇案例 服务贸易 94
6.1 贸易理论概述 96

- 6.2 重商主义 97
- 6.3 绝对优势理论 98
- 6.4 比较优势理论 100
- 6.5 赫克歇尔-俄林理论 107
- 6.6 产品生命周期理论 108
- 6.7 新贸易理论 109
- 6.8 国家竞争优势理论：波特的钻石模型 111

本章小结 115

附录 6A 国际贸易和国际收支 116

第 7 章 政府政策与国际贸易 119

学习目标 119

开篇案例 美国和肯尼亚谈判贸易协定 119

- 7.1 贸易政策工具 120
- 7.2 支持政府干预的论点 125
- 7.3 支持自由贸易的修正论点 127
- 7.4 世界贸易体系的发展 128

本章小结 136

第 8 章 对外直接投资 137

学习目标 137

开篇案例 JCB 在印度 137

- 8.1 世界经济中的对外直接投资 138
- 8.2 对外直接投资理论 142
- 8.3 政治意识形态与外国直接投资 146
- 8.4 外国直接投资的收益和成本 147
- 8.5 政府的政策工具与对外直接投资 151

本章小结 154

第 9 章 区域经济一体化 156

学习目标 156

开篇案例 世界上最大的贸易协定 156

- 9.1 经济一体化的层次 158
- 9.2 支持区域经济一体化的理由 159
- 9.3 反对区域经济一体化的理由 160
- 9.4 欧洲的区域经济一体化 161
- 9.5 美洲的区域经济一体化 168
- 9.6 其他地区的区域经济一体化 172

本章小结 175

第 4 部分 全球货币体系

第 10 章 外汇市场 178

学习目标 178

开篇案例 汇率与韩国航空公司的盈利能力 178

- 10.1 外汇市场的功能 179
- 10.2 汇率决定的经济理论 184
- 10.3 汇率预测 189

本章小结 193

第 11 章 国际货币体系 195

学习目标 195

开篇案例 国际货币基金组织帮助埃及了吗 195

- 11.1 金本位制 197
- 11.2 布雷顿森林体系 198
- 11.3 固定汇率制度的瓦解 200
- 11.4 浮动汇率制度 201
- 11.5 固定汇率与浮动汇率 203
- 11.6 实践中的汇率体系 205
- 11.7 国际货币基金组织对危机的管理 206

本章小结 211

第 5 部分 国际商务战略与进入战略

第 12 章 国际商务战略 214

学习目标 214

开篇案例 吉利控股集团 214

- 12.1 战略与企业 216

12.2 全球扩张、盈利能力与利润增长 222
12.3 成本降低的压力和当地响应的压力 226
12.4 战略选择 230
12.5 战略联盟 235
本章小结 239

第13章 进入战略 240
学习目标 240
开篇案例 优步的海外市场进入战略 240
13.1 基本进入决策 242
13.2 进入模式 246
13.3 选择一种进入模式 252
13.4 绿地新建企业或并购 253
本章小结 256

第6部分 国际商务职能

第14章 出口、进口、对等贸易 260
学习目标 260
开篇案例 缅因州海岸公司 260
14.1 出口的前景和困难 261
14.2 提高出口业绩 263
14.3 进出口融资 268
14.4 出口支持 272
14.5 对等贸易 272
本章小结 275

第15章 全球生产与供应链管理 277
学习目标 277
开篇案例 中国：世界制造业中心 277
15.1 战略、生产以及供应链管理 278

15.2 在哪里生产 280
15.3 自制或外购决策 287
15.4 全球供应链职能 289
15.5 全球供应链管理 291
本章小结 294

第16章 全球市场营销和研发 296
学习目标 296
开篇案例 分享一杯可口可乐 296
16.1 市场和品牌的全球化 298
16.2 市场细分 299
16.3 商业分析 301
16.4 国际市场调研 302
16.5 产品属性 304
16.6 分销策略 306
16.7 沟通策略 308
16.8 定价策略 312
16.9 配置营销组合 315
16.10 产品的开发与研发 315
本章小结 319

第17章 全球人力资源管理 321
学习目标 321
开篇案例 IBM人力资源战略的演进 321
17.1 全球人力资源管理的战略作用：管理全球员工 323
17.2 人员配备政策 324
17.3 培训与人才发展 330
17.4 绩效评估 332
17.5 薪酬 333
17.6 国际劳工关系 337
本章小结 340

PART 1

第 1 部分

概 述

第 1 章 全球化

第 1 章

全球化

学习目标

☞ 1-1 理解"全球化"一词的含义
☞ 1-2 熟悉全球化的主要推动力
☞ 1-3 描述全球经济变化的本质
☞ 1-4 解释在关于全球化影响的争论中的各主要观点
☞ 1-5 理解全球化过程如何为企业管理人员既创造了机遇又带来了挑战

⊙ 开篇案例　　　　　　　　　底特律自行车

早在1970年,美国公司就每年组装超过1 500万辆自行车。然后,全球化开始了。随着跨境关税大幅下降,美国自行车公司越来越多地将零部件制造和最终组装外包给生产成本低得多的其他国家。到目前为止,这一趋势的最大受益者是中国。2018年,在美国销售的1 700万辆自行车中,约95%是在中国组装的。中国还生产了3亿多个自行车零部件,如轮胎、内胎、车座和车把,约占美国自行车零部件进口的65%。大多数仍在经营的美国自行车公司都专注于设计和营销在其他地方生产的产品。美国消费者受益于更低的自行车价格。

外包趋势的一个例外是底特律自行车公司(Detroit Bikes),这是扎卡里·帕沙克(Zakary Pashak)于2013年在密歇根州底特律市创办的一家公司。帕沙克创办这家公司的部分动机是希望将一些制造业带回底特律,这座城市曾因密歇根州汽车制造业的衰落而遭受损失。他的理由是,底特律有很多制造业的专业知识,可以帮助他起步。虽然这是事实,但加大产量是困难的。帕沙克指出,"当你把整个行业送到海外时,就很难再把它带回来"。一个问题是:即使最基本的生产设备也很难找到,而且大部分都不是美国制造的。另一个问题是:虽然该公司弄明白了如何在美国组装自行车,但很多零部件无法在当地采购。当地根本没有供应商,因此必须从中国进口零部件。尽管有这些不利因素,但到2019年,帕沙克的公司规模已发展到约40人,并逐渐获得消费者青睐。

事情在2018年开始变得复杂,时任美国总统唐纳德·特朗普(Donald Trump)对从中国进口的许多商品征收25%的关税,包括自行车和零部件。特朗普的行为颠覆了几十年来全球范围内降低制成品跨境贸易关税的趋势,并引发了美国和中国之间的贸易摩擦。对于底特律自行车公司来说,这是一件喜忧参半的事情。一方面,由于组装是在底特律完成的,进口成品自行车的关税给帕沙克的公司带来了成本优势;另一方面,进口零部件的成本上涨了25%,提高了自行车的生产成本,抵消了大部分优势。

作为回应，帕沙克开始四处寻找，看看中国制造的零部件是否可以在其他地方生产。然而，结果却是，切换到另一个来源并不那么容易。外国工厂提高产量需要时间，而且中国以外可能没有足够的产能来满足需求。关税将维持多久也存在相当大的不确定性。许多外国供应商不愿投资增加产能，因为他们担心，如果关税取消，其业务将被中国抢走。相反，他们提高了价格，从而消除了最初将生产转移出中国的许多理由。由于这样的问题，Cowen & Co 在 2019 年底的一项调查发现，尽管关税较高，但只有 28% 的美国公司将供应链从中国转移出去。在这些人中，只有一小部分人设法将供应链的 75% 或更多转移到了另一个国家。

面对这样的现实，帕沙克考虑了其他应对供应链中断的策略。他考虑过的一个选择是把中国制造的零部件供应到加拿大，在那里不会面临关税问题，把美国制造的框架运到加拿大，将零件组装在上面，然后再进口回美国。虽然这将减少他的关税负担，但实施起来代价较高，而且如果取消中国的关税，任何优势都将化为乌有。面对这种复杂性和不确定性，对许多公司来说，短期内最简单的解决办法就是提高价格。帕沙克不确定他是否会这样做，但许多其他公司表示别无选择。

资料来源：Rajesh Kumar Sing, "U.S. Bike Firms Face Uphill Slog to Replace Chinese Supply Chains," *Reuters Business News*, January 14, 2020; Michael Martin, "For One U.S. Bike-Maker, Tariffs Are a Mixed Bag," *National Public Radio*, May 18, 2019; Jim Vinoski, "Detroit Bikes: Promoting Urban Cycling by Revitalizing U.S. Bicycle Manufacturing," *Forbes*, September 20, 2019.

引言

过去的 50 年间，世界经济一直在发生着翻天覆地的变化。以前的世界，由于跨境贸易和投资壁垒的存在，地理位置、时区和语言的不同，以及政府法规、文化和商业体系的差异，各国别经济体相互隔绝，相对独立自给。而现在，我们已经进入新世界，跨境贸易和投资的障碍已经减少；由于交通运输的进步和通信技术的提高，人们感知的地理距离在缩短；物质文化在全世界愈加趋同；各国经济在不断融合，成为相互依赖的一体化的全球经济体系。这种正在发生的转变也就是人们所说的全球化。

英国脱欧（Brexit）、特朗普政府对《北美自由贸易协定》的重新谈判，以及美国与其许多贸易伙伴（尤其是中国）之间的贸易争端，都加剧了全球化未来的不确定性。虽然世界似乎不太可能从全球化中大幅后退，但毫无疑问，现在对全球化利益的争议比过去半个世纪的任何时候都多。这是一个新的现实，尽管可能是暂时的，但国际商界必须适应这一现实。

开篇案例说明了这种环境的变化对美国自行车行业的影响。随着 20 世纪八九十年代全球化的到来，许多美国自行车制造商将其制造业务外包给其他国家，尤其是中国，转而选择专注于自行车的设计和营销。这对美国消费者来说是好事，因为它降低了自行车的成本；对美国自行车公司来说也是好事，因为它有助于增加对其产品的需求。而不利的一面是，一些装配工人失去了工作。但全球化的倡导者认为，由于全球化促进了更大的经济增长，这些损失将被创造的其他就业机会所抵消。

近几年，这一共识观点受到了质疑，其中最重要的是特朗普，他作为世界最大经济体美国的总统，颠覆了几十年来降低贸易壁垒和加强全球化的进程。特朗普大幅提高了美国与包括中国在内的其他几个国家之间的贸易壁垒。对于包括自行车行业在内的许多行业的公司来说，这种突然的转变带来了许多挑战，或许也带来了一些机遇。正如一些自行车制造商所发现的那样，重新塑造已有的几十年的供应链并不容易，而未来贸易政策的不确定性给商业决策注入了巨大的风险。

本书的目标之一是让读者更好地理解这里的问题，并解释商业政策如何受到企业竞争所处的全球环境变化的影响。正如我们将看到的，地缘政治对国际企业的商业战略决策有着重要的影响。一方面，加强全球化的支持者认为，跨文化接触与跨境贸易和投资使我们所有人受益，而回到更加孤立主义或民族主义的观点将对经济增长产生负面影响。另一方面，那些主张回归民族主义视角的人，比如推行"美国优先"政策的特朗普，希望他们的国家更加自给自足，对境内经济活动拥有更大的控制权，并能够制定与其他国家进行贸易的规则。换句话说，他们希望在从贸易政策到移民和环境规则等一系列问题上增加国家主权。他们反对过去 50 年来所展现的全球化。我们将在本书的 17 个章节中涉及这场辩论的许多方面，目的始终是明晰对国际企业的启示。

不管目前的政策辩论如何，事实仍然是，全球化已经并可能继续对我们所做的几乎所有事情产生影响。全球化的影响在我们的日常生活中显而易见。例如，一位美国女商人可能穿着在纽约设计、在孟加拉国制造的服装，开着一辆在德国斯图加特设计、在德国莱比锡和斯洛伐克布拉迪斯拉发组装的保时捷运动型多功能车（SUV）去上班，其零部件来自世界各地的零部件供应商，而这些零部件又是用韩国钢铁、马来西亚橡胶和中国塑料制造的。她可能是在英国、荷兰跨国公司壳牌的一家加油站给车加的汽油。这些汽油可能是由一家法国石油公司从非洲海岸的一口油井中抽出的石油，用一艘希腊航运公司拥有的船只运到美国加工而成的。在开车上班的路上，她可能会用苹果公司（Apple）的iPhone与她的股票经纪人（使用免提车载扬声器）交谈，这款手机在加州设计，在中国组装，使用的是日本和欧洲生产的芯片组、肯塔基州康宁公司（Corning）生产的玻璃以及韩国生产的存储芯片。也许在路上，她可能会告诉股票经纪人购买联想（Lenovo）的股票，这是一家中国的跨国个人电脑制造商，其运营总部位于北卡罗来纳州，其股票在纽约证券交易所上市。

这就是我们生存的世界。半个多世纪以来，货物、服务和跨境投资量快速增长，超过了世界产出的增长速度。像世界贸易组织之类的国际机构和世界经济最发达国家的领导人会议不断呼吁降低跨境贸易与投资壁垒。这个世界的物质和流行文化的标志也日益全球化：从可口可乐和星巴克到索尼游戏机、Facebook[○]、MTV电视、Netflix视频流服务、宜家商店以及苹果的iPad和iPhone。这也是一个充满反对全球化的声音的世界。反全球化组织把一系列的弊病，诸如发达国家的失业问题、环境退化以及当地文化的美国化归咎于全球化。其中一些抗议者来自业已存在了一段时间的环境组织，但现在也有抗议者来自那些关注国家主权更为独立的民族主义团体。

对于企业来说，全球化进程产生了很多机遇。公司通过在全球范围内销售扩大收入，并/或在关键资源（包括劳动力）价格低的国家生产来降低成本。有利的政治和经济趋势也方便了企业向全球扩张。这就使得企业不论大小，不论来自发达国家还是发展中国家，都能进行全球扩张。

随着全球化的展开，这一趋势改变并创造出了一些行业，同时也给坚信他们的工作不受外国竞争影响的人们带来了焦虑。历史上，当许多制造行业的工人担心来自国外的竞争可能对他们的工作产生冲击时，在服务行业的工人会感到更安全。现在，这种状况也在改变。技术的进步、更低的运输成本以及发展中国家熟练工人的数量增加，都表明许多服务不再需要在提供地提供。在马萨诸塞州的一家医院进行的核磁共振扫描可能会被印度的一位放射科医生诊断出来，你向美国电话公司的询问可能会被转接到哥斯达黎加的一个呼叫中心，你手机上运行的软件可能会在一夜之间用中国台湾地区的软件程序员编写的补丁进行更新，你的美国纳税申报单可能由菲律宾的税务专家填写，然后由你的美国会计师签字。正如畅销书作家托马斯·弗里德曼（Thomas Friedman）所说，世界正在变平。生活在发达国家的人不再享受竞技场里的厚待。渐渐地，在印度、中国或巴西从事经营活动的个人会有与西欧人、美国人或加拿大人一样的机会来赚更多的钱。

在本书中，我们将关注这里提出的几个问题以及更多相关的问题。我们将探索国际贸易和投资规则的改变和政治体制和技术的变化，如何极大地改变了许多企业面临的竞争环境。我们会讨论因此产生的机遇和挑战，并总结管理者可以遵循的策略，他们以此来利用机遇并应对挑战。我们会思考全球化对国家经济是有益还是有害。我们将会学习经济理论是如何解释生产和服务外包工作被分配到印度和中国的。我们还会学习外包的成本和收益，不仅仅是对于企业和雇员来说，还有整个经济体的成本收益。首先，我们需要更好地概括与了解全球化的性质和过程，而本章就是起到这个作用。

1.1 什么是全球化

本书所指的全球化是指向一个更加一体化的而又相互之间彼此依赖的世界经济转变的趋势。全球化有几个方面，包括市场全球化和生产全球化。

[○] 公司已更名为Meta。

1.1.1 市场全球化

市场全球化（globalization of markets）是指历史上不同的、孤立的各国市场融合成一个巨大的全球市场的过程。跨境贸易壁垒的不断降低使得全球销售和投资更加容易。有人认为，不同国家消费者的品位和偏好正开始向全球化标准靠拢，这有利于全球化市场的建立。消费品诸如花旗银行的信用卡、可口可乐饮料、索尼视频游戏、麦当劳的汉堡、星巴克的咖啡、宜家家具以及苹果手机等经常被作为典型的例子来印证这一趋势。生产这些产品的企业不仅仅是全球化趋势的受益者，也是推动者。这些企业通过在世界范围内提供标准化产品，逐渐创建了全球市场。

一家公司即使不是上述跨国巨头，也能够推动市场全球化并从中受益。比如，据美国国际贸易署统计，2011年，在美国有超过30万家雇员人数少于500人的中小企业开展出口业务，占当年出口公司数的98%。更通俗地说，2011年美国中小企业的出口额占美国工业制成品总出口价值的33%。这些企业的典型是纽约的B&S Aircraft Alloys公司，其出口额占年销售额800万美元的40%。其他几个国家的情形也类似。例如，德国有98%（这一数字很惊人）的中小型企业以出口或国际生产的途径进军国际市场。

尽管苹果手机、麦当劳汉堡、星巴克咖啡、宜家家居店在全球大行其道，但要是认为国别市场正在让位给全球市场的话，那就未免失之偏颇了。在后面的几章中，我们会注意到沿着许多相关的维度看，各国市场仍然存在相当大的差异，包括消费者品位和偏好、分销渠道、嵌入文化的价值体系、商业体制和法律规则等。以快速增长的优步（Uber）为例，它发现自己需要完善在许多外国城市的进入战略，以便考虑到监管体制的差异。这些差异要求企业因地制宜地制定营销策略、产品特性和实际运作方案，以更好地适应某个特定国家的环境。

消费品市场不是典型的全球化程度最高的市场，这是因为各国消费者品位和偏好上的差异仍然十分重要，足以成为全球化的减速器。当今全球化程度最高的市场是世界各地普遍存在需求的工业产品和原材料市场。其中包括初级产品市场，如铝、石油和小麦；工业产品市场，如微处理器、计算机存储芯片及商用喷气式飞机市场；计算机软件市场以及金融资产市场（从美国国库券到日经指数上的欧洲债券和期货，或者是欧元）。基于以上所述，我们越来越清楚地看到，许多新的高科技消费产品，如苹果的iPhone，正在以同样的方式在世界各地成功销售。

在很多全球市场中，相同的竞争对手公司频繁地在一个又一个国家狭路相逢。可口可乐的全球竞争者为百事可乐，福特汽车与丰田，波音与空中客车，推土设备领域的卡特彼勒（Caterpillar）与小松（Komatsu），航空发动机领域的通用电气与劳斯莱斯，计算机游戏领域的索尼、任天堂与微软等公司，智能电话领域的三星与苹果的关系也一样。假如一家公司进入了竞争对手尚未进入的国家，那么其他竞争对手就会很快地跟进，以免对方领先。由于企业在全世界相互跟进，它们带去了许多在他国市场已经获得成功的资产（包括它们的产品、经营战略、营销战略和品牌），在跨国市场中创造了一定程度的同质性。因此，多样性被更广泛的一致性替代了。在越来越多的产业中，说什么"德国市场""美国市场""巴西市场"或"日本市场"已不再有意义。对许多公司而言，只有一个全球市场。

1.1.2 生产全球化

生产全球化（globalization of production）指的是从全球各地区筹供商品和服务，以利用各国在**生产要素**（factors of production）（如劳动力、能源、土地和资本）上的成本和质量差异。通过这种做法，公司希望降低其总成本，提高质量或改善其所提供产品的功能，从而使它们更为有效地参与竞争。正如我们在开篇案例中看到的那样，波音公司广泛地运用了外包给外国供应商的方式。以1995年首次推出的波音公司商用喷气式客机波音777为例，8个日本供应商制造机身、机舱门和机翼的零部件；1个新加坡供应商制造前起落架的舱门；3个意大利供应商制造机翼的阻力板；等等。就价值而言，波音777约30%是由外国公司制造的。针对其最新的喷气式客机787，波音公司进一步推动了这一趋势，该机总价值的约65%被外包给外国公司，其中35%被外包给3家主要的日本公司。

波音公司将生产大量外包给国外的供应商，部分理由是在特定的方面这些供应商是全球市场上的佼佼者。

由一个全球供应商网络生产更佳的最终产品，使得波音公司比它的全球竞争对手空中客车有更多的机会在飞机总订单数中获得更大的份额。波音公司也通过将一些生产外包给外国以增加机会来赢得该国航空公司的大笔订单。想要更详细地了解波音公司生产的全球化，见管理聚焦 1-1。

◎ 管理聚焦 1-1

波音生产的全球化

美国最大的出口商波音公司的高管们表示，制造一架像 787 梦想飞机（787 Dreamliner）这样的大型商用喷气式飞机，需要将 100 多万个零部件组装成编队构型。半个世纪前，当久负盛名的波音 737 和 747 早期机型从该公司位于西雅图地区的生产线下线时，外国供应商平均只占这些零部件的 5%。波音公司那时候进行纵向一体化，制造出飞机的许多主要零部件。由外部供应商生产的最大零部件是喷气发动机，其中三家供应商中有两家是美国公司。唯一的外国发动机制造商是英国的劳斯莱斯公司。

快进到现代，事情看起来很不一样。以波音公司的超高效 787 梦想飞机为例，分布在世界各地的 50 家外部供应商提供了飞机价值的 65%。意大利阿莱尼亚航空公司制造了中央机身和水平尾翼，日本川崎公司制造了前机身和机翼固定后缘的一部分，法国公司 Messier-Dowty 制造飞机的起落架，德国公司 Diehl Luftahrt Elektronik 提供主客舱照明，瑞典萨博航空公司（Saab Aerostructures）制造了通道门，日本公司 Jamco 为盥洗室、飞行甲板内部和厨房制造零部件，日本三菱重工制造机翼，韩国 KAA 公司生产翼尖，如此等等。

为什么会发生这些改变？第一个原因是，波音公司 80% 的客户是外国航空公司，为了向这些国家销售产品，向这些国家提供业务通常会有所帮助。这一趋势始于 1974 年，当时日本三菱公司获得了为波音 747 生产内侧襟翼的合同。日本人投桃报李，大量订购波音喷气式飞机。第二个原因是将零部件生产分散给那些在其特定行业中世界上最好的供应商。例如，多年来，三菱在机翼制造方面获得了相当多的专业知识，因此波音公司选择三菱为 787 制造机翼是合乎逻辑的。同样，787 是第一架几乎完全由碳纤维制成的商用喷气式飞机，因此波音公司选择了日本东丽工业公司（Toray Industries）来提供机身材料，这是因为东丽工业公司是一家世界级的碳纤维复合材料制造商，专门生产坚固而轻质的碳纤维复合材料。对 787 飞机进行大规模外包的第三个原因是，波音公司希望摆脱与开发 787 飞机生产设施相关的一些风险和成本。通过外包，它将一些风险和成本推给了供应商，他们不得不对产能进行重大投资，以提升产能为生产 787 服务。

那么，波音公司为自己保留了什么呢？工程设计、营销和销售以及最后的组装都在西雅图北部的埃弗里特工厂完成，波音公司认为在西雅图完成的这些工序都是世界上最好的。在主要零部件中，波音公司只制造了尾翼和从机翼到机身的整流罩（将机翼连接到飞机机身），将其他一切都外包出去。

随着 787 的发展，很明显，波音公司已经把外包模式推得太远了。协调全球分散的生产系统，结果是非常具有挑战性的。零部件供应迟缓，一些零部件没有按照波音公司设想的方式组装在一起，几家供应商遇到了工程问题，导致整个生产过程放缓。因此，第一架喷气式飞机的交付日期被推迟了四年多，波音公司不得不为延迟交付而承担数百万美元的罚款。北卡罗来纳州的供应商沃特飞机公司（Vought Aircraft）的问题非常严重，以至于波音公司最终同意收购该公司，在企业内部进行生产。沃特由波音公司与意大利的阿莱尼亚共同拥有，它制造了主机身的零部件。

现在有迹象表明，波音公司正在重新考虑其全球外包政策。波音公司最新的宽体飞机是其广受欢迎的宽体 777 飞机的新版本 777X，它使用了与 787 相同的碳纤维技术，波音公司将机翼生产带回了内部。日本的三菱和川崎公司为 787 与 777 的原始版本生产了大量的机翼结构。

然而，最近几年日本的航空公司向空中客车公司下了大量订单，打破了它们对波音公司的传统忠诚。这似乎给了波音公司一个将机翼生产带回内部的机会。波音公司的高管还指出，在过去 20 年中，由于外包，波音公司在机翼生产方面失去了很多专业知识，将其带回内部，生产新的碳纤维机翼可能会使波音重新获得这些重要的核心技能，并加强公司的竞争地位。

资料来源：M. Ehrenfreund, "The Economic Reality Behind the Boeing Plane Trump Showed Off," *Washington Post*, February 17, 2017; K. Epstein and J. Crown, "Globalization Bites Boeing," *Bloomberg Businessweek*, March 12, 2008; H. Mallick, "Out of Control Outsourcing Ruined Boeing's Beautiful Dreamliner," *The Star*, February 25, 2013; P. Kavilanz, "Dreamliner: Where in the World Its Parts Come From," *CNN Money*, January 18, 2013; S. Dubois, "Boeing's Dreamliner Mess: Simply Inevitable?" *CNN Money*, January 22, 2013; and A. Scott and T. Kelly, "Boeing's Loss of a $9.5 Billion Deal Could Bring Jobs Back to the U.S.," *Business Insider*, October 14, 2013.

早期外包主要局限于制造活动，诸如波音公司、苹果公司所从事的活动；然而，越来越多的公司正在利用现代通信技术，特别是互联网，将服务活动外包给其他国家低成本的服务提供者。互联网已经使美国医院将一些放射科的工作外包给印度；当美国医生晚上睡觉时，一些核磁共振扫描的片子由印度医生诊断，第二天早上结果就出来了。包括微软在内的许多软件公司现在都任用印度的工程技术人员来为美国设计的软件执行功能测试。利用时差，在美国编写的软件，当美国的工程师睡觉时，由印度的工程师进行调试检测，再将调整的编码通过可靠的互联网连接传输回美国，为美国工程师第二天的工作做好准备。在价值创造活动中应用这样的分散方法，不仅能缩短软件开发项目所要求的时间，而且能降低其成本。其他的公司，从计算机制造商到银行都把客户服务职能，诸如客户呼叫中心，外包到劳动力更便宜的发展中国家。另一个例子就是医疗保健业，菲律宾的工人转录美国人的医疗档案（诸如要求保险公司批准手术的医生的录音文件）。据估计，医疗保健业许多行政性程序的外包，诸如客户服务和索赔处理，可以使美国的医疗保健成本减少1 000亿美元之多。

政治学家罗伯特·赖克（Robert Reich）认为，波音、苹果、微软公司所体现的趋势，导致在很多情况下再谈什么美国产品、日本产品、德国产品或韩国产品已没有意义。按照赖克的观点，把生产性活动外包给不同的供应商导致越来越多具有全球性质的产品出现，即所谓的"全球产品"。但是随着市场的全球化，企业必须谨慎，不要把生产全球化推得太远。在后面的几章中我们将会看到，在把生产性活动分散至全球各区位以实现最优配置方面，企业仍然存在大量的障碍，面临重重困难。这些障碍包括各国间正式和非正式的贸易壁垒、对外直接投资壁垒、运输成本、与各种经济和政治风险相关的问题以及协调全球分散的供应链这一巨大的管理挑战（正如管理聚焦1-1中波音公司在787上遇到的挑战一样）。例如，政府的管制最终限制医院将核磁共振扫描片子的诊断流程外包给成本更低的发展中国家的放射科医生。

尽管如此，市场和生产的全球化有很大可能会继续。现代企业是这一趋势中的主角，正是它们的行动推进了全球化的不断发展。但是，这些企业仅仅是以一种有效的方式对其运营环境中变化了的条件做出反应（它们也应该这样做）。

1.2 全球机构的出现

随着市场全球化和跨国商务活动的不断增加，需要有机构来管理、规范和监督全球市场，并促进多国条约的制定进而管理全球商务体系。在过去的75年中，许多重要的全球机构应运而生来帮助实施这些职能，包括**关税及贸易总协定**（General Agreement on Tariffs and Trade, GATT，以下简称关贸总协定）和它的继任者**世界贸易组织**（World Trade Organization, WTO）、**国际货币基金组织**（International Monetary Fund, IMF）及其姊妹机构**世界银行**（World Bank）以及联合国（United Nations, UN）。这些机构都是各国在自愿协议的基础上创立的，它们的职能被庄严载入国际条约中。

世界贸易组织（像其前身关贸总协定一样）主要负责监管世界贸易秩序和确保各国遵守世界贸易组织各成员签署的贸易协定中制定的规则。到2020年，总共占世界贸易总量98%的164个国家和地区是世界贸易组织的成员，使得该组织不仅活动范围广而且有巨大的影响力。世界贸易组织也负责促使各成员之间签订附加的多国协定。纵观其整个历史，包括它的前身关贸总协定，世界贸易组织促进了跨国贸易并促使投资壁垒不断降低。正因为如此，世界贸易组织成为其成员的工具，以寻求创造一个更为开放、不为各国间的贸易与投资壁垒所累的全球商务系统。没有像世界贸易组织这样的机构，市场和生产全球化不可能发展到如今的程度。然而，当近距离观察世界贸易组织时，正如我们在本章和第 7 章中将看到的，批判家指责世界贸易组织篡夺了独立的民族国家的国家主权。

国际货币基金组织和世界银行是由 44 个国家于 1944 年在新罕布什尔州布雷顿森林会议上创建的。国际货币基金组织的任务是维持国际货币体系的秩序，而世界银行则是为了促进经济发展。创建 70 多年来，两个机构在全球经济舞台上发挥了巨大的作用。两个姊妹机构中世界银行引起的争议较少，其重点在于向一些资金短缺的政府发放低息贷款，以资助它们实施重大基础设施投资项目（例如，修建水坝或道路系统）。

当一国的经济出现混乱并且货币相对其他国家大幅贬值时，国际货币基金组织通常被视为可求助的最后贷款人。例如，它在过去的 20 年中贷款给那些遭遇麻烦的政府，包括阿根廷、印度尼西亚、墨西哥、俄罗斯、韩国、泰国和土耳其等。国际货币基金组织在帮助一些国家应对 2008～2009 年的全球金融危机中发挥了非常积极的作用。但是，国际货币基金组织的贷款常常是附带条件的，作为贷款的交换，国际货币基金组织要求贷款国采取特定的经济政策，以扭转混乱局面，使经济回归稳定和增长。这些条件产生了极大的争议，有些批评家指责国际货币基金组织推荐的政策常常是不合时宜的；也有人认为国际货币基金组织这样做就像世界贸易组织一样，其要求一国政府必须采取某种经济政策的做法剥夺了一国的主权。有关国际货币基金组织角色的争议，我们将在第 11 章中再做审视。

联合国成立于 1945 年 10 月 24 日，由 51 个国家承诺通过国际合作和集体的安全防卫措施来维护和平。如今世界上几乎每个国家都加入了联合国，其成员总数现在达 193 个。当各国成为联合国成员时，它们同意履行联合国宪章的义务，该宪章是一部规定国际关系基本准则的公约。根据宪章，联合国有四项宗旨：维护国际和平与安全；发展各国友好关系；共同解决国际问题和促进尊重人权；成为协调各国行动的中心。也许联合国以其维护和平的角色而著称，但它的一项中心任务是促进生活水平的提高、充分就业的实现和经济与社会的可持续发展，归根到底是为了创造充满活力的全球经济。联合国系统中 70% 的工作都是致力于完成这一任务的。为此，联合国与其他国际机构如世界银行密切合作。它们秉持这样一种信念，即消除贫困和提高各地区人们的生活水平对于创造持久的世界和平是必不可少的步骤。

另一个出现在新闻中的机构是 G20（20 国集团）。G20 成立于 1999 年，由 19 个世界上最大的经济体的财政部部长和央行行长，加上来自欧盟和欧洲央行的代表组成。G20 总共代表了 90% 的全球 GDP 和 80% 的全球国际贸易。G20 成立的最初目的是为发展中国家的金融危机制定协调的政策。2008 年和 2009 年，为应对由美国开始并很快席卷全球，导致自 1981 年以来最严重的全球经济衰退的金融危机，一些主要国家尝试制定出协调的政策，G20 也变成了一个峰会论坛。

1.3　全球化的推动力

在进一步全球化趋势的背后，有两个宏观因素在起作用。一是在最近几十年中，商品、服务和资本自由流动的障碍减少了；二是技术变革，特别是近年来通信、信息处理和运输技术的迅猛发展。

1.3.1　贸易与投资壁垒的减少

20 世纪二三十年代，世界上许多民族国家对国际贸易和对外直接投资设置了重重壁垒。当企业把商品和服务出口给别国的消费者时，**国际贸易**（international trade）就产生了。当企业把资源投到母国之外的商务活动中时，**对外直接投资**（foreign direct investment，FDI）就产生了。国际贸易壁垒多数是以对进口工业制成品收取高额关税的方式存在的，这种关税的主要目的是保护国内工业免遭外国的竞争。然而，这样做的一个后果是"以邻为壑"的报复性贸易政策，导致各国逐步增加彼此间的贸易壁垒。最终，它抑制了世界的需求并导致了 20 世纪 30 年代的经济大萧条。

各国汲取了这一教训，第二次世界大战后，西方的发达工业国家承诺它们将逐步消除各国间妨碍商品、服务和资本自由流动的壁垒。这一目标也被载入了关贸总协定中。在关贸总协定的庇护下，成员之间开展了 8 轮谈判，以减少商品和服务自由流动的障碍。第一轮谈判生效于 1948 年，最近的一轮谈判，即乌拉圭回合谈判于

1993 年 12 月结束。乌拉圭回合谈判进一步减少了贸易壁垒，使关贸总协定不仅适用于工业产品，还扩大至服务领域；为专利、商标和版权提供了强有力的保护；成立了世界贸易组织来监管国际贸易体系。表 1-1 概括了关贸总协定协议对工业产品的平均关税税率的影响。可以看出，自 1950 年以来，平均关税税率显著下降，到 2018 年，平均关税税率为 3.0%～4.0%（请注意，这些数字没有考虑特朗普政府提高关税税率的影响，特别是对中国征收的报复性关税）。2018 年中国可比关税税率约为 9%。这意味着中国的关税税率从 2000 年的 16.2% 急剧下降。同样重要的是，除了关贸总协定和世界贸易组织的全球努力外，两个或两个以上国家之间的双边和区域协定也减少了贸易壁垒。例如，欧盟减少了成员国之间的贸易壁垒，《北美自由贸易协定》减少了美国、墨西哥和加拿大之间的贸易壁垒，美国和韩国之间的自由贸易协定减少了这两个国家之间的贸易壁垒。20 世纪 90 年代初期，只有不到 50 个这样的协定而今天大约有 300 个这样的协定。

表 1-1　工业产品的平均关税税率（%）

国家	1913 年	1950 年	1990 年	2018 年
法国	21	18	5.9	3.9
德国	20	26	5.9	3.9
意大利	18	25	5.9	3.9
日本	30	—	3.3	2.5
荷兰	5	11	5.9	3.9
瑞典	20	9	5.9	3.9
英国	—	23	5.9	3.9
美国	44	14	5.7	3.1

资料来源：The 1913–1990 data are from *"Who Wants to Be a Giant?" The Economist: A Survey of the Multinationals*, June 24, 1995, pp. 3-4. The 2018 data are from the *World Tariff Profiles 2019*, published by the World Trade Organization.

图 1-1　1960～2019 年世界商品贸易和世界产出价值的增长情况

资料来源：World Bank, 2020; World Trade Organization, 2020; United Nations, 2020.

图 1-1 显示了 1960～2019 年世界商品贸易和世界产出价值的增长情况（有数据可查的最近一年）。这些数据经过调整，剔除了通货膨胀的影响，1960 年的指数为 100，以便进行一致的比较。从图中可以看到，1960～2019 年，世界经济总值（经通货膨胀因素调整后）增长了 9.4 倍，而国际商品贸易总值增长了 21.4 倍。这实际上低估了贸易的增长，因为近几十年来服务贸易也在迅速增长。到 2019 年，世界商品贸易价值为 19.5 万亿美元，而服务贸易价值为 6 万亿美元。

几十年来，不仅商品和服务贸易的增长速度快于世界产出，对外直接投资也在增长，部分原因是限制国家间对外直接投资的壁垒减少。根据联合国的数据，自2000年以来，在1 500多项关于对外直接投资的国家法律修改中，约80%的修改创造了更有利的环境。部分由于这种自由化，对外直接投资的价值在过去30年里有了显著增长。1990年，企业对外投资约2 440亿美元。到2019年，这一数字已增至1.5万亿美元。由于持续的跨境投资，到2019年，跨国公司对外子公司的销售额达到27万亿美元，比2019年的国际贸易额增加了近8万亿美元，这些子公司雇用了约7 600万人。

世界贸易量增长远快于世界产出的增长说明了以下几点。第一，更多的企业与波音公司对波音777和787的做法一样，将生产过程的一部分分散到全球不同的地区，以降低生产成本并提高产品质量。第二，世界各国的经济日益交织在一起。随着贸易的扩大，各国对一些重要的产品和服务的相互依存度提高了。第三，自1990年以来，全世界的富裕程度提高了，这意味着贸易的增加是带动全球经济发展的发动机。

市场和生产的全球化以及由此带来的世界贸易、对外直接投资和进口的增长，都意味着企业正在发现自己的本土市场受到外国竞争者的攻击。在中国是如此，苹果、通用汽车和星巴克等美国公司正在中国扩大业务。在美国也是如此，过去30年，日本汽车公司从通用汽车和福特手中夺走了市场份额。在欧洲也是如此，曾经占据主导地位的荷兰飞利浦公司（Philips）在消费电子行业的市场份额被日本松下和索尼以及韩国三星和LG抢走。随着世界经济日益融入一个单一的、巨大的市场，制造业和服务业的竞争日趋激烈。

然而，跨境贸易和投资壁垒的下降不能被视为理所当然。我们将在后面的章节中看到，世界各国，包括美国，仍然经常听到"保护"以免于外国竞争的要求。尽管回到20世纪二三十年代的限制性贸易政策是不太可能的，但目前尚不清楚的是，在工业化世界中，政治上的多数派是否赞成进一步减少贸易壁垒。2008～2009年的全球金融危机以及随之而来的全球产出下降，导致更多人呼吁通过贸易壁垒来保护国内就业。特朗普在2017年当选美国总统，可以被视为这种逆势的延续，因为特朗普主张提高贸易壁垒，以保护美国公司免受不公平的外国竞争。2018年，特朗普将贸易冲突升级，提高了从其他国家进口钢铁和铝的关税壁垒。随后，美国对从中国进口的商品征收了高额关税，作为回应，中国对从美国进口的商品征收关税。如果贸易壁垒不再下降或继续上升，这可能会减缓市场和生产的全球化速度。

另外值得注意的是，新冠疫情的全球流行对全球供应链产生了重大影响，迫使许多公司重新思考其全球化战略。据报道，一些公司正在考虑将生产转移到离母国更近的地方，其理念是，当地生产不太可能受到当前大流行或其他不利事件（如未来的大流行、战争、恐怖主义、贸易争端等）的干扰。如果这成为一种趋势，也将放缓全球化进程。

1.3.2 技术变革的作用

贸易壁垒的减少使市场和生产全球化在理论上成为可能，而技术变革使它变为可见的现实。随着时间的推移，通信、信息处理和运输技术每年都会有独特的重大进步，包括"物联网"的爆炸性出现。

1. 通信

也许最重要的创新之一是微处理器的开发，它使高功率、低成本的计算得以迅猛发展，大大增加了个人和企业所能处理的信息量。微处理器也构成许多电信技术新发展的基础。在过去的30年中，全球通信因卫星、光纤和无线技术以及互联网的发展而产生了革命性的变化。这些技术依靠微处理器编码、传输和解码在电子高速公路上流动的海量信息。微处理器在功率增大的同时，其成本还在继续下降［一种被称作**摩尔定律**（Moore's Law）的现象，预计每隔18个月，微处理器技术功率将翻一番，而其生产成本将减半。］

2. 互联网

自1994年第一个网络浏览器被推出以来，互联网的快速增长彻底改变了通信和商业。1990年，互联网的使用者不到100万人，而1995年该数字已上升至5 000万人，2012年发展到24亿人。互联网已发展成为全球经济的信息支柱。2012年，仅北美的电子商务零售额就达到了3 650亿美元，而1998年还几乎是一片空白，全球的电子商务零售额2012年则第一次超过了1万亿美元。纵观全球，互联网的出现犹如降临了一个公平之神，打破了地域、范围及时区的一些限制。网络使买卖双方很容易发现对方，而不管他们处于何处，交易规模有多大。

企业不论大小都能以前所未有的低成本向全球扩张其业务活动。同样重要的是，网络使企业能协调和控制全球分散的生产系统，这在30年前是不可能实现的。

3. 运输技术

20世纪50年代以来，除了通信技术的发展，运输技术也出现了若干重大的创新。从经济方面考虑，其中最为重要的包括商用喷气式客机、超级货轮及集装箱化的引入。这大大简化了从一种运输方式到另一种的转运活动。商用喷气式客机的出现，使从一地到另一地所需的差旅时间大大缩短，有效地把地球"缩小"了。从旅行时间来说，现在的纽约与东京比殖民时期的纽约与费城更近了。

集装箱化使运输业务发生了革命性的变化，它大幅降低了远距离的货运成本。因为国际航运业承担了世界货物贸易约90%的运输量，所以这是极为重要的发展。以前没有集装箱，将货物从一种运输工具装卸到另一种运输工具上是高度劳动密集型的，搬运时间长、成本高，比如将货物从船上卸下重装上卡车和火车需要数百名码头工人，并且花费数日。20世纪七八十年代，集装箱化的推广使整个装卸过程只需数名码头工人用几天的时间就能完成。集装箱化导致效率的提高，使运输成本大幅降低，全球商品运输变得更为经济，从而促进了市场和生产的全球化。1920～1990年，美国进出口每吨货物平均海运与入港费从95美元下降到29美元（以1990年的美元计）。现在，从亚洲到欧洲运输一个装载了20吨以上货物的20英尺⊖集装箱的典型成本与同一行程单人乘客的经济舱机票价格相同。

4. 对生产全球化的启示

与生产全球化密切相关的运输成本的下降，使得生产分散到地理上分离的区域变得更为经济；由于之前讨论过的技术革新，信息处理和通信的实际成本在过去20多年中也大幅下降。这些发展使企业有可能创建和管理一个全球分散的生产系统并进一步推动生产全球化。对许多国际企业而言，覆盖世界范围的通信网络至关重要。例如，戴尔公司用互联网协调和控制全球分散的生产系统，以至于其装配地仅需备有三天相应的库存足矣。在顾客通过企业的网站提交计算机设备订单后，戴尔的互联网系统会记录下该订单，然后马上将各零部件的相应订单传送给全世界各供应商。这些供应商能实时检查戴尔的订单流程，并相应地调整各自的生产日程表。在空运成本降低的条件下，戴尔能使用空运来加速关键零部件的配送，以应对难以预料的需求变化，而又不耽搁将最终产品及时送到消费者手里。戴尔也利用现代通信技术将其用户服务作业外包给印度，当美国用户向戴尔提出服务咨询时，它就把电话转到印度的班加罗尔，由那里讲英语的服务人员进行处理。

5. 对市场全球化的启示

除了生产全球化，技术创新也促进了市场全球化。低成本的全球通信网络，包括建立在互联网基础上的通信网络正在帮助创建全球电子市场。如上所述，低成本的运输使在全球运输产品更为经济，因而也有助于创建全球市场。此外，低成本的飞机差旅导致国与国之间人员的大量流动，缩短了各国间的文化距离并带来了消费者品位和偏好在一定程度上的趋同。同时，全球通信网络和全球媒体正在创立一种世界性的文化。美国电视网如CNN、MTV和HBO现已为许多国家所接受，而好莱坞的电影也在世界各地上映。同时，非美国的新闻网络如BBC、Al Jazeera也有了全球足迹。像Netflix这样的流媒体服务正在进一步推动这一发展，使得来自不同国家的节目可以在世界范围内找到市场。例如，这些发展帮助英国电视节目的出口在2019年达到创纪录的18亿美元。在任何社会，媒体都是文化的主要传播者。随着全球媒体的发展，我们可以预期将会演化出一些类似全球文化的东西。这种演进的逻辑结果是出现一个消费品的全球市场。这种迹象已十分明显。现在在东京找一家麦当劳餐厅就和在纽约一样容易，在里约热内卢买的iPad和在柏林买的并无差异，在巴黎买的Gap牌牛仔裤与在旧金山买的也一样。

尽管存在这些趋势，但我们还是必须对过于强调它们的重要性保持谨慎。当现代通信和运输技术把我们引入"地球村"时，在文化、消费者偏好和商务实践方面各民族巨大的国别差异仍然存在。一家无视各国间的差异的企业是很危险的。在本书中，我们将反复强调这一点，并在后面各章中详细阐述。

⊖ 1英尺＝0.304 8米。

1.4 全球经济中不断变化的统计数据

伴随着全球化趋势,全球经济统计数据也发生了巨大的变化。半个世纪以前,世界经济的格局可用四个事实来描述:第一,美国主宰了世界经济和世界贸易图景;第二,美国支配了当时的世界对外直接投资;第三,在国际商务舞台上,美国的大型跨国企业占统治地位;第四,约占世界一半的计划经济国家对西方国际企业予以排斥。后面将会解释,这四个事实的性质正在迅速地发生变化。

1.4.1 变化中的世界产出和世界贸易格局

20世纪60年代早期,美国仍是世界上占统治地位的工业大国。1960年,按国内生产总值(GDP)衡量,美国约占世界产出的38.3%。至2018年,美国占世界产出的24%,中国占世界产出的15.2%,在世界产出上处于全球领先地位。美国并不是唯一的相对地位下降的发达国家,还有德国、法国和英国,所有首先进行工业化的国家都面临同样的情况。美国这种地位上的变化并不是绝对量上的下降。因为1960~2018年,美国经济增长很快(德国、法国、意大利、加拿大和英国的经济在此期间也有所增长)。相反,这是一种相对的下降,它反映了若干经济体(特别是在亚洲)经济的更快速的发展。例如,表1-2显示,1960~2018年,中国在世界产出中的份额从无足轻重上升到15.2%,成为世界第二大经济体。

表1-2 世界产出和世界贸易的结构变化

国家	1960年世界产出份额/%	2018年世界产出份额/%	2018年世界出口份额/%
美国	38.3	24.0	8.2
德国	8.7	4.6	7.1
法国	4.6	3.2	2.8
意大利	3.0	2.4	2.4
英国	5.3	3.3	2.3
加拿大	3.0	2.0	2.2
日本	3.3	6.0	3.6
中国	NA	15.2	11.1

资料来源:Output data from World Bank database, 2019; Trade data from WTO statistical database, 2019.

到20世纪80年代末,美国作为世界出口主导国的地位正在遭受挑战。在过去30年中,随着日本、德国及一系列像韩国和中国一样的新兴工业国家占有更大的世界出口份额,美国在出口市场中的主导地位衰落了。60年代,美国工业制造品出口占世界出口总额的20%,但如表1-2所示,至2018年美国的商品和服务的世界出口份额下降到8.2%,落后于中国。

如果一些新兴经济体,诸如"金砖四国"——中国、印度、俄罗斯和巴西等国继续发展,那么美国以及其他一些老牌的发达国家在世界产出和世界出口中的相对份额似乎还会下降。就这一变化的本质而言,这并不是坏事。美国地位的相对下降反映了世界经济的发展和工业化进程,这与美国经济数据的绝对下降不同。

现在所做的多数预测都断言,一些发展中国家,如中国、印度、俄罗斯、印度尼西亚、泰国、墨西哥和巴西在世界产出中的份额将持续上升,而一些富裕的工业国,如英国、德国、日本和美国享有的份额则相应地减少。如果当前的趋势继续下去,那么印度的经济将在2030年成为世界第三。世界银行估测,至2030年,今日的发展中国家将占世界经济活动的60%以上,而目前占世界经济活动的55%的富裕国家,届时将只占38%左右。预测并不总是正确的,但这些预测说明世界经济地域格局的变化已在发生,虽然这些变化的重要性尚未完全显现。对国际企业而言,这种经济地域格局变化的意义是很明显的,许多未来的经济机会将会在发展中国家找到,而且许多未来最有能力的竞争者也可能出现在这些地区。随后的国际聚焦1-1中描述的印度软件业快速扩张的案例证实了这一点。

国际聚焦 1-1

印度的软件业

大约 30 年前,在印度班加罗尔出现了一批小型的软件企业。其中的典型是一家由 7 位印度企业家筹资约 1 000 美元发起的印孚瑟斯技术有限公司(Infosys Technologies)。现在印孚瑟斯公司的年收益已达 74 亿美元,雇员达 20 余万名,但它仅是集聚在班加罗尔周边 100 多家软件公司中的一家。班加罗尔已成为印度快速发展的信息技术产业中心。从 20 世纪 80 年代中期起,它创造的出口销售额已超过 1 000 亿美元。

印度软件行业的成长主要基于以下 4 个因素。第一,该国拥有大量的工程技术人才。印度每年约有 40 万名工程师毕业于各大学。第二,印度的劳动力成本一直很低。2008 年,在印度雇用一名大学生的成本仅为美国的 12%(随着印度工资水平的提高,这一现象正在改变)。虽然此后薪酬差距明显缩小,但优秀软件工程师的工资仍比美国低 30%~40%。第三,许多印度人都能说流利的英语,从而使印度和西方的企业协作更便利。第四,时差上的互补。当美国人在睡觉时,印度人能接着继续工作,创造出独特的时间效率和全天候工作的环境。

最初,印度软件企业主要从事低端的软件工作,做基础的软件开发工作,以及为西方企业提供测试服务,但随着该行业在规模和层次上的提升,印度企业已转向高端市场。如今,一些领先的印度企业与诸如 IBM 和 EDS 等公司直接竞争大的软件开发项目、业务流程外包合同,以及信息技术咨询服务。在过去 15 年,这些市场迅速发展,而印度企业已经在这个大馅饼中分到一大块。西方企业面对这一新的竞争威胁,其中一个反应是在印度投资,以获得印度企业所享有的经济优势。例如,IBM 已在印度的分部投资了 20 亿美元,在当地拥有 14 万名雇员,约占全球员工总数的 1/3,人数超过了该公司在任何一个其他国家的雇员数。微软公司也在印度进行了大量投资,包括投资了在海德拉巴的一个研发中心,该中心雇用了 6 500 名雇员,而该中心专门选址在此,以发掘那些不愿移民到美国的才华出众的印度工程师。

资料来源:"Ameerpet, India's Unofficial IT Training Hub," *The Economist*, March 30, 2017; "America's Pain, India's Gain: Outsourcing," *The Economist*, January 11, 2003, p. 59; "The World Is Our Oyster," *The Economist*, October 7, 2006, pp. 9–10; "IBM and Globalization: Hungry Tiger, Dancing Elephant," *The Economist*, April 7, 2007, pp. 67–69; P. Mishra, "New Billing Model May Hit India's Software Exports," *Live Mint*, February 14, 2013; and "India's Outsourcing Business: On the Turn," *The Economist*, January 19, 2013.

1.4.2 变化中的对外直接投资格局

20 世纪 60 年代,美国对全球经济的主宰还反映在美国企业占世界对外直接投资流量的 66.3%;英国企业排名第二,占 10.5%;日本企业仅占 2%,排名第八。当时美国企业在欧洲的影响如此之大,以至于美国企业对欧洲构成的经济威胁被写进书中。一些欧洲国家政府,尤其是法国政府,声称要限制美国企业的投资流入。

然而,伴随着阻碍商品、服务和资本自由流动的壁垒的消除,同时其他国家增加了它们的世界产出份额,一些非美国企业逐步开始从事跨国投资。非美国企业进行跨国投资多数是为了把其生产活动分散到最佳区位,并在主要的外国市场直接建立一个立足点。因此,自 20 世纪 70 年代起,欧洲和日本的企业开始把劳动密集型制造场所从它们的母国市场转移到劳动力成本低的发展中国家。此外,许多日本企业在北美和欧洲投资,通常将其作为一种规避风险的手段,以应对不利的利率变化和可能强加给它们的贸易壁垒。例如,丰田这家日本汽车企业在 80 年代后期和 90 年代初迅速增加了在美国与欧洲的汽车生产设施的投资。丰田的管理层相信,日元的不断升值将使日本的汽车出口因价格高而受到外国市场的排斥。所以,在最为重要的外国市场生产,而不是从日本出口是顺理成章的。丰田进行这些投资也是为了应对美国和欧洲日益增长的政治压力,因为它们要求限制日本汽车出口到当地市场。

图 1-2 显示了一些国家和整个世界对外直接投资存量占国内生产总值的百分比变化[**对外直接投资的存量**

（outward FDI）指的是在一国内注册的公司进行该国境外投资的总累计价值］。图 1-2 说明了对外直接投资存量随着时间的推移而显著增加。例如，1995 年美国企业对外直接投资存量相当于美国国内生产总值的 13%；到 2019 年，这一数字为 36%。就整个世界而言，同期对外直接投资存量从 12% 增加到 39%。这显然意味着，一个国家的企业越来越依赖于在其他国家的投资和生产活动来获取收入和利润。我们生活在一个日益相互联系的世界。

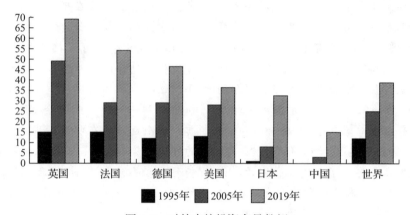

图 1-2　对外直接投资存量份额

资料来源：OECD data 2020, World Development Indicators 2020, UNCTAD database, 2020.

图 1-3 说明了另外两个重要的趋势：20 世纪 90 年代，对外直接投资的跨国流量持续增长，而且以发展中国家为目的地的对外直接投资日益重要。整个 90 年代，无论是对发达国家还是对发展中国家，投资数量都大幅增加。这反映了商务企业的日益国际化。对外直接投资在 1998～2000 年急剧上升，2001～2003 年因 90 年代后期到 2000 年金融泡沫破灭后全球经济活动的减速而随之剧降。然后，2004 年对外直接投资恢复增长并持续到 2007 年底，达到创纪录的水平，但到 2008～2009 年，随着全球金融危机的发生，对外直接投资的增长又减缓了。然而这一时期流向发展中国家的对外直接投资却保持了强劲增长。在发展中国家，对外直接投资最大的接受国是中国。在本书后面我们将会看到，外国投资的持续流入对发展中国家的经济增长来说是重要的推动力，这对诸如中国、墨西哥、巴西等国家（它们均是这一趋势的受益者）来说预示着美好的未来。

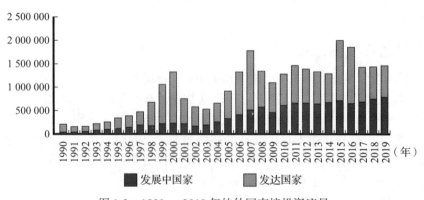

图 1-3　1990～2019 年的外国直接投资流量

资料来源：United Nations Conference on Trade and Development, World Investment Report 2020.

1.4.3　变化中的多国企业性质

任何在两个或更多国家从事生产性活动的企业即**多国企业**（multinational enterprise，MNE），也称跨国企业。在过去的 50 年里，多国企业的统计构成中出现了两个值得注意的趋势：①非美国的多国企业增加；②微型多国企业的崛起。

1. 非美国的多国企业

20世纪60年代，全球的商务活动被美国的大型多国企业所主宰。美国企业的对外直接投资当时约占世界的2/3，那时可以说绝大多数多国企业是美国企业。此外，英国、荷兰和法国的企业在全球最大的跨国企业名单上占据了显著位置。到2003年，《福布斯》杂志开始编制全球2 000强多国企业年度排名时，2 000家企业中有776家是美国企业，占38.8%。第二大来源国是日本，占16.6%。在当时全球最大的跨国公司中，英国又占了6.6%。如图1-4所示，到2019年，美国企业的份额降至28.8%，即575家企业；日本企业的份额降至11.1%；而中国大陆企业有309家，占15.5%。来自中国台湾、印度和韩国的跨国公司也显著增加。

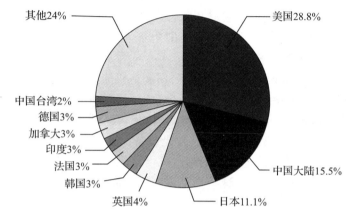

图1-4　2019年各国和地区拥有的最大多国企业（前2 000位）的份额

资料来源：Forbes Global 2000 in 2019.

在实力雄厚的跨国公司及其母国的表现上，这种转变有望继续下去。我们可以预期将有更多的来自发展中国家的企业兴起。这些来自发展中国家的企业将作为重要的竞争者出现在全球市场，将进一步改变以北美和西欧为轴心的世界经济并威胁西方企业长期以来的统治地位。管理聚焦1-2中所描述的大连万达集团，就是这类新兴的竞争者之一。

◎ 管理聚焦 1-2

大连万达集团

大连万达集团（以下简称"万达"）或许是全球最大的房地产公司，但在中国以外却鲜为人知。万达成立于1988年，是全球最大的五星级酒店业主。该公司的房地产投资组合包括133家万达购物中心和84家酒店。它还拥有电影业、体育业、旅游业和儿童娱乐业的大量市场份额。万达宣称的目标是成为世界级跨国公司，这一目标可能已经实现。

2012年，万达以26亿美元收购美国影院连锁公司AMC娱乐控股，大大拓展了其国际业务。当时，这是中国企业对美国公司有史以来最大的一次收购，超过了2005年联想以18亿美元收购IBM个人计算机业务的规模。AMC是北美第二大影院运营商，在北美，观众每年的购票支出超过100亿美元。收购完成后，AMC的总部仍留在堪萨斯城。不过，万达表示，它将向AMC注资，升级影院，放映更多的IMAX和3D电影。

2015年，万达继收购AMC之后，又收购了拥有150多家影院的澳大利亚影院运营商霍伊特集团（Hoyts Group）。万达拥有了AMC影院与霍伊特以及其在中国已经拥有的广泛电影资产，成为全球最大的电影院运营商，拥有500多家电影院。这使得万达在与电影制片厂谈判分销条款时处于有利地位。

万达也在拓展其国际房地产业务。2014年，该公司宣布赢得了加州比佛利山一块主要地块的竞标。万达计划投资12亿美元建设一个多用途开发区。该公司在芝加哥还有一个相当大的项目，投资9亿美元建造芝加哥第三高楼。此外，万达在西班牙、澳大利亚和伦敦都有房地产项目。

如今，万达已经跻身全球400强企业之列，员工约13万人，资产900亿美元，营收约320亿美元。

资料来源：Keith Weir, "China's Dalian Wanda to Acquire Australia's Hoyts for $365.7 Million," *Reuters*, June 24, 2015; Zachary Mider, "China's Wanda to Buy AMC Cinema Chain for $2.6 Billion," *Bloomberg Businessweek*, May 21, 2012; Wanda Group Corporate, www.wanda-group.com; Corporate profile, official website of Wanda Group, retrieved February 2020.

2. 微型多国企业的崛起

国际商务中的另一个趋势是中型和小型多国企业（微型多国企业）的发展。人们在提到国际企业时，往往会想到埃克森、通用汽车、福特、松下、宝洁、索尼和联合利华等大型、综合、经营遍布全球的多国企业。虽然多数国际贸易和投资仍是大企业所为，但许多中型和小型企业也正在不断地介入国际贸易与国际投资。互联网的兴起降低了小型企业实现国际销售的壁垒。

例如，位于华盛顿肯特的 Lubricating Systems 有限公司制造机床润滑油，它只雇用了 25 个人，而产生的销售额却达 650 万美元。这绝对不能算是大型的综合多国企业，但其 200 多万美元的销售额却来自对日本、以色列及阿联酋等几个国家的出口。Lubricating Systems 还与德国的一家企业建立了合资企业，为欧洲市场提供服务。还有一家名为 Lixi 有限公司的美国小企业，制造工业 X 光设备。其 2 440 万美元收益中的一半来自对日本的出口。再如 G.W.Barth，这是一家位于德国路德维希堡制造可可豆烘烤机的厂商，雇员只有 65 人，但这家小公司却占有了可可豆烘烤机全球市场份额的 70%。这一切都说明国际商务活动不仅仅是大企业的专利，一些中小企业同样也能参与其中。

1.4.4 变化中的世界秩序

1989～1991 年，一系列民主改革席卷了共产主义世界。因为一些原因（将在第 3 章中详细讨论），苏联和东欧国家发生了巨变。苏联现已成为历史，被 15 个独立的共和国所取代；捷克斯洛伐克被分成两个国家；南斯拉夫则在血腥的内战中解体，战争已经结束，但被分成 5 个后继国家。

欧洲和亚洲许多之前的共产主义国家似乎都说要搞民主政治和自由市场经济。在过去的半个世纪中，这些国家对西方的国际企业实际上并不开放，现在则提供了很多出口与投资机会。只是 30 年后绝大多数解体后形成的国家的经济情况都很窘迫，而它们能否继续搞民主和自由市场经济现在还很难断言。一些东欧和中亚国家则出现了动乱的迹象和独裁倾向，有迹象表明其政府在经济活动中的干预将有所加强。因此，在这些国家经商的风险很大，不过回报可能也不低。

除了这些变化，在中国、其他东南亚国家、拉丁美洲和俄罗斯正在发生一场更为平静的变革。这对国际企业而言同样意义深远。中国正在朝更大的自由市场这一改革方向迈进。假如现在在中国发生的一切得以再继续 20 年，中国将可能从第三世界国家跃升至超级工业大国，所用的时间会比日本更短。如果中国人均国内生产总值增长率为 6%～7%，稍慢于在过去 10 年中所取得的 8%～10% 的增长率，那么至 2030 年，中国 14 亿人口的年人均收入将提高到 23 000 美元。

这对国际企业而言，潜在的后果是举足轻重的。一方面，中国代表了一个巨大的、基本尚未开发的市场。这反映在从 1983 年至今，中国每年吸收的外国直接投资从不到 20 亿美元上升到 2 500 亿美元。另一方面，中国的新企业被证明是很有实力的竞争对手，它们将从西方和日本的企业中夺取全球市场份额（例如，参见管理聚焦 1-2）。因此，在中国发生的变化给现存的国际企业既创造了机会，也带来了挑战。

至于拉丁美洲，那里的民主和自由市场改革也在生根发芽。在以往的岁月里，多数拉美国家为独裁者所统治，它们大多认为国际企业是帝国主义统治的工具，相应地，它们会限制外国企业的直接投资。此外，拉丁美洲糟糕的经济管理以低成长、高债务以及惊人的通货膨胀为特征，而这一切又阻挡了国际企业的投资。不过在过去的 20 年中，这种情况已经发生了变化。绝大多数拉丁美洲国家的债务和通货膨胀都得到抑制，政府把国有企业出售给私人投资者，外国投资受到了欢迎，而该地区的经济规模也在扩大。巴西、墨西哥和智利引领着这股潮流。这些变化又使拉丁美洲更具吸引力，无论是作为出口市场还是作为对外直接投资的场所。同时，考虑到拉丁美洲长期经济管理不善，所以很难保证上述有利的趋势能够持久。事实上，玻利维亚、厄瓜多尔，尤其是委内瑞拉在过去的几年中已出现倒退趋势，政府对工业的干预程度更大了。现在外国投资同20世纪90年代相比，已不太受欢迎。在这些国家，政府从外国投资者手里收回了对油气田的控制权并限制外国能源公司从本国获取油气的权利。所以，与东欧的情况相似，在大量的机会中伴随着大量的风险。

1.4.5 21世纪的全球经济

正如我们所讨论的，在过去的25年中，全球经济出现了迅猛的变化。商品、服务和资本自由流动的壁垒一直在减少，随着经济的进步，更多的国家将步入发达国家行列。之前，韩国还被看作二流的发展中国家，如今它足以为自己强大的经济而自豪，其企业已成为从全球造船业、钢铁业到电子业、化工业中的佼佼者。一些国家广泛采取自由经济政策（这些政策曾在过去两代人或更长的时期中遭到强烈反对），使全球经济得以进一步增强。简而言之，当前的潮流预示着世界正在建立一种对国际商务更为有利的经济制度。

但是，用现在的潮流去推测未来总是靠不住的。世界可能会走向一个更为全球化的经济系统，然而全球化也并不是必然的。如果一些国家的经历与它们的预期不相符，它们很可能收回原先对自由经济意识形态的承诺。例如，俄罗斯出现了从自由经济意识形态撤回的明显迹象。如果俄罗斯的后退变得更为持久和更为广泛的话，建立基于自由市场原则的更加欣欣向荣的全球经济的美好前景可能不会像很多人期盼的那样很快实现。显然，对国际企业而言，这将是一个形势愈加严峻的世界。

更深层次的全球化也带来了风险。这在1997年和1998年完全显现出来，当时的泰国金融危机先是扩散到东亚其他国家，然后又蔓延到俄罗斯和巴西。最后，危机甚至发展到几乎把发达世界的经济（包括美国）拖垮的境地。我们将在第11章中探讨这一危机和其他类似的全球金融危机的因果。即使单单从经济的角度看，全球化也并不总是好事。在全球经济中从事商务活动的机会是大大增加了，但是正如我们在1997～1998年看到的那样，与全球金融危机蔓延相关的风险也变大了。实际上，2008～2009年从美国金融业开始的危机（由于银行对于房屋所有人采取过于宽松的贷款政策而引发）席卷全球，使全球经济陷入自20世纪80年代早期以来最大的衰退之中，再一次揭示出在一个紧密联系的世界里，一个地区的严重危机可以影响全球。同样，2020年新冠疫情在世界各地的蔓延严重扰乱了全球供应链，并对依赖全球分散的生产系统是否明智提出了质疑。然而，正如本书之后会解释的那样，企业在寻求全球化带来的机会的同时，可通过适当的防范策略来降低风险。

1.5 全球化的争议

转向更为一体化和相互依存的全球经济是一件好事吗？许多有影响力的经济学家、政治家和企业领袖似乎是这样想的。他们认为国际贸易障碍和国际投资壁垒的减少犹如一对发动机，它们将推动全球经济走向更大的繁荣。他们说，不断增长的国际贸易和跨国投资将导致商品与服务的价格进一步降低。他们相信全球化会刺激经济增长和发展，增加消费者收入，有助于所有加入全球贸易系统的国家创造就业机会。那些支持全球化的论点将在第6～8章中详细展开。我们将会看到，在理论上我们有充分的理由相信国际贸易和投资壁垒的降低确实能刺激经济增长、创造就业机会和提高收入水平。正如在第6～8章中所描述的，经验证据支持了这种理论的预测。然而，尽管存在大量的理论和证据，全球化还是遭到了人们的非议。一些批评家越来越直言不讳和活跃，甚至上街示威反对全球化。其他批评者在民主社会获得了政治权力，其中最著名的是美国的特朗普。他的"美国优先"政策代表了对以规则为基础的多边国际秩序的骤然的打破，该秩序体现在诸如世界贸易组织这样的国际机构方面。具有讽刺意味的是，世界贸易组织是在美国的领导下建立的。这里我们将考察对全球化的抗议的本质并简要地回顾有关全球化价值争议的主要论题。在以后的几章中对下列许多观点，我们还将做进一步的展开论述。

1.5.1 反全球化抗议

对于游行示威反对全球化，可追溯到1999年12月，当时有4万多名抗议者阻断了西雅图的街道，试图阻止在该城举行的世界贸易组织会议。示威者针对许许多多问题提出抗议，包括遭受外国竞争者冲击的产业的就业机会减少，非熟练工人工资下降的压力，环境的退化，以及全球传媒和多国企业的文化帝国主义——一些抗议者将这称为美国"文化贫乏"的利益和价值观，它被认为正充斥于世。示威者声称所有这些弊病的产生都可以归咎于全球化。世界贸易组织召开会议是为了启动新一轮的对话以减少贸易和投资壁垒。正因为如此，它被视为全球化的推动者并成了反对全球化抗议者的目标。抗议转化为暴力，往日平静的西雅图街道变成了"无政府主义者"和西雅图毫无防备的警察的战场。投掷砖块的抗议者和全副武装的挥动警棍的警察被全球的媒体全部记录下来，并传遍世界。同时，世界贸易组织的会议也没能达成协议，尽管会议厅外的抗议与会议的失败并没有任何关联，但给人的印象似乎是示威者成功地破坏了会议的进程。

受西雅图经验的鼓舞，现在反对全球化的抗议者经常在全球机构的各个重要会议场所出现。较小规模的抗议活动更是在一些国家中不招而来，如在法国，1999年8月，反对全球化的示威者捣毁了一家麦当劳餐厅以抗议美帝国主义对法国文化的踩躏（参见随后的国际聚焦1-2）。暴力抗议活动会给反全球化的努力带来坏名声，从示威的规模看，支持该行为的显然远不止一小批无政府主义者。在不少国家中有很多人认为全球化对生活水平和环境有负面影响，而媒体又往往渲染了这种担忧。的确，对特朗普在2016年美国大选中的大力支持主要是基于他一再宣称贸易将美国的就业机会输出到海外，并在美国造成失业和低工资。任职期间，特朗普推行的政策反对目前形式的全球化（见国际聚焦1-2）。

⊙ 国际聚焦 1-2

特朗普的"美国优先"政策

2016年，特朗普依靠承诺"美国优先"赢得了美国总统大选。在整个竞选期间，特朗普一直攻击全球化和全球机构，他认为这是对美国国家主权的威胁。如果有人认为特朗普会被总统办公室的重大职责所驯服，转而接受第二次世界大战以来建立的基于规则的多边秩序，那么他们会大失所望。

特朗普很快将美国从《跨太平洋伙伴关系协定》（TPP）中拉了出来，这是一个由他的前任巴拉克·奥巴马（Barack Obama）谈判确定的12个环太平洋国家之间签订的贸易协定。他发起了《北美自由贸易协定》（NAFTA）的重新谈判，目的是使该贸易区更有利于美国的利益。他以"国家安全"为理由，对从其他国家进口的钢铁和铝设置关税壁垒，以保护美国生产商免受他眼中的不公平的外国竞争。他开始提高从中国进口商品的关税，引发两国之间的贸易冲突，同时推动中国采取贸易和投资政策，以更好地造福他眼中的美国利益。

特朗普采取了其他措施来对抗全球化。美国从国际刑事法院、人权理事会和全球移民协定等联合国组织撤退，特朗普认为这些机构对美国有偏见，而对其他地方侵犯人权的行为视而不见。特朗普还把美国从联合国发起的气候变化协定——《巴黎协定》中拉了出来，认为减排目标不符合美国利益，再有，与科学所说的相反，气候变化是一场骗局。特朗普政府还通过阻止任命世界贸易组织仲裁小组的新法官来限制世界贸易组织解决贸易争端的能力，这一策略严重阻碍了世界贸易组织解决贸易争端的能力。

在2018年底的联合国大会演讲中，特朗普相当明确地表示了自己的不屑。令观众大吃一惊的是，他开始说"我们拒绝全球主义，接受爱国主义的教义。美国将永远选择独立和合作，而不是全球治理、控制和影响力"。这是国家主权至高无上的宣言，是所有国家都应该接受自己版本的"美国优先"外交政策方针的理念。"我们将不再允许我们的工人受害，我们的公司受骗，我们的财富被掠夺和转移。"特朗普说。他详细说明了他向中国2 000亿美元进口商品增加关税的理由，并承诺如果北京做出应对，他将实施更多的关税，"美国将不再被占便宜"。

这显然代表了对全球化进程和支持全球化的基于规则的国际秩序的抨击。特朗普的政策能否在他的政府中幸存下来还有待观察，但它将对全球化的攻击从街头示威提升到椭圆办公室，并将其置于美国外交政策的前沿和中心的过程中，可以毫不怀疑的是，他将这场辩论提升到了一个全新的水平。

资料来源：K. Johnson, "How Trump May Finally Kill the WTO," *Foreign Policy*, December 9, 2019; W. J. Hennigan, "'We Reject Globalism,' President Trump took 'America First' to the United Nations," *Time*, September 25, 2018; L. Elliot, "Globalization as We Know It Will Not Survive Trump. And That's a Good Thing," *The Guardian*, August 8, 2019; M, Cherkaoui, "Why Trump Remains Anti-Globalist Even Inside the United Nations," *Al Jazeera* Center for Studies, October 1, 2018.

无论是理论还是证据都表明许多这样的担心被夸大了；政治家和企业家必须做更多的事来应对这些焦虑。许多反全球化的抗议在警告我们逐渐失去了一个世界，这个世界原本因时空阻隔，不同的经济制度、政治制度和发展水平，从而产生了丰富多元的人类文化。这个世界现在已不复存在，虽然发达国家富有的公民能奢侈地来哀悼这样一个事实：在异国他乡度假时，如在泰国，能看到麦当劳餐厅和星巴克咖啡厅，但是在像泰国这样的国家里，国民少有抱怨，他们欢迎发展带来的更高层次的生活水平。

1.5.2　全球化、就业与收入

全球化的反对者常常提及的一种担心是国际贸易壁垒的减少实际上破坏了如美国和西欧这样富裕发达的国家经济体制造业的就业。批评家认为，不断减少的贸易壁垒使企业把制造活动转移到海外那些工资水平低得多的国家。不考虑其他方面，我们能得出结论：全球劳动力迅速增加，国际贸易扩展，将压低发达国家的工资水平。

这种担忧得到了一些逸闻的支持。例如，《费城问询者报》（*Philadelphia Inquirer*）的记者 D. L. 巴特利特（D. L. Bartlett）和 J. B. 斯蒂尔（J. B. Steele）以攻击自由贸易而闻名。他们引述了 Harwood 工业公司的例子，Harwood 这家美国服装制造商关闭了它在美国的工厂，因为那里工人的工资是一小时 9 美元，而将工厂转移至洪都拉斯，那里纺织工人的工资一小时只有 48 美分。巴特利特和斯蒂尔认为，类似这样的转移使得在过去 25 年中较为贫穷的美国人的工资大幅下降。

在过去的几年中，由于许多服务活动不断被外包到劳动力成本较低的国家，服务业也产生了类似的担忧。当一些企业，诸如戴尔、IBM 或花旗集团将服务活动外包到成本较低的外国供给者那里时（它们也正这样做），民众的感受可想而知。这三家公司正"出口工作岗位"到低工资的国家，导致了它们的母国（本例中即美国）有更高的失业率和更低的生活水平。美国的一些法律制定者已做出反应，呼吁通过立法阻止将工作外包。

全球化的支持者回应全球化趋势的批评家，认为他们忽略了自由贸易的关键一点：收益大于成本。他们认为，自由贸易可以使国家专业化生产本国最能够高效生产的产品和服务，而进口它们不能够高效生产的产品和服务。一个国家信奉自由贸易，总会带来一定的负面影响。例如，Harwood 工业公司的工人失去了纺织工作，戴尔公司的员工失去了呼叫中心的工作，但结果是整个经济状况的改善。根据这个观点，当洪都拉斯或中国能以较低的成本生产时，美国自己生产纺织品是没有意义的。从中国进口纺织品将导致美国服装的价格更低，这样就能使消费者在其他物品上花更多的钱。同时，由于纺织品出口的增加，中国的收入水平得以提高，这反过来又有助于中国购买更多的美国产品，如 Amgen 的药物、波音飞机、英特尔的微处理器、微软的软件和思科的路由器等。

同样的论点也能证明将服务外包给低工资国家的合理性。将客户服务呼叫中心外包给印度，戴尔公司就能降低其成本，从而降低个人电脑的价格。美国消费者也能从中得益，电脑价格一旦下降，他们就能在其他产品和服务上花费更多。此外，印度人的收入水平提高了，能购买更多的美国产品和服务，这将有助于在美国创造就业。这样，全球化的支持者断言：自由贸易对于坚持自由贸易制度的国家都是有利的。

假如全球化的批评者是正确的话，那么有三个事实必定会显现出来：第一，在发达国家，由于工资下行压力，劳工获得的国民收入的份额不同于资本持有者（如股票持有者和债券持有者）获得的份额，前者将呈下降趋势。第二，即使"经济馅饼"中劳动力的份额可能下降了，但是如果整个"经济馅饼"的增长充分到能够抵消劳工份额的下降，换句话说，如果在发达经济体中，发展的经济和提高的生活水平能够弥补劳工所得份额的下降（全球化的支持者认为这就是当前状况），那么这并不意味着生活水平的降低。第三，劳工国民收入份额的下降一定是因为将生产转移到低工资国家，而不是生产技术和生产率的提高。

最近的几项研究可以阐明这些问题。数据表明在过去的 20 年中劳动在国民收入中的份额有所下降，但是在欧洲和日本下降的份额（约 10%）远高于美国和英国（为 3%～4%）。然而，进一步的分析显示，国家收入份额由熟练工人获得的部分实际上是增加了的，这说明国家收入份额降低的部分都归因于非熟练工人份额的下降。国际货币基金组织的一项研究指出，熟练工人和非熟练工人之间的收入差距在过去 20 年中扩大了 25%。另一项以美国数据为重点的研究发现，来自进口的竞争必然导致从事非技术性工作的工人的实际工资下降，而对技术性职业的工资没有明显影响。同一项研究发现，出口增长部门的技术工人和非技术工人的实际工资都有所增加。这些数字表明，在过去 30 年中，那些受到更有效的外国竞争影响的部门的非技术工人在国民收入中所占的份额可能有所下降。

但是，这并不意味着在发达国家非熟练工人的生活水平有所下降。很可能是发达国家的经济增长弥补了非熟练工人在国民收入份额中的缩减，提高了他们的生活水平。有证据表明，自 20 世纪 80 年代以来，在大多数发达国家（包括美国），工人的实际劳工报酬得到了提高。经济合作与发展组织（以下简称"经合组织"，其成员包括世界上 34 个最富有的经济体）的一些研究指出，尽管在一些经合组织国家中，社会上的贫富差距拉大了，但是几乎所有国家的实际收入水平都得到了提高，包括绝大多数经合组织中最贫穷的国家。在一项 2011 年公布的研究中，经合组织发现，1985～2008 年，其成员的年均家庭实际收入（调整通胀后）增长了 1.7%。最贫穷的 10% 的人的实际收入平均增长了 1.4%，而最富有的 10% 的人的实际收入年均增长了 2%（即尽管每个人都变富了，但社会中最富有的人与最贫穷的人之间的差距拉大了）。这种增长率的差距在美国要比在大多数其他国家更大。研究发现，1985～2008 年，美国最贫穷的 10% 的人的实际收入每年只增长了 0.5%，而那些最富有的 10% 的人实际收入年均增长了 1.9%。

之前已经提到，全球化的批评者认为，非熟练工人工资率的下降是由于低工资制造工作被转移到海外，从而相应减少了对非熟练工人的需求。但是，全球化的支持者看到的情况要复杂得多，他们仍然认为，非熟练工人的实际工资率的缓慢增长更多的是因为发达经济体中由技术引起的转变：工作所需的资历不再仅是愿意每天上班，而是要求大量的教育和技能。他们指出，许多发达国家声称它们缺少高技能的工人，而非熟练工人则过剩。所以，不断加剧的收入不公平是劳动力市场争相以高工资吸引熟练工人和对非熟练工人工资打折的结果。事实上，有证据表明，技术变革对于劳工在国民收入中份额减少的影响远比全球化的影响要大。这表明，有关非熟练工人收入增长缓慢的问题也就找到了一个解决方法，它不在于限制自由贸易和全球化，而在于增加社会教育投资以减少非熟练工人的供给。

最后，值得关注的是，随着发展中国家经济的快速增长，发达国家与发展中国家间的工资差距正在缩小。例如，据估计，在未来 20 年中，中国的工资将赶上西方的水平。从这一层面上看，非技能性工作向低工资国家转移只是暂时的现象，这代表走向联系更为紧密的全球经济过程中的一种结构性调整。

1.5.3 全球化、劳工政策与环境

第二种顾虑是自由贸易鼓励企业把制造厂从发达国家转移至不发达国家，而那些不发达国家缺乏足够的法规条例来保护劳动者和环境不被不法商人滥用。全球化的批评者总认为遵守劳动和环境法规会明显提高制造企业的成本，从而使它们在全球市场上相对于那些在发展中国家无须遵守管制的企业处于竞争劣势。该理论认为，企业为了应对这种成本劣势，就会把生产设施转移到没有烦琐的法规或者虽已制定法规但执行不力的国家。

如果是这样，人们可以预期，自由贸易带来的将是污染的增加和发达国家的企业剥削欠发达国家的劳工。这一观点被反对 1994 年签订的《北美自由贸易协定》(《北美自由贸易协定》在加拿大、墨西哥和美国间签署)的人反复引用。他们描述了这样一幅景象：大批美国制造企业涌入墨西哥，以便能肆无忌惮地污染环境，雇用童工，不考虑工作场所安全和工人健康等问题，所有这一切都打着获取更高利润的旗号。

支持更大规模的全球化和自由贸易的人士对此表示怀疑。他们指出更为严格的环境管制和劳动标准是伴随着经济的进步而产生的。总的来说，当国家更为富裕时，它们就会制定更为严格的环境和劳动法规。由于自由

贸易能使发展中国家提高它们的经济增长率并变得更为富裕，这会带来史为严格的坏境和劳工法。根据这一观点，自由贸易的反对者把问题搞反了，因为自由贸易带来的污染和劳工剥削不是更多而是更少。通过创造财富和鼓励企业技术创新，自由市场制度和自由贸易能使世界更容易应对污染问题和人口增长问题。确实，在世界上一些较穷的国家，污染在增加，而在发达国家则呈下降趋势。例如，在美国，大气中一氧化碳和二氧化硫污染物的聚集浓度自1978年来下降了60%，而铅浓度下降了98%，这些下降是在经济持续增长的背景下出现的。

许多计量经济学研究一致发现：收入水平和污染程度的关系呈拱形（见图1-5）。当一个经济体成长且收入水平提高时，最初污染程度也上升了。然而，过了某一点，上升的收入水平将导致更高的环保要求，污染程度也随之下降。格罗斯曼（Grossman）和克鲁格尔（Krueger）的一项著名研究发现，该转折点通常发生在人均收入达到8 000美元时。

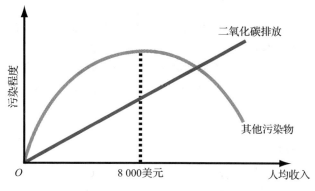

图1-5 收入水平与环境污染

资料来源：C. W. L. Hill and G. T. M. Hult, *Global Business Today* (New York: McGraw-Hill Education, 2018).

在图1-5中描绘的拱形关系似乎适用于一系列的污染物，从二氧化硫到铅浓度及水质等；二氧化碳的排放则是一个重要的例外，随着收入水平的提高，它也稳步增加。二氧化碳是一种温室气体以及有证据表明大气层中二氧化碳浓度的增高是全球变暖的一个原因，这应引起高度重视。可是，解决问题的办法不是降低可以促进经济增长和全球化的贸易自由化水平，而是让世界各国在一些政策上达成共识，以限制二氧化碳的排放，提高全世界人民的生活水平。在大多数经济学家看来，最有效的办法是通过征收碳税为碳密集型能源生产定价。为了确保这种税不会损害经济增长，经济学家认为，这种税应该是收入中性的，碳税的增加应该被收入税或消费税的减少所抵消。

尽管如此，自由贸易的支持者指出，把自由贸易协议和在欠发达国家执行较严格的环境与劳工法结合起来是可能的。例如，《北美自由贸易协定》是在墨西哥承诺实施更严格的环保法规的附带协议后才正式通过的。因此，自由贸易的支持者认为，现在在墨西哥建立的工厂，比没有签署《北美自由贸易协定》时更加环保。

他们还认为工商企业并非如批评者所说的，是不讲道德的组织。其中可能有害群之马，但是绝大多数企业是由讲道德的经营者管理的，不至于仅仅为了能随意污染空气或剥削劳工而把生产转移到海外。此外，污染、劳工剥削和生产成本间的关系并非真的像批评者所说的那样。总之，一支享受良好待遇的劳工队伍是富有成效的，最影响成本的是劳动生产率，而不是基本工资水平。因此，贪婪的经营者把生产转移到低工资国家，去"剥削"该国劳工的看法就站不住脚了。

1.5.4 全球化和国家主权

全球化的批评者的另一个担心是，在日益相互依存的全球经济中，经济权力正在从各国政府转入超国家组织，诸如世界贸易组织、欧盟和联合国。这一直是特朗普观点的核心，也支撑了他的"美国优先"外交政策（见国际聚焦1-2）。持批评观点的人士认为，现在非选举的官僚们能够把政策强加给经民主选举产生的民族国家政府，因此破坏了这些国家的主权，并且民族国家对其自身命运的控制能力将受到限制。

世界贸易组织是那些反对世界经济迅速转向全球化的人特别喜欢攻击的一个目标。世界贸易组织成立于1995年，它监管由关贸总协定所建立的世界贸易体系。世界贸易组织仲裁164个关贸总协定缔约成员间的贸易争端。世界贸易组织的仲裁小组会做出裁决，要求违反协定的成员方改变其贸易政策；如果违反者拒绝遵守裁定结果，那么世界贸易组织则允许其他成员方对违规者施以适度的贸易制裁。因此，著名的评论家、美国环保主义者和消费者权益的倡导者、曾经的总统候选人拉尔夫·纳德（Ralph Nader）说：

在新的制度下，许多影响亿万人民的决策不再由地方或国家政府做出，取而代之的是，若有任一世界贸易组织成员提出异议，就得听命于一小拨在日内瓦（世界贸易组织总部所在地）坐在紧闭门后未经选举的官僚。这些官员可以决定加州人究竟能否阻止毁坏最后一片原始森林或者能否禁止对他们的食物使用会致癌的杀虫剂，也能够决定欧洲国家是否有权禁止肉中添加有危害的生物激素……这是在置民主的基础和负责的决策于危险之中。

与纳德的讲话相反，许多经济学家和政治家仍然认为这些超国家组织（如世界贸易组织）的权力是在各国和地区共同授予的范围内的。他们认为，像联合国和世界贸易组织等机构的存在是服务于成员的共同利益的，而不是破坏这些利益。一些超国家组织的支持者指出，这些机构的权力主要在于其能够劝说成员去遵循某项行动。如果这些机构未能服务于成员的共同利益，那些国家和地区就不会再支持它们，这样，这些超国家组织就将迅速瓦解。

1.5.5 全球化和世界上的穷国

全球化的批评者认为，尽管存在自由贸易和投资的预期利益，但是在过去的百余年中，世界上的富国和穷国之间的差距还是拉大了。1870年，世界上17个最富国的人均收入是其他各国的2.4倍；到了1990年，同样的国家，其富裕程度为其他国家的4.5倍。2019年，经合组织的34个成员方（包括世界上大多数富裕经济体）人均国民总收入超过4万美元，而世界上40个最不发达国家的人均国民收入低于1 000美元，这意味着世界上34个最富裕国家的人均收入是世界上40个最贫穷国家的40倍。

正如近年来所显示出的，世界上有些较穷的国家能有一个快速的经济成长期，这已为发生在某些东南亚国家的转型所证实，比如泰国和马来西亚，但似乎也有一种强大的力量使世界上一些最穷的国家经济停滞。1960年，人均GDP不到1 000美元的约1/4的国家增长率为负，而1/3的国家增长率低于0.05%。批评家指出，既然全球化如此有利于发展，那么富国与穷国间的差异就不应产生。

虽然经济停滞的原因多种多样，但有几个要素很突出，其中没有一个与自由贸易或全球化有关。许多世界上最贫穷的国家深受专制政府、破坏财富而不是促进财富创造的经济政策、地方性的贪污腐败、对产权保护的缺失及战争之害。这些因素有助于解释为什么诸如阿富汗、古巴、海地、伊拉克、利比亚、尼日利亚、苏丹、叙利亚、朝鲜和津巴布韦等国在近几十年中未改善其国民的经济命运。另一个复杂的原因是这类中的许多国家人口增长过快。政府如不做重大变革，人口的增长将使其面临的问题雪上加霜。自由贸易的倡导者认为，改变这些国家命运的最佳办法是减少其贸易和投资壁垒，并促使其执行基于自由市场经济的政策。

世界上许多较穷的国家受累于巨大的债务负担，尤其是40个左右的所谓的"高度负债的较穷国家"（highly indebted poorer countries，HIPC），这些国家约有7亿人口。在这些国家，平均政府债务负担相当于经济价值（由国内生产总值衡量）的85%，而每年用于政府偿还债务的成本为该国出口所得的15%。如此沉重的债务负担使这些国家的政府无力再去投资重要的公共基础设施项目，诸如教育、医疗保健、道路和电力。结果是HIPC陷入贫穷和借债的恶性循环，从而阻碍了经济发展。有人认为，自由贸易本身是必要的，但光靠自由贸易不足以帮助这些国家摆脱贫穷，需要对这些世界上最为贫穷的国家大规模地减免债务，使它们有机会重建经济并踏上通往繁荣的漫长的道路。债务免除的支持者还认为，穷国的民主政府不应被迫为其腐败和独裁的前任偿还很早以前发生的、管理混乱的债务。

20世纪90年代末，债务免除运动在世界较富裕国家的一些政治组织中渐占上风。再加上一些备受瞩目的支持，从爱尔兰的摇滚明星博诺（Bono，他自始至终不知疲倦地拥护债务免除）到颇有影响的哈佛经济学家杰弗里·萨克斯（Jeffrey Sachs）等，债务免除运动对于美国在2000年立法为HIPC免除4.35亿美元债务起了很大的作用。也许更为重要的是，美国也支持国际货币基金组织的一项计划，出售一些黄金储备，用其收益帮助免除债务。国际货币基金组织和世界银行现在已接过大旗并积极着手开展一项系统的债务免除计划。

然而，为了使这类规划能有一个持续的效果，债务免除必须配以明智的公共项目投资（诸如教育等）来推动经济增长，并采取促进投资和贸易的经济政策。世界上的富国也能通过减少从较穷国进口产品的壁垒来实施帮助，尤其是减少对进口农产品和纺织品征收的关税。高关税壁垒和其他贸易壁垒使得穷国难以出口更多的农产品。据世界贸易组织的估计，如果世界上的发达国家取消对它们农产品生产者的补贴并撤除农产品贸易的关税壁垒，将使全球经济福利增加1 280亿美元，其中300亿美元进入贫困国家，而这些国家大多为高债务国。据世界贸易组织估测，伴随农业贸易扩大带来的快速增长，贫困人口将显著减少。尽管富国和穷国之间差距很大，但有证据表明改善贫困取得了实质性进展。根据世界银行的数据，世界上生活在贫困中的人口的百分比在过去30年中大幅度下降（见图1-6）。1981年，世界上42.2%的人口生活在极端贫困之中，即每天生活费低于1.90美元，66.4%的人每天生活费低于5.50美元。到2015年，这些数字分别为10%和46%。换言之，1981～2015年，尽管世界人口同期增加了25亿左右，但生活在赤贫中的人数却从19亿降至7.36亿。世界正在变得更好，许多经济学家会认为，全球化以及它为世界上较贫穷国家提供的改善其命运的机会，与此有很大关系。另外，到2015年，仍有34亿人每天生活费不足5.5美元，这表明还有相当长的路要走。

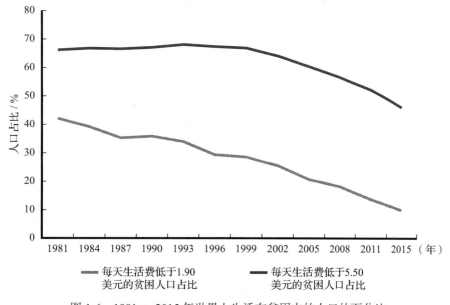

图1-6　1981～2015年世界上生活在贫困中的人口的百分比

资料来源：World Bank Data Base on Poverty and Equity, World Development Indicators, 2019.

1.6　在全球市场进行管理

本书谈及的许多内容都与国际企业管理工作面临的挑战相关。**国际企业**（international business）是指任何从事国际贸易和投资的企业。企业不一定非得是多国企业（即在其他国家直接投资设厂）才能从事国际商务活动，尽管多国企业是国际企业，而国际企业必须做的是出口或从其他国家进口产品。随着世界真正转向一体化经济，越来越多的企业，不管规模大小，都正在成为国际企业。向全球经济的这一转变对于国际企业内部的管理人员意味着什么呢？

在企业不断进行跨国贸易和投资时，管理人员需要认识到，管理国际企业与管理一个纯粹的国内企业在许多方面有所不同。从最基础的层面讲，这种差异来自这样一个简单的事实，即各个国家是不同的。各国在文化、政治制度、经济制度、法律制度以及经济发展水平上都存在差异。尽管人们都在谈论地球村的出现，尽管市场和生产在趋向全球化，但是正如我们在本书中将看到的，许多差异仍然是深远且持久的。

国与国之间的差异要求国际企业依据各国具体情况改变运作方式。在巴西的市场推广新产品就与在德国的市场推广产品不同；管理美国工人的方法与管理日本工人的方法不同。在墨西哥，与特定政府层保持密切关系十分重要，但在英国也许不重要；在加拿大采用的业务战略在韩国也许根本就行不通；等等。国际企业中的管理人员不仅要对这些差异很敏感，而且必须采取适宜的政策和策略来应对。本书花了很大的篇幅来解释这些差异产生的原因和成功应对它们的方法。

国际企业不同于国内企业的另一方面是经营国际企业的复杂性。除了因国家差异而导致的问题外，国际企业的管理人员还会遇到国内企业的管理人员从来也不会遇到的一系列问题。国际企业的管理人员必须决定在世界上哪个地方进行生产活动，以求得最小的生产成本和最大的附加值。他们必须判断遵守许多欠发达国家较低的劳工和环境标准是否道德，还得判断如何更好地协调和控制分散在世界各地的生产活动（这一点我们在书中会讨论，这是个不小的问题）。一家国际企业的经营者得判断进入哪个国外市场，避开哪个市场，得选择进入某个特定国家市场的适当模式。向外国出口产品是最好的方式吗？企业是否应该通过许可方式允许外国企业在当地生产其产品？企业是否应该在该国与当地的企业合资经营生产？或者企业是否应该在那个国家设立一个独资子公司来服务于该市场？正如我们将看到的，进入模式的选择是十分关键的，因为它对企业长期的健康发展至关重要。

从事跨国商务交易要理解统领国际贸易和投资系统的规则。国际企业的经营者还得应对政府对国际贸易和投资的限制。他们必须在政府干预所实施的特定的限制下寻找可行的方法。正如本书所述，虽然许多国家名义上承诺自由贸易，但它们还是经常通过干预来管制跨国贸易和投资。国际企业的管理人员必须为应对这类干预制定战略和政策。

跨境交易还要求企业把母国货币兑换成外币，反之亦然。货币汇率随着经济形势而变化，国际企业的管理人员必须制定应对汇率波动的政策。采取错误政策的企业会损失大量的金钱，而采取正确政策的企业则能提升其国际交易的盈利。

此外，应当指出的是，依赖国际贸易的企业面临低概率的"黑天鹅"事件的风险，这些事件可能会产生严重的负面后果。这些风险包括与不可预见的军事冲突、恐怖行动（如"9·11"事件）或新型病毒传播造成的中断有关的风险。比如2003年，一种名为SARS的冠状病毒蔓延开来，它最终感染了大约8 000人，并导致774人死亡。当时，SARS导致了国际供应链的中断，迫使一些依赖海外准时库存运输的公司争相寻找替代品。2019年末，另一种冠状病毒COVID-19出现，比SARS致死率低但传染性更强，其影响包括全球经济急剧放缓和供应链严重中断。

总之，管理一家国际企业与管理一家纯粹的国内企业不同，其理由至少有以下四点：①国家的差异；②国际企业管理人员面临的问题更广泛，问题本身相比于国内企业经理人员所面临的问题也更加复杂；③国际企业管理人员必须设法在政府对国际贸易和投资系统所强加的限制下工作；④国际交易涉及不同货币间的兑换。

在本书中，我们深入研究了所有这些问题，密切关注管理者为应对企业成为国际企业所带来的各种挑战而采取的不同战略和政策。第2～4章探讨了各国在政治、经济、法律和文化制度方面的差异。第5章详细介绍了国际商务中出现的伦理问题、企业社会责任和可持续性问题。第6～9章着眼于国际企业必须在其中运作的全球贸易和投资环境。第10～12章回顾了全球货币体系。这些章节的重点是外汇市场的性质和新兴的全球货币体系。第13章和第14章探讨了国际企业的战略、组织和市场进入选择。第15～17章介绍了国际企业中各种职能运营的管理，包括出口、进口、对销贸易、生产、供应链管理、营销、研发、财务和人力资源。当你完成本书的学习时，你应该已经很好地掌握了从事国际商务的管理者们每天必须解决的问题，并且你应该熟悉在当今迅速崛起的全球经济中进行更有效的竞争的一系列战略和经营政策。

本章小结

本章展示了世界经济如何变得更为全球化，详述了全球化的主要动因，并断言它们正在猛烈地推动民族国家走向结合更为紧密的全球经济。本章还审视了随着全球经济的变化，国际企业的性质正在发生怎样的变化；探讨了人们因迅速的全球化而产生的某些担忧；考察了迅速的全球化对经理人个人而言意味着什么。本章要点如下：

（1）在过去的30年中，我们见证了市场和生产的全球化。

（2）市场全球化意味着国别市场正融合为一个巨大的市场。但重要的是不要将这些观点极端化。

（3）生产全球化意味着企业将把单个生产活动置于世界的最佳区位来完成。因此，说什么美国产品、日本产品或德国产品已越来越不恰当了，因为这些产品将为"全球"产品所替代。

（4）两个因素似乎构成了全球化趋势的基础：贸易壁垒的减少以及通信、信息和运输技术的变革。

（5）自第二次世界大战结束以来，商品、服务和资本自由流动的壁垒已大幅减少，这比其他任何事物更有力地促进了生产的全球化趋势，并使企业能够把世界视为单一的市场。

（6）作为生产和市场全球化的一个结果，在过去10年中，世界贸易的增长比世界产出的增长更快。对外直接投资激增，进口已更加深入地渗透到世界上的工业国家，使各行各业增加了竞争压力。

（7）微处理器的发展以及相关的通信和信息处理技术的进步帮助企业把它们世界各地的经营点接入复杂的信息网络。喷气式客机使差旅时间缩短，同样有助于国际企业把世界各地的经营点联系起来。这些变化使企业在世界各地的经营点得到更紧密的协作并使企业将世界视为单一的市场。

（8）20世纪60年代，美国主宰了当时的世界经济，美国企业在世界经济对外直接投资中所占的份额最多。大型多国企业名单中美国企业占统治地位，而约占世界半数的社会主义国家实行集中的计划经济，对西方企业并不开放。

（9）到21世纪20年代，美国在世界产出中所占的份额已减半，主要的份额被西欧和东南亚各经济体占有。美国在世界范围的对外直接投资中所占的份额也已下降，减少了约2/3。美国的多国企业现在正面临着来自日本和欧洲的许多多国企业的竞争。此外，微型多国企业的出现值得关注。

（10）过去30年中，最显著的变化之一是东欧国家的剧变，这为国际企业创造了巨大的机遇。此外，中国和拉丁美洲向自由市场经济的转变正在给西方国际企业创造机会。

（11）企业家、经济学家和政治家之间针对全球经济的利弊展开了激烈的争辩。辩论集中于全球化对就业、工资、环境、工作条件和国家主权的影响，以及世界上最贫穷国家的极端贫困问题。

（12）管理国际企业和管理国内企业是不同的，理由至少有如下四点：①国家的差异；②国际企业管理人员面临的问题更加广泛，问题本身比起国内企业管理人员面临的问题也更复杂；③国际企业管理人员必须设法在政府对国际贸易和投资系统所强加的限制下找到可行的方式工作；④国际交易涉及不同货币之间的兑换。

PART 2

第 2 部分

国家间的差异

第 2 章　政治、经济、法律体制的国别差异

第 3 章　经济发展的国别差异

第 4 章　文化差异

第 5 章　伦理、企业社会责任及可持续发展

第 2 章

政治、经济、法律体制的国别差异

学习目标

- 2-1 了解国与国之间政治体制的不同之处
- 2-2 了解国与国之间经济体制的不同之处
- 2-3 了解国与国之间法律体制的不同之处
- 2-4 解释国家在政治、经济上的差别对管理实践的影响

⊙ **开篇案例**　　　　　　　　　　**中国的混合所有制经济**

20世纪50年代，中国的国有企业在国家的工业化中起主导作用。从70年代末开始，中国政府逐渐开始实施以市场为导向的改革。这些改革在八九十年代加速。改革内容包括取消价格管制、私有化或者清算许多规模较小的国有企业、发展私营部门、发展股票市场、向国际贸易和跨国公司的外来投资开放经济。改革使中国成为世界上增长最快的经济体之一，从1978年到2018年，其国内生产总值（GDP）增长了10倍多。到2020年，以名义GDP衡量，中国是仅次于美国的世界第二大经济体；以购买力平价衡量GDP，中国是世界上最大的经济体。

现在，中国实行的是混合所有制经济，由重要的国有部门和充满活力的私营部门构成。阿里巴巴、腾讯、百度和华为等大型跨国科技公司已成为中国私营部门的象征。此外，中国仍有相当数量的大型国有企业。根据世界银行的一项研究，2017年，在银行业中，国有企业约占行业增加值的88%，在运输和邮政服务业中约占77%，在建筑业中约占38%，在批发和零售业中约占37%，在制造业中约占21%。另外，国有企业在信息技术、酒店和餐饮、农业等行业的增加值中所占的比例不到10%。

中国把市场这只"看不见的手"和国家这只"看得见的手"结合起来，战略性地利用国有企业驱动经济增长。这在基础设施等领域最为明显，在这些领域，国有企业一直处于建设铁路和公路网络、航运港口和机场以及高速无线网络的前沿。在钢铁和汽车等重工业中，这也是一个明显的因素。在钢铁行业，最大的5家生产商中有3家是国有的；在汽车行业，最大的4家企业都是国有的。

除此之外，国家还帮助促进了某些部门私营企业的发展。例如，《华尔街日报》的研究表明，华为这家中国最大的私营电信设备供应商，可能已经获得了自1995年以来高达750亿美元的政府支持，诸如廉价的土地、信贷便利、低息贷款、税收减免等形式。中国大型国有银行一直是政府向华为提供支持的主要渠道。据报道，自2000年以来，中国国家开发银行（China Development Bank）和中国进出口银行（The Export-Import Bank of

China）这两家国有银行为华为的客户提供了超过300亿美元的信贷额度。所有这些支持帮助华为向客户提供了慷慨的融资条件，比竞争对手的价格低30%，使华为成为全球顶级电信公司。相比之下，自2000年以来，华为最大的竞争对手之一思科系统公司（Cisco Systems）从州和联邦政府获得了4 450万美元的补贴、贷款、担保、赠款和援助。

资料来源：He Fan, "The Long March to the Mixed Economy in China," *East Asia Forum*, February 9, 2015; Yasheng Huang, "China Has a Big Economic Problem, and It Isn't the Trade War," *The New York Times*, January 17, 2020; Chuin-Wei Yap, "State Support Helped Fuel Huawei's Global Rise," *The Wall Street Journal*, December 25, 2019; Chunlin Zang, "How Much Do State Owned Enterprises Contribute to China's GDP and Employment?" *World Bank*, July 15, 2019.

引言

国际商务活动比国内商务活动要复杂得多，因为国家间在很多方面存在差异。各国有不同的政治制度、经济制度和法律制度，它们在经济发展水平和经济增长轨迹方面都显著不同。而且国与国之间在文化上的差异也是非常显著的，人们在受教育程度和技能水平上的差异也很明显。所有这些差异对国际商务实践而言都有重大意义。这些差异对收益、成本和风险具有潜在的影响，对在不同国家进行商业管理和制订战略计划都有深刻的影响。本章和接下来的两章主要是逐步让大家了解和鉴别国家之间在政治制度、经济制度、法律制度、经济发展和社会文化上的差异。这三章还会涉及各国政治、经济、法律和文化体制是如何不断演变的，并探讨这些演变对国际商务运作的影响。

开篇案例说明了本章将讨论的一些问题。过去40年最引人注目的经济发展之一是中国的崛起。这始于20世纪70年代末，当时中国开始实施经济体制改革，允许私营企业和某些行业（尤其是农业）市场定价。随着时间的推移，私营部门已扩大到包括广泛的工业和商业部门。私营企业目前占中国GDP的70%以上。向私营企业的转变为中国经济的巨大增长提供了很大动力，使中国的GDP在1978～2018年增长了10倍。与此同时，中国的国有企业继续在银行、钢铁生产和汽车等领域发挥重要作用。因此，中国实行的是混合所有制经济，国家积极参与生产，既直接通过拥有生产资料，也间接通过国有银行为私营企业提供战略支持。如果不考虑这些差异，就无法理解在中国是如何做生意的。

本章主要关注国家之间在政治、经济及法律体制上的差异。这些制度共同组成了一个国家的政治经济体制，我们使用"**政治经济**"（political economy）一词，强调一个国家的政治、经济和法律体制不是互相孤立的，它们相互作用、相互影响，并影响着经济水平的高低。在第3章中，我们将基于本章讨论的概念更细致地探索政治、经济及法律体制的差异如何影响国家的经济发展及其未来可能的发展轨迹。在第4章中，我们将讨论社会文化的差异以及这些差异如何影响国际商务的运作。此外，我们还会在第4章中提到，社会文化会影响国家的政治、经济和法律体制，从而影响国家的经济福利水平。我们也会讨论可能发生的逆向影响，即政治、经济和法律体制如何影响社会文化的形成。

2.1 政治体制

一国的经济和法律体制通常是由该国的政治体制决定的。因此，我们需要理解不同的政治体制的性质，然后再讨论经济和法律体制。**政治体制**（political system）是指一国的政府体制。对于政治体制，我们可以通过两个有关维度来衡量：第一，它在多大程度上强调集体主义与个人主义的关系；第二，它在多大程度上是民主的或极权的。这两个维度是相互关联的，在两者中间有一个灰色区域：有可能在民主社会既强调集体主义也强调个人主义，也可能在极权社会并不强调集体主义。

2.1.1 集体主义和个人主义

1. 集体主义

集体主义（collectivism）指一种强调集体目的处于首要地位，个人目的处于次要地位的政治制度。当集体主义被强调时，全社会作为整体的需要被认为比个人自由更重要。在此情形下，个人做事情的权利会因为与社会利益有冲突或者与公共利益有冲突而受到限制。集体主义最早是由古希腊哲学家柏拉图提出的，他在《理想国》一书中谈到个人权利应服从于大多数人的利益，而财产应为公众所有。柏拉图并没有把集体主义等同为平等，他认为社会应分阶层，让最善于统治的人（在柏拉图看来是哲学家和军人）来管理社会，泽被众人。

2. 个人主义

与集体主义相对，**个人主义**（individualism）是指这样一种哲学，即个人在其经济和政治追求方面应享有充分的自由。与集体主义相比，个人主义强调个人利益优先于国家利益。像古希腊哲学家柏拉图最早提出了集体主义一样，柏拉图的学生亚里士多德提出了个人主义。与柏拉图相反，亚里士多德提倡个体多样性和私人所有制。在一段摘自坚持自由市场形态的当代政治家演讲的话中，有如下观点：私有财产具有比公共财产更高的生产效率，因而更刺激进步。根据亚里士多德的观点，公共财产得不到关注和爱护，而私有财产会受到最大限度的关心，因而具有最高的生产效率。

16 世纪，个人主义在英国、荷兰等国家重新成为一种颇具影响的政治哲学。这一哲学在大卫·休谟（David Hume）、亚当·斯密（Adam Smith）、约翰·斯图尔特·穆勒（John Stuart Mill）等一系列英国哲学家的著作中得到了进一步发展。个人主义哲学对那些想要从英国独立出来的、在美国殖民地的人们产生了深刻的影响。实际上，《独立宣言》体现的思想意识就是以个人主义为基石的。20 世纪的几位诺贝尔经济学奖获得者，即米尔顿·弗里德曼（Milton Friedman）、弗里德里希·冯·哈耶克（Friedrich von Hayek）和詹姆斯·布坎南（James Buchanan）等都推崇这一哲学。

个人主义建立在两个核心原则的基础之上。第一个原则强调个人自由和个人言论的重要性。第二个原则强调只有通过让人民追求自己的经济利益，才能实现社会福利最大化，而不是由某个集体机构（如政府）来规定什么是社会的最高利益。如亚当·斯密在其著名的《国富论》一书中所指出的那样：一个想要得到私人财富的人将受到一只"看不见的手"的引导，最后会达到一个并非其初衷的目标。这对本来没想如此的社会而言不一定总是坏事。个体在追求其自身利益的同时，又不断地提升了社会利益，而且比他实际打算促进社会利益更有效。

所以，个人主义的核心思想就是强调个体的经济和政治自由乃是一个社会赖以存在的基础。这就使个人主义与集体主义产生了冲突。集体主义强调集体应优先于个人，而个人主义所强调的正好相反。世界近代史上相当长一个时期都出现了这一严重的意识冲突。例如冷战，它实质上就是倡导集体主义的苏联和鼓吹个人主义的美国之间的一场战争。从 20 世纪 80 年代到 2005 年，集体主义日渐衰退，而个人主义则相对兴盛起来。2005 年以后，在包括委内瑞拉和玻利维亚等若干拉美国家和俄罗斯的一些国家，左翼社会主义思想有所回潮。而 2008～2009 年的全球经济危机引发人们重新评价个人主义这一趋势，这一震荡也可能导致个人主义短时期的后退。

2.1.2 民主与极权

民主和极权是政治范畴里两个不同的极端。**民主**（democracy）是指一种政治体制，该体制中的政府是由人民直接选举或通过其所选代表间接选举出来的。**极权主义**（totalitarianism）是指一种政权形式，其中的个人或一个政党对人们生活的各个方面都拥有绝对的控制权，且禁止其他对立党派存在。民主与极权的关系和集体主义与个人主义的关系有相关性。但可能有民主国家以集体主义价值为主导，也可能有极权国家敌视集体主义而鼓励一定程度的个人主义，尤其是在经济领域。

1. 民主

最初在古希腊几个城邦国家实行过的纯粹的民主形式是基于这样一种信条，即公民应该直接参与决策。在拥有数千万或数亿人口的复杂的先进社会中，这种做法很不现实。大多数现代民主国家实行**代议制民主**（representative democracy）。例如，美国是一个运行代议制民主的宪法共和国。在代议制民主社会中，公民定期选出个人来代表他们。这些被选出的代表形成代表全体选民意志进行决策的政府。在代议制民主社会中，一旦选出的代表没能充分地完成任务，他们将会在下一次选举中落选。

为了保证选出的代表对全体选民负责，理想的代议制民主通过宪法设置了一系列的保障措施：①个人自由表达的权利、自由提出意见的权利、自由集会的权利；②自由的媒体；③定期选举，允许所有符合条件的公民都参与投票；④广泛的成人投票率；⑤选出的代表有任期；⑥独立于政治体制之外的公平的法律体制；⑦非政治性的国家官僚机构；⑧非政治性的警察力量和武装力量；⑨相对自由地获得国家信息。

2. 极权主义

在极权制国家，公民不享有代议制民主社会中宪法赋予的那些权利，如个人自由表达与集会、自由媒体和定期选举的权利。在多数极权制国家，政治镇压是普遍存在的；缺乏自由公平的选举；媒体受到审查；基本的人权被拒绝；谁对统治者的权力有质疑，谁就会被投入监狱或下场更糟糕。

3. 伪民主体制

世界上许多国家既不是纯粹的民主国家也不是严格的极权主义国家，而是介于纯民主和纯极权之间的政府体系。它们可以被称为不完善民主或**伪民主体制**（pseudo-democracies），这些国家中的独裁者已掌控部分或大部分的国家机构，并试图拒绝给予基本的政治自由和公民权利。

2.2 经济体制

如前所述，政治意识形态和经济体制之间是有联系的。在一些个人目标优先的国家，我们较多地看到它们实行市场主导的经济体制。相反，在一些集体目标优先的国家，国家可能控制了许多企业，并且在这些国家，市场可能是受到限制的而不是自由的。我们可以将经济体制划分为三种主要类型，即市场经济、计划经济和混合经济。

2.2.1 市场经济

在纯粹的**市场经济**（market economy）中，所有生产活动都是由私人拥有的，而不是由国家拥有的。一个国家生产什么商品和服务以及生产多少，不是由任何人的计划决定的，而是由供求关系决定的，并通过价格机制将信息传递给生产者。若商品的需求量超过了供给量，产品价格就上升，表明生产者应该增加产量；如果供给量超过了需求量，产品价格就下跌，表明生产者应该减少产量。在这个体制里，消费者是至高无上的。消费者的购买模式通过价格机制来提示生产者最终确定生产什么和生产多少。

在一个以这种方式运作的市场中，不能对供给设置任何的限制。当一家公司垄断了市场时，对供给的限制就会出现。在这种情形下，垄断企业不是增加产量应对增长的需求，而是限制产量并且任由价格上涨。这就使得垄断企业从售出的每件商品上获得更大的边际利润。这种局面对垄断企业来说当然很好，但对要支付更高价格的消费者来说就很糟糕。这对整个社会的福利也是不利的。由于垄断者没有竞争对手，它们没有动力去寻求降低生产成本的方法；相反，它们可以简单地通过提价的方式将产品增加的成本转移给消费者。最终的结果是垄断者很可能变得越来越没有效率，生产的都是价格高、质量差的产品，导致全社会的福利下降。

考虑到垄断固有的危险，市场经济体制下政府的作用是鼓励私人生产者间进行活跃的公平、自由的竞争。政府可以通过反垄断法达到限制企业垄断市场的目的（美国的反托拉斯法就起此作用）。同时私有化也鼓励活跃的竞争和经济效率，因为私人所有制保证企业家有权通过自己的努力获取利润。这就鼓励企业寻求更好地为消费者服务的方法，包括推出新产品、开发更有效率的生产工艺、完善市场营销和售后服务或比竞争对手更有效地管理自己的企业。总之，通过这种刺激的作用，产品和生产工艺不断地得到改进，最终将会促进经济的发展。

2.2.2 计划经济

在纯粹的**计划经济**（command economy）中，一国生产什么产品和服务、生产的数量及销售的价格都是由政府来计划和制定的。与集体主义的思想一致，计划经济的目标是由政府分配资源以求对社会最有利。另外，在纯粹的计划经济中，所有企业都归国家所有，计划经济的基本原理就是，政府能够按国家利益最大化的原则命令企业进行投资，而不是为了私人利益进行投资。

计划经济的目的是调动经济资源为公共利益服务，然而实际情况似乎有悖初衷。在计划经济中，由于国有企业不会破产，因此它们没有控制成本和提高效率的动力，并且废除私有制打击了个人更好地服务消费者的积极性。所以，计划经济缺乏动力和创新，它不能推动经济繁荣，只会使经济趋向停滞。

2.2.3 混合经济

混合经济（mixed economy）介于市场经济和计划经济之间。在混合经济中，一部分经济领域由私人拥有并实行自由市场机制，而在其他部门中国有企业和政府计划占相当大的比重。正如开篇案例提到的那样，中国如今正在实行混合所有制经济制度。混合经济曾经在世界许多发达国家中非常流行，尽管其数量正在减少。20世纪80年代之前，英国、法国、瑞典都实行混合经济，但这三个国家中广泛的私有化大大减少了国有企业的数量。其他国家如巴西、意大利和印度等曾经拥有大量国有产业的国家都有相似的趋势（尽管在这些国家中依然都存在着国有企业）。相对而言，在俄罗斯和委内瑞拉等国，国家参与经济活动的现象再次抬头。

在混合经济中，政府也倾向于将一些经营困难的且持续经营对于国家利益至关重要的企业收归国有。例如，2008年美国政府购买了美国国际集团（AIG）80%的股份，以使该金融机构免于破产。现有的理论认为，如果美国国际集团真的倒闭，将会给整个金融体系带来十分糟糕的后果。美国政府通常倾向于利用市场化手段来解决经济问题，而在美国国际集团这个案例中，美国政府打算尽快将其卖给私人投资者。对其他一些陷入困境的私人企业如花旗集团和通用汽车公司等，美国政府也采取了类似的行动。在上述案例中，政府购买股份只是一种临时性措施，其目的在于通过向困难企业注资来缓解经济危机。一旦时机成熟，政府就会出售这些股份。例如在2010年初，美国政府卖掉了其所持有的花旗集团的股份。2012年，美国政府所持有的美国国际集团股份全部被售出，并且到2014年其所持有的通用汽车公司的股份也已被售出。

在一些混合经济中，政府利用其对国有企业的控制来推进产业政策，促进其认为对国家未来经济发展至关重要的公共和私营部门的发展。市场经济体系的拥护者认为这是一种冒险的策略。他们认为，政府官员没有能力挑选赢家和输家。他们认为，政客缺乏做出产业投资选择的专业知识，在这样做时很容易受到政治考虑和游说的影响，这可能会扭曲市场结果。自由市场倡导者认为，投资决策最好由私营部门做出。相比之下，那些鼓吹国家投资支持产业政策的人指出了这一战略的显著成功，空中客车在欧洲获得了大量国家支持（尽管近几十年来国家对空中客车的支持大幅下降）。但必须指出的是，每一次成功都可能伴随着许多失败。

2.3 法律体制

一国的**法律体制**（legal system）或称法律体系是指一系列的法规或法律，这些法规或法律可以规范人们的行为，并且能够保证法律得以实施，冤案得以平反。一国的法律体制对国际商务来说是极其重要的。一国的法律规范商务实践规定商务交易执行的方法，确立商务交易中各方的权利和义务。各国的法律环境有很大的差异。下面我们将会看到，法律体制上的差异对一个国家作为投资地区或作为市场的吸引力有重要影响。

像经济体制一样，一国的法律体制也受到该国主导的政治体制的影响（尽管它也受到历史传统的深刻影响）。一国的政府确定法律框架，规定企业在此范围内进行商务活动。规范商务行为的法律通常反映了统治者的政治意识。比如极权主义国家趋向于出台限制私有企业的法律，而民主国家的法律趋向于对私企和消费者有利。

接下来我们将集中在以下几个问题上，来说明各国的法律体系有何不同，以及这些不同如何影响国际商务实践：首先，考察几种基本法律体系的差异；其次，考察合同法；再次，考察有关财产权的法律，尤其是在专利、版权和商标方面；又次，讨论对知识产权的保护；最后，考察有关产品安全和产品责任的法律。

2.3.1 不同的法律体系

全世界现行的法律主要有三大体系或三种法律传统：普通法、大陆法、神权法。

1. 普通法

普通法体系（common law system）在英格兰已经历了几百年的发展。目前依然采用该法律体系的大多为曾是英国殖民地的国家，包括美国。**普通法**（common law）以传统、先例和惯例为依据。传统是指一国的法律历史，先例是指过去曾在法庭上出现过的案例，而惯例是指将法律运用于具体情形的方式。法庭在解释普通法时会依据这些特点行事。这给普通法体系提供了一定程度的、其他法律体系不具有的灵活性。普通法体系下的法官有权解释法律，以将其适用于个案的特殊情形。这样，每一个新的解释又确立了一个对未来案件而言的先例。新的先例产生时，法律条文会变得更具有适应性、更为清晰或完善，来应对新的情况。

2. 大陆法

大陆法体系（civil law system）以一套非常详细的法律条文组成的法典为基础。法庭在解释大陆法时，以法典为依据。包括德国、法国、日本和俄罗斯在内的 80 多个国家采用大陆法体系。大陆法体系不如普通法体系的对抗性强，因为法官依据详细的法律法典审判而不是依据传统、先例和惯例。大陆法体系下的法官没有普通法体系下的法官灵活性大。普通法体系下的法官有权解释法律，而大陆法体系下的法官只有应用法律的权力。

3. 神权法

神权法系（theocratic law system）以宗教教义为基础。尽管印度法和犹太法的应用都持续到了 20 世纪，但伊斯兰教法是当今世界使用最广泛的神权法律体系。伊斯兰教法更侧重于道德规范而非商业法规，它倾向于管理生活的各个方面。伊斯兰教法是以伊斯兰教经典《古兰经》，连同伊斯兰教圣训或先知穆罕默德的言论以及伊斯兰教学者根据《古兰经》和圣训的原则精神所撰写的论著为基础形成的。由于《古兰经》和伊斯兰教圣训是神的旨意，因此伊斯兰教法的基本精神是不能变更的。但是在现实中，伊斯兰教法官和学者经常争论伊斯兰教法律如何在当今世界应用。事实上，许多伊斯兰国家所采用的法律制度是伊斯兰教法和普通法或大陆法的混合体。

尽管伊斯兰教法律主要关注伦理行为，但它也被沿用至某些商业活动。例如，利息的支付和收受。按《古兰经》的教义，利息是高利贷，是非法的。对于虔诚的穆斯林来讲，接受支付的利息是一宗不可饶恕的罪孽，给的人和拿的人都将受到诅咒。这并不只是一个宗教层面上的问题，在一些伊斯兰国家中，它已经成为一个法律问题。例如，20 世纪 90 年代，巴基斯坦联邦法院（即该国制定伊斯兰教法律的最高机构）宣布利息是反伊斯兰教的，因此是非法的，要求政府必须照此修改所有的金融法规。1999 年，巴基斯坦最高法院规定，该国从 2001 年 7 月 1 日起实施伊斯兰银行法。至 21 世纪头 10 年后期，全世界约有 500 家伊斯兰金融机构，截至 2016 年，它们总共管理着超过 2 万亿美元的资产。除巴基斯坦外，在海湾国家、埃及、马来西亚和伊朗等国都存在伊斯兰金融机构。

2.3.2 合同法的差异

普通法体系和大陆法体系的差异可以在分别基于它们起草的合同法中找到例证（请记住，大多数神权法系也有普通法或大陆法的成分）。**合同**（contract）就是一份法律文件，它规定了交易发生的条件、交易双方具体的权利和义务。有些合同格式可以被用于许多商务交易。**合同法**（contract law）就是监管合同执行的法律。当一方认为另一方违反了协议文本或原则时，合同有关方通常会通过合同法来解决问题。

由于普通法体系相对而言不够具体，因此在普通法体系框架下起草的合同法往往对所有偶然事件都有非常详尽的说明。而在大陆法体系下的合同则倾向于较短和较为笼统的描述，因为普通法体系合同中涉及的很多典型问题在大陆法体系中都有明文规定。这就意味着在普通法体系下签合同要付出更大的代价，并且解决合同纠纷会是对抗性很强的过程。另外，普通法体系具有灵活性大的优势，允许法官根据实际情况处理合同纠纷。企业从事国际商务活动要充分意识到这些差异，因为在一个实行大陆法体系的国家中，如果按普通法准则来处理合同纠纷就会犯大错，反之亦然。

当国际贸易出现合同纠纷时，总会面临这样的问题，即运用哪个国家的法律来处理纠纷。为了解决这个问题，包括美国在内的一些国家都以《联合国国际货物销售合同公约》（United Nations Convention on Contracts for the International Sale of Goods，简称 CISG）为准。CISG 为在不同国家做生意的买卖双方之间签订和执行商业合同制定了统一的规则。通过采用 CISG，一国向其他已采用该公约的国家表明该国将视公约规则为其遵守的法律。CISG 自动地适用于加入该公约国家中不同企业间所有货物买卖合同，除非合同方明确表示不使用该公约。但是 CISG 的实施存在一个问题，就是截至 2020 年只有 93 个国家加入了该公约（CISG 于 1988 年实施），包括日本和英国在内的很多贸易大国尚未承认该公约。

当企业不愿意采用 CISG 时，它们通常选择认可的仲裁庭，通过仲裁解决合同纠纷。最有名的仲裁庭是设在巴黎的国际商会下属的国际仲裁法庭，该法庭每年要处理来自 100 多个国家的 500 多起仲裁请求。

2.3.3 财产权和腐败

在法律意义上，财产是指个人或企业拥有法律所有权的一种资源，即其自身所拥有的资源。资源包括土地、建筑物、设备、资本、矿权、企业和知识财产（如由专利保护的创意、版权和商标）。**财产权**（property rights）是一种合法权利，行使该权利可以处置某种资源及该资源所带来的收入。各国涉及财产权界定和保护的法律体制有明显的差异。几乎所有国家都有保护财产权的法律条文。例如，中国在 2007 年颁布了有关保护私有财产权的法律（该法规定，个人的私有财产将与国家财产一样受到法律保护）。2016 年这部法律再一次被加强，为土地和知识产权提供更有力的保护。部分原因是中国的创新在不断增多，并且许多当地企业为它们的创新寻求更有力的产权保护。然而在许多国家，当局并没有很好地执行这些法律，从而导致财产权经常被侵犯。财产权可能在两种方式下被侵犯：私人行为和公共行为。

1. 私人行为

私人行为（private action）是指由个人或团体进行的偷盗、掠夺、敲诈以及此类行为。虽然偷盗在所有国家都有出现，但是薄弱的法律体制往往导致该国有更高程度的犯罪行为。例如，在苏联解体后的一段混乱时期内，过时的法律制度加上软弱无力的警察队伍和司法制度，根本无法给国内外的企业提供有力的保护，使它们免遭"俄罗斯黑手党"的敲诈。俄罗斯成功的企业主经常要向黑手党交纳"保护费"，否则就会遭到炸弹袭击和暗杀（20 世纪 90 年代，每年发生约 500 起企业主被暗杀事件）。

黑手党问题并不仅仅出现于俄罗斯（20 世纪 90 年代以后，俄罗斯的这一情形有所改善）。黑手党在美国有很长的历史（20 世纪 30 年代的芝加哥与 90 年代的莫斯科颇为相似）。在日本，当地人称黑手党为山口组（yakuza），他们敲诈勒索保护费，特别是在餐饮业和娱乐业。许多其他国家时不时地也发生相似的问题，有些甚至比俄罗斯的问题更为严重。

2. 公共行为

当公共官员如政治家和政府官僚从财产所有者手中勒索钱财或资源时就出现了侵犯财产权的**公共行为**（public action）。这种行为可以通过法律机制来实现，如过度征税，向财产所有者收取高额的许可证或特许权费用，将其资产收归国有而不予补偿，或重新分配资产而不对原来的所有者给予补偿等。侵犯财产权的公共行为还可以通过非法途径或腐败来实施，例如企业为获得在一个国家、行业、地区经营的权利而不得不行贿。

3. 腐败

腐败存在于各种社会，从刚果河的沿岸到荷兰皇家宫殿，从日本政治家到巴西银行家，从印度尼西亚的政府官员到纽约市的警察局，腐败随处可见。菲律宾已故总统费迪南德·马科斯（Ferdinand Marcos）在执政时期以收受贿赂臭名昭著，外国企业要在该国营业必须行贿。津巴布韦政府官员也是如此。没有一个地方可以杜绝腐败。但不同国家腐败的程度有很大的体制性差异。在一些国家，法律条文使腐败降到最低程度。腐败被视为违法，一旦被发现，违法者要受到法律的严惩。而在另外一些国家中，法制的力量薄弱，官僚和政客的腐败行为很普遍。腐败在一些国家如此盛行以至于政客和官僚视腐败为一种政府特权并且公然藐视反腐败法。巴西似乎一直在经历这种情况，但目前那里的情况可能在向积极的方向发展。

透明国际是一家宣称以揭露和反对腐败为宗旨的独立的非营利组织。该组织的调查数据显示，全世界每年与获得政府合约有关的行贿金额高达 4 000 亿美元。透明国际还对不同国家公共官员的腐败程度进行了评估。新西兰和瑞典等国家被该组织排在廉洁国家之列，而俄罗斯、津巴布韦和委内瑞拉等国则被排在腐败国家之列。索马里被排在该项调查所涉及的 180 个国家中的最后一位（该国常常被认为是一个"失败的国家"）。

经济现实显示，高度的腐败会大大减少一国的对外直接投资，降低国际贸易水平和经济增长率。由于挪用利润贿赂政治家和官员，企业投资的收益降低，从而降低了国内外商家投资该国的积极性。投资减少会对该国的经济增长产生负面影响。因此，我们可以预见，诸如印度尼西亚、尼日利亚和俄罗斯这样的国家，其经济增长速度将远低于其他国家。国际聚焦 2-1 提供了腐败如何对经济进步产生负面影响的具体例子，主要讲述了腐败对巴西经济增长的影响。

⊙ 国际聚焦 2-1

巴西的腐败

巴西拥有民主政府和适度自由的市场经济，尽管该国最大的石油生产商 Petrobras 和最大的银行之一 Banco do Brazil 都是国有的。然而，许多经济学家长期以来一直认为，该国从未真正发挥过其巨大的经济潜力。造成这种情况的一个主要原因是地方上的高腐败程度，这导致那些有政治关系的人阻碍了更讲伦理的企业的投资。非政府组织透明国际（Transparency International）根据各国的腐败程度对其进行评估。该组织在其 2018 年的报告中，在 180 个国家和地区中将巴西排在第 105 位。报告指出，巴西存在的问题包括政府官员索要贿赂以换取政府合同，以及"以权谋私"，即当选官员利用其在政府中的地位来获得优惠待遇。与此相一致的是，根据世界经济论坛（World Economic Forum）的一项研究，在正确使用公共资金方面，巴西在 144 个国家中排名第 135 位。

在过去 10 多年中，几起腐败丑闻的曝光凸显了巴西的腐败问题。2005 年，一个被称为 mensalao（每月贿赂丑闻）的丑闻爆发了。这一丑闻始于一名邮政中层官员被拍到收受少量贿赂，以便在政府合同落地时为某些企业提供帮助。进一步调查发现了一个以权谋私的网络，在这个网络中，愿意在国会支持政府倡议的立法议员每月都会得到丰厚的报酬。经过长时间的调查，2012 年底，约 25 名政界人士和企业高管被判犯有行贿、洗钱和腐败等罪行。

mensalao 丑闻引起的公众骚动刚刚开始平息，2014 年 3 月，另一桩腐败丑闻吸引了巴西人的注意。这次涉及的是国有石油公司——巴西国家石油公司。在一项似乎从 1997 年就开始运作的计划下，想要与巴西国家石油公司做生意的建筑公司会向公司高管行贿。这些高管中很多人本身就是通过政治任命的。高管会夸大他们所签合同的价值，增加 3% 的"费用"，这实际上是一种回扣。这一"费用"由巴西国家石油公司高管、建筑行业高管和政界人士共同分割。建筑公司建立了空壳公司来支付款项和洗钱。调查此案的检察官称，贿赂总额可能超过 37 亿美元。

4 名巴西国家石油公司前高管和至少 23 名建筑公司高管被指控犯有包括腐败和洗钱在内的罪行。此外，巴西最高法院允许检察官调查 48 名现任或前任国会议员，包括巴西前总统费尔南多·科洛尔·德梅洛（Fernando Collor de Mello）。时任巴西总统迪尔玛·罗塞夫（Dilma Rousseff）也受到了丑闻的影响。2016 年 6 月，她被暂停总统职务，等待弹劾审判。当时她是巴西国家石油公司的主席，也是执政党工人党（Workers' Party）的成员，该党的几名成员似乎是此次回扣丑闻的主要受益者。虽然没有证据表明罗塞夫知道这些贿赂或从中获利，但她有效治理国家的能力因此严重被质疑。这一丑闻震惊了巴西，甚至将该国推向了衰退的边缘。2016 年 8 月，罗塞夫遭到弹劾，被罢免总统职务。2018 年，巴西前总统卢拉·达席尔瓦（Lula da Silva）被判犯有贪污罪。对卢拉的指控包括，他在位时帮助巴西国家石油公司赢得利润丰厚的合同，而作为回报，一家工程公司给了他一套海滨公寓。卢拉被判处 12 年监禁。

如果说这一切中有一个亮点的话，那就是丑闻被曝光。伴随着最高法院裁决和公众愤怒的宣泄，腐败的政客、政府官员和企业高管被起诉。在过去，这种情况不太可能发生。

资料来源：Will Conners and Luciana Magalhaes, "Brazil Cracks Open Vast Bribery Scandal," *The Wall Street Journal,* April 7, 2015; Marc Margolis, "In Brazil's Trial of the Century, Lula's Reputation Is at Stake," *Newsweek,* July 27, 2012; "The Big Oily," *The Economist,* January 3, 2015; Donna Bowater, "Brazil's Continuing Corruption Problem," *BBC News,* September 18, 2015; Simon Romero, "Dilma Rousseff Is Ousted as Brazil's President in Impeachment Vote," *The New York Times,* August 31, 2016; "Brazilian Corruption Scandals: All You Need to Know," *BBC News,* April 8, 2018.

4.《反海外腐败法》

20世纪70年代，由于美国公司在国外为赢得有利的合同而向所在国政府官员行贿的事件屡屡曝光，美国通过了《反海外腐败法》（Foreign Corrupt Practices Act，FCPA）。该法认定这种为获得或保持那些由外国政府管辖的生意而向其官员行贿的行为违反美国的法律，并要求所有上市公司（无论是否涉及国际贸易）都要保留详细的记录以备检查，用来判断是否有违反法案的行为出现。证据表明，2012年沃尔玛为了拓展在墨西哥的业务，违反了《反海外腐败法》（细节请看管理聚焦2-1）。

◎ **管理聚焦 2-1**

沃尔玛违反《反海外腐败法》了吗

21世纪头10年早期，沃尔玛想要在墨西哥的圣胡安特奥蒂瓦坎（San Juan Teotihuacan）建立一个新的商店，新商店距离吸引了来自世界各地的游客的古老金字塔仅仅一英里⊖。土地的主人很高兴将土地卖给沃尔玛，但是城市的新分区法成为沃尔玛在新买的土地上开商店的阻碍。该法禁止在这些具有历史性意义的地区进行商业开发。沃尔玛墨西哥总部的高管想到一种方法来解决这个问题：他们用52 000美元贿赂当地官员，使他们重新划分区域，而沃尔玛想购买的地皮被放置在禁止商业区之外。然后，尽管当地民众强烈反对，沃尔玛还是继续建造了商店并在2004年末正式营业。

沃尔玛墨西哥总部的一位前律师随后联系了沃尔玛公司设在阿肯色州本顿维尔总部的高管。他告诉他们，沃尔玛墨西哥总部经常行贿，改变划区只是其中一个例子。这引起了沃尔玛高管的警觉，他们开始对此进行调查。随着越来越多的在墨西哥行贿的证据被发现，沃尔玛高管决定进行损害控制，而不是将其全盘托出。沃尔玛首席律师将案件文件寄送回墨西哥，将调查的任务交给沃尔玛墨西哥总部理事会。这是一个有趣的选择，因为总部理事会也被指控曾批准行贿。总部理事会迅速判定墨西哥高管无罪，并且这项内部调查于2006年终止。

接下来好几年沃尔玛没有类似的事情发生。然后，2012年4月，《纽约时报》发表了一篇文章详细报道了沃尔玛的行贿事件。《纽约时报》列举了沃尔玛通过行贿改变划区及其他几个行贿的例子。例如，沃尔玛先后进行8次行贿，总计341 000美元，最终在墨西哥城的一个人口最稠密的居民区建立了山姆俱乐部，此过程中沃尔玛没有施工许可证，没有环境许可证，没有城市影响评估报告，甚至没有通行证。同样，沃尔玛通过9次总额为765 000美元的行贿，在墨西哥城北部的一个环境脆弱的盆地建立了一个庞大的冷藏配送中心，那里由于电力非常稀缺而被许多规模较小的开发商放弃。

沃尔玛为了应对《纽约时报》的报道，又一次开展了关于行贿的内部调查，这项调查于2011年启动。据报道，截至2015年年中，已经有超过300名律师着手这项调查，并且调查成本已经超过6.12亿美元。此外，美国司法部和美国证券交易委员会宣布，它们已经开始了对沃尔玛行为的调查。2012年11月，据沃尔玛报道，它们的调查已经扩展到墨西哥之外，将在中国和印度等地进行。除此之外，它们正在调查关于《纽约时报》的指控，即包括前首席执行官李·斯科特在内的沃尔玛高管曾故意阻碍早期调查的进行。2016年底，知情人士表示，联邦调查局的调查没有发现大规模的贿赂证据。2017年11月，据报道，沃尔玛已经与司法部达成和解，支付了2.83亿美元的罚款，这远远低于预期。

资料来源：David Barstow, "Vast Mexican Bribery Case Hushed Up by Wal-Mart after Top Level Struggle," *The New York Times*, April 21, 2012; Stephanie Clifford and David Barstow, "Wal-Mart Inquiry Reflects Alarm on Corruption," *The New York Times*, November 15, 2012; Nathan Vardi, "Why Justice Department Could Hit Wal-Mart Hard over Mexican Bribery Allegations," *Forbes*, April 22, 2012; Phil Wahba, "Walmart Bribery Probe by Feds Finds No Major Misconduct in Mexico," *Fortune*, October 18, 2015; T. Schoenberg and M. Robinson, "Wal-Mart Balks at Paying $600 Million in Bribery Case," *Bloomberg*, October 6, 2016; Sue Reisinger, "Wal-Mart Reserves $283 million to Settle Mexico FCPA Case," *Corporate Counsel*, November 17, 2017.

⊖ 1英里 = 1.609千米。

1997年，经合组织（OECD）的成员方的贸易部部长和财政部部长通过了《国际商务交易活动反对行贿外国公职人员公约》（Convention on Combating Bribery of Foreign Public Officials in International Business Transactions）。该公约要求成员方将贿赂外国政府官员视为违法行为。

但是，美国法律和OECD协定上都写明了一些特例，即所谓的为方便或加急而支付的费用（也被称为"通融费"或"加急费"）。比如，允许为了加快取得批准或许可，推进文件的完成，或只是促使蔬菜运离码头尽快运抵市场等支付小额费用。国会对这些一般反贿赂条款的特例的解释是，虽然通融费在技术层面上也属于贿赂，但它与真正的贿赂有区别（也明显不如真正的贿赂那样让人反感）。因为它只是加速了接受小费者必须行使的职责的实施速度，而费用接受者的执行权已经由法律予以确认。

2.3.4 知识产权的保护

知识产权（intellectual property）属于财产，是智力活动的产物，如计算机软件、剧本、乐谱或新药的化学公式等。专利、版权、商标可以建立知识产权的所有权。**专利权**（patent）授予发明者在一段时间内享有制造、使用、销售其发明的产品或工艺的专有权利。**版权**（copyright）是作者、作曲者、剧作家、艺术家和出版商出版及以适当的方式传播其作品的专有合法权利。**商标**（trademark）是商家或生产者设计出来的，通常经过正式注册以区别于其他产品的设计图案和名字（如克里斯汀·迪奥的服装）。在21世纪高科技知识经济时代，知识产权已经成为商家越来越重要的经济价值来源。保护知识产权也变得越来越复杂，当知识产权可以通过数字化形式转换及复制，然后通过盗版形式以极低的价格经由互联网的方式分销出去时更是如此（如计算机软件、唱片和录像带）。

知识产权法背后的理念是对原创者创意和努力的奖励，包括书籍、唱片、服装设计、连锁餐馆等。知识产权法促使了发明和创造性工作的产生，因为它赋予人为了得到回报而寻求新方法的动力。例如制药行业的创新激励，专利准许新药发明者垄断生产该药20年。这就激励制药公司开展花费大、艰辛而又费时的基础研究来生产新药（平均一种新药从研发到上市要花费10亿美元及12年的时间）。如果没有专利的保护，企业不会从事大量的基础研究。

各个国家对知识产权的保护有很大的不同。虽然很多国家制定了严格的知识产权条例，但执行这些条例时往往马马虎虎。这种情况甚至出现在**世界知识产权保护组织**（World Intellectual Property Organization）的192个成员方中，它们都签署了保护知识产权的国际公约，包括最早的《**保护工业产权巴黎公约**》（Paris Convention for the Protection of Industrial Property，该公约创立于1883年，至今已有超过170个成员加入）。执法不力滋生了对知识产权的侵犯（偷盗）行为。在泰国首都曼谷的街头，出售假冒的劳力士手表、李维斯牛仔裤、盗版录像带和计算机软件的小贩排成了长队。

计算机软件行业是由于保护知识产权执法不力而使整个行业遭受损害的例子。2012年开展的一项研究表明，个人计算机软件公司由于知识产权被侵犯而遭受的收益损失每年高达630亿美元。据商业软件联盟（一个软件行业协会）透露，全球范围内使用的软件应用程序大约有42%都是盗版。美国的盗版率较低，仅为19%；然而，由于美国市场的规模较大，其销售损失也十分明显，在2011年达到98亿美元。

为了应对这类侵权行为，国际企业会有几种可能的反应。有些企业会游说其政府签署国际协定以保证知识产权受到相应的保护，并加强法律的执行力度。这种行动的结果之一是，国际法得到加强。在第7章中我们将看到，于1994年签署的最新的世界贸易条约首次将关贸总协定（GATT）的范围拓展至知识产权。新协定命名为《与贸易有关的知识产权协议》（Trade Related Aspects of Intellectual Property Rights，TRIPS）。世界贸易组织在1995年设立了一个新的机构来更为严格地监督知识产权条例的执行。这些条例要求WTO的成员方将专利保护期延长到至少20年，版权保护期在作者去世后持续50年。富国必须在1年内遵守该条例。专利和版权的保护一般比较薄弱的穷国有5年的宽限期，而最穷国家则有10年的宽限期（关于《与贸易有关的知识产权协议》的进一步详述见第7章）。

除了游说政府以外，企业还可能为保护自身利益而诉诸法律。企业也可以选择不进入知识产权法执行不严的国家，而不是冒险进入以致它们的创意被当地企业"偷"走。企业还需要随时保持警惕，保证其产品的盗版在知识产权法执行不力的国家生产出来后不会流回本国或流向第三国市场。

2.3.5 产品安全和产品责任

产品安全法（product safety laws）是指产品必须遵守的一系列安全要求。**产品责任**（product liability）是指当产品导致伤害、死亡或损失时，生产该产品的公司及其主管应对此负责。如果产品不符合安全标准的要求，那么他们的责任可能非常大。产品责任分民事责任和刑事责任两种。民事责任要求支付赔偿金，刑事责任会导致罚款或监禁。尽管许多其他西方国家也有产品责任法，但是民事责任和刑事责任在美国的适用范围可能比在其他任何国家都更广泛。而在欠发达国家，产品责任法的适用范围通常较为有限。在美国，由于产品责任诉讼和赔偿金激增，责任保险费用呈现引人注目的增长。许多企业的执行官认为，在责任保险上的高额费用导致美国公司在全球市场的竞争力减弱。

除了竞争力问题之外，各国产品安全法和产品责任法的差异给在海外从事商务活动的企业带来了一个重要的伦理问题。当公司母国的产品安全法比东道国更严格或者产品责任法在东道国更为宽松时，公司在东道国做生意时应该遵从较宽松的当地标准，还是遵从自己母国的标准呢？尽管从道义上讲，毫无疑问应该依照母国标准，但事实上，大家都清楚企业一般都按照较为宽松的产品安全和产品责任法从事国际商务活动，而这种做法在母国往往是不被允许的。

全景视角：管理启示

宏观环境对于市场吸引力的影响

本章讨论的对国际企业的启示分成两大部分。首先，一个国家的政治体制、经济体制和法律体制会引发重要的伦理问题，这些伦理问题将对国家商务活动产生重要影响。例如，在一个公民没有基本人权、腐败盛行、企业经营必须向官员行贿的国家中，伦理意味着什么？在这样一种制度中应不应该这样去做？我们将在第5章全面讨论由于各国政治、经济差异所导致的不同伦理内涵，并进一步讨论国际商务所涉及的各种伦理问题。

其次，一个国家的政治、经济和法律环境会明显影响该国作为市场或投资场所的吸引力。在一个国家从事商务活动的收益、成本和风险将受到该国政治体制、经济体制和法律体制的影响。一个国家作为市场或投资场所的综合吸引力取决于在该国长期从事商务活动的收益与成本、风险之间的权衡。由于本章只是讨论了政治、经济所涉两大问题的第一个问题，我们将在下一章中具体讨论各国不同的政治、经济会如何影响商务活动的收益、成本和风险，届时我们会对影响收益、成本和风险的所有重要的相关变量有一个全面的了解。

现在，在其他条件相同的情况下，一个拥有民主政治体制、以市场为基础的经济体制并且在保护知识产权和惩治腐败方面有健全法律体系的国家，相对于一个缺乏民主的国家对企业来说显然更具吸引力，因为在后者这类国家腐败成风，法制得不到尊重，因此经济活动在很大程度上受制于政府。话虽如此，现实常常更为复杂，让人捉摸不透。

本章小结

本章考察了不同国家的政治、经济和法律体制上的差异。我们注意到在一国从事商务活动的潜在利益、成本和风险是该国政治、经济和法律体制共同作用的结果。本章要点如下：

（1）政治体制可以从下面两个方面来评估：该国对集体主义及对个人主义的强调程度，该国是强调民主还是强调极权。

（2）集体主义是一种认为社会需求比个人需求重要的意识形态。集体主义倾向于主张国家干预经济活动。

（3）个人主义建立在强调在政治、经济和文化等领域将个人自由放在首要位置的基础上。

（4）民主和极权是政治上的两个极端。

（5）经济体制广义上分为三种：市场经济、计划经济和混合经济。在市场经济中，价格不受任何控制，私有制占主导地位。在计划经济中，价格由中央计划者决定，生产资料由国家所有，私有制是被禁止的。混合经济既有市场经济成分，也有计划经济成分。

（6）各国不同的法律结构对国际企业的运作有重要的影响。各国对财产权的保护程度有明显的不同，在产品安全和产品责任立法及合同法等方面各国也明显不同。

第3章

经济发展的国别差异

学习目标

- 3-1 解释影响一个国家经济发展水平的因素
- 3-2 了解世界范围内宏观的政治、经济变化趋势
- 3-3 阐述转型经济体如何向市场经济体制转变
- 3-4 了解国家在政治、经济上的差别对管理实践的启示

⊙ 开篇案例 阿根廷到底出了什么问题

100年前,南美国家阿根廷是世界上最富有的国家之一。它的成功是基于丰富的自然资源、多产的农业部门、受过教育的人口和新兴的工业部门。与澳大利亚和美国一样,阿根廷是欧洲移民最青睐的目的地之一。然而,在过去70年的大部分时间里,阿根廷经历了一次又一次的经济危机。现在它的人均国内生产总值在世界排名第60位左右。

一个问题是历届政府的支出经常超过税收和其他收入,自1950年以来每年都是如此,只有一次例外。为了给高额的公共支出和持续的预算赤字融资,阿根廷经常采取印钞的方式。这加剧了通货膨胀。事实上,阿根廷是世界上通货膨胀率最高的国家之一。持续高企的通货膨胀损害了商业投资,因为阿根廷人一直在想方设法将资金转移到国外,换成一种能够保值的稳定货币,比如美元。同样,外国企业也限制了在该国的投资。由于缺乏资金,阿根廷的企业无法进行生产性投资,经济也停滞不前。

阿根廷高公共支出的历史可以追溯到20世纪30年代,当时颇具魅力的阿根廷军官胡安·庇隆(Juan Peron)从意大利任职归来。庇隆是德国和意大利法西斯主义的崇拜者。作为国家劳工部部长和后来的总统,他把他的知识付诸实践。作为劳工部部长,他创造了医疗、养老金和低成本住房福利,这些都很受工人阶级的欢迎。1946~1955年,作为总统,他收购了他控制下的工会、国有化的公用事业、铁路、有轨电车、商船以及其他正式的私营企业。工资上涨了,但产量骤降,通货膨胀飙升,1955年的一场起义迫使他流亡国外。尽管如此,奉行民粹主义的庇隆留下的遗产仍然影响着这个国家的政治和经济政策。自1955年以来,阿根廷多次由庇隆主义者执政,最近一次是在2003~2015年。在庇隆主义统治的最近一段时期,公共支出激增,占阿根廷经济的45%以上。公务员人数增加了60%以上。国家扩大对经济的干预,将该国最大的石油公司收归国有。阿根廷已经习惯了支付世界上最低的电费,因为国家在能源补贴上花费了数十亿美元。随着福利的扩大,工资和福利成本飙升。提高关税壁垒是为了保护该国效率低下的企业不受外国竞争的影响。农产品和制成品的出口也被征税,

以将生产为国内消费服务。这在现代经济体中几乎是闻所未闻的。出口关税限制了出口导向型增长的机会，抑制了受影响的部门的实际价格和投资回报。这些民族主义政策实际上将阿根廷与全球经济隔离开来，使其在自我强加的深度冻结中越来越落后。

2015年11月，中右翼政治家毛里西奥·马克里（Mauricio Macri）击败现任庇隆主义者克里斯蒂娜·费尔南德斯（Cristina Fernandez）赢得总统选举。一上任，马克里就开始了一项改革计划，旨在使经济自由化，促进更大的经济增长。此外，他还取消或降低了部分出口税，削减了能源补贴，并与国际货币基金组织（IMF）合作，试图支撑政府财政。他还签署了南方共同市场（Mercosur）与欧盟之间的一项贸易协议。南方共同市场是南美的一个由四个国家组成的贸易集团，包括阿根廷和巴西。但他行动谨慎，削减赤字的速度不够快，而且由于担心公众抵制，不愿对国家实施进一步的紧缩政策。即便如此，他还是遭到了强烈反对。他所领导的谨慎政府未能控制住超过50%的通货膨胀，2018年经济收缩了6.2%。到2019年，40%的阿根廷公民无法负担每月一篮子的主食。同年11月，马克里在总统选举中败给了他的庇隆主义对手阿尔贝托·费尔南德斯（Alberto Fernandez）。

费尔南德斯主张回归经典的庇隆主义政策，包括补贴和更高的福利，但他承诺要比上一届庇隆主义政府更加务实。他提出阿根廷可能将对一些外债违约，并把国家的问题归咎于IMF要求的紧缩政策以换取贷款，并暗示说，他不会接受他的前任谈判形成的南方共同市场贸易协议。他还推动对包括玉米、小麦和大豆在内的农产品出口征收更高的税。出口税的目标包括为政府筹集资金，并将农产品转移到国内市场，在那里增加供应以降低阿根廷人的食品价格。这些措施是否会对阿根廷经济有所帮助还有待观察，但如果历史可以作为参考的话，前景并不乐观。一般来说，那些不参与国际贸易、实施补贴和无法获得融资的福利计划的国家表现不好。

资料来源："Argentina's Crisis Shows the Limits of Technocracy," *The Economist*, August 22, 2019; "The Peronist Predicament," *The Economist*, December 12, 2019; S. Perez and R. Dube, "Why Argentina Faces an Economic Crisis Again," *The Wall Street Journal*, September 25, 2019; E. Raszewski, "Argentina's New Economy Bill Hikes Taxes on Farm Exports, Foreign Assets," *Reuters*, December 17, 2019.

引言

在第2章中，我们讨论了各国因政治体制、经济体制和法律体制的不同而产生的差异。本章将在此基础上进一步阐述这些差异如何影响一国的经济发展水平以及影响国家吸引外商投资的因素有哪些。我们还将考察世界政治、经济发生了哪些变化，以及这些变化对不同国家和地区未来的经济发展会产生什么影响。过去的30年，世界上大部分国家的政府都更加民主，经济逐步由市场主导，法律体制更有效地保护知识产权。总体来讲，这一趋势有助于促进世界经济更快地发展，也有助于创造更有利的国际商务环境。本章的最后一节将在综合这些内容的基础上探讨政治、经济和法律体制的差异如何影响在不同国家经商的收益、成本和风险。开篇案例着眼于阿根廷经济的长期表现，突出了其中一些问题。一个世纪前，阿根廷被认为是世界上最富有的国家之一，有着光明的未来。如今，它是一个中等收入国家，似乎在一次次危机中蹒跚前行。阿根廷未能实现梦想的一个主要原因是糟糕的治理。历届政府奉行的经济政策往往是不可持续的。它们造成了失控的政府赤字，并导致了严重而持续的价格通胀，抑制了私营企业的投资，而缺乏投资意味着更低的经济增长。更糟的是，该国通过对农产品征收出口税（关税），将商品转移到国内市场，从而削弱了其多产的农业部门的出口潜力，同时通过设置高进口关税保护效率低下的阿根廷工业企业免受外国竞争。由于这些反贸易政策，阿根廷企业与世界市场隔绝，效率逐渐降低。这不是一个对外国资本特别有吸引力的国家，外国企业的投资也相对较低，这进一步加剧了生产性投资的资金不足问题，并进一步阻碍了实现可持续经济增长的努力。许多经济学家认为，阿根廷要释放巨大的潜力，就需要改变其政策，但到目前为止，几乎没有迹象表明这将很快发生。相反，奉行民粹主义的庇隆主义政党再次掌权，尽管该党的承诺与此相反，但它仍有可能重复过去的许多错误。

3.1 经济发展的差异

各国经济发展水平差异显著。公认的衡量经济发展水平的指标是**人均国民总收入**（gross national income

（GNI）per head of population）。人均国民总收入被视为一国经济活动的标尺，它度量了该国国民每人每年获得的总收入。在2019年世界各国的人均国民总收入中，日本、瑞典、瑞士、美国和澳大利亚位于最富裕的国家之列。

当然，由于没有考虑生活成本上的差异，人均GNI的统计数字有可能具有误导性。例如，2019年瑞士人均GNI达到83 580美元，远高于美国，但是瑞士的生活成本比美国要高，这意味着美国人实际上能够跟瑞士人买到几乎等量的产品和服务。考虑到不同的生活成本，可以使用**购买力平价**（purchasing power panty，PPP）来调整人均GNI，利用参照购买力平价调整过的指标，可以对不同国家的生活水平进行较为直接的比较。调整的基准是美国生活消费水平。不同国家的PPP被上调或下调，取决于其生活成本是低于还是高于美国的生活成本。中国2019年的人均GNI为10 410美元，经过PPP调整后为16 740美元，这意味着中国的生活成本比美国低，10 740美元在中国可以买到在美国16 740美元才能买到的东西。表3-1显示了2019年部分国家经PPP调整后的人均GNI、它们2010～2019年GDP的年均增长率，以及它们的总体增长规模（以GDP来衡量）。

表3-1 部分国家的经济数据

国家	2019年人均GNI/美元	2019年按购买力平价调整后的人均GNI/美元	2010～2019年GDP增长率/%	2019年经济总量/10亿美元
巴西	9 130	14 850	1.39	1 840
中国	10 410	16 740	7.69	14 343
德国	48 520	57 690	1.97	3 998
印度	2 130	6 960	6.74	2 875
日本	41 690	44 780	1.28	50 812
尼日利亚	2 030	5 170	3.65	448
波兰	15 200	32 710	3.63	592
俄罗斯	11 260	28 270	1.92	1 700
瑞士	85 500	72 390	1.85	703
英国	42 370	48 040	1.86	2 827
美国	65 760	65 880	2.28	21 428

资料来源：World Development Indicators Online, 2020.

正如我们看到的，不同国家的生活水平有显著的差异。表3-1显示，在购买力平价基础上，印度公民平均的消费能力仅为美国的11%。有人会得出这样的结论：尽管印度有13亿多人口，但对于许多西方国际企业生产的消费品来说，印度似乎并不是一个有利可图的市场。当然，这个结论可能并不正确，因为印度虽然有大量的穷人，但也有接近2.5亿的相当富裕的中产阶级。而且按绝对价值计算，印度经济水平目前已经超过了英国，并且增长得极其迅速。

更为复杂的是，很多国家的"官方"数据并不能提供完整的信息。因为有大量的经济活动可能采用了没有记录的现金交易方式，或者是以物易物。人们通过这种方式交易可以逃避税收。尽管这类交易在诸如美国那样的发达国家中占其经济总量的比重不高，但是在印度等一些国家中，据说占比很大。有人估计，这类所谓的**黑市经济**（black economy）或**地下经济**（shadow economy）已经占印度GDP的50%左右，这就意味着表3-1中的数字只是印度经济的一半而已。欧盟的估计表明，地下经济在英国和法国占GDP的10%～12%，在意大利占21%，在希腊占23%。

表3-1提供了一些国家2010～2019年的人均GDP增长率。比如中国和印度，它们的经济增长率远远高于许多发达国家。它们已经成为国际企业产品的巨大市场。2010年，中国超越日本成为仅次于美国的全球第二大经济体。事实上，如果中国和美国都保持它们目前的经济增长速度，那么在接下来的10年内，中国将成为世界上最大的经济体。按目前的趋势，印度也将加入世界最大经济体的行列。正因为它们有潜力，所以许多国际企业正试图在这些国家建立市场立足点。

3.1.1 发展概念的延伸：阿马蒂亚·森

诺贝尔经济学奖获得者阿马蒂亚·森（Amartya Sen）认为，发展应该更多地以人们所拥有的能力和机会来评估，而不仅仅以人均 GNI 之类的实物产出量来评估。依据森的观点，发展应被视为人们体验到真正的自由不断拓展的过程。因此，发展要求消除阻碍自由的主要障碍：贫困和暴政、经济机会的缺失和系统性及社会性的剥夺、公共机构的冷漠和对专制国家的容忍。森认为，发展不仅是一个经济过程，也是一个政治过程，要想成功就要求政治团体在做出重要决策时让国民发表意见，即所谓的"民主化"。这使森强调基本医疗保障（尤其对儿童）和基础教育（尤其对妇女）。这些因素不仅在帮助人们达到更高的收入水平方面有辅助作用，而且有利于人们行使自己的权利。人们如果长年患病或混沌无知的话是不可能挖掘出他们的潜能的。

联合国采纳了森的著名论点，建立了**人文发展指数**（human development index，HDI）来评估不同国家民众的生活质量。HDI 有三个基本衡量指标：预期寿命（这是医疗保健的函数）、受教育程度（这是一个综合指标，包括成人识字率以及初等、中等和高等教育的入学率）和基于 PPP 估算的平均收入能否满足该国人民生活的基本需求（包括适当的食品、住房和医疗条件）。可见，较之于人均 GNI 等经济指标，HDI 的衡量更接近森对人文发展的界定，尽管这一指标尚未包括森在论著中提出的政治自由。人文发展指数从 0～1 划分，小于 0.5 分的国家被归为人文发展水平低（人的生活质量低）之列；打分在 0.5～0.8 分的国家被归为中等发展水平之列；那些在 0.8 分以上的国家则归为高人文发展水平之列。

有人认为一国经济发展的水平是该国经济制度和政治制度作用的结果。那么，政治经济和经济发展的关系有哪些特性呢？这个问题多年来一直是学术界和政界争论的热门话题，尽管经过了长时间的辩论，人们对这个问题仍无法得出一个清晰、明确的答案。不过，要理出这场学术争论的一条主线，对政治经济和经济进步之间的本质关系做一些概括还是可能的。

3.1.2 创新和企业家精神是增长的引擎

经济学家普遍认同创新和创业活动是长期经济增长的引擎。持这种观点的人对创新下的定义较为宽泛：**创新**（innovation）不仅包括新产品，而且包括新工艺、新组织、新管理和新战略。因此，优步让乘客使用智能手机应用叫车的策略可以被视为一种创新，因为它是业内第一家运行这种策略的公司。同样地，亚马逊建立的大型在线零售商也可以被看作一种创新。通过开发前所未有的新产品和新市场，创新和创业活动有助于扩大经济活动。除此之外，生产和商业进程的创新还有助于提升劳动力和资本的生产力，从而进一步提高经济增长率。

创新也存在于产品的创业活动中。通常，**创业者**（entrepreneurs）首先将创新产品和工艺商业化，其所进行的创业活动给经济注入了强大的活力。例如，美国经济在相当程度上受益于高水平的创业活动，这些活动促使产品和工艺迅速更新，诸如苹果、谷歌、Meta、亚马逊、戴尔、微软、甲骨文以及优步公司等，都是创业者个人利用新技术的优势而建立起来的。所有这些公司都通过将产品和工艺的创新成果商业化创造了巨大的经济价值。因此，人们可以推断，能推动持续生产产品和工艺创新以及创业活动的商务环境是一国经济长期持续增长不可或缺的因素。

3.1.3 创新和企业家精神需要市场经济

这就很自然地导出了一个更深层的问题：什么样的商业环境才有助于创新和创业的产生？考虑这个问题的人们强调市场经济的优势。有人认为源于市场经济的经济自由比计划经济或混合经济更刺激创新和发明。在市场经济中，任何人只要有创新想法，他就可以开公司用创意挣钱（即进行创业活动）。同样，现有的企业也可以很自由地通过创新来改善它们的经营过程。从某种程度上说，创业者个人和企业都是成功的，他们都能以高赢利的方式获得回报。因此，市场经济蕴含极大的动力开拓创新。

相比之下，在计划经济中，国家拥有所有的生产资料。个人几乎没有经济动力进行有价值的创新，因为国家获得多数利益，而不是个人获利。缺乏经济自由和创新激励可能是许多国家经济停滞的主要原因，最终导致这些国家在20世纪80年代末纷纷进行转型。经济滞胀也同样出现在许多混合经济中国家垄断的部门（如英国的医疗保健和通信部门）。这种停滞现象为我们在80年代中期看到的许多混合经济中国有企业被广泛私有化提供了解释（私有化是指将国有企业卖给私人投资者的过程，详情请看第2章），这类私有化至今仍在继续。

对102个国家或地区20多年的研究表明，经济自由（以市场经济为模式）和经济增长有高度的相关性。此研究发现，1975～1995年，一个国家或地区的经济越自由，其经济增长就越快，公民也就越富有。1975～1995年，保持经济高度自由的6个国家或地区（中国香港地区、瑞士、新加坡、美国、加拿大、德国）也跻身经济增长率最高的前10名之列。相比之下，经济自由度低的国家或地区没有一个能达到可观的经济增长率。1975～1995年经济上自由度下降最多的16个国家或地区，年均GDP以每年0.6%的速度下滑。其他研究也大致得出了类似的结论。

3.1.4　创新和企业家精神需要强有力的产权保护

对财产权强有力的法律保护对于促进创新、创业活动和经济增长的商务氛围也是很有必要的。个人和企业都必须有从创新想法中获利的机会。没有强有力的财产权保护，就会面临企业和个人从创新努力中得来的利益有可能被犯罪分子或国家剥夺的风险。国家可以通过法律手段剥夺创新的盈利，如通过过度征税或非法手段，如一些地区的国家机关官僚们规定个人或企业必须付费才能拿到办企业的执照（这就是腐败）。按照诺贝尔经济学奖得主道格拉斯·诺斯（Douglass North）的说法，历来许多政府都显示出做出这种行为的趋势。当财产权没有充分地得到保护时，创新和创业者的行为就缺乏激励，因为创新行为的利益被"偷窃"了，进而也降低了经济增长率。

著名的秘鲁籍发展经济学家赫尔南多·索托（Hernando de Soto）认为，在正确界定产权并对其实施保护前，大多数发展中国家并没有享受到资本主义发展带来的好处。索托的观点很有意思，因为他提出，关键的问题不在于被剥夺的风险，而在于财产的所有者长期以来无法获得其所拥有财产的合法地位。就这个问题的严重程度，他举了一个例子，以海地为例，个人需经176个步骤、历时19年才能合法拥有土地。因为在一些发展中国家，大多数财产是非正式地"被拥有"，"缺乏合法的拥有证明"意思是财产持有者不能把资产转变为可用于商业投资的资金。而银行不会把钱借贷给穷人，因为穷人没有像农场这样的财产做抵押。索托统计的结果是，第三世界国家和前社会主义国家中穷人所拥有的不动产的总价值在2000年为9.3万亿美元。如果这些资产转化成资金，将会变为穷人摆脱贫困的一场经济革命。

3.1.5　必需的政治体制

关于哪一种政治体制能保护产权并且最有利于推进市场经济，一直存在不少争议。西方国家倾向于把民主制度与能保护产权和促进经济进步的市场经济联系在一起。基于这一点，我们认为民主对经济增长有好处。然而，一些极权主义政府也一直在鼓励市场经济和强有力的产权保护，并取得了快速的经济增长。1992年，新加坡总理李光耀指出："我不认为民主必然导致经济发展，我认为一个国家还应该发展纪律而不仅仅是民主。极端的民主会导致无纪律和没有秩序的行为，这将危及发展。"

然而，那些赞同极权政治价值观的人忽略了一个重要的事实：如果独裁政权能使国家富强，那么非洲、亚洲和拉美的许多国家在1960～1990年应该有快速的经济增长，但是事实并非如此。一个能推行市场经济制度和提供强有力的产权保护的独裁政府有可能促进经济增长，但是谁也无法担保一个独裁者会持续推行这些进步政策。独裁者极少这样仁慈，大多数独裁者都试图利用国家机器侵犯他人的财产权，阻碍经济发展，从而达到私人目的。因此，民主政府要比独裁政府（即使是"仁慈的"独裁政府）更有利于长期经济增长。只有在功能健全、成熟的民主制度下，产权才能得到真正的保障。我们也不能忘记前面所提到的阿马蒂亚·森的观点：极权国家不仅限制了人的自由，也将抑制人文发展，从而阻碍进步。

3.1.6　经济进步促进民主

尽管有人认为民主并不是建立保护财产权的市场经济的先决条件，但随后的经济增长往往会导致民主政权的建立。几个亚洲经济发展最快的国家和地区近 30 年来采取了更民主的政府。因此，虽然民主不一定总是最初经济进步的原因，但有可能是经济进步的结果之一。

然而，一种强烈的观点认为，经济发展导致民主政权的采用，这支持了很多西方国家政府对违反人权的极权政府采取相当宽容的态度。

3.1.7 地理、教育和经济发展

虽然一个国家的政治和经济体制可能是该国经济发展最主要的驱动力，但其他因素也是非常重要的，其中之一就是地理。事实上，人们关于地理因素能够影响经济政策从而影响经济增长率的观点，可以追溯至亚当·斯密的观点。例如，哈佛大学著名经济学家杰弗里·萨克斯（Jeffrey Sachs）认为：

> 有史以来，沿海国家由于长期从事国际贸易，相比内陆国家，它们更倾向于市场机制，而内陆国家则倾向于等级结构（并且通常军事化）的社会。山区国家由于闭塞，一般不会进行以市场为基础的贸易活动。温带地区一般人口密度较大，因此比热带地区有更广泛的社会劳动分工。

他的观点说明，某些地区凭借其优越的地理条件，比其他区域更有可能参与贸易活动，从而更易对外开放和发展以市场为基础的经济体制，而这种经济体制又会促进经济更快地增长。他还认为，不考虑一个国家实行的经济和政治体制，而单是考虑它不利的地理环境，如贫瘠的土壤、高比例的发病率和恶劣的气候，就会妨碍其发展。萨克斯与哈佛国际发展研究所的同事一起研究了 1965～1990 年地理条件对国家经济增长的影响。通过分析发现，内陆国较之沿海国家经济发展要缓慢，完全内陆的地区每年经济增长大约慢 0.7%。分析还发现，热带国家较之温带国家年经济增长大约慢 1.3% 以上。

教育被视为经济发展的另一个重要的决定因素（这是阿马蒂亚·森所强调的又一个观点）。大家一般都认为向教育投资多的国家会有更高的经济增长率。这一观点的理论基础是：受过教育的人相对更有生产效率（教育本质上是对人力资本的投资）。有事例证明确实如此，如 1960 年巴基斯坦和韩国富裕程度相当，巴基斯坦只有 30% 的适龄儿童上学，而韩国有 94% 的适龄儿童接受教育。到了 20 世纪 80 年代中期，韩国人均国民生产总值是巴基斯坦的 3 倍。14 项统计研究表明，一国在教育上的投资和该国随后的经济增长之间高度正相关。同样，萨克斯近年来对教育投资的研究工作也帮助解释了东南亚几个国家，如印度尼西亚、马来西亚、新加坡何以能克服热带地理条件等不利因素，经济增长较非洲和拉丁美洲热带国家快得多的原因。

经济学家还认为，人口因素是国家经济增长率的一个重要决定因素。假设一个国家已经建立了促进创业和创新的制度，那么一个年轻化、人口不断增长的国家比人口老龄化的国家具有更大的增长潜力。人口的增长增加了劳动力的供给。较年轻的劳动者也往往比更年长的退休人员消费更多，这就提振了对商品和服务的需求。此外，人口老龄化意味着更少的劳动者供养更多的退休人员，这可能给政府财政带来压力。20 世纪七八十年代，日本是世界上最具活力的经济体之一，但自世纪之交以来，低出生率和人口老龄化阻碍了其经济增长。从更一般意义上讲，未来低出生率和人口老龄化可能会导致其他一些主要经济体的劳动力短缺和经济增长放缓，包括德国和美国等。解决这一问题的方法之一是让人口老龄化的国家允许更多的移民。例如，波兰允许增加来自乌克兰的移民，主要是为了应对人口老龄化导致的劳动力短缺。但移民可能带来政治问题，在一些国家受到抵制（例如，日本对移民有严格的限制，尽管有预测称，由于出生率非常低，日本人口在未来 40 年可能下降 30%）。

3.2 转型中的国家

自 20 世纪 80 年代开始，许多国家的政治、经济体制发生了重要变化。有三种趋势十分明显。第一，80 年代后期和 90 年代初期，民主革命的思潮席卷世界。极权政府纷纷垮台，民主选举的政府取而代之，这些新政府一般来说比其前任更支持自由市场。第二，在同一时期出现了远离中央计划经济和混合经济的显著趋势，转向自由的市场经济模式。第三，与前两个趋势相比，自 2005 年以来已经有一些国家转回威权主义。有一些迹象表明，某些国家可能退出自由市场模式，特别是在这些国际贸易区域的保护主义正在增加。

3.2.1 民主的传播

过去 30 年中一个显著的发展趋势就是民主政治机构的广泛建立（乃至极权的衰败）。自由之家（Freedom House）记录了政治自由情况，并将国家分为自由、部分自由和不自由三大类。在"自由"国家中，国民享有高度的政治和公民自由；"部分自由"国家的特征是在政治和公民权利上受到一些限制，一般表现为腐败、法治不力、种族冲突或内战等；在"不自由"国家中，政治程序被严格地控制，公民的基本自由被剥夺。

2020 年，自由之家把 83 个国家划归"自由"国家之列，占全部国家的 43%。在这些国家中，人民享有广泛的政治权利。另有 32% 的 63 个国家被划为"部分自由"国家，而另外约 25% 的 49 个国家被划为"不自由"国家。

许多新的民主国家出现在东欧和拉丁美洲。当然，非洲在民主方面也取得了引人注目的成就，包括南非和尼日利亚。在过去 30 年中进入世界民主国家行列的还包括墨西哥，该国继 1997 年和 1998 年分别举行自由公正的议会和州政府选举之后，于 2000 年第一次举行了完全自由的、公正的总统选举。塞内加尔国举行了自由公正的选举，使权力平稳地过渡。在尼日利亚，反对派于 2015 年首次赢得了选举，并实现了权力的和平交接。

民主的传播有 3 个主要原因。首先，许多极权统治者无法为国内大多数人谋取经济增长带来的利益。其次，新的信息和通信技术的传播与推广，包括卫星电视、桌面出版以及最为重要的互联网和相关的社交媒体，削弱了国家控制民众获取未经审查的信息的能力。这些技术为来自自由社会的民主理念和信息的传播开辟了新的渠道。如今互联网使得民主思想以前所未有的深度和广度渗透到那些封闭的社会。2011 年，年轻人利用 Facebook 和 Twitter 等社交工具来迅速联络广大民众并协调行动，组织了导致埃及政府垮台的示威游行。

最后，许多国家通过经济发展出现了越来越多的富裕的中产阶级和劳动阶层，他们推动着民主改革的进程。在韩国民主化转变中，他们就是一个重要的因素。企业家和其他公司领导出于保护他们的财产权和保障合同公正实施的需要，成为推进更负责、更开放的政府的另一股力量。

自由之家指出，尽管民主制度在 20 世纪 80 年代末的民主革命之后变得更加普遍，但自 2005 年以来，许多国家开始转向更加专制的政府模式。1988～2005 年，"不自由"国家所占比例从 37% 下降到 23%，"自由"国家所占比例从 36% 上升到 46%。然而，2005～2020 年，"不自由"国家所占比例上升到 25%，而"自由"国家所占比例下降到 43%。自 2005 年以来，有 26 个国家的地位发生了负面变化。这些国家中有许多曾从 1988～1990 年席卷全球的民主浪潮中受益，但自那以后却倒退到更加独裁的状态。总的来说，在这些国家中，选举受到损害，公民自由包括言论和结社自由受到限制，媒体自由受到攻击或压制，反对派政党受到限制。

以土耳其为例，2014 年，雷杰普·塔伊普·埃尔多安（Recep Tayyip Erdogan）当选土耳其总统。埃尔多安利用 2016 年未遂政变加强对国家的控制，巩固总统权力。反对派政客经常因可疑的指控而被逮捕和监禁。对政府持批评态度的记者和社交媒体用户经常被逮捕和定罪。此外，根据一项具有百年历史的古老法律，"侮辱总统"被定为犯罪的人数也急剧上升。这类"犯罪"的起诉数量从几乎为零增加到 2017 年的 6 000 多起。2017 年，埃尔多安呼吁并赢得了一场修宪公投，扩大了总统的权力。他任命法官和内阁成员，组建和管理政府部门，起草预算，任命或罢免公务员，以上这些大部分都不需要议会批准。埃尔多安以 51.4% 对 48.6% 的微弱优势赢得了公投。他现在可以再竞选三届。虽然埃尔多安在一次民主公投中获得了这种扩大的权力，但批评者认为，土耳其现在已经走向"一人统治"。"自由之家"现在将土耳其列为"不自由"国家之列。

和土耳其一样，独裁主义在乌克兰、印度尼西亚、厄瓜多尔和委内瑞拉等近年来政治和公民自由逐渐受到限制的其他几个国家也加深了。曾经有希望建立民主制度的利比亚似乎也陷入了无政府状态。

3.2.2 世界新秩序与全球恐怖主义

伴随着东欧剧变和苏联解体，以及许多拉美国家极权统治的垮台，冷战结束并出现了世界新秩序，促使人们认真地思索全球地缘政治的未来面貌。在 20 多年前弗朗西斯·福山（Francis Fukuyama）所著的一本极具影响力的书中，他认为，"我们可能目睹……历史的结尾是这样的：以人类意识形态发展的终点和自由民主的普遍化作为人类政府最终的形式"。福山还认为战争的理念将不复存在，而自由民主思想会胜利。

有人质疑福山提出的大同世界的愿景，即对以民主制度和自由市场为主要特征的普适性文明表示怀疑。在一本持相反观点的书中，著名的政治科学家萨缪尔·亨廷顿（Samuel Huntington）提出，根据人们对西方自由民主理念的广泛接受，不存在"普适性"文明。亨廷顿认为，许多社会可能在逐渐走向现代化，从某种意义上说它们采用了现代世界的物质设备，从汽车、可口可乐到 MTV 音乐电视，但它们本身并没有西化。相反，亨廷顿推理说，现代化进程可导致回归传统。

与福山的观点相反，亨廷顿预想到世界将被划分为不同的文明，每个文明有自己的价值体系和思想意识。他预言了西方与伊斯兰世界之间的冲突。尽管人们最初对亨廷顿的观点反应冷淡，但是在 2001 年 9 月 11 日美国遭受恐怖袭击后，亨廷顿的观点重新引起了人们的关注。

虽然不能说亨廷顿的观点完全正确，但其对国际商务有重要的影响。它意味着在许多国家从事商务工作变得越来越困难，或是因为暴力冲突的破坏，或是因为与国际企业母国文明的冲突。但亨廷顿的观点毕竟只是一种推测，而且也是有争议的。他的预言并不是确定的事实。然而，地缘政治力量时常限制了工商企业在某些国家经营的能力，这仍是我们所要面对的事实。

3.2.3 市场体制的传播

自 20 世纪 80 年代以来，中央计划经济向市场经济的转变发展。苏联和东欧社会主义集团中的 30 多个国家转变了它们的经济体制。正在发生体制改革的还包括越南等一些亚洲国家，以及安哥拉、埃塞俄比亚、莫桑比克等一些非洲国家；还有些国家从混合经济转向市场经济；亚洲、拉丁美洲和西欧的许多国家把国有企业卖给私人投资者（私有化），并且放松管制以促进更大程度的竞争。

经济转型的基本原理在世界各地是相同的。一般而言，实行计划经济和混合经济体制的国家或地区无法像美国、瑞士、中国香港地区和中国台湾地区等实行市场经济体制的国家或地区那样取得持久的经济成就。因此，越来越多的国家或地区倾向于采取以市场为基础的经济模式。来自美国的一家在政治上保守的研究基金会 Heritage Foundation 的数据显示了世界各国或地区向市场经济体制转变的程度。该基金会的经济自由指数包括 10 项指标，如政府干预经济的程度、贸易政策、产权保护的程度、外国投资法规、税收规定、劳动力自由等。一个国家或地区各项指标的评分可从 100 分（最自由）到 0 分（最不自由）不等。10 个指标的平均分越高，表示该国（地区）的经济越趋向纯市场经济。根据 2020 年的指数，世界上最自由的经济体排序为：新加坡、中国香港地区、新西兰、澳大利亚、瑞士、爱尔兰、英国、丹麦、加拿大。美国是第 17 位，德国是第 27 位，日本是第 30 位，法国是第 64 位，墨西哥是第 67 位，俄罗斯是第 94 位，印度是第 120 位，巴西是第 144 位。津巴布韦、委内瑞拉、古巴和朝鲜等国则位居最末位。

3.3 经济转型的性质

向市场经济体制的转变通常要经历几个步骤：放松管制、私有化和建立保护财产权的法律体制。

3.3.1 放松管制

放松管制（deregulation）包括取消对市场自由运行的法律限制，建立私有企业和私有企业运作方式的法律限制。实行计划经济的政府通过具体的国家计划严格控制产品的价格和产量。它们也禁止私有企业在很多领域从事经营活动，严格限制外企的直接投资且限制国际贸易。在这些情况下的放松管制包括取消价格控制，依照供求关系确定价格，废除规制建立和经营私有企业的法律，以及放松或取消对外国企业的国际直接投资和国际贸易的限制。

在混合经济中，国家的作用变得更加有限。但是，在特定领域内，国家仍然会制定价格、自己经营企业、限制私有企业、限制外国投资和国际贸易。对这些国家来说，放松管制也同样包括我们先前在计划经济中看到的内容，这些国家一直存在或多或少的私营部分，因此它们转型相对更加容易。印度就是一个在近 20 年里极大程度地放松经济管制的例子（参见国际聚焦 3-1）。

国际聚焦 3-1

印度的经济转型

1947年从英国殖民统治下取得独立后，印度采取了民主政府体制。然而，印度在1947年后实施混合经济体制，其主要特征是有大量的国有企业、中央计划和政府补贴。这种体制对私营部门的发展有较大限制，私有企业只有在政府许可下才能扩大规模。在这种体制下，私有企业要多元化扩展一个新产品可能要等数年才被许可。许多重工业如汽车、化工和钢铁生产是留给国有企业的。一个健全的私营部门的发展会受到生产配额和进口品高关税的抑制，劳工法也使得雇用员工非常困难。

20世纪90年代初，人们清楚地意识到这样的体制无法给印度带来类似许多东南亚国家已经享有的经济进步。1994年，尽管印度人口有9.5亿，但其经济规模仍然小于比利时，人均GDP只有微不足道的310美元。读书的人不到总人口的一半，全国只有600万人有电话，只有14%的人享有干净的卫生设施。据世界银行估计，世界上40%的极端贫困人口居住在印度，全印度只有2.3%的人口的家庭年收入超过2 484美元。

1991年，停滞不前的经济导致该国政府发动了一场雄心勃勃的经济改革。许多产业的许可制度被取消，几个曾对私营部门关闭的行业开放，包括电力、部分石油业、钢铁业、航空运输和电信业。从前只是勉强被允许并受到限制的外国投资一下子变得大受欢迎。现在外国投资股份占51%以下的企业不用审批，而100%为外国股份的独资企业在一定条件下也得到允许。原材料和制成品允许自由进口，进口关税从最高400%下降到65%，所得税最高税率从57.5%下降到1994年的46%，1997年又进一步降至35%。政府还宣布开始对印度的国有企业实施私有化——20世纪90年代初，40%的国有企业处于亏损状态。

从某些方面看，这些改革所带来的结果给人留下了深刻的印象。1997～2019年，印度的年平均经济增长率为7%。作为显示印度经济吸引力的一个重要指标，外国投资从1991年的1.5亿美元跃升到2019年的500亿美元。有些经济部门尤为突出，如信息技术，印度已被公认为全球最富生机的软件开发中心。2019年销售额为1 800亿美元，出口额为1 260亿美元，而在1990年该项收益仅为1.5亿美元。制药业也是如此。印度企业作为全球市场上可信赖的交易者，主要销售低成本、通用的药品，这些药品在发达国家已经过了专利保护期。

然而，该国依然有很长的路要走。试图进一步降低进口品关税的举措遭到了来自雇主、雇员和政治家的强烈反对。他们担心一旦取消壁垒，大量廉价的产品便会涌入印度。私有化的进程依然障碍重重。在非农业领域中，国有企业的国民总收入仍然占38%，而印度私有企业的生产效率要比国有企业高30%～40%。印度许多法律的改革也遭到了强烈反对，这导致私有企业难以提高经营效益。例如，现有的劳工法使得雇有100名以上员工的企业几乎无法解雇工人，这导致许多企业不愿将规模扩大至100名员工以上。还有些法律则明确规定某些产品只能由小公司生产，致使这些领域的企业为应对国际竞争而想扩大规模的任何尝试都成为泡影。

资料来源："India's Breakthrough Budget?" *The Economist*, March 3, 2001; "America's Pain, India's Gain," *The Economist*, January 11, 2003, p. 57; Joanna Slater, "In Once Socialist India, Privatizations Are Becoming More Like Routine Matters," *The Wall Street Journal*, July 5, 2002, p. A8; "India's Economy: Ready to Roll Again?" *The Economist*, September 20, 2003, pp. 39–40; Joanna Slater, "Indian Pirates Turned Partners," *The Wall Street Journal*, November 13, 2003, p. A14; "The Next Wave: India," *The Economist*, December 17, 2005, p. 67; M. Dell, "The Digital Sector Can Make Poor Nations Prosper," *Financial Times*, May 4, 2006, p. 17; "What's Holding India Back," *The Economist*, March 8, 2008, p. 11; "Battling the Babu Raj," *The Economist*, March 8, 2008, pp. 29–31; Rishi Lyengar, "India Tops Foreign Investment Rankings Ahead of U.S. and China," *Time*, October 11, 2015; "FDI in India," *Indian Brand Equity Foundation*, March 2018; "India among Top 10 FDI Recipients," *The Hindu*, January 20, 2020.

3.3.2 私有化

私有化（privatization）的急剧增加与放松管制密切相关。正如在第2章中讨论的，从国有财产转变为私人财产，国有资产的出售通常是以拍卖的形式进行的。私有化被看成一种解放生产力以及提高经济效益的途径，它通过向新的私有企业主提供强有力的刺激（提供更大的利润回报），推动其提高生产力，开发新市场和退出亏损的市场。

私有化运动开始于20世纪80年代初英国撒切尔夫人执政时期。当时，政府开始出售国有资产，如英国的电话公司英国电信（BT）。这种出售是和英国电信业的放松管制相联系的。通过允许其他企业与英国电信公司展开公平竞争，放松管制要保证私有化并非简单地用私人垄断来替代国家垄断。最富戏剧性的私有化事件发生在苏联和东欧一些国家。例如在捷克，1989~1996年有3/4的国有企业私有化，私营部门占GDP的比重从1989年的11%上升到1995年的60%。

如今私有化仍在进行。例如，2017年巴西政府宣布对一家电力公司、机场、高速公路、港口和彩票进行私有化。在沙特阿拉伯，政府计划将国有的沙特阿美石油公司私有化。

虽有这30年的私有化趋势，但是许多国家的国有企业仍掌握大量经济活动。人们越来越认识到，在世界各国实行私有化的过程中，简单地将国有资产出售给私人投资者并不能保证经济增长。有关中欧私有化的几项研究表明，在私有化进程中，如果新的私营企业仍旧从国家获取补贴且受到保护避免与外国企业竞争，并通过壁垒形式阻止国际贸易和对外国直接投资，则这一私有化过程通常不能产生预期的效果。在这些情形下，新设立的私营企业避开了竞争，仍旧像垄断的国有企业一样运行，缺乏重组业务以提高效率的动力。要使私有化真正发挥效用，必须在更大程度上放松管制和经济开放。因此，当巴西决定把国有的电话垄断企业巴西电信（Telebras Brazil）私有化时，政府把公司分为4个相互独立的单元，鼓励它们相互竞争，且取消外国投资电信服务业的壁垒。这些举措使得新的私企将面临相当大的竞争，从而不得不提高自身的运营效率得以生存。

3.3.3 法律体制

正如在第2章中提到的，一个健全的市场经济必须拥有法律保护私有产权和提供合同执行的机制。没有保护产权的法律体制和保障法律体制执行的机制就可能会引起私营和公共部门从事经济活动的积极性不断地减少，甚至会引起有组织的犯罪，这些都会侵蚀私营经济部门所产生的利润。东欧政权崩溃时，许多国家缺乏保护私有产权的法律体系，因为此前所有财产一直是国家所有。虽然现在不少国家已经建立了必要的法律体制，但要使这些法律体制像西方国家那样正常运转尚需要时日。例如，在大多数东欧国家中，不完全和不精确的记录导致同一项资产可以被多处抵押，对前社会主义时期所有者的赔偿未解决等问题使得城市和农村的产权归属很难界定。除此之外，虽然大多数国家已改进商业法规，但体制的不完善仍有碍商业合同的正常履行，而且法院的执法力度较弱，庭外解决合同争端的手段也很有限。但是时代在不断进步。例如，2004年，中国对宪法做出修订，明文规定公民的私有财产不受侵犯；2007年，中国又颁布了一项新的法规，规定私有财产享有与国有财产同等得到保护的财产权利。

如前所述的全球政治和经济体制的变化对国际商务有着重要的启示。充斥于整个20世纪的集体主义和个人主义之间意识形态上的冲突似乎在渐渐消失。虽然计划经济和独裁统治仍然存在，虽然民主制度有所退步，但是世界依旧在变得更加民主，比1988年以前更加坚持基于市场的经济制度。

在过去的50年内，世界上有一半的地区与西方企业隔绝。自20世纪80年代末以来，这一切正在改变。东欧、拉丁美洲、非洲和亚洲许多国家的市场可能仍然是不发达和贫穷的，然而这些国家的潜力是巨大的。中国市场的潜力大于美国、欧盟和日本市场的总和，因为中国有14亿多人口。同样地，印度有13亿多人口，也是潜在的巨大市场。拉丁美洲还有6亿潜在消费者。企业现在得好好考虑如何参与其中。如果中国和美国保持1996~2019年的发展速度，中国将会在2030年成为世界第一大经济体。

然而，潜在利益和风险是并存的。不能保证民主将在那些新兴的民主国家长期盛行，特别是当这些国家面临严重的经济衰退时，威权主义可能再次抬头，极权政治有可能回潮。冷战时期的两极世界已经消失，取代它的是一个不同文明相互交织的多极化世界。在这样的世界中，全球性的向市场经济体制转变过程中固有的许多经济前景可能在面对文明冲突时停顿。从长期看，投资于世界上新的市场经济的潜在回报与相关的风险都是巨大的，忽略这一点是非常愚蠢的表现。

全景视角：管理启示

从事国际商务活动的收益、成本、风险及综合吸引力

如第2章所示，一个国家的政治体制、经济体制和法律体制及其环境会明显地影响该国作为一个市场或投资地的吸引力。在本章中我们提出，拥有民主体制、制定以市场为基础的经济政策和对产权实施严格保护的国家更可能获得持续的高经济增长率，因而对国际企业更具吸引力。由此可以推测，在一个国家从事商务活动的收益、成本和风险将受到该国政治体制、经济体制和法律体制的影响。一个国家作为市场或投资地的综合吸引力取决于在该国长期从事商务活动的收益与成本、风险之间的平衡，下面我们分别考察收益、成本和风险的决定因素。

收益

从广义上说，在一国长期从事商务活动的货币收益取决于该国市场的规模、该市场上消费者的现有财富（购买力）和未来的财富。有的市场用消费者数量来衡量是很庞大的（如印度），但相对较低的生活水平会限制购买力，因此用经济尺度衡量，它只不过是相对较小的市场。国际企业必须清楚这一区别，同时它们还得对一个国家未来可能的前景有一定的认识。1960年，韩国被视为一个贫困的第三世界国家。但到了2019年，韩国已成为世界上排名第11位的经济大国。在1960年就看出韩国潜力的国际企业若当时就在该国做生意，如今可能会比撤出韩国的企业获利多得多。

国际企业可以通过较早地识别和投资一个有潜力的经济后起之秀来建立品牌信誉和商务优势，如果该国维持较高的经济增长率，则相关国际企业就会得到丰厚的回报。相反，晚进入的企业可能会由于缺乏品牌信誉和必要的经验而难以在该市场上有很好的表现。用商业战略的术语说，早日进入一个有潜力的经济后起之秀国家的商家会获得大量的**先行者优势**（first-mover advantages），而晚进入的企业则面临**后发者劣势**（late-mover disadvantages）。先行者优势是指早进入市场的企业所拥有的优势，后发者劣势是指后进入者可能遭遇的障碍。这种观念一直在驱使企业向中国大量投资，如果中国持续以现有的增长速度发展，在2030年将成为世界第一大经济体（中国现在已经是世界第二大经济体）。20多年来，中国一直是发展中国家中最大的外国直接投资接受国，包括通用汽车、大众汽车、可口可乐和联合利华等在内的国际企业都试图在中国建立可持续的优势地位。

对于一个国家未来的经济前景，我们可以从两方面进行很好的预测，即经济体制和产权制度。采取市场经济体制的国家对财产权进行保护，通过教育提升人力资本，通常比产权得不到保护的国家或实行计划经济的国家拥有更高的经济增长率。一国的经济体制、产权制度和市场规模（以人口计）这一系列指标可以衡量在该国做生意是否有长期利益存在。相反，财产权不能得到保护且腐败猖獗的国家则维持在很低的经济发展水平。但是，我们也不能将此过分教条化。中国和印度两国的产权保护都有待进一步完善，但这两个国家的经济却持续快速增长，两国都从向市场经济制度的转型中获得了巨大的利益。

成本

在一国做生意所花费的成本由政治、经济、法律等一系列因素共同决定。政治因素是指在一个国家从事商务活动的成本可能因需要收买政治势力以便取得政府对商务活动的许可而有所增加。在封闭的极权国家发生的贿赂比在选民会追究政治家责任的民主国家里要多（尽管这并不是一成不变的区别）。

从经济因素上讲，其中最重要的变量之一就是一个国家经济的复杂性。在经济相对落后或不发达的国家做生意恐怕花费会更大，因为当地缺乏基础设施和支持业务。在极端的情况下，国际企业需要自己提供在该国做生意所需的基础设施和支持业务，这就明显增加了成本。比如，麦当劳决定在莫斯科开设第一家分店时，它发现要想使这家麦当劳分店的食品和饮料与以往的店没区别的话，必须实行垂直的后向一体化，以解决其所需的原材料问题。俄罗斯当地产的土豆和肉类质量太差，为了保证产品质量，麦当劳在俄罗斯建立了自己的养牛场、蔬菜大棚和蔬菜加工厂。这就

增加了在俄罗斯做生意的成本。相比之下，在经济相对发达的国家中可以在开放的市场上买到高品质的货物，生产成本就降低了。

从法律因素上讲，在一个对产品安全、工作场所安全、环境污染等制定了严格法规标准的国家从事商务活动可能需要较高的成本（因为遵守这些规定是需要花费成本的）。例如，在美国这样的国家从事商务活动可能要支付很高的成本，因为该国的损害赔偿费是不封顶的，这意味着责任保险费率不断上升。而在一个缺乏规范商业行为法律的国家做生意花费也可能更大。例如，由于缺乏商务合同法，国际企业可能找不到适当的方式来解决合同纠纷，因而会因为合同违约造成巨大的损失。同样，若当地法律不能很好地保护知识产权，则会导致国际企业知识产权被"偷窃"，进而失去很多收入。

风险

像生产成本一样，在一国做生意的风险取决于一系列的政治、经济和法律因素。**政治风险**（political risk）可定义为因政治力量而引起的一国商务环境的剧烈变化，从而对某一商业企业的赢利和其他目标起负面影响的可能性。经历社会动乱和骚乱的国家，或因社会性质导致发生社会动乱的可能性较大的国家，风险一般也较大。社会动荡典型的表现方式是罢工、示威、恐怖主义和暴力冲突等。这些社会动荡更有可能出现在为争夺政治控制权而纷争不断的国家、经济方面管理不善产生高通胀和生活水平低下的国家。

社会动荡会导致政府和政策的突然变化，或在一些情况下会加剧公众的冲突。这些斗争对经济有负面影响，会影响商业企业赢利目标的完成。例如，1979年伊朗发生革命后，许多美国公司在伊朗的资产被伊朗新政府没收，而且没有进行补偿。类似地，南斯拉夫（1992年已解体）经过暴力冲突瓦解成包括波斯尼亚、克罗地亚和塞尔维亚在内的多个国家，这使得该地区的经济和在这些国家投资所得的收益一落千丈。

总的来说，政治体制的变化会导致实施不利于国际企业的法律。例如在委内瑞拉，最为著名的社会主义政治家乌戈·拉斐尔·查韦斯·弗里亚斯（Hugo Rafael Chávez Frías）在1998～2013年掌权。他曾经宣称是古巴卡斯特罗的支持者，发誓要通过政府对私有企业的干预来改善委内瑞拉大多数穷人的生活，而且他经常指责美帝国主义。所有这些都会影响在该国从商的西方企业，例如，他将在委内瑞拉从商的外国石油公司向政府支付的权利金率从1%提高到了30%。

一国政府对经济的管理不当也会引发其他的风险。**经济风险**（economic risk）可以定义为由于经济管理不善导致一国商业环境出现剧烈变化，从而对某一特定的商业企业的盈利和其他目标的实现有负面影响的可能性。经济风险并非独立于政治风险。经济管理不善可能会导致相应的社会动荡，进而导致政治风险。然而，之所以要将经济风险作为一个独立的因素来考虑，是因为社会动荡和经济管理不善之间并不总是存在一对一的关系。衡量经济管理不善的指标一个是一国的通货膨胀率，另一个是企业和政府的负债率。

2014～2015年发生的油价暴跌暴露了一些国家经济管理不善的问题，并增加了经济风险，这些国家过度依赖石油收入来为挥霍无度的政府提供资金。在沙特阿拉伯和委内瑞拉等国，高油价使政府能够在社会项目和公共部门基础设施上投入大量资金。随着油价暴跌，这些国家的收入大幅下降，预算赤字开始急剧攀升，它们的货币在外汇市场上下跌；随着进口价格上涨，价格通胀开始加速，它们的经济开始收缩，失业加重，并造成了社会混乱的可能性。这对这些国家没有好处，对投资于这些经济体的外国企业也没有好处。

在法律层面上，如果一国的法律制度不能对违反合同或侵犯财产权实施适当的惩戒，法律风险就产生了。当法律保护较弱时，如果企业发现违反合同或窃取知识产权可以获利，企业似乎更倾向于这样去做。因此，**法律风险**（legal risk）可以定义为生意伙伴寻机违反合同或侵犯产权的可能性。当一国法律风险很高时，国际企业在签订长期合同或与该国企业进行长期合资时就会犹豫不决。如20世纪70年代印度政府实行了一项法律，要求所有外国投资者必须与印度的公司合资，因此美国的IBM和可口可乐等公司关闭了它们在印度的投资项目。之所以这么做，是因为它们认为印度的法律体制并不能充分保护知识产权，从而导致一种现实的危险，即如果合资，印度合作伙伴有可能侵犯美国公司的知识产权，而这恰好是IBM和可口可乐公司竞争优势的核心部分。

综合吸引力

一国作为国际企业潜在市场和投资地的综合吸引力取决于对利益、成本和在该国做生意要冒的风险之间的平衡（见图3-1）。一般而言，在经济发达且政治稳定的民主国家从事国际商务活动的相关成本和风险较低，而在欠发达和政治不稳定的国家从事国际商务活动的成本和风险则比较高。然而要精确衡量并非易事，事实上，潜在的长期利益不仅受到该国当前经济发展或政治稳定状况的影响，还依赖于未来经济增长的可能性。经济增长显然是自由市场体制和国家增长能力共同作用的结果（这在欠发达国家更明显）。这就得出一个结论：在其他条件相等的情况下，政治稳定的发达国家和虽为发展中国家但有自由市场体制、没有高通胀和高私人部门债务的国家，在利益—成本—风险间的利弊权衡中最有可能受青睐。而政治不稳定的发展中国家或金融泡沫过大、过度借贷的发展中国家则不受欢迎。

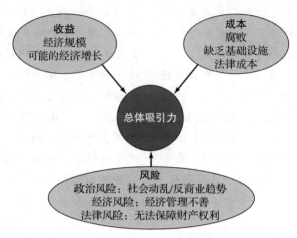

图 3-1　国家吸引力

本章小结

本章考察了不同国家的政治、经济和法律体制上的差异。我们注意到在一国从事商务活动的潜在利益、成本和风险是该国政治、经济和法律体制共同作用的结果。本章要点如下：

（1）经济增长率的高低取决于该国是否具有功能健全的市场经济。在这一经济制度下，产权将受到保护。

（2）许多国家目前处在转型期，有一种趋势是从极权政府和计划经济或混合经济体制向民主政治制度和自由市场经济体制转变。

（3）一国作为市场或投资地的吸引力取决于对在该国从事商务活动的长期收益与成本、风险的权衡。

（4）在一国从事商务活动的收益取决于市场规模（人口）、人民的富有程度（购买力）和未来增长预期等多方面。通过向一个目前虽然贫困但增长前景很好的国家进行投资，企业能赢得先行者优势，并在未来得到大量利润。

（5）从事商务活动的成本在那些需要行贿才能进入市场的国家更高；在基础设施缺乏或不发达的国家，成本也会更高一些。

（6）在政治不稳定、经济管理不善、对侵犯产权或违约的行为不能实施有力惩戒的国家从事商务活动的风险会高一些。

第 4 章

文化差异

学习目标

- 4-1 解释什么是一个社会的文化
- 4-2 找出引起社会文化差异的因素有哪些
- 4-3 找出文化的差异对商业和经济的影响
- 4-4 认识社会文化的差异是如何影响商务价值观的
- 4-5 说明文化改变对经济和商业的影响

⊙ 开篇案例　　　　　　　　俄罗斯文化

英国政治家温斯顿·丘吉尔（Winston Churchill）曾以"谜一样，包裹在神秘的东西里面"来形容俄罗斯。丘吉尔的形容反映了西方人在理解俄罗斯文化方面经常遇到的困难，俄罗斯文化在重要方面与英国和美国等国家的西方文化所依托的盎格鲁-撒克逊传统不同。

俄罗斯拥有深厚的文化，反映了悠久而独特的历史，可以追溯到882年维京人在长期被斯拉夫部落占领的领土上建立的原俄罗斯国家基辅罗斯。随着时间的推移，少数维京军事贵族与当地斯拉夫人口融合在一起。基辅罗斯在引进东正教方面尤为重要，它在国家和教会之间建立了密切的联系，这种关系渲染了接下来1 000年的俄罗斯历史。

学术研究表明，典型的俄罗斯人持有的价值观与美国人和英国人持有的价值观有很大的不同。俄罗斯的特点是高度接受社会中权力的不平等分配。社会地位（包括商业关系）在生活的各个领域都很重要，俄罗斯人对这一点的接受程度远远高于英国人和美国人。

同样，虽然个人主义在英国和美国是被高度重视的文化属性，但它在俄罗斯却被视为不那么重要，因为俄罗斯高度重视集体主义。对集体主义的强调可以反映出这样一个事实，即俄罗斯人的生活世代以农业村社为中心，土地是共同拥有的，决策是由一家之主的集会决定的。

俄罗斯人也比西方人更倾向于规避不确定性或模棱两可的情况，因为这被视为威胁。俄罗斯人寻求规避不确定性的一种方式是遵守社会的正式和非正式规则，这些规则告诉他们在某些情况下应该如何行事。规避不确定性的倾向可能使俄罗斯人的创新和创业精神不如西方人，因此，俄罗斯的文化可能对商业环境产生影响。

俄罗斯人似乎不像美国人那样容易笑。然而，俄罗斯人自己也常常对美国人的笑感到困惑。当发生有趣的事情时，俄罗斯人就会笑，但像美国人经常做的那样，在没有发生任何有趣的事情时也会笑，这在俄罗斯人看来是相当奇怪的。这种行为上的差异会导致一些困惑。访问俄罗斯的美国人常常对与他们交往的人脸上缺乏笑容感到困惑和有些担心,并想知道他们是不是做错了什么。俄罗斯人也会对笑嘻嘻的美国人感到困惑,因为他们没有说什么好笑的话,他们可能会想:"为什么这个人对我笑?我做错了什么?"

资料来源:Country Comparison, *Hofstede Insights*, https://www.Hofstede-insights.com/; Country Report: Russia, *Commisceo Global*, Commisceo-Global.com; Olga Khazan, " Why Some Cultures Frown on Smiling," *The Atlantic*, May 27, 2016; Natalija Tancjura, " Why Russians Do Not Smile, *Chicago Maroon*, April 12, 2002.

引言

在第2章和第3章中,我们已经考察了各国在政治体制、经济体制、法律体制方面的差异是如何影响企业在不同国家从事商务活动的收益、成本和风险的。本章将揭示不同国家之间以及一个国家不同地区之间的文化差异会如何对公司的国际商业交易、运营和战略产生影响。

有几个主题贯穿本章。第一个主题是在不同国家成功从事商务活动需要有跨文化认知能力。提及**跨文化认知能力**(cross-cultural literacy),其含义是理解国家之间和国家内部的文化差异是如何影响商务实践的。在这个全球通信、快速运输、全球市场和全球品牌的时代,当"地球村"的时代似乎就在眼前时,我们很容易忘记各种文化到底有多大的差异。事实上,在现代化与全球化的外表下,依然存在深刻的文化差异。这些差异也为一个国家的人们创造了一个共同的纽带,即价值体系,这本质上是这个国家存在的理由。基于文化的价值体系也可以存在于家庭、公司和世界区域。有时,甚至行业也有不同的价值体系。

开篇案例说明了其中的一些差异。该案例考察了俄罗斯文化的某些方面,并将其与英国和美国等盎格鲁-撒克逊国家的文化进行了比较。我们看到的是,一般来说,俄罗斯人更接受由社会地位产生的等级制度和权力差异,个人主义较少,并且更想要规避社会和商业环境中的不确定性,这使得他们更愿意接受社会的正式和非正式规则。这些根深蒂固的差异植根于俄罗斯历史,并将影响在俄罗斯的商业交易方式。该案例还指出,俄罗斯人比美国人笑得少。这并不是因为俄罗斯人比美国人更沉闷,就像西方人经常认为的那样。相反,这是由于两国在与笑相关的意义上存在根深蒂固的文化差异。不了解这一点会导致俄罗斯人和美国人之间产生误解,除此之外,这可能会影响商业互动。

第二个主题是,在一个国家或地区从事商务活动的收益、成本和风险与该国或地区的文化之间可能存在一定的关系。不同的文化对创业、创新和资本主义生产方式的支持可能不同。例如,一些观察家认为,文化方面的原因使得在日本进行商务活动的成本较低,这也可用来解释日本经济在20世纪60~80年代快速上升的原因。同样,文化因素有时也会提高商务活动的成本。从历史上看,阶级划分是英国文化的一个重要组成部分,长期以来,在英国经营的企业发现管理层与工人之间很难进行合作,阶级划分导致该国20世纪中叶激烈的产业纷争,这大大提高了在英国从事商务活动的成本。相比之下,日本、挪威、瑞典和瑞士历史上阶级冲突不太激烈,商务成本也就相对较低。

英国的例子提出了我们在本章要讨论的另一个主题,即文化并不是一成不变的。文化可以而且事实上也是在不断演变的,尽管变化的速度不一。在过去的30年里,英国文化的重要方面已经发生了很大的变化,这反映在阶级差别略微减弱,劳资纠纷的程度比50年前低得多。最后,特别需要关注的是,跨国企业本身就是文化变革的助推器。例如,麦当劳和其他西方快餐店就改变了亚洲国家居民的就餐文化,当地人原来都习惯在传统的饭馆就餐,如今则开始去快餐店了。

4.1 文化是什么

对于文化的简单定义,学者向来没有达成一致的意见。19世纪70年代,人类学家爱德华·泰勒(Edward Tylor)将文化定义为"一种复合体,包括知识、信仰、艺术、道德、法律、习惯和人们作为社会成员所需要的其他能力"。之后,几百种不同的定义相继出现。同样支持这一套"有限价值观理论"的还有吉尔特·霍夫斯泰德（Geert Hofstede），他是一位研究跨文化差异和管理的一流专家，他将文化定义为"人类中某一群成员区别于另一群成员的思想意识的集合体。从这个意义上讲，文化包括价值体系，而价值观乃是构建文化的基石"。另一个定义来自社会学家兹维·纳门华斯（Zvi Namenwirth）和罗伯特·韦伯（Robert Weber），他们将文化定义为一种观念的体系，认为是这些观念构成了对生活的设想。

这里，我们参照霍夫斯泰德、纳门华斯和韦伯的看法，将**文化**（culture）定义为一群人所共同拥有的价值观和准则的体系，这一体系被综合在一起后，就组成了对生活的设想。**价值观**（values）是一种抽象的概念，是指一群人借以确定什么是好的、正确的和可取的。换一种说法，价值观就是关于事情应该如何的一种公认的假设。**规范**（norms）是指社会规则与指南，即在一个特定的情境下有关适当行为的规定。这里的**社会**（society）是指共享价值观和准则体系的一群人。也许有时候一个社会就是一个国家，但是有些国家则包含几个"社会"或亚文化，还有一些社会则包含一个以上的国家。例如，丹麦、芬兰、冰岛、挪威和瑞典等斯堪的纳维亚半岛上的国家在文化上通常被视为一个整体。这意味着如果一个斯堪的纳维亚国家的人喜欢一家公司的产品，那么其他斯堪的纳维亚国家的客户很有可能也会喜欢。

4.1.1 价值观和规范

价值观构成文化的基础，它们提供了建立和支持某种社会准则的背景。它们可能包括一个社会对个人自由、民主、真理、公正、诚实、忠诚、社会义务、集体责任、女性的角色、爱情、性、婚姻等概念的态度。价值观不仅仅是抽象的概念，它们还被赋予了很浓的感情色彩，人们会为此争论、斗争，甚至为自由这样的价值观不惜献出生命。自由和安全往往是许多发达国家（如美国）的政治领导层在证明其国家参与世界各地区事务时的核心理由。价值观也反映在一个社会的经济体系中。正如我们在第2章中所看到的，民主的资本主义自由市场经济制度便是一种强调个人自由的价值观的反映。

规范是影响人们相互行为的社会规则。规范可以进一步被分成两大类：社会习俗和道德准则。这两个词是由美国社会学家威廉·萨姆纳（William Sumner）于1906年提出的，而且它们仍然适用并嵌入我们的社会中。**社会习俗**（folkways）是指日常生活惯例。一般而言，社会习俗是一些社会约定俗成的事，诸如在特定的环境中如何穿戴才得体、良好的社会礼节、使用餐具的正确方法、邻里行为等。违反习俗的人可能被认为是一种古怪的或粗鲁的人，但他们的行为通常不会被视为一种罪恶。在许多国家，初来乍到的外国人违反当地的习俗是可以被谅解的。然而，人们越来越期待在外地出差的管理人员了解具体的着装要求、社会和职业礼仪、用正确的餐具吃饭以及商务礼仪。规范的演进如今要求商务伙伴在很多情况下至少要尝试着去依照东道国的社会习俗使自己表现得体。

不同国家对待时间的不同态度是反映社会习俗差异的一个恰当的例子。在美国和德国、荷兰及斯堪的纳维亚国家等北欧国家中，人们非常清楚现在是什么时间，时间过去了多久以及时间的重要性。商人都非常守时，如果开会有人迟到或让他们一直等待，他们马上就很恼火，因为他们的时间被浪费了。他们认为时间就是金钱，与注重时间的美国人、德国人、荷兰人和斯堪的纳维亚人相反，许多阿拉伯、拉丁和非洲文化中的商人认为时间更有弹性。人们更看重完成与他人的交际活动，而不是刻板地遵守时间表。例如，如果在开会前一位美国商人在一位拉丁美洲经理的办公室外面等候了30分钟，这位先生/女士可能会感觉受到轻视。也许这位拉丁美洲经理正在与一位同事交谈，而他认为这次交谈使他获得的信息要比严格遵守日程表这件事更为重要。这位拉丁美洲经理并不是故意要冒犯谁，只是双方对时间的重要性的理解有差异，但那位美国商人可能就不这样认为了。同样，沙特阿拉伯人也认为精确的时间观念没有什么实际意义，他们的时间观念是由贝多因游牧民族的传统所形成的，当他们说"明天到达某地"，可能意味着"下周到达"。和拉丁美洲人一样，许多沙特阿拉伯人也不能理解西方人对精准的时间观念和日程安排的痴迷。

社会习俗还包括礼仪和象征性行为。礼仪和象征性行为是一种文化最显而易见的表现，构成了某种深层价值观的外在表现。例如，在会见一位外国公司经理时，一个日本经理会弯腰鞠躬，双手将其公司名片递给外国公司经理。这种礼仪行为深深地烙上了文化标志，这张名片具体列明了这位日本经理的级别，这在像日本这样的等级社会中是一条很重要的信息。弯腰鞠躬表示尊重,腰弯得越低,表示对对方越尊重。拿到名片的人一般应该仔细地阅读名片的内容(日本人的名片通常是一面用日文阐释,另一面用英文阐释),这是对对方表示尊重的一种方式,表示承认该名片主人的级别。而外国人在接过名片时也应该鞠躬,同时弯腰向日本经理递上自己的名片以示友好。如果外国经理不这样做,或者没有仔细阅读对方递过来的名片,而只是很随意地往自己的外衣口袋或者钱夹里一放,便违反了这一重要的习俗,会被认为是很粗鲁的。

道德准则(mores)是一种被更广泛遵守的规范,比社会习俗有更大的道德意义,并且对社会运行和社会生活极为重要。违反道德规范会带来严重的惩罚和导致商业交易的崩溃。道德规范往往是如此重要,以至于它们被制定为法律。许多习俗(和法律)在不同的文化中是不同的。例如,在美国,喝酒是被广泛接受的,而在沙特阿拉伯,喝酒则被看成是违反了重要的道德准则,并将受到监禁的惩罚(这是一些西方公民在沙特阿拉伯工作时发现的)。也就是说,像沙特阿拉伯和阿拉伯联合酋长国这样的国家,对西方人在它们国家的行为越来越宽容,比如当西方同事饮酒时,只要他们不招摇过市就行。随着时间的推移,根据你所在的地方和你的身份,可能会以不同的方式执行道德准则,要知道其中的区别。

4.1.2 文化、社会和民族国家

我们将社会定义为共享同一套价值观与规范的一群人,即在同一种文化下生活的人。一个社会与一个民族国家之间没有严格的一一对应关系。这些民族国家一直在寻找自己的"民族认同感"或者是"国民性",甚至是"国家竞争优势",可是事实上,一个民族国家可能包含一种文化,也可能包含多种文化。法国可以看成是法国文化的政治实体,而加拿大也有法国文化,并且至少有三种主要的文化,即安格鲁文化、说法语的魁北克文化和本土美洲文化。同样,在非洲的54个国家之中,许多国家的部落群之间存在巨大的文化差异,20世纪90年代初,卢旺达的两个部落图西族与胡图族之间的矛盾演变为流血的内战。非洲并不是在这方面唯一的例子,印度也是由许多不同的文化族群构成的,每个文化族群都有自己丰富的历史与传统(例如,安达罗人、贡德人、古吉拉特人、马拉地人、奥里雅人、拉其普特人和泰米尔人)。

文化也可以囊括几个国家,如丹麦、芬兰、冰岛、挪威和瑞典等斯堪的纳维亚国家。这些斯堪的纳维亚国家的文化价值和规范可以追溯到几个世纪前,这种文化思维方式仍然存在于大多数斯堪的纳维亚人身上。下次当你遇到一些斯堪的纳维亚人时,看看你是否能看出他们来自哪个国家。也有充分的理由认为,伊斯兰社会是中东、亚洲和非洲许多不同国家的公民所共享的文化。当然,伊斯兰世界也有细微的差别。正如你在之前章节所看到的,文化可以扩展至不同国家,这一观点支持了萨缪尔·亨廷顿对世界的看法,他认为,世界是由若干个不同的文明所组成的,包括西方文明、伊斯兰文明和中国文明等。事实上,许多国际商务学者将文化争论作为一种表达方式,认为公司在今天的多国战略方针中不应以国家为目标,而应将重点放在将全球195个国家划分为志同道合和文化相似的商业区域。

更为复杂的是,文化在一个国家内还有不同的层次。当我们说"美国社会"和"美国文化"时并没什么不对,但是在美国内部还有几个社会,每一个社会都有自己独特的文化,例如仅在美国就同时存在非洲裔美国文化、法裔文化、华裔美国文化、拉美文化、印第安文化、爱尔兰裔美国文化和南方文化等。文化与国家之间的关系经常是模糊的,人们不能总是认为国家只具有一种相同属性的文化,即使可以,人们也应认识到国家文化是由多姿多彩的亚文化构成的。为了尊重这些细微的文化差异,商人们需要注意关于风俗习惯的细节问题,他们还需要确保不违反他们做生意的国家的道德准则和打算在其中做生意的国家的文化。经济全球化的发展意味着跨国家和跨文化的商务合作将会越来越多,但不一定有更多的文化理解来配合它。

文化依旧是个很复杂的现象,它有不同的维度,也有不同的层次,永远值得研究。

4.1.3 文化的决定因素

重要的是,要了解一种文化的价值观和准则并不是一蹴而就的,它是受许多因素长期作用而逐渐形成的产物。正如我们所解释的那样,随着时间的推移,价值观和规范在一些因素的作用下不断演变。这些因素包括主

流政治和经济哲学、社会结构、宗教、语言和教育（见图4-1）。最终，当人们的行为——作为这些不同因素影响的结果——在人们的日常活动、模式和做事方式中根深蒂固时，就形成了一种文化。

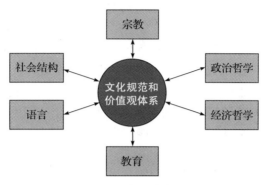

图4-1 文化的决定因素

我们在第2章中详细地讨论了政治和经济哲学，这些哲学明显地影响了一个社会的价值体系。例如，社会主义国家朝鲜对自由、公平和个人成就所持的观念与瑞士就有明显的差异。确切地说，每个社会都是按各自不同的政治和经济哲学来运行的。下面，我们将讨论社会结构、宗教、语言和教育的影响。因果关系是可以转换的，一方面，社会结构和宗教会明显影响一个社会的价值观与规范；另一方面，一个社会的价值观与规范也会影响其社会结构和宗教。

4.2 社会结构

一个社会的**社会结构**（social structure）指的是构成它的基本的社会组织，它表明一个社会是如何由作为其结构一部分的价值观、规范和关系方面组织起来的。社会如何运作，人们、团体和公司如何相互对待，都取决于并决定了该特定社会中个人的行为。

在解释文化差异时，有两个维度尤为重要。第一个维度就是社会组织的基本单位是个人还是群体甚至是一个人所工作的公司。一般而言，西方社会倾向于强调个人优先，而许多其他社会则倾向于把群体看得更重要。第二个维度是一个社会分成不同阶层或等级的程度。一些社会的特性是相对较高程度的社会阶层化，而社会阶层之间的流动性则相对较低（如印度人）；另一些社会的特性则是相对较低程度的社会阶层化，而社会阶层之间的流动性则相对较高（如美国人）。

4.2.1 个人和群体

群体（group）是指两个或两个以上的人的集合体，他们有共同的身份认同，按照一种对相互行为的共同预期以某种特定的方式互相影响。人类社会生活是群体生活，个人从属于家庭、工作群体、社会群体、娱乐群体以及可能的无数其他群体。社交媒体扩展了群体生活的内容，也更强调扩展的社会群体。社交媒体具有独特的可能性，对社会群体中的个人和群体本身都有影响。例如，由于群体的影响，消费者明显更有可能购买他们在Instagram、Twitter、Facebook或LinkedIn上关注的品牌，或者购买通过Snapchat接触到的品牌。然而，虽然所有社会中都存在群体，但有些社会将群体视为社会组织的主要方式，有些社会则不然。在一些社会中，个体特性和成就要比群体的成员身份更重要，而另一些社会的看法则刚好相反。

1. 个人

在第2章中，我们提到个人主义是一种政治哲学，但个人主义并不只是一种抽象的政治哲学。在许多社会中，个人是社会组织的基本单位，这不仅反映在社会的政治和经济组织中，而且也反映在社会和商务活动中人们如何看待自己以及如何维持与他人的关系。例如，许多西方社会的价值体系强调个人成就，个人的社会地位并不取决于他们为谁工作，而是取决于个人的工作绩效。逐渐地，个人被视为"独立的定约人"，尽管他们隶属于或者服务于一家企业。这些人通过自己掌握的知识、技能以及经验建立了自己的个人品牌，这通常能够使他们获得升职加薪的机会，也可能使他们凭借个人品牌跳槽到别的公司，这些公司认为雇用他们会给本公司带来经济效益。在科学界，"明星科学家"的标签就意味着这些具有个人特色的科学家可以凭借自己的知识、技能和经验生产很多的创新产品。

强调个人表现有利亦有弊。在美国，强调个人成就是通过崇尚顽强的个人主义、企业家精神以及创新来表达的。这样做的好处之一是在美国、欧洲以及在许多所谓的发达国家或地区产生了大量的创业活动。美国的企业家不断地创造出各种新产品和新商业模式（如个人计算机、复印机、计算机软件、生物技术、超市和折扣零售店、社交媒介），人们可以认为推动美国经济发展的动力在很大程度上应归因于个人主义哲学。高度个人主义倾向的社会通常意味着很多有持续创新能力的人与那些能够通过为新产品和服务提供源源不断的创造性想法而不断创新的人合作。

个人主义还表现在公司间管理人员的流动十分频繁，当一名经理从一家公司跳槽到另一家公司时，对其自身来说可能是好事，因为他可能有更好的个人履历并获得加薪，但对公司来讲却不一定是好事。对公司缺乏忠诚和责任感，一有机会就跳槽的趋势，将导致这些管理人员可能只拥有一些高级的通用技能而缺乏在同一家公司工作多年积累的经验、知识和人际关系网。一位能干的经理必须获取公司特定的经验、知识和人际关系网，才能找到当前问题的答案。假如一家公司的经理缺少这方面的能力，公司就可能遇到麻烦。管理人员频繁流动的一个积极方面是：他们能接触到商务活动的不同形式。比较商务实践的能力可以使经理认识到如何将在某个企业所积累的良好实践和技巧有效地应用于其他企业。

2. 群体

与西方强调个人主义不同的是，群体是许多社会中组织的基本单位。例如，在日本，个人的社会地位一直以来都是同时取决于其所属群体的地位及其个人成就。在传统的日本社会中，群体是指个人所属的家庭或村落，如今的群体则经常与工作团队或企业组织相连。在对日本社会的一项经典研究中，中根（Nakane）描述了日本人在日常生活中如何介绍自己：

一个日本人向外人（面对其他人）介绍自己的社会地位时，往往把组织机构放在职业种类前，他不会说"我是排字工"或"我是文秘"，而喜欢说"我是B出版集团的"或"我是S公司的"。

中根还观察到群体的首位性会转化为一种感情上深刻的依附感，得到群体的认同是个人生活中非常重要的内容。日本文化的核心价值观之一就是突出群体的重要性，这可能对商业企业是有利的。对群体的强烈认同感会对相互帮助和集体行动产生压力。如果个人财富与群体的成就紧密相连，正如中根在其所举的日本例子中强调的，那么这将为个人成员为群体的共同利益一起工作提供一个很强的诱因。有人认为，20世纪七八十年代，一些日本企业在全球经济中的竞争优势有一部分来自公司内部个人之间和公司之间的合作。这很好地解释了在日本组织内的自我管理和团队精神；日本公司中不同职能部门的紧密合作（如制造、营销和研发部门之间），以及公司与供应商之间在设计、质量管理、减少存货等方面的合作。所有这些例子说明，合作是由提高群体绩效的需要所推动的。

群体第一的价值观抑制了经理和工人从一家公司向另一家公司的流动。长期以来，终身受雇于某一企业是日本某些经济领域的惯例（估计20%～40%的日本雇员有正式或非正式的终身雇用保障），尽管这些惯例在最近几十年里发生了重大变化，公司之间的流动也多了起来。年复一年，经理和工人积累了知识、经验和个人商务关系网，所有这些都能帮助经理更有效地开展工作并实现与其他人的合作。

然而，群体第一的价值观并不总是有利的。正如美国社会的特征表现为富有企业家精神，这反映了与个人主义相联系的价值观的优越性。一些人认为日本社会相对缺乏活力和企业家精神，虽然长期结果如何尚不清楚，但美国仍有可能比日本创造更多的新产业，并且在积极开拓新产品和新商业模式方面取得更大的成功。"通用电气全球创新晴雨表"认为，美国人通过对产品和服务的彻底创新已经引领世界进入了创新时代，这个过程中个人主义功不可没。同时，群体导向的国家，如日本，在创新方面也表现不错，但都是不那么彻底的、"正常"范围内的创新。从文化的独特性与从中反映出的核心能力可以看出，通往创新的道路不但存在于盛行个人主义的国家，也存在于盛行集体主义的国家。有些人认为，个人主义社会善于创造创新理念，而集体主义或面向群体的社会则更善于实施这些理念（将理念推向市场）。

4.2.2 社会阶层化

所有社会都按某种等级分成不同的社会群体，即**社会阶层**（social strata）。社会阶层通常是按家庭背景、职业和收入等社会经济学特征划分的。每个人都出生于一个特定的社会阶层，并成为其父母所属的社会群体的一员。出生于上流社会的人相对于非上流社会的人来讲，可能拥有较多的机会，包括较好的受教育环境、健康保障、生活条件和职业选择等。虽然所有社会都程度不等地分成某些等级，但在两个相互关联的方面会显露出重要的差异：第一，社会不同阶层间的流动性；第二，社会不同阶层在商务活动中的重要性。总的来说，社会阶层化有四个基本原则：①社会阶层化是一个社会的特征，而不是个人差异的反映；②社会阶层化世代相传；③社会阶层化普遍存在却各有特点；④社会阶层化不仅涉及不平等，还涉及信仰。

1. 社会流动性

社会流动性（social mobility）是指个人从自己所出生的那个社会阶层流动到其他阶层的程度。不同社会阶层之间的流动性有很大的差异，最严格的分层制度是种姓制度。**种姓制度**（caste system）是一种封闭的社会阶层化制度。在这一制度下，人们的社会地位是由其出生的家庭所决定的，通常终其一生都不可能改变。种姓地位通常与特定的职业相联系，某个种姓的成员可能是鞋匠，另一个种姓成员可能是屠夫等。这些职业嵌入种姓并通过家庭传给后代。虽然在20世纪实行种姓制度的社会的数量迅速地减少，但仍有一个局部的例子：印度有四种主要种姓等级和几千个子等级。即使种姓制度在1949年（印度独立后两年）被正式宣布取消，但在印度的农村社会仍有强大的势力。在那里，职业和婚姻机会仍然与种姓制度有很大的关联（更多信息请参见国际聚焦4-1通过出生确定你的社会阶层）。

⊙ **国际聚焦 4-1**

根据出生决定你的社会阶层

现代印度是一个充满戏剧性对比的国家。该国的信息技术（information technology, IT）行业是世界上最有活力的行业之一，塔塔咨询服务公司、科尼赞技术解决方案公司、Infosys和Wipro等公司是强大的全球参与者。Cognizant是一家有趣的公司，因为它是作为Dun & Bradstreet（美国）的一个技术部门成立的，但它通常被认为是一家印度IT公司，因为它的大部分员工都在印度。事实上，许多IT公司在印度设点或运营，是因为其强大的IT知识、人力资本和文化。

传统上，印度是世界上阶级制度最强的国家之一。种姓制度至今仍然存在，尽管它在1949年被正式废除，但是许多印度人实际上更喜欢种姓制度。问题的核心是，种姓制度在印度没有合法性，对低种姓的歧视是非法的。印度还颁布了许多新的法律并提出了一些社会倡议，以改善该国低种姓人的生活条件。

在1949年之前，印度的种姓制度无疑是社会流动的障碍，有人说现在印度人仍然很难跨种姓流动。但是，在受过教育的城市中产阶级印度人中，这种对人们社会经济条件的束缚正在成为一种逐渐消失的记忆，高科技经济中大多数雇员都是这些人。不幸的是，在印度农村，情况并非如此，那里仍然居住着全国约64%的人口。在该国的农村地区，种姓仍然会产生一种无处不在的影响。

例如，Infosys公司的一名年轻女工程师在小农村长大，她是达利特人（有时被称为"在册种姓"），她讲述了自己如何从未进入婆罗门（印度的精英牧师种姓）的家，尽管她所在的村庄有一半是婆罗门人。而当一个达利特人被雇用到她家乡的学校做饭时，婆罗门人就会把他们的孩子从学校里退出来。这位工程师本人是Infosys公司制订的一项慈善培训计划的受益者。她的种姓人口约占全国的16%（约2.12亿人），是印度最贫穷的种姓之一，约91%的人每月收入不足

100美元。

为了试图纠正这种历史性的不平等，政治家多年来一直在谈论将就业配额制度扩展到私营企业。政府已经告诉私营公司雇用更多的达利特人和部落社区成员，并警告说如果公司不遵守，将采取"强有力的措施"。私人雇主正在抵制强加配额的企图，他们有理由认为，通过配额制度谋得职位的人不可能非常努力地工作。

同时，进步的雇主意识到他们需要做一些事情来纠正不平等现象，除非印度雇用低种姓，否则它可能无法找到快速增加的高科技企业所需的雇员。因此，印度工业联合会实施了一揽子有利于达利特人的措施，包括为聪明的低种姓儿童提供奖学金。Infosys在高科技企业中处于领先地位。该公司为毕业后未能在相关产业找到工作的低种姓工程毕业生提供特别培训。虽然培训并不保证就业，但到目前为止，几乎所有完成7个月培训项目的毕业生都会被Infosys和其他企业聘用。积极的方面是，Infosys项目是在印度提供的教育私营化版本，试图打破印度的种姓制度。

资料来源：Mari Marcel Thekaekara, "India's Caste System Is Alive and Kicking—and Maiming and Killing," *The Guardian*, August 15, 2016; Noah Feldman, "India's High Court Favors Nationalism over Democracy," *Bloomberg View*, January 8, 2017; "Why Some of India's Castes Demand to Be Reclassified," *The Economist*, February 16, 2016.

阶级制度（class system）是一种不太严格的社会阶层形式，在这种制度下，社会流动是可能的。阶级制度是一种开放的社会阶层形式，其中个人出生时的地位可以通过自己的成就或机遇改变。出生于社会底层的人有可能通过工作途径向上升，出生于社会上层的人也可能向下滑落。

许多社会都有阶级制度，而一个社会阶级制度内的社会流动性则因社会不同而有所差异。例如，一些社会学家认为，英国比其他西方社会（如美国）有更严格的社会阶层结构。历史上，英国社会分成三个主要阶级：上层阶级，其成员的家庭世代拥有财产、声望以及偶尔还拥有权力；中产阶级，其成员包括专业人士、管理人员和一般职员；劳工阶级，其成员依靠体力劳动为生。中产阶级可进一步被划分为中上阶层（其成员是重要的管理人员和有声望的职业人士，如律师、会计师、医师等）和中下阶层（其成员是普通职员，如银行职员，和不那么有声望的职业人士，如学校老师）。

英国阶级制度的一大特点就是，不同阶级成员在其一生中所拥有的机会有巨大的差异。典型的上层和中上层阶级将其子女送到若干所经过精心挑选的私立学校，在那里他们不会与下层阶级的子女混在一起，并学会了上流社会专属的口音和社交准则。这些私立学校与最知名的大学联系紧密，如牛津大学与剑桥大学等。直至最近几年，牛津大学和剑桥大学还一直给这些私立学校的毕业生保留一定的名额。在名牌大学深造后，这些后代有极好的机会在上层和中上层阶级自己的银行、经纪公司和律师事务所等从事享有声望的工作。

许多英国人认为，现代英国社会正在迅速抛弃这种阶级结构，而更多地走向无阶级社会。然而，社会学家继续对这一发现提出异议。例如，一项研究报告称，伦敦自治镇（郊区）伊斯林顿现在有23万人口，只有79名考生进入大学，而仅一个著名的私立学校伊顿公学就向牛津大学和剑桥大学输送了超过这个数字的学生。研究者认为，这意味着"钱还是会生钱"。他们认为，好的学校意味着好的大学，好的大学意味着好的工作，优秀的人只有有限的机会挤进这个紧密的圈子。在另一项调查中，一位社会学家指出，在许多社会中，尽管有提出相反的假设，但在过去的几十年里，教育成就的阶级差异变化不大。

美国的阶级制度没有英国、印度那么严格，流动性也更大。像英国一样，美国也有上层、中层和下层阶级，然而阶级成员原则上取决于个人的经济成就，而不是家庭背景和学校。这样，一个人通过自己的经济成就，可以在他有生之年顺利地从下层阶级转向上层社会。事实上，在美国社会中，来自低层社会的成功人士是非常受人们尊重的。例如，部分受人称赞的美国企业家，他们在创造和营销其产品、服务和想法方面做得非常好（例如，安德鲁·卡内基、亨利·福特、奥普拉·温弗瑞）。

2. 重要性

从商业角度看，如果社会阶层化对商业组织的运作产生影响，那么社会阶层化就具有重要意义。在美国，高度的社会流动性以及对个人主义的高度重视限制了阶级背景对商务活动的影响。日本也是如此，大多数日本人都把自己视为中产阶级。但是在像英国或印度那样的国家，阶级之间的差异和阶级之间相对缺乏流动性导致了阶级意识的产生。**阶级意识**（class consciousness）反映了这样一种状态，即人们倾向于根据自己的阶级背景来认识自身，这种阶级意识形成了他们与其他阶级成员之间的关系。

这种阶级意识在英国社会中表现为中上阶层的管理人员与劳工阶层的雇员之间长期以来的敌意。历史上的相互对抗和缺乏尊重使得许多英国公司管理层与工人之间很难展开合作，并产生较多的产业纠纷。然而，有些人认为英国正在转向一个无阶级的社会，而过去30年间英国的产业纠纷急剧减少这一事实支撑了这些人的观点。有趣的是，有人认为英国脱离欧盟（"脱欧"）已经成为一个与阶级有关的谈判和结果，可能需要英国人花几十年时间才能有效解决。

综上，管理层与劳工之间的对抗关系，以及由此产生的缺乏合作和产业纠纷频繁发生的结果，往往会导致在那些等级化明显的国家中从事商务活动的成本提高。因此，在这类国家经商的企业想要在全球经济中获取竞争优势则更为困难。英国被英国脱欧的影响所吞噬，美国面临着民族主义的倾向，而印度仍然实践着限制流动性的种姓制度。这些都不是历史遗留问题，它们就在眼前，公司需要做出相应的战略计划。

4.3 宗教与伦理体系

宗教（religion）可以定义为具有神圣意义的共同信仰和仪式。**伦理体系**（ethical systems）是指一整套道德准则或价值观，以引导和规范行为。世界上大多数伦理体系是宗教的产物。不过，伦理体系来源于宗教的现象有一个重要的例外，即儒家思想。儒家思想及伦理影响并促使形成了亚洲部分地区的文化及行为，但它并不是宗教。

宗教、伦理和社会之间的关系复杂而微妙。今天，全世界有几千种宗教。以信徒数量来衡量，主要有四大宗教：基督宗教，约有22亿信徒；伊斯兰教，约有16亿信徒；印度教，约有11亿信徒（主要分布在印度）；佛教，约有5.35亿信徒。尽管许多其他宗教对当今世界的某些地区有十分重要的影响（比如，日本的神道教大概有4 000万信徒，犹太教约有1 800万信徒，以色列75%的人都信仰犹太教），但相对于这四大宗教，其他宗教的信众则少很多。我们将回顾这四大宗教，也包括儒家思想，主要集中讨论它们对商务活动的影响。

有些学者认为，宗教对商务活动最重要的影响在于，它在一定程度上影响了工作态度和塑造了企业家精神，宗教伦理也对一国商务活动的成本有一些影响。要对宗教、伦理和商务实践之间关系的本质得出统一的结论显然是不明智的。不管是信仰天主教、新教的国家，还是信仰伊斯兰教、印度教或佛教的国家，都普遍以各种各样的方式呈现出一定程度的创业活动和巨大的经济进步。

有趣的是，罗伯特·巴罗（Robert Barro）和瑞秋·麦克利里（Rachel McCleary）两位经济学家在他们的一项研究中指出，强烈的宗教信仰对经济增长率有正面作用。巴罗和麦克利里对59个国家的宗教信仰和经济增长率进行了研究，他们的推论是强烈的宗教信仰促进了经济增长，因为它们会提升个人的忍受力，这将有助于提高生产力。同时，其他专业人士认为，这种经济增长是健全的经济政策在起作用，而不一定是宗教或宗教伦理。

4.3.1 基督宗教

基督宗教是世界上最被广为信奉的宗教，拥有约22亿信徒。基督宗教教徒大多数居住在欧洲和美洲，非洲的教徒人数也在迅速增长。基督宗教产生于犹太教，与犹太教一样是一神教（即只信仰一个"上帝"），11世纪的一次宗教分裂导致出现两个基督宗教组织，即天主教和东正教。今天天主教教徒占到基督宗教教徒的一半以上，他们大多数居住在欧洲南部和拉丁美洲。东正教的影响相对较小，但东正教在有些国家（如希腊和俄罗斯）仍然是最重要的宗教。16世纪的宗教改革运动导致基督宗教进一步分裂，结果产生了新教。新教不守成规的本质促进了新教团体出现大量的教派（如浸礼会、卫理公会、加尔文派等）。

一些社会学家一直认为在基督宗教的几个主要分支天主教、东正教和新教中，新教具有最为重要的经济含义。1904年，著名的德国社会学家马克斯·韦伯（Max Weber）因首次提出新教伦理和"资本主义精神"之间的关联而名扬四海。韦伯指出，资本主义最早出现在西欧，在那里"企业主和资本所有者以及较高级的技术工人，甚至现代企业中受到较高水平的技术和商务培训的人，绝大多数是新教教徒"。

按照韦伯的说法，新教和现代资本主义的出现之间存在某种关联。韦伯认为，新教所强调的努力工作和创造财富（为了"上帝"的荣耀）以及节俭（要节制世俗享乐）等伦理，是资本主义发展所需要的价值观。新教教徒努力工作并不断地积累财富，然而，他们禁欲的信条建议人们应该把财富投资于扩大资本主义再生产，而不要沉溺于世俗享乐去消耗财富。新教教徒通过努力工作不断积累资本，然后为投资和扩张提供资金，从而为资本主义在西欧以及随后在美国的发展铺平了道路。相反，韦伯认为天主教的来世而非今世拯救的许诺，不鼓励新教所倡导的工作伦理。

新教还以另一种方式推进了资本主义的发展，即新教打破了天主教历史上长期作为其宗教社会生活中主要特征的等级制度，从而给予教徒们更大的自由空间去发展他们自己与"上帝"的关系，而礼拜形式的自由选择权是早期新教打破陈规的核心表现。这种对个人宗教自由的强调，为随后强调个人经济和政治自由以及以个人主义为核心的经济和政治哲学的发展铺平了道路。正如我们在第2章中所看到的，这种哲学也为创业型的自由市场资本主义奠定了基础。基于这一点，有些学者认为，新教所宣扬的个人主义和一个国家的创业活动之间存在高度关联性。但是，这里要提醒读者的是，不要将这一历史社会的观点引申得过多。一些传统的新教国家，如英国、德国和美国等确实是早期工业革命的领导者，但在当今世界，一些以天主教或东正教为主的国家中也毋庸置疑地出现了大量的、持久的创业活动，并取得了巨大的经济进步。

4.3.2 伊斯兰教

伊斯兰教是世界上第二大宗教，拥有约16亿信徒。公元610年，伊斯兰教创立先知穆罕默德开始布道，而伊斯兰教纪元元年为公元622年，这一年穆罕默德为躲避日益壮大的反对派的迫害，离开麦加迁至叶斯里卜，即后来被称为麦地那的地方。伊斯兰教的信徒被称为穆斯林。目前超过40个国家中的大多数人都是穆斯林，从非洲西北海岸地区到中东，直到远东的中国和马来西亚都有穆斯林居住。

伊斯兰教源于犹太教和基督宗教（伊斯兰教将耶稣基督看成"上帝"的先知之一）。与基督宗教和犹太教一样，伊斯兰教也是一神教。伊斯兰教的核心原则就是万能的真主是唯一的，伊斯兰教教徒必须无条件接受真主的唯一性、权力和权威，并接受生命的目标是执行真主的意志，以期能进入天堂。伊斯兰教主张，世俗的利益和权力都是虚幻的，那些追求世间财富的人也许能得到它，可是那些放弃世俗欲望而寻求真主恩惠的人可以获得更大的财富，即进入天堂。伊斯兰教的其他重要原则包括：①尊敬和尊重父母；②尊重他人的权利；③慷慨却不浪费；④除非有正当的理由，否则应避免杀戮；⑤不通奸；⑥与别人公平、公正地进行交易；⑦净化自己的心灵；⑧保护孤儿的财产；⑨恭顺而谦逊。伊斯兰教与犹太教和基督宗教的许多核心原则是类似的。

伊斯兰教对穆斯林的影响是全方位的、无处不在的。作为这个世界上真主的追随者，穆斯林并不是享有完全自由的追随者，而是在社会和经济活动中受宗教原则和一整套人际关系行为准则严格约束的追随者。宗教在所有的生活领域都是至高无上的。穆斯林生活在一个由伊斯兰教价值观和道德行为准则组成的社会里，伊斯兰国家每日生活中的仪式令西方客人感到惊讶，特别是中东地区。别的不说，仅穆斯林祈祷仪式一天就需要举行五次（穆斯林为做每日祷告而导致商务会议中断的事司空见惯）；妇女必须按一定的方式穿戴；禁止食用猪肉或饮酒等。

《古兰经》里明确记载了一些经济原则，其中许多原则都支持自由创业。《古兰经》中赞同自由经商和通过贸易与商业赢得利润（先知穆罕默德曾经是一位商人）。虽然伊斯兰教声称所有财产都是真主的恩赐，真主创造并拥有一切，但它也注重对私有产权的保护。那些拥有财产的人被看成是受托人，而不是财产所有人。作为受托人，他们有权接受源自该项财产的利润，但必须以一种正当的、对社会有利的、节俭的方式来管理财产。这反映出伊斯兰教十分注重社会的公正，伊斯兰教批评通过剥削他人赚取利润。在穆斯林眼中，人是集体的一部分，富有的人有责任帮助不幸的人。在伊斯兰国家赚取利润是好事，但要通过公正的手段获得利润，不能为了自己的利益而去剥削别人。得到利润的人要乐于帮助穷人。此外，伊斯兰教非常强调履行契约义务、信守诺言和绝不欺骗的重要性。对伊斯兰教、资本主义和全球化的关系的进一步论述，可参见国际聚焦4-2有关土耳其开塞利地区的内容。

国际聚焦 4-2

土耳其：宗教和政治

多年来，土耳其一直在游说欧盟允许其加入这个自由贸易集团。即使在一些欧盟国家对退出欧盟（如英国脱欧）的抱怨声中，土耳其也在全力以赴地加入。如果欧盟同意，它将成为欧盟的第一个伊斯兰国家。但是，这不太可能很快发生，毕竟，它已经酝酿了半个世纪。

欧盟的许多评论家担心，伊斯兰教和西方资本主义不能很好地结合，因此，允许土耳其加入欧盟将是一个错误。然而，仔细观察一下土耳其正在发生的事情，就会发现这种观点可能是不适宜的。考虑一下土耳其中部开塞利市周围的地区。许多人将土耳其这个贫穷的、主要是农业的地区视为非欧洲的落后地区，与伊斯坦布尔的世俗喧嚣相去甚远。这是一个传统伊斯兰价值观占主导地位的地区。然而，这个地区产生了许多蓬勃发展的伊斯兰企业，以至于它有时被称为"安纳托利亚之虎"。以这里为基地的企业包括大型食品制造商、纺织公司、家具制造商和工程企业，其中许多企业的产品都有很大比例的出口。

当地的商业领袖将该地区公司的成功归功于企业家精神，他们说这是伊斯兰教的一部分。他们指出，先知穆罕默德本身就是一个商人，他宣扬商人的荣誉，并命令穆斯林将90%的时间用于工作，以便桌上能放有食物。外部观察家更进一步认为开塞利周围发生的事情是伊斯兰加尔文主义的一个例子，是传统的伊斯兰价值观和总体上与新教特别是加尔文主义有关的工作伦理的融合。

然而，并非所有人都同意伊斯兰教是该地区成功的驱动力。该地区最大的家具生产商 Ipek 公司（产品出口到30多个国家）的总经理萨费特·阿尔斯兰（Saffet Arslan）说，另一种力量在起作用：全球化。据阿尔斯兰说，在过去30年里，曾经为了专注于宗教而回避赚钱的当地穆斯林现在把生意作为优先事项。此外，由于全球化和与之相关的机会，他们希望能够获得成功。

如果说在开塞利等地出现的伊斯兰商业模式有什么弱点的话，有人说可以从对妇女在工作场所的地位的传统态度和该地区女性就业率低的情况中找到。根据欧洲稳定倡议组织（该组织将开塞利地区作为伊斯兰加尔文主义的范例）的一份报告，妇女在当地劳动力中的低参与度是经济的致命弱点，可能会阻碍该地区追赶欧盟国家的步伐。

资料来源：Marc Champion, "Turkey's President Is Close to Getting What He's Always Wanted," *Bloomberg Businessweek*, February 8, 2017; "Dress in a Muslim Country: Turkey Covers Up," *The Economist*, January 26, 2017; "Turkey's Future Forward to the Past: Can Turkey's Past Glories Be Revived by Its Grandiose Islamist President?" *The Economist*, January 3, 2015.

既然伊斯兰教倾向于赞同市场体系，那么伊斯兰国家是能够接受国际企业的，只要那些企业的行为方式不违背伊斯兰教伦理、习惯和商业惯例。当外国人涉及以穆斯林为主的国家时，伊斯兰教的一个独特的经济原则可能会发挥作用。伊斯兰教禁止支付或收取利息（interest，在阿拉伯国家被称为 riba），并且支付或收取利息被认为是非法的。在有些伊斯兰国家，利息不仅事关宗教原则，而且已被纳入法律禁止的范围。《古兰经》明确谴责收受或支付利息，认为这是一种剥削和不公正的行为。一直以来，在伊斯兰国家运营的银行随便地忽视了这一非难的理由。但在20世纪70年代埃及开设了一家伊斯兰银行后，一些伊斯兰国家纷纷开设伊斯兰银行。现在，分布在50多个国家的几百家伊斯兰金融机构管理的资产高达16 000亿美元，同时还有许多奉行伊斯兰原则的共同基金管理着10 000亿美元的资产，甚至一些传统银行也在进入该市场，如花旗和汇丰这两家世界上最大的金融机构现在也提供伊斯兰金融服务。目前，只有伊朗和苏丹两个国家只允许存在单一的伊斯兰银行，而在越来越多的其他国家，顾客均可自主选择传统银行或伊斯兰银行。

传统银行的利润来自所支付的存款利息和所收取的借款利息之间的差额。由于伊斯兰银行不能支付或收取利息，因此它们必须寻找其他的赢利方式。伊斯兰银行推出了两种不同的经营方式，即摩达拉巴（mudarabah）和摩拉巴哈（murabaha）。

一份摩达拉巴协议相当于一种利润共享的方式。在此框架下，当银行贷给企业一笔款项时，不是向企业收取这笔借款的利息，而是与企业共同分享这笔投资所获的利润。同样，当企业（或个人）将钱存入一家银行时，存款被视为对银行用此项资金所从事的商业活动的投资，所以存款者可按事先约定的比率分享银行投资所获的利润（而不是支付利息）。一些穆斯林声称，这一机制比西方的银行机制更为有效，因为它鼓励长期储蓄和长期投资。但是，此说法缺乏强有力的证据，许多人认为相较于传统的西方银行制度，摩达拉巴方式的效率要低得多。

第二种伊斯兰银行模式，即摩拉巴哈协议。这一方式在全世界的伊斯兰银行中被广泛采用，主要是因为它操作最为简单。按照摩拉巴哈协议，当一家公司希望用贷款购买一些商品（假设购买一台价值 1 000 美元的设备）时，这家公司在与设备制造商谈定价格后就告知银行，然后银行花 1 000 美元购买这台设备，而借款者晚些时候再花譬如说 1 100 美元向银行购买，这个价格中包含了 100 美元的差价。这个方法与传统银行的做法确实很类似，因此十分容易操作。

4.3.3 印度教

印度教大约有 11 亿信徒，大多居住在印度次大陆。印度教起源于 4 000 年前印度的印度河谷，是世界上最古老的宗教之一。与基督宗教、伊斯兰教不同的是，印度教的创立未与某个特定的人相联系，也没有官方认定的神圣的宗教典籍（如《圣经》或《古兰经》）。印度教相信社会上有一种道德力量，要求人们接受一定的责任，这就是所谓的"达摩"。印度教相信再生说，即人死后会再投生一个不同的肉体。印度教相信因果报应，这是每个灵魂的精神进程。一个人的因果报应受其生活方式的影响，个人的道德状况将决定他们来世所面对的挑战，通过不断完善每一次新生命的灵魂，印度教相信个人能逐步达到涅槃，即一种功德圆满的、完美的精神状态，从而不需要再生。许多印度教教徒相信要达到涅槃就得过一种弃绝物质的、严格的、苦行僧式的生活，必须致力于精神追求而不是物质享受。

以解释新教工作伦理而闻名的马克斯·韦伯认为，蕴含在印度教中的苦行原则并不鼓励在新教中所发现的那种追求财富的创业活动。按照韦伯的观点，传统的印度教强调个人价值不应该按其所拥有的物质来判断，而应该按其精神成就来判断。事实上，印度教认为追求物质享受的人很难升入天堂。由于强调一种苦行僧式的生活方式，韦伯认为虔诚的印度教教徒较少像虔诚的新教教徒那样热衷于创业活动。

印度著名的民族主义者和精神领袖圣雄甘地是印度教苦行主义的化身。有人认为甘地倡导的印度苦行主义和自力更生的价值观对独立后印度经济的发展有负面影响。然而，需要注意的是，不能盲目相信韦伯的观点，现代印度是一个充满活力的创业社会，几百万努力工作的企业家已成为印度经济迅速增长的支柱，尤其是在信息技术领域。

从传统上看，印度教也支持印度的种姓制度。对传统的印度教而言，一个人要在有生之年突破其所属的种姓等级是不可能的。他只有在今世获得精神进步，才有可能在来世进入较高的种姓等级。尽管种姓制度在印度已经被废除，但前面已经论述过，这一制度还将长期影响印度人的生活。

4.3.4 佛教

拥有约 5.35 亿信徒的佛教是由释迦牟尼在公元前 6 世纪于现在的尼泊尔创建的。他放弃他的财富去追求一种苦行僧式的生活方式和精神上的完美。释迦牟尼已经达到了涅槃境界，可是他决定留在人世，教诲其追随者怎样可以达到精神涅槃的境界。释迦牟尼成了著名的佛（意为"觉醒的人"）。今天佛教信徒大多分布在中亚、东南亚、中国、朝鲜和日本。佛教认为，苦难源于人们追求享乐的欲望。按照修炼的八正道，即正见、正思维、正语、正业、正命、正精进、正念、正定，这些世俗欲望可被有效地抑制。与印度教不同，佛教不支持种姓制度，也不倡导印度教鼓励的极端苦行主义。然而，与印度教一样，佛教也强调来世和精神成就。

在佛教中找不到新教所强调的创造财富的思想，因此，在佛教社会我们看不到西方新教所强调的企业家文化。但是，与印度教强调种姓制度和极端的苦行僧式行为不同，佛教文化可能为创业活动提供了远比印度教肥沃的土壤。事实上，创新理念和创业活动扎根于不受个人所属种姓阶层约束的社会，但是，每种文化又独特地以其各自的创业活动类型为导向。

在佛教理念中，社会一直是更深地根植于当地的自然世界中。这意味着经济更加本地化，人与人之间以及自然与文化之间的关系相对亲密。在当代的经济社会中，复杂的科技和大规模的社会机构已经使得人与人以及人与自然世界隔绝开来。此外，随着经济的发展，人们很难理解和领会自己对自然世界造成的潜在影响。释迦牟尼的教义是反对这种隔离的。

有趣的是，最近几年的流行趋势将佛教中的"禅"（zen）这一态度引入西方国家的企业中。据美国商标专利局讲，现在仅在美国就有大约 700 个含有"禅"这个字的商标。南希·弗里德曼（Nancy Friedman）是一个为企业提供命名与商标咨询服务的公司文案人员，她在个人博客中写道："在商业中，'禅'是虚无的同义词。当禅与邮件联系在一起时，代表着一封没有内容和附件的邮件。禅述（zen spin）是一个动词，意思是'讲一个没有任何内容的故事'。'禅'这一道计算题意味着根据瞬间的直觉来解决它，也许就是你戴上你的禅播放器的耳机的那一刹那，这种禅系统现在在 Creative 店里有售。"

4.3.5 儒家思想

儒家思想是公元前 5 世纪由孔子创立的，至今已有两千多年的历史，信奉儒家学说的人主要分布在中国、韩国和日本。儒家强调通过修身养性来完善自身的重要性。虽然儒家思想并非宗教，但几个世纪以来，儒家的思想意识已深深地渗透在这些国家的文化之中，影响着无数人的生活。儒家建立了一整套综合的伦理准则作为与人相处的指导原则，其核心是高尚的道德、符合伦理的行为和以诚待人。与宗教不同，儒家思想不关心超自然的事物，也没有鬼神或来世的概念。

有些学者坚持认为，尽管儒家思想与新教的本质不同，但儒家思想对经济的影响与韦伯所提出的新教对经济的影响颇具相似之处。他们提出这种观点的基本依据是儒家伦理对中国、日本、韩国文化的影响使这些国家从事商务活动的成本较低，这也有助于解释这些国家经济成功的原因。在这方面，儒家伦理体系的三条核心价值观值得关注，即在与他人交往时要讲究忠、义、信。

在儒家思想里，忠于自己的上司被看成是一种神圣的责任，是一种绝对的责任。在以儒家文化为基础的组织里，这种思想可以让雇员对其组织的领导忠诚，这样可以减少管理层与工人之间的冲突，而这种现象在阶级敏感的社会里司空见惯。在儒家思想的价值体系中强调的"忠"文化，可以降低管理层和工人的合作成本。然而，在儒家文化中，忠是对上级的忠诚，如工人对管理者的忠诚，但并不是盲目忠诚。

义的概念也很重要，儒家伦理强调上级对下级的忠诚应做出回应，如果没有，那么他们也就不会有忠诚。儒家伦理对于中国"guanxi"（即关系）这个概念很重视（关系是指以相互施惠为基础而形成的关系网）。它从字义上讲就是关系（relationship），尽管在生意场上似乎更接近联系（connection）的意思。互相施惠就像黏合剂，会一点一点地织就网络。如果这些人情没有回报，即受惠方没有做出回应，那么他们的声誉便会败坏，他今后也很难再指望这个关系提供帮助了。所以，社会约束所隐含的威胁通常足以保证施惠能够得到回报，人情是会还的，关系也会得到尊重。一个社会如果缺乏以规则为基础的法律传统，从而缺乏法律手段来修正诸如违反商业协定的错误，那么关系在建立长期的商业关系并达成交易方面是一种重要的机制。

儒家伦理的第三个重要概念是信。儒家的思想家非常强调这一点，虽然不守信的行为可能短期内会给不守信者带来利益，但从长期看不守信是没有好处的。信有较大的经济意义，如果公司之间能够诚实守信、恪守合同，从事商务活动的成本就降低了，因为无须聘用收费高昂的律师来解决合同争议。与一个不太诚实的社会相比，在信奉儒家思想的社会里，人们可能会果断地投入大量资源进行合作投资。当公司都恪守儒家道德时，它们可以彼此信任，不会违反合作协定的条款。所以，与不太诚实的社会相比，诚实的公司之间合作的成本可能较低。

例如，人们一直认为日本汽车公司与它们的部件供应商之间的紧密联系是信任和相互负责的结合促成的，这些紧密联系使得汽车公司和它们的供应商在一系列问题上能相互合作，包括减少存货、质量控制和汽车设计等。上述因素可以部分解释诸如丰田等日本汽车公司的竞争优势。

4.4 语言

各国之间一个最明显的差异就是人群所使用的语言。所谓语言，这里指口头和非口头两种沟通方式。语言是一种文化的明显特征之一。通常情况下，学习一种语言需要学习文化，反之亦然。有些人甚至认为，一个人如果不了解一种文化的主导语言，就无法在这种文化中扎根。

4.4.1 口头语言

语言的作用远非仅局限于使人们互相交流，其本质也构成人们理解世界的方式。一个社会的语言能引导其成员注意世界的某些特性而忽视其他事物，这种现象的一个典型例子是英语里只有一个"雪"字，但因纽特人的语言里对于雪却没有一个总称，他们有 24 个词来描述不同类型的雪（如粉雪、落雪、湿雪、飘雪等），在他们的生活中，区别不同形式的雪是十分重要的。

因为语言构成了人们理解世界的方式，所以它也构成了文化。在拥有一种以上语言的国家，我们也经常发现一种以上的文化。加拿大有说英语的文化和说法语的文化，这两种文化之间的关系相当紧张，一部分说法语的少数派要求从"讲英语者占主导地位"的加拿大独立出来。同样的现象可以在其他许多国家看到。例如，比利时人分成说佛兰德语和说法语的两种人群，这两群人之间的关系比较紧张。在西班牙，有着自己特定文化的说巴斯克语的少数民族几十年来一直强烈要求从说西班牙语的多数人中独立出来。在地中海岛屿塞浦路斯，在文化上有较大差异的说希腊语和说土耳其语的两种人群不断地陷入冲突。因此，现在该岛被分成两部分。当然，语言不同不一定导致不同的文化，进而产生分裂的压力（如瑞士有说四种不同语言的人群，但他们彼此之间相处得十分融洽）。

世界上母语是汉语的人数最多，其次是英语和印地语（在印度说的语言）。但世界上使用最为广泛的语言是英语，其次是法语、西班牙语和汉语（许多人把英语作为第二语种）。并且，英语逐渐成为国际商务的通用语言，就像多年来在大部分发达国家中的情况一样。当一个日本人和一个德国人进行商务交易时，几乎可以肯定他们会用英语交流。在英语被广泛使用的同时，学习当地语言也会产生很大的优势。大多数人愿意用自己的语言交谈，而能够说当地语言会产生亲和力。不懂得当地语言的国际企业，由于翻译欠佳可能会导致一些重大失误。

例如，阳光公司（Sunbeam Corporation）用英语单词 mist-stick 表示用来喷雾定型的卷发铁棒，当进入德国市场并花了大量的广告费后，公司发现 mist 在德语中的意思是粪便。通用汽车公司也曾遇到类似的麻烦，波多黎各经销商对通用汽车公司的新雪佛兰 Nova 缺乏热情，因为 Nova 原本是"星"的意思，被翻译成西班牙语后听起来就像是"no va"，西班牙语的意思是"不走"，于是后来通用汽车公司将车名改为 Caribe。福特在巴西也犯了类似的令人尴尬的错误。福特 Pinto 是一款相当不错的汽车，但是巴西人却非常不喜欢它，因为"pinto"在巴西俚语中是"小型男性生殖器"的意思。世界上最大的家具生产商瑞典的宜家公司也卷入了一场商标风波，它将一种花盆命名为"Jattebra"，语意为"一流的、超级好的"，但糟糕的是"Jattebra"和泰国俚语的"sex"（性）很相似！百事可乐的广告语"come alive with the Pepsi Generation"在中国就不奏效。中国人按字面意思把它理解为"把你的祖先从坟墓里带回来"。

4.4.2 非口头语言

非口头语言是指非语言的沟通。人们相互间的沟通交流很多时候是通过非口头语言的暗示。例如，在大多数文化中，眉毛上扬被认为是表示某种认可，而微笑则表示高兴。然而，许多非口头语言与文化有关。不懂得非口头语言的文化含义，可能导致交流的失败。例如，在美国，用大拇指和食指作一圆圈表示友好，而在希腊和土耳其则是一种粗俗的性挑逗；同样，大多数美国人和欧洲人用大拇指向上的姿势表示"好"，而在希腊该姿势则表示猥亵。

非口头语言交流还要注意个人空间，即你和谈话人之间适当的距离。在美国，两人之间进行商务谈话的习惯距离是 5～8 英尺，而在拉丁美洲则一般为 3～5 英尺。结果，许多美国人在与拉美人交谈时，常常会觉得对方侵犯了他们的私人空间，就会不自觉地往后退，而拉美人可能将这种后退理解为冷淡，其结果是不同文化的两个商人间可能产生令人遗憾的隔阂。

4.5 教育

正规教育对于一个社会来说是相当关键的，而且通常是个人学习许多现代社会中不可或缺的语言、知识和技能的媒介。正规教育是一种途径，人们通过它来学习现代社会中不可或缺的语言、概念、数学等。正规教育也弥补了家庭在使青年适应社会价值观与规范方面的不足。人的价值观和规范是直接和间接学到的，学校通常传授有关社会与政治的基本道理，也强调公民的基本义务与责任。此外，人们在学校也间接学习文化规范，如尊重别人、诚实、整洁、守时等，这些都是学校"隐含课程"的一部分，分数制度的应用使儿童从小懂得个人成就和竞争的价值。

从国际商务的角度看，也许教育最重要的一个方面是它对国家竞争优势的决定性作用。拥有一大批有技术和受过教育的劳动力似乎是一个国家经济成功的主要因素。例如，在分析日本的竞争成功时，哈佛商学院教授迈克尔·波特（Michael Porter）指出，第二次世界大战后的日本除了一批有技术的受过教育的人力资源外，几乎没有其他任何资源。

由于长期以来对教育那种近乎崇敬的尊重的传统，日本具有一大批受过教育、有教养、技能熟练的人力资源……日本从一大批训练有素的工程师中受益，日本大学毕业生中工程师的比例比美国高……日本一流的初等和中等教育体制都是按高标准运行的，并且非常强调数学和科学教学，它的初等和中等教育很有竞争力……日本的教育为大多数学生奠定了一个良好的基础，有利于其后续教育与培训。一个日本高中生掌握的数学知识与大多数美国大专院校的毕业生不相上下。

波特认为日本优秀的教育制度是日本经济获得成功的重要原因。好的教育制度不仅是一国竞争优势的决定性因素，也是引导国际企业选择区位的重要因素。例如，近年来大量的信息技术工作流向印度，部分原因就是印度涌现出了足够数量的训练有素的工程师，而这恰恰是印度教育制度的产物。同样，对那些生产设施需要高技术劳动力维护的国际企业而言，选择一个教育制度差、无法提供熟练劳动力的国家显然是不明智的，即使该国在其他方面非常有吸引力，比如说成本。

一个国家的普通教育水平是决定在该国出售何种产品以及使用何种促销手段的有效依据。例如，如果一个国家 50% 以上的人口是文盲，显然该国不会成为畅销书的理想市场。同时，在这样的国家，大众产品的促销方式也不宜以文字描述为主，使用图片促销可能效果更好一些。

4.6 文化与商业

对于在不同国家经营的国际企业或任何公司（包括小型、中型和大型公司）来说，他们要考虑的一个重要问题是一个社会的文化如何影响工作场所的价值观。管理过程和实践可能要按照文化所决定的与工作相关的价值观来调整。例如，如果巴西和英国或者美国和瑞典有不同的工作价值观，那么在这两类国家从事经营活动的国际企业就应该考虑这些差异，并相应地调整企业的管理过程和实践。

在文化与工作场所的价值观的相关性方面，也许最为著名的一项研究是由霍夫斯泰德主持开展的。作为一名供职于 IBM 公司的心理学家，霍夫斯泰德收集了 116 000 多名雇员的工作态度和价值观的数据，并根据被调查者的职业、年龄和性别将这些数据归类。这些数据使他能够比较 50 个不同国家的文化差异。霍夫斯泰德从中归纳出他认为能够概括不同文化的四种维度，即权力距离、个人主义与集体主义、不确定性规避、男性主义与女性主义。后来受孔子思想的影响，他又增加了第五种维度，即长期导向与短期导向。

从"中国价值观调查"（Chinese Value Survey，CVS）获取的数据支持了第五种维度的加入，这个组织是由迈克尔·哈里斯·邦德（Michael Harris Bond）在与霍夫斯泰德交流的基础上创建的。邦德使用霍夫斯泰德所说的"东方思维"的输入来发展CVS。（邦德提及中国学者帮助他创造了一些价值观来描述长期导向与短期导向。）邦德在最初的研究中，他称第五种维度为"儒家工作动力"，但霍夫斯泰德认为，在实践层面这一维度指的是长期导向和短期导向。

权力距离（power distance）维度强调的是一个社会如何对待人在体力和智力方面存在差异的事实。按照霍夫斯泰德的观点，人们可以发现一些高权力距离文化的国家会使这种不平等随时间转化为权力和财富的不平等，而低权力距离文化的国家则尽可能缩小这种不平等。

个人主义与集体主义（individualism versus collectivism）维度强调的是个人与他的同伴之间的关系。在个人主义的社会里，人与人之间的联系是松散的，个人成就和自由受到高度重视。在集体主义的社会里，人与人之间的联系是紧密的，人生来就是集体的成员，例如一个大的家庭，每个人都应重视其所属集体的利益。

不确定性规避（uncertainty avoidance）维度用来度量不同文化中的成员对不确定情形的接受程度。高不确定性规避文化的成员将工作安全、职业类型、退休待遇等放在优先地位。他们更需要规章和条例，经理需要发出清晰的指令，而下属的主动性则受到严格的限制。低不确定性规避文化则表现出更愿意冒风险和对变革的抵触情绪较少的特性。

男性主义与女性主义（masculinity versus femininity）维度探寻性别与工作角色之间的关系。在男性主义文化中，性别角色明显不同，传统的"男性价值观"（诸如成就和有效地行使权力）决定文化观念。在女性主义文化中，性别角色没有明显的区别，在同类工作中男人与女人之间几乎没有差异。

长期导向与短期导向维度（long-term versus short-term orientation）是指在一种文化下的人们在多大程度上可以接受对物质需求、社会需求及情感需求的延迟享受。它反映了人们对待时间、毅力、地位、面子、传统、礼物回赠这些方面的态度。这些价值观都来源于儒家思想。

霍夫斯泰德对这五种维度分别创建了一个从0至100的分数表（100分是最高分）。通过IBM，霍夫斯泰德能够将公司的影响作为跨文化研究的一个常量。因此，经过设计，各国文化之间的任何差异都是由于各国文化的差异而不是公司文化的差异造成的。他给每个特定国家的全体雇员算出了一个平均分来创建每个维度的指数得分。

有趣的是，霍夫斯泰德又增加了第六种维度。2010年，霍夫斯泰德在迈克尔·明可夫（Michael Minkov）的"世界价值观调查"（World Value Survey）的基础上，新加了一条非常有发展前景的第六维度，即放任和克制。2011年1月17日，霍夫斯泰德在欧洲跨文化教育、训练、研究协会组织的一场名为"思想的新模式"（new software of the mind）的线上研讨会上，介绍了第3版《文化与组织》（*Cultures and Organizations*）。在这本书里明可夫的研究成果支持了第六维度。除此之外，2013年7月6日，霍夫斯泰德在土耳其伊斯坦布尔举行的"国际商务学会"（Academy of International Business）年会的主题演讲中，再一次呈现了他的研究结果，并用理论逻辑来支持"放任和克制"维度。"放任"（indulgence）指的是社会允许人们相对自由地享受生活乐趣。"克制"（restraint）是指社会通过严格的社会规范来约束人们的享乐需求。尽管经过多年的努力，霍夫斯泰德研究中最初的四个维度得到了强有力的支持，许多人也同意第五个维度，但一些学者仍然对最新增加的第六个维度持怀疑态度。

表4-1记录了15个被选国家关于文化的五个维度的数据。霍夫斯泰德收集了50个国家的数据，邦德收集了23个国家的数据，自此之后，许多其他研究者还增加了一些其他国家的数据。在美国、加拿大和英国这样的西方国家，个人主义分值高，而权力距离分值低。一些拉美和亚洲国家强调集体主义超过个人主义，权力距离分值很高。表4-1也告诉我们，日本是一个高不确定性规避和高男性主义的国家，这个特性符合日本的传统标准，日本是一个由男性统治的国家，不确定性规避在终身雇用制上得到了体现。而瑞典和丹麦是低不确定性规避和低男性主义的国家（高度强调女性主义价值观）。

表 4-1　15 个国家中与工作相关的价值观对比

国家	权力距离	不确定性规避	个人主义	男性主义	长期导向
澳大利亚	36	51	90	61	31
巴西	69	76	38	49	65
加拿大	39	48	80	52	23
德国	35	65	67	66	31
英国	35	35	89	66	25
印度	77	40	48	56	61
日本	54	92	46	95	80
荷兰	38	53	80	14	44
新西兰	22	49	79	58	30
巴基斯坦	55	70	14	50	00
菲律宾	94	44	32	64	19
新加坡	74	8	20	48	48
瑞典	31	29	71	5	33
泰国	64	64	20	34	56
美国	40	46	91	62	29

资料来源：Hofstede Insights; www.hofstede-insights.com/product/compare-countries, accessed March 7, 2019.

霍夫斯泰德的研究结果非常有趣，它使我们了解了考察不同文化之间差异的一般办法。霍夫斯泰德的许多结论与实际情况一致。例如，许多人认为美国人比日本人更倾向于个人主义和平均主义（美国社会有较低的权力距离），而日本人又比墨西哥人更倾向于个人主义和平均主义。同样地，许多人可能认为拥有大男子主义文化的拉丁美洲国家要比北欧的丹麦和瑞典更强调男性主义价值观。与我们所预想的一样，如日本、泰国偏向于长期导向，而美国和加拿大在这方面分值很低。

然而，人们应该注意，对霍夫斯泰德的研究结果不能过于迷信，它也有一些严重的缺陷。第一，霍夫斯泰德假设在文化和民族国家之间存在一一对应关系，可是正如我们之前讨论过的一样，许多国家拥有一种以上的文化。第二，霍夫斯泰德的研究还受到其自身文化的限制。该研究团队全部由欧洲人和美国人组成，他们向 IBM 公司雇员所提的问题和对答案的分析受到他们自己的文化偏见和兴趣的影响。之后增加的长期导向和短期导向维度阐述了这一点。第三，为霍夫斯泰德的研究提供数据的人不仅都来自计算机行业，而且都在同一家公司（IBM）工作。当时的 IBM 以其较强的企业文化和独特的雇员选聘过程而闻名于世，这可能使雇员的价值观在若干重要方面与其母国的文化价值观不同。

尽管如此，霍夫斯泰德的研究仍是世界上对文化的领先研究。管理者在试图找出不同文化之间的差异及这种差异对管理实践的影响时，他们往往会以霍夫斯泰德的研究作为起点。而且，其他学者也已经发现文化的差异影响工作场所的实践和价值观的明显例证。另外，在不同场所运用不同样本也能复制出霍夫斯泰德的基本研究结果。然而，管理者依然应该谨慎地利用这些结果。其中一个理由是，太多的文化价值观的调查和数据都开始成为霍夫斯泰德研究的重要补充。然而，在很多情况下，它们也是建立在霍夫斯泰德的定调研究基础之上的，或与之相关。

全球领导力与组织行为有效性机构（Global Leadership and Organizational Behavior Effectiveness Instrument, GLOBE）强调，一个领导的行为的有效性与其所处的环境是相关的，它被嵌入被领导者所在的社会和组织的规范、价值观以及信仰里。在霍夫斯泰德和其他文化学者的研究的基础之上，GLOBE 最初调查了 62 个社会里 951 个组织中的 17 300 个中层管理人员。GLOBE 建立了 9 个文化维度：权力距离、不确定性规避、人本导向（humane orientation）、制度集体主义（institutional collectivism）、圈内集体主义（in-group collectivism）、自信（assertiveness）、性别平等（gender egalitarianism）、未来导向（future orientation）和业绩导向（performance orientation）。

世界价值观调查（World Values Survey，WVS）调查了100多个国家的人们的价值观和规范，试图揭示它们是如何随着时间的推移而变化的，以及这些变化对社会和商业的影响。WVS对以下这些维度进行了调查：支持民主政治，对外国人和少数民族宽容，支持性别平等，宗教的地位和不断变化的虔诚度，全球化的影响，对待环境、工作、家庭、政治、国家认同、多样性和不安全感的态度，主观幸福感。

要注意，文化只是影响一个国家经济成功的众多因素中的一个。文化的重要性不可忽略，但也无须被高估。当我们谈及工作场所的价值观与商业时，霍夫斯泰德的文化维度框架是目前为止最重要也是最精细的研究框架。但是一些更新的文化框架（比如，GLOBE和WVS的框架）逐渐流行，它们因其附加的验证并且与和工作有关的价值观、商务及市场问题相关，有潜力补充甚至有可能取代霍夫斯泰德的研究成果。但是，我们在第2、3章中讨论过的因素如经济、政治和法律体系，可能比文化更能解释不同时期经济增长率的差异。

4.7　文化的变化

在本章中，我们要阐述的非常重要的一点是，文化不是一成不变的，它会随着时间的推移而变化。社会价值体系随着时间的推移而发展，它的变化对一个社会来说可能是缓慢而痛苦的。然而，变化确实发生了，而且往往是相当深刻的。20世纪60年代初，女性在大公司担任高级管理职位的想法并没有被广泛接受。当然，今天，这是一个自然的和受欢迎的现实，美国的大多数人无法理解其他方式。例如，2012年弗吉尼亚·罗梅蒂（Virginia Rometty）成为IBM的首席执行官，2014年玛丽·巴拉（Mary Barra）成为通用汽车的首席执行官，2019年科里·巴里（Corie Barry）成为百思买的首席执行官。以上这些公司的年销售额都超过了400亿美元（通用汽车1 470亿美元，IBM 800亿美元，百思买400亿美元）。通用汽车的玛丽·巴拉已被列入《时代》100强，《福布斯》将她评为全球100位最有影响力的女性之一。作为另一个例子，2019年标准普尔500强公司的CEO职位中有24个由女性担任，虽然与男性的机会相比仍有很大差距，但比几十年前有所改善，而且可能会继续改善。在美国主流社会，不再有人质疑女性在商业领域的发展或能力，想到这个国家曾经这样做，真是令人惊讶。

文化转变的另一个代表国家是日本。有些商科教授认为日本正在出现一些重要的文化转变，即更强调个人主义。曾经一个日本办公室工作人员或"工薪阶层"被描述为：忠实于上司和组织，可以放弃晚上、周末和假期为组织干活。但是，新一代的日本办公室职员似乎已不适用这一模式。新一代的日本人比传统的日本人更直接，他们表现得更像西方人、外国人。他们不为公司而活，如果他们能得到更好的工作机会，或者需要加班太多，就会离开现在的公司。

有几项研究报告提出，经济进步和全球化这两种力量是导致社会变化的重要因素。例如，有证据表明，经济进步会导致从集体主义向个人主义价值观的转变。这样，伴随着日本社会变得日益富有，强调集体主义的社会文化就逐渐被削弱了，而强调个人主义的文化在上升。这种变化的一个原因可能是，富有的社会较少需要建立在集体主义基础上的社会和物质支持结构，不管这种集体是扩大的家庭还是公司。人们普遍更关心自己的需要，这样，依附于集体的重要性就下降了，同时经济自由也会导致个人机会的增加。

当人们变得富有时，社会文化也会随之变化。因为经济进步会影响一系列其他因素，而其他因素反过来又会影响文化。例如，扩大的城市化和教育质量的改进都会影响经济进步，都将导致与贫困农村社会相联系的传统价值观的削弱。我们前面提到过的"世界价值观调查"讲述了价值观是如何改变的。该项研究记录了价值观的变化过程及其与国家经济发展水平之间的联系。随着富裕程度不断提高，一个国家就会从与宗教、家庭和国家相关联的传统价值观转向世俗理性的价值观。恪守传统的人认为宗教对他们的生活是重要的，他们认为孩子应该学会服从，孩子的首要责任就是为父母争光。

文化的合并或融合也可以归因于当今世界比以往任何时候都更加全球化。交通和通信、技术和国际贸易的进步为全球企业（如迪士尼、微软、谷歌）奠定了基调，使不同的文化汇聚成一种我们以前从未见过的同质化形式。大量例子表明，全球公司帮助培养无处不在的、由社交媒体驱动的青年文化。因此，随着世界各国都在攀登经济进步的阶梯，有人认为已经创造了减少文化差异的条件。不同文化之间可能会出现缓慢但稳定的趋同，朝着一些世人普遍接受的价值观和规范发展。这就是所谓的趋同假说，这种趋同至少发生在人们的年轻阶段。

然而，老年人在文化上仍然显得不同，他们的世界仍然是"尖尖的"，还不是平的！

但是同时，人们也不能忽略某些重要的相反的动向，如加拿大魁北克省的分裂主义运动，英国的民族主义运动（英国脱欧），以及民粹主义、民族主义的唐纳德·特朗普当选为美国第45任总统。这种反潮流是对文化趋同压力的反应。在一个日益现代化和物质化的世界里，一些社会正试图重新强调其文化根源和独特性。同样需要高度重视的是，在某些文化元素（尤其是那些与物质符号相关的元素）快速变化的同时，其他一些元素却几乎没有变化，即使有变化也十分缓慢。因此，我们并不能因为世界上许多其他国家的人也穿牛仔裤，也吃麦当劳汉堡包，也用智能手机，也看本土翻拍的《美国偶像》节目，也开福特汽车去上班，便认为他们已经接受了美国的（或西方的）价值观，在大多数情况下，他们并没有。所以，我们要区分清楚文化的可见物质方面与深层结构，尤其是核心的社会价值观和规范。深层结构的变化必然是缓慢的，差异的存在远比人们想象得更为持久。

全景视角：管理启示

跨文化认知能力与竞争优势

国际商务之所以不同于国内商务，是由于各国社会存在差异。社会差异是不同文化导致的，而文化差异乃是社会结构、宗教、语言、教育、经济和政治、哲学等方面的深刻差异所导致的。这些差异对开展国际商务的重要启示主要表现在三个方面。第一个启示是发展跨文化认知能力的需要，不仅要理解文化差异的存在，而且要理解这些差异对国际商务活动意味着什么。第二个启示主要集中在文化和国家竞争优势的关系上。第三个启示是考察决策中文化和伦理之间的关系。在这一部分，我们将比较详细地探讨前面两个问题，把文化与伦理之间的关系放在下一章讨论。

跨文化认知能力

一家公司第一次去国外经商，其面临的最大风险之一是不了解当地情况。如果国际企业对另一种文化的惯例缺少了解，很可能招致失败。在不同的文化背景下从事商务活动需要适应当地文化的价值体系和道德准则，这种适应包括国际企业在外国经营的各个方面。谈生意的方式、适合销售人员的工资奖励制度、组织结构、产品名称、管理层与劳方之间的关系、产品促销的方式等，都因文化而异。在一种文化中行得通的事情，在另一种文化中可能就行不通。

为了应对不了解当地情况这一风险，国际企业应该考虑在一个特定的文化环境中雇用当地人协助从事商务活动。国际企业还必须保证母国经理见多识广，懂得不同的文化如何影响国际商务实践。每隔一段时间要对海外经理进行调整，使他们能接触到不同的文化，这将有助于建立一支世界性的经理队伍。国际企业必须时刻警惕民族中心主义行为的危险倾向。民族中心主义（ethnocentrism）是一种对本民族团体或文化具有优越感的信念，与民族中心主义并存的是对其他民族文化的不屑或蔑视。遗憾的是，民族中心主义十分盛行，许多美国人有民族自大感，许多法国人、日本人、英国人也是如此。

人类学家爱德华·霍尔（Edward Hall）说过，美国人天生不拘小节，他们在公众场合受到批评或训斥时就会暴跳如雷。这种性格在德国可能会引起麻烦，因为德国文化纠正陌生人行为的倾向肯定会冒犯大多数美国人。例如，美国人喜欢彼此直呼其名，德国人对此却觉得不习惯，同一个级别的执行经理之间这样做人们已感觉极不舒服了，但如果是一个级别较低的美国经理对一位级别较高的德国经理直呼其名，德国经理就会认为这是一种侮辱。霍尔发现，只有当你与一个德国人交往很长时间以后才可以直呼其名，如果你想缩短这个过程，别人就会认为你过于热情，甚至有些失礼，这可能对生意没什么好处。

霍尔还指出，不同文化对时间所持的态度也会引发许多问题。他指出，在美国，给某人一个截止日期是表示这件事情的紧迫性或重要性，但是在中东地区，规定最后期限可能导致完全相反的效果。如果一位美国经理坚持要求他的阿拉伯籍商务助理做事要快、效率要高，这位经理就被认为是要求过分了，结果可能正好相反，这位阿拉伯籍助理可能会故意拖延时间来回应这位美国经理的傲慢和粗鲁。美国人可能认为这位阿拉伯籍助理在街上遇到了一个朋友并停下来跟他聊天结果导致开会迟到，这种行为是不礼貌的，因为美国人的时间观念很强。但对这位阿拉伯籍助理来讲，与一个朋友交谈比遵守时间表重要多了，所以，这位阿拉伯籍助理真的无法理解这个美国经理为什么如此关注时间和日程表。

文化和竞争优势

本章一再出现的另一个主题是文化和国家竞争优势的关系。简单地说，一国的价值体系和规范会影响在该国从事商务活动的成本，而在一国从事商务活动的成本则会影响企业建立竞争优势的能力。我们已经看到社会结构和宗教如何影响管理层与劳方之间的合作、对工作的态度、对利息支付的态度等。可以想象，一些对阶级敏感的社会中存在的工人与管理层之间的阶级利益冲突，会使从事商务活动的成本增加。

一些学者认为，与西方国家相比，日本的现代文化有利于降低商务活动的成本。日本强调的群体关系、忠诚、互惠义务、诚实和良好的教育都提高了日本企业的竞争力（至少有这样的说法）。另外，有一大批高度熟练的劳动力，特别是工程师帮助日本企业发展了许多降低成本的创新工艺，大大提高了这些企业的生产率。所以，文化因素可以用来解释为什么许多日本企业享有竞争优势。更有甚者，有人认为，20世纪后半叶日本上升为经济强国可以部分归因于其文化的作用。

但也有人认为，与美国文化相比，日本文化可能更少地支持创业活动。从许多方面看，创业活动是某种个人心智的产物，这显然不是日本人的典型特征。这似乎可用来解释为什么是美国企业而不是日本企业统领某些产业，如计算机软件和生物工程等，在这些产业中创业和创新受到高度重视。当然，现在这一代日本人中有例外，孙正义（Masayoshi Son）比任何日本企业巨人更早地认识到软件发展的潜力，1981年他建立了自己的公司——软件银行（Softbank），该企业在过去的40年里成为日本最大的软件分销商。同样，日本企业家还建立了索尼和松下等重要的日本企业。

对国际企业而言，有两个原因使得研究文化与竞争优势之间的联系显得十分重要。第一，这种联系将提示哪些国家会产生最有活力的竞争者。例如，有人认为美国企业可能要面临越来越多的竞争者，它们来自环太平洋国家和地区，富有进取心，并且讲究成本、效率，在这些国家和地区可以看到自由市场经济、儒家思想、群体导向的社会结构和先进的教育制度的结合（如韩国、日本和中国）。第二，文化与竞争优势的联系对决定在哪些国家投资生产和从事商务活动具有重要的意义。

假设一家公司必须在A与B两国中选择一个国家进行投资。两个国家都有低劳动力成本，并易于进入世界市场，两个国家的人口规模和经济发展水平大致相当。A国的教育制度比较落后，有明显的社会阶层化特征，并有六个主要语言群；B国的教育制度发达，社会阶层不明显，其文化重视群体认同，并且只使用一种语言。哪一个国家是更好的投资场所？

答案很可能是B国。在A国，管理层与劳动者之间的冲突、不同语言群体之间的冲突都可能会导致社会和产业的混乱，从而增加商务成本。可以预期，缺乏良好的教育制度和企业的发展目标是相背离的。同样的比较还可以帮助国际企业决定向何处推销产品，在A国还是B国。理性的选择仍是B国，因为从文化因素考虑，长期内B国经济更有可能获得高增长。

尽管文化是重要的，但在解释各国不同的经济增长状况时，文化可能不如经济体制、政治体制和法律体制那样重要。所以，文化差异虽然非常重要，但也不应过于强调其对经济的重要性。例如，我们在前几节提到马克斯·韦伯的观点，即印度教所蕴含的苦行原则并不鼓励创业行为。然而这只是一个令人感兴趣的学术观点而已。近年来印度的创业活动不断增长，尤其在信息技术领域，印度已迅速成为全球计算机领域的重要角色。印度教的苦行原则和种姓社会阶层制度并未明显地阻碍该领域的创业活动。

本章小结

本章考察了文化的本质，并得出了对企业实践的一些启示。本章要点如下：

（1）文化是一个复杂的整体，包括知识、信仰、艺术、道德、法律、习惯和人们作为社会成员需要的其他能力。

（2）价值观和规范是文化的核心部分，价值观是有关一个社会认为什么是好的、正确的和可取的抽象概念。规范是描述在特定环境下适当行为的社会法则和指导方针。

（3）价值观和规范受政治与经济哲学、社会结构、宗教、语言和教育的影响。

（4）一个社会的结构是指它的基本社会组织。个人与群体以及社会阶层化是衡量不同社会结构的两个主要尺度。

（5）实际上，在一些社会里，个人是社会组织的基本单位。这些社会强调个人成就高于一切。在另一些社会中，群体是社会组织的基本单位。这些社会强调群体成员关系和群体成就高于一切。

（6）所有社会都被划分成不同的阶层，阶层意识强烈的社会具有低社会流动性和高度分层的特征，阶层意识淡薄的社会具有高社会流动性和低度分层的特征。

（7）宗教可以被定义为具有神圣意义的共同信仰和仪式。伦理体系是用于指导和塑造行为的一整套道德原则或价值观。世界上主要的宗教有基督宗教、伊斯兰教、印度教和佛教。不同的宗教系统和伦理制度的价值体系对商务实践具有不同的意义。

（8）语言是定义一种文化特征的要素，分为口头语言和非口头语言两种。在说一种以上语言的国家，通常会发现一种以上的文化。

（9）正规教育是一种媒介，个人通过它来学习技能并融入社会的价值观和准则。教育在决定国家竞争优势方面具有一定的作用。

（10）霍夫斯泰德研究文化与工作场所的价值观之间的关系。他从不同文化中归纳出五种维度：权力距离、个人主义和集体主义、不确定性规避、男性主义与女性主义以及长期导向与短期导向。

（11）文化不是固定不变的，它随时间而演变，虽说这种演变经常是缓慢的。经济进步和全球化是文化变革的两个重要动力。

（12）一家公司第一次在海外从事商务活动时面临的风险之一是不了解当地情况。为了发展跨文化认知能力，国际企业需要雇用东道国人员，建立一支国际化的高管队伍，并警惕民族中心主义行为的危险倾向。

第 5 章

伦理、企业社会责任及可持续发展

学习目标

- 5-1 熟悉国际企业面临的伦理、企业社会责任和可持续发展问题
- 5-2 认识伦理、企业社会责任及可持续发展困境
- 5-3 了解与商业、企业社会责任或可持续性相关，引致职业经理人不合伦理的行为的原因
- 5-4 了解适用于全球商业伦理问题的不同哲学理论
- 5-5 解释全球经理人如何将伦理考虑融入一般决策以及社会责任和可持续发展计划的制订

⊙ 开篇案例　　　　　　　　　谁为你缝的名牌牛仔裤

孟加拉国的服装业是该国最成功的故事之一。孟加拉国是一个人口密集的国家，人口超过1.6亿，位于恒河入海口，毗邻印度。2018年，该国出口了约330亿美元的服装。孟加拉国现在是世界第二大成衣出口国，仅次于中国。纺织和服装行业约占该国GDP的20%、出口的80%，雇用了450万人。该国制造的产品最终出现在世界各地的零售商的货架上。纺织业的成功帮助孟加拉国实现了高水平的经济增长，使该国脱离了世界最贫穷国家的行列。在过去的10年里，孟加拉国的经济增长了近200%，是世界上表现最好的国家之一。孟加拉国服装出口的成功取决于低廉的劳动力成本。在零售商竞争激烈的发达国家，降低服装成本的不懈努力已促使服装制造商将生产外包到成本最低的地方。2019年，孟加拉国服装工人的最低工资约为每月95美元。

孟加拉国几乎没有什么规定，正如一名外国买家指出的："没有任何规定是不能改变的。"这意味着在繁忙时期，工人可能需要每周工作7天，每天工作12个小时。虽然缺乏法规确实降低了成本，但成本压力和松懈的监管也可能导致不合理甚至违法的做法，包括使用童工和工人的不良安全环境。例如，2015年，慈善机构世界宣明会（World Vision）描述了一个名叫比提（Bithi）的15岁女孩的案例。比提从12岁就在一家纺织厂工作。世界宣明会描述说，比提挤在孟加拉国达卡的一间二楼的房间里，在另外20名妇女的身旁，弓着背在缝纫机前，在刺眼的荧光灯的照射下为名牌蓝色牛仔裤做口袋，可她自己永远也买不起。她工作很快，每小时缝60个口袋，每天缝8个小时，每天大约挣1美元。赤贫的生活和生病的父亲迫使她的家人把两个大一些的女儿送到服装厂工作。比提12岁就被母亲送去上班，母亲对此毫不后悔。"没有食物，甚至连米都没有，"她的母亲解释说，"作为一个母亲，我很难过，但我还是得现实一点。"

比提的故事并不罕见。研究表明，童工在孟加拉国仍然很普遍，多达400万14岁以下的儿童和青少年在工作。从理论上讲，孟加拉国的法律规定服装厂雇用童工是非法的，但正如研究发现的那样，劳动法被普遍忽视。

孟加拉国的法定就业年龄是 14 岁，但法律允许 12～13 岁的孩子每周工作 42 个小时，从事被视为"轻工作"的工作。然而，政府没有必要的劳动检查员或其他官员来执行现有的法律。此外，童工在非正规部门做的很多工作都是不被记录在案的，这使得监管更加困难。像比提这样的孩子主要在非正规服装厂为分包商工作，这些工厂生产产品的一部分，然后卖给正规企业。正规企业通常是那些与外国服装公司和零售商签约的企业，而正规企业会频繁接受供应链合规专家的审计，以确保它们遵守了供应商行为准则和国家法律。

资料来源：Hannah Abdulla, "Bangladesh RMG Exports Slip in Q1," *Just-Style*, November 12, 2019; Jason Beaubien, "Child Laborers in Bangldesh Are Working 64 Hours a Week," *National Public Radio*, December 7, 2016; S. Butler, "Why Are Wages So Low for Garment Workers in Bangladesh?" *The Guardian*, January 21, 2019; H. A. Hye, "Sustaining Bangladesh's Economic Miracle," *Financial Express*, February 17, 2020; M. Nonkes, "A Look at Child Labor inside a Garment Factory in Bangladesh," *World Vision*, June 10, 2015.

引言

本章的开篇案例描述了孟加拉国的服装厂如何使用童工为发达国家的消费者制造名牌服装。虽然从理论上讲在孟加拉国雇用童工制造服装是违法的，但法律并不总是被强制执行，而且无论如何该国对儿童的定义与发达国家不同。在孟加拉国，14 岁就可以合法地工作，发达国家的消费者可能会对此感到厌恶，即使他们自己可能会在不知情的情况下购买这些年轻工人生产的产品。这个案例触及了本章讨论的核心问题之一：如果某事是合法的，是否意味着它也是道德的、对社会负责任的或可持续的？显然，孟加拉国的法律允许 14 岁的孩子每周工作 40 个小时或更多，但这并不意味着这种做法是道德的。销售孟加拉国制造的服装的公司应该停止这种做法吗？它们是应该从其他条件更好的国家购买服装，还是应该与孟加拉国当局和供应商合作，努力改善那里的情况？什么是道德和负责任的行动方针？作为消费者，你是否应该继续购买那些收入低、在恶劣的环境中工作也许还未成年的工人生产的产品？也许你认为正确的做法是抵制从孟加拉国采购产品的公司？也许你是对的，但你有没有考虑过大规模抵制对孟加拉国经济和贫困率的影响？抵制活动会让孟加拉国的穷人生活得好一些，还是会让事情变得更糟？如果抵制运动让穷人的处境更糟，你会怎么想？显然，这些都不是容易解决的问题。

在本章中，我们将讨论一些概念和框架，帮助你思考这些伦理问题，并确定最佳的行动方案。正如你将看到的，道德问题经常出现在国际商务中，往往是因为各国的经济发展、商业惯例、法规和传统不同。这些差异可能会给企业带来道德困境。理解道德困境的本质并在遇到这种困境时决定采取何种行动，是国际企业管理者应具有的一项重要技能。

我们以讨论"伦理"开始本章内容。**伦理**（ethics）一词是指关于对或错的既定原则，这些原则支配着个人的行为、特定行业的从业人员或组织的行为。**商业伦理**（business ethics）是指关于对或错的既定原则，这些原则支配着商人的行为。而**伦理战略**（ethics strategy）则是指不违反这些既定原则的战略或行动过程。本章将着眼于国际企业在制定决策时应如何将伦理问题考虑在内，同时回顾导致做出不太合乎伦理的决策的原因，研究关于商业伦理的不同哲学理论；然后，将有关伦理的讨论扩展到社会责任和可持续性。本章末，我们将研究经理人员在国际商务活动中能够采用的不同流程，以确保所做的决策考虑到了伦理问题，以及公司的行为是合乎伦理的、对社会负责任的和可持续的。

5.1 国际商务中的伦理问题

国际商务中许多伦理问题产生的根源是国与国之间在政治制度、法律、经济发展和文化方面存在巨大的差异。在某国被视为正常的行为在另一个国家可能被认为是不合乎伦理的。由于跨国公司的经理们所供职的机构跨越了不同的国界和文化，他们对需要这些差异特别敏感。在国际商务背景下，常见的伦理问题包括雇用惯例、人权、环境法规以及跨国公司的道德义务等。

5.1.1 雇用惯例

当东道国的工作标准明显低于跨国公司母国的标准时，应该执行哪个标准？是按母国的标准，还是东道国的标准，或者介乎这两者之间？几乎无人会提出在不同国家采取统一的薪酬，但多大的差异是可以被接受的呢？例如，一天工作12个小时，薪酬极其低下；没有保护措施使工人免受有毒化学物质的侵害，这类情况在一些欠发达国家和一些新兴国家非常普遍，那么这是否意味着跨国公司就可以容忍它在那些国家的子公司也提供这样的工作环境，或者通过任用当地分包商来纵容这种情况？如果不考虑潜在的财务影响，我们很容易简单地说，每个公司都应该按照本国的环境要求，考虑伦理、社会责任和可持续发展。但事情并非那么简单。

曾经，耐克公司成为抗议风暴的焦点，当时媒体曝光了耐克公司许多分包商极其恶劣的作业环境。哥伦比亚广播公司在《48小时》中报道了一位年轻妇女在越南的一个分包商那里的工作情景，该女工工作时要接触有毒物质，一周工作六天，但每小时的所得仅为20美分。该节目还透露，在越南一天最低的生活费要3美元，所以在这个分包商那里如果不加班根本无法赚到基本的生活费。耐克公司及其分包商并没有违反任何法律，但是新的问题出现了：使用血汗工厂来制造本质上只是时尚配饰的产品，是符合伦理标准的吗？它可能是合法的，但是用发达国家的标准来看，这些分包商明显是在剥削劳动力，任用他们是否合乎伦理标准？耐克公司的批评者认为这是不合乎伦理的，而耐克公司也发现自己成为一大波游行示威和消费者联合抵制的对象。这些围绕耐克公司使用分包商的报道迫使公司重新审视其相关政策。

正如耐克公司的例子所揭示的一样，我们可以做出一个有力的论断：跨国公司绝不能对其国外运营机构或分包商提供恶劣的工作环境视而不见或听之任之。但是我们仍然不清楚究竟应该按什么标准来实施，本章后面部分将对这个问题做进一步的讨论。目前，防止这种不合乎伦理的行为的一个好方法是：建立保障员工基本权利和尊严的最低可接受标准，定期审查海外分支机构和分包商以确保它们满足这些标准，当海外分支机构和分包商不达标时采取必要的行动。另一个关于供应商工作惯例问题的例子，请参见管理聚焦5-1中关于大众汽车（Volkswagen）以及该公司在使用不符合伦理的（甚至非法的）软件来降低空气污染排放数据方面令人震惊的失败。

◎ 管理聚焦 5-1

大众汽车的"排放门"

大众汽车是由德国劳工阵线成立的德国汽车制造商。公司总部设在沃尔夫斯堡。它是大众集团的旗舰品牌，在2017年首次成为全球最大的汽车制造商，并保持了第一的位置。大众汽车表示，其全球销量为1 080万辆，而其最接近的竞争对手雷诺-日产-三菱（1 030万辆）和丰田汽车（1 030万辆）的全球销量非常相似，比大众汽车少了50万辆（通用汽车紧随其后，它在中国的销量强劲）。

与汽车数量相关的是，大众汽车在这些汽车上的收入约为1 290亿美元，员工总数约为63万人。伴随着这些惊人的数字，大众汽车成为世界上最大的汽车制造商，但与此同时它正面临着可能是其80年历史上最大的挑战（公司成立于1937年）。

大众汽车的"排放门"或"柴油门"丑闻始于2015年9月，当时美国环境保护署（Environmental Protection Agency，EPA）向这家德国汽车制造商下达了一份违反《清洁空气法》（Clean Air Act）的通知。美国环境保护署是美国联邦政府的一个机构，它根据美国国会通过的法律制定和执行相关法规，以保护人类健康和环境。尽管特朗普政府提出了一系列的40多项削减方案（削减3 000多名工作人员和20亿美元的资金），但环境保护署自1970年就已经成立了。

在一项相当惊人的发现中，美国环境保护署认定，大众汽车故意让发动机在实验室测试期间激活排放控制。大众公司不道德的程序设计导致这些汽车的氮氧化物排放量在关键的实验室监管测试期间降至较低水平，以满足美国严格的标准。氮氧化物是导致空气污染的重要因素。事实上，这些汽车在街道上行驶时排放的氮氧化物是实验室的40倍之多。大众公司在全球约1 100万辆汽车上使用了这种不道德且非常复杂的计算机程序设计，其中50万辆（2009～2015年的车型）在美国使用。大众公司竭尽全力来实现这一目标。当汽车在监管实验室接受测试时，车内的软件会感应到，然后自动激活车内减少氮氧化物排放的设备。此外，当汽车在街道或高速公路上正常行驶时该软件关闭了汽车的设备，导致排放的氮氧化物远远超过了法律限制。这样做的唯一原因是为了节省燃料或提高汽车的扭矩和加速，不仅关闭了排放，并且不道德地进行了调整，汽车的性能统计数据也看起来更好了。显然，这可以被视为软件的另一个不道德的产物。

该软件经过了修改，以调整催化转换器或用于回收部分废气的阀门等组件。这些成分旨在减少氮氧化物的排放。氮氧化物是会导致肺气肿、支气管炎和其他呼吸道疾病的空气污染物。空气污染的严重程度导致了与美国监管机构43亿美元的和解。大众公司还同意进行全面改革，进行新的审计，并接受一家独立的监督机构为期三年的监督。在内部，大众公司处罚了数十名工程师，这很有趣，因为这至少意味着高层管理人员并不知道软件安装及其不道德的使用。

资料来源：Nathan Bomey, "Volkswagen Passes Toyota as World's Largest Automaker Despite Scandal," *USA Today*, January 30, 2017; Bertel Schmitt, "It's Official: Volkswagen Is World's Largest Automaker in 2016. Or Maybe Toyota," *Forbes*, January 30, 2017; Rob Davis, "Here Are 42 of President Donald Trump's Planned EPA Budget Cuts," *The Oregonian*, March 2, 2017; "VW Expects to Sanction More Employees in Emissions Scandal: Chairman," *CNBC*, March 7, 2017.

5.1.2 人权

国际商务中会产生人权问题。在许多国家，基本的人权依然得不到保障，历史和如今都存在一些例子可以说明这一点。在一些国家被认为是理所当然的权益，如结社自由、言论自由、集会自由、迁移自由、免于政治压迫的自由等，并不是世界各国都接受的（参见第2章）。历史上最典型的一个例子就是南非在白人统治时期实施的种族隔离制度，这一制度一直到1994年才结束。种族隔离制度剥夺了南非占大多数的非白人的基本政治权利，在白人和非白人之间强制实施隔离，将特定的职业留给白人，禁止非洲裔美国人被任命到能够管理白人的职位上。尽管有如此令人作呕的制度，西方商人依然在南非做生意。但是到20世纪80年代，很多人质疑这种做法是否合乎伦理。他们认为跨国公司在当地的投资促进了南非的经济发展，但是也支持了这一压制人权的种族隔离制度。

20世纪70年代末80年代初，一些西方企业开始改变它们的政策。在南非有大规模投资的通用汽车公司是这一潮流的领头羊。该公司采取了以利昂·沙利文（Leon Sullivan）命名的沙利文原则。沙利文是一位非洲裔美国人牧师，也是通用汽车公司的董事会成员。沙利文提出，通用汽车公司要在南非经商，只有满足下面两个条件才是合乎伦理的：第一，公司在南非经营时不得依从种族隔离制度（这是一种消极抵抗）；第二，公司应该在其力所能及的范围内尽一切努力推动废除种族隔离制度。沙利文原则被在南非经营的美国公司广泛采用。南非政府显然不想与那些重要的外国投资者为敌，因此对不顾种族隔离法的那些行为并没有理会。

但是10多年后，沙利文发现，仅仅满足这两个条件并不足以摧毁种族隔离制度，并且任何一家美国公司，甚至是满足条件的公司，都不能说它们在南非的继续存在是合乎伦理的。在随后的几年中，很多公司撤走了它们在南非的业务，包括埃克森、通用汽车、IBM和施乐公司等。同时，许多国家的养老基金管理公司也表示，它们将不再持有那些在南非做生意的公司的股票，这一举动也导致一些公司撤离了南非市场。这些撤离行动加上美国和其他一些国家政府对南非实施的经济制裁，对破除种族隔离制度起了一定的推动作用。1994年南非开始实行民主选举。当时，纳尔逊·曼德拉（Nelson Mandela）被选为南非总统，此前因试图推翻南非白人政府而在狱中服刑27年（曼德拉1993年获得诺贝尔和平奖，2013年去世）。因此，有人认为符合伦理标准的立场和态度帮助改善了南非的人权状况。

尽管南非发生了变化，但压迫性的制度在世界上很多地方依然存在。事实上，根据"自由之家"的数据，全世界76亿人口中，只有45%的人生活在自由民主的国家（30%是部分自由的，25%是不自由的）。在被"自由之家"认定为不自由的国家中，如果人们试图行使自己最基本的权利，比如表达自己的观点、和平集会和独立于自己所居住的国家进行组织活动，他们通常会面临严重的后果。许多国家缺乏自由，那就引出了如下问题：跨国公司在那些专制国家运营是否符合伦理标准呢？常常有人提出，跨国公司的投资流入会推动经济、政治和社会进步，而这种进步最终会改善那些压迫性制度下的人权状况。对于这一观点，我们在第2章里曾经讨论过，我们指出，一个国家的经济进步会对民主化形成一种推动力。简单地讲，这一观点认为，跨国公司在缺乏像发达国家那样的民主结构和人权记录的国家做生意是合乎伦理的。

但这一观点是有局限性的。正如在南非一例中所看到的，一些政体是十分具有压迫性的，以至于在其中投资不能够被认为是符合伦理标准的。位于南亚的缅甸是另一个例子。从1962年开始，军事独裁统治缅甸，该国有着世界上最糟的人权记录。从20世纪90年代中期开始，许多企业退出了缅甸市场，因为那里的人权被侵犯到了无以复加的地步，以至于在那里做生意不能够被认为是符合伦理标准的。但是，也有人对此质疑。他们认为缅甸只是一个小国家，对于许多企业来说，从这个市场退出不会造成很大的伤害。有趣的是，在国际社会多年的施压之下，缅甸的军事管制政府终于默许进行有限的民主选举。结果是，根据"自由之家"的数据，该国如今被评为"部分自由"国家。

5.1.3　环境污染

当东道国的环境法规逊于母国时，也会引起伦理、社会责任和可持续性问题。伦理驱动人们决定做什么，企业的社会责任和可持续性驱动企业最终决定做什么。许多发达国家都有大量的法规来管理污染物的排放、有毒化学物的倾倒、工厂中有毒材料的使用等。不过很多发展中国家缺乏这类法规，结果，按批评者的说法，跨国公司运作产生的污染水平会比其母国允许的更高。

从使用和赚钱的角度我们可以问：跨国公司是否就可以在一个发展中国家随意污染环境呢？答案很简单：这样做显然是不合乎伦理的。非道德性管理方法可能会因为在发展中国家不需要支付高昂的污染控制成本，所以将生产地迁往那里，企业为了寻求较低的生产成本、获得竞争优势就任意掠夺环境资源，难道这样做就没有风险吗？在这种情况下，如何做才是正确的和合乎伦理的？是为了获得竞争优势而导致污染环境，还是要确保国外子公司必须遵守控制污染的公共标准？

由于环境是公共产品，并非个人拥有却人人可以破坏，所以这些问题显得尤为重要。即便如此，许多公司还是理所当然地回答说，造成一定程度的污染是可以接受的。如果问题变成污染程度，而不是尽可能地防止污染，那么战略、策略就会发生改变，每个人都会开始争论可接受的污染程度，而不是首先要做什么来防止污染。没有人能独自拥有空气或者海洋，但是空气和海洋一旦被污染，不管污染源出自哪里，所有人都要遭殃。这种情况有一个现成的术语来形容，即"公地悲剧"。"公地悲剧"常常是这样发生的，即大家共同拥有的一项资源不属于任何个人，但每个人都能使用，而且过度使用便导致资源逐渐消减。"公地悲剧"最早是由加勒特·哈丁（Garrett Hardin）命名的，用来描述16世纪在英国产生的一个现象。当时英国开放了大批土地，被称为"公地"，人人都可以免费地在这些土地上放牧。穷人们便将其牲口放养在这些公地上，以贴补他们微薄的收入。对于每个人来说，放养越来越多的牲口是有利的，结果放牧的牲口数量远远超过了公地所能承受的限度，最后导致过度放牧、公地退化，对穷人们来说十分重要的额外补贴收入也化为乌有了。

在现代社会，如果企业将其生产基地设在那些可以免费向天空排放污染物、免费向大海或河流倾倒污染物的地方，并因此危及那些有价值的地球资源，那么，这些企业就是在地球上制造了"公地悲剧"。尽管这样的行为可能是合法的，但这么做是合乎伦理标准的吗？显然这类行动违背了基本的社会伦理和企业社会责任。当人为导致的全球变暖成为人们关注的焦点时，这一问题变得尤为重要。大多数气候专家认为，人类的工商业活动增加了大气中的二氧化碳，而二氧化碳是一种产生温室效应的气体，它会将热量反射回地球表面，使地球变热，进而导致地球平均温度上升。众多数据为此提供了充分的科学证明。于是，各国开始限制排放到大气中的二氧化碳（工商业活动的副产品）量。然而，各国的相关规定大相径庭。在这种情况下，如果一家企业将其生产地从排放限制较严的国家转移至限制较为宽松的国家，考虑到这样做会加剧全球变暖，那么这个企业的做法是否合乎伦理呢？显然，大多数人会认为，这种做法是有违基本伦理原则的。

5.1.4　腐败

正如第2章所提到的，从历史上看，腐败几乎是每个国家都曾有的问题，在今天它依然是个问题。腐败的政府官员过去有，现在有，将来还会有。国际企业向政府官员行贿能够并且已经得到了经济优势。一个经典的例子是众所周知的一则丑闻。洛克希德公司（Lockheed）的总裁卡尔·科奇安（Carl Kotchian）向日本代理商和政府官员支付了1 260万美元，以获得来自日本航空公司对三星（TriStar）飞机的一份大额订单。当这笔贿赂被发现后，美国官员指控洛克希德公司伪造记录和逃税。尽管这在日本据称被认为是一种可以接受的商业行为（可能被视为一种特别慷慨的表示谢意的方式），但这次事件在日本还是成了一则丑闻。相关的政府部门受到了指控，一位官员自杀，政府丢尽脸面，日本民众十分愤怒。显然，这在日本并不是可被接受的商业行为。这笔钱就是贿赂，付给腐败的官员后便可拿到一份大额订单，而这份订单原来有可能是给波音公司等其他制造商的。科奇安的行为显然是不合乎伦理的，认为这在日本"是一种可以接受的商业方式"的说法是为了谋求私利的，是错误的。

洛克希德公司的这一案例是美国通过《反海外腐败法》的动因（第2章已经讨论过该法规）。该法规明确规定为：获得商业机会而向外国官员行贿是违法的，即使其他国家的公司可以这样做，情况也是如此。一些美国公司立即提出反对，声称此法规会将美国企业置于不利的竞争地位（没有证据证明这一情况是实际存在的）。该法规随后做了修正，规定可以使用"便利费用"，有时也称为"加急费"或"通融费"。这类费用并不是如果不支付就拿不到合同的费用，也不是用来获取独有的特惠待遇的费用，而是为保证一家企业能从外国政府那里得到它应有的公平待遇所支付的费用，如果不支付有可能因某个官员的拖延而得不到它应有的待遇。

经合组织成员方的财政部部长追随美国推出了《国际商务交易活动反对行贿外国公职人员公约》。该协定在1999年正式生效。协定要求其成员方和签字方将向外国政府官员行贿视为犯罪行为，用来加快常规性政府操作的便利费也被排除在外。

美国的《反海外腐败法》和经合组织对贿赂的相关协定都将便利费或加急费排除在外，这类费用的伦理含义十分模糊。从实用主义视角看，尽管支付这种费用有点邪恶，却是为了更多人的利益所必须付出的代价（假设投资在没有工作机会的地方创造了就业并且这种行为并不违法）。一些经济学家推崇这一论证，认为考虑到一些国家普遍存在的烦琐的规章制度，这样做可能会提高效率，有助于经济增长。这些经济学家提出了这样的理论，在一个国家，若已有的政治体制扭曲或限制了市场机制的正常运行，通过向政府官员支付公关费等方式来"加速"政府批准商业投资，有可能改善福利。这类观点说服了美国国会，使其认为便利费没有违反《反海外腐败法》。

相反，另一些经济学家认为，腐败降低了商业投资的回报，导致较低的经济增长。在一个国家，如果腐败盛行，低效的官僚向那些想运营的企业索取额外的费用，就等于是在榨取企业的利润，这势必会打击企业投资的积极性，从而延缓该国的经济增长。一项针对70个国家腐败和经济增长之间的关系所做的研究显示，腐败对一个国家的经济增长率存在巨大的负面效应。另一项研究表明，企业行贿越多，开支将增加而不是减少，花在与官员讨价还价上的管理时间等都会增加公司的成本。

因此，许多跨国公司都采取了"零容忍"政策。例如，大型石油跨国公司英国石油公司（British Petroleum）对便利费就有一个"零容忍"的方案。其他公司也采取了一些大同小异的方法。几年前，道康宁公司（Dow Coming）曾经在其行为准则中正式标明："在当地商业习惯要求收取这类费用（便利费）而且没有其他选择的国家，只能按最低必需的标准支付便利费，同时必须如实记录存档。"这一声明承认了国与国之间的商业惯例各有不同。同时，道康宁表明在没有其他办法时允许使用便利费，尽管公司非常不鼓励这一行为。最近，最新版的道康宁行为准则删除了"国际商务指南"部分的内容，因此，我们的推测是该企业正在采取更为有力的"零容忍"政策。

与此同时，和许多公司一样，道康宁或许只是意识到了贿赂与便利费之间其实区别甚微。很多美国公司因为支付的便利费超出了法规允许的范围而违反了《反海外腐败法》。例如国际物流公司康威就因向菲律宾的多位海关官员付了上百笔可被认作小笔贿赂的费用而被罚款30万美元。康威公司总共给那些官员近244 000美元，诱导其违反海关法规、平息纠纷、不对违反管理的行为罚款。

5.2 伦理困境

一家跨国公司在雇工条件、人权、腐败和环境污染等方面所应承担的伦理义务并不总是清晰的。然而越来越明了的是，管理者和他们的公司正在感受着来自客户和其他利益相关者的更多的市场公关压力，其要求他们在做伦理决策时保持公开、透明。同时，对于什么是公认的伦理准则，世界各国没有达成普遍共识。从国际商务的角度来看，有人认为，是否合乎伦理取决于企业的文化背景。例如在美国，死刑被认为是可以接受的，但在许多文化中这种惩罚方式是不可接受的，他们认为死刑是对人类尊严的公开侮辱，所以执行死刑是不合法的。许多美国人感到这种想法奇怪，但许多欧洲人则认为美国人的行径很野蛮。举一个商务方面的例子，在许多亚洲文化中，商务谈判成员方之间的送礼物行为是正当且合适的；一些西方人却将该行为视作贿赂的一种形式，认为这一行为不合伦理，尤其是当礼物较为丰厚时。

国际管理者经常会面临很真实的伦理困境，不清楚到底如何做才是正确的。例如，一个来访的美国经理发现位于一个贫穷国家的子公司雇用了一个12岁的女孩在厂里上班，他感到十分震惊，这家子公司使用童工直接违反了公司内部的伦理准则，于是，这个美国经理命令当地的管理者找一个成年人替换掉这个女孩，这位管理者立即照办。可是这个女孩是一个孤儿，要养活自己和六岁的弟弟，她找不到其他工作，绝望之余选择去卖淫，两年后死于艾滋病。

如果这个来访的美国经理知道这个女孩处境的困难，他还会坚持找成年人替代她吗？让这个女孩继续上班、维持现状是否更好一些？可能也不是，因为这样就违反了这家公司的伦理准则中不得使用童工的规定。那么，怎么做才是正确的？在这个伦理困境中这个美国经理的责任又是什么？

要回答这些问题不太容易。这正是**伦理困境**（ethical dilemmas）的本质所在，即在这种情况下没有一个备选方法看上去是完全合乎伦理的。我们来看上面这个案例，雇用童工是不能接受的，但断绝这个女孩唯一的收入来源也是不可接受的。这位美国经理所需要的，或者说所有的经理所需要的是道德指南或是一种伦理步骤，以指导他们在陷入伦理困境时找到一个合适的解决方案。稍后我们将讨论道德指南，或者说伦理步骤。现在我们只需了解伦理困境存在是因为许多现实的决策是复杂且很难制定的，涉及难以量化的第一、第二、第三顺序结果。做正确的事，或者仅仅知道什么是正确的事常常不那么简单。

5.3 不合乎伦理的行为的根源

国际管理人员的行为在国际商务环境中被认为是不合乎伦理的例子有很多。为什么管理人员会做出不合乎伦理的行为呢？对于这个问题，没有简单的答案，因为成因很复杂，但我们可以做出一些概括性总结。这些问题根植于六个伦理行为的决定因素：个人伦理、决策过程、组织文化、不切实际的绩效目标、领导力和社会文化（见图5-1）。

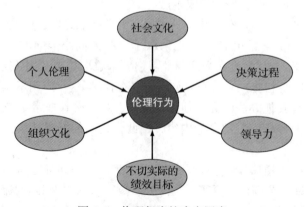

图 5-1 伦理行为的决定因素

5.3.1 个人伦理

社会商务伦理与个人伦理分不开，个人伦理是指导个人行为的关于对和错的被普遍认可的原则。个人伦理会对社会商务伦理产生影响，对公司的社会责任实践和可持续发展活动产生影响。作为个体，我们通常被教导：

说谎和欺骗是不对的，是不合乎伦理的，为人要正直、诚实、守信用，坚持自己认为真正正确的事。这些道理在不同的社会是通行的。指导我们的行为的个人伦理准则来自几个方面，包括我们的父母、学校、宗教和媒体。个人伦理准则对我们作为商人的行为方式具有深刻的影响。拥有强烈的伦理意识的个人在从事商务活动时不太可能做出不合乎伦理的举动。所以对一个社会来讲，建立浓厚的商业伦理氛围的第一步就是强调个人伦理。

跨国公司中在国外工作的母国国籍管理者（外派经理），可能会承受高于平常的压力，使其违反自己的个人伦理准则。他们离开了熟悉的社会和文化环境，在心理上和地理上都远离了他们的母国。他们所处的文化环境对伦理准则的重视程度可能不同于母国，他们周围的本地员工可能缺乏严格的伦理标准。母公司可能给外派经理施加压力，要求其达到不切实际的目标，而要实现这些目标不得不采取偷工减料等不合乎伦理的方式。例如，为了完成总部下达的绩效目标，外派经理可能不得不行贿以便拿到合同，或者可能提供和实施低于最低可接受标准的工作条件和环境控制。当地的经理也可能会鼓动外派经理做出这类行为。由于地理上的距离，母公司可能无法了解外派经理是如何完成指标的，或者根本不想知道他们是怎么做的，任由这种行为继续。

5.3.2 决策过程

几项有关商务活动中发生不合乎伦理的行为的研究显示，商人有时并未意识到他们的行为有违伦理，主要就是因为他们没能问问自己：“这个决策或行动是否合乎伦理？”相反，他们将一种简单的商业计算应用到他们所理解的商业决策中，而忽略了该决策也有重要的伦理维度。错误就在于该商务决策制定过程未考虑伦理方面，耐克公司的经理最初制定分包决策时也犯过这类错误。这些决策可能是基于很好的经济逻辑做出的，对分包商的选择也可能充分考虑了各种经济变量，如成本、交货时间以及产品质量等，但是管理者单单忘了问这样一个问题："分包商是如何对待其工人的？"即使他们想过这个问题，也可能认为这是分包商的事，而不是他们的事。

要提高跨国公司做出符合伦理标准的决策的水平，最好从更好地了解个人在组织环境下如何做出合乎伦理的决策开始。这里有两个思维误区必须被考虑进去：第一，经常假设个体不论是在工作场合还是在家，做出伦理决策的方式是一样的；第二，常常假设来自不同文化的个体在做出伦理决策时遵循同样的程序（关于文化差异的更多内容详见第4章）。这两个假设都是有问题的。首先，一个组织内部极少有个体拥有独立做出伦理决策的自由（比如权力），而且个体很少不受组织环境的压力影响（比如我们应该支付便利费吗）。其次，就算做出伦理决策的程序在很多国家类似，但在特定问题上关注的重点不太可能会相同。一些文化可能侧重于集体因素（比如日本），而另一些文化则重视个人因素（比如美国），还有一些文化甚至仅仅依靠机遇（比如缅甸），另一些文化则基于对上层人士的重要性的考虑（比如印度）。

5.3.3 组织文化

有些企业并不鼓励员工去仔细考虑商业决策的伦理后果，这是造成不合乎伦理的商业行为的第三个原因，即忽略商业伦理的组织文化，将所有的决策都简化为纯粹的经济意义上的。**组织文化**（organization culture）是指一个组织的雇员所共享的价值观和规范。回顾第4章的内容，价值观是这样一种抽象的概念：一个群体认为什么是好的、正确的和可取的。规范是规定在特定环境下的适当行为的社会规则和指导方针。一个社会有自己的文化，同样，企业组织也有自己的文化，正如我们在第4章中讨论的那样。价值观和规范共同构成了企业组织的文化，这种文化会对商业决策制定中的伦理观念产生重要的影响。

例如，为获取商业合同而行贿在戴姆勒这家公司长期以来都被视为一种正当的手段。用戴姆勒案一位调查人员的话来说就是，这是渗透该公司绝大部分部门的"标准的商业潜规则"，这些部门甚至包括像审计和财务这样本该监测并阻止该类行为发生的部门。人们可以认为，通过行贿来获取商业机会的行为之所以能在该公司如此泛滥，是因为这类行为得到了公司价值观和规范的默许。

5.3.4 不切实际的绩效目标

导致不合乎伦理的行为的第四个原因前面已略有提及，那就是来自母公司的压力，即子公司只有通过偷工减料或不合乎伦理的方式才能实现母公司不切实际的绩效目标。在这些案件中，行贿可能已被视作一种达到超高绩效目标的手段。一种将不合乎伦理的行为合理化，或至少对这种行为视而不见的企业文化，加上不切实际的业绩目标，对企业来说是尤其危险的。在这种情况下，管理者比平常更有可能违反自己的伦理标准，做出一些不合乎伦理的行为。反过来，组织文化可以矫正负面的东西，强调伦理行为的重要性。例如，惠普公司的两位创始人比尔·休利特（Bill Hewlett）和戴维·帕卡德（David Packard）在公司内培育了一套被称为"惠普之道"的价值观。这些指导公司内部以及公司与其他公司之间商务行为的价值理念蕴涵着重要的伦理要素。这些价值理念强调对人的信任和尊重、开放的沟通和关心每一位员工。

5.3.5　领导力

惠普公司的例子引出了导致不合乎伦理的行为的第五个原因，即领导力。领导者会推动一种组织文化的建立并且为他人树立榜样，制定规则、指导方针、战略，以及日常运营的结构和流程。员工通常在一个确定的结构中工作，他们的心态将非常类似于雇用他们的企业的整体文化。企业内其他员工常常会从领导者那里获得启示，如果领导者的行为不合乎伦理，那么员工的行为也有可能是这样的。重要的不仅仅是领导者说什么，还有领导者做或不做什么。戴姆勒的高层对公司腐败行为的态度如何呢？可以推测的是，他们并未积极制止该行为，而这在某种程度上就鼓励了该行为的发生。

5.3.6　社会文化

社会文化对个人与组织不合乎伦理的表现的倾向也有较大的影响。一项基于 24 个国家的 2 700 家企业的研究发现，将总部设在不同国家的公司之间的伦理政策差异巨大。根据霍夫斯泰德有关社会文化的研究（详见第 4 章内容），总部设在个人主义盛行且有强烈的风险回避倾向的国家的企业，比总部位于以男权主义和较大的权力距离为主要社会属性的国家的企业更强调行为合乎伦理的重要性。

5.4　伦理的哲学理论

在本节中，我们将讨论全球市场中几种不同的商业伦理的哲学理论。基本上，所有个体在做合乎伦理（或不合乎伦理）的抉择时都有自己的步骤。这一步骤基于个人关于伦理的哲学思维方式，即个人潜在的道德观。

我们从被称为稻草人的相关理论开始，这些理论或者否认商业伦理的价值，或者以一种令人很不满意的方式应用商业伦理。我们在讨论并摒弃稻草人理论后，再讨论一些值得称道的哲学理念，以及如何在国际商务中做出正确的伦理行为。

5.4.1　稻草人

研究者认为，稻草人哲学思维方式为跨国企业中有关伦理的决策制定提供了不恰当的指导。有四种关于企业伦理的理论在教材中被广泛讨论，它们是弗里德曼学说、文化相对论、自以为是的道德论者和幼稚的不道德主义者。所有这些方法都有其某种内在的价值，也都有其局限性。尽管如此，公司有时仍采用这些方法。

1. 弗里德曼学说

诺贝尔经济学奖获得者弗里德曼 1970 年在《纽约时报》上发表了一篇文章，从那之后，商务伦理学者将其概述为一个经典的稻草人例子，不料随后被驳斥。弗里德曼的基本观点是：只要在法律许可的范围内，企业的社会责任就是提高利润。他断然否定企业在法律规定及有效运营的范围之外还需要承担社会责任。例如，他提出，改善工作环境，使其超出法律规定和最大化员工生产率所必需的水平会减少利润，因此是不恰当的。他的信念是，一个企业应当使其利润最大化，因为这是使企业所有者即股东获得最大回报的路径。按弗里德曼的说法，如果股东希望利用这个收益去做社会投资，那是他们的权利，企业经理没有理由代替他们做这个决定。

尽管弗里德曼讲的是社会责任和伦理习俗而不是商务伦理本身，但许多商务伦理学家都将社会责任等同于伦理行为，所以他们认为弗里德曼是反对商务伦理的。但是这一推论并不完全符合事实，弗里德曼的确说，企业的社会责任只有一个，即在法律允许的范围内提高企业的盈利能力，这意味着企业从事公开和自由的竞争，没有欺诈和欺骗。

企业只有一个并且唯一的社会责任，那就是利用它的资源管理好各项业务，按游戏规则来增加它的利润；也就是说，它应该在开放自由的竞争中获益，而不是靠欺骗和造假获益。

换句话说，弗里德曼也认为企业应该以一种合乎伦理的方式行事，而不能使用欺骗和造假的手段。

尽管如此，弗里德曼的论点还是经不起检验，特别是国际商务中所谓的"游戏规则"实际上很难确定，国与国之间的规则都是不同的。再来看一下血汗工厂的例子。在发展中国家使用童工也许并不违法，追求生产率最大化可能并不要求跨国公司在该国不得使用童工，但使用童工依然是不道德的，因为这一做法违背了人们在"什么是正确及合适的事"上普遍接受的观点。同样，在欠发达国家可能也没有法律规定不得污染环境，而且花钱治理污染会降低企业的利润率，但是一般的伦理价值依然会将向江河中倾倒污染物或向大气中排放有毒气体等行为视为不合乎伦理的。除了这类污染会在当地造成不良后果，如严重危及当地老百姓的身体健康等，还会在全球范围内造成不良影响，因为污染物破坏了对我们所有人都如此重要的两种全球公共资源，即天空和海洋。

2. 文化相对论

商务伦理学家常常提到的另一个稻草人是**文化相对论**（cultural relativism）。这个理论认为伦理仅仅是一种文化的反映，即所有的伦理都取决于文化，由此可以推论，一个企业应该采用业务所在国的文化伦理。这一理论也经常被概括为一句格言："入乡随俗"。和弗里德曼的理论一样，文化相对论也经不起严格的推敲。极端地讲，按文化相对论的逻辑，如果某国的文化主张实行奴隶制，那么在该国奴役劳工也是合情合理的了。显然这是我们不能接受的。文化相对论隐含地否认世界上存在某些超越不同文化的具有普适性的伦理准则，就如我们将在本章后面部分所提出的那样，世界上确实存在一些超越不同文化的具有普适性的伦理准则。

在文化相对论的总体形式遭到摒弃的同时，有些伦理学家认为这一理论是有一些合理的成分的。我们同意这一点。正如我们在第 3 章中所看到的，不同文化的社会价值观、规范和习惯确实不同，所以在一个国家合乎伦理的商业行为在另一个国家不一定也是如此。确实，《反海外腐败法》允许的便利费用在某些国家被视为一种感谢的方式，为了获得商业机会而向政府官员支付一定的加急费，即使不能说在伦理上是受欢迎的，至少也是在伦理上所能被接受的。

3. 自以为是的道德论者

自以为是的道德论者（righteous moralist）声称，一家跨国公司母国的伦理标准也是子公司在外国所应遵循的行为准则。这一观点在那些来自发达国家的经理中很有典型性。该观点乍一听好像很有道理，但实际上是有问题的。想一想下面的例子：一位美国银行经理被派往意大利，在那里他惊恐地发现，当地分行的会计部门为了避税建议压低银行申报的利润。这位经理坚持银行必须如实地报告它的收入。当他被意大利税务部门召去听讯有关该公司的税收问题时，他被告知这家公司还欠 2/3 的税款，这反映出税务局通常假设每家企业会瞒报 2/3 的收入。尽管这位经理提出抗议，但还是不得不按新的估价纳税。在这个例子中，这位自以为是的道德论者遭遇了东道国流行的文化准则所产生的问题，那么他该如何应对呢？这位自以为是的道德论者认为应该坚持立场，而更实用主义的观点则可能认为，在这种情况下，追随流行的文化准则才是正确的做法，因为不跟风是会付出沉重代价的。

对自以为是的道德论者的主要批评就是他们做过头了。有些具有普适性的伦理原则是不能违背的，始终按母国标准行事也不总是对的。例如，美国法律对最低工资和劳动条件有很严格的规定。这是不是意味着在外国也要执行同样的规定才是合乎伦理的呢？不一定，因为这样做可能导致在该国的投资变得毫无意义，从而可能使跨国投资给当地带来的利益化为乌有。显然，我们需要更有效的解决方案。

4. 幼稚的不道德主义者

幼稚的不道德主义者（naive immoralist）认为，如果某跨国公司的经理看到来自其他国家的企业在东道国不遵循伦理准则，那么这个经理也可以不遵守。一个典型的例子就是毒枭问题，这个问题的一个版本是，一位在哥伦比亚的美国跨国公司经理按常规向当地的毒枭缴纳保护费，因为只有这样才能保证他的工厂不被炸，他的员工也才能免遭绑架。这位经理声称这类费用是出于防卫而缴纳的，是合乎伦理的，因为每个人都这样做。

反对这个经理的行为的原因有两个。第一，仅仅因为"每个人都这样做"就说这种行为合乎伦理是不充分的。如果在某个国家雇用12岁的童工并且一天工作10个小时的事是大家习以为常的，那么能否由此证明一家外国企业做同样的事也是合乎伦理的？显然不是，跨国公司很清楚自己的选择应该是什么。它不必遵守当地的惯例，它也可以选择不在那些通行做法尤其恶劣的国家投资。第二，跨国公司必须意识到它有能力改变某个国家的一些陋习，它可以运用自己的影响力来达到一个正面的道德目标。有人可能认为这种论调有点伦理帝国主义的味道，缺乏文化敏感性，但如果这种观点与国际社会的道德观是一致的，便是合乎伦理的。

5.4.2 功利主义和康德伦理

与前面讨论的稻草人理论不同，大多数伦理哲学家认同功利主义和康德学说对于商务伦理研究而言颇有价值。这些论述通常形成于18、19世纪，尽管其中大多数理论已被更为现代的理论所取代，但它们是新理论得以发展的传统基石。

关于商务伦理的功利主义的探讨可以追溯到大卫·休谟、杰里米·边沁（Jeremy Bentham）和约翰·斯图亚特·穆勒（John Stuart Mill）。**功利主义理论**（utilitarian approaches）认为，行动和做法的伦理价值取决于它们的结果。判断一个行为是否可取要看它能否带来最好的可能结果。功利主义就是要保证好的结果最大化，坏的结果最小化。功利主义者也知道，一个行动会产生多种结果，从社会的角度看有些是好的，有些则可能是不好的。作为商务伦理的一种哲学学说，功利主义理论认为关键是要在全部的社会效益和企业行动成本之间进行审慎的衡量，然后再选择那些利益大于成本的行动。从功利主义的角度来看，最佳决策是指让最大多数人获得最大利益的策略。

许多企业一直采用的一些特定的工具，如成本收益分析和风险评估等都是基于功利主义的哲学考虑。经理通常对行动的收益和成本进行认真的权衡后才决定做还是不做。一家石油公司在阿拉斯加的一个野生动植物保护区钻井之前，必须先在经济利益（扩大石油生产、创造就业机会）与脆弱的生态系统的环境恶化的成本之间进行权衡。一家农业生态技术公司，如孟山都公司运用转基因技术生产一种天然有杀虫能力的农作物，该公司就必须确定这种农作物的推广所带来的好处是否大于可能的风险——好处包括产量的增加和化肥需求的降低；风险包括孟山都公司生产的这种天然能杀虫的农作物可能使事情变得更糟，它可能促使害虫进化，一直到能对孟山都发明的转基因作物产生抗体，最后导致这种作物可能无法抵抗新一代害虫的侵袭。

作为商务伦理的一种学说，功利主义的观点的确有一些严重的缺陷。其中的一个问题就是对行动的收益、成本和风险的衡量。在石油公司计划在阿拉斯加钻井的例子中，如何来衡量对这个地区的生态系统的破坏？功利主义还有一个问题是忽略了对公正性的考虑。为最大多数人追求利益最大化可能导致对少数人的不公正，所以这类行动是不合乎伦理的，因为它不公正。例如，假设为了降低医疗保险的成本，政府决定对全民进行艾滋病病毒筛查，并拒绝给艾滋病患者投保，这一行为对大多数人来说可能是有利的，但对艾滋病患者这部分人是不公正的，它不正当地歧视了少数人。

康德伦理是以伊曼努尔·康德（Immanuel Kant）的哲学为基础的。**康德伦理**（Kantian ethics）认为，人应被视为最终的目的，永远不能将人只视为别人达到目的的一种工具。人不是机器，也不是工具。人是有尊严的，本身需要得到别人的尊重。血汗工厂雇用工人，强迫工人在恶劣的工作环境中长时间地工作，但所付的报酬却又少得可怜。根据康德的哲学理念，这种做法是违背伦理的，因为它将工人视为机器上的一个齿轮，而不是一个有尊严和有感情的人。尽管现代伦理哲学倾向于认为康德的伦理哲学是不完整的，例如，他的学说体系没有论及同情心或关怀等道德情感或情操等，但他所提出的人是有尊严的、需要被尊重的观点在现代社会依然具有现实意义。

5.4.3 权利理论

权利理论（rights theories）形成于20世纪，该理论认为，人具有某些超越国界和文化的基本权利，这些权利构成道德上可接受行为的最低限度。对基本权利的一个众所周知的解释就是某种优先于或超越集体利益的东西。所以，我们可以说言论自由是一项基本权利，它可以优先于一切，除了最令人信服的集体目标和权利，比如全民和谐或道德共识中的国家利益。道德理论家认为，人的基本权利构成经理在制定涉及伦理问题的决策时的道德指南。更严格地说，就是他们不能做那些违背这些基本权利的事。

存在超越国界和文化的基本权利这一理念构成联合国发表《世界人权宣言》（Universal Declaration of Human Rights）的动机，这一宣言在1948年被采用，得到了地球上几乎所有国家和地区的认可。它明确了企业始终必须遵循的基本原则，而不论企业经营所在国的文化如何。与康德伦理相对应，该宣言的第一条提出：

人人生而自由，在尊严和权利上一律平等。他们富有理性和良心，并应以兄弟关系的精神相对待。

该宣言的第23条直接与就业有关：
（1）人人有权工作、自由选择职业、享受公正和合适的工作条件并享受免于失业的保障。
（2）人人有同工同酬的权利，不受任何歧视。
（3）每一个工作的人，有权享受公正和合适的报酬，保证使他本人和家属有符合人的尊严的生活条件，并在必要时辅以其他方式的社会保障。
（4）人人有为维护其利益而组织和参加工会的权利。

显然，第23条所包含的"公正和合适的工作条件""同工同酬"，以及获得能保障一个人有尊严地生存的报酬等权利，意味着在血汗工厂雇用童工和发放难以维持生计的工资都是不合乎伦理的，哪怕这些现象在某些国家司空见惯。这些是生为一个人所应有的权利，这些权利不受国界的限制。

我们需要关注的重要一点是：权利与义务相伴相生。因为我们有言论自由，所以我们就有责任和义务尊重他人的言论自由。《世界人权宣言》第29条提出了这方面的义务：

人人都对社会负有义务，因为只有在社会中他的个性才能得到自由和充分的发展。

在一个权利理论的框架内，某些人或机构有责任提供利益或服务以保障他人的权利。这类责任和义务并不仅仅是某个道德机构的事（一个道德机构是指任何有道德行为能力的个人或机构，如政府或公司）。

例如，在西方，为了逃避处理有毒垃圾的高昂成本，几家企业将它们的垃圾用船大批运往非洲国家，因为在那里垃圾处理费用非常低。同一时期，五艘来自欧洲的轮船在尼日利亚卸下了含有危险品的有毒垃圾，为了一天2.5美元的工资，工人们穿着凉鞋和短衫卸下一桶又一桶的垃圾，将它们放置在居民区的一块污泥地上，没有人告诉他们桶里装的是什么。在这个案例中，应该由谁来保护工人和居民的权益？根据权利理论，这个责任并非仅仅落在一个道德机构的肩上，而是落在其行为可能伤害工人和居民的所有道德机构的肩上。所以，不仅尼日利亚的政府要负责任，运送有毒垃圾的跨国公司也要负责任，要保证这些垃圾不能伤及工人和居民。在上述案例中，政府和跨国公司显然都忘记了自己应负的保护他人基本权益的最根本的义务。

5.4.4 公正理论

公正理论关注的是经济商品和服务的公正分配。所谓**公正分配**（just distribution）是指一种被认为公正和平等的分配方式。没有一个公认的公正理论，不同的公正理论之间存在一些重要的分歧。我们在这里主要讨论其中一个影响较大并有着重要伦理启示的公正理论，即由哲学家约翰·罗尔斯（John Rawls）提出的一个理论。罗尔斯认为所有的经济商品和服务都应该被平分，除非不平等分配对每个人都有好处。

根据罗尔斯的理论，有效的公正原则是指所有人都能自由且完全公正地考虑某种情况时所一致赞同的原则。"完全公正"只有在一种被罗尔斯称为"无知之幕"（veil of ignorance）的概念中才能存在。在这种"无知之幕"下，每个人被设想成对他的所有特性并不知晓，如种族、性别、智力、国籍、家庭背景和某些特殊能力等。然后罗尔斯问道，在这种情况下，人们会选择什么样的制度？显然，人们会毫无异议地赞同下面两个基本的公平原则。

第一个原则就是最大限度地保证每个人都能同样享有其他人所享有的自由。罗尔斯将这些权利概括为政治自由（如投票权）、言论和集会自由、宗教信仰自由和思想自由，以及自由处置私人财产的权利和不受专制镇压的权利。

第二个原则是指在平等的基本自由得到保证的前提下，才允许一些基本的社会产品，如收入和财富分配、机会等的不平等存在，而这种不平等必须是对每个人都有利的。罗尔斯承认不平等有时是公正的，前提是这个产生不平等的制度能使每个人受益。具体地说，他提出了一个"差别原则"，即如果最弱势的利益群体也能获益，那么这种不平等才是公正的。例如，如果市场机制所产生的不平等分配能使一个社会最弱势的利益群体也受益，那么普遍存在的收入和财富差异被认为是公平的。不少人认为，一个法制健全的、经济和贸易自由的市场经济体制，通过促进经济发展会使一个社会的弱势群体也得到好处。所以至少从原则上讲，内含在这一制度中的不平等是公正的（换句话说，由市场经济和自由贸易所创造的财富水涨船高，甚至也惠及那些最弱势的利益群体）。

在涉及国际商务的伦理方面，罗尔斯的理论有一个有趣的观点。经理可以扪心自问，他们在外国从事商务活动时是不是在罗尔斯的"无知之幕"状态下制定决策的？例如，付给国外工人的工资低于母国公司的工人的工资，这种做法是否公正？按罗尔斯的理论，如果这种不平等能使全球社会中最弱势的利益群体也得到好处，那就是公正的（经济理论也持同样的观点）。很难想象，在"无知之幕"的情况下，这些经理会选择这样的制度：向工人支付微薄的工资，让他们在血汗工厂和堆放着有毒物质的地方长时间工作。这样的工作条件在罗尔斯的理论框架内显然是不符合公正原则的，所以，采用这样的制度是不合乎伦理的。同样，在"无知之幕"的情况下，大多数人会选择保护环境的做法，使海洋、大气和热带雨林等一些重要的全球性公共资源不再退化，若情况如此，那么企业采取导致这些公共资源大规模退化的行为便是不公正的，甚至是不合乎伦理的。所以，罗尔斯的"无知之幕"这一概念工具可以成为经理的道德指南，帮助他们在复杂的伦理困境中找到正确的方向。

全景视角：管理启示

在国际背景下做伦理决策

对于一家跨国公司的经理来说，如何才能确保其在制定国际商务决策时考虑伦理因素？经理在面对涉及劳动条件、人权、腐败和环境污染等方面的问题时应该遵循什么样的伦理方针？经理如何从伦理的角度来确定一家跨国公司应承担的伦理责任？在许多场合，这些问题都没有简单的答案，因为许多最为棘手的伦理问题都来自十分复杂的现实，没有现成的解决办法。尽管如此，经理依然能够并且应该尽其全力遵循基本的伦理准则，并确保在国际商务决策中考虑伦理问题成为一种必经程序。

下面集中讨论为确保在做商务决策时考虑伦理问题，国际企业和它的经理可以做的七项工作：①聘用和晋升那些具有良好的个人伦理素养的人；②建立高度重视伦理行为的组织文化并通过领导层行为做出榜样；③将要求考虑伦理维度的商务决策制定流程落实到位；④设立组织内部的伦理官员；⑤培养道德勇气；⑥使企业社会责任成为公司政策的基石；⑦追求可持续的发展战略。

聘用与晋升

不言而喻，企业应该聘用那些具有很强的个人伦理意识并且不会做出不合乎伦理或不合法的行为的人员。同样，你也不会期望企业晋升那些行为与公认的伦理准则相违背的人员，你可能觉得企业应该解雇这种人。但是，事实上要这样做很困难。你怎么知道有些人的伦理意识很差？在现实社会中，人们通常会有意在公众面前隐藏其缺乏个人伦理意识的真相，因为一旦有人发现你是缺乏职业道德的，他们便不再信任你。

那么，企业有没有办法确保不雇用那些日后被证实是个人伦理意识淡薄，尤其那些故意在公众面前掩盖真实面目的人呢（确实，有些缺乏道德的人对他的本性没有说实话）？企业可以对潜在的雇员进行心理测试，以辨别他们是否存在伦理方面的问题，也可以从前任雇主那里了解他们的为人（例如，要求原就职单位提供介绍信，并和应聘者以前的同事交谈等）。后者很常见，而且确实对聘用程序有影响。在一家组织文化高度重视伦理并且领导也以身作则的公司中，一个道德低下的人是不可能得到晋升的。

不仅仅是企业在尽力寻找和聘用具有强烈的个人伦理意识的人员，潜在的应聘者也在尽自己最大的努力了解一个组织的伦理氛围。试想谁愿意在安然那样的跨国企业工作？该公司就是因为缺乏职业道德的CEO向公众隐瞒真相，建立危险的合伙人制，追逐个人私利，最终导致破产。

组织文化和领导力

为了鼓励合乎伦理的行为，企业需要建立一种重视伦理行为的组织文化。在建立强调伦理行为的组织文化时，有三件事情十分重要。第一，企业必须明确表明该企业认可并鼓励伦理行为。事实上，所有大公司都通过制定伦理准则的方式表明自己的立场，这个伦理准则正式声明了企业所遵循的伦理优先顺序，主要是依据诸如联合国《世界人权宣言》（其本身植根于康德伦理和道德哲学的权利本位论）等文件来制定的，其他企业则将有关伦理的陈述融入企业的价值宗旨或使命陈述之中。例如，国际商务学会（国际商业领域的顶级专业组织）为其领导制定了伦理规范（以及为其成员设立的 COE）：

> 国际商务学会的领导伦理准则的动机：一个组织的领导最终要对渗透到组织及其成员中的价值观、规范和实践负责。一个强大、有伦理基础的组织只有在一个强大的伦理委员会的管理下才有可能存在。这里使用"委员会"一词是为了简洁，它包括在一个组织内有管理、保管、决策或财务权利的所有组织结构。

除了用伦理准则或其他的文件形式明确规定，企业领导还应反复强调它们的重要性，不断地给这些文字注入新的活力，并且要身体力行。这意味着要利用一切可能的机会强调企业伦理的重要性，确保关键的企业决策不仅具有良好的经济意义，而且是合乎伦理的。许多企业更进一步，它们聘用独立的审计人员检查公司行为是否与它们的伦理准则规定相一致。

最后，创建高度重视伦理行为的组织文化需要建立相应的激励和奖励制度，包括奖惩制度，即奖励那些有良好伦理行为的人，制裁那些有不良行为的人。例如，通用电气公司的前 CEO 杰克·韦尔奇（Jack Welch）曾经叙述他是如何评估经理的业绩的，他将他们分成几个不同的小组，其中有表现出正确的价值观的，这些人就被挑选出来获得晋升和重奖，也有表现出错误的价值观的，这些人便遭淘汰。韦尔奇不能容忍公司内的一些领导者与公司的核心文化不一致，尽管他们在其他所有方面都是称职的。

决策过程

除了在组织中建立良好的伦理文化，企业人员还必须用一种系统的思维仔细考虑决策的伦理意义。要做到这一点，他们需要一个道德指南，而权利理论以及罗尔斯有关公正的理论有助于提供这方面的指导。除了这些理论，有些伦理学家还提出了一种更为直接的实践指导或伦理准则，来确定一项决策是否合乎伦理。根据这些专家的理论，如果一名企业人员对下述每个问题的回答都是肯定的话，那么这个决策在伦理方面就是可以接受的：

- 我的决策是否与组织环境中通行的价值观或标准（如公司的伦理准则或其他相关陈述）相吻合？
- 我是否愿意将这个决定向所有利益相关者公开（如在报纸上发表，或在电视上、社交媒体上公布）？
- 与我有重要私人关系的人，如家庭成员、朋友，甚至其他企业的经理等，是否会赞同这个决策？

还有人提出了利用五步法来思考伦理问题（这是伦理准则的另一个例子）。第一步，企业人员应该识别出一个决策会影响哪些利益相关者以及以何种方式产生影响。一家企业的**利益相关者**（stakeholders）是指在这家公司有一定利益、所有权和股份的个人或团体，这家公司做什么及如何做都会影响他们的利益。他们可以分为内部利益相关者和外部利益相关者。**内部利益相关者**（internal stakeholders）是指在该企业工作或拥有该企业股权的个人或团体，包括主要利益相关者如员工、董事会成员和股东。**外部利益相关者**（external stakeholders）是指其他对该企业有某种直接或间接所有权的个人和团体，通常包括主要利益相关者如顾客、供应商、政府、当地社区，以及次级利益相关者如特殊利益集团、竞争对手、同业公会、大众传媒和社交媒体。

所有的利益相关者与公司都有一定的交换关系。每个利益相关团体都向该组织提供若干重要资源（或做出某种贡献），作为交换，每个团体都希望自己的利益（通过某种刺激物）能得到满足。例如，员工提供劳动力、技能、知识和时间等，期望交换到对等的工资、工作满足感、工作保障和良好的工作环境。顾客向一家企业提供了他的收入，作为交换，他想获得与货币价值相当的优质产品。社区向企业提供了当地的基础设施，作为交换，它们希望企业成为有责任心的公民，并保证其存在可以提高人们的生活质量。

利益相关者分析涉及一系列所谓的"道德想象"。这就是说，要站在利益相关者的立场上来询问一项提议的决策会对利益相关者产生什么影响。例如，当考虑外包业务给承包商时，经理就应该扪心自问，在一个严重损害健康的环境中长时间工作的感觉如何？

第二步，就是根据第一步所获得的信息，判断所提出的战略决策是否合乎伦理。经理需要确定提出的决策是否侵犯了任何利益相关者的基本权利。例如，我们认为，获得有关工作场所健康风险的知情权就是员工的基本权利。同样，了解一个产品的潜在危害性就是顾客的基本权利（当烟草公司没有向其顾客告知公司所了解的吸烟对健康的危害性时，烟草公司就侵犯了顾客的基本权利）。经理还要问问自己，如果在罗尔斯的"无知之幕"下设计一个系统，他们是否会批准所提出的这个战略决策？例如，如果问题涉及是否要将业务外包给一个将工资开得很低、工作环境很差的承包商，经理就应该问问自己，如果是在"无知之幕"下考虑，假设他们自己最终有可能成为这个承包商雇用的工人，他们是否允许这类行为发生。

有几个不能违背的道德原则将为这一阶段的判断提供指导，这些原则可以是在公司伦理准则或其他文件中所提到过的原则。此外，我们还可以采用一些适用于社会成员的道德原则，例如，严禁偷盗等。我们还可以选择若干决策原则来评估所提出的战略决策。尽管大多数企业都强调长期利润最大化的决策原则，但它们应以不违反道德原则为前提，即企业以合乎伦理的方式行事。

第三步要求经理确立一种道德导向。这就意味着一旦发生了与利益相关者的基本权益或主要道德原则相冲突的事情，企业必须将道德关怀放在首位。没有高层管理者的积极倡导，中层管理者通常会将公司狭隘的经济利益置于利益相关者的利益之上。他们这样做（通常是错的）是因为他们认为高层管理者赞同这种做法。

第四步要求公司管理伦理行为。第五步要求企业审核它的决策，评估这些决策是否符合伦理准则，例如公司伦理准则中所规定的那些准则。最后一个步骤非常关键，但经常被忽略。如果不对以前的决策进行审核，企业就无从知晓其决策是否有效，是否需要改进从而使其更符合伦理准则。

伦理官员

为保证企业的行为合乎伦理标准，企业必须受到一位或多位以尊重法律和伦理标准闻名的高层人员的监督。这些人（通常被称作伦理官员）的职责是管理企业的组织伦理和法律合规项目。他们一般负责：①评估一个伦理项目所要满足的需求及解决的风险；②发展与宣传伦理准则；③为雇员提供培训；④建立并保持一种能让雇员明确关于某个问题是否合乎伦理的匿名服务机制；⑤确保企业遵守政府法律法规；⑥监督审查伦理行为；⑦对可能出现的违反伦理的行为采取恰当的行动；⑧定期评估并更新伦理准则。如此广泛的主题都由伦理官员来负责，在许多企业中，伦理官员的角色类似于内部监察专员，负责处理来自员工的秘密质询、调查来自员工或其他人的投诉、报告发现的结果以及提出整改建议。

例如，联合技术公司（United Technologies）是航空领域的一家跨国公司，在全球市场的销售收入超过600亿美元，1990年该公司就制定了一套正式的道德规范。该公司约有450位商业惯例官员（该公司对伦理官员的称谓），专门负责伦理条例的实施。联合技术公司在1986年还制定了一个监察专员规划，让员工能匿名质询有关伦理问题。该规划自1986年实施以来已接到60 000次质询，监察专员处理了其中10 000多次。联合技术公司的这些非常早期的举措已经生成了一个健全的、道德的和负责任的企业基础设施。

道德勇气

认识到一家国际企业的员工需要足够的道德勇气也很重要。道德勇气能够使经理放弃一项有经济效益但不合乎伦理的决策。道德勇气给员工带来力量，使其能对上司强迫他们执行的不合乎伦理的行动指令说"不"。道德勇气给员工带来了正义感，使其能向媒体公开揭发公司长期的不合乎伦理的行为。道德勇气来之不易，不少我们耳熟能详的例子表明，一些人因为揭发公司的不良行为，向媒体说出真相，最后失去了工作。

但是，公司可以采取措施来增加员工的道德勇气，譬如对那些具有道德勇气、敢于向上司说"不"或对不合乎伦理的行为进行投诉的员工，公司要承诺绝不会打击报复。例如，以下节选自国际商务学会伦理准则。

国际商务学会领导层的承诺声明：在为并代表国际商务学会成员制定政策时，我是该组织资产托管人。国际商务学会的成员认识到需要有能力和忠诚的选举委员会成员为他们的组织服务，并对我的诚意和能力给予信任。作为回报，会员应该得到我最大的努力、奉献和支持。因此，作为国际商务学会委员会的一名成员，我承认并承诺，在尽我最大的努力、技能和资源为国际商务学会及其成员的利益而努力时，我会遵守高标准的道德和操守。我在履行委员会成员的职责时，会保持和加强委员对委员会廉洁、客观和公正的信心与信任，否则就辜负了会员对我的信任。

该声明确保所有在国际商务学会担任领导职务的成员在国际商务学会领导活动中坚持并承担最高的道德承诺和责任。独立的联合调查委员会负责处理所有道德问题和违反道德的行为，以确保独立和最高的道德准则。

企业社会责任

由于跨国公司掌握一定的资源，能将生产从一个国家转移到另一个国家，因而享有一定的权力。尽管这些权力不仅受到法律法规的制约，还受到市场和竞争规则的影响，但它们还是很强大。有些伦理专家认为，与权力相伴的是社会责任，跨国公司应该回报使其能够发展壮大的社会。**社会责任**（social responsibility）这个概念表达了这样一种思想，即商人在做商务决策时应考虑其经济行为可能导致的社会后果，应该尽量做到经济和社会双赢。从本质上讲，对社会负责就是对自己负责，因为这是经商的正确道路。支持这一观点的人认为，企业尤其是成功的大企业，应该认识到它们所肩负的崇高的责任，应对社会给予相应的回报。崇高的责任来自法语，意指出身高贵的人（贵族）应将诚实尽责、乐善好施视为自己的责任。在商业领域，它是指慈善行为应该是成功企业应尽的职责。商人一直很认同这个理念，因而历史上有大批公司向社会做出可观的捐赠，促进了企业所在社区的福利。

权力本身在道德上是中性的，关键在于如何运用权力。权力用在正道上以增加社会福利，这是合乎伦理的，但权力也可能会以在伦理上或道德上令人怀疑的某种方式被利用。有些跨国公司已经意识到其道义上的责任，即利用它们的权力增进其所在社区的福祉。世界上最大的石油公司之一BP公司把在其从事商务活动的国家实施"社会投资"作为公司政策的组成部分。在阿尔及利亚，BP公司投资建设萨拉赫沙漠城附近的一个油田，当公司发现萨拉赫缺少干净的饮用水时，便建造了两家海水淡化厂，专门为当地社区提供饮用水，同时还向当地居民赠送容器，这样他们就可以将水从工厂拿回家。BP公司进行"社会投资"时没有任何经济动机，但公司相信它在道义上有责任建设性地运用它的权力。这一行动对BP公司而言也许是小事，但对当地社区而言却意义非凡。另一个关于企业社会责任的实例，详见管理聚焦5-2中对芬兰公司斯道拉·恩索的描述。

◎ **管理聚焦 5-2**

斯道拉·恩索的企业社会责任

斯道拉·恩索（Stora Enso）是一家在1998年由瑞典斯道拉矿林业产品公司和芬兰恩索－古蔡·奥伊矿林业产品公司合并而成的芬兰制浆造纸生产商。该公司总部设在芬兰的首都赫尔辛基，拥有大约25 000名员工。它在2000年买下了北美的统一纸业公司。斯道拉·恩索在南美、亚洲及俄罗斯等地也有扩张。截至2005年，斯道拉·恩索已经成为世界上产能最大的制浆造纸生产商。然而，该公司在北美的经营于2007年被出售给了新篇章（NewPage）公司。

到如今，斯道拉·恩索在其全球经营中一直有着尽企业社会责任的悠久传统。"斯道拉·恩索的全球责任"章节中声明："对斯道拉·恩索而言，全球责任意味着采取实际行动（这些行动将会帮助我们达成为地球及全人类造福的目标）。"该公司还声称：

> 我们"为地球及全人类造福"的目标，是我们经营的根本原因。不论是生产销售我们的再生品，还是从芬兰当地森林所有者那里购买树木，也不论是销售斯道拉·恩索的斯库哈格尔所发的电，还是在全球范围内管理我们的物流系统，"为地球及全人类造福"都是指导我们一切行动的最高准则。

有趣的是，斯道拉·恩索承认，它也意识到这些声明看上去过分大胆甚至让人难以全信。但该公司表示，正因其将目标大胆地付诸书面，才使得公司将对其行为负责，采取行动来达成目标。同时，斯道拉·恩索将公司定位成为人类和地球造福的、承担社会责任的企业，似乎其也一直致力于实现此目标。该公司创造并扩大了工厂周边的社区，发展了创新机制以降低对稀有资源的使用，并与公司的重要利益相关者如森林所有者、员工、政府部门以及公司工厂周围的当地社区保持着良好的关系。

回顾过去，思考未来，斯道拉·恩索的全球责任战略主要涵盖了三大方面：人与伦理、森林与土地利用、环境与效率。在人与伦理这一部分，该公司着力于在其全球价值链的运营过程中保持对社会负责的行事方式。在森林与土地利用方面，它则致力于在林业与土地资源的利用上采用一种创新的、负责任的方式，以使公司成为更有吸引力的合作伙伴和全球社区中负责任的公民。在环境与效率方面，该公司将重点放在了资源节约型经营方式上，以帮助公司在产品上拥有更为出众的环境绩效。

当不少公司纷纷将企业社会责任并入其官网、年报、议题的一部分时，斯道拉·恩索也发布了明确地用既定的评定标准评估过的企业社会责任目标与绩效目标。该公司的整体运营以名为"斯道拉·恩索的全球责任考核指标"的公司环境与社会表现目标为导向。公司目标都被公开列明在名为"目标与绩效"的文件中，其中包括三大方面，每个方面又包括 2～5 个关于衡量标准的基本目录。在人与伦理方面，有健康与安全、人权、伦理与诚信、可持续的领导力及负责任的采购等方面的衡量；在森林与土地利用方面，则包括土地利用效率和可持续林业的衡量；在环境与效率方面，则包括了气候与能源、原料利用率及工艺用水排放等方面的衡量。"目标与绩效"文件中同样列明了去年的绩效、今年的目标以及与各方面相关的战略目标。

资料来源："Global Responsibility in Stora Enso," www.storaenso.com; K. Vita, "Stora Enso Falls as UBS Plays Down Merger Talk: Helsinki Mover," *Bloomberg Businessweek*, September 30, 2013; M. Huuhtanen, "Paper Maker Stora Enso Selling North American Mills," *USA Today*, September 21, 2007.

可持续发展

当跨国企业的经理努力地将企业社会责任转化为战略行动时，他们大多被可持续发展战略所吸引。提起可持续发展战略，我们是指在帮助跨国企业获取丰厚利润的同时，还能不损害环境，并确保在考虑了企业的利益相关者的情况的前提下能担负起企业社会责任的战略。可持续性的核心理念是企业的行为不能对后代满足自身经济需求的能力造成负面影响，且能为企业的利益相关者带来长远的经济和社会利益。一家追求可持续发展战略的公司，不会接受为了获得短期的经济利益而牺牲环境的商业做法，因为那样会使后代为此付出深重的代价。换句话说，追求可持续发展战略的跨国企业试图确保它们并未促成或参与到最终将导致"公地悲剧"的情况中去。因此，比方说一家追求可持续发展战略的公司会试图减少其碳足迹（二氧化碳排放量）以防加剧全球变暖的现象。

同样，这样的公司也不会接受对其重要的利益相关者如雇员、供应商的利益造成负面影响的政策，因为经理明白这在长远看来将会对公司不利。举个例子，如果一家公司因为付给员工的工资过低，导致员工穷困潦倒，那么这家公司将会很难再招到员工，而且可能面临员工离职率高的情况，而这会使公司为其行为付出代价。相似地，如果一家公司对其供应商压价过低，导致供应商没有足够的资金用于升级设备，该公司可能会发现，从长远来看，它的商业活动会备受其供应商供货劣质且缺乏创新的困扰。

星巴克有一个目标，即确保其 100% 的咖啡豆都是被合乎伦理地采购的。这意味着它从采取不损害环境的可持续种植方式培育咖啡豆、善待雇员且支付给雇员合适报酬的咖啡种植者那里采购咖啡豆。星巴克的农学家直接与哥斯达黎加和卢旺达这些地方的农民一起工作，以确保他们采用环境友好的种植方式。该公司还为农民提供贷款以帮助他们改进生产方式。得益于这些政策，大约 9% 的咖啡豆来源是"公平贸易"，其余 91% 的咖啡豆的来源都是合乎伦理的。

本章小结

本章讨论了国际商务中伦理问题的起因和本质、不同的商业伦理哲学理论、确保经理在制定国际商务决策时关注伦理问题的一些步骤以及企业社会责任和可持续性在实践中的作用。本章要点如下：

（1）"伦理"一词是指关于对或错的既定的原则，这些原则管理着个人、特定行业的从业人员或组织的行为。商业伦理是指支配商人行为的一整套约定俗成的规则，而伦理战略则是指不违反这些规则的策略或行动纲领。

（2）国际商务中会产生许多伦理问题和困境，原因是不同国家在政治制度、法律、经济发展和文化方面存在巨大的差异。

（3）在国际商务中，最常见的伦理问题涉及雇用惯例、人权、环境污染、腐败以及跨国公司的社会责任等。

（4）伦理困境是指在某些情况下，没有一个可选方案看上去是伦理上可接受的。

（5）产生不合乎伦理行为的根源包括个人伦理缺失、社会文化差异、外国分支机构与其母公司在心理和地理上的差距、制定战略和业务决策时未体现伦理问题、组织文化运作不佳以及企业领导表现得不合乎伦理。

（6）伦理哲学研究者认为一些针对企业伦理的哲学理念，诸如弗里德曼学说、文化相对论、自以为是的道德论者和幼稚的不道德主义者等都存在局限性。

（7）弗里德曼学说认为，企业的社会责任就是追求利润最大化，前提是企业在合法的范围内行事。文化相对论认为一家企业应该采用东道国的文化伦理标准。自以为是的道德论者认为，跨国公司母国的伦理标准应整体应用到国外。幼稚的不道德主义者认为，如果来自其他国家的企业在东道国不遵循伦理规范，那么自己也可以不遵守。

（8）功利主义的伦理观认为，行动或行为的伦理价值取决于它们的结果，所谓最好的决策是指能为最大多数人带来最大利益的决策。

（9）康德伦理认为，应该以人为本，永远不能将人只视为达到目的的一种工具。人不是机器，不能作为工具。人是有尊严的，需要得到别人的尊重。

（10）权利理论认为，人具有某些超越国界和文化的基本权利，这些权利构成在道德上可被接受的行为的最低限度。

（11）约翰·罗尔斯所提出的公正理论认为，当所有人都是在一种"无知之幕"的情况下一致赞同某个社会制度时，这个决策就是公正的、合乎伦理的。

（12）为确保在国际商务决策过程中融入对伦理问题的考虑，经理应该：①聘用和晋升那些具有良好的个人伦理素养的人；②建立高度重视伦理行为的组织文化并通过领导层行为做出榜样；③将要求考虑伦理维度的商务决策制定流程落实到位；④设立组织内部的伦理官员；⑤培养道德勇气；⑥使企业社会责任成为公司政策的基石；⑦追求可持续的发展战略。

（13）一些跨国公司正在努力践行以业务为中心的可持续发展战略，它们专注于以市场为导向、满足各种利益相关者的需求和履行企业社会责任。

PART 3

第3部分

全球贸易与投资环境

第6章　国际贸易理论
第7章　政府政策与国际贸易
第8章　对外直接投资
第9章　区域经济一体化

第 6 章

国际贸易理论

学习目标

☞ 6-1 理解国家间进行贸易的原因
☞ 6-2 总结国与国之间贸易流动的不同理论
☞ 6-3 认识为什么众多经济学家认为国家之间不设限的自由贸易会增加所有参与自由贸易体系国家的经济福利
☞ 6-4 解释认为政府在提高特定行业的国家竞争优势上发挥着积极作用的言论
☞ 6-5 理解国际贸易理论在管理实践中的重要意义

⊙ 开篇案例 　　　　　　　　　服务贸易

当人们谈论国际贸易时,他们通常会想到货物的跨境运输,如钢铁、汽车、大豆、计算机、衣服等。但是,跨境交易越来越多地涉及服务贸易,而不只是货物贸易。服务包括分销服务(零售、批发和物流服务)、金融服务、运输服务、电信和计算机服务、旅游服务、教育服务和保健服务等类别。例如,当一位日本游客飞往美国参观大峡谷时,她花的钱算作美国的出口收入;当一家美国医院的放射科将 CAT 扫描图像的诊断外包给印度的放射科医生并以美元支付服务费用时,这算作从印度进口放射科服务到美国;当微软公司向一家法国公司提供软件服务时,这算作美国的出口;当一个外国学生来到美国的大学接受教育时,她在美国的学费和开支算作美国的出口收入(通过接收外国学生,美国高等教育机构正在赚取出口收入)。

服务贸易在世界贸易中所占的份额从 1970 年的 9% 左右增加到 2019 年的 20% 以上。此外,虽然服务贸易额仅占跨境贸易总值的 1/5,但服务贸易的增长速度比货物贸易快。过去 10 多年来,出口货物的价值以每年 1% 的速度温和增长,而服务价值却以每年 3% 的速度增长。以这个速度增长,到 2040 年,服务贸易将占到贸易总额的 1/3。

在某种程度上,国际服务贸易的增长反映了这样一个事实:服务业(而不是制造业)在大多数国家的经济活动中占最大份额,服务业在总产出中所占的份额持续增长。在大多数发达国家,服务业占 GDP 的 75% 以上,高于 1980 年的 61%。在美国,这一数字超过 80%。之所以出现这种情况,并不是因为制造业在衰退,而是因为服务业的需求在增加,而且增长得更快(自 1970 年以来,美国的制造业产出增加了两倍多,尽管制造业在经济中所占的份额有所下降)。

除了服务在经济产出中所占的份额越来越大之外,国际服务贸易现在受到数字化和低成本电信网络的推动。由于这些趋势,许多曾经一度不可贸易的服务(因为它们必须面对面地在固定地点交付),现在已成为高度可贸易的(因为它们现在可以进行远程交付)。因此,美国人现在有可能而且越来越普遍地在印度诊断他们的医疗影像，在菲律宾准备纳税申报表，以及向公司客户服务中心打电话时由墨西哥人接听。

然而，虽然世界贸易体系成功地促进了货物的跨境贸易，但服务的跨境贸易更加困难。尽管旨在降低关税和配额的多国协定促成了货物贸易，但服务贸易却因对跨境交易的不同监管壁垒而受阻。专业标准、许可要求、投资限制、工作签证和税法的差异使得服务的跨境贸易更加困难。

例如，许多欧洲国家一直在考虑对大型数字企业（主要是美国企业）在其国家的收入征收数字服务税，如法国对在该国提供数字服务的大公司的收入征收3%的税，这意味着谷歌和Meta为法国客户做广告赚取的收入将在法国被征税。美国贸易代表办公室将这种税收描述为"美国创新公司和小企业的贸易壁垒"。美国的观点是，这种税收代表着对美国数字公司销售额的进口关税。特朗普总统甚至威胁法国，如果法国继续对此征税，美国将对包括法国葡萄酒在内的25亿美元法国产品征收报复性关税。

大多数经济学家都认为，如果各国要使跨境服务贸易更加容易从而获得重大利得，那么它们就必须同意共同的标准、规则和条例，并采取具体步骤消除阻碍跨境服务贸易的障碍。

资料来源：World Trade Report 2019, World Trade Organization; B. Fung, "US Threatens 100% Tariffs on French Cheese and Champagne," *CNN*, December 3, 2019; Fact Sheet on 2019 National Trade Estimate: Key Barriers to Digital Trade, Office of U.S. Trade Representative, March 2019.

引言

过去70年来，跨境贸易大幅增长。如开篇案例所示，历史上这种增长很大程度上是由于大宗商品、农产品和制成品的跨境贸易不断增加，以及跨境服务贸易的价值增长加速。在过去10多年中，跨境服务贸易的增长速度是跨境制成品贸易的3倍。与货物贸易的情况一样，服务贸易的动力在于实现经济学家所说的贸易利得。当经济学家谈论贸易利得时，他们的意思是，贸易使得各国专门生产（和出口）它们能够最有效地生产的商品和服务，同时从其他国家进口它们无法如此高效生产的货物和服务。根据经济学理论，通过提高全球经济中资源利用的效率，贸易能够带来更快的经济增长，并为所有参与全球贸易体系的国家带来经济利益。在货物和服务方面进行更大的贸易是一股上升的浪潮，它使所有国家都获益。基于这一理论，以及大量支持这一理论的经验证据，经济学家长期以来一直推动降低跨境贸易壁垒，最初是在货物方面，现在则在服务领域（经常存在大量障碍）。

在过去70年的大部分时间里，这些论点被世界上经济最发达的国家的政策制定者广泛接受。在美国、英国、德国和日本等国的领导下，世界各国逐步降低了对货物和服务的跨境贸易壁垒。政策制定者主张自由贸易，在很大程度上，他们成功地推动世界走向由世界贸易组织监管的自由贸易制度。然而，自2017年以来，这一趋势发生了逆转，主要是因为美国在特朗普的领导下，违背了建立多边自由贸易制度的历史承诺，转而采取了一种可能更准确地被描述为"有管理的贸易"的姿态，即在那里可以交易什么、交易多少不仅由市场力量决定，而且由政府指令和谈判协议决定。例如，2020年初，特朗普政府与中国签署了一项贸易协议，根据该协议，中国承诺购买2 000亿美元的美国特定货物和服务，包括400亿美元的农产品，以换取特朗普政府不对中国商品征收额外的进口关税。如果美国和中国是两个中等经济体，也许这没什么影响，但它们是世界上最大的两个经济体，合计占全球GDP的近40%，那么这两个大国之间向"有管理的贸易"转变的影响就太大了。

贸易政策从自由贸易转向"有管理的贸易"，将贸易政策推回到政治领域的中心舞台。特朗普政府征收的关税，以及其他国家征收的报复性关税，限制了国际贸易的增长，扰乱了或威胁要扰乱全球供应链，提高了许多从其他国家获得投入的公司的成本，限制了出口市场。经济学家认为，由于贸易利得的减少，经济增长将放缓。特朗普政府认为，虽然这一政策转变存在短期痛苦，但从长远来看，它将产生大量经济利益。许多经济学家对这种说法持怀疑态度，但情况是否如此，仍有待观望。

为了充分理解这一论点，并理解国际贸易政策对大小企业的影响，我们首先需要深入了解货物和服务贸易的不同理论。这是本章的主要内容。在这里，我们关注贸易政策的理论基础，还将研究经济证据告诉我们的贸易政策与经济增长之间的关系。在第7章中，我们将描绘世界贸易体系的发展，对贸易政策的不同方面进行探讨，并着眼于贸易政策是如何由国家和全球机构管理的。在第8章中，我们将讨论对外直接投资的原因以及政府为管理对外投资而采取的政策。我们研究对外直接投资，因为它往往是贸易的替代办法，或是为了支持更大的跨境贸易而进行的。在第9章中，我们将探讨建立欧洲联盟、《北美自由贸易协定》（及其后续的《美国－墨西哥－加拿大协定》）等贸易集团的原因，并讨论这些跨国协定在实践中是如何达成的。当你读完这四章时，你应该对国际贸易和投资环境有非常深入的了解，并且你会明白贸易和投资政策对国际商业实践有极其重要的影响。

6.1 贸易理论概述

本章以重商主义作为开始讨论的话题。**重商主义**（mercantilism）在16世纪和17世纪得到传播，它宣扬国家应该同时鼓励出口和抑制进口。虽然如今看来重商主义是陈旧的、不足信的，但它在许多国家的现代政治辩论和贸易政策方面仍有影响。事实上，有些人认为特朗普支持重商主义观点。接下来我们了解亚当·斯密的绝对优势理论。斯密的理论于1776年提出，它首次解释了为什么无限制的自由贸易对一个国家有好处。**自由贸易**（free trade）指的是：政府不会通过配额或关税来影响其公民从另一个国家买入何种产品，也不会影响他们生产并销售何种产品到另一个国家。斯密认为，应由市场机制的无形之手，而非政府政策来决定一国出口什么产品、进口什么产品。他的观点意味着，这样一种对贸易自由放任的立场对一个国家最为有利。在斯密的理论基础上我们回顾了两个理论，一个是比较优势理论，19世纪由英国经济学家大卫·李嘉图（David Ricardo）提出，这一理论是支持无限制的自由贸易的现代观点的知识基础。20世纪，两位瑞典经济学家伊·菲·赫克歇尔（Eli Flip Heckscher）和贝蒂·俄林（Bertil Ohlin）完善了李嘉图的理论，他们的理论被称为赫克歇尔－俄林理论。

6.1.1 贸易带来的好处

绝对优势理论、比较优势理论和赫克歇尔－俄林理论最大的贡献在于，它们都明确指出了国际贸易所带来的特定利益。常识告诉我们某些国际贸易是有利的，比如没有人会认为冰岛应该自己种橘子，它可以用低成本生产的产品（比如鱼）换取它根本不能生产的产品（比如橘子），这样冰岛就可以从贸易中获利。这样通过参与国际贸易，冰岛人的餐桌上除了有鱼，还有橘子。

然而，绝对优势理论、比较优势理论以及赫克歇尔－俄林理论超出了人们通常的认知，这些理论解释了为什么一国进行国际贸易是有益的，即使该国可以自己生产这种产品，人们也很难理解这个想法。比如许多美国人认为美国消费者应该尽可能地买美国公司在美国生产的产品，帮助美国的就业不受外国竞争对手的影响。类似这样的民族主义情绪在其他许多国家也能看到。

绝对优势理论、比较优势理论和赫克歇尔－俄林理论告诉我们，如果一国的国民购买别国生产的某些产品，即使这些产品本国也能够生产，但该国的经济仍然可能获利。获利是因为国际贸易使得一国专门生产和出口该国能够最有效率地生产的产品，而进口那些其他国家能够更有效率地生产的产品。因此对美国来讲，专门生产和出口商用喷气飞机是很明智的，因为有效率地生产商用喷气飞机所需的资源在美国很丰富，如高技术的劳动力资源和尖端的技术知识等。此外，美国从孟加拉国进口纺织品也是明智之举，因为有效率地生产纺织品需要有相对廉价的劳动力，而廉价劳动力资源在美国并不充裕。

当然，一部分人很难接受这个经济观点。美国纺织业的公司和雇员的未来受到进口产品的威胁，他们努力劝说政府通过配额和关税来限制纺织品的进口。虽然这种进口限制会对纺织企业和雇员这样的特定群体有好处，但绝对优势理论、比较优势理论和赫克歇尔－俄林理论认为，这样的行为会损害整体经济，国际贸易理论的一个重要见解是对进口的限制往往符合国内生产商而非国内消费者的利益。

6.1.2 国际贸易的模式

绝对优势理论、比较优势理论和赫克歇尔－俄林理论也有助于解释我们在国际经济中观察到的国际贸易的模式，这些模式的一些方面很容易理解。气候和自然资源禀赋解释了为什么加纳出口可可、巴西出口咖啡、沙特阿拉伯出口石油、中国出口小龙虾。但有许多国际贸易模式比较难以解释，比如为什么日本出口汽车、家用电器和机床？为什么瑞士出口化学制品、药物、钟表和珠宝？为什么孟加拉国出口服装？李嘉图的比较优势理论从劳动生产率的国际差异入手，解释了这些问题。更为复杂的赫克歇尔－俄林理论强调了不同国家所拥有的生产要素（如土地、劳动力和资本）的比例和在生产某一特殊产品时所需的生产要素比例之间的相互作用。这个解释基于的假设基础是，不同国家有着不同的生产要素禀赋。然而，对这一理论的检验表明，它对现实世界的贸易模式的解释不像当初想象得那么有力。

对赫克歇尔－俄林理论无法解释观察到的国际贸易模式的较早的回应是产品生命周期理论，由雷蒙德·弗农（Raymond Vernon）提出。该理论指出，大多数新产品在产品生命周期之初在它的发源国进行生产并出口。当新产品被国际市场广泛接受后，就开始在其他国家进行生产。该理论认为，结果是，产品可能最终被进口回到其原发明国。

20世纪80年代，以保罗·克鲁格曼（Paul Krugman）为代表的经济学家提出了著名的**新贸易理论**（new trade theory），克鲁格曼为此在2008年获得了诺贝尔经济学奖。新贸易理论强调在某些情况下，国家专门生产和出口特定的产品，并不是因为国家间要素禀赋的潜在差异，而是因为在某些行业，世界市场只能容纳有限数量的公司（该论点的例子是商用喷气飞机行业）。在这些行业，先进入市场的公司能够建立竞争优势，使后来的公司很难向其挑战。因而，我们观察到的国家间的贸易模式在某种程度上是由于某一国中几家有实力的公司拥有了先行者优势。例如，美国在出口商用喷气飞机方面占了主导地位，虽然其他国家也会拥有同样有利的要素禀赋，但是这些国家的公司却难以挑战其地位（尽管欧洲的空中客车公司成功地做到了）。

哈佛商学院的迈克尔·波特（Michael Porter）研究并提出了与新贸易理论有关系的**国家竞争优势理论**（national competitive advantage theory）。该理论试图解释特定国家在特定行业取得国际性成功的原因。除了要素禀赋以外，波特还指出了国家要素，如国内需求和国内竞争在一个国家对特定产品的生产与出口中享有主导地位的重要性。

6.1.3 贸易理论和政府政策

尽管这些理论一致认为国际贸易对一国有利，但在对政府政策的建议方面，它们并不一致。重商主义为政府参与促进出口和限制进口提供了一个论据。绝对优势理论、比较优势理论和赫克歇尔－俄林理论为无限制的自由贸易提供了部分支持。无限制的自由贸易认为，对进口的限制和对出口的鼓励（如补贴）往往会适得其反甚至浪费资源。新贸易理论和国家竞争优势理论可以被认为是为某些有限度、有选择的政府干预提供了支持，这些干预的目的是支持某些出口导向型产业的发展。我们将会在第7章中讨论这一观点（其被称为战略性贸易政策）和无限制的自由贸易的利弊。

6.2 重商主义

有关国际贸易的第一个理论出现在16世纪中叶的英格兰，被称作重商主义，这一理论强调黄金和白银是国家财富的支柱，对繁荣的商业是非常重要的。那时，黄金和白银是国家间贸易的流通货币，国家可以通过出口货物挣得金银。反之，从其他国家进口货物会导致金银流向那些国家。重商主义的主要观点是：保持贸易顺差，即出口多于进口，符合一国的最大利益。这样，国家可以积累金银并最终增加国家的财富、增强国家的声望及影响力。英国重商主义作家托马斯·莫尔（Thomas Mun）在1630年写道：

> 因此增加我们的财富的一般手段是对外贸易，其中我们必须遵守这一原则，即每年卖给外国人的商品总值要超过消费其商品的总值。

重商主义的观点与这个想法一致，宣扬政府干预以实现贸易顺差。重商主义者认为大规模的贸易并无价值，而是建议实施出口最大化和进口最小化的政策。要达到这一目标，就要通过关税和配额限制进口，而对出口给予补贴。

重商主义观点内在的不一致性由古典经济学家大卫·休谟（David Hume）于1752年提出。按照休谟的观点，如果英国相对于法国处于贸易顺差的地位（即出口大于进口），则金银的大量流入就会使英国国内货币供应量激增，引发通货膨胀。然而，在法国，金银的流出就起了相反的作用，法国的货币供应量会紧缩，价格会下降。英法之间在相对价格方面的变化会使得法国人减少购买英国商品（因为英国商品更贵了），鼓励英国人买更多的法国商品（因为法国商品更便宜了）。结果是英国贸易平衡的恶化和法国贸易平衡的改善，这种状况直到英国的贸易顺差消除后才会缓解。因此，休谟认为，从长远来看，没有哪个国家能在贸易平衡上保持顺差，并像重商主义者设想的那样积累金银。

重商主义的缺陷是它视贸易为**零和博弈**（zero-sum game），即经济蛋糕的大小是固定的。零和博弈是指博弈中的一个国家赢利，从而导致另一个国家受损。斯密和李嘉图都能说明这种理论是有局限性的，并表明贸易是**正和博弈**（positive-sum game），即所有国家都能获益的一种状况。尽管如此，重商主义并没有泯灭。例如，特朗普似乎提倡新重商主义政策。新重商主义者将政治力量与经济力量等同起来，同时也将经济力量与贸易顺差等同起来。批评者认为一些国家已经采用新重商主义战略，目的是促进出口的同时限制进口。

⊙ 国际聚焦 6-1

中国是否在追求一种新重商主义政策

中国经济的迅速崛起建立在出口导向型增长的基础上。数十年来，中国的出口增长速度一直快于进口，导致一些批评者认为中国正在遵循新重商主义政策，积累巨额贸易顺差和外汇，以此来提升对抗发达国家的经济实力。到2014年底，中国的外汇储备已经超过了3.8万亿美元，其中约60%被投放在以美元计价的资产中，比如美国国库券。观察者担忧，如果中国决定卖掉所持有的美元，将会降低美元兑换其他货币的汇率，提高美国进口商品的价格。

美国对华贸易逆差一直居高不下。2017年，这一数额达到创纪录的3 750亿美元。许多人声称，中国的货币太便宜了，这使中国商品的价格持续保持在低水平，从而刺激了中国的出口。批评者指责中国操纵汇率。

2005年7月，人民币兑美元升值，尽管速度很慢。2005年7月，1美元兑换8.1元人民币；到2014年1月，1美元兑换6.05元人民币。这意味着中国出口产品的价格上涨了25%，而不是某些人认为的试图通过操纵汇率来压低出口价格。

此外，2015年和2016年，中国的经济增长开始显著放缓。中国股市大幅下跌，投资者抛售人民币、买入美元。为了阻止人民币兑美元汇率下跌，中国开始每月动用约1 000亿美元的外汇储备在公开市场上购买人民币。远非允许人民币兑美元汇率下跌，从而刺激其出口，中国试图支撑人民币的价值，在此过程中，消耗外汇储备2万亿美元。这一行动与该国通过人为压低其货币价值而推行新重商主义政策的指控不一致。鉴于这些事态发展，2017年末美国财政部拒绝将中国称为汇率操纵国，并缓和了对中国外汇政策的批评。

资料来源：S. H. Hanke, "Stop the Mercantilists," *Forbes*, June 20, 2005, p. 164.

6.3 绝对优势理论

斯密在1776年出版的里程碑式的著作《国富论》一书中，攻击了重商主义认为贸易是零和博弈的假设。斯密认为各国的生产效率不同。在他的时代，英国是世界上最有效率的纺织品制造国，因为它拥有上乘的生产工艺，而适宜的气候、良好的土壤和累积的技术使法国拥有世界上最有效率的葡萄酒产业。英国在纺织品生产上有绝对优势，而法国在葡萄酒生产上有绝对优势。也就是说，一国在某产品的生产上有**绝对优势**（absolute advantage），是指它比其他任何国家在该产品的生产上都更有效率。

按照斯密的观点，各国应专门生产它们有绝对优势的产品，并用这些产品换取其他国家生产的产品。这表明，在斯密的时代，英国应专门生产纺织品，而法国应专门生产葡萄酒。英国通过向法国销售纺织品得到它所需要的葡萄酒；同样，法国可以通过向英国销售葡萄酒换取英国的纺织品。因此，斯密的基本观点是，只要你可以以更低的价格从别国买到产品，你就不要在本国生产该产品。斯密认为通过专门生产其各自拥有绝对优势的产品，两个国家都可以从贸易中获益。

思考贸易在加纳和韩国之间起的作用。任何产品的生产都需要投入资源，如土地、劳动力和资本。假设加纳和韩国有同样数量的资源，且都可用来生产大米或可可。现在假设每个国家共有200单位的资源。在加纳，生产1吨可可需要10单位资源，生产1吨大米需要20单位资源。因此，加纳能生产20吨可可和0吨大米，或者10吨大米和0吨可可，或者在这两个极端之间同时生产大米与可可。加纳同时生产两种产品的不同组合以图6-1中的GG'线表示，它被称为加纳的**生产可能性边界**（production possibility frontier，PPF）。同样，假设韩国生产1吨可可需要40单位资源，生产1吨大米需要10单位资源。那么，韩国可以生产5吨可可和0吨大米，或者20吨大米和0吨可可，或者在两个极端之间同时生产两种产品。韩国能够选择的不同产品生产组合用图6-1中的KK'线来表示，它是韩国的生产可能性边界。显然，加纳在生产可可方面有绝对优势（因为在韩国生产1吨可可需要更多的资源）。同理，韩国在生产大米方面有绝对优势。

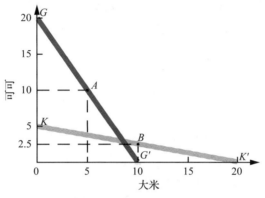

图6-1 绝对优势理论

现在假设一种情形：两国都不进行贸易活动，每个国家资源的一半用来生产大米，另一半用来生产可可，各国自己消费自己生产的产品。加纳能生产10吨可可和5吨大米（图6-1中点A），而韩国能生产10吨大米和2.5吨可可（图6-1中点B）。不进行贸易活动，则两国总的产量是可可12.5吨（加纳10吨加上韩国2.5吨）和大米15吨（加纳5吨加上韩国10吨）。如果每个国家专门生产其有绝对优势的产品，再相互交易各自所缺产品，加纳就能生产20吨可可，韩国就能生产20吨大米。因此，专业化可以提高两种产品的产量：可可的产量从12.5吨增加到20吨，而大米的产量则从15吨增加到20吨。专业分工导致产量的增加量为可可7.5吨、大米5吨。这些数字在表6-1中列出。

表6-1 绝对优势和贸易利得

		生产1吨可可和大米所需的资源	
		可可	大米
	加纳	10	20
	韩国	40	10
没有贸易时的生产量与消费量			
	加纳	10	5
	韩国	2.5	10
	总生产量	12.5	15
专业化生产时的生产量			
	加纳	20	0
	韩国	0	20
	总生产量	20	20

(续)

	生产1吨可可和大米所需的资源	
	可可	大米
加纳用6吨可可与韩国进行贸易，换取6吨大米后的消费量		
加纳	14	6
韩国	6	14
专业化生产和贸易带来的消费量增加		
加纳	4	1
韩国	3.5	4

通过参与贸易活动，用1吨可可换1吨大米，两国的生产者能消费更多的可可和大米。假设加纳和韩国以1∶1的比例交换可可和大米，也就是说，1吨大米价格与1吨可可价格相等。加纳如果决定出口6吨可可、进口6吨大米，进行贸易后最终消费量是14吨可可和6吨大米。这就比专业化和进行贸易之前多消费了4吨可可和1吨大米。同样，韩国进行贸易后的最终消费量是6吨可可和14吨大米，比专业化和进行贸易之前多消费了3.5吨可可和4吨大米。如此一来，由于专业化和贸易，可可和大米的产量都增加了，两国的消费者也能消费更多的产品。因此我们可以看出，贸易是正和博弈，即所有参与国都能获利。

6.4 比较优势理论

李嘉图把斯密的理论引申了一步，他探讨了如果一国在生产所有产品上都有绝对优势的话会出现什么局面。斯密的绝对优势理论表明这样的国家不会从国际贸易中获得利益。李嘉图在1817年出版的《政治经济学原理》一书中指出，事实并非如此。根据李嘉图的比较优势理论，一国应该专门生产其能够最有效率地生产的产品，而从其他国家购买自己不能那么有效率地生产的产品，即使这一行为意味着从别国购买的产品可能在本国生产更有效率。这似乎违反直觉，现用一例来解释这个逻辑。

假设加纳在可可和大米的生产上都更有效率。也就是说，加纳在两个产品的生产上都有绝对优势。在加纳，生产1吨可可需要10单位资源，生产1吨大米需要13.33单位资源。有200单位资源的话，加纳可生产20吨可可和0吨大米，或者15吨大米和0吨可可，或者其生产可能性边界上的任一组合（图6-2中的GG'线）。在韩国生产1吨可可需要40单位资源，生产1吨大米需要20单位资源。那么，韩国能生产5吨可可和0吨大米，或者10吨大米和0吨可可，或者其生产可能性边界上的任一组合（图6-2中的KK'线）。假设两国不进行贸易活动，每个国家使用一半的资源生产大米，使用另一半的资源生产可可。那么在没有贸易的情况下，加纳会生产10吨可可和7.5吨大米（图6-2中点A），而韩国则会生产2.5吨可可和5吨大米（图6-2中点B）。

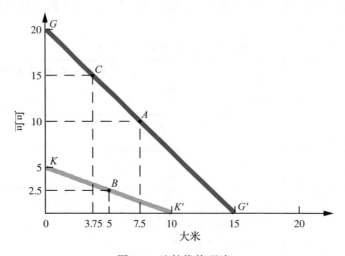

图6-2 比较优势理论

既然加纳在两种产品的生产上都有绝对优势,那它为什么要与韩国做贸易呢?尽管加纳在可可和大米的生产上都有绝对优势,但只在可可的生产上有比较优势:加纳能生产4倍于韩国的可可,但只能生产1.5倍于韩国的大米。相较而言,加纳生产可可比生产大米更有效率。

不进行贸易的话,两国可可总产量为12.5吨(加纳10吨、韩国2.5吨),大米总产量为12.5吨(加纳7.5吨、韩国5吨)。没有贸易,各国只能消费自己生产的产品。参与贸易以后,两国可以增加大米和可可的总产量,两国的消费者就能消费更多的产品。

6.4.1 贸易利得

假如加纳利用比较优势生产可可,把产量从10吨提高到15吨。这样就用了150单位的资源,剩下50单位资源生产了3.75吨大米(图6-2中点 C)。同时,韩国专门生产大米,生产10吨大米。大米和可可的总产量增加了。专业化生产之前,可可总产量为12.5吨,大米12.5吨。现在变成15吨可可和13.75吨大米(加纳3.75吨、韩国10吨)。表6-2总结了产量的增长。

表6-2 比较优势与贸易利得

	生产1吨可可和大米所需的资源	
	可可	大米
加纳	10	13.33
韩国	40	20
没有贸易时的生产量和消费量		
加纳	10	7.5
韩国	2.5	5
总生产量	12.5	12.5
专业化生产时的生产量		
加纳	15	3.75
韩国	0	10
总生产量	15	13.75
加纳用4吨可可与韩国进行贸易换取4吨大米后的消费量		
加纳	11	7.75
韩国	4	6
专业化生产和贸易带来的消费量增加		
加纳	1	0.25
韩国	1.5	1

不仅总产量增加了,而且两国现在都能从贸易中获利。如果加纳和韩国以1∶1的比例交换可可和大米,两国都用4吨出口产品交换4吨进口产品,两国都能比专业化生产和进行贸易之前消费更多的可可和大米(见表6-2)。如果加纳用4吨可可交换韩国4吨大米,它还剩下11吨可可,比专业化生产和进行贸易前还多1吨。另外,从韩国用4吨可可换来的4吨大米,加上本国自己生产的3.75吨,总共就有7.75吨大米,比专业化生产和进行贸易之前多了0.25吨。同样,与加纳交换4吨大米之后,韩国还剩6吨大米,比专业化生产和进行贸易前要多。另外,它换来的4吨可可比专业化生产和进行贸易之前多了1.5吨。由于专业化生产和贸易,两国都增加了可可和大米的消费。

比较优势理论传达的基本信息是:无限制的自由贸易能比限制性的贸易创造更多的世界生产量。李嘉图的理论指出,所有国家的消费者在没有贸易限制的情况下能消费更多。这种情况在生产任何产品都缺乏绝对优势的国家也是如此。换言之,比起绝对优势理论,比较优势理论更进一步地表明:贸易是一种正和博弈,所有参与其中的国家均能获得经济利益。比较优势理论为鼓励自由贸易提供了强大的理论基础。李嘉图的理论如此有力,所以它一直是倡导自由贸易人士的主要理论武器。

6.4.2 条件与假设

自由贸易是普遍有利的这个结论由这样简单的模型得出是十分大胆的。我们的简单模型包括许多与现实不符的前提假设。

（1）我们假设世界上只有两个国家和两种产品。而在现实世界，有许多国家和许多产品。

（2）我们假设两国间的运输成本不计在内。

（3）我们假设不考虑不同国家资源价格的差异。我们没有讨论交换比率，而只是假设可可和大米以1:1的比例交换。

（4）我们假设资源在一国内可以自由地从生产一种产品转移到生产另一种产品。而现实生活中并非总是如此。

（5）我们假设规模报酬不变，即加纳或韩国的专业化不影响生产1吨可可或1吨大米所需的资源量。而在现实当中，专业化生产带来的报酬递减和递增的情况都是存在的。生产一种产品所需的资源量会因国家专门生产该产品而减少或增加。

（6）我们假设每个国家有固定的资源存量，且自由贸易改变不了国家利用其资源的效率。这种静态的假设没有考虑国家资源存量的动态变化，也没有考虑由于自由贸易而导致的国家利用资源的效率上的动态变化。

（7）我们假设贸易对一国的收入分配没有影响。

考虑到这些假设条件，自由贸易是互利的这一结论能扩展到现实世界（有许多国家、有众多产品、存在运输成本、汇率不断变化、国内资源不可移动、专业化生产带来的报酬并非一成不变、充满动态变化）中吗？尽管比较优势理论的详细扩展超出了本书的范围，但经济学家表明，从简单的模型得出的基本结果可以推广到由生产许多不同产品的许多国家组成的世界。虽然有很多缺点，但李嘉图模型的基本主张——国家会出口最有生产效率的产品——是得到具体数据印证的。

然而，一旦所有的假设都不存在了，据倾向于"新贸易理论"的经济学家的观点，无限制的自由贸易理论就失去了一些说服力。我们将在本章的后部分及第7章讨论新贸易理论时再次回顾这一问题。通过广泛的讨论分析，诺贝尔经济学奖得主萨缪尔森认为，与标准的阐述相反，在一些特定的情形下，比较优势理论预测：富有的国家在实行自由贸易制度、与贫穷的国家进行贸易后，福利可能会恶化。我们将在下一部分探讨萨缪尔森批判。

6.4.3 李嘉图模型的扩展

我们来看一看放宽上述简单的比较优势模型中的三个假设的效果。下面我们取消国家内资源能很自由地从一种产品的生产转移到另一种产品上这一假设，取消规模报酬不变的假设，以及取消贸易不改变一国的资源储量或利用这些资源的效率的假设。

1. 不可移动的资源

在加纳和韩国简单的比较优势模型中，我们假设生产者（农民）能很容易地将土地从生产可可转变为生产大米，反之亦然。虽然这种假设在一些农产品上是可行的，但资源却并非总能轻易地从生产一种产品转变为生产另一种产品，这其中会产生一些摩擦。比如，像美国一样的发达经济体，实行自由贸易体制，这通常意味着该国将生产更少的如纺织品一类的劳动密集型产品，生产更多的如计算机软件和生物技术产品之类的知识密集型产品。尽管从整体看，国家会在这种转变中获利，但纺织品生产商则会受损。南卡罗来纳州的纺织工人可能不能给微软公司编写软件程序，因此，转向自由贸易意味着她会失业或不得不接受一份差一些的工作，比如在快餐店工作。

资源并不总是能很轻易地从一种经济活动转移到另一种经济活动，这一过程也会产生摩擦并令人感到痛苦。虽然该理论预测，自由贸易的利益以相当大的幅度超过付出的代价，但这对承受代价的人来说起不了多大作用。因此，政治上反对自由贸易体系的力量总是来自那些工作最受威胁的人。比如在美国，纺织工人和纺织工会长期反对向自由贸易转变就是因为这一群体会损失很大。政府通常以帮助失业者再培训的方式来缓解向自由贸易转变的压力。因为转向自由贸易体制而引起的痛苦是短时期的现象,而一旦转变完成,从贸易中获得的利益则是巨大且持久的。

2. 报酬递减

上述提出的简单的比较优势模型假设专业化报酬不变。在专业化报酬不变的情况下,我们假设生产某一种产品(可可或大米)所需的资源的单位数量是保持稳定的,无论产品的生产组合在该国生产可能性边界(PPF)上的哪个位置。因此我们假设,生产1吨可可要消耗加纳10单位资源。然而,更现实的假设是专业化报酬递减。**专业化报酬递减**(constant returns to specialization)是指需要更多单位的资源来生产每一额外单位的产品。10单位的资源足以把加纳的可可产量从12吨增加到13吨,而要把产量从13吨增加到14吨可能需要11单位的资源,将产量从14吨增加到15吨可能需要12单位的资源,以此类推。报酬递减意味着加纳的生产可能性边界是凸形的(见图6-3),而不是图6-2中显示的直线。

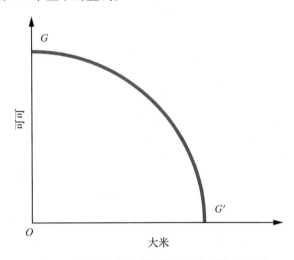

图 6-3　在报酬递减时加纳的生产可能性边界

报酬递减的假设更符合实际,有以下两个原因:第一,不是所有的资源都具有同样的质量。当一个国家试图增加某一产品的产量时,它就越来越有可能使用更多的边际资源(这些边际资源不如之前使用的资源那么有生产效率),结果是需要更多的资源来实现同样的产量增量。比如,一些土地比另一些土地更多产,加纳试图增加可可的产量,这就需要越来越多地使用边际土地,即那些不如初始使用的土地多产的土地。同样面积的土地的产量减少了,加纳就必须使用更多的土地来生产1吨可可。

第二,不同的产品以不同的比例使用资源。比如,假设相对于种植大米来说,种植可可需要较多的土地和较少的劳动力,而加纳试图将资源从生产大米转移到生产可可。为了有效率地生产可可,大米种植行业将会释放较大比例的劳动力和较小比例的土地。为了吸收增加的劳动力和土地,可可行业不得不向更加劳动密集型的生产方式转变。结果是,可可行业使用劳动力的效率会下降,而报酬也会递减。

报酬递减表明,对于一个国家来说,根据之前提到的简单的李嘉图模型所建议的程度进行专业化生产是不可行的。专业化报酬递减表明专业化的利得很有可能在实现完全专业化之前就被消耗了。在现实中,大多数国家不实行专业化生产,而是生产一系列的产品。但是李嘉图的理论预测,在贸易利得没有被报酬递减抵消之前,专业化生产是可取的。其基本结论是,尽管由于专业化报酬递减,利得也许不如报酬不变时来得那么大,但无限制的自由贸易仍然有利可图。

3. 动态效应与经济增长

在简单的比较优势模型中,假设贸易活动不改变国家的资源存量,也不改变其使用资源的效率。这种静态的假设不考虑由贸易产生的动态变化。如果放宽这种假设,很明显一个经济体的贸易开放可能产生两种动态的利得。第一种,自由贸易会增加国家的资源存量,因为从国外流入的越来越多的资本和劳动力在国内能够被使用。这种情况自 20 世纪 90 年代初以来出现在东欧，那里有许多西方企业大量投入的资金。第二种，自由贸易也会提高一国利用资源的效率。在资源利用上赢得效率而带来的利得是由几个因素产生的。大规模生产的经济结构成为可能，因为贸易为国内公司扩展了总的市场规模。贸易可以使国外更先进的技术为国内公司所用，而更先进的技术能提高劳动生产率和土地生产率（所谓的绿色革命就对发展中国家的农业产量起了这种作用）。开放经济使企业要面对外国竞争，会刺激国内生产者寻找出路提高效率。这种现象也在曾一度被保护起来的东欧市场出现，在那里许多原先的国家垄断企业不得不提高运营效率，以便在竞争激烈的世界市场中生存。

一国资源存量及资源利用效率的动态利得会使该国的生产可能性边界（PPF）向外移动。图 6-4 表明，从 PPF_1 移到 PPF_2 是由于自由贸易产生的动态赢利。向外移动的结果是，图 6-4 表示的国家能比自由贸易之前生产更多的两种产品。该理论表明，开放经济、实行自由贸易不仅会带来我们前面讨论过的静态得利，而且会带来促进经济发展的动态利得。如果确实如此，支持自由贸易的论点就强大得多了。但前面也提到，20 世纪著名的经济理论家萨缪尔森认为，在有些情形下，动态利得导致的结果并不很乐观。

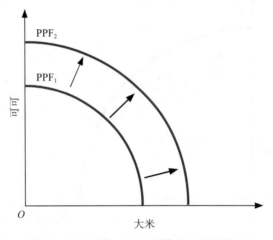

图 6-4　自由贸易对生产可能性边界的影响

4. 贸易、工作和薪资：萨缪尔森批判

萨缪尔森批判关注当发达国家与发展中国家达成自由贸易协定时会发生什么（在实行自由贸易制度后，发展中国家的生产率快速提高，即发展中国家利用资源的效率获得了动态的利得）。萨缪尔森模型表明，在这种情况下，如果自由贸易带来的动态效应是降低了发达国家的实际工资率，那么在引进自由贸易制度后，发达国家消费者为从发展中国家进口的产品支付更低的价格，这可能不足以对发达国家的经济产生净利益。萨缪尔森在接受纽约《时代》周刊采访时强调："能够在沃尔玛买到便宜 20% 的日用品（得益于国际贸易）不一定能够弥补发达国家的工资损失。"

萨缪尔森尤其关心将服务性工作岗位离岸外包的能力，这些行业在传统上是不能在国际上流动的，比如软件调试、呼叫中心的工作、会计工作，甚至 MRI 扫描医疗诊断（具体细节见开篇案例）。自从万维网在 20 世纪 90 年代初发展以来，通信技术的进步使之成为可能，有效地扩大了这些工作的劳动力市场，包括印度、菲律宾和中国等受过良好教育的人群。随着受过良好教育的外国劳动力的生产力水平的快速提高，萨缪尔森认为，这对发达国家中产阶级工资的影响，就类似大规模的移民涌入：将导致市场出清工资降低，或许还足以超过国际贸易的利得。

尽管这么说，萨缪尔森并不否认自由贸易在历史上使发达国家受益（后面讨论的数据证明了这一点）。另外，他认为，引入保护主义政策（如贸易壁垒）来保护发达国家未来免于受到自由贸易理论上可能带来的伤害，这可能会产生比贸易保护主义者所要预防的弊病更糟糕的结果。萨缪尔森这样说："自由贸易事实上对每个地区仍然还是最好的，相比之下，由说客们提出的强制的关税和配额则有歪曲民主和造成明显的无谓的损失扭曲之嫌。"

近来有一个值得注意的研究，研究者是麻省理工学院经济学家大卫·奥特（David Autor）和他的同事，他们发现了支持萨缪尔森理论的依据。这个研究被媒体和政客广泛引用。奥特和他的同事观察了发达国家每一个郡的制造业所面临的来自发展中国家的竞争风险程度。研究者发现竞争程度最重的地区不但失去了更多的制造业工作，而且整体就业水平都有所下降。遭受发展中国家竞争程度高的地区在工人领取失业保险、食品券、残疾补助方面也有更大的增加，政府支出增加产生的经济成本占发达国家与发展中国家进行贸易所获收益的 2/3。换句话说，发达国家同发展中国家开展贸易所获得的很多好处（比如为发达国家消费者提供了便宜的商品）都被抵消了。尽管如此，像萨缪尔森那样，这个研究的研究者依然认为，长远来看，自由贸易是有益的。他们指出，发展中国家的迅速崛起造成了相当大的调整成本，这在短期内会极大地减少从贸易中获得的利益。

一些经济学家很快驳斥了萨缪尔森的担忧。他们没有质疑他的分析，而是指出，实际情形是，发展中国家不可能有能力足够快地提升它们的劳动力技能水平，出现萨缪尔森模型中的情形。也就是说，它们会很快趋向报酬递减。然而，这些反驳与表明亚洲国家正在快速提升它们的教育体系的数据不符。比如，2008 年全球大约 56% 的工程学位授予是在亚洲，相比之下美国只有 4%。

5. 贸易与经济增长之间关联的证据

许多经济学研究关注贸易与经济增长的关系问题。整体上，这些研究显示，对国际贸易采取更开放姿态的国家比那些在贸易上闭关锁国的国家享有更高的经济增长率，正如比较优势理论预测的那样。杰弗里·萨克斯（Jeffrey Sachs）与安德鲁·沃纳创立了一个测度指标，来评判一个国家对国际贸易到底有多"开放"，并关注"开放"与经济增长的关系，他们以 100 多个国家在 1970～1990 年的数据为样本。在众多的发现之中，他们报告称：

我们发现开放与经济增长之间有很紧密的关联，这既包括发展中国家也包括发达国家。在发展中国家，开放的国家年经济增长率在 4.49%，而封闭的国家每年增长 0.69%。在发达国家，开放的国家年增长率在 2.29%，而封闭的国家则年增长 0.74%。

20 世纪 90 年代后期，瓦克奇（Wacziarg）和韦尔奇（Welch）更新了萨克斯和沃纳的数据，他们发现 1950～1998 年，开放贸易的国家平均年增长率比在此之前平均高出 1.5%～2.0%。对在 1967～2009 年发表的 61 个研究的详细调查总结道："宏观经济证据为贸易对产出和增长有积极且重要的影响提供了显著的支持。"

最近，经济学家们开始尝试量化特朗普设置的关税壁垒的影响（见国际聚焦 6-2，以了解特朗普贸易方式的细节）。除其他障碍外，特朗普还对从其他国家进口的铝和钢材以及从中国进口的各种货物施加了关税壁垒。如果这里回顾的理论是正确的，那么我们预计这些障碍会抑制美国的经济增长。2019 年末，两位为美国联邦储备委员会工作的经济学家发表了一份研究报告，揭示了这一点。尽管作者提示称，他们的结果是初步的，但他们发现，特朗普的关税政策与美国制造业就业的减少和生产者价格的上涨有关。在制造业就业方面，他们发现，由于关税和征收报复性关税，进口保护带来的一点积极提振被抵消，这两者都导致制造业就业总体下降。换句话说，他们发现关税与预期对制造业就业的影响相反。此外，他们还发现，美国进口商以提高价格的方式将一些增加的投入成本转嫁到消费者身上，这使他们在其他货物和服务上的支出减少，降低了消费者的购买力。这些初步结果对特朗普的贸易战略来说并不是好消息，尽管它们与经济学家的预期一致，显然，更全面的评估将需要更多的时间，也需要更多的数据。

从研究数据中获取的结论很清楚：采取开放经济且支持自由贸易，一国的经济增长率会更高，更高的经济增长将提高消费者的收入水平和生活水平。这一点被一项研究证实，该研究关注贸易与收入增长之间的关系。该研究的研究者杰弗里·弗兰克尔（Jeffrey Frankel）和大卫·罗默（David Romer）发现：平均来算，一国贸易占其国内生产总值的比重每增加 1 个百分点，就使人均收入增加至少 0.5 个百分点。国际贸易在一国经济中的重要性每提高 10%，平均收入水平将上升至少 5%。尽管采取自由贸易体制带来的短期调整成本是巨大的，但从长远来看，贸易会带来更大的经济增长和更高的生活水平，这正是李嘉图的理论所希望引导我们得出的结论。

国际聚焦 6-2

"贸易摩擦是好事，也很容易赢"

2018年3月2日凌晨3点50分，美国第45任总统特朗普在他最喜欢的媒体Twitter上发表了他支持国际贸易这一重要政策的看法。他在Twitter上说："当一个国家（美国）在与几乎每一个与它有业务往来的国家的贸易中损失数十亿美元时，贸易摩擦是好事，也很容易赢。当我们与某个国家一起减少1 000亿美元时，它们就变乖了，不再贸易了，我们就赢大了。这很容易！"

特朗普的推文是对他对进口钢铁征收25%的关税和对进口铝征收10%的关税的决定激起集体抵制的回应。特朗普政府声称，这些关税对于保护两个对国家安全至关重要的行业是必要的。他的批评者有不同的看法。他们认为，关税将提高钢铁和铝的消费者的投入成本，其中包括建筑公司、建筑设备制造商、电器制造商、汽车制造商、容器和包装（例如啤酒罐）制造商、航空航天公司。因这些关税而遭受成本上升打击的将是美国最大的两个出口商：波音和卡特彼勒。批评者还指出，钢铁和铝行业只有14万人就业，但650万美国人受雇于使用钢铁和铝的行业，而钢铁和铝的投入价格刚刚上涨。

特朗普的行动不应该让人感到意外。与第一次世界大战以来的所有美国总统相比，特朗普长期以来一直强烈反对旨在降低关税壁垒和促进美国与其贸易伙伴之间货物和服务自由流动的贸易协议。在总统竞选期间，他称《北美自由贸易协定》（NAFTA）是"任何地方可能签署的最糟糕的贸易协定"。就职以后，特朗普政府发起了《北美自由贸易协定》的重新谈判，目的是使条约更有利于美国。作为候选人时，他发誓要"干掉"《跨太平洋伙伴关系协定》，这是包括美国（但不包括中国）在内的12个环太平洋国家之间由奥巴马政府谈判达成的自由贸易协定。在他就职后的第一周中，他签署了一项行政命令，正式将美国从《跨太平洋伙伴关系协定》中撤出。他甚至威胁说，如果世界贸易组织干涉他征收关税的计划，美国将退出世界贸易组织（WTO）。

特朗普的立场似乎基于一种信念，即贸易是美国需要赢的游戏。他似乎把赢得胜利等同于贸易顺差，并认为美国持续的贸易逆差是美国疲软的表现。用他的话说，"你只需要看看我们的贸易逆差，就能看出我们的贸易伙伴正在把我们骗光"。他认为，其他国家在贸易协议中占了美国的便宜，结果导致美国制造业就业岗位急剧下降。他似乎认为，美国可以通过成为一个更强硬的谈判者，并从希望进入美国市场的国家那里获得有利条件，从而在贸易博弈中获胜。他甚至将以前的美国贸易谈判代表描述为"愚蠢的人""政治黑客和外交官"和"傻瓜"，并建议他自己成为"首席谈判代表"。

与特朗普支持的立场相反，过去70年的支持贸易的政策是基于大量的经济理论和证据，这些理论和证据表明，自由贸易对参与自由贸易体系的国家的经济增长率具有积极影响。根据这项研究，自由贸易不会破坏就业，它会创造就业机会，提高国民收入。可以肯定的是，当一个国家转向自由贸易制度时，一些部门将失去工作，但在经济中其他地方创造的就业机会将不仅仅能弥补这种损失，而且总的来说，将使国家更好。

长期以来，美国一直是世界上最大的经济体、最大的对外投资者和三大出口国之一（另外两个是中国和德国）。由于出口和在其他国家的对外直接投资，标准普尔500指数中所有美国公司销售额的43%来自美国境外。由于美国的经济实力，美国长期坚持自由贸易政策有助于为世界贸易体系定下基调。在很大程度上，第二次世界大战后的国际贸易体系强调降低国际贸易和投资壁垒之所以有可能，是因为美国强有力的领导。现在，随着特朗普的上台，情况似乎正在发生变化。支持自由贸易者认为，如果特朗普继续推动更多的保护主义贸易政策（他的言辞和内阁人选表明他将如此），意想不到的后果可能包括来自美国贸易伙伴的报复，一场以提高关税为特点的贸易战，世界贸易额下降，美国失业增多，以及全球经济增长放缓。作为证据，他们指出了上一次实施这种保护主义政策的情况。那是在20世纪30年代初，当时各国之间的贸易战加剧了大萧条。

资料来源："Donald Trump on Free Trade," *On the Issues*, www.ont heissues.org/2016/Donald_Trump_Free_Trade.htm; Keith Bradsher, "Trump's Pick on Trade Could Put China in a Difficult Spot," *The New York Times*, January 13, 2017; William Mauldin, "Trump Threatens to Pull U.S. Out of World Trade Organization," *The Wall Street Journal*, July 24, 2016; "Trump's Antitrade Warriors," *The Wall Street Journal*, January 16, 2017; "Donald Trump's Trade Bluster," *The Economist*, December 10, 2016; Chad Brown, "Trump's Steel and Aluminum Tariffs Are Counterproductive," Peterson Institute for International Economics, March 7, 2018.

6.5 赫克歇尔－俄林理论

李嘉图的理论强调比较优势是由于生产效率的不同。因此，加纳是否在可可的生产上比韩国更有效率，取决于它利用资源的生产效率高低。李嘉图强调劳动生产率，并认为国家间劳动生产率的差异是比较优势概念的基础。瑞典经济学家赫克歇尔（1919）和俄林（1933）提出对比较优势的不同解释。他们认为比较优势来自国家要素禀赋的差异。**要素禀赋**（factor endowments）是指国家拥有的土地、劳动力、资金等资源的程度。各国拥有不同的要素禀赋，而不同的要素禀赋解释了要素成本的差异，某种要素越丰裕，其成本越低。赫克歇尔－俄林理论预测，国家将出口密集使用当地丰裕要素的产品，而进口那些密集使用当地稀缺要素的产品。赫克歇尔－俄林理论试图解释我们看到的世界经济中的国际贸易模式。与李嘉图的理论相同的是，赫克歇尔－俄林理论认为自由贸易是有益的。与李嘉图的理论不同的是，赫克歇尔－俄林理论认为国际贸易的模式是由要素禀赋的差异决定的，而非生产效率的差异。

基于常识的判断，赫克歇尔－俄林理论是得到认可的。例如，美国长期以来是农产品的出口大国，这在某种程度反映了其拥有丰裕的可耕土地要素；相反，中国在出口劳动密集型的制造业产品方面很出色，这反映了中国拥有相对丰裕的低成本劳动力要素。美国相对缺乏丰裕的低成本劳动力要素，于是就成了这些产品的主要进口商。需要注意的是，重要的是相对而非绝对要素禀赋；一国可能在土地和劳动力的绝对数量上都大于另一国，但是只在其中一种要素上相对丰裕。

里昂惕夫悖论

赫克歇尔－俄林理论在国际经济学中是最有影响的理论之一。相比李嘉图的理论，大多数经济学家更青睐赫克歇尔－俄林理论，因为它做出了更少的简化假设。由于其巨大的影响力，该理论被进行了许多实证检验。检验是从1953年瓦西里·里昂惕夫（Wassily Leontief，1973年诺贝尔经济学奖得主）发表的一份著名研究开始的。许多检验对赫克歇尔－俄林理论的合理性提出怀疑。应用赫克歇尔－俄林理论，里昂惕夫假设，由于美国与别国相比资本相对丰裕，美国将会是资本密集型产品的出口国、劳动密集型产品的进口国。但令他吃惊的是，他发现，与出口产品相比，美国的进口产品更具有资本密集型的特点。这一结论与理论预测不符，被称为里昂惕夫悖论。

没有人知道为什么会出现里昂惕夫悖论。一个解释是美国在制造新产品或者利用创新技术生产产品上有特殊的优势。这些产品或许不如技术已经成熟、适宜大规模生产的产品资本密集程度高。因此，美国可能会出口那些大量使用熟练劳动力和创新型企业家精神的产品，如计算机软件，而进口一些需要大量资金的大型制造业产品。一些实证研究证实了这一点。使用大量国家的数据对赫克歇尔－俄林理论进行检验，均证实了里昂惕夫悖论的存在。

这就使经济学家陷入进退两难的困境。他们在理论依据上更倾向于赫克歇尔－俄林理论，但该理论在对现实世界的国际贸易模式的预测方面相对较差。而被他们认为太过于局限的李嘉图的比较优势理论，事实上在预测贸易模式上更为准确。解决这一困境的最佳办法或许是回到李嘉图的观点，即贸易模式在很大程度上是由各国生产效率的差异驱动的。因此，有人会说美国出口商用飞机而进口纺织品，并不是因为其要素禀赋特别适合飞机制造，不适合生产纺织品，而是因为美国生产飞机比生产纺织品相对更有效率。赫克歇尔－俄林理论中一个关键的假设是各国的技术水平是一样的。然而，实际并非如此，技术上的差别会导致生产率的差别，进而左右国际贸易的模式。因此，从20世纪70年代开始，日本在出口汽车上的成功，不仅仅是因为其充裕的资本，还由于其创新性制造技术的发展，使其在汽车生产上能够比其他也有丰裕资本的国家达到更高的生产效率水平。经验研究显示，这种理论解释或许正确。新的研究表明，如果控制住各国在技术上的区别，国家确实会出口那些密集使用当地丰裕要素的产品，而进口那些密集使用当地稀缺要素的产品。也就是说，一旦技术差异对生产效率的影响被控制住，赫克歇尔－俄林理论似乎重新获得了预测能力。

6.6 产品生命周期理论

雷蒙德·弗农在 20 世纪 60 年代中期首次提出产品生命周期理论。弗农的理论是基于对一种现象的观察，即 20 世纪的大部分时间里，世界上的很大一部分新产品是由美国公司开发的，并首先在美国市场销售（如大规模生产的汽车、电视、一次成像相机、复印机、个人计算机和半导体芯片）。弗农认为，美国市场的财富和规模强烈地刺激美国公司开发新的消费产品。另外，劳动力的高成本促使美国开发节省成本的新工艺过程。

新产品由美国公司开发且最初在美国市场销售，并不意味着产品一定要在美国生产。产品可以在美国以外的一些低成本地区生产，再出口回到美国。但弗农认为大多数新产品最初是在美国生产的，考虑到引进新产品时所固有的不确定性和风险，这些最早进行生产的公司相信，最好使生产设施与市场和公司的决策中心的距离不要太远。而且，对大多数新产品的需求往往基于非价格因素。因而，公司对新产品的标价相对较高，这就没有必要在别的国家寻找低成本生产基地。

弗农接着说，在新产品生命周期的早期，需求量在美国开始迅速增加，而其他发达国家的需求仅限于高收入人群。其他发达国家最初有限的需求量不足以让这些国家的公司生产新产品，但它确实使美国向这些国家出口产品成为必要。

随着时间的推移，其他发达国家（如英国、法国、德国和日本）对新产品的需求开始增加。这就使外国的生产商为自己国家的市场生产产品成为有利可图的事情。另外，美国公司也在需求不断增加的发达国家建立生产设施。由此，在其他发达国家的生产逐渐限制了美国出口的潜力。

随着美国和其他发达国家的市场变得成熟，产品更趋标准化，价格就成了主要的竞争武器。当这种情况出现时，成本逐渐在竞争中占据更主要的位置。劳动力成本低于美国的一些发达国家（如意大利、西班牙）的生产商，而今能向美国出口了。如果成本压力变得更大，生产过程就不会就此停止。美国相对于其他发达国家失去其优势的这个周期会再次重演，因为发展中国家（如泰国）逐渐获得超过发达国家的生产优势。因此，全球生产的所在地首先从美国转移到其他发达国家，再从这些国家转向发展中国家。

世界贸易模式的这种趋势带来的结果是：随着时间的推移，生产集中在低成本的国外地区，美国从产品出口国转变成了产品进口国。

21 世纪的产品生命周期理论

从历史上看，产品生命周期理论对国际贸易模式做出了准确的解释。例如，光电复印机这个产品在 20 世纪 60 年代初在美国由施乐公司开发并首先对美国用户出售。起初，施乐公司从美国出口光电复印机到日本及西欧发达国家。随着这些国家需求量的上升，施乐公司开始合资经营，建立日本生产基地（富士–施乐）及英国生产基地（Rank–施乐）。另外，施乐公司在光电复印机上的专利一失效，其他外国竞争者就开始进入市场（如日本佳能公司、意大利 Olivetti 公司），结果美国的出口减少了，且美国用户开始从低成本的外国来源购买部分复印机，尤其是日本。近来，日本公司发现，它们自己制造光电复印机成本太高，于是开始把生产转向泰国等发展中国家。因此，先是美国，再是其他发达国家（如日本、英国）从光电复印机的出口国转变成进口国。光电复印机的国际贸易模式的转化与产品生命周期理论的预测是一致的：成熟行业会迁移出美国，进入低成本的装配地点。

然而，产品生命周期理论也不是完美无缺的。从亚洲或欧洲的角度看，弗农关于大多数新产品是在美国开发和引进的观点，似有民族中心主义之嫌并过时了。的确，1945～1975 年，美国在全球经济中占主导地位，大部分新产品是在美国诞生出来的，但还是有些重要的例外。近年来，这种例外似乎越来越普遍。许多新产品出自日本（如可视游戏机）或韩国（如三星智能手机）。更重要的是，随着全球化和世界经济一体化的进程加速（第 1 章中讨论过），大量新产品而今几乎同时在美国、很多欧洲和亚洲国家被推出来（如平板电脑、智能手机、数码相机）。这可能伴随着全球分散化生产，一个新产品的特定部件会在全球要素成本和技能组合最适宜的地方生产（正如比较优势理论预测的那样）。总之，虽然在美国占主导地位时期，弗农的理论在解释国际贸易模式方面或许很有用，但它与当今世界的关联是有限的。

6.7 新贸易理论

新贸易理论出现在 20 世纪 70 年代，当时一些经济学家认为公司获得规模经济的能力对国际贸易有重要的影响。**规模经济**（economies of scale）是指伴随大规模的产出，单位成本下降。规模经济有几个来源，包括通过大规模生产分摊固定成本的能力，产量规模大的生产企业利用专业员工和设备的能力，这些员工和设备比不专业的员工和设备生产效率更高。规模经济在很多行业是降低成本的主要手段，包括计算机软件、汽车、药品、飞机等。比如，微软公司通过分摊开发 Windows 操作系统的固定成本的方法来实现规模经济，该固定成本达到 100 亿美元，被分摊到大约 20 亿台个人计算机上，每一台都安装了这个新系统。同样地，汽车公司通过在流水线上大量生产实现规模经济，在这种流水线上每个雇员有专门的任务。

新贸易理论有两个要点。第一，通过对规模经济的影响，贸易能增加货物的种类，供消费者挑选，降低货物的平均成本。第二，在某些行业，达到规模经济所要求的产量占世界总需求的很大比例，全球市场只能够支持很小数量的企业。因此，在某些产品上的世界贸易由这些国家主导，其公司是生产上的先行者。

6.7.1 增加产品多样性和降低成本

先想象一个没有贸易的世界。在规模经济很重要的行业中，无论是一国能生产的产品的品种，还是生产的规模都受到市场的限制。如果一国的市场规模很小，就没有足够的需求使得生产者实现某种产品的规模经济。因而，那些产品可能不会被生产，从而限制了可供消费者选择的产品品种。或者，生产者确实会生产这些产品，但在无法实现规模经济的情况下，生产数量少，单位成本和价格相对较高。

现在考虑国家间互通贸易的情形。单个国家的市场融入一个更大的世界市场，市场规模因为贸易而扩大，单个的公司能够更好地获得规模经济。新贸易理论的启示是：与没有贸易活动时相比，每个国家专业化生产更小范围的产品，而通过向其他国家进口本国不生产的产品，每个国家能同时增加消费者可获得的产品的种类，并且降低产品的成本。因此，即使国家间在资源禀赋或技术水平上并无差别，贸易也为双方提供了一个互利的机会。

假设有两个国家，每个国家市场年消费汽车 100 万辆。通过贸易活动，这两个国家能创造 200 万辆汽车的共同市场。正是因为在这个共同市场中比单一市场更有可能实现规模经济，所以公司能生产更多品种和型号的汽车，且成本更低廉。例如，对跑车的需求在每个国家市场限制为 55 000 辆，那么每个国家每年的产量至少达到 10 万辆才能实现相当的规模经济。同样，对微型客车的需求在每个市场为 8 万辆，那么每个国家的产量每年至少 10 万辆才能实现相当的规模经济。面对有限的国内市场需求，每个国家的公司会决定放弃生产跑车，因为生产成本在生产数量很少的情形下太高。尽管它们会生产微型客车，但成本和价格会比获得相当规模经济的情形要高得多。一旦两国决定进行贸易活动，其中一国的公司会专门生产跑车，而另一国家的公司会专门生产微型客车，11 万辆跑车和 16 万辆微型客车的总需求使得每个公司实现规模经济成为可能。在此情况下，消费者因获得国际贸易之前不会有的产品（跑车）而获益，也因以更低价格获得另一产品（微型客车）而获益，微型客车在国际贸易之前不可能以最有效率的规模进行生产。因此，贸易是互惠的，因为贸易促进生产的专业化、规模经济的实现、产品品种的多样化生产和更低的价格。

6.7.2 规模经济、先行者优势和贸易模式

新贸易理论的第二个主题是，世界经济的贸易模式是规模经济和先行者优势的结果。**先行者优势**（first-mover advantages）是指因先行进入某一行业而获得的经济和战略上的优势。在后来者之前获得规模经济并且从低成本结构中获利的能力是一种重要的先行者优势。新贸易理论认为，对于实现规模经济至关重要并且占据世界总需求很大比例的产品来说，该行业中的先行者能够获得基于规模的成本优势，而后来者几乎难以抗衡。因此，这些产品的贸易模式会反映出先行者优势。一些国家会主导某些产品的出口，因为规模经济在生产中很重要，而且坐落在这些国家的公司是最先获得规模经济的，从而使它们获得先行者优势。

例如，在航空业，相当的规模经济来源于把新喷气式飞机研发的固定成本通过大量的销售量进行分摊的能力。空中客车公司花费了约250亿美元开发的超大型喷气式飞机A380有550个座位，并在2007年投入使用。为了补偿庞大的成本和使收支平衡，空中客车公司得卖出至少250架A380飞机才行。截至2018年，它已经销售了240架飞机。如果该公司能售出多于350架，这显然就是一项赢利的投入。而在前20年间对这款飞机的总需求预计为400～600架。因此，最好的情况是，在超大型飞机领域，全球市场极有可能只能支持一个喷气式飞机制造商赢利。所以欧盟有可能逐渐主导超大型喷气式飞机的出口，主要是因为空中客车公司是欧洲的公司，它首先生产出了超大型喷气式飞机并实现了规模经济。其他有潜力的制造商（如波音公司）会被排除在市场之外，因为它们缺乏空中客车公司拥有的规模经济。由于开创了这个市场门类，空中客车公司获得了以规模经济为基础的先行者优势，对手很难匹敌，从而将使欧盟成为超大型喷气式飞机的主要出口商（然而，事实证明，超大型喷气式飞机市场的规模可能不足以支撑一家生产商。2019年初，空中客车公司宣布由于需求疲软，将于2021年停止生产A380）。

6.7.3 新贸易理论的启示

新贸易理论有重要的启示，该理论表明：国家之间会从贸易中获利，即使在资源禀赋或技术上没有差异。贸易使得一个国家专门生产某种产品，获得规模经济从而降低生产成本，同时从其他专门生产其他产品的国家购买本国不生产的产品。通过这一机制，每个国家消费者可获得的产品种类增加了，产品的平均成本会下降，价格随之下降，释放出资源生产其他的产品和提供服务。

新贸易理论还表明：一个国家主宰一种产品的出口，可能只是因为它的运气好，拥有一家或几家先行生产该产品的公司。因为能够获得规模经济，行业的先行者会锁定世界市场而阻碍后来的进入者，先行者从报酬递增中获得利益的能力对后来的进入者产生了阻碍。在商用飞机行业，波音公司和空中客车公司已经进入该行业并从规模经济中获益，这对新进入者造成了阻碍，并且加强了美国和欧洲在中型与大型商用喷气式飞机贸易中的主导地位。因为全球的需求量可能不足以支持该行业的另一个生产商赢利，所以它们的主导地位被进一步加强了。尽管日本公司也许能够在该市场竞争，但它们决定不进入该行业，而是与主要生产商联盟，成为其主要的分包商（日本三菱重工就是波音777和787项目的主要分包商）。

新贸易理论与赫克歇尔-俄林理论不一致。赫克歇尔-俄林理论表明，当某种产品所密集使用的生产要素在一国特别丰裕时，该国将在此种产品的出口上占主导地位。新贸易理论认为，美国在商用喷气式飞机的出口方面领先，不是因为它有制造该产品的更优越的要素禀赋，而是因为该行业中的先进入者之一波音公司就是一家美国企业。新贸易理论与比较优势理论是一致的。规模经济可以提高生产率，因此，新贸易理论指出了获取比较优势的一个重要来源。

新贸易理论在解释贸易模式上有很大用处。实证研究似乎支持这一理论的预测：贸易提高行业内生产的专业化，增加供消费者选择的产品种类，从而导致更低的价格。就先行者优势和国际贸易而言，一项来自哈佛大学的商业历史学家阿尔弗雷德·钱德勒（Alfred Chandler）的研究表明，先行者优势的存在是解释为什么某些国家的公司在特定行业占主导地位的一个重要因素。而且，公司的数量在许多全球性行业中是很有限的，化工行业、重型建筑机械行业、重型卡车行业、轮胎行业、家用电子产品行业、喷气发动机行业、计算机软件行业等，都是如此。

或许新贸易理论最具争议的一点是：它带来了支持政府干预和战略性贸易政策的观点。新贸易理论家强调运气、企业家精神和创新在先行者优势中所起的作用。依据这一观点，波音公司成为商用喷气式飞机制造业的先行者，而不是英国的德·哈维兰公司、霍克·希德立公司或荷兰的福克公司（这些公司当初都是有机会的），是因为波音公司幸运并且有创新意识。波音公司的运气在于德·哈维兰公司的彗星喷气式飞机早于波音公司第一架喷气式飞机707两年推出，但被发现有很多严重的技术缺点，因而自毁前途。如果德·哈维兰公司当初没出现那些严重的技术错误，英国现在可能成为世界商用喷气式飞机的最大出口国。波音公司的创新表现为独立开发制造商用喷气式飞机所要求的技术。但有一些新贸易理论家指出，波音公司的研发费用很大一部分是由美国政府支付的，707型飞机则是派生于政府资助的军事项目（空中客车公司进入该行业也得到了政府相当大的补贴）。这为政府干预提供了理论依据：通过巧妙而合理地运用补贴，一国政府能如美国政府对波音公司那样（或欧盟对空中客车公司那样）增加其国内公司成为新兴行业的先行者的机会吗？如果这是可能的（且新贸易理论揭示情况可能如此），我们就有了实施主动的贸易政策的经济原理，而该原理与我们目前回顾过的贸易理论所建议的自由贸易政策不相符合。我们会在第7章中考虑这一问题的政策含义。

6.8 国家竞争优势理论：波特的钻石模型

迈克尔·波特是哈佛大学著名战略学教授，在国际贸易方面也做了大量研究。波特及其团队考察了10个国家的100个行业，像新贸易理论家的研究一样，波特的研究是由这样一个理念来推动的，即已有的国际贸易理论在解释现实时并不全面。波特希望解释为什么一个国家能在一个特定的行业里取得国际性的成功。为什么日本能在汽车行业如此成功？为什么瑞士能在精密仪器和制药生产与出口方面胜过他国一等？为什么德国和美国在化学工业方面能做得这么好？这些问题都难以用赫克歇尔-俄林理论来回答，而比较优势理论也只能提供部分解释。比较优势理论会说：瑞士在精密仪器的生产和出口上胜过他国，是因为它在这些行业里非常有效地使用了它的资源。尽管这可能没错，但这并没有解释为什么瑞士在这个行业里要比英国、德国或者西班牙具有更高的生产率，这就是波特试图解决的难题。

波特认为一个国家四个广义的属性构成了本地企业竞争的环境，这些属性推动或妨碍竞争优势的建立（见图6-5）。这四个属性是：

- 要素禀赋——一国在生产要素方面所处的地位，诸如熟练的劳动力或者在既定行业中竞争所必需的基础设施。
- 需求状况——母国对行业产品或服务需求的性质。
- 相关产业与支持产业——一国存在或者不存在具有国际竞争力的相关产业和支持产业。
- 企业战略、结构与竞争——监管企业创建、企业组织、企业管理的条件以及国内竞争的情况。

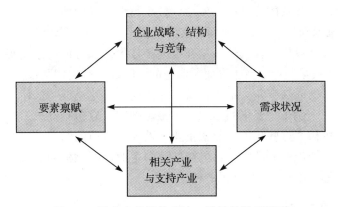

图6-5 国家竞争优势理论：波特的钻石模型

资料来源：Michael E. Porter, *The Competitive Advantage of Nations* (New York: Free Press, 1990; republished with a new introduction, 1998), p. 72.

波特将这四个属性构成的结构图称为钻石，他认为在这个钻石条件最好的行业或者行业部门里，企业最有可能取得成功。他还指出这个钻石是一个相互增强的系统，每一个属性对其他属性的状态都有影响。例如，波特认为有利的需求状况将不会产生竞争优势，除非竞争状态足以促使企业对其做出回应。

波特主张，有两个额外的变量可能会以重要的方式影响一国的钻石模型，即机遇和政府。诸如重大创新这样的偶然事件可以重新构筑行业结构，给一国企业提供机会来取代他国企业。通过政策的选择，政府可以降低或提高国家的优势。例如，管制可以改变国内需求状况，反垄断政策可以影响一个行业内的竞争激烈程度，而政府对教育的投资可以改变要素禀赋。

6.8.1 要素禀赋

要素禀赋是赫克歇尔－俄林理论的核心内容，虽然波特并没有提出什么本质上新的东西，但他的确分析了生产要素的特性。他认识到了要素之间的层次，区分了基本要素（如自然资源、气候、位置和人口特征）和高级要素（如通信基础设施、有经验和熟练的劳动力、研究设施和技术诀窍）。他认为对竞争优势而言，高级要素是最重要的，不同于基本要素（是自然赋予的），高级要素是个人、公司和政府投资的产物。所以，政府通过投资于基础教育和高等教育，提升人口的一般技能和知识水平，鼓励高等教育机构的高级研究，可以提升一国的高级要素。

高级要素与基本要素之间的关系是复杂的，基本要素可以提供初始优势，而这种初始优势是要靠后来在高级要素上的投资来增强和扩展的。反之，基本要素不利可能对投资高级要素产生压力。这种现象最明显的例子是日本，这是个缺少可耕地和矿物储量，但通过投资已经积累了大量高级要素禀赋的国家。波特注意到日本拥有大量的工程师（反映在人均工程专业大学毕业生数量几乎比其他任何国家都高得多），这对日本在许多制造产业上的成功一直起着至关重要的作用。

6.8.2 需求状况

波特强调国内需求在加强竞争优势中所起的作用。企业通常对与它们距离最近的客户的需求最敏感，所以，国内需求的特点在塑造国内制造产品的特性方面以及在对创新和高质量产生压力方面都是很重要的。波特认为：如果国内的消费者是成熟的、要求高的，那么一国的企业就会获得竞争优势。因为这样的消费者迫使当地的企业满足更高的产品质量标准，生产出创新产品。比如，波特注意到，日本精明且知识渊博的照相机购买者有助于激励日本照相机产业改进产品质量、推出创新产品。

6.8.3 相关产业与支持产业

在某一产业中国家竞争优势的第三个广义的属性是具有国际竞争力的相关产业和支持产业的存在。相关产业和支持产业在高级要素上进行投资的好处可以外溢到整个行业，因而使之在国际上获得很强的竞争地位。瑞典在钢制装配产品（如滚珠轴承和切削工具）方面的实力就利用了瑞典在特种钢产业中的实力。美国半导体产业始终技术领先，为美国在个人计算机以及其他一些高级电子技术产品方面的成功提供了基础。类似地，瑞士在制药方面的成功与其早先在相关染料产业技术方面所取得的国际成功有密切联系。

这一过程的结论是：一国的成功产业会带动相关产业的成功。这是波特的研究中最普遍的发现之一。波特指出，这样的一系列产业的一个例子是德国的纺织品和服装部门，它包括高质量的棉线、毛线、人造纤维、缝纫机针以及范围很广的纺织机械。这些相关产业很重要，因为有价值的知识可以在一个地理区域内的公司间流动，使所有相关产业都受益。知识的流动因为雇员在区域内企业之间跳槽而实现，还有国家产业组织召集不同公司的雇员定期开研讨会或现场会也能实现知识的流动。

6.8.4 企业战略、结构与竞争

在波特的模型中，国家竞争优势第四个广义的属性是一国的企业战略、结构与竞争。在这里，波特给出了两个重要的观点。

波特的第一个观点是：所有的国家都具有不同的"管理意识形态"特征，该特征既可能有助于也可能无助于建立国家竞争优势。例如，波特注意到，工程师在德国和日本企业的高管中占据支配地位，他将这一现象归因于这些企业重视改进工艺流程和产品设计。相反，波特也注意到在许多美国企业高管中，具有财务背景的人占据支配地位，他将这一现象与许多美国企业不注重改进工艺流程和产品设计联系起来。他还指出，财务人才占优势导致了过分强调短期金融回报的最大化。按照波特的观点，这些不同的管理意识形态的结果之一是，美国在那些工艺流程和产品设计都很重要的、以工程为基础的行业（例如汽车行业）里相对缺乏竞争力。

波特的第二个观点是：在一个行业里，激烈的国内竞争和竞争优势的创造与保持之间存在着很强的关联性。

激烈的国内竞争促使企业去寻找提高效率的方法，这使它们更具有国际竞争力。国内竞争会产生出创新的压力、改进质量的压力、降低成本的压力以及投资于提升高级要素的压力。所有这些都有助于创造出世界级的竞争者。波特引用了日本这一例子：

> 没有什么地方能比日本的国内竞争的作用更明显了，这是大规模、全方位的竞争。在这种竞争中，许多企业都不能获得盈利。由于强调以市场份额为目标，日本的企业进行着无休止的竞争来战胜对手，市场份额剧烈波动，整个过程显著地刊登在商业报刊上。详尽的排名来衡量哪些公司是最受大学毕业生青睐的，新产品与新工艺的开发速度惊人。

6.8.5 评价波特的理论

波特的论点是：一国在某一特定行业取得国际成功的可能性是要素禀赋、国内需求条件、相关产业和支持产业以及国内竞争的函数。他认为，这个能推进竞争表现的钻石，通常要求4种成分都出现（尽管有一些例外）。波特还认为，政府可以积极地或者消极地影响这4种成分。要素禀赋会受到财政补贴、对资本市场的政策、对教育的政策以及类似因素的影响。政府可以通过当地的产品标准或者通过施行命令、影响买方需求的规章制度来塑造国内需求。政府可以通过规章制度来影响支持产业和相关产业，通过资本市场规制、税收政策以及反托拉斯法等手段来影响企业竞争。

如果波特是正确的，我们就会期望他的模型能预测我们在现实世界里所观察到的国际贸易模式。国家应该在钻石的4个成分中最为有利的行业出口产品，同时在那些成分并非有利的行业进口产品。他是否正确？我们并不知道。波特的理论没有受到具体的实证检验。这一理论的许多内容听上去是正确的，新贸易理论、比较优势理论以及赫克歇尔-俄林理论也是如此。在现实中，可能这些理论中的每一种都能对国际贸易模式做出一定的解释，在许多方面，这些理论是相互补充的。

全景视角：管理启示

区位、先行者优势、政府政策、投资及企业战略

为什么上述所有这些都对企业至关重要？本章所讨论的材料对于国际企业至少有4个主要的启示：区位启示、先行者优势启示、政府政策启示，以及政府政策、投资和企业战略变化的启示。

区位启示

我们所讨论的大多数理论的基础是这样一种观念，即各国在不同的生产活动中有特有的优势。因此，从利润的角度看，企业把自己的各种生产活动分散到按照国际贸易理论能最有效率地从事生产的那些国家是有道理的。如果设计能够在法国最有效率地进行，那么法国就应该是设计机构的所在地；如果基本部件的制造在新加坡最有效率地进行，那里就是它们应该在的生产地；而如果最后装配能够在中国最有效率地进行，就应该在那里完成最后装配。其最终结果就是一个全球性生产活动网，依据比较优势、要素禀赋等的考量，在全球的不同地点从事不同的生产活动。如果企业不这么做，它就会发现自己相对于其他这么做的企业处于竞争劣势。

先行者优势启示

按照新贸易理论的说法，在特定新产品生产方面确立了先行者优势的企业在该种产品的全球贸易中可以确立随后的优势地位。这在诸如航天市场那样全球市场只可以支撑有限数量赢利企业的行业里确实如此。但是在一些不太集中的市场上，早期介入似乎也很重要。对于单个的企业来说，投资大量的财力资源试图建立先行者优势是划算的，即便这意味着在新投资的产品赢利前有好几年较大的亏损。思路是：抢先占据现有市场，获得与产品数量相关的成本优势，先于其他后来竞争者建立一个持久的品牌，最终建立长期可持续的竞争优势。虽然关于如何做到这点的确切细节不在本书讨论之列，但是有大量文献阐明了关于利用先行者优势并避开与先行开拓市场相关陷阱（先行者

劣势)的战略。

政府政策启示

商业企业是国际贸易活动中的主要参与者，国际贸易理论对国际企业具有重要意义。商业企业制造出口产品，也进口其他国家的产品。因为它们在国际贸易中具有关键作用，所以它们会对政府的贸易政策产生强大的影响，游说政府推动自由贸易或者贸易限制。国际贸易理论认为，虽然促进自由贸易不一定总是最符合单个企业的利益，但通常是最符合国家利益的。许多企业意识到了这点并为开放市场而游说。

例如，在20世纪90年代，当美国政府宣布打算对从日本进口液晶显示屏（LCD）征收关税时，IBM公司和苹果公司就进行了强烈的抗议。两家公司都指出：①日本是LCD成本最低的来源国；②它们是把这些显示屏用于自己生产的便携式计算机；③征收关税的提议，通过增加LCD的成本而增加了由IBM公司和苹果公司所生产的便携式计算机的成本，这会在世界市场上降低它们的竞争力。原本欲保护美国企业而设立的这种关税却弄巧成拙。在这些压力之下，美国政府在这个问题上转变了态度。

然而，商业企业并不总是像IBM公司和苹果公司那样，为自由贸易而游说。例如，为应对美国企业对政府的直接压力，美国定期实施钢铁进口限制措施（最新的例子是在2018年3月，特朗普政府对进口钢铁征收25%的关税）。在一些情况下，美国政府对国内企业寻求保护的压力做出的回应是，迫使外国公司在对它们的进口产品的"自愿"限制问题上达成协议，威胁性地暗示要使用更广泛的正式贸易壁垒来迫使它们遵守那些协议（历史上在汽车行业就出现过这种情况）。在另外一些情况下，政府使用所谓的"反倾销"措施，使得对从其他国家进口的产品征收关税变得合理（这些机制在第7章中进行详细探讨）。

正如国际贸易理论所预测的，许多这样的协议都是弄巧成拙的。以1985年达成的关于机床刀具进口的"自愿"限制为例，由于美国的机床刀具行业拥有进口壁垒的保护，它没有提高效率的动力，结果，它把自己的许多出口市场拱手让给了更有效率的外国竞争者。因而，现在美国的机床刀具行业的规模比1985年小了。对任何一个受过国际贸易理论教育的人来说，这些事件并不让人吃惊。

最后一点，波特的国家竞争优势理论也包括政策含义。波特认为：在不断提高的生产的高级要素上投资符合企业的最高利益，如投资于更有效的雇员培训以及增加研发活动的投入。游说政府采取对国家"钻石"中的每个成分都形成有利影响的政策，也是最符合企业的利益的。于是，按照波特的说法，商业企业应该敦促政府增加在教育、基础设施以及基础研究上的投资（因为这些都能增强高级要素），采取促进国内市场激烈竞争的政策（因为按照波特的发现，这可以使企业具有较强的国际竞争力）。

政府政策、投资和企业战略变化的启示

在过去30年中的大部分时间里，政府关于国际贸易的政策是稳定和广为人知的。我们将在第7章中详细阐述，在世界贸易组织的主持下，建立了一种以商定的贸易治理规则为基础的国际秩序。所有主要贸易国是该组织的成员。世界各国共同致力于降低货物和服务的跨境贸易壁垒。这些共同目标和对现行基于规则的秩序的接受创造了一个可预测的环境，使跨境商业投资的风险降低。企业已经知道竞争环境是什么样子。如前所述，企业已经配置了它们的价值链，以利用这一秩序。生产活动已分散到世界各地，在那里可以最有效率地进行。因此，苹果公司可能会在加利福尼亚州设计iPhone，并在那里编写手机运行的软件，同时将硬件组件的生产外包给德国、马来西亚和日本，并在中国组装手机，然后再将成品运往全球主要市场。

特朗普当选为美国总统，以及他所倡导的贸易政策的转变，使货物贸易的既定秩序成为历史。环境不再可预测。如果贸易壁垒突然建立起来，今天进行的投资明天可能变得无利可图。由来已久的全球供应链在经济上一直有意义，但鉴于贸易政策的变化，这些供应链可能不再可行。例如，苹果公司决定在中国组装iPhone，这在2007年似乎是合理的，如果美国继续对中国进口产品征收高关税，这可能会变得不经济，成为一种战略劣势。同样，像星巴克这样的美国公司，视中国为重要的发展机遇，如果中国通过限制对华投资来应对美国的贸易壁垒，它们的雄心壮志可能会受到挫败。

贸易政策的改变给未来带来了重大的不确定性，这增加了支持国际贸易的跨境投资的风险。竞争环境不再易于理解。投资搁浅的风险增加了。几年前投资的价值现在可能大大降低。企业应该如何应对？虽然我们将在以后的章节中回顾这个问题，但值得注意的

是，当投资风险增加时，企业通常会做三件事。第一，它们减少对高风险项目的投资，在这种情况下，这可能意味着对卷入贸易战的国家的投资减少。第二，它们多方下注。多方下注可能需要像苹果公司这样的企业从几个不同地点采购组件，也许在多个地点组装，这样，如果贸易争端和更高的关税壁垒使一个地点变得不经济，企业就可以将其部分生产转移到另一个地点。多方下注可能还需要企业增加国内产量，即使这样做会提高成本。应当指出，减少投资风险和通过从多个地点采购进行对冲，将降低全球经济资源配置的效率，抑制和/或扭曲贸易流动，并降低未来的经济增长率。第三，为了抵消这种影响，企业可以游说政府，鼓励政府解决争端，创造一个更稳定和可预测的环境。

本章小结

本章回顾了为什么进行国际贸易对国家有利，以及解释了我们在世界经济中所观察到的国际贸易模式的几种理论。我们已经看到，绝对优势理论、比较优势理论和赫克歇尔－俄林理论都为无限制的自由贸易提供了充分的理由。与此相反，重商主义理论以及新贸易理论在较低的程度上可以被理解为支持政府进行干预，通过补贴来促进出口，通过关税和配额来限制进口。

在解释国际贸易模式时，我们可以看到，除了重商主义理论对此没有提出见解之外，各种不同的理论都提供了大量的有价值的解释。虽然没有一种理论可以阐明明显的国际贸易模式，但把这些理论综合在一起，那么比较优势理论、赫克歇尔－俄林理论、产品生命周期理论、新贸易理论还有国家竞争优势理论的确指出了哪些因素是重要的：比较优势理论告诉我们生产力差异很重要；赫克歇尔－俄林理论告诉我们要素禀赋是重要的；产品生命周期理论告诉我们新产品从哪里引进很重要；新贸易理论告诉我们专业化报酬递增和先行者优势有重要影响；国家竞争优势理论告诉我们影响国家钻石的4个成分的因素都可能是重要的。本章要点如下：

（1）重商主义者认为保持贸易顺差对一国是最有利的。他们把贸易看作零和博弈，在这场博弈中，一国的利得导致其他国家的损失。

（2）绝对优势理论提出，各国有效生产产品的能力不同。该理论认为一国应该专门生产有绝对优势的产品，而进口其他国家在生产上有绝对优势的产品。

（3）比较优势理论指出，一国应该专门生产它能最有效率地生产的产品，而从其他国家进口生产效率较低的产品，即便这意味着比起从其他国家进口这种产品，自己生产更有效率。

（4）比较优势理论认为，无限制的自由贸易引起世界生产量的增加，也就是说，这种贸易是正和博弈。

（5）比较优势理论还指出，一国对自由贸易开放会刺激经济增长，这会从贸易中产生动态收益。经验证据似乎与这个论点一致。

（6）赫克歇尔－俄林理论认为，国际贸易模式是由要素禀赋的差异决定的。它预测国家将出口那些密集使用本地丰裕要素的产品，进口那些使用本地较稀缺要素的产品。

（7）产品生命周期理论提出，国际贸易模式受新产品在哪里引进的影响。在越来越整合的全球经济中，产品生命周期理论似乎不如曾经那么具有预测性了。

（8）新贸易理论的观点是，贸易允许一国专门从事某些产品的生产，达到规模经济，降低生产这些产品的成本，而从其他同样进行专业化生产的国家进口本国不生产的产品。通过这一机制，各国增加了供给消费者的产品种类，产品的平均价格下降了。

（9）新贸易理论认为，在那些存在相当规模经济的行业里，世界市场只能支持少数企业赢利。在某行业主导产品出口的国家，可能仅仅因为该国有一家公司在该行业是一个先行者。

（10）有些新贸易理论家提出了战略性贸易政策的观点。他们认为：政府通过巧妙而审慎地使用补贴，可以增加国内企业在一个新的行业成为先行者的机会。

（11）波特的国家竞争优势理论指出，国际贸易模式受到一国的4种属性的影响：①要素禀赋；②需求状况；③相关产业与支持产业；④企业战略、结构与竞争。

（12）国际贸易理论对企业之所以重要，主要是因为它们可以帮助企业决定把各种生产活动安排在什么地方进行。

（13）参与国际贸易的企业能够且确实强烈地影响着政府对贸易的政策。通过游说政府机构，企业可以帮助推动自由贸易或贸易限制。

附录6A 国际贸易和国际收支

国际贸易涉及向其他国家居民销售货物和服务（出口）以及向其他国家的居民购买货物和服务（进口）。一个国家的**国际收支账户**（balance-of-payments accounts）记录了在某一特定时间段内，该国对另一个国家支付和收入款项情况，包括进口外国货物和服务的支付、出口到外国的货物和服务的收入。美国2019年国际收支账户的概况以表6A-1的形式列出。任何一笔交易导致的向另一个国家的付款都记入国际收支账户，作为借方余额，标记为负数（−）；任何一笔交易导致的从另一个国家接收到的款项，则记入贷方余额，标记为正数（+）。在本附录中，我们简要描述国际收支账户，并讨论是否有必要担心经常账户赤字这个为媒体所广泛关注的问题。

表6A-1 2019年美国的国际收支账户

经常账户	百万美元
货物、服务的出口及收入（贷方）	3 805 938
货物	1 652 437
服务	875 825
主要收入	1 135 691
次要收入	141 984
货物、服务的进口及支出（借方）	4 286 163
货物	2 516 767
服务	588 359
主要支出	899 347
次要支出	281 689
资本账户	
资本转移收入	67
资本转移支出	6 311
金融账户	440 751
美国拥有的海外资产（净额）	797 960
美国官方储备资产	−38 340
美国政府资产	90 921
美国私人资产	
外国拥有的美国资产	−480 226
外国官方拥有的美国资产	−6 244
其他在美国的外国资产	236 344
统计误差	−138 705

资料来源：美国商务部经济分析局。

国际收支账户

国际收支账户分为3个主要部分：经常账户、资本账户和金融账户（这里有些混乱，现在我们说的资本账户，在不久之前还是经常账户的一部分，而金融账户过去被称作资本账户）。**经常账户**（current account）记录3类交易情况，在表6A-1中都列出来了。第一部分是货物，指的是实物货物的进口和出口（比如农业食品、汽车、计算机、化学品）。第二部分是服务的进口和出口（比如像银行与保险服务这样的无形产品、知识产权使用费、外国游客来美国旅游的收入）。第三部分是主要收入和支出，是指外国投资的收入或支出（如利息、股息收入或支出），还包括外国人因在美国境外工作而向美国居民支付的款项，以及美国实体向外国居民支付的款项。

第四部分是次级收入和支出，是指向美国政府或美国私人实体转让商品、服务或资产的收入或支出，或向外国政府或实体转让的收入或支出，包括纳税、外国养老金支付、现金转移等。

经常账户赤字（current account deficit）在一国对货物、服务的进口大于出口时出现。**经常账户盈余**（current account surplus）在一国对货物、服务的出口大于进口时出现。表6A-1显示2019年美国的经常账户赤字约为4.8万亿美元。这一直是一个引人注目的数字，被各大媒体广泛报道。近年来，美国经常账户赤字巨大，主要是因为美国进口实物货物远远超过其出口（请注意，美国通常在服务贸易和收入支付上是顺差）。

2006年，美国的经常账户赤字额为8 030亿美元，是有史以来数量最大的赤字，相当于国家GDP的6.5%。之后赤字有所缩减，2019年经常账户赤字仅占GDP的2.2%。许多人对这一数字感到不安，人们通常认为，高度地依赖货物进口会使国内的生产转移到国外去，从而导致失业、减缓美国经济的增长。然而从某些方面来看，事情本身远比所陈述的要复杂。要想充分理解巨大且持续的赤字的影响，我们需要了解国际收支账户的其他部分。

资本账户（capital account）记录资产存量的一次性变化。就像上面提到的，不久前它还被包括在经常账户里。资本账户包括资本转移，比如债务豁免和移民转移（货物和金融资产随着移民的流动进入或者离开某个国家）。从大局来看，这一项只是相对比较小的数目，2019年总计为6 700万美元。

金融账户（financial account），即之前的资本账户，记录涉及资产买卖的交易。这样的话，如果德国公司购买美国一家公司的股票或者购买美国债券，交易就进入美国的国际收支账户，作为金融账户的贷方。这是因为资本在向该国流入。当资本流出美国时，它作为借方进入金融账户。

金融账户由几个元素组成。美国拥有的国外资产的净变动包括：美国政府拥有的资产的变化（美国官方储备资产）和私人个体及公司拥有的资产的变化（包括通过外国直接投资拥有的资产的变化）。从表A-1中可以看出，2019年美国持有的外国资产增加了4 410亿美元，这表明美国政府和美国私人实体购买的外国资产比出售的多。美国净负债是指外国人拥有的美国资产的变化。2019年，外国人持有的美国资产增加了7 980亿美元，这意味着外国人是美国股票、债券（包括国库券）和房地产等实物资产的净买家。

国际收支账户簿记的基本原理是复式记账。每一笔国际交易自动地进入国际收支账户两次，一次是作为贷项，一次是作为借项。设想你花2万美元购买一辆日本丰田公司生产的汽车。因为你的购买行为代表了向另一个国家支付货物的费用，这笔钱将作为借项进入国际收支账户的经常账户。丰田公司就有了2万美元，必须用它做些什么。如果丰田公司把这笔钱存入美国的银行，丰田公司就购买了美国的资产，即一份价值2万美元的银行存单，这笔交易将在金融账户上以2万美元贷项的名目出现。或许丰田公司会把现钞兑换成日元，存到日本的银行。那么日本的银行就得用这笔钱做些什么。它采取的任何行动最终都会导致美国国际收支的贷项。例如，假如日本的银行把2万美元贷给一家日本公司用于从美国进口个人计算机，那么这2万美元就必须记入美国国际收支账户的经常账户的贷项。或者日本的银行用这2万美元购买美国政府债券，在这种情况下，这笔款项将作为贷项出现在美国国际收支账户的金融账户中。

因此，任何一笔国际交易都会自动引起国际收支账户中2笔相互抵消的记录。经常账户余额、资本账户和金融账户余额加在一起应该为零。但在实际操作中，因为"统计差异"的存在，这一结果不常出现。对于统计差异的来源，我们在这里不做深究（我们注意到2019年的统计差异高达91亿美元）。

经常账户赤字要紧吗

如上所述，当一国国际收支经常账户呈现赤字状态时，就会有一些顾虑了。近年来，包括美国在内的一些发达国家，经常账户赤字持续增长。当一国出现经常账户赤字时，流到其他国家的钱就能被用来购买赤字国家的资产。因此，当美国在与中国的贸易中呈现赤字时，中国人就用他们从美国消费者那里赚到的钱购买美国的资产，比如股票、债券等。换种说法，经常账户赤字是通过向其他国家出售资产得到资金补充的，即通过金融账户的盈余。所以，美国经常账户持续的赤字是通过不断向其他国家出售美国资产（股票、债券、不动产和整个公司）得到资金补充的。简而言之，经常账户赤字的国家就成为净债务国。

例如，美国通过出售资产补充经常账户赤字，结果是它必须提供不间断的利息费用给外国的债券持有者，向外国的土地所有者支付租金，向外国的持股人支付股息。有人会认为，支付给外国人的这些款项会使一国的资源流失，且限制能够用于该国国内投资的可用资金数额。由于一国的国内投资对刺激经济增长是非常必要的，因此持续的经常账户赤字会抑制一个国家未来的经济增长。这是"持续的赤字对经济不利"这种观点的基础。

然而，事情并非如此简单。在资本市场全球化的时代，货币被有效率地投向其价值最高的用途，而在过去的 25 年间，资本价值最高的许多用途一直在美国。因此，即使资本以向外国人支付的形式流出了美国，那些资本中的大部分还是会回到美国，为美国国内的生产性投资提供资金。总之，经常账户赤字阻碍美国经济的增长，这一论断至今还不明确。事实上，就算经历了 2008～2009 年的经济衰退，在过去 30 年间，尽管经常账户一直为赤字，尽管要通过向外国人出售美国资产来补充该赤字，尽管由于新冠疫情的影响美国经济在 2020 年大幅萎缩，但是美国经济仍大幅增长。其中一个原因是外国人将从美国资产上挣的大部分收入、向美国出口商品的大部分收入，又再投资到美国。这种修正主义的观点在近年来非常盛行，它表明持续的经常账户赤字可能不像原先想象的那样拖经济增长的后腿。

说到这里，还有一个无法摆脱的担忧：有一天外国人对美国资产的需求可能会减弱。如果外国人突然减少对美国的投资，会怎样呢？简而言之，如果他们不把以投资或出口货物的形式从美国挣得的钱再投资到美国的话，他们会把美元兑换成其他货币，如欧元、日元或人民币等，并且投资到以欧元、日元和人民币等标价的资产中，这样就会导致外汇市场上美元贬值，反过来又提高进口产品价格，降低美国出口产品价格，使美国出口更具有竞争力，这将降低经常账户赤字的整体水平。因此，从长期来看，美国经常账户的持续赤字可以通过美元贬值得到矫正。问题是这样的调整可能并不顺利。美元的贬值可能不受控制，在很短的时间内大幅贬值，造成"美元危机"。由于美元是世界的主要储备货币，而且被许多外国政府和银行持有，美元危机会给世界经济沉重的打击，甚至引发全球经济放缓。这可不是一件好事。

第 7 章

政府政策与国际贸易

学习目标

- 7-1 认识政府用来影响国际贸易流动的各种政策工具
- 7-2 理解为什么政府有时会干预国际贸易
- 7-3 总结和解释反对战略性贸易政策的观点
- 7-4 描述世界贸易体系的发展及当前存在的贸易问题
- 7-5 解释世界贸易体系的发展对管理者的启示

⊙ 开篇案例   美国和肯尼亚谈判贸易协定

特朗普在其总统任期的大部分时间都在对其他国家建立贸易壁垒,但在 2020 年初,特朗普政府表示想做一些不同的事情,希望在美国和东非国家肯尼亚之间达成自由贸易协定。特朗普政府从地缘政治角度看待与肯尼亚的自由贸易协定。特朗普政府认为,成功的贸易协定可以成为美国和非洲国家之间其他协定的范例。

美国贸易代表罗伯特·莱特希泽(Robert Lighthizer)指出,非洲离成为世界人口中心只有几年的时间,"如果我们找不到办法把他们移到我们的方向,那么其他国家就会把他们推向它们的方向"。中国已经向包括肯尼亚在内的非洲国家提供了大量资金,并在非洲大陆修建了道路和桥梁,作为"一带一路"倡议的一部分。这些项目包括肯尼亚一条 482.8 千米、耗资 40 亿美元的铁路,将位于该国高地的首都内罗毕与港口城市蒙巴萨连接在一起。

两年多来,特朗普政府一直在讨论选择哪个非洲国家进行贸易谈判。在确定肯尼亚之前,他们考虑了加纳和象牙海岸。选择肯尼亚并不奇怪。肯尼亚已成为撒哈拉以南非洲的经济增长国之一,2018 年其实际国内生产总值(GDP)增长 4.9%,2019 年增长 5.6%。该国是东非的经济、金融和交通枢纽,在创业活动方面享有越来越多的声誉。此外,这个有着 5 300 万人口的国家拥有年轻、精通技术、充满活力的人口(超过 40% 的肯尼亚人年龄在 16 岁以下)。它还拥有该区域的良好的教育系统之一,这对未来的经济增长是积极的。话虽如此,美国和肯尼亚之间的贸易额每年只有 10 亿美元,肯尼亚勉强跻身美国前十大贸易伙伴之列,因此与肯尼亚的任何贸易协定都不太可能对美国经济产生明显的影响。

肯尼亚方面则表示,它欢迎这样的协定。2019 年,美国成为该国第三大贸易伙伴,进口了价值 6 700 万美元的服装、水果、坚果和咖啡。这里的另一个考虑是,《非洲增长和机会法案》(该法案由美国国会通过,并于 2000 年 5 月签署成为法律)将于 2025 年到期。受影响的国家急于在这种情况下有所作为,近年来,虽然有《非洲增长和机会法案》,但撒哈拉以南地区的出口更多地流向欧盟、中国和印度,而不是美国。莱特希泽没有延长《非洲增长和机会法案》，而是呼吁做出更持久的安排。肯尼亚和美国之间拟议的双边贸易协定可被视为这一战略的一部分。

然而，这里有一个陷阱。首先，大部分议价权都在美国方面。美国经济规模比肯尼亚大200倍，一些人担心特朗普会利用这种差距来达成对美国非常有利的协定，而不是真正的自由贸易协定。其次，这项拟议中的双边协定可能与肯尼亚已经签署的、计划于2020年生效的由54个非洲国家签订的多边协定——《非洲大陆自由贸易区协定》背道而驰。通过签署一项独立于《非洲大陆自由贸易协定》的协定，一些观察家担心美国和肯尼亚之间的自由贸易区可能会破坏非洲自由贸易区。然而，肯尼亚不太可能受到这种关切的阻碍。

资料来源："America and Kenya Eye Up a Trade Deal," *The Economist*, February 6, 2020; C. Felter, "What Would a U.S.-Kenya Trade Deal Mean?" *Council on Foreign Relations*, February 21, 2020; J. Goldstein, "Kenyans Say Chinese Investment Brings Racism and Discrimination," *The New York Times*, October 15, 2018; A. Swanson, "U.S. to Start Trade Talks with Kenya to Counter China's Influence," *The New York Times*, February 6, 2020.

引言

通过回顾第6章中斯密、李嘉图以及赫克歇尔－俄林的经典贸易理论，我们得知在一个没有贸易壁垒的世界里，贸易模式将取决于不同国家的不同生产要素的相对生产效率。各国专门生产其能最有效率生产的产品，同时进口本国生产效率较低的产品。第6章也为支持自由贸易提供了理论支持。**自由贸易**（free trade）是指政府并不试图去限制本国公民从另一个国家买进或者向另一个国家卖出商品的情况。正如我们在第6章中所见，斯密、李嘉图以及赫克歇尔－俄林的理论预测自由贸易的结果将包括静态经济利益（因为自由贸易支持较高的国内消费水平和对资源的更有效利用）和动态经济利益（因为自由贸易刺激经济的增长和财富的创造）。

本章将着眼于国际贸易的政治现实。尽管许多国家名义上承诺自由贸易，但在实践中这些国家往往会干预国际贸易，以保护重要政治集团的利益或者提高重要国内生产商的利益。例如，美国政府干预钢铁行业的历史悠久，它征收进口关税以保护国内生产商免受因进口成本较低的外国钢铁而造成市场份额损失。布什、奥巴马和特朗普都授权对外国钢铁进口征收关税。然而，特朗普政府在贸易方面比过去的美国政府更具有干预性，这反映了总统的贸易政策中"美国优先"的思路。这使我们想到了开篇案例，该案例讨论了美国和肯尼亚之间拟议的自由贸易协定。乍一看，特朗普政府正与肯尼亚就建立自由贸易区进行谈判，这似乎令人吃惊。然而，仔细研究一下，从地缘政治角度来看，拟议中的协定是对抗中国在该地区日益增强的影响力的战略尝试，因此，这与美国新的贸易政策思路完全一致，后者强调美国与其个别贸易伙伴之间达成双边协定优于许多国家之间的多边协定。

本章从描述政府用于干预国际贸易的政策工具的类别开始，详细地回顾了政府实施干预的各种政治和经济动机。在本章的第三部分中，我们考虑了在政府干预国际贸易的各种正当理由面前，支持自由贸易的理由为何成立。然后，着眼于现代国际贸易体系的形成，该体系建立在关税及贸易总协定（GATT）及其后继者世界贸易组织（WTO）的基础之上，关税及贸易总协定和世界贸易组织是一系列多边条约的产物。我们还考虑了目前美国政策向双边贸易协定和管理贸易的转变。本章的最后将探讨以上内容对管理实践的意义。

7.1 贸易政策工具

贸易政策工具主要有七种：关税、补贴、进口配额和自愿出口限制、出口关税和禁令、国产化程度要求、行政性政策以及反倾销政策。关税是最古老且最简单的贸易政策工具。正如我们在本章中将会看到的，关税也是关税及贸易总协定和世界贸易组织最成功地予以限制的措施。但近几十年来关税壁垒的减少，却伴随着补贴、配额、自愿出口限制和反倾销政策这些非关税壁垒的增加。

7.1.1 关税

关税（tariff）是对进口（或出口）商品征收的一种税。关税分两类：**从量关税**（specific tariff）是指对进口商品每单位征收固定的税额（如每桶石油征收3美元）；**从价关税**（ad valorem tariff）是按进口商品价值的一定比例征收的。在大多数情况下，向进口商品收取关税以提高进口商品的价格，是为了保护国内生产商免受外国竞争的影响。然而，关税也增加了政府的收入。例如，在所得税被引入之前，美国政府的大多数收入来自关税。

进口关税由进口商支付（出口商支付出口关税）。因此，特朗普在2017年对进口外国钢铁征收的25%的从价关税不是由外国钢铁生产商支付的，而是由美国进口商支付的。这些进口关税实际上是对美国消费者征收的税。了解进口关税的关键是谁受损、谁得益。政府得益是因为关税增加了政府收入。国内生产商之所以获利，是因为关税通过增加进口外国商品的成本，为它们提供了一些针对外国竞争对手的保护。消费者之所以亏损，是因为他们必须为某些进口商品支付更多费用。例如，2002年，美国政府对进口的外国钢铁征收8%～30%的从价关税，其理念是保护国内钢铁生产商免受外国廉价钢铁进口的伤害。然而，在这种情况下，其效果是将美国钢铁产品的价格提高30%～50%。一些美国钢铁消费者——从家电制造商到汽车公司——反对钢铁关税，因为这会提高它们的生产成本，使它们更难在全球市场上竞争。政府和国内生产商的收益是否超过消费者的损失取决于各种因素，如关税金额、进口商品对国内消费者的重要性、受保护行业的工作岗位数量等。在钢铁案中，许多人认为钢铁消费者的损失显然大于钢铁生产商的收益。2003年11月，世界贸易组织宣布关税违反了世界贸易组织协定，美国于同年12月取消了关税。有趣的是，这一裁决并没有阻止特朗普在2018年3月对进口钢铁征收25%的关税。

总而言之，从经济角度分析进口关税的影响可以得出两个结论。第一，关税通常是保护生产商而损害消费者的。当保护生产商不受外国竞争者的影响时，这种对供给的限制也提高了国内产品的价格。例如，日本经济学家的一项研究测算表明，日本对食品、化妆品和化学品征收的进口关税，使得日本消费者平均每人每年因更高的价格而多花费890美元。几乎所有这类问题的研究都发现，进口关税以更高价格的形式将大量的成本强加给了国内消费者。第二，关税降低了世界经济的总体效率。这是由于保护性的关税鼓励国内企业，把在国外生产效率更高的那些产品放在国内生产，其结果是对资源的低效利用。

有时关税是向出口到别国的商品征收的。出口关税远不像进口关税那么普遍。总的来说，出口关税有两个目的：第一，提高政府收入；第二，通常是出于政治原因减少一个部门的出口。例如，2004年，中国向纺织品征收出口关税，主要目的是调节中国纺织品出口的增长，缓解与其他贸易伙伴的紧张关系。中国也对钢铁加征了出口关税，但在2015年底取消了许多关税。

7.1.2 补贴

补贴（subsidy）是政府对国内生产商的一种援助。补贴有很多种形式，包括现金补贴、低息贷款、税收减免和政府参股国内企业。补贴通过降低生产成本，以两种方式来帮助国内企业：①与国外进口商品竞争；②赢得出口市场。在多数国家，农业日趋成为补贴的最大受益者之一。欧盟每年支付440亿欧元（折合550亿美元）的农业补贴。美国国会2018年通过的农业法案包含了在未来10年每年向生产商提供约250亿美元的补贴。日本在向低效率的国内生产商提供农业补贴方面也具有较长的历史。根据世界贸易组织的数据，在2000年中期，世界各国共投入约3 000亿美元的补贴，其中2 500亿美元的补贴源自21个发达国家。2008年中期至2009年中期，为了应对全球金融危机带来的销售额急剧下滑的形势，一些发达国家向其国内的汽车生产商提供了450亿美元的补贴。尽管这些补贴的目的在于帮助这些厂商度过困难的经济形势，但其带来的一个后果却是让这些企业在全球汽车行业中获得了不公平的竞争优势。颇具讽刺意味的是，尽管美国汽车企业在金融危机期间接受了政府的紧急援助，但2012年奥巴马政府却向世界贸易组织提起申诉，指责中国向出口的汽车和汽车零部件进行非法补贴。详情见国际聚焦7-1。

⊙ 国际聚焦 7-1

中国是否非法补贴汽车出口

2012年末，美国总统竞选期间，奥巴马政府针对中国向世界贸易组织提起申诉。申诉指出，中国向其汽车和汽车零部件行业给予出口补贴，补贴内容包括现金支付、研发补助、贷款利息补贴以及税收优惠。

据美国估计，中国在2009～2011年的补贴金额至少为10亿美元。美国在申诉中指出，2002～2011年，中国的汽车和汽车零部件出口额共增长了8倍多，从74亿美元增加至691亿美元。在此期间，美国是中国汽车零部件的最大出口市场。美国声称，这一增长在一定程度上得益于补贴。美国在申诉中同时指出，这些补贴损害了美国的汽车和汽车零部件生产商的利益。汽车和汽车零部件是美国非常庞大的行业，该行业有超过80万名雇员，销售额高达3 500亿美元。

尽管一些劳工运动支持美国政府的申诉，但美国的汽车企业和汽车零部件生产商却对此反应甚微。一个重要原因在于，许多美国生产商都在中国有业务。例如，通用汽车公司在中国有一家合资公司和两家全资子公司，且经营业绩良好。此外，一些美国生产商也得益于采购中国较为便宜的汽车零部件。因此，美国对从中国进口的汽车零部件征收的任何报复性关税都将会增加其成本。

一些观察家仅仅将这次申诉视为一场政治表演，所以此次申诉可能仅仅是总统竞选博弈过程中的一个举措。

资料来源：James Healey, "U.S. Alleges Unfair China Auto Subsidies in WTO Action," *USA Today*, September 17, 2012.

补贴的主要好处为国内生产商所获，它们的国际竞争力因此得到了增强。战略性贸易政策（已在第6章中提到过，它是新贸易理论的副产品）的倡导者主张用补贴帮助国内企业在某些产业内获取主导地位，在这些产业中规模经济十分重要，世界市场的规模只允许少数企业从中获利，如飞机、半导体产业。按照这种观点，补贴可以帮助企业在新兴产业内取得先行者优势，如果能做到这一点，国内经济就可以从就业和税收收入中获得进一步的好处，并可能产生一个全球性的大公司。然而，政府的补贴通常是由个人和企业纳税来支付的。

关于补贴给国家带来的利益是否超过其成本是有争议的。在实践中，许多补贴并没有使国内生产商成功地增强其国际竞争力，而往往保护了低效率的生产商，促使了过量生产。一项研究估计，如果发达国家放弃对农场主的补贴，那么全球农产品的贸易将上升50%，世界整体经济状况将得到改善，获益总数达1 600亿美元。另一项研究估计，如果撤销农业贸易中的壁垒（补贴和关税），全球总收入将增加1 820亿美元，这种财富的增加来自对农业用地的更有效率的利用。

7.1.3 进口配额和自愿出口限制

进口配额（import quota）是对一个国家可能进口的某种商品的数量的直接限制，这种限制通常是通过对一批个人或企业发放进口许可证执行的。例如，美国对乳酪进口有配额，只有特定的贸易公司被允许进口乳酪，每一家贸易公司都被分配了每年有权进口乳酪的最大数量。在某些情况下，销售权被直接授予出口国政府。

关税和配额的结合产生了**关税配额**（tariff rate quota）。在关税配额下，向配额内的进口商品征收的关税将低于超过配额的进口商品。例如，如图7-1所示，韩国向进口100万吨以内的大米征收10%的从价关税，超出配额部分则征收80%的关税。这样，韩国进口200万吨大米，其中100万吨大米的关税税率是10%，另外100万吨大米的关税税率是80%。关税配额在农业中非常普遍，其目的是限制超过配额的进口。

进口配额的一个变体是自愿出口限制。**自愿出口限制**（voluntary export restraint，VER）通常是在进口国政府的要求下，出口国对贸易采取的一种配额。例如，2012年，巴西要求墨西哥方面对其出口至巴西的汽车数量实施类似于自愿出口限制的政策。巴西和墨西哥两国之间有签署了数十年的自由贸易协定，但是从墨西哥出口至巴西的汽车数量暴增，促使巴西提高了保护主义壁垒。墨西哥同意三年内对出口到巴西境内的汽车实行配额。外国生产商同意自愿出口限制，是因为它们害怕如果不这么做，可能就会面临更具破坏性的惩罚性关税或进口配额。同意自愿出口限制被看成是缓解一国贸易保护主义压力、扭转不利形势的一种方式。

与实行关税和补贴一样，进口配额和自愿出口限制通过限制进口竞争，从而有利于国内生产商。与所有限制贸易的措施一样，配额对消费者不利。进口配额或自愿出口限制往往会提高进口商品的国内价格。当通过进口配额或自愿出口限制把进口数量限制在很低的市场份额时，价格将由于有限的外国商品供给而被抬高。当供给受到人为的进口配额限制时，生产商得到的这种超额收益被称为**配额租金**（quota rent）。

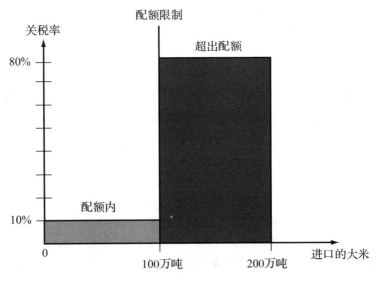

图 7-1 假设的关税配额

如果国内某一产业缺乏满足市场需求的能力，进口配额会同时提高国产商品和进口商品的价格。美国制糖工业就出现过这种情况。关税配额制度长期限制着外国生产商在美国市场上可销售的产品数量。根据一项研究，进口配额已经导致美国市场上糖的价格一直比世界市场价格高40%。这些高价转化成美国糖生产商更丰厚的利润，他们曾为保持这一赚钱的协定而游说政客。他们坚称如果配额制度被打破，美国制糖工业的就业机会将被外国生产商取而代之。

7.1.4 出口关税和禁令

出口关税（export tariff）是对商品出口征收的税。出口关税背后的目标是歧视出口，以确保一国内有足够的商品供应。由于大多数国家都试图鼓励出口，因此出口关税相对较少。

出口禁令（export ban）是部分或完全限制商品出口的政策。一个众所周知的例子是1975年美国国会颁布的美国原油的出口禁令。当时，石油输出国组织正在限制石油供应，以推高油价，惩罚西方国家在阿拉伯国家和以色列冲突期间对以色列的支持。美国的出口禁令被视为确保国内石油供应充足的一种方式，从而有助于压低国内油价、保护国家安全。2015年，在美国石油生产商的游说下，这项禁令被解除。这些生产商相信，如果允许他们在世界市场上销售，他们的一些产品可以获得更高的价格。

7.1.5 国产化程度要求

国产化程度要求（local content requirement，LCR）规定某一产品的某些特定部分必须在国内生产，可表述为实物条款（如产品部件的75%必须在当地生产）或价值条款（如产品价值的75%必须在当地生产）。国产化程度要求在发展中国家已作为一种手段而被广泛采用，以便使它们的制造业基地从简单装配其他地方制造的部件产品，转变为装配当地制造的部件产品。发达国家为保护当地就业和产业免受外国竞争的影响，也一直在使用这一方法。例如，美国一部鲜为人知的法律——《购买美国货法案》（Buy America Act）明确规定，凡政府机构通过招标签订设备采购合同的，必须优先考虑购买美国产品，除非外国产品有相当大的价格优势。这一法案明确指出，如果某一产品原料价值的51%是在美国国内创造的，则该产品就是美国货，这相当于一个国产化条件。若一家外国公司或美国公司希望与美国政府机构签订一份向其提供某种设备的协议，那么必须保证该公司产品至少51%的价值是在美国生产出来的。

从零部件的国内生产商的角度看，国产化程度要求提供了与进口配额同样方式的保护：限制外国竞争。总的效果也是相同的：国内生产商获益，但对进口的限制提高了进口部件的价格。反过来，较高的进口部件价格又通过较高成品价格的形式转嫁到消费者身上。和所有贸易政策一样，国产化程度要求往往对生产商有利而对消费者不利。

7.1.6 行政性政策

除了正式的贸易政策工具，所有国家的政府在某些时候都会利用非正式或行政性管理政策来限制进口和促进出口。**行政性贸易政策**（administrative trade policies）是指通过官僚章程来增加进口商品进入一个国家的难度。有人认为，日本是使用这种贸易壁垒的高手。近几十年来，日本正式的关税和非关税壁垒均在世界最低水平之列。然而，批评者指控该国对进口商品设置非正式行政性壁垒所带来的危害，要比低关税及非关税壁垒带来的好处大得多。例如，日本的汽车市场一直难以被外国打开。2016年，在日本销售的490万辆汽车中，只有6%是外国汽车，只有1%是美国汽车。几十年来，美国汽车制造商一直认为，日本通过设置监管障碍（如汽车零部件标准）阻碍来自国外厂商的竞争，而这种障碍在世界其他地方是不存在的。奥巴马政府谈判达成的《跨太平洋伙伴关系协定》（TPP）试图解决这个问题。作为TPP的一部分，美国将降低日本轻型卡车的进口关税，以换取日本采用美国的汽车零部件标准，这将使美国汽车对日本的出口和销售更加容易。然而，特朗普在2017年1月使美国退出了TPP。

7.1.7 反倾销政策

在国际贸易背景下，**倾销**（dumping）有不同的定义，例如在外国市场上以低于生产成本的价格出售商品，或在外国市场上以低于"公平"市场价值的价格销售。这两个定义之间存在差异。通常认为，一种商品的公平市场价值比其生产成本要大，因为前者包括一个"公平的"利润幅度。倾销被看作企业在外国市场上处理过剩生产的方式。有些倾销可能是掠夺性行为的结果，生产商利用国内市场的大量利润补贴国外市场的低价，以便将当地的竞争者挤出市场，而一旦成功，掠夺性企业可以抬高价格并赚取大量利润。

反倾销政策（antidumping policies）旨在惩罚从事倾销的外国企业，其根本目标是保护国内企业免受不公平的外国竞争。虽然不同国家的反倾销政策有所不同，但大体与美国的政策相似。美国的做法是，如果一家国内生产商认为外国企业在美国市场倾销产品，它可以向两个政府机构提出申诉，即美国商务部和国际贸易委员会。如果经调查情况属实，商务部会对违规的外国进口商品征收反倾销关税。反倾销关税通常被称为**反补贴关税**（countervailing duties），它是一种特殊的关税，其数目相当可观而且将实施五年之久。管理聚焦7-1讨论了一个案例，即美国镁业公司是如何利用反倾销立法获得保护，从而免受不公平的外国竞争的。

◎ 管理聚焦 7-1

保护美国镁业

镁是用来制造汽车的某些特定零部件和铝罐的金属。2004年2月，美国镁生产行业的唯一一家存活下来的公司——美国镁业（U.S. Magnesium）向美国国际贸易委员会提出申诉，指出进口镁的大量涌入已经对美国镁产业的就业、销售、市场份额以及利润造成实质性损害。美国镁业声称，俄罗斯和中国的生产厂商的销售价格明显低于市场价格。2002～2003年，美国的镁进口量增加70%，价格下降40%，进口镁的市场份额从25%跃升到50%。

在长达一年的调查中，国际贸易委员会咨询了争端中各方的意见。外国生产商和美国的镁消费者反驳道，2002年和2003年镁价下降只是反映了由持续增加的产能带来的供求上的不平衡。这一不平衡并不是中国或者俄罗斯造成的，而是一家成立于2001年的加拿大企业和一家计划筹建的澳大利亚企业造成的。加拿大企业在2003年倒闭了，而澳大利亚的那家企业最终并未成立，2004年镁价又重新回升。

美国的镁消费者还向国际贸易委员会指出，向从外国进口的镁征收反倾销税会提高美国镁的价格，使其大大高于世界水平。美国铝业公司（Alcoa）是一家将镁和铝混合制造合金用于罐头生产的企业。它的一位发言人预测，如果征收反倾销税，美国的高价镁会迫使公司将部分生产移至海外。美国铝业公司还表示，2003年美国镁业不能满足公司的需求，迫使公司只能转向进口产品。汽车产业的镁消费者声称，工程师会因为美国的高价镁而不将镁用于汽车的生产或者去其他地方生产，这对所有人都不利。

国际贸易委员会的六名成员并没有被这些意见所说服。2005年3月，国际贸易委员会裁定中国和俄罗斯向美国倾销镁。美国政府决定向来自中国的镁征收反倾销税，税率从50%到超过140%不等，俄罗斯的生产商面临的关税则从19%到22%不等。这一关税的有效期为五年，之后国际贸易委员会将再次审查情况。国际贸易委员会在2011年2月撤销了对俄罗斯的反倾销税，但决定继续在中国生产商身上实施此税收。它们最终在2014年被国际贸易委员会取消。

资料来源：Dave Anderton, "U.S. Magnesium Lands Ruling on Unfair Imports," *Deseret News*, October 1, 2004, p. D10; "U.S. Magnesium and Its Largest Consumers Debate before U.S. ITC," *Platt's Metals Week*, February 28, 2005, p. 2; S. Oberbeck, "U.S. Magnesium Plans Big Utah Production Expansion," *Salt Lake Tribune*, March 30, 2005.

7.2 支持政府干预的论点

我们已经回顾了政府可采用的各种贸易政策工具，现在应该更详细地考察支持政府干预国际贸易的理由。总的来说，政府干预有政治和经济两方面的理由：干预的政治理由是保护一国国内特定群体（通常是生产商）的利益，通常是以损害其他群体（通常是消费者）的利益为代价的，或是达到一些与经济关系无关的政治目的，如保护环境和保护人权；干预的经济理由通常与增加一国的总财富有关（对生产商和消费者都有利）。

7.2.1 干预的政治论点

政府干预的政治理由很多，包括保护就业、保护被认为对国家安全重要的产业、报复外国不公平的竞争、保护消费者免遭"危险"产品的危害、推动外交政策目标以及保护出口国公民的人权。

1. 保护就业和产业

也许政府干预最普遍的政治理由是保护就业和产业免受外国不公平竞争的影响。当出口国的生产商得到政府补贴时，竞争往往被视为不公平。但是，批评者指责说，出于政治原因，不公平竞争的说法往往被夸大了。例如，布什总统在2002年对进口钢铁征收关税，作为对"不正当竞争"的回应，但批评者很快指出，许多从这些关税中受益的美国钢铁生产商都位于布什在2004年赢得连任所需的州。出于相同的政治动机，欧盟出台了共同农业政策，旨在通过限制进口和确保价格以保护欧洲有政治势力的农场主。然而，共同农业政策导致的较高价格带给欧洲消费者的却是高昂的费用。对于想要通过政府干预来保护就业和产业的许多尝试来说，上述这种弊端（消费者负担加重）是真实存在的。比如2002年美国征收的钢铁关税提高了美国消费者负担的价格，从而使像汽车生产企业这样的消费者在全球市场上的竞争力被削弱。

2. 保护国家安全

有时候国家认为必须保护某些产业，因为这些产业对国家安全至关重要。与国防有关的产业（如航空航天、先进电子、半导体）经常得到这种保护。这个观点现在是罕见的，但有时仍然会被提出。当特朗普政府于2018年3月1日宣布对进口钢铁和铝征收关税时，国家安全问题是主要理由。这是自1986年以来，第一次利用国家安全威胁来为美国征收关税辩护。2017年，美国使用的钢铁约30%来自进口，其中最大的进口来源国是加拿大和墨西哥。有趣的是，与特朗普政府的说法相反，批评者认为，承包商往往是钢铁和铝的主要消费者，提高美国国防承包商的投入价格，实际上将损害美国国防工业，对国家安全产生负面影响。

3. 报复

有些人认为政府应该将威胁进行贸易政策干预作为讨价还价的工具，以此来打开外国市场，迫使贸易伙伴"按照游戏规则行事"。如果有用的话，这样一种政治动机驱动的政府干预可能使贸易自由化，并随之产生经济利益。然而，这是一种冒险的战略，因为一个国家受到压力后也可能不让步，而是通过提高自己的贸易壁垒来应对惩罚性关税。如果一个政府不让步，那么结果很有可能是双方都有更高的贸易壁垒，且均遭受经济损失。

4. 保护消费者

许多国家的政府一直有相关的规定来保护消费者免遭不安全产品的危害，这种规定的间接效果经常是限制或禁止这种产品的进口。例如，2003年，包括日本和韩国在内的几个国家在华盛顿州发现一例疯牛病后，决定禁止进口美国牛肉，这一禁令的设计动机是保护消费者免遭那些不安全产品的危害。日本和韩国共进口美国牛肉约20亿美元，因此这已经严重影响到美国的牛肉生产商。两年后，两国同时取消了禁令，但对从美国进口牛肉施加了严格的条件，以降低进口感染疯牛病的牛肉的风险（例如，日本规定所有牛肉都必须出自不足21个月的牛身上）。

5. 推进外交政策目标

各国政府有时利用贸易政策来支持它们的外交政策目标。政府可以给予一个国家优惠贸易条件以加强两国关系。贸易政策也曾多次被用作一种施压手段或被用来惩罚不遵守国际法或规范的"流氓国家"。从在1991年海湾战争中被联合国部队打败，直至2003年美国领导的联军入侵，伊拉克一直因广泛的贸易制裁而艰难度日。在伊拉克的例子中，制裁被看作一种迫使它遵守联合国几项决议的手段。美国对古巴实施长期的贸易制裁（尽管奥巴马政府采取了与古巴关系"正常化"的措施，但这些制裁仍然存在），其主要目的是让古巴面临经济困难，最终迫使古巴共产党政府下台，由一个更民主的（亲美的）政府来替代。美国还长期对利比亚和伊朗实施贸易制裁，因为这两个国家被认为支持反对美国利益的恐怖活动并且制造了大规模的杀伤性武器。2003年后期，美国对利比亚的制裁似乎起到了作用，该国宣布将终止一个建造核武器的项目，美国对此的回应是放松制裁。同样地，美国政府也曾用贸易制裁向伊朗政府施压以阻止其所谓的核武器项目。在2015年达成限制伊朗核项目的协议后，美国放松了对伊朗的一些制裁。然而，特朗普政府随后重新对伊朗实施了重大制裁，称伊朗没有遵守2015年的协议。

其他国家可能会破坏单边的贸易制裁。例如，美国对古巴实行制裁并没有阻止其他西方国家与古巴的贸易。美国的制裁似乎没有起到什么作用，只不过为其他贸易国家（如加拿大和德国）的进入创造了一个真空地带。

6. 保护人权

保护和促进人权是许多民主国家外交政策的一项重要内容。政府有时试图利用贸易政策去改进贸易伙伴的人权政策。例如，正如在第5章中所讨论的，美国长期对缅甸在一定程度上实施贸易制裁，很大一部分原因在于缅甸"糟糕的人权实践"。2012年末，美国宣布将放松对缅甸的贸易制裁以回应缅甸的民主改革。同样，在20世纪八九十年代，西方国家利用贸易制裁来迫使南非废除被视为违反基本人权的种族隔离制度。

7.2.2 干预的经济理由

随着新贸易理论和战略性贸易政策的发展（见第6章），政府干预的经济理由近年来经历了一次复兴。20世纪80年代初之前，大多数经济学家认为政府干预没有多少好处，强烈主张自由贸易政策。下面我们将看到，虽然这种状况随着战略性贸易政策的发展已有所改变，但坚持自由贸易经济观点的仍大有人在。

1. 幼稚产业保护论

幼稚产业保护论（infant industry argument）是目前为止支持政府干预最为古老的经济理由，由亚历山大·汉密尔顿（Alexander Hamilton）在1792年提出。按照该理论，许多发展中国家在制造业领域有潜在的比较优势，但其新兴制造业最初无法与发达国家已形成气候的制造业竞争。为了让新兴制造业有一个立足点，政府应该暂时支持新兴产业（通过关税、进口配额和补贴），直至它们发展壮大到足以参与国际竞争。

这一主张在过去50年间对发展中国家政府具有相当大的吸引力，幼稚产业保护论也被关税及贸易总协定认为是保护主义的一个正当理由。不过，仍有许多经济学家强力批评这个观点，他们提出两个要点。第一，保护制造业不受外国竞争影响的做法并非有益，除非这种保护有助于提高该产业的效率。然而，在一个又一个的例子中，这种保护几乎毫无帮助，也没有促进低效产业的发展，这些产业在世界市场上竞争毫无希望。例如，巴西通过关税和配额保护建立了世界第十大汽车工业，20世纪80年代末，这些壁垒一被取消，进口汽车剧增，巴西汽车工业被迫面对这样一个事实：经过30年的保护，巴西汽车工业成为世界上效率最低的工业之一。第二，幼稚产业保护论依赖这样一个假设，即企业无法通过在国内外资本市场上借入资本而进行有效的长期投资，因此，它们需要政府补贴长期投资。鉴于全球资本市场过去20年的发展，这个假设已不再像过去那么有效。如今，假如一个发展中国家在某一制造业具有潜在的比较优势，该国企业应该能从资本市场上借到资金为必需的投资融资。有了财务支持，在该国具有潜在比较优势的企业就有了动力，就可以为取得长期利益承受刚起步时的亏损而不要求政府保护。在纺织品、半导体、机床、钢铁和船舶等行业，许多韩国的企业就是这样做的。因此，如果存在有效的全球资本市场，只有那些没有价值的产业才需要政府保护。

2. 战略性贸易政策

战略性贸易政策的观点是由一些新贸易理论者提出的。在考虑新贸易理论时，我们可以回顾一下第6章中的基本观点。新贸易理论认为，各国在某些产品的出口中占据统治地位仅仅是因为它们有企业在该产业中获得了先行者优势，较大规模的经济要求这些产业只能维持少数几家企业，例如波音公司在商用飞机产业中长期的统治地位就被归因于这些因素。

战略性贸易政策（strategic trade policy）有两个组成部分。第一，如果政府采取适当的行动，能够保证本国企业而不是外国企业在一个产业内赢得先行者优势，就有助于提高国民收入。因此，按照战略性贸易政策的观点，一国政府应该利用补贴支持有前途的企业进入新兴产业。这个观点的支持者指出，美国政府在20世纪五六十年代给予波音公司大量研发资助，使得波音公司在新兴的喷气式客机市场中有更强的竞争（作为波音公司首架商用喷气式客机的波音707是由军用飞机演变而来的）。类似的理由可解释日本在液晶显示屏（用于手提电脑）生产上的支配地位，虽然这些屏幕是由美国发明的，但却是日本政府与主要的电子公司合作，在20世纪70年代后期和80年代早期对这一产业的研究给予的支持促成的，结果是日本企业而不是美国企业在这个市场上取得了先行者优势。

第二，如果政府要帮助本国企业克服障碍，进入由外国企业获得先行者优势的产业，则要对该产业加以干预。这个观点是政府支持空中客车公司的基础。空中客车公司是波音公司的主要竞争者，是来自英国、法国、德国和西班牙四家公司的联合体，成立于1966年。当它在20世纪70年代中期开始生产商用飞机时，占世界商用飞机的市场份额不足5%，到2019年，它开始与波音公司瓜分市场。空中客车公司是如何实现这一点的呢？按照美国政府的说法，答案是英国、法国、德国和西班牙四国政府提供的180亿美元补贴。没有这些政府补贴，空中客车公司永远不可能打入世界市场。

如果这些观点是对的，那么它们显然为政府干预国际贸易提供了依据。政府应该把目标瞄准将来重要的技术，利用补贴支持这些把技术商业化的开发工作。而且，政府应该提供出口补贴，直至国内企业在世界市场上建立先行者优势。如果政府的支持能帮助国内企业克服外国竞争者享有的先行者优势，并且帮助其跻身于世界市场中的竞争者的行列（如空中客车公司和半导体的例子），这种支持也可能是正当的。在这种情况下，国内市场保护和出口补贴的结合可能是需要的。

7.3 支持自由贸易的修正论点

新贸易理论学者的战略性贸易政策观点为政府干预国际贸易提出了一个经济方面的正当理由。这个正当理由对亚当·斯密和大卫·李嘉图在古典贸易理论中提出的无限制的自由贸易的合理性提出挑战。作为对于这种正统经济学挑战的回应，许多经济学家，包括一些对新贸易理论发展做出贡献的学者，如麻省理工学院的保罗·克鲁格曼指出，虽然战略性贸易政策在理论上似乎是有吸引力的，但在实践中可能行不通。对战略性贸易政策观点的回应由此构成了支持自由贸易的修正理由。

7.3.1 报复与贸易战

克鲁格曼认为，战略性贸易政策的目标是在一个全球产业中建立国内企业的主导地位，这是一种以邻为壑的政策，是在损害他国利益的基础上增加本国国民收入。企图利用这种政策的国家可能招致报复。在许多情况下，结果是两个或多个实行干预的政府之间的贸易战使所有相关国家都受到伤害，这比采取不干预方式更糟。例如，如果美国政府对空中客车公司的回应是增加对波音公司的补贴，结果就可能使双方的补贴彻底抵消。这个过程最终演变为欧洲和美国双方的纳税人支持代价高的、无意义的贸易战，结果欧洲和美国两败俱伤。

克鲁格曼认为战略性贸易政策会有引发贸易战的危险，这一观点可能是正确的。然而，问题是当企业的竞争对手获得政府补贴支持时，该企业该怎样做出回应？也就是说，波音公司和美国应该怎样对空中客车公司的补贴做出回应？按照克鲁格曼的观点，答案不是进行报复，而是帮助建立游戏规则，使扭曲贸易的补贴最小化。这正是世界贸易组织试图要做的事情。还应指出的是，反倾销政策可用于打击那些获得补贴支持以低于生产成本的价格销售商品的竞争对手。

7.3.2 国内政策

政府干预经济时，并不总是从国家利益出发，有时是受政治上重要的利益集团的影响。例如，欧盟之所以支持共同农业政策，是因为法国和德国农场主具有强大的政治势力。共同农业政策使低效率的农场主受益，政治家得到了农场主的选票，但欧盟的消费者最终为他们的食品支付更多，他们没有受益。因此，按照克鲁格曼的说法，不接受战略性贸易政策的一个深层次理由是，这种政策几乎肯定为经济中的特殊利益集团所操控，这些利益集团使政策向它们倾斜。克鲁格曼断定，在美国：

> 要求商务部对许多产业制定详细的政策时，不顾及国内特殊利益集团是不现实的；制定仅在极端压力之下才允许有例外的一揽子自由贸易政策，从理论上说这也许不是最优政策，但可能是国家所能制定出的最好的政策。

7.4 世界贸易体系的发展

有许多经济观点支持无限制的自由贸易，虽然许多政府已认识到这些观点的价值，但它们不愿意单方面降低贸易壁垒，因为它们害怕其他国家可能不这么做。设想两个邻国，如巴西和阿根廷，面对两国之间是否降低贸易壁垒的问题，巴西政府也许赞成降低贸易壁垒，但或许因为害怕阿根廷不降低贸易壁垒而不愿意这样做。巴西政府反而可能担心阿根廷将利用巴西降低贸易壁垒的机会进入巴西市场，同时继续通过高贸易壁垒将巴西产品挡在本国市场之外。阿根廷政府可能认为它面临同样的难题。这个问题的实质是巴西政府和阿根廷政府之间缺乏信任，两国政府都认识到双方降低贸易壁垒将对各国都有利，但是没有一个政府愿意降低贸易壁垒，因为它们害怕另一个国家不这样做。

如果两国协商制定一套规则来管理跨越边界的贸易并降低贸易壁垒，这个僵局就可以被打破。可是谁能监管政府保证它们一定按贸易规则办事？谁对政府的欺骗施加制裁？两国政府可以建立一个独立的机构，其角色相当于裁判，这个裁判可以监管两国的贸易，保证没有一方欺骗；如果一方欺骗，则对该国施加制裁。

虽然听起来可能任何政府都不会因为同意这样一个协议而在国家主权上做出妥协，但自第二次世界大战以来，一个具有这些特征的国际贸易框架已发展形成，它的前50年就是关税及贸易总协定（GATT），自1995年以来就是世界贸易组织（WTO）。在此我们将考察它们的演变和运作。

7.4.1 从亚当·斯密到大萧条

如我们在第6章中看到的，自由贸易理论的提出可追溯到18世纪后半叶亚当·斯密和大卫·李嘉图的论著。自由贸易作为政府政策最早在1846年被英国政府所采用，当时英国国会废除了《谷物法》。《谷物法》对进口谷物设置高关税，其目的是增加政府收入和保护英国谷物生产者。自19世纪20年代大卫·李嘉图担任国会议员以来，国会每年都有赞同自由贸易的提案。然而，农业保护延续了很长时间，历经旷日持久的辩论，直至后来英国粮食歉收，再加上爱尔兰发生了饥荒，面对大众的艰难处境，国会不得已才改变了它长期持有的立场。

在接下来的近 80 年里，英国作为世界上占主导地位的贸易强国之一，一直推行贸易自由化的主张，可是英国政府的主张无人理睬。其单方面的自由贸易政策没有得到主要贸易伙伴的回应。英国政府长期坚持自由贸易政策的唯一理由是，它是世界上最大的出口国，如果搞贸易战，它的损失将比任何其他国家大得多。

然而到 20 世纪 30 年代，英国刺激自由贸易的尝试被大萧条的经济瓦砾掩埋。当美国国会在 1930 年通过《斯穆特-霍利关税法案》时，经济问题进一步加剧。通过保护国内工业、引导消费者减少对外国产品的需求来避免失业率的上升，该法案竖立了巨大的关税壁垒，几乎每一产业都有"量身定制"的关税。《斯穆特-霍利关税法案》对国外就业有破坏作用，其他国家对美国行为的反应是也提高它们自己的关税壁垒。这样，美国出口下跌，世界经济进一步陷入大萧条。

7.4.2　1947～1979 年：关税及贸易总协定、贸易自由化与经济增长

《斯穆特-霍利关税法案》引入的"以邻为壑"的贸易政策造成了经济上的破坏，这些经济损失对第二次世界大战后世界的经济制度和意识形态具有深刻的影响。美国不仅从战争胜利中崛起，而且在经济上也居于主导地位。大萧条之后，美国国会舆论强力转向支持自由贸易，结果，在美国的主导下，关税及贸易总协定于 1947 年建立。

关税及贸易总协定是一个多边协定，其目标是通过消除关税、补贴、进口配额等促使贸易自由化。从 1947 年成立直至被世界贸易组织替代，关税及贸易总协定的成员从 19 个增加到 120 多个。关税及贸易总协定并不试图一举解除贸易限制，这是不可能的，它通过 8 个回合的谈判来逐步降低关税。

在关税及贸易总协定的早期，大多数措施都很成功。例如，美国平均关税从 1947 年日内瓦回合到 1973～1979 年东京回合下降了近 92%。回顾第 6 章，与首倡自由贸易的李嘉图的理论观点一致，在关税及贸易总协定下走向自由贸易似乎刺激了经济增长。

7.4.3　1980～1993 年：保护主义趋势

20 世纪 80 年代和 90 年代初期，由于世界上巨大的保护主义势力抬头，由关税及贸易总协定建立的世界贸易体系开始遇到麻烦。在 80 年代有三个主要原因导致了这种压力的上升。

第一，这段时期日本经济的成功增加了世界贸易体系的压力。当关税及贸易总协定建立时，日本还是一片废墟；然而到了 80 年代初，日本已变成世界第二大经济强国和最大的出口国，仅日本汽车和半导体产业的成功就足以使世界贸易体系感到压力。西方普遍的感觉是事情变得更加糟糕，虽然日本实行低关税率和低补贴，但日本市场由于行政性贸易壁垒，对进口品和外国投资是封闭的。

第二，世界贸易体系由于世界第一经济大国美国的持续贸易逆差而倍感压力。美国贸易逆差的后果包括对诸如汽车、机床、半导体、钢铁和纺织品这些产业艰难的调整，在这些产业内，国内产品逐步将市场份额输给国外竞争者。由此引起的失业导致美国国会重新产生反对进口的保护需求。

倾向于更强的保护主义的第三个理由是，许多国家找到了规避关税及贸易总协定规则的方法。双边自愿出口限制回避了关税及贸易总协定的协议，因为无论是进口国还是出口国都没有为此向关税及贸易总协定在日内瓦的机构申诉，而没有申诉，关税及贸易总协定的机构就不能采取任何措施。出口国同意自愿出口限制以避免更多破坏性的惩罚性关税。一个最有名的例子是日本与美国之间的自愿出口限制，在此限制下，日本生产商承诺限制出口到美国的汽车，以缓和日益紧张的贸易关系。根据世界银行的研究，发达国家 1986 年 16% 的进口适用于自愿出口限制这类非关税壁垒。

7.4.4　乌拉圭回合与世界贸易组织

在保护主义压力上升的背景下，1986 年，关税及贸易总协定的成员开始了减让关税的第 8 轮谈判，即乌拉圭回合谈判（因在乌拉圭举行而得名）。这也是最困难的一次谈判，主要是由于成员对此期望最高。在此之前，关税及贸易总协定规则只适用于工业制成品和初级产品贸易。在乌拉圭回合谈判中，各成员寻求将关税及贸易

总协定扩展到服务贸易，并试图保护知识产权，减少农业补贴，以及加强关税及贸易总协定的监督和执行机制建设。

乌拉圭回合谈判持续了 7 年，直至 1993 年 12 月 15 日达成协议，协议于 1995 年 7 月 1 日生效。乌拉圭回合谈判包括以下条款：

- 工业产品关税将削减 1/3 以上，超过 40% 的工业制成品关税将被废除；
- 发达国家工业产品平均关税税率减至低于 4%，这是现代历史上的最低水平；
- 农业补贴将大幅削减；
- 关税及贸易总协定首次将公平贸易和市场准入规则推行到许多服务行业中；
- 关税及贸易总协定规则也适用于为专利、版权和商标（知识产权）提供进一步的保护；
- 纺织品贸易的壁垒将在 10 年内大幅降低；
- 建立世界贸易组织，以实施关税及贸易总协定的协议。

世界贸易组织

世界贸易组织就像一个伞状组织，包含关税及贸易总协定以及两个新姊妹实体，一个是服务贸易，另一个是知识产权。世界贸易组织的《服务贸易总协定》率先将自由贸易协定扩展到服务领域。世界贸易组织的《与贸易有关的知识产权协议》（TRIPS）意在缩小世界上对知识产权保护的差距，并把它置于共同的国际规则之下。世界贸易组织的责任是仲裁贸易争端和监督成员的贸易政策。当世界贸易组织按关税及贸易总协定协商一致的原则行事时，在争端解决方面，各成员不再能阻止裁决报告的通过。除非遭到一致否定，否则仲裁小组对成员之间贸易争端的报告将自动为世界贸易组织所采用。被仲裁小组认定违反关税及贸易总协定规则的成员可以向一个常设的上诉机构上诉，但对该机构的裁决必须遵守。如果违反规则的成员不遵守仲裁小组的建议，贸易伙伴有权要求补偿或最终施加（等量的）贸易制裁。每一步程序都有严格的时间限制。因此，世界贸易组织拥有关税及贸易总协定所没有的强制手段。

7.4.5 世界贸易组织：从始至今的历程

截至 2020 年，世界贸易组织拥有 164 个成员，包括 2001 年底加入的中国，以及 2012 年加入的俄罗斯。这些成员间的贸易占国际贸易的 98%。自世界贸易组织建立时起，它就一直处在努力促进全球自由贸易的最前沿。它的创建者希望它的执行机制能使其成为比关税及贸易总协定更有效地监督全球贸易的规则，希望世界贸易组织成为未来贸易协定的有效倡导者和促进者，特别是在服务贸易领域。迄今为止的经验好坏参半。在强劲的开始之后，自 20 世纪 90 年代末以来，世界贸易组织一直未能达成协议，进一步减少国际贸易和投资壁垒。本轮贸易谈判（多哈回合）进展非常缓慢。2008～2009 年全球金融危机之后，也出现了向一些有限的保护主义的转变。英国在 2016 年投票决定退出欧盟（2020 年 1 月已正式"脱欧"），以及特朗普同年当选美国总统，这表明世界可能正在转向更大的保护主义。这些事态发展对世界贸易组织的未来发展方向提出了若干问题。特别是特朗普对世界贸易组织的价值表示犹豫不定，在他的领导下，美国已经退出了对世界贸易组织的支持。

1. 世界贸易组织作为全球"警察"

在世界贸易组织成立的头 20 年，它的监督和执行机制具有积极的效果。1995～2019 年，有 500 多起贸易争端由世界贸易组织解决。与之相比，关税及贸易总协定在将近半个世纪的时间里才处理了 196 起争端。在这些争端中，经过相关成员间的非正式磋商，3/4 的问题已经被解决。其余问题的解决更多地利用了正式的程序，都非常成功。总之，有关成员都接受了世界贸易组织的建议。很多成员因为世界贸易组织解决争端的事实为该组织的争端解决程序投了重要的信任票。

2. 扩展贸易协定

正如之前所述，关税及贸易总协定乌拉圭回合的谈判将全球贸易规则扩展到服务贸易领域。世界贸易组织被赋予作为中间人为开放全球服务贸易安排未来协议的职能，世界贸易组织也曾被鼓励将其范围扩展到对外直接投资治理规则，这是关税及贸易总协定从来没有做过的。全球电信业和金融服务业是改革目标内的前两个产业。

1997年2月，世界贸易组织安排各国达成同意开放电信市场并形成竞争的交易，允许外国运营商购买本国电信提供商的股权，为公平竞争制定一套共同规则。当协议在1998年1月1日生效时，大多数世界上最大的电信市场，包括美国、欧盟和日本均已实现完全自由化。一切形式的基础电信服务均涵盖在内，包括电话、数字、卫星和无线电通信。许多电信公司对交易做出积极的反应，指出这将使它们更有能力向商业客户提供"一站式服务"，这是一种针对所有公司需求的全球无缝服务，只需要一张账单。

接着，1997年12月关于开放跨国金融服务贸易的协议达成。该协议涵盖了世界95%以上的金融服务市场。协议于1999年3月生效，102个国家和地区保证不同程度地开放银行业、证券业和保险业同外国竞争。与电信协议一样，金融服务协议不仅包括跨国贸易，还包括对外直接投资，70个国家和地区已同意大幅降低与撤销金融服务部门的对外直接投资壁垒。除了少数例外情况，美国和欧盟也对外国银行、保险公司和证券公司充分开放，对其投资。作为协议的一部分，许多亚洲国家和地区做出重大让步，将首次允许相当数量的外国伙伴参与它们的金融服务部门。

7.4.6 世界贸易组织：未解决的问题与多哈回合

自从在20世纪90年代获得成功后，世界贸易组织一直致力于在国际贸易领域前沿取得进步。由于2001年后世界经济增长缓慢，许多国家政府都不愿意实施新一轮旨在消除贸易壁垒的政策。在很多国家，反对世界贸易组织的政治力量都得以增强。由于经济全球化的发展，一些政客和非政府组织因为一系列弊病而指责世界贸易组织。这些弊病包括发展中国家的高失业率、环境恶化、恶劣的工作环境，发达国家中低收入者的实际工资下降，以及收入不平等扩大化等。

在如此困难的政治背景下，在国际贸易方面还有很多事情需要做。世界贸易组织日程中排在最前面的四个问题是：①反倾销政策；②对农业的高度保护主义；③很多国家对知识产权缺乏强有力的保护；④非农产品和服务的持续高关税。首先我们将依次考察这四个问题，然后讨论最近几年发起的世界贸易组织成员之间新一轮旨在减少贸易壁垒的会谈——多哈回合，此轮会谈始于2001年，现在似乎停滞不前。

1. 反倾销诉讼

20世纪90年代以来，反倾销诉讼激增。世界贸易组织规定，当外国商品售价低于国内价格或低于生产成本，且本国生产商能够证明其自身受到伤害时，允许各国征收反倾销税。遗憾的是，"倾销"的定义相当含糊，已被证明有漏洞，许多国家正利用它推行保护主义。

1995年至2017年12月，世界贸易组织成员已向世界贸易组织报告了5 529起反倾销诉讼。印度着手开展的反倾销案件最多，达888起；欧盟同期502起；美国有659起。韩国受到起诉417起，美国是283起，日本是202起。反倾销诉讼似乎集中在特定的经济部门，如基础金属产业（铝和钢铁）、化学制品、塑料，以及机械和电力设备。在向世界贸易组织报告的所有反倾销诉讼中，这些部门占70%左右。1995年以来，这四个部门的特征是竞争激烈、生产能力过剩，导致了产品价格下跌，行业内的企业利润下降或亏损。因而有理由假设，这些行业的反倾销诉讼保持较高水平，表示那些陷入困境的生产商试图利用国内的政治程序寻求保护，以防外国竞争者从事所谓的不公平竞争。尽管这些诉讼中的很多很可能具有价值，但是由于企业和雇员代表们游说政府官员"保护国内就业免遭不公平的外国竞争"，政府官员考虑到将来选举中获取选票的需要，会尽力推动反倾销诉讼，这一过程就变得很有政治意义。世界贸易组织显然因反倾销政策的运用而烦恼，认为这反映出持续的贸易保护主义趋势，并且正在推动其成员强化对征收反倾销税规章的治理。

2. 农业的保护主义

世界贸易组织近几年关注的另一个焦点是很多经济体农业部门的高关税和补贴。农产品的关税税率普遍远远高于工业品或服务的关税税率。例如，发达国家对非农产品的关税税率平均在2%左右。然而，对农产品的平均关税税率，加拿大为15.4%，欧盟为11.9%，日本为17.4%，美国为4.8%。这表明这些高关税国家的消费者在进口农产品上支付的价格远高于其必须支付的价格，这样，他们用于购买其他产品和服务的钱就少了。

农产品长期以来的高关税反映出保护本国农业和传统农业社会免遭外国竞争的愿望。除了高关税，农产品生产者也从大量的补贴中获益。据经合组织（OECD）估计，政府补贴占农业生产成本的平均比例，加拿大约为17%，美国为21%，欧盟为35%，日本为59%。经合组织成员每年对农业生产者的补贴超过3 000亿美元。

高关税壁垒和巨额补贴严重扭曲了农产品的生产和国际贸易，这不足为奇。最终结果是提高销售价格，减少农业贸易量，鼓励那些接受大量补贴（典型的做法是政府购买剩余产品）的农产品过量生产。由于目前全球农业贸易占商品贸易总额的大约10%，世界贸易组织认为，消除关税壁垒和补贴将极大地促进贸易总体水平的提高，降低销售价格，将消费和投资资源用于更有生产力的用途，从而促进全球的经济增长。根据国际货币基金组织的估计，取消农产品的关税和补贴将会使全球经济福利每年提高1 280亿美元。另一些人则认为获利将达1 820亿美元之多。

现存体系最大的维护者是发达国家，它们希望保护农业部门免遭来自发展中国家的低成本生产者的竞争。相反，发展中国家一直努力推进改革，以便它们的生产者更多地被允许进入发达国家受保护的市场。据估计，在经合组织成员里，仅通过取消农业生产的各项补贴，发展中国家就能获益，其数额将比它们目前从经合组织成员中获得的所有国外援助的3倍还多。换言之，农业自由贸易将有助于贫困国家启动经济增长以及减轻全球贫困。

3. 保护知识产权

对于世界贸易组织来说，另一个日益重要的问题是保护知识产权。1995年创建世界贸易组织的乌拉圭协定也包含了保护知识产权的协议，即《与贸易有关的知识产权协议》（TRIPS）。该协议强制要求世界贸易组织成员授予并执行至少持续20年的专利和持续50年的版权。富裕国家必须在一年内遵守这些规定，在知识产权保护方面执行力度相对较弱的贫穷国家被给予5年的宽限期，最贫困国则有10年的宽限期。这一协议的基础是签约方坚信，通过专利、商标和版权保护知识产权是国际贸易体系的必备要素。对知识产权的保护不够充分会削弱创新的动力。由于创新是经济增长和提高生活水平的主要驱动力，因此需要签订保护知识产权的多边协议。

如果没有这样一个协议，一国（假设是印度）的生产者可能在市场上销售在另一国（假设是美国）开发并拥有专利的创新产品的仿制品。这将从两个方面影响国际贸易。一方面，减少了美国原创生产者出口产品到印度的机会。另一方面，如果事态发展到印度生产者能够将其剽窃的仿制品出口到第三国的程度，那么也将减少美国原创生产者向那些国家出口的机会。还可以说，由于世界市场上创新者的总体规模减小了，创新者追求有风险而又代价高的创新的动机也就被削弱了。其结果是世界经济中的创新更少，经济增长更慢。

4. 非农产品和服务的市场准入

虽然世界贸易组织和关税及贸易总协定在降低非农产品关税上进展显著，但还是有很多工作要做。虽然大多数发达国家已将它们的工业品关税降到低于4%，但仍存在例外。尽管平均关税很低，但一些特定进口品的高关税仍然限制了发展中国家的市场准入和经济发展。比如经合组织的两个成员澳大利亚和韩国在进口运输设备上设定约束关税，分别是15.1%和24.6%（约束关税是最高可征收的关税，并不总是征收这一关税）。对比之下，进口运输设备的限额关税，美国为2.7%，欧盟为4.27%，日本为0。特别需要考虑的问题就是由发展中国家出口到发达国家的一些产品的高关税。

另外，服务产品的关税比工业品高。例如，美国商务和金融服务进口的平均关税为8.2%，欧盟为8.5%，日本为19.7%。考虑到跨国服务贸易价值的增长，降低这些关税能取得显著的利益。

世界贸易组织希望进一步降低关税，缩小选择性应用高关税的范围，最终的目标是将关税降为零。虽然这一目标听起来很难实现，但已有40个国家将信息科技产品的关税降为零，这是一个先例。实证研究指出，向零关税方向进一步降低关税会产生巨大的利益。根据世界银行经济学家的一项估计，多哈回合谈判达成的一项全球贸易协定将使全球收入每年增加2 630亿美元，其中的1 090亿美元将流向贫困国家。经合组织的另一项估计表明，全球收入增加额将接近每年3 000亿美元，详见国际聚焦7-2关于估算美国经济从自由贸易中得到的利益。

更进一步看，世界贸易组织还希望降低发展中国家的非农产品进口关税。这些国家大多用幼稚产业理论来为持续征收的高关税辩解，然而，为了从国际贸易中获取全部利益，这些关税最终必须降下来。例如，印度设定的进口运输设备的约束关税为53.9%，巴西为33.26%，这样通过抬高国内价格，保护国内生产效率低的生产商，降低了那些必须在运输工具和相关服务上支付更多费用的消费者的实际收入，限制了经济增长。

国际聚焦 7-2

估算美国的贸易利得

国际经济研究所的一份研究试图估计美国经济从自由贸易中获得的利益。根据这份研究，自1947年关税及贸易总协定及世界贸易组织降低了关税壁垒，至2003年，美国GDP比不降低关税增长了7.3%。该收益大约为每年1万亿美元，即每个美国家庭每年增加9 000美元的额外收入。

这项研究还试图估计，如果美国与其所有的贸易伙伴进行自由贸易，即对所有的货物和服务实行零关税，将会发生什么事情。研究使用了几种方法估计影响，结果是美国将会获得4 500亿美元至1.3万亿美元的额外收入。研究者认为，自由贸易的最终实行带给每个美国家庭的平均收入增长，保守估计将达到每年4 500美元。

研究者还试图估计转向实行全面自由贸易将会产生的就业中断规模和成本。如果一国取消了所有的关税壁垒，一些部门将会有失业，另一些部门将会增加就业。他们以历史数据为依据，估计每年将因为扩张的贸易失去226 000个工作岗位，这些失业者中有2/3将在一年后找到新工作。然而，新工作的收入会比以前减少13%~14%。研究结论认为，失业成本会达到每年540亿美元，主要表现为因自由贸易失去工作者的低工资。但是，这可以被自由贸易带来的高速经济增长所抵消，自由贸易创造出新工作，能够提高家庭收入，每年为经济创造净收益4 500亿美元至1.3万亿美元。换句话说，每年自由贸易带来的收益远远大于失业所导致的成本，转向全面的自由贸易体制将使更多的人获益。

资料来源：S. C. Bradford, P. L. E. Grieco, and G. C. Hufbauer, "The Payoff to America from Global Integration," in *The United States and the World Economy: Foreign Policy for the Next Decade*, C. F. Bergsten, ed. (Washington, DC: Institute for International Economics, 2005).

---

5. 新一轮谈判：多哈回合

2001年，世界贸易组织发起了成员之间的新一轮谈判，旨在实现全球贸易与投资框架的进一步自由化。这次会议的地址选在偏远的海湾国家卡塔尔的多哈，此轮谈判原本计划持续三年。截至2018年，依旧没有进展。

多哈回合谈判议程包括削减工业产品和服务的关税，逐步消除对农业生产者的补贴，减少跨境投资的壁垒，以及限制反倾销法律的使用。多哈回合谈判依旧在进行中，其特征是谈判受到重大挫折而停滞不前，延展最后期限。2003年9月在墨西哥坎昆的谈判破裂主要是因为对于如何削减农业补贴和降低关税无法达成协议。欧盟、美国、印度以及其他一些国家不愿意削减关税和补贴，农民在这些国家是重要的政治力量，而巴西和西非的一些国家则希望尽快实现自由贸易。2004年，欧盟和美国都坚决推动重启谈判。然而，自此以后毫无进展，谈判处于僵局，主要是因为在农产品应削减多少补贴上意见不一致。到了2018年，目标是将工业制成品和农产品的关税削减60%~70%，目前的补贴减少一半，但是，要求成员同意这些条款是极其困难的。

7.4.7 多边和双边贸易协定

为了应对目前多哈回合谈判推进失败的局面，许多国家以多边或双边贸易协定的方式来推动其进程，这是指两个或两个以上伙伴之间的互惠贸易协定。例如，2014年，澳大利亚和中国签署了双边自由贸易协定。同样，2012年3月，美国与韩国签署了双边自由贸易协定。根据该协定，美国80%的消费品和工业产品出口免税，到2017年，95%的双边工业和消费品贸易免税（该协定于2018年修订）。据估计，这项协定将推动美国国内生产总值增加100亿～120亿美元。在奥巴马政府执政期间，美国签署了两项主要多边贸易协定，一项是与澳大利亚、新西兰、日本、马来西亚和智利等11个环太平洋国家签署的TPP，另一项是与欧盟签署的。然而，特朗普担任总统后，美国退出了TPP（其余11个国家进行了修订，继续这个协定），与欧盟正在谈判的贸易协定也陷入僵局。

多边和双边贸易协定旨在从贸易中获取目前在世界贸易组织条约下可达成的协定以外的利益。世界贸易组织规则允许多边和双边贸易协定，签署这些协定的国家必须通知世界贸易组织。截至2019年，已有470多项区域或双边贸易协定生效。由于多哈回合谈判缺乏进展，自2000年以来，此类协定的数量显著增加，而当时只有94项协定生效。

7.4.8 世界贸易体系受到威胁

2016年，两项事件挑战了人们长期以来的信念，即在70年来推动自由贸易以及降低货物和服务跨境流动壁垒的背后，存在着全球共识。第一个事件是英国在全民公决后决定退出欧盟。我们将在第9章中更详细地阐述英国脱欧问题，但值得注意的是，英国退出可以说是世界上最成功的自由贸易区之一，对那些认为自由贸易是好事的人来说是一个重大挫折。第二个事件是特朗普在2016年美国总统大选中获胜。正如第6章中所讨论的，特朗普似乎对贸易持重商主义观点。他反对许多自由贸易协定。事实上，他上任后的第一个行动是使美国退出TPP，这个由12个国家组成的自由贸易区已接近批准。2018年初，他违反世界贸易组织规则，对进口到美国的太阳能电池板、洗衣机、钢铁和铝征收关税。特朗普还重新谈判了《北美自由贸易协定》，并对世界贸易组织表示了敌意。最值得注意的是，特朗普在与中国的贸易争端中回避了世界贸易组织基于规则的仲裁机制。2019年底，特朗普政府还阻止了世界贸易组织上诉机构任命新法官，该机构负责审理贸易争端的上诉。由于只剩下一名法官，它将不再能够审理新的案件，这实际上破坏了世界贸易组织的执行机制。迄今为止，英美两国是全球推动更大自由贸易的"领头羊"。英国似乎仍然致力于自由贸易，尽管英国决定脱欧；而美国作为世界上最大的经济体，其立场是不太明确的。如果美国继续背弃新的自由贸易协定（如TPP），并废除或阻碍现有的自由贸易协定（就像特朗普政府可能对世界贸易组织所做的那样），其他国家可能会效仿。

如果发生这种情况，对世界经济的影响几乎肯定会是负面的，将会导致全球保护主义加剧、经济增长放缓和失业率上升。

世界贸易组织总干事在2020年撰文指出，在最初的25年中，国际贸易的有约束力的规则促进了跨境贸易的急剧增长。自1995年以来，世界贸易的美元价值几乎翻了两番，而世界贸易的实际贸易量增长了2.7倍。这远远超过了同期世界国内生产总值的两倍增长。在同一时期，成员之间的平均关税率从10.5%降至6.4%。然而，他还指出，尽管取得了相当大的成就：

> 世界贸易组织今天面临的挑战在我们相对较短的历史中是前所未有的。在过去两年中，各国政府实施了大量影响国际贸易的贸易限制，仅去年一年就涉及7 470亿美元的全球进口。市场状况的不确定性不断加剧，导致企业推迟投资，对经济增长和我们经济的未来潜力造成压力。世界贸易组织成员政府如何应对这些挑战，将决定未来几十年全球经济的走向。

当然，他指的是关税的上升，世界上两个最大经济体美国和中国之间持续存在的贸易争端，以及特朗普政府显然相信双边贸易协定和有管理的贸易协定优于世界贸易组织所体现的基于规则的多边贸易秩序。

全景视角：管理启示

贸易壁垒、企业战略和政策启示

为什么国际管理人员应该关心有关自由贸易的政治经济，关心自由贸易和保护主义观点的相对价值？对此问题有两个答案：第一种答案涉及贸易壁垒对企业战略的影响；第二种答案涉及商务企业在促进自由贸易或主张贸易壁垒中所能起到的作用。

贸易壁垒与企业战略

要了解贸易壁垒怎样影响企业的战略，首先应考虑第6章的内容。借助国际贸易理论，我们讨论过为什么对于企业来说，将其各种生产活动分散到全球能最有效率从事该活动的国家是有意义的。因此，企业产品的设计和策划在一个国家，零部件制造在另一个国家，组装则又在一个国家，最后将最终产品出口到世界其他国家和地区，这样做对企业来说或许是有意义的。

显然，贸易壁垒限制了企业以这种方式分散生产活动的能力。首先，也是最明显的一点，关税壁垒提高了出口产品到一个国家的成本（或两国之间出口半成品的成本），这可能使企业相对于该国当地竞争者处于竞争劣势。作为应对的办法，企业可能发现将生产设施安置在某个国家是经济的，它可以以此为基础与当地竞争者公平竞争。其次，配额可能限制企业在一国之外为该国服务的能力，企业的反应可能是在该国建立生产设施，即使可能产生较高的生产成本。

这种推理解释了20世纪八九十年代日本汽车制造能力在美国迅速扩张这一现象。当时美国与日本签订了自愿出口限制协议，限制了对日本汽车的进口。后来，特朗普威胁要对为了降低成本而将生产转移到其他国家，然后将货物出口回美国的公司征收高关税，这迫使一些企业重新考虑其外包战略。特别是，包括福特和通用汽车在内的一些汽车公司修改了将部分生产转移到墨西哥工厂的计划，并宣布了扩大美国生产的计划，以安抚特朗普政府。

再次，为了遵守国产化规定，企业可能不得不把更多的生产活动安排在一个特定的市场中。从企业角度看，结果可能是其成本超过将各生产活动分散到最佳区位所需的成本。但即使不存在贸易壁垒，企业仍可能将一些生产活动安排在一个特定的国家，以减少将来可能出现的贸易壁垒的威胁。

所有上述影响均可能使企业的成本超过不存在贸易壁垒时的水平。然而，如果各国对无论来自哪个国家的进口产品均实行贸易壁垒，则较高的成本不一定会转化为巨大的竞争劣势。但当贸易壁垒针对某特定国家的出口产品时，该特定国家企业相对于其他国家企业则处于竞争劣势。企业为应对针对性的贸易壁垒，往往将生产转移到实行该贸易壁垒的国家，或将生产转移到其他不受特定贸易壁垒影响的国家。

最后，反倾销诉讼的威胁限制了企业运用侵略性定价获取一国的市场份额。一国的企业也可战略性地利用反倾销措施来限制来自低成本外国生产商的侵略性竞争。例如，美国钢铁工业在对外国钢铁生产商提起反倾销诉讼时十分积极，尤其是当全球钢铁需求减弱、生产能力过剩之时。比如1998～1999年，亚洲严重的经济不景气使那里的生产能力过剩，美国面临大量低价进口钢铁。美国生产商向国际贸易委员会提起数次诉讼，其中一次认为日本的热轧钢生产商在美国以低于成本的价格销售。国际贸易委员会同意此观点并对日本特定的进口钢产品征收18%～67%的关税（这些关税与之前提到过的钢铁关税是不同的）。

政策启示

正如第6章指出的，商业企业是国际贸易舞台上的主要参与者。鉴于它们在国际贸易中的关键作用，商业企业对政府贸易政策能够并且确实产生了巨大的影响。这种影响可能会鼓励保护主义，也可能鼓励政府支持世界贸易组织并推动国家间市场开放进程和自由贸易的发展。政府的国际贸易政策也能对企业产生直接影响。

与战略性贸易政策一致，政府会采用关税、配额、反倾销和补贴等若干形式进行干预，帮助企业和产业在世界经济中建立竞争优势。然而，一般而言，本章和第6章中均认为，政府干预政策有三个缺陷：①干预可能适得其反，因为它倾向于保护低效率企业，而不是帮助企业成为高效的全球竞争者；②干预是危险的，因为它可能遭到报复并引发贸易战；③倘若特殊利益集团有机会操控这样一项政策，干预不可能被很好地执行。这是不是意味着商业企业就应该鼓励政府采用自由放任的贸易政策呢？

大多数经济学家可能认为，国际商业企业的最大利益来自采取自由贸易立场，而不是自由放任立场。鼓励政府积极地推进更大程度的自由贸易，如加强世界贸易组织的作用，可能最符合企业的长期利益。政府努力对进口和外国直接投资开放被保护的市场，可能比政府通过倡导战略性贸易政策来支持某些国内产业使企业获益更大。

这一结论被我们在第1章中提到的现象，即过去20年中兴起的世界经济日益一体化和生产国际化进一步证实。我们生活在这样一个世界：所有国家的许多企业的竞争优势日益依赖于全球分布生产体系。这种体系是自由贸易的结果。更自由的贸易给利用它的企业带来更大的利益，给消费者带来更低的价格。考虑到报复行为的危险性，商业企业必须认识到游说政府采取保护主义措施的后果，它们这样做就等于使自己失去通过构建全球分布生产体系来建立竞争优势的机会。而且，由于鼓励政府采取保护主义政策，这些企业在海外的活动和销售可能受到其他政府的报复。这并不意味着企业不应该寻求反倾销诉讼之类的保护，而是应当仔细地考虑自己的选择及其带来的更严重的后果。

本章小结

本章阐述了国际贸易的现实是怎样与我们在第6章中回顾的无限制的自由贸易理论的理想观念偏离的。本章考察了不同的贸易政策工具，回顾了政府干预国际贸易的政治理由和经济理由，按照战略性贸易政策的观点对支持自由贸易的理由做了重新审视，并了解了世界贸易框架的演进。尽管自由贸易政策在理论上不一定总是最佳政策（考虑到新贸易理论者的观点），但在实践中它可能是一个政府可采用的最佳政策。从长期看，企业和消费者的利益可能因巩固世界贸易组织这样的国际机构而得以更好地实现。由于孤立的保护主义可能导致贸易战升级，政府（通过世界贸易组织）努力对进口和外国直接投资开放受保护的市场，比通过努力保护国内市场免遭外国竞争的影响能使企业获益更多。本章要点如下：

（1）贸易政策（如关税、补贴、反倾销政策）及国产化程度要求对生产商有利，对消费者不利。生产商因受到保护免受外国竞争的影响而受益，消费者因必须支付更高的价格购买进口品而受损。

（2）支持政府干预国际贸易的理由有两种：政治的和经济的。支持政府干预国际贸易的政治理由是保护某些集团的利益，同时往往会损害其他群体的利益；或者促进有关对外政策、人权、消费者保护等目标的实现。支持政府干预国际贸易的经济理由是增加一国的总财富。

（3）支持政府干预的最普遍的政治观点是，必须保护就业。然而，政治干预经常损害消费者的利益，使得结果适得其反。有时，一些国家认为出于国家安全的需要，保护某些产业是重要的。有些人认为，政府应该将进行贸易政策干预的威胁作为一种讨价还价的工具，以打开外国市场。这是一种有风险的政策，一旦失败，其结果可能是更高的贸易壁垒。

（4）支持政府干预的幼稚产业理论认为，政府应该暂时支持新兴产业，以便制造业获得一个立足点。然而实践中最终演变为，政府经常保护无效的产业。

（5）战略性贸易政策认为，政府能够通过补贴帮助国内企业在规模经济很重要的全球性产业中取得先行者优势。政府补贴也能有助于国内企业克服进入这些行业的壁垒。

（6）战略性贸易政策带来两个问题：①这种政策可能招致报复，导致两败俱伤；②特殊利益集团可能利用战略性贸易政策，为其自身利益而扭曲该政策。

（7）关税及贸易总协定是第二次世界大战后自由贸易运动的产物，它成功地降低了制成品以及大宗商品的贸易壁垒。在关税及贸易总协定下，深化自由贸易的运动似乎刺激了经济增长。

（8）关税及贸易总协定乌拉圭回合谈判的完成和世界贸易组织的建立，将关税及贸易总协定的规则扩展到服务贸易中，加强了对知识产权的保护，减少了农产品补贴，并加强了监督和执行机制，从而巩固了世界贸易体系。

（9）贸易壁垒限制了企业将其不同的生产活动分散到全球各地最佳区位的能力，企业对贸易壁垒的一种反应是在受保护国家中进行更多的生产活动。

（10）政府努力对进口品和外国直接投资开放受保护的市场，这比保护国内企业免遭外国竞争的影响将使企业获得更大的好处。

第 8 章

对外直接投资

学习目标

- 8-1 认识当今世界经济的对外直接投资趋势
- 8-2 解释对外直接投资的不同理论
- 8-3 理解政治意识形态如何塑造政府对于外国直接投资的态度
- 8-4 描述对外直接投资对母国和东道国的利弊
- 8-5 解释政府影响对外直接投资的政策工具的范围
- 8-6 辨识有关对外直接投资理论和政府政策对于管理者的启示

⊙ 开篇案例　　　　　　　　JCB 在印度

1979 年，英国大型建筑设备制造商 JCB 与印度工程集团 Escorts 组建了一家合资企业，生产在印度销售的挖掘装载机。Escorts 持有该公司 60% 的股权，JCB 持有 40%。这是 JCB 首次建立合资企业，该公司历史上曾将多达 2/3 的产品从英国出口到许多国家。然而，高关税壁垒使得对印度的直接出口非常具有挑战性。

JCB 很可能更愿意在印度单独经营，但当时的政府规定要求外国投资者与当地公司建立合资企业。JCB 认为，印度建筑市场的增长时机已经成熟，市场可能会变得非常庞大。该公司的管理人员认为，与其等到增长潜力实现，不如在印度国内站稳脚跟，从而获得相对于全球竞争对手的优势。

20 年后，该合资企业在印度销售了大约 2 000 台挖掘装载机，占据了该产品印度市场 80% 的份额。经过多年的放松管制，印度经济蓬勃发展。不过，JCB 认为，合资企业限制了其扩张能力。JCB 在全球取得的成功很大程度上是基于对前沿制造技术的利用和不断的产品创新，但该公司对于将这些技术转移到一家它没有多数股权因而缺乏控制权的合资企业非常犹豫。JCB 最不希望看到的就是这些有价值的技术被合资企业泄露给 Escorts，因为 Escorts 是印度最大的拖拉机制造商之一，未来可能会成为其直接竞争对手。此外，除非 JCB 能够获得更多的长期回报，否则 JCB 不愿意在印度进行必要的投资，以使合资企业更上一层楼。

1999 年，JCB 利用政府法规的变化，与 Escorts 重新谈判合资条款，购买其 20% 的股权，从而获得多数控制权。2002 年，JCB 顺应政府进一步放宽外商投资监管的要求，收购了 Escorts 的所有剩余股权，将合资企业转变为一家全资子公司。与此同时，JCB 还在美国和巴西投资建立了全资工厂。

在获得完全的控制权后，JCB 于 2005 年初增加了在印度的投资，宣布将建造第二家工厂，以服务于快速增长的印度市场。与此同时，JCB 还宣布将在中国设立另一家全资工厂，以服务中国市场。印度和中国是世界上人口最多的两个国家，经济增长迅速；建筑业蓬勃发展：当时世界第五大建筑设备制造商JCB急于扩张自己的地盘，以与全球竞争对手抗衡，尤其是卡特彼勒、小松和沃尔沃，这些公司也在这些市场大举扩张。

到2008年，JCB的对外投资开始开花结果。产品线已从2001年的120种扩大到250多种。JCB在印度拥有47家经销商和275家门店，在印度占有53%的市场份额。在接下来的几年里，JCB继续在印度拓展业务。到2016年，该公司已成为印度建筑设备市场的领导者，占据66%的市场份额，拥有60家经销商和600家网点。受印度大规模基础设施投资的强劲需求增长推动，2016年，JCB在印度开设了两家新工厂，将当地员工数量增加至5 000人。到2019年，JCB的年销售额达到41亿英镑，其中近一半来自印度。除了印度的强劲需求外，JCB的印度工厂现在还向其他93个国家出口产品。印度已经成为JCB皇冠上的一颗宝石。

资料来源：P. Marsh, "Partnerships Feel the Indian Heat," *Financial Times*, June 22, 2006, p. 11; P. Marsh, "JCB Targets Asia to Spread Production," *Financial Times*, March 16, 2005, p. 26; D. Jones, "Profits Jump at JCB," *Daily Post*, June 20, 2006, p. 21; R. Bentley, "Still Optimistic about Asia," *Asian Business Review*, October 1, 1999, p. 1; "JCB Launches India-Specific Heavy Duty Crane," *The Hindu*, October 18, 2008; Michael Pooler, "JCB Piles Up Big Profits despite Dwindling Global Markets," *Financial Times*, July 12, 2016; Malyaban Ghosh, "JCB India Revenues Rise," *Livemint.com*, April 16, 2018; M. Pooler, "JCB Warns That India's Banking Crisis Is Hurting Demand," *Financial Times*, September 2, 2019.

引言

当一家企业在外国直接投资于生产或销售产品或服务的设施时，就形成了**对外直接投资**（foreign direct investment，FDI）⊖。根据美国商务部的定义，只要一个美国居民、组织或附属机构在一家外国的经济实体中持有10%或更多的股权，就形成了对外直接投资。其他国家使用类似的分类，企业一旦进行了对外直接投资就成为跨国公司。英国重型土方运行设备公司JCB在印度的投资就是对外直接投资的一个例子（见开篇案例）。虽然很多对外直接投资采取的是新建企业的形式，即从零开始建立子公司，收购和与成熟的外国实体组建合资企业也是对外直接投资的重要手段。事实上，1979年，JCB是通过与一家印度本土公司Escorts建立合资企业进入印度市场的。

本章首先考察对外直接投资在世界经济中的重要性，其次回顾用来解释企业为什么要进行对外直接投资的理论。这些理论可以解释为什么JCB最初进入印度时就与当地生产商建立了合资伙伴关系，后来又转成一家全资子公司。对于JCB来说，和许多进入外国市场的公司一样，当地法规使合资企业成为其唯一切实可行的选择。后来，随着有关对外投资的规定发生变化，JCB得以将合资企业转变为一家全资子公司。从JCB的角度来看，全资子公司的一个优势是，它可以降低合资伙伴将有价值的制造技术泄露给竞争对手的风险。再次分析美国政府有关对外直接投资的政策，最后讨论其含义，因为它们涉及管理实践。

8.1 世界经济中的对外直接投资

在讨论对外直接投资时，很重要的一点是区别对外直接投资的流量和存量。**对外直接投资的流量**（flow of FDI）是指在一段时期里（通常是一年）发生的对外直接投资的数量，**对外直接投资的存量**（stock of FDI）则是指在某个时点上外国持有资产的累计总量。流出一国的对外直接投资称作**对外直接投资流出**（outflows of FDI），流入一国的外国直接投资称作**对外直接投资流入**（inflows of FDI）。

8.1.1 对外直接投资的趋势

在过去的30年里，世界经济中的对外直接投资的流量和存量都急剧增长。1990年对外直接投资年均值2 500亿美元，2007年达到2.2万亿美元的峰值，到2018年回落到1.4万亿美元左右（见图8-1）。尽管自2007年以来对外直接投资有所减少，但自1990年以来，对外直接投资的流动速度超过了世界贸易和世界产出的增长速度。例如1990～2018年，所有国家的对外直接投资的流量总值增长了6倍左右，而世界贸易额和产值仅分别增长了约4倍和60%。由于对外直接投资的巨大流量，截至2018年，全球对外直接投资的存量超过了32万亿美元。2018年，跨国公司国外子公司的全球销售额为27万亿美元，全球商品和服务出口额为23万亿美元，大

⊖ 对东道国来说，译为外国直接投资。——译者注

约是全球跨境货物贸易和服务贸易总和的1/3。显然，无论哪种衡量标准都表明，在全球经济中，对外直接投资是个很值得我们关注的现象。

图8-1 1990～2018年对外直接投资

资料来源：UNCTAD statistical data set, http://unctadstat.unctad.org.

对外直接投资迅速增长的原因如下。首先，尽管30年来贸易壁垒在总体上呈下降态势，但企业依然对保护主义感到担忧。管理层把对外直接投资看作规避未来贸易壁垒的方法。鉴于特朗普当选美国总统以及英国决定退出欧盟所带来的保护主义压力不断上升，这种情况似乎还会持续一段时间。其次，近年来，许多发展中国家的政治和经济变革对对外直接投资的增长起到了重要的促进作用。我们在第3章中讨论过的向民主政治制度和自由市场经济转变的总体趋势，推动了对外直接投资的发展。在亚洲、东欧和拉丁美洲的大部分地区，经济增长、经济自由化、对外国投资者开放的私有化项目和取消许多针对对外直接投资的限制，使得这些国家对外国跨国公司的吸引力进一步增强。根据联合国的一项研究数据，自2000年以来，针对对外直接投资的超过1 500项的国家法规修订中，大约80%创造了更有利的对外直接投资环境。

世界经济的全球化对对外直接投资的数额也有影响。很多企业现在已把整个世界看作其市场，它们正在进行对外直接投资，以确保在世界的许多地区享有重要地位。例如，标普500指数中美国企业约43%的销售额来自海外。许多企业现在深信，在靠近主要客户的地方建造生产设施十分重要。这也促使企业进行更多的对外直接投资。

8.1.2 对外直接投资的方向

在历史上，随着发达国家的企业在其他发达国家投资，大部分对外直接投资都流向了发达国家（见图8-2）。20世纪八九十年代，美国常常是对外直接投资的最佳目标地。这是因为它拥有庞大的购买力、良好的国内市场、具有活力和稳定的经济、有利的政治环境以及对外国直接投资的开放政策。英国、日本、德国、荷兰和法国的企业都去美国投资。21世纪初，美国仍然保持较高水平的外国直接投资，2019年的总额为2 550亿美元。欧洲的发达国家也吸引了大量的外国直接投资，主要来自美国和其他欧洲国家的企业。2019年，欧洲吸收的外国直接投资达到了创纪录的2 740亿美元；英国和法国一直是最大的对外直接投资接收国。

然而，在过去的10年里，流向发展中国家、东欧及俄罗斯等转型经济体的外国直接投资也迅速上升（见图8-2），2018年首次超过流入发达国家的外国直接投资。最近几年流向发展中国家的外国直接投资主要以东南亚新兴经济体为目的地。带动这一增长的很大原因是中国在吸引外国直接投资方面的地位不断上升。中国在2004年吸收的外国直接投资约600亿美元，之后这一数值稳步增长，2019年达到创纪录的1 400亿美元。国际聚焦8-1将讨论中国能够吸引大量外国直接投资的原因。发展中国家另一个重要的对外直接投资流入地区是拉丁美洲。2019年，该地区吸收的外国直接投资总额约1 700亿美元。巴西一直是拉丁美洲最大的外国直接投资流入国家。在中美洲，由于邻近美国和《北美自由贸易协定》，墨西哥一直是接收外国直接投资的大国。2019年，其他国家在墨西哥投资了约 320 亿美元。与此相反，非洲吸收的外国直接投资一直很少，2019 年共吸收了 490 亿美元的外国直接投资。最近几年，中国企业成为非洲的主要投资者，特别是在采掘产业，以保证未来珍贵的原材料的供应。非洲未能吸引更多数量的投资，部分原因是这个地区的政治不稳定、武装冲突以及经济政策的反复无常。

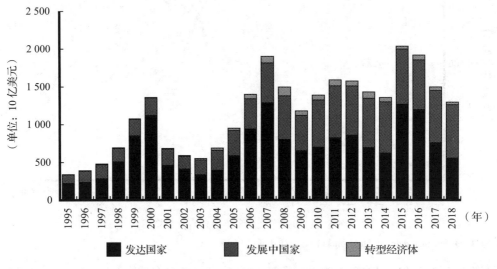

图 8-2　1995～2018 年各地区吸收的对外直接投资

资料来源：UNCTAD statistical data set, http://unctadstat.unctad.org.

⊙ 国际聚焦 8-1

中国吸收的外国直接投资

从 1978 年底开始，中国从计划经济体制转向社会主义市场经济体制。结果是取得了长达 40 年年均 6%～10% 的高速复合经济增长率。这种高速增长吸引了大量的外国直接投资。中国吸收的外国直接投资从一个很小的基数开始，在 1985～1990 年上升到年均 27 亿美元，到 20 世纪 90 年代末陡增至年均 400 亿美元，中国成为世界上仅次于美国的第二大吸引外国直接投资的国家。21 世纪以来，增长势头一直存在。2019 年，中国内地吸引了创纪录的 1 400 亿美元的外国直接投资，中国香港吸引了 550 亿美元的外国直接投资。在过去的 20 年里，大量的外资流入使得在中国设立的外资企业达到了 30 多万家。中国内地的外国直接投资存量总额从 1978 年的几乎为零上升到了 2018 年的 1.6 万亿美元，中国香港则为 1.99 万亿美元。

这种投资增长的原因十分明显。中国的人口达 14 亿多，这形成了世界上最大的市场。以往的高进口关税使得其他国家通过出口进入该市场十分困难，因此，如果企业试图叩开有巨大潜力的中国市场的大门，就需要借助对外直接投资。中国于 2001 年加入了世界贸易组织，如此一来，中国的平均进口关税率从以前的 15.4% 下降到了如今的 8%。尽管 8% 的关税相对于多数发达国家 1.9% 的关税高了很多，但是避免进口关税仍是投资中国市场的一个动机。此外，许多外国企业认为在中国从事商务活动需要亲自参与大量活动，以便建立重要的人际关系网络（见第 4 章）。另外，对于企业，尤其是在经济特区设立的企业而言，廉价的劳动力和税收优惠也使中国成为向亚洲或世界市场提供出口的极具吸引力的基地（尽管中国不断上升的劳动力成本正使这一点变得不那么重要）。

资料来源：Interviews by the author while in China; United Nations, *World Investment Report*, 2017; Linda Ng and C. Tuan, "Building a Favorable Investment Environment: Evidence for the Facilitation of FDI in China," *The World Economy*, 2002, pp. 1095–114; S. Chan and G. Qingyang, "Investment in China Migrates Inland," *Far Eastern Economic Review*, May 2006, pp. 52–57; Yi Wen, Income and Living Standards Across China, *On the Economy Blog*, Federal Reserve Bank of St Louis, January 8, 2018.

8.1.3 对外直接投资的来源

第二次世界大战以来,美国一直是最大的对外直接投资来源国,其他重要的来源国包括英国、法国、德国、荷兰和日本。1999～2019年,这6个国家的对外直接投资流出总共占全球的60%(见图8-3)。可以料想,这些国家长期以来在全球最大跨国公司的排名中占有主导地位,不过如第1章所述,中国的排名正在上升。除中国外,这些国家之所以占有主导地位,是因为它们在战后的大部分时期里是经济规模最大、最发达的国家,因而是许多规模大、资本化程度高的企业的母国。其中的许多国家还是历史悠久的贸易国家,因而很自然地指望以国外市场来促进本国的经济扩张。因此,这些国家的企业位于国际投资趋势的前沿并不令人惊讶。

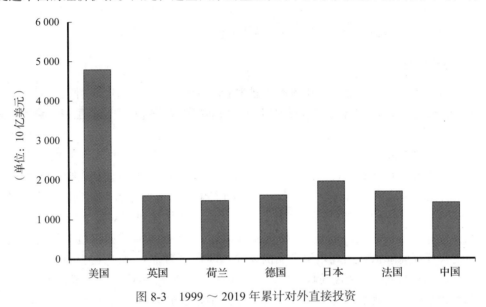

图8-3 1999～2019年累计对外直接投资

资料来源:UNCTAD statistical data set, http://unctadstat.unctad.org.

中国的迅速崛起,尤其是自2010年以来中国跨国公司的对外投资激增,可能很快就会颠覆这种由来已久的局面。2005年,中国企业在全球范围内投资了120亿美元,自那以后,投资额稳步增加,于2016年达到1 960亿美元,在2019年回落到1 170亿美元。中国的对外直接投资很大一部分投入到了欠发达国家的采掘产业,比如中国是非洲国家的主要投资国。中国是最大的原材料需求国之一,而这些投资的一个重要动机就是获取原材料。但是,有数据显示,中国公司正逐步将对外直接投资转移到更发达的国家。2016年,中国在美国投资了460亿美元,2017年又增加了300亿美元,但在2010年之前增长很少。然而,2018年和2019年,由于两国之间持续的贸易冲突导致关系恶化,中国在美国的投资下降到50亿美元左右。

8.1.4 对外直接投资的方式:并购还是新建投资

对外直接投资有两种方式:一种是**新建投资**(greenfield investment),即在外国建立新的运营机构;另一种是在外国并购一家现成的企业。联合国的估算显示,1998～2019年,在所有对外直接投资中有40%～80%采取了并购的方式。然而,发达国家与发展中国家的对外直接投资方式存在显著差异,在发展中国家只有约1/3的对外直接投资采取了跨国并购的方式。并购的比例较低也许仅仅是因为在发展中国家并购的目标企业较少。

企业在考虑对外直接投资时为什么偏好收购现成的资产而不是进行新建投资?在第15章中,我们将更深入地讨论这一问题,这里仅列出几个基本因素。首先,并购比进行新建投资更快。在市场变化很快的现代商务领域,这一点十分重要。许多企业显然认为,如果不收购一家合意的目标企业,那么它就会被其全球竞争对手收购。其次,收购外国企业是因为这些企业拥有有价值的战略性资产,如品牌忠诚度、客户关系、商标或专利、分销体系、生产体系等。购买这些资产要比新建投资从头开始打造这些资产更容易,而且风险也许更小。最后,企业采取收购方式是因为它们认为能够通过转移资本、技术或管理技能提高被收购企业的效率。然而,在第15

章中我们将会讨论，许多并购活动并没有实现其原先预想的利益。

8.2 对外直接投资理论

本节我们要回顾几种对外直接投资的理论。这些理论从三个不同的方面相互补充地分析了对外直接投资的各种现象。第一类理论试图解释在可以采用出口和许可方式的情况下，企业为何依然偏好通过直接投资进入外国市场。第二类理论试图解释企业为何常常在同样的行业且在同样的时间进行对外直接投资，它们为何偏好将某些地点作为对外直接投资的目标。换言之，这些理论试图解释对外直接投资所表现出来的模式。第三类理论称作**折中范式**（eclectic paradigm），这种理论试图将上述两种理论综合在一起，形成对外直接投资的单一整体解释（称为折中是因为它吸收了其他理论最有价值的内容并融合成单一的解释）。

8.2.1 对外直接投资的动因

在企业可以利用出口和许可方式在国外市场获得盈利机会的情况下，为什么它们还通过对外直接投资开展商务活动？**出口**（exporting）涉及在国内生产货物然后将其运送到购买这些货物的国家。**许可**（licensing）则是赋予外国实体（被许可方）生产和销售本公司产品的权利，并对被许可方销售的每一个产品收取特许权使用费。上面的问题很重要，若对这个问题只进行粗略的思考，那么我们就会认为与出口和许可经营相比，对外直接投资不仅成本高，而且风险大。对外直接投资的高成本是因为企业必须承担在国外建造生产设施或收购外国企业的费用。对外直接投资是有风险的，因为会遭遇有关在不同文化中从事商务活动的问题，在那些不同的文化中，"游戏规则"也许与母国迥然相异。与本土企业相比，第一次在一个国家进行对外直接投资的外国企业更容易因为不了解有关情况而犯错，并付出高昂的代价。而在出口时，企业就不需要承担与对外直接投资有关的成本，并能够借助当地的销售代理商降低在国外销售产品的风险。同样，当企业允许其他企业通过许可经营方式生产产品时，成本和风险就由被许可方承担，例如巴宝莉（Burberry）最初是通过与一家日本零售商签订授权合同进入日本的（见管理聚焦8-1）。既然如此，为什么还有这么多企业显然偏好对外直接投资而不是出口或许可经营？下面我们要考察以出口和许可作为利用外国市场机会的方式所存在的局限性，由此就可以找到答案。

◎ 管理聚焦 8-1

巴宝莉改变了进军日本市场的战略

以高端时尚外套闻名的英国标志性奢侈服装公司巴宝莉已经在日本经营了近半个世纪。直到2015年，该公司的品牌产品都是根据与三洋商会的许可协议销售的。对于如何利用巴宝莉品牌，这家日本公司有着相当大的自主权。该公司在日本各地的400家门店出售从高尔夫球包到迷你裙，再到穿着巴宝莉服装的芭比娃娃等各种产品，其价格通常远低于巴宝莉在英国高端产品的售价。

很长一段时间以来，这对巴宝莉来说都是一笔不错的交易。三洋商会在日本完成了所有的市场开发工作，每年为巴宝莉带来约8亿美元的收入，每年支付给巴宝莉的授权费为8000万美元。

然而，到了2007年，巴宝莉的首席执行官安吉拉·阿伦茨（Angela Ahrendts）对日本的许可协议以及世界其他22个国家的类似协议越来越不满。在阿伦茨看来，许可协议削弱了巴宝莉的核心品牌形象。像三洋商会这样的被许可方销售的产品种类繁多，价格远低于巴宝莉在自己的门店销售的产品的价格。"在奢侈品领域，"阿伦茨曾经说过，"你随时可能会被竞争对手淘汰出局，这意味着你不再是真正的奢侈品了。"此外，随着越来越多的消费者在网上和去英国旅行的途中购买巴宝莉的产品（巴宝莉在英国被认为是非常高端的品牌），阿伦茨认为，对巴宝莉来说，严格控制其全球品牌形象至关重要。

阿伦茨决心控制被许可方，重新控制巴宝莉在国外市场的销售，即使这意味着短期内会对销售造成冲击。她在2014年离开巴宝莉去苹果管理零售部门之前，就开始了终止许可的程序。她亲自挑选的继任者是从巴宝莉的设计部门升任首席执行官的克里斯托弗·贝利（Christopher Bailey），他将继续奉行这一战略。

在日本，该许可于2015年终止。三洋商会被要求关闭近400家巴宝莉许可门店。不过，巴宝莉并没有放弃日本市场，毕竟日本是世界第二大奢侈品市场。相反，该公司现在将通过有限数量的全资门店销售产品。该公司的目标是，到2018年，在日本最独特的地段拥有35～50家门店。它们只提供高端产品，比如巴宝莉价值1 800美元的经典风衣。总的来说，这款产品的价格将比巴宝莉在日本大多数产品的价格高出10倍。巴宝莉意识到此举是有风险的，并完全预计在重塑品牌的过程中销售额最初会下降，然后再次上升。但首席执行官贝利认为，如果巴宝莉想为其奢侈品树立一个一致的全球品牌形象，此举是绝对必要的。

资料来源：Kathy Chu and Megumi Fujikawa, "Burberry Gets a Grip on Brand in Japan," *The Wall Street Journal*, August 15–16, 2015; Angela Ahrendts, "Burberry's CEO on Turning an Aging British Icon into a Global Luxury Brand," *Harvard Business Review*, January–February 2013; Tim Blanks, "The Designer Who Would be CEO," *The Wall Street Journal Magazine*, June 18, 2015; G. Fasol, "Burberry Solves Its 'Japan Problem,' at Least for Now," *Japan Strategy*, August 19, 2015.

1. 出口的局限性

出口实物产品的可行性经常受到运输成本和贸易壁垒的制约。在生产成本的基础上再加上运输费用，某些产品经过长途运输后就变得无利可图，对于那些价值重量比低且几乎在任何地方都能生产的产品而言尤其如此。对于这些产品，与对外直接投资和许可经营方式相比，出口的吸引力就会下降。比如，水泥就是这种产品。因此，墨西哥最大的水泥生产商西麦斯通过国际直接投资而不是通过出口进行全球扩张。然而，价值重量比高的产品（如电子元件、个人计算机、医疗设备和计算机软件等），其运输成本与所有其他成本相比通常较低，因而对出口、许可和对外直接投资的相对吸引力影响较小。

除了运输成本，有些企业进行对外直接投资是为了应对现有的和未来可能的诸如进口关税和配额之类的贸易壁垒。政府通过对进口产品征收关税使得出口成本与对外直接投资和许可方式相比上升。同样，政府通过配额限制进口，提高了对外直接投资和许可经营的吸引力。例如，从20世纪80年代中期开始一直持续至今，日本汽车公司在美国掀起对外直接投资浪潮，部分原因就是美国国会的保护主义威胁和对从日本进口的车辆实行关税，尤其是轻型卡车，它们在美国仍然面临25%的进口关税。对日本汽车公司而言，这些因素降低了出口的盈利性，提高了对外直接投资的盈利性。由此看来，贸易壁垒不一定非要是实质存在的，才使对外直接投资优于出口，了解这一点十分重要。希望减少可能实施的贸易壁垒造成的威胁，足以使得以对外直接投资取代出口具有充分的理由。

2. 许可的局限性

一种被称作**内部化理论**（internalization theory）的经济理论试图解释企业为何往往偏好对外直接投资，而不是以许可方式作为进入外国市场的战略。这种方法又被称作**市场不完善方法**（market imperfections）。根据内部化理论，以许可方式作为利用外国市场的战略具有三个主要缺陷。首先，许可方式可能导致一家公司将宝贵的技术诀窍转让给潜在的外国竞争对手。在一个经典的例子中，20世纪60年代，RCA公司将其尖端的彩电技术转让给了几家日本公司，包括松下和索尼。当时，RCA公司把许可方式看作用技术诀窍在日本市场获得丰厚回报而不必承担对外直接投资成本与风险的方法。然而，松下和索尼很快掌握了RCA公司的技术，并运用这种技术进入美国市场直接与RCA公司竞争。结果，RCA公司沦落到在本国只占有很小的市场份额，而松下和索尼继续占有更大的市场份额。

其次，许可方式并不能使企业牢牢掌握利润最大化所需要的在国外的生产、营销和战略控制权。在许可经营时，为了获得特许权使用费，产品或服务的生产、营销和战略控制权需要转交给被许可方。然而，出于战略和经营方面的考虑，企业可能希望保持对这些职能的控制。试图对外国实体的战略进行控制的一条理由是，企业也许希望其外国子公司能在定价和营销上具有侵略性，以遏制国外的竞争对手。与全资子公司不同，被许可方也许不愿意接受这样的强制性要求，因为这可能降低它的利润，甚至可能带来亏损。想要控制外国实体的战略的另一个原因是，确保这个实体不会损害公司的品牌。这就是为什么时尚零售商巴宝莉终止了在日本的授权协议，转而采取在日本市场直接拥有自己的零售店的策略（详情请参阅管理聚焦8-1）。

想要对外国实体进行控制的理由还在于，企业希望从不同国家要素成本的差异中得到好处，仅在某个特定国家生产最终产品的一部分，并从生产成本更低的地方进口产品的其他部分。而被许可方则不太可能接受这样的安排，因为这会限制其自主权。鉴于这些理由，当需要对外国实体实行严密的控制时，对外直接投资就优于许可方式。

如果企业的比较优势并非在于产品，而是在于对这些产品的管理、营销和制造能力，那么许可方式还会产生第三个问题，即这种能力并不适合许可经营。尽管外国的被许可方也许能够借助许可经营方式复制该企业的产品，但通常达不到与该企业同样的效率。结果，被许可方就无法充分开发外国市场上内在的盈利潜力。

例如，众所周知，丰田公司在全球汽车行业的竞争优势来自对设计、安装、制造和销售汽车的整个流程的卓越的管理能力，这种能力来自其管理和组织能力。事实上，丰田公司开创了一种被称作"精益生产"的新的生产流程，这使它能够以比全球竞争对手更低的成本生产出质量更高的汽车。尽管丰田公司可以对某些产品实行许可经营，但它真正的竞争优势在于管理和流程方面的能力。这种技能不可明言或编码化，因此必然无法用简单的许可协议写出来。这些技能是组织范围内的，并需经过数年才得以开发出来。它们并非嵌入任何单一的个体中，而是广泛分布于整个公司。换言之，丰田公司的技能嵌入其组织文化中，而组织文化是无法被许可转让的。因此，如果丰田公司允许外国公司按照许可经营协议生产其汽车，这家外国公司也许根本无法以丰田公司那样高的效率来生产汽车。这转而又限制了该外国公司充分开发这种产品的市场潜力的能力。这些因素决定了丰田公司偏好在外国市场进行直接投资，而不是让外国汽车公司通过许可来生产汽车。

所有这些表明，如果出现以下一种或更多情况，许可的机制就会失效，对外直接投资就会比许可方式更加有利：①企业拥有宝贵的技术，而许可协议无法为这种技术提供恰当的保护；②企业需要严密控制外国公司，以便使自己在这个国家的市场份额和利润能够最大化；③企业的技能和诀窍不适宜许可经营。

3. 对外直接投资的优势

上述分析的结论是，如果运输成本或贸易壁垒使得出口丧失吸引力，企业就会偏好对外直接投资。此外，如果企业希望保持对技术诀窍或运营和商务战略的控制，或者企业能力不适合许可经营，那么与许可经营（或特许经营）相比，企业就会偏好对外直接投资。通过收购知名公司的资产，通过对外直接投资获得技术、生产性资产、市场份额、品牌资产、分销系统等，都可以加快进入市场的速度，改善公司总部的生产，促进被收购公司转移技术给收购公司。我们将在第13章中讨论不同的进入策略时再回到这个话题。

8.2.2 对外直接投资的模式

通过观察可以发现，相同行业的企业往往在相同的时间里进行对外直接投资，而且一种明显的趋势是，企业的对外直接投资往往集中在某些地区。本节考察试图解释我们观察到的对外直接投资模式的两种理论。

战略行为

一种理论的依据是，对外直接投资体现了世界市场上企业相互竞争的战略。弗雷德里克·尼克博克（Frederick Knickerbocker）考察了对外直接投资和寡头垄断行业竞争的相互关系，较早地提出了这种理论。**寡头垄断行业**（oligopoly）是由少数几家大公司组成的行业。例如，在一个行业中，有四家公司控制了80%的国内市场，该行业就可被定义为寡头垄断行业。这些行业的一个重要的竞争特点是几家大公司之间相互依赖，即一家公司的行为会立即影响到主要的竞争对手，迫使它们做出同样的反应。寡头垄断行业中的一家公司可以通过降低价格从其竞争对手那里夺取市场份额，从而迫使竞争对手做出同样的反应——降低价格以维持市场份额。于是，寡头垄断行业中企业的相互依赖导致了模仿行为，一家公司的决策常常会引起竞争对手迅速模仿。

寡头垄断行业的模仿行为可以采取许多种形式。一家公司提高价格，其他公司就跟着提高价格；一家公司采取扩张政策，竞争对手也会模仿，以免在将来处于不利地位。尼克博克认为，同样的模仿行为刻画了对外直接投资的一种特点。假如美国的某个寡头垄断行业有A、B和C三家公司控制了市场，A公司在法国设立了一家子公司，B公司和C公司就会认为，如果这家在法国的子公司获得成功，无疑会挤掉其他两家公司对法国的出口业务，使 A 公司获得先行者优势。况且，A 公司还可能在法国发现某些有竞争力的资产，并将它们转移到美国，使其他两家公司在本土也处于不利地位。鉴于这种可能性，B 公司和 C 公司就会模仿 A 公司，也在法国开展业务。

对 20 世纪五六十年代美国企业的对外直接投资情况进行的研究显示，寡头垄断行业的公司在对外直接投资方面具有相互模仿的倾向。80 年代，日本公司的对外直接投资也存在同样的现象。例如，丰田公司和日产公司对本田公司在美国与欧洲的投资做出了反应，也在美国和欧洲开展了对外直接投资。最近几年的研究结果表明，全球寡头垄断行业的战略行为模型可以解释全球轮胎行业对外直接投资的模式。

尼克博克的理论可以进一步拓展为多点竞争的概念。当两个或更多的企业在不同区域、不同国家或不同行业的市场相遇时，就形成了**多点竞争**（multipoint competition）。经济理论表明，就像象棋选手为了获胜而相互牵制一样，企业也力图在不同的市场采取相对应的行动，以便相互牵制。这种做法的出发点是使企业的竞争对手不能在一个市场上获得支配地位，然后用在该市场赚取的利润补贴本企业在其他市场发动的竞争攻势。

虽然尼克博克的理论以及对这种理论进行的拓展可以解释寡头垄断行业中企业在对外直接投资方面的模仿行为，但不能解释寡头垄断行业的企业为什么会率先进行对外直接投资，而不是实行出口或许可经营。对于这种现象，内部化理论却能做出解释。而且，模仿理论也没有说明在国外拓展业务方面，对外直接投资是否比出口或许可方式效率更高。内部化理论对效率问题也能做出解释。因此，尽管大部分人都承认模仿理论能对部分对外直接投资现象做出重要解释，但许多经济学家还是更喜欢用内部化理论来解释对外直接投资。

8.2.3 折中范式

英国经济学家约翰·邓宁（John Dunning）创立了折中范式理论。邓宁认为，除了以上讨论的各种因素，区位优势也是解释对外直接投资依据和方向的重要因素。邓宁把**区位优势**（location-specific advantages）定义为企业利用在国外特定地区的资源禀赋或资产，并将其与自身独有的资产（例如企业的技术、营销或管理能力）结合在一起所获得的优势。邓宁赞同内部化理论提出的观点，即企业在以许可方式转让自身独有的能力和技术方面存在困难。因此他认为，将地区性的资产或资源禀赋与企业自身独有的能力结合在一起，常常通过对外直接投资才能实现。换言之，这需要企业在具有这些外国资产或资源禀赋的地区建立生产设施。

与邓宁的理论相关的突出例子是自然资源，如石油和其他矿产，这些资源的特点是分布在特定地区。邓宁认为，为了利用这种国外资源，企业必须进行对外直接投资。显然，这可以解释世界上的许多石油公司所进行的对外直接投资，这些公司不得不在拥有石油的地区进行投资，以便将它们的技术和管理能力与这种宝贵的地区性资源结合在一起。另一个明显的例子是宝贵的人力资源，例如低成本、高技术的劳动力。不同国家劳动力的成本和技能差异很大。按照邓宁的观点，既然劳动力不能在国家间转移，那么对企业来说，在当地的劳动力成本和技能最适合企业特定的生产流程的国家建立生产设施显然是合理的。

然而，邓宁的理论的含义不限于矿产和劳动力这样的基础资源。例如，硅谷是世界的计算机和半导体行业的中心。世界上许多主要的计算机和半导体公司，如苹果、惠普、甲骨文、谷歌、英特尔等公司，都位于加利福尼亚州的硅谷地区，相伴为邻。结果，那里涌现出了许多计算机和半导体方面的前沿研究与产品开发成果。根据邓宁的观点，在硅谷形成的计算机和半导体的设计与制造知识是世界上其他地方无法形成的。当然，随着商业化的推广，这种知识会在全世界传播，但是计算机和半导体行业的前沿知识来源地则是硅谷。用邓宁的话来说，这意味着硅谷在计算机和半导体行业有关知识的形成方面具有区位优势。这种优势部分来自该地区知识人才的高度集中，部分来自使得企业能够从彼此的知识形成中获益的非正式接触网络。经济学家把这种知识"外溢"称作**外部性**（externalities）。有一种成熟的理论表明，企业可以通过位置临近外部性的来源而从中获益。

鉴于这种情况，其他国家或地区的计算机和半导体企业把研究（也许还有生产设施）方面的投资项目设在硅谷是合理的，这样它们就能比设在其他地方的企业更早获得和利用宝贵的新知识，从而在全球市场中享有竞争优势。实际情况表明，欧洲、日本、韩国、中国台湾地区的计算机和半导体企业正在硅谷地区投资，因为它们显然希望从那里产生的外部性中获益。其他人认为，其他国家或地区的企业对美国生物技术行业的直接投资其动力在于希望获得美国当地独有的生物技术企业的技术知识。因此，邓宁的理论看起来是对以上概述的各种理论的有益补充，因为它有助于解释区位因素对对外直接投资方向的影响。

8.3 政治意识形态与外国直接投资

从历史上看，国家对于外国直接投资的意识形态介于两个极端之间：一个极端是对所有的外国直接投资都存有敌意的教条主义激进立场，另一个极端是信奉自由市场经济学不加以任何干预的原则。在这两个极端之间，有一种态度被称作实用民族主义。

8.3.1 激进观点

激进观点者认为，跨国公司是资本主义统治的工具。他们把跨国公司看作只为资本主义母国带来利益的用来剥削东道国的工具。他们认为，跨国公司从东道国榨取利润并返还母国，没有给予东道国任何有价值的东西作为交换。他们举例说，跨国公司牢牢控制着关键技术，它们在国外子公司的重要职位都是由母国而不是东道国的人担任的。正因为如此，根据激进观点，发达资本主义国家通过跨国公司的对外直接投资，使世界上的不发达国家相对落后，并使不发达国家对发达资本主义国家的投资、就业机会和技术具有依赖性。因此，按照这种观点，任何国家都不应该允许外国公司在本国从事直接投资活动，因为它们不会促进本国的经济发展，只会主宰本国经济。如果一国已经存在跨国公司，该国就应该立即将其国有化。

从1945年到20世纪80年代，激进观点在世界经济中具有非常大的影响力。直到1989～1991年，东欧国家才放弃对外国直接投资的敌视态度。其他地区的国家也曾反对外国直接投资。还有一些国家采取这种激进的立场，尤其是在非洲，许多国家独立之后做的第一件事就是将外国的企业国有化。另外一些更强调民族主义的国家更是采取这种激进的立场。例如，伊朗和印度就曾采取强硬的政策限制外国直接投资，并且将许多外国企业国有化。

到20世纪90年代初，这种激进观点开始消退。究其原因似乎有三个：①东欧剧变，苏联解体；②持有这种激进观点的国家经济表现不佳，此外，许多国家越来越相信外国直接投资是技术和就业的重要源泉，能够刺激经济增长；③一些没有采取激进观点的国家和地区的经济取得了进步。尽管如此，激进观点在一些国家仍然存在。

8.3.2 自由市场观点

自由市场观点可追溯至亚当·斯密和大卫·李嘉图的古典经济学及国际贸易理论（见第6章）。对外直接投资的内部化解释也强化了该观点的合理性。自由市场观点认为，国际生产应该根据比较优势理论在各国布局。各个国家应该专门生产效率最高的产品或服务。在这个框架中，跨国公司是在全球范围内将产品和服务分配到最有效率的生产地点的工具。从这个角度来说，跨国公司的对外直接投资提高了世界经济的整体效率。

假定戴尔公司决定将许多个人计算机的生产线从美国转移到墨西哥，以便利用墨西哥劳动力成本较低的优势。根据自由市场观点，这种转移提高了世界经济整体的资源利用效率。墨西哥由于劳动力成本低，因而在装配个人计算机方面具有比较优势。戴尔公司将个人计算机的生产由美国转移到墨西哥，这样就释放了美国的资源，这些资源可以应用到美国更具有比较优势的活动中（比如，计算机软件设计、高附加值产品如微处理器的制造以及基础性的研发等）。同时，由于个人计算机的价格比在美国国内生产要低，因此消费者也获得了利益。另外，墨西哥也由于这种外国直接投资获得了技术、技能以及资本的转移。与激进观点相反，自由市场观点更加强调这种资源的转移有益于东道国，能够促进其经济增长。因此，自由市场观点认为，对外国直接投资对投资国和东道国都有好处。

8.3.3 实用民族主义

实际上，许多国家对外国直接投资既没有采取激进的政策，也没有采取自由市场的政策，而是实施一种被称为实用民族主义的政策。实用民族主义者认为，外国直接投资利弊兼有。外国直接投资可以为东道国带来资金、技能、技术和就业机会，但是这些利益的获取必须付出一定的代价。如果某种产品是由外国公司而不是本国公司制造的，那么这项投资的利润将流往境外。许多国家还担心，那些外资工厂会从其母国进口许多零部件，这对于东道国的国际收支有负面影响。

在意识到这种情况后，采取实用民族主义立场的国家就会采取一套旨在使其国家利益达到最大而成本降到最低的政策。根据这一观点，只有当收益大于成本时，才能允许外国直接投资。日本就是一个采取实用民族主义政策的例子。20世纪80年代以前，在采取实用民族主义立场的国家中，日本也许是限制最严格的，原因在于日本认为拥有丰富管理资源的外国企业（尤其是美国企业）直接进入日本市场，会阻碍日本本国产业和技术的发展与成长。这种观念导致日本将大多数申请在日本投资的外国企业拒之门外。但是，这种政策也有例外。拥有重要技术的外资企业如果坚持不将技术转让给日本的企业，也不与日本的企业建立合资企业，就往往能获准在日本从事直接投资活动。IBM和德州仪器就是通过采取这样的谈判立场得以在日本建立了全资子公司。从日本政府的角度来看，这种外国直接投资带来的好处，即这些外资企业给日本经济可能带来的刺激作用超过了其所考虑到的成本。

另外，在外国直接投资对本国有利的情况下，本国倾向于积极地吸引外国直接投资，比如以减税或补助的形式向外国跨国公司提供补贴。许多欧盟国家常常会相互竞争，提供巨额的税收减免或补贴以吸引来自美国和日本的直接投资。英国在吸引日本汽车工业投资方面最为成功。日产、丰田和本田公司全部在英国建有主要的汽车制造厂，并已经以此作为满足其他欧洲国家需求的基地。这显然有利于英国的就业和国际收支。然而，考虑到英国在2020年初退出欧盟，这些公司之后很可能会减少在这个国家的投资。同样地，在美国，各个州经常相互竞争来吸引外国直接投资，并以税收减免的形式向有意在美国设立业务的外国公司提供慷慨的财政激励。

8.3.4 意识形态的转变

近年来，坚持激进观点的国家数量急剧减少。虽然采取完全的自由市场观点的国家极为罕见，但转向自由市场观点并放松对外国直接投资管制的国家越来越多，其中包括许多在30年前曾坚持激进观点（对外国直接投资的态度）的国家，以及一些不久以前还可称作实用民族主义的国家。由此造成的一个结果是，全球外国直接投资的数量陡增。像之前提到的，其增长速度快于世界贸易的增长速度。另一个结果是，在过去的20年里放宽了对外国直接投资限制的国家，其外国直接投资数量急剧增加。

然而，一种相反的情况是，一些国家产生了对外国直接投资更加敌视的现象。委内瑞拉和玻利维亚对外国直接投资越来越敌视。2005年和2006年，这两个国家的政府单方面改写了石油和天然气勘探合同，提高了外国公司在其领土开采石油和天然气需要向政府支付的特许权使用费。此外，埃沃·莫拉莱斯（Evo Morales）在赢得总统大选后于2006年将该国的油气田收归国有，并声称要驱逐外国公司，除非它们同意将收入的约80%交给玻利维亚并且交出生产管理权。在一些发达国家也出现了越来越多的对外国直接投资的敌视行动。2006年，欧洲对印度企业家拉克希米·米塔尔（Lakshmi Mittal）控股的一家全球性公司——米塔尔钢铁公司曾试图收购欧洲最大的钢铁公司阿塞洛公司（Arcelor）的行为表现出政治上的敌视性反应。2005年中期，中国海洋石油公司撤销了对美国优尼科公司（Unocal）的收购要约，因为美国国会反对中国公司接管美国的"战略性资产"。

8.4 外国直接投资的收益和成本

在外国直接投资方面，许多国家的政府多多少少都可以被看作实用民族主义者。因此，它们的政策是根据对外国直接投资的成本和收益的考虑而制定的。现在我们考虑外国直接投资的收益和成本，首先从东道国（接受外国直接投资的国家）的角度进行考察，然后从母国（提供对外直接投资的国家）的角度进行考察。在下一节中，我们将研究政府管理外国直接投资的政策工具。

8.4.1 东道国的收益

对东道国来说，外国直接投资为其带来的主要收益是资源转移效应、就业效应、国际收支效应以及对竞争和经济增长的影响。

1. 资源转移效应

外国直接投资对东道国的经济做出了积极的贡献，它可以提供东道国缺乏的资金、技术和管理经验，从而提高该国的经济增长速度。

在资金方面，许多跨国公司由于拥有巨大的规模和资金实力，因而具有东道国企业无法获得的融资渠道。这些资金可能来源于跨国公司内部，也可能凭借良好的信誉，大型跨国公司比东道国企业更容易从资本市场筹措资金。

在技术方面，我们在第3章中已经看到，技术能够促进经济发展和工业化。技术可以表现为两种很有价值的形式。技术可以与生产流程结合（比如勘探、提取和精炼原油的技术），或者同产品结合（如个人计算机）。然而，许多国家缺乏开发本国产品和工艺技术所必需的研究和开发的资源与技能，发展中国家更是如此。这些国家需要依靠先进的工业化国家来获得促进其经济增长所需的技术，而外国直接投资就能提供这种技术。

研究结果证明，跨国公司在进行对外投资时常常会同时转移重要的技术。例如，对瑞典的外国直接投资的研究发现，外国企业同时提高了瑞典企业的劳动生产率和全要素生产率。这表明发生了重要的技术转移（技术通常会提高生产率）。此外，经济合作与发展组织的一项关于外国直接投资的研究还发现，外国投资者在其投资的国家投入了大量资金用于研发，这表明他们不仅向这些国家转移了技术，还提高了这些国家原有的技术，或形成了新的技术。

通过外国直接投资获得的外国管理技能也能给东道国带来重要的收益。无论是收购企业还是建立新的投资项目，受过最新管理技能培训的外国管理人员常常有助于提高东道国的运营效率。一个曾经在外国跨国公司子公司受过培训，担任管理、财务或者技术职位的东道国本地人员离开了该公司，并帮助建立东道国本地企业，这就会产生有益的附加效应。如果外国跨国公司先进的管理技能促进东道国当地的供应商、分销商以及竞争对手提高它们自身的管理技能，也会产生类似的收益。

2. 就业效应

就业效应（employment effects）是指外国直接投资能为东道国带来其原先没有的就业机会。外国直接投资的就业效应可以是直接的，也可以是间接的。外国跨国公司雇用了一定数量的东道国员工，这就形成了直接效应。而作为这项投资的结果，当地供应商创造的就业机会以及跨国公司员工在当地增加消费所创造的就业机会则是间接效应。间接效应即使不比直接效应更大，往往至少也与直接效应相当。例如，当丰田公司决定在法国建造一个新的汽车制造厂时，有关估计表明，该项投资将创造2 000个直接就业机会，而其支持产业也许会创造另外2 000个就业机会。

一些愤世嫉俗者认为，并不是所有外国直接投资创造的"新就业岗位"都代表就业岗位的净增加额。例如，日本的汽车公司在美国的直接投资所创造的就业岗位还不足以抵消美国本国的汽车公司丧失的就业岗位，因为这些美国公司的一部分市场份额被日本竞争者抢走了。这种替代效应的后果是，外国直接投资所创造的就业岗位净额并不像跨国公司最初所宣称的那样大。就业方面的净利得也因此成为希望从事对外直接投资的跨国公司与东道国谈判的要点。

当外国直接投资采取收购一家东道国的现有企业的方式，而不是新建投资时，其直接影响可能是减少就业，因为跨国公司试图重组所收购企业的运营业务，以提高运营效率。不过研究结果表明，即便在这种情况下，一旦最初的重组过程结束，跨国公司收购的企业就会以比国内竞争对手更快的速度增加就业。经济合作与发展组织的一项研究发现，比起东道国的企业，外国公司能以更快的速度创造就业。

3. 国际收支效应

对于大多数东道国政府来说，外国直接投资对一国国际收支的影响是一个重要的政策课题。一国的**国际收**

支账户（balance-of-payments accounts）记录了该国与其他国家之间的收支情况。政府通常对其国际收支的经常项目逆差比较关注。**经常项目**（current account）记录了商品和服务的出口与进口。当一国的商品和服务的进口超过其出口时，就形成了经常项目逆差，即人们通常所说的贸易逆差。政府一般都偏好经常项目顺差而不是逆差。能够长期支持经常项目逆差的唯一方法是将资产卖给外国人（详尽解释请参见第6章附录6A）。例如，自20世纪80年代以来，美国持续的经常项目逆差就是通过不断向外国人出售美国的资产（股票、债券、不动产和整个公司）来融资的。由于各国政府都不愿意看到本国资产落入外国人之手，因此它们都希望本国的经常项目出现顺差。外国直接投资可以从两方面帮助一国实现这一目标。

首先，如果外国直接投资取代了商品和服务的进口，它就可以改善东道国国际收支的经常项目。例如，日本的汽车公司在美国和欧洲的许多对外直接投资可以看作替代了从日本的进口。因此，美国国际收支的经常项目在一定程度上得到了改善，因为许多日本公司提供给美国市场的产品来自美国的生产设施而不是日本的生产设施。仅就减少了向国外出售资产以筹措资金来弥补经常项目的逆差来看，美国明显从中得到了好处。

当跨国公司利用其国外子公司向其他国家出口商品和服务时，就形成了第二个潜在的收益。根据联合国的一份报告，来自外国跨国公司的直接投资已成为一些发展中国家和发达国家以出口带动经济增长的主要动力。例如，中国的出口值从1985年的260亿美元增加到2018年的2万亿美元。这种出口的急剧增长得益于外国跨国公司在中国的巨额投资。

4. 对竞争和经济增长的影响

经济理论告诉我们，市场的高效运行有赖于生产商之间程度充分的竞争。当外国直接投资采取新建投资的方式时，其结果就是设立一家新的企业，这样市场参与者的数量增加了，消费者的选择也增加了。这就提高了国内市场的竞争水平，从而降低了商品价格，提高了消费者的经济福利。竞争的加剧往往能够刺激企业在工厂、设备以及研发方面加大资本投入，以便在与对手的竞争中占据优势地位。由此导致的长期结果包括劳动生产率的提高、产品和生产流程的革新以及更快的经济增长速度。韩国在1996年解除了对零售行业的外国直接投资的管制后，就获得了如上所述的收益。来自西方国家的大型折扣商店［如沃尔玛、好市多（Costco）、家乐福和乐购（Tesco）］的外国直接投资刺激了韩国国内的折扣商［如易买得（E-Mart）］，提高了它们的运营效率。有利影响还包括更多的竞争和更低的价格，这些都对韩国消费者有利。同样，印度政府向外国直接投资开放零售业，部分原因是它认为高效的全球零售商如沃尔玛、家乐福、宜家的外来投资将为提高印度支离破碎的零售系统的效率提供必要的竞争刺激。

外国直接投资对国内市场竞争的影响在服务业尤为重要，如电信业、零售业以及金融服务业等一些无法出口的服务性行业，因为这些服务是在当地提供的。例如，在1997年世界贸易组织倡议的一项协议中，占世界电信收入90%以上的68个国家宣布向外国投资和竞争者开放市场，并遵守电信业公平竞争的共同准则。在此协议之前，世界上大部分的电信市场对外国竞争者都是封闭的，多数国家的电信市场是由单个企业（通常是国有企业）垄断的。上述协议极大地促进了许多国家的电信市场的竞争，产生了两方面的收益。首先，外来投资促进了竞争，刺激了整个世界范围内对通信网络现代化的投资，提高了服务水平。其次，竞争的加剧导致电信价格下降。

8.4.2 东道国的成本

东道国在吸引外国直接投资方面面临三种成本，分别是对东道国国内竞争的负面效应、对国际收支的负面效应以及被人们感知到的国家主权与自主的丧失。

1. 对东道国国内竞争的负面效应

东道国政府有时也会担心外国跨国公司子公司的经济实力要强于国内的竞争者。如果该子公司是一个巨大的国际机构的一部分，那么外国跨国公司就可以利用在其他地方获得的资金来补贴其在东道国的成本，最终将东道国本国的企业赶出市场，从而垄断市场。外国跨国公司一旦在该市场获得垄断地位，就会提高价格，使之高于竞争市场条件下的价格，这将对东道国的经济福利产生不利影响。那些本国大企业较少的国家（一般是欠发达国家）更容易产生这种忧虑。对于大部分先进的工业化国家来说，这种忧虑相对较少。

从总体上看，当外国直接投资采取新建投资的方式时，无疑会增加竞争，但当外国直接投资采取收购已有的东道国企业的方式时，能否增加竞争，结论并不清楚。由于收购并不导致市场参与者数量的增加，因此其对竞争的影响可能是中性的。当外国投资者收购两家甚至更多的东道国企业，并最终将这些企业合并在一起时，结果就是会降低该市场的竞争水平，导致外国公司的垄断，减少消费者的选择，价格也会上升。例如在印度，联合利华的印度子公司辛达斯坦利华有限公司（Hindustan Lever Ltd）收购了当地主要的竞争对手塔塔油脂加工公司（Tata Oil Mills），以获得香皂市场（75%）和洗涤剂市场（30%）的主要份额。辛达斯坦利华有限公司还收购了几家其他行业的本地公司，如冰激凌制造商 Dollops、Kwality 和 Milkfood。通过收购这些公司，辛达斯坦利华有限公司在印度冰激凌市场上的份额从零上升到了 74%。然而，尽管这样的案例十分令人关注，但几乎没有证据表明这是一种普遍现象。在许多国家，国内的竞争管理机构有权审查并阻止任何收购，只要其认为这种收购对竞争有不利影响。如果这些机构能有效运行，就足以保证外国公司无法垄断一国的市场。

2. 对国际收支的负面效应

外国直接投资对东道国国际收支可能产生两个方面的负面效应。首先，外国直接投资带来的最初的资本流入会导致随后的外国子公司向母公司的利润流出。这种流出表现为国际收支账户的资本流出。一些国家对这种流出的反应是限制国外子公司流向母国的利润。其次，若外国子公司从国外进口大量用于投入的产品，结果就必须记入东道国国际收支经常项目的借方。例如，在美国有一种反对引进日本汽车生产线的理由就是，日本的生产商倾向于从日本进口许多零部件。正因为如此，这种外国直接投资对美国国际收支经常项目的有利影响可能没有最初想象的那样大。日本汽车公司对于这些批评做出的反应是，承诺从位于美国境内的生产企业（不一定是美国的企业）购买 75% 的零部件。当日本的汽车公司日产公司在英国投资时，该公司对于产品国产化的回应是，承诺将使用当地零部件的比重提高到 60%，随后则提高到 80% 以上。

3. 对国家主权与自主的可能影响

一些东道国政府担心外国直接投资会使其丧失部分经济独立性。这种忧虑是指，对东道国并没有做出实际承诺的外国母公司，却可以做出重大决策影响东道国的经济，而东道国政府对此却没有实际的控制能力。然而，大部分经济学家认为这种忧虑缺乏根据和理性。政治学家罗伯特·赖克（Robert Reich）指出，这种担心是一种过时的想法，因为它没有考虑到世界经济不断加强的相互依存性。在一个所有发达国家的企业相互在对方的市场上不断增加投资的世界，一个国家不可能向另一个国家索要"经济赎金"而不损害其自身的利益。

8.4.3 母国的收益

对外直接投资对母国（投资国）有三方面的好处。第一，母国的国际收支因国外收益的流入得到改善。如果在国外的子公司创造出对母国的生产设备、中间产品和互补产品等类似产品的需求，对外直接投资也能够改善母国的国际收支。第二，对外直接投资给母国带来的收益还来自就业效应。与国际收支一样，当国外的子公司创造了对母国的出口需求时，就会产生有利的就业效应。因此，丰田公司在欧洲投资汽车生产线，受益的是日本的国际收支和就业，因为丰田公司直接从日本进口欧洲境内的汽车生产线所使用的零部件。第三，母国的跨国公司因为身处外国市场而学到了有价值的技能之后，就可以将这种技能转移回母国。这就相当于逆向的资源转移效应。通过接触外国市场，跨国公司能够学到更先进的管理技术、产品与工艺技术。这些资源都可能转移回母国，有利于提高母国的经济增长速度。

8.4.4 母国的成本

上述收益必须对照母国（投资国）对外直接投资的显著成本。最重要的问题集中在对外直接投资的国际收支和就业效应上。母国的国际收支可能会在三个方面受到损害。第一，在最初为对外直接投资提供资金从而导致资本流出时，母国的国际收支会受到损害。然而，这种不利影响通常会被后期的对外直接投资收益流入抵消。第二，如果对外直接投资的目的是为母国市场寻找一个低成本的生产地点，那么国际收支的经常项目也会受到损害。第三，在对外直接投资替代直接出口的情况下，国际收支的经常项目也会受到损害。因此，如果丰田公司在美国设立生产线的目的是取代日本的直接出口，那么日本的经常项目状况就会恶化。

关于就业效应，当对外直接投资替代了国内生产时，就会产生最严重的问题。丰田公司在美国和欧洲的投资就是如此。这种对外直接投资的一个明显的结果是减少了母国的就业岗位。如果母国的劳动力市场已经非常紧张，几乎没有失业，那么这个问题还不算严重。但是，如果母国正承受着失业，人们就会对就业岗位的外流产生忧虑。例如，美国劳工组织领导者经常提出的一个反对美国、墨西哥和加拿大签订自由贸易区协定（见第9章）的理由就是，美国企业投资于墨西哥，利用当地廉价的劳动力生产产品，然后返销美国市场，将造成美国本土丧失几十万的就业岗位。

8.4.5 国际贸易理论和对外直接投资

在权衡对外直接投资对母国的利弊时，必须谨记国际贸易理论的教训（见第6章）。国际贸易理论告诉我们，母国对离岸生产负面经济效应的担忧可能是多余的。**离岸生产**（offshore production）是指为满足国内市场需求而进行的对外直接投资。美国汽车公司在墨西哥投资汽车零部件生产设施就是一个例子。这种对外直接投资不仅不会减少母国的就业，实际上会促进母国的经济增长（因此还会促进就业），原因在于母国的资源得到释放，可以集中资源用于母国具有比较优势的生产活动。除此之外，如果对外直接投资造成某种特定商品的价格下降，母国的消费者会因此而受益。同理，如果以不利于就业为由禁止一家公司对外投资，而它的国际竞争对手获得了低成本生产地点的好处，该国无疑会丧失市场份额。在这种情况下，一国面临的长期负面经济效应将可能超过与离岸生产相关的相对较小的国际收支和就业效应。

8.5 政府的政策工具与对外直接投资

我们已经分别从母国和东道国的角度对对外直接投资的利弊进行了讨论。现在我们把注意力转移到母国（投资国）和东道国可以用来管理跨国公司对外直接投资活动的政策工具上。

8.5.1 母国的政策

通过制定不同的政策，母国既可以刺激也可以限制本土公司的对外直接投资。首先，我们观察有关刺激对外直接投资的政策，这些政策涵盖外汇风险保险、资本支持、税收激励以及政治压力。然后，我们会观察有关限制对外直接投资的政策。

1. 鼓励对外直接投资

许多投资国现在都有政府支持的保险项目，用于涵盖各种主要的对外投资风险。这些项目中的可保风险类型包括征用（国有化）、战争损失以及无法将利润转移回国。这些项目在鼓励企业投资于政治不稳定的国家时尤为有用。除此之外，一些发达国家还设有专项基金和银行，为愿意向发展中国家投资的企业提供政府贷款。为了进一步鼓励国内企业从事对外直接投资，许多国家已经取消了对国外收入的双重征税（即在东道国和母国对收入都征税）。最后一点，可能也是最重要的一点，有些投资国（包括美国）还利用其政治影响力说服东道国对外国直接投资放松管制。例如，由于美国施加的直接压力，日本放宽了许多对外国直接投资的正式限制措施。为了应对美国进一步的压力，日本放宽了其对外国直接投资的非正式壁垒。该趋势的一个受益者是美国的一家玩具公司——玩具反斗城，经过该公司和美国政府官员5年的集中游说，该公司终于获准于1991年12月在日本设立了第一家零售商店。到2012年，该公司在日本的商店已经超过170家，其控股的日本公司也在日本的股票交易所挂牌上市。有趣的是，虽然玩具反斗城在2017年因破产而停止了在美国的运营，但它仍在日本运营，截至2019年，该公司在日本有约130家门店。

2. 限制对外直接投资

实际上，包括美国在内的所有投资国对对外直接投资都曾不时地实施一定的限制。有一种政策是为了本国的国际收支而限制资本的流出。例如，20世纪60年代初期到1979年，英国曾实行外汇管制，限制企业将资本转出的数量。尽管这类政策的主要目的是改善英国的国际收支状况，但还有一个重要的目的就是增加英国企业从事对外直接投资的难度。

另外，政府有时会操纵税收政策以鼓励企业在本国投资。这种政策的目的是在本国而不是在其他国家创造就业机会。英国曾经利用公司税法对英国公司在国外的投资收益征收高于在本国获得的收益的税率。这种税收政策刺激了英国公司在本国的投资。

最后，有些国家出于政治上的原因限制本国企业投资于某些特定的国家。这种限制既可以采取正式的方式，也可以采取非正式的方式。例如，美国通过正式的法律限制美国企业在古巴和伊朗等国投资，因为美国认为这些国家的意识形态和行为与美国的利益相违背。同样，20世纪80年代，美国对本国企业施加了非正式的压力，以阻止它们在南非投资。这一举措的目的是向南非施压，使其废除种族隔离制度。这一制度在20世纪90年代初被废除。

8.5.2 东道国的政策

东道国制定政策的目标是限制或鼓励外国直接投资。正如本章前面所提到的，在过去，政治意识形态决定了这些政策的类型和范围。在20世纪的最后10年里，许多国家从坚持某种激进立场和禁止大部分外国直接投资，迅速转向自由市场和实用民族主义相结合的立场。

1. 鼓励外国直接投资

政府鼓励外国企业在本国投资已成为普遍现象。这种鼓励可以采取多种形式，但最常见的还是税收减免、低息贷款、政府奖助或补贴。这种鼓励的一个动机是希望本国从外国直接投资的资源转移和就业效应中得到好处。另一个动机是希望将外国直接投资从其他潜在的东道国那里争夺过来。例如，20世纪90年代中期，英国和法国政府为吸引丰田公司投资而在提供优惠方面相互竞争。在美国，各州政府经常为吸引外国直接投资相互竞争。例如，肯塔基州向丰田公司提供了价值1.47亿美元的一揽子优惠措施，劝说其在该州建立汽车装配厂。该一揽子措施包括税收减免、州政府提供新的基础设施的建设费用以及低息贷款。

2. 限制外国直接投资

东道国政府可以使用很多控制手段从各方面限制外国直接投资，最常见的两种方式是所有权限制和履行要求。所有权限制可以采用多种形式。在一些国家，外国公司被排除在某些特定领域之外。例如，瑞典不允许外国公司进入其烟草和采矿业，巴西、芬兰和摩洛哥则限制外国公司参与某些自然资源的开发。在其他行业，尽管外资可通过子公司介入，但当地投资者必须在该子公司中占有较高的持股比例。在美国，外国居民在航空公司中的持股比例被限制在25%以内。在印度，外国公司一直不能投资于传媒行业，直到2001年这一限制才开始放宽，印度允许外国公司持有报业公司不超过26%的股权。

所有权限制的理由有两点。第一，出于国家安全和竞争的考虑，外国公司经常被排除在某些特定的部门之外。尤其在那些较不发达国家，人们的感觉是，除非通过征收进口关税和控制外国直接投资对来自外国的竞争予以限制，否则，当地企业就不能得到发展。这实际上是我们在第7章中讨论的幼稚产业观点的变体。第二，所有权限制的依据是，当地资本的参与有助于使外国直接投资给东道国所带来的资源转移和就业利益最大化。20世纪80年代初以前，日本政府一直对大部分外国直接投资采取限制措施，只有在跨国公司拥有高新技术的情况下才允许日本企业与其建立合资企业。日本政府显然认为，这种安排将加速跨国公司有价值的高新技术在日本经济中的传播。

履行要求也可以采取多种形式。运作限制是对跨国公司的当地子公司的行为的控制。最常见的履行要求涉及产品的国产化程度、出口量、技术转移以及当地参与高层管理等方面。与实行特定的所有权限制一样，履行要求背后的逻辑是，这些措施能够帮助东道国实现外国直接投资效益的最大化和成本的最小化。只要与其目标相符，许多国家都会实施某种形式的履行要求。然而，履行要求在不发达国家要比在发达的工业化国家更为普遍。

8.5.3 国际机构与对外直接投资的自由化

20世纪90年代以前，多边性的国际机构一直没有对对外直接投资进行持续的管理。直到1995年世界贸易组织成立，这种状况才出现了变化。世界贸易组织支持促进国际服务贸易。由于许多服务产品必须在其销售地进行生产，因此出口便不能成为一种选择（例如，麦当劳的汉堡和消费者获得的银行服务都无法出口）。考虑到这一点，世界贸易组织开始介入对外直接投资的监管。正如人们所期望的，作为一个旨在推动自由贸易的机构，世界贸易组织致力于推动对外直接投资治理规则的自由化，尤其是在服务业。在世界贸易组织的支持下，在1997年达成了两个涉及面很广的多边贸易协定，以实现电子通信和金融服务贸易的自由化。这两个协定都包括详细的条款，要求缔约方放宽对对外直接投资的限制，主要是向国外电信和金融服务公司开放国内市场。

然而，世界贸易组织在试图发起对话、建立一套促进对外直接投资自由化的普遍规则方面就没那么成功了。有些发展中国家至今仍然拒绝世界贸易组织为展开这方面的讨论所做出的种种尝试。

全景视角：管理启示

对外直接投资和政府政策

本章所讨论的内容本身对企业有几方面的启示。在这一部分中，我们首先讨论理论的启示，然后讨论政府政策的启示。

对外直接投资理论

对外直接投资理论对企业实践的启示是很直接的。首先，值得注意的是，约翰·邓宁提出的区位优势理论确实能解释对外直接投资的流向。然而，区位优势理论不能解释企业为什么偏好对外直接投资而不是许可方式或出口。在这方面，无论是从解释力还是从企业的角度出发，也许最有用的理论是强调出口和许可经营局限性的内部化理论。内部化理论的作用在于，它比较明确地指出了对外直接投资、出口和许可经营在不同情况下的相对盈利能力的差异。该理论表明，只要运输成本较低，贸易壁垒较少，出口就比许可经营和对外直接投资有利。随着运输成本或贸易壁垒的增加，出口就会变得无利可图，对外直接投资和许可经营便成为可选方案。与许可经营相比，对外直接投资的成本更高、风险更大。虽然许可方式是可行的，但如果出现以下一种或多种情形，它就不是有利的选择：①企业拥有重要的技术，且不能通过许可合同予以充分的保护；②企业需要严密控制外国公司，以便使其在该国的市场份额和收益最大化；③企业的技术和技能不适用于许可。图8-4用决策框架列出了这些因素。

对某些企业而言，许可并不是一种最佳选择。这些企业通常集中在以下三种行业。

（1）高新技术行业，在这些行业内，对企业特有的专门知识的保护至关重要，许可是危险的。

（2）全球性的寡头垄断行业，这些行业内的竞争性相互依存要求跨国公司保持对国外业务活动的严密控制，以便能够对其全球对手发起协同攻击。

（3）成本压力很大的行业，这些行业内的跨国公司需要保持对国外业务活动的严密控制，以便能在全球范围内要素成本对其最有利的地方进行生产，从而降低成本并且最大化价值。

虽然经验证据不多，但大部分证据似乎都支持这些推断。此外，如果一个企业的竞争优势在于嵌入其流程或管理人员技能的管理或营销方面的知识，很难用书面文字进行编码，那么许可就不是很好的选择。许多行业的企业似乎都面临这种情况。

对有些行业的企业而言，许可是一种很好的选择。这些企业的状况与上述情况相反。在集中度不高、技术含量较低的行业，许可更为普遍，也更能使企业赢利。在这些行业，在全球范围内分散制造环节并不是很好的选择。快餐业是一个很好的例子。麦当劳通过特许经营战略将业务扩展到了全世界。特许经营是许可方式在服务业的版本，虽然其协议期限通常比许可协议长得多。特许经营是指企业将品牌名称转让给外国企业使用，并按一定的比例从该外国企业的利润中提取收益。特许经营协议规定了被特许人必须遵守的条件，只有这样其才能使用特许人的品牌。因此，外国企业只有同意按照与世界其他地方的麦当劳完全一致的模式经营，麦当劳才会允许其使用该品牌。对麦当劳而言，这种战略是合理的，因为：①快餐业与其他服务业一样，不能出口；②在开发国外市场方面，特许经营的成本和风险较低；③与技术诀窍不同，品牌名称比较容易通过协议予以保护；④麦当劳没有令人信服的理由需要对被特许人实行严密的控制；⑤麦当劳的经营技能，即如何经营快餐店，可以通过书面协议用文字予以表述（例如，协议可以对如何经营麦当劳快餐店的具体细节做出规定）。

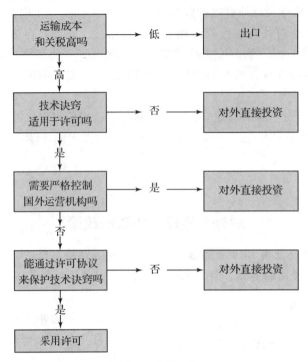

图 8-4　决策框架

政府政策

东道国政府对待外国直接投资的态度是决定外国生产和直接投资地点的一个重要变量。假设其他条件相同，投资于对外国直接投资持宽容态度的国家显然要优于投资于那些限制外国直接投资的国家。

但是，一般来说，这个问题并非如此简单。尽管最近几年的国际潮流在往自由市场的方向发展，但许多国家对待外国直接投资仍然采取实用主义的立场。在这种情况下，考虑从事对外直接投资的企业通常必须与该东道国政府就投资的具体条件展开谈判。谈判的内容往往围绕两个主题。如果东道国政府试图吸引外国直接投资，核心问题就可能是东道国政府准备向跨国公司提供何种优惠措施，以及跨国公司给予何种承诺作为交换。如果东道国政府对外国直接投资的收益并不确定，就有可能限制外来投资，中心议题则可能是跨国公司必须做出让步，以便计划中的投资项目能取得进展。

任何谈判的结果在很大程度上取决于双方讨价还价的相对实力。每一方的谈判实力则取决于三个因素：

- 一方对另一方做出的贡献的重视程度；
- 双方各自拥有的其他可比备选方案的数量；
- 双方各自可用于谈判的时间长短。

从与东道国政府就投资条件进行谈判的企业的角度来看，当东道国政府对企业必须做出的贡献寄予厚望、企业的选择余地较大、企业进行这一谈判的时间较充裕时，其谈判实力就会增强。反之，如果东道国政府对企业做出的贡献并不寄予厚望、可供企业选择的余地较小、企业在谈判方面所能花费的时间较短，则其谈判实力将会削弱。

本章小结

本章对试图解释不同国家之间的对外直接投资模式的理论进行了回顾，并考察了政府对企业在国外进行投资的决策产生的影响。本章要点如下：

（1）任何试图解释对外直接投资的理论都必须说明，为什么在可以选择出口或许可的情况下，企业仍然颇费周折地去国外收购企业或新建投资。

（2）较高的运输成本和进口关税有助于说明为什么企业偏好对外直接投资或许可而不是出口。

（3）如果存在以下情况，企业就会偏好对外直接投资而不是许可：①企业拥有的技术不能通过许可协议得到充分保护；②企业需要对外国的公司实施严密的控制，以便其在这个国家的市场份额和收益最大化；③企业的技能和能力不适用于许可方式。

（4）尼克博克的理论表明，许多对外直接投资是由寡头垄断行业中的对抗企业的相互模仿行为造成的。

（5）邓宁认为，区位优势是解释对外直接投资的性质和方向的重要因素。按照邓宁的观点，企业通过对外直接投资来利用特定地区的资源禀赋或资产。

（6）意识形态是决定政府对于外国直接投资的政策的一个重要因素。这种意识形态的两个极端是敌视外国直接投资的激进观点和放任自流的自由市场观点。在这两个极端之间，是一种被称为实用民族主义的观点。

（7）外国直接投资对东道国的益处来源于资源转移效应、就业效应和国际收支效应。

（8）对东道国来说，外国直接投资的成本包括对竞争和国际收支的负面效应以及感知国家主权的丧失。

（9）对外直接投资对母国（投资国）的益处包括国外收益的流入带来的国际收支的改善，国外子公司对本国产品的出口需求引起的有利的就业效应，以及逆向资源转移效应带来的好处。如果在国外的子公司学到了先进的技术并将其转移到国内，就会形成逆向资源转移效应。

（10）对外直接投资给母国带来的成本包括最初的资本外流和对外直接投资取代出口引起的负面国际收支效应。另外，不利之处还在于对外直接投资可能导致就业岗位向国外转移。

（11）母国可以采取政策以鼓励或者限制对外直接投资。东道国通过提供优惠措施试图吸引外国直接投资，通过规定持股比例和要求外国跨国公司达到特定的履行要求来限制外国直接投资。

第 9 章

区域经济一体化

学习目标

- 9-1 描述区域经济一体化的不同层次
- 9-2 了解支持区域经济一体化的经济和政治理由
- 9-3 了解反对区域经济一体化的经济和政治理由
- 9-4 讲述世界上最重要的区域经济协定的历史、现状和前景
- 9-5 了解区域经济一体化协定蕴含的管理实践启示

⊙ 开篇案例　　　　　　　　　世界上最大的贸易协定

几十年来，欧盟以其涉及的国家数量及 GDP 总和一直被认为是世界上最大的区域经济一体化组织，但这可能很快就会改变。15 个亚太国家目前正在进行最后的谈判，以达成可能成为世界上最大的区域贸易协定。该协定被称为《区域全面经济伙伴关系协定》(Regional Comprehensive Economic Partnership, RCEP) ⊖，涉及东盟的 10 个国家及其 5 个主要贸易伙伴——澳大利亚、中国、日本、新西兰和韩国。如果达成协议，RCEP 将包括占全球人口和 GDP 1/3 的国家。

RCEP 的主要影响将是逐步降低成员国之间跨境货物贸易的关税。此外，RCEP 将允许企业在其内部销售相同的商品，而无须满足不同国家的单独要求，并填写单独的文件，这将大大减少为满足当地国家法规而定制产品的需求。另外，RCEP 不被视为"高质量"贸易协定，因为它没有涵盖很多服务和农产品。此外，关税是国家之间商定的，而不是全面协调的。对一些国家来说，农业等敏感问题不会被触及。尽管有这些限制，澳大利亚生产力委员会的经济分析显示，如果达成协议，成员之间的 GDP 将增加多达 4%，而如果退回到保护主义，将导致 GDP 下降 8%。

RCEP 开始进入谈判时，另一个重要的贸易协定《跨太平洋伙伴关系协定》(TPP) 正在谈判中。中国不是 TPP 的缔约方，而 TPP 当时被认为是全球最大的区域贸易协定。许多观察家认为，RCEP 是中国应对美国在该地区影响力的一种方式。2012 年谈判开始时，印度也参与了，但后来印度退出了谈判，因为它担心降低对中国商品的关税只会增加其对中国的巨大贸易逆差。印度还担心，来自澳大利亚的谷物和来自新西兰的牛奶会将其贫穷的农民挤出市场。

谈判进展缓慢，直到 2017 年，特朗普让美国退出了建立 TPP 的最终谈判，并对包括中国在内的许多美国贸

⊖ 2020 年 11 月 15 日，15 个亚太国家正式签署了 RCEP。

易伙伴征收关税。这一决定意想不到的后果之一是，它为建立 RCEP 的谈判增加了动力。谈判国很快得出结论，它们需要再次抵制日益增长的保护主义，尽管美国选择了这条道路。正如澳大利亚国立大学的学者们所指出的：

> 亚洲国家在签署 RCEP 时，选择了开放而非保护主义，选择了区域主义而非民族主义，选择了合作而非对抗，选择了团结而非猜疑。它们向世界发出了一个明确的信号：亚洲仍然对商业非常开放，致力于开放的地区主义。

资料来源："Asia's Trade Negotiators Decide They Can No Longer Wait for India," *The Economist*, November 7, 2019; M. Tostevin, "The World's Biggest Trade Pact Shapes Up without India," *Reuters*, November 5, 2019; P. Drysdale and A. Triggs, "Asia Pushed Back against Global Protectionism and Big Trade and Investment Deal," *East Asia Forum*, November 6, 2019.

引言

在过去的 20 年中，推动区域经济一体化的贸易集团出现了增长。世界贸易组织（WTO）要求其成员方将它们参与的任何区域性贸易协定通报给 WTO。截至 2020 年，所有的 WTO 成员方都向 WTO 通报了它们参与的一个或多个区域贸易协定。截至 2020 年，已有 303 个区域贸易协定生效。

与国际贸易理论，尤其是比较优势理论（见第 6 章）的预测一致，经济学家们相信，旨在促进区域内贸易更加自由化的协定可以使所有成员从贸易中获益。关税及贸易总协定（GATT）及其继任者世界贸易组织（WTO）也设法降低关税壁垒。然而，WTO 拥有的全球视角和多达 164 个成员，使其成功达成一个协定是极其困难的。通过达成区域协定，各国家（地区）群体能够比在 WTO 主持下更快地达到减少关税壁垒的目标，从而从贸易中获得比 WTO 规则所允许的更多的利益。WTO 最新一轮的贸易谈判多哈回合于 2001 年启动，现仍处于悬而未决的状态，并未取得任何进展，鉴于此，建立区域贸易协定近年来成为越来越重要的政策方法。多哈回合的失败有理由使一些国家的政府认识到，比起通过 WTO，它们可以通过多边贸易协定来更好地推进本国的贸易进程。

在区域经济一体化的进程中，没有哪个地方比欧洲更为雄心勃勃。1993 年 1 月 1 日，欧盟正式取消其内部进行跨境商务活动的诸多壁垒，试图创建一个全洲统一市场。到 2019 年，欧盟人口已超过 5 亿，国内生产总值达 19 万亿美元，在经济方面仅次于美国。然而，2016 年，英国脱欧公投给欧洲一体化的未来蒙上了一层阴影。英国 2020 年退出该协议导致欧盟的 GDP 将减少约 2.5 万亿美元，人口减少 6 600 万。

世界其他地方也在进行着相似的区域经济一体化的进程。加拿大、墨西哥、美国于 1994 年 1 月 1 日加入 NAFTA。这一协定的最终目的是消除阻碍三个国家间货物和服务自由流动的所有障碍。虽然 NAFTA 的实施导致了美国经济某些部门的就业损失，但从整体上来说，多数经济学家认为，更大规模的区域贸易带来的收益将超过损失，这与国际贸易理论的预测一致。然而，特朗普政府批评了 NAFTA，指责它导致美国大量失业，并谈判达成了一项后续协定，即《美国 – 墨西哥 – 加拿大协定》（United States-Mexico-Canada Agreement，USMCA），该协定现已生效。

南美也在朝着区域经济一体化迈进。例如，1991 年，阿根廷、巴西、巴拉圭和乌拉圭成立了被称作南方共同市场的一体化组织，开始减少它们之间的贸易障碍。尽管南方共同市场进展缓慢，这一机构仍在工作。非洲仍在朝着区域经济一体化的方向努力。26 个国家签署了一项协定，试图减少关税和高成本的海关程序，以刺激该区域的经济增长。最后，正如开篇案例中所讨论的，可能成为世界上最大的区域贸易协定——《区域全面经济伙伴关系协定》（RCEP）即将由东亚和太平洋地区的 15 个国家最终敲定。重要的是，RCEP 可以被视为对美国在特朗普总统领导下转向贸易保护主义立场的一种制衡。

本章将探索关于区域经济一体化的经济和政治观点，特别是会关注一体化在经济和政治上的收益与成本，回顾区域经济一体化在全球的进程，描述区域经济一体化对于国际商务实践的重要意义。我们将讨论威胁到欧盟未来的事态进展，以及 NAFTA 的继承者 USCMA。不过，在讨论这些问题之前，我们首先需要考察理论上可能达到的经济一体化层次。

9.1 经济一体化的层次

经济一体化有几个层次在理论上是可行的（见图9-1）。经济一体化的层次由低到高可分为自由贸易区、关税同盟、共同市场、经济联盟，最后是政治联盟。

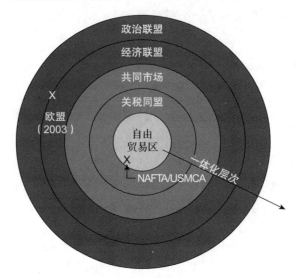

图9-1 经济一体化的层次

在一个**自由贸易区**（free trade area）里，各成员之间取消了商品和服务贸易的所有壁垒。理论上理想的自由贸易区不允许存在扭曲成员之间贸易的行为，如歧视性关税、配额、补贴和行政干预。但是，各个成员可以自行决定与非成员之间的贸易政策。举例来说，各成员对非成员的商品征收的关税可能各不相同。自由贸易区是区域经济一体化最普遍的形式，几乎占区域经济一体化的90%。

世界上持续时间最长的自由贸易区是**欧洲自由贸易联盟**（European Free Trade Association，EFTA）。EFTA是由那些最初决定不加入欧洲共同体（欧盟的前身）的西欧国家于1960年1月创建的，最早的成员有奥地利、英国、丹麦、芬兰和瑞典，如今只剩下4个成员——挪威、冰岛、列支敦士登、瑞士，比1995年减少了3个（1996年1月1日该联盟的3个成员奥地利、芬兰和瑞士加入了欧盟），而最初的5个成员现在都是欧盟的成员。EFTA强调工业品的自由贸易，农业不在此列，允许每个成员决定自己的支持水平。成员也可以自主决定对来自EFTA以外的商品的保护等级。NAFTA以及后续的USCMA是自由贸易区的另一个例子，在本章的后面我们将对其进行深入探讨。

关税同盟在通向完全的经济和政治一体化的道路上又前进了一步。**关税同盟**（customs union）消除了成员之间的贸易壁垒，采取共同的对外贸易政策。而确定共同的对外贸易政策需要行政管理机构来监管成员同非成员之间的贸易关系。加入关税同盟的大多数国家希望今后有更高程度的经济一体化。欧盟就是从关税同盟起步的，但现在已经超越了这个阶段。还有现在的安第斯共同体（之前被叫作"安第斯公约"），由玻利维亚、哥伦比亚、厄瓜多尔和秘鲁组成，但到目前仍未完全实施。安第斯共同体在成员之间确立了自由贸易，并且对从其他国家进口的商品征收统一关税，税率从5%到20%不等。

经济一体化的下一层次是**共同市场**（common market）。共同市场的成员之间没有贸易障碍，采取共同的对外贸易政策，并允许生产要素在成员之间自由流通。而劳动力和资本之所以可以自由流动，是因为成员之间对于劳动力的流入、流出及资本的跨境流动没有限制。建立一个共同市场需要在财政、货币和就业政策上有相当程度的协调与合作，达到这种程度的合作是非常困难的。尽管欧盟现在已经超越了这一阶段，但多年来都是作为共同市场运作的。南方共同市场（由巴西、阿根廷、巴拉圭、乌拉圭组成的南美集团）也希望最终能够建成一个共同市场。委内瑞拉已经成为南方共同市场的正式成员，但由于其不民主的政策，于2016年12月被无限期搁置。

比起共同市场，在经济联盟中，经济一体化与合作更为密切。与共同市场一样，**经济联盟**（economic union）涉及成员之间产品和生产要素的自由流动，采取共同的对外贸易政策，但它还需要有共同的货币、成员税率的协调，以及共同的货币政策和财政政策。这种高度的一体化需要一个官方协调机构，并且成员在国家主权方面向该官方机构做出巨大的让步。欧盟是一个经济联盟，但还不完善，因为并非所有的欧盟成员都采用欧盟的货币欧元，各国仍存在税率和法规的差异，并且某些市场，如能源市场，仍未完全解除管制。

朝着经济联盟发展就产生了如何建立一个对成员公民负责的官方协调机构这样一个问题。答案是通过政治联盟，在**政治联盟**（political union）里，有一个中央政治机构来协调各成员的经济、社会和对外政策。欧盟已经在朝着（至少是部分的）政治联盟迈进。自20世纪70年代末以来，欧洲议会就由欧盟国家的公民直接选举产生，现在它起到重要的作用。此外，部长理事会（欧盟的管理和决策机构）是由每个成员的政府大臣组成的。美国是更紧密的政治联盟的一个例子。在美国，独立的州实际上组合成了一个统一的"国家"。

9.2 支持区域经济一体化的理由

支持区域经济一体化的理由既有经济上的，也有政治上的。不过，通常在一个国家内部会有许多反对区域经济一体化的团体，这就解释了为什么大多数为实现区域经济一体化所做出的努力都是有争议的，且进展缓慢。本节我们将考察支持区域经济一体化的经济和政治理由，以及讨论阻碍一体化的两个障碍。下节我们再讨论区域经济反对一体化的理由。

9.2.1 支持区域经济一体化的经济理由

支持区域经济一体化的经济理由比较直接。我们在第6章中看到，国际贸易的经济理论预测：不受限制的自由贸易将使国家专门从事其生产效率最高的货物和服务的生产活动。结果，与贸易受限制的情况相比，全球生产扩大。我们在第6章中还看到，一个国家向自由市场开放是如何刺激该国经济增长的，这种开放使该国从贸易中得到动态利益。第8章详细讨论了对外直接投资（FDI）如何能把技术、营销和管理诀窍转移到东道国。考虑到知识在助推经济增长方面的核心作用，一国向对外直接投资开放同样能刺激经济增长。总之，经济学理论指出，自由贸易和投资是正和博弈，所有参与国都会获益。

基于此，理论上的理想状况是国家间货物、服务及生产要素的自由流动不存在任何障碍。不过，正如我们在第7章、第8章中所看到的，可能会出现政府干预国际贸易和对外直接投资的情况。因为许多国家的政府赞同部分或全部干预，所以不受限制的自由贸易和对外直接投资只能是一种理想。虽然像WTO这样的国际机构把世界朝着自由贸易体系推进了一步，但还没有取得完全的成功。在一个存在许多国家和许多政治意识形态的世界，很难让所有国家都同意遵守一套共同的规则。

在这样的背景下，区域经济一体化可被视为国家间从贸易和投资的自由流动中获得超额收益的一种尝试，但这种收益在像WTO制定的国际协定之下是不可能取得的。在有限数量的相邻国家间建立自由贸易和投资体系要比在整个世界共同体下建立这种体系容易得多。协调与政策和谐问题在很大程度上是想要达成协议的国家数量的因变量。参与的国家越多，必须调和的观点数量就越大，达成协议的难度也就越大。因此，区域经济一体化的尝试是由期望从自由贸易和投资中获取收益的愿望所激发的。

9.2.2 支持区域经济一体化的政治理由

支持区域经济一体化的政治理由在一些试图建立自由贸易区、关税同盟等的尝试中也很突出。把相邻国家的经济联系在一起，使得它们越来越互相依赖，这样就刺激了政治合作，降低了国家之间发生暴力冲突的可能性。此外，通过把它们的经济结合在一起，这些国家可以增强自己在世界上的政治影响力。

这些方面的考虑促成了1957年欧洲共同体（欧盟的前身）的建立。欧洲在20世纪前半叶经受了两次极具破坏性的战争，这两次战争都是由欧洲的民族国家膨胀的野心所引起的。谋求一个统一的欧洲的人们一直希望在欧洲不要再发生一场战争。许多欧洲人也相信，第二次世界大战后，欧洲的民族国家不再是一个能在世界市场和世界政治领域立足的强大力量。建立一个统一的欧洲，以便与美国以及苏联抗衡的想法扎根在许多欧洲共同体奠基人的脑海中。

《北美自由贸易协定》(NAFTA)的建立也有政治方面的原因。许多《北美自由贸易协定》的支持者认为，该贸易协定将有助于促进墨西哥的民主和经济增长。他们认为，这将对美国有利，因为这将减少来自墨西哥的非法移民流动。事实上，来自墨西哥的非法移民从1995年的290万人增加到2007年的近700万人。然而，从那时起，强劲的墨西哥经济确实导致了墨西哥非法移民的减少。到2017年，居住在美国的墨西哥非法移民人数已降至580万人。

9.2.3 区域经济一体化的障碍

尽管有经济和政治方面的理由支持区域经济一体化，但区域经济一体化的实现或维持从来都不容易。这主要是由两个原因造成的。第一，虽然区域经济一体化使大多数人受益，但它也有代价。一个国家在作为一个整体通过一项区域自由贸易协定获得相当大的好处的同时，其中的某些群体可能会遭受损失，至少在中短期内会这样。朝自由贸易体系发展涉及痛苦的调整。例如，由于NAFTA的建立，随着加拿大和美国的企业将生产转移到墨西哥，在如纺织业这样雇用低成本、低技能劳动力的行业中，一些美国和加拿大的工人失去了他们的工作。给加拿大和美国经济整体带来显著净利益的前景，并没有给那些因NAFTA而遭受损失的人带来多少安慰。这些群体站在反对NAFTA的前沿，并会继续反对这一协定的扩展。

区域经济一体化的第二个障碍来自对国家主权的担忧。例如，由于担心无法保持对本国石油利益的控制，墨西哥同美国和加拿大签订协定，准许墨西哥石油行业不受NAFTA中达成的外国投资法规自由化的限制。对国家主权的担心是因为密切的经济一体化要求国家在诸如货币政策、财政政策（如税收政策）、贸易政策等关键问题上放弃某种程度的控制权。这一直是欧盟的主要绊脚石。为达到完全的经济联盟，欧盟引入了由欧洲中央银行控制的共同货币欧元。虽然大多数成员国都同意此事，但英国却拒不参加。作为政治上重要一环的英国舆论反对共同货币，理由是这需要把货币政策的控制权交给欧盟，而许多英国人把欧盟看作由外国人掌管的行政机构。2016年，英国就是否继续留在欧盟举行了全民公投，最终投票决定离开欧盟（在本章后面会讨论）。对国家主权的担忧，尤其是对移民政策的担忧，是说服英国政府进行公投的主要因素。

9.3 反对区域经济一体化的理由

尽管支持区域自由贸易协定的潮流势不可当，但一些经济学家还是担心区域经济一体化的好处被过分地吹嘘，而代价却常常被忽略。他们指出，区域经济一体化的好处是由贸易创造的程度而不是由贸易转移的程度决定的。当高成本的国内生产商被自由贸易区内低成本的国外生产商所替代时，就会产生**贸易创造**（trade creation）。当高成本的外部生产商被自由贸易区内低成本的外部生产商所替代时，也会形成贸易创造。当较低成本的外部供应商被自由贸易区内较高成本的供应商所替代时，就会产生**贸易转移**（trade diversion）。只有当贸易创造的数额超过贸易转移的数额时，区域自由贸易协定才会使世界受益。

假定美国和墨西哥对来自所有国家的进口商品课以关税，然后建立一个自由贸易区，取消相互之间的所有贸易壁垒，但维持对世界其他国家的进口商品征收关税。如果美国开始从墨西哥进口纺织品，这一转变会取得更好的结果吗？如果美国从前以比墨西哥更高的成本自己生产纺织品，那么自由贸易协定就把生产转移到了成本更低的地方。按照比较优势理论，这一贸易是在区域集团内创造的，同世界其他地方的贸易不会减少。显然，这一改变会更好。但是，假如美国之前是从哥斯达黎加进口纺织品，在那里生产比在墨西哥和在美国生产成本都低，那么贸易就从低成本的来源转移了，这就向着较差的情况转变了。

在理论上，WTO的规则应能保证自由贸易协定不会导致贸易转移。这些规则规定，只有在其成员对外部国家设定的关税不比自由贸易区成立前的实际有效税率更高或更具限制性的情况下，才允许自由贸易区的建立。不过，正如我们在第7章中所见，GATT和WTO没有涉及某些非关税壁垒。因此，可能会出现区域性贸易集团通过较高的非关税壁垒保护本地区市场不受外部竞争的影响。在这种情况下，贸易转移效应就超过了贸易创造效应。按照担忧这种可能性的人士的观点，防止这种可能性的唯一方法是扩大 WTO 的领域，使之能涵盖贸易的非关税壁垒。不过并无迹象表明这种扩大会很快实现，所以区域经济一体化导致贸易转移的风险仍然存在。

9.4 欧洲的区域经济一体化

欧洲现在有两个贸易集团：欧盟（EU）和欧洲自由贸易联盟（EFTA）。这两个团体，无论是从其成员数来看（EU 现有 27 个成员，其中英国于 2020 年初脱离欧盟；而 EFTA 有 4 个成员），还是从对世界经济和政治的影响来看，欧盟都要重要得多。尽管英国的退出可能会改变这种看法，但现在许多人把欧盟看作正在崛起的经济和政治超级力量，与美国一样。因而，我们将把关注的重点放在欧盟上。

9.4.1 欧盟的演变

欧盟（European Union，EU）是两种政治要素的产物：①两次世界大战对西欧的破坏和人们对永久和平的向往；②欧洲国家希望在世界政治和经济舞台上维持自己的地位。此外，许多欧洲人意识到了各国之间密切的经济合作所带来的潜在的经济利益。

欧盟的前身是欧洲煤钢共同体，是 1951 年由比利时、法国、联邦德国、意大利、卢森堡和荷兰创建的。其目的是消除集团成员国之间煤炭、钢铁以及废金属运输的障碍。1957 年签订《罗马条约》后，欧洲共同体（European Community，EC）成立。1993 年，在《马斯特里赫特条约》（将在后面讨论）签署后，欧洲共同体正式更名为欧盟。

《罗马条约》为共同市场的创立提供了条件。条约中第三条规定了新共同体的主要目标：消除内部的贸易障碍，设立统一的外部关税，要求成员国消除阻碍生产要素在成员国之间自由流动的障碍。为了方便货物、服务和生产要素的自由流动，该条约还对各成员国的法律进行了一切必要的协调。而且，该条约还承诺欧洲共同体在农业和运输方面制定统一的政策。

1973 年，英国、爱尔兰和丹麦的加入使得欧洲共同体得到了发展。在这三国之后，先后又有希腊（1981年）、西班牙和葡萄牙（1986 年）以及奥地利、芬兰和瑞典（1996 年）加入，总成员数达到 15 个。另外有 10 个国家于 2004 年 5 月 1 日加入，其中有 8 个东欧国家，再加上两个地中海小国马耳他和塞浦路斯。2007 年保加利亚和罗马尼亚加入，2013 年克罗地亚加入，使欧盟成员国达到 28 个。这几次扩展使得欧盟已经成为一个世界超级实体。到 2020 年初英国退出欧盟时，欧盟成员国的数量降至 27 个。

9.4.2 欧盟的政治结构

欧盟的经济政策是由复杂的且仍然在不断演变的政治结构制定并实施的。这一结构中的 4 个主要机构是欧盟委员会、欧盟理事会、欧洲议会以及欧洲法院。

1. 欧盟委员会

欧盟委员会（European Commission）负责欧盟立法、执法以及监督各成员国遵守欧盟法规，其总部设在比利时布鲁塞尔。欧盟委员会由每个成员国任命的委员共同管理，委员任期 5 年，共有 27 名委员，每个成员国一位。欧盟委员会主席由成员国选举产生，然后主席同各国协商选出其他委员。整个欧盟委员会在开始行使职能之前，还需经过欧洲议会的批准。欧盟委员会是欧盟唯一有权起草法令的机构。通过提出议案，欧盟委员会启动立法程序，然后议案转到欧盟理事会，再到欧洲议会。如果没有欧盟委员会的提案在先，欧洲议会不能制定法律。欧盟委员会还负责欧盟法规执行方面的事务，虽然实际上这些事务多数都交给了成员国去做。欧盟委员会的另一项职责是监督成员国，确保它们遵守欧盟法律。在这种监督任务中，欧盟委员会通常会要求违规的国家遵守欧盟的法律，如果劝说无效，欧盟委员会就会把案子提交欧洲法院。

近年来，欧盟委员会在商业活动竞争政策方面越来越重要了。自 1990 年该部门正式负责竞争政策以来，作为欧盟成员国竞争政策的主要规制者，欧盟竞争专员开始对欧盟成员国的竞争政策逐步产生影响。就像包括联邦贸易委员会和司法部在内的美国反托拉斯机构一样，竞争专员的职责是确保任何企业不得利用市场势力把其他竞争者驱逐出去并垄断市场。例如，2009年欧盟委员会就英特尔在芯片市场上滥用市场势力而对其施以10.6亿欧元的巨额罚款。此前对于类似行为的最高罚款纪录是2004年对微软在计算机和多媒体软件市场中阻碍竞争的行为而出具的高达4.97亿欧元的罚单。2018年，欧盟因谷歌的反竞争行为对其处以43.4亿欧元的罚款（详情请参阅管理聚焦9-1）。

◎ 管理聚焦 9-1

欧盟委员会与谷歌

2018年6月，欧盟委员会宣布对谷歌的反竞争行为处以创纪录的43.4亿欧元罚款（略高于50亿美元）。这起针对谷歌的反垄断案件涉及谷歌开发的手机操作系统安卓，以及各种相关软件，包括谷歌游戏、谷歌的应用程序商店、一系列其他应用程序，最重要的是谷歌的互联网搜索引擎。

安卓是欧盟手机操作系统的主导者，市场份额超过70%（苹果的iOS操作系统占有大部分剩余份额）。此外，谷歌搜索引擎以97%的市场份额完全主导了欧盟市场。对于智能手机制造商和电信运营商来说，安卓的主导地位使其成为必备操作系统。据欧盟委员会称，谷歌利用其在安卓系统的主导地位，给智能手机制造商和电信运营商提供了一个"要么全有要么全无"的选择：如果它们想在安卓设备上安装谷歌的任何程序，就必须全部安装，并在显著位置显示图标。因为这些公司至少必须安装应用程序商店的应用程序，使它们的手机能够运行，所以它们实际上别无选择，只能遵从谷歌的要求，这意味着它们必须在突出的位置安装谷歌的互联网搜索引擎应用程序，不管它们是否愿意。

欧盟委员会认为，这种捆绑销售的做法剥夺了竞争程序的生产者"根据自身优势进行创新和竞争的机会"，也剥夺了"消费者从有效竞争中获益的机会"。换句话说，"全有"或"全无"选择的目的是保护谷歌的程序，尤其是其占主导地位的搜索引擎免受竞争。

欧盟委员会让谷歌遵守其调查结果，要求该公司通过终止"要么全有要么全无"的选择来纠正其侵权行为。从理论上讲，这将给竞争对手提供更好的机会来销售它们自己的安卓应用程序，这些应用程序可能与谷歌的互联网搜索应用程序、谷歌游戏、谷歌文件等类似产品竞争。如果谷歌不遵守规定，欧盟委员会表示将对谷歌处以进一步的罚款，罚款金额高达谷歌母公司Alphabet每日全球收入的5%。

资料来源："Google Is Fined € 4.3bn in the Biggest Ever Antitrust Penalty," *The Economist*, July 21, 2018; "Antitrust: Commission Fines Google €4.3 Billion for Illegal Practices Regarding Android Mobile Devices to Strengthen Dominance of Google's Search Engine," European Commission Press Release, July 18, 2018.

委员们还要审查兼并与收购提案，以保证它们不会形成一个具有相当大的市场势力的主导企业。例如，2000年，美国时代华纳与英国百代这两家唱片公司提出了并购申请，欧盟委员会表达了他们的担心，因为兼并后会把五大唱片公司减少到四家，并会在全球400亿美元的音乐行业中创造出一个"龙头老大"，因而这项申请被撤回。

2. 欧盟理事会

欧盟理事会（European Council）代表成员国的利益。显然它是欧盟内部的最终权力控制机构，因为欧盟委员会起草的法律只有在欧盟理事会同意后才能成为欧盟的法律。欧盟理事会由每个成员国的政府派出一名代表组成。不过，成员可根据讨论问题的不同而变换。当讨论的是农业问题时，各国的农业部部长将出席欧盟理事会会议；当讨论交通问题时，则是交通部部长参加，以此类推。在1987年之前，欧盟理事会的所有议题都要成员国一致通过才能决定。这常常导致马拉松式的会议，而且欧盟委员会呈交的提案经常不能取得任何进展或达成协议。为了扫清障碍，《单一欧洲法案》正式规定，对那些"以单一市场的确立与运作为目标"的议题采用多数表决法。但大多数其他议题，如税收法规和移民政策，如果要成为法律，仍需欧盟理事会成员一致通过。一国在欧盟理事会获得的投票权与该国的大小有关，比如，德国是一个大国，它有29票，而丹麦则要小得多，只有 7 票。

3. 欧洲议会

截至 2020 年初，欧洲议会（European Parliament）共有 705 名成员。它是由成员国的全体公民直接选举产生的。欧洲议会设在法国的斯特拉斯堡，它主要是咨询机构，而非立法机构。它对欧盟委员会提出的、欧盟理事会转呈的法律进行讨论。它可以对立法进行完善，欧盟委员会以及享有最终决策权的欧盟理事会不必（但通常会）接受这些提议。欧洲议会的权力一直在增加，虽然增加得不像议员所期望的那么多。欧洲议会现在对委员的任命有了投票权，对一些法律（如欧盟预算和单一市场法律）有否决权。

过去的几年中，就最终是欧盟理事会还是欧洲议会应该是欧盟最有权力的机构，在欧洲展开了一场大辩论。在欧洲，有一部分人对欧盟行政机构的民主性表示担忧。一些人认为，解决民主明显不足问题的答案在于增加欧洲议会的权力；而另一些人则认为，真正的民主合法性取决于通过欧盟理事会选举产生的政府。经过激烈的争论之后，2007 年 12 月，各成员国签署了一个新的协定——《里斯本条约》。在此条约下，欧洲议会的权力增加了。该条约于 2009 年 12 月生效。这样，欧洲议会在历史上首次成为几乎所有欧洲法律的共同立法者。《里斯本条约》还创造了一个新职位：欧盟理事会主席，一轮任期 30 个月，代表组成欧盟的所有成员国。

4. 欧洲法院

欧洲法院（Court of Justice）由每个国家推选一位法官组成，是欧盟法律的最高上诉法院。与欧盟委员会的委员一样，这些法官被要求作为独立官员行事，而不是作为本国利益的代表。欧盟委员会或成员国可以把未能履行条约义务的其他成员国起诉到欧洲法院。同理，成员国、成员国公司或成员国机构可以到欧洲法院起诉没有按欧盟条约行事的欧盟委员会或欧盟理事会。

9.4.3 《单一欧洲法案》

《单一欧洲法案》产生于成员国对欧洲共同体的失望，它们认为欧洲共同体没能兑现自己的承诺。到 20 世纪 80 年代初，欧洲共同体显然远远没有达到消除成员国间自由贸易和自由投资障碍、协调广泛的商业技术和法律标准的目标。在此背景下，欧洲共同体的许多商界要人在 80 年代初发起了一场声势浩大的运动，要结束欧洲共同体的经济分裂。作为回应，欧洲共同体在雅克·德洛尔（Jacques Delors）主席的领导下设立了一个德洛尔委员会。该委员会提议，所有妨碍单一市场建立的障碍都必须在 1992 年 12 月 31 日之前消除。其结果就是《单一欧洲法案》的产生，该法案由各成员国议会分别批准并在 1987 年成为欧洲共同体的法律。

1.《单一欧洲法案》的目标

《单一欧洲法案》的目标是到 1992 年 12 月 31 日前建立一个统一市场。该法案提出了以下改革。

- 取消欧洲共同体成员国之间所有的边境管制，从而消除拖拉情况，减少为符合贸易官僚机构要求所需要的资源。
- 把"相互承认"原则运用于产品标准。如果一个欧洲共同体国家制定的标准满足诸如健康和安全等基本要求，则应该被另一国所接受。
- 着手向非本国供应商开放公共采购，这可以通过允许较低价格的供应商进入本经济直接降低成本，也可以通过迫使国内供应商竞争间接降低成本。
- 消除欧洲共同体零售银行业和保险业的竞争壁垒，这可以降低整个欧洲共同体内部金融服务（包括借贷）的成本。
- 在 1992 年底前取消成员国之间所有的外汇交易限制。
- 在 1992 年底前废除对国内航运权（特许外国运载工具在另一成员国的边境内装运货物的权利）的限制。估计这可以使欧洲共同体内部的运输成本降低 10%～15%。

所有这些改革都会降低在欧洲共同体内从事商务活动的成本，但单一市场计划还预期产生更复杂的供给侧效应。例如，扩大的市场预计将为欧洲共同体企业提供更多的机会来挖掘规模经济。此外，取消对贸易和投资的内部限制所带来的竞争加剧将会迫使欧洲共同体的企业变得更有效率。为了表明《单一欧洲法案》的重要性，欧洲共同体还决定，法案一经生效，欧洲共同体就更名为欧盟。

2. 《单一欧洲法案》的影响

《单一欧洲法案》对欧盟经济产生了影响。该法案推动了欧洲工业实体部门的重组。许多企业从国内生产转向泛欧生产和分销体系，以期实现规模经济以及在一个统一的市场中更好地竞争。结果之一就是欧盟出现了比在其他任何情况之下更快的经济增长。根据实证研究，单一市场在其最初的15年里GDP提高了2%～5%（不同的实证研究得出了不同的结果，但都指出了积极的影响）。

不过，在单一市场建立超过四分之一个世纪之后，毫无疑问，现实与理想之间仍有一段距离。尽管欧盟无疑在朝着单一市场迈进，但国与国之间历史悠久的法律、文化和语言差异导致了实施起来不会一帆风顺。

9.4.4 欧元的创立

1992年2月，欧洲共同体成员国签署了《马斯特里赫特条约》，承诺到1999年1月1日采用统一的货币。现在，欧盟19个国家使用了欧元，这19个国家是所谓的欧元区成员。使用欧元的包括3.3亿欧盟公民及像德国和法国这样的经济强国。2004年5月1日加入欧盟的若干成员国及2007年加入的两国，原本打算在达到包括较高程度的价格稳定、良好的财政状况、稳定的汇率和收敛的长期利率（当前成员国也必须满足同样的标准）在内的经济标准后也将使用欧元。然而，2010～2012年围绕欧盟主权债务危机的一些事使得许多国家搁置了这一计划，至少目前是这样的（稍后将叙述详情）。

欧元的创立是非凡的、史无前例的政治功绩。它不仅要求参与国放弃自己的货币，而且要放弃对货币政策的控制权。各国政府通常不会牺牲国家主权来换取更大的利益，这表明了欧洲人对欧元的重视。通过采用欧元，欧盟创造了继美元之后的世界第二最广泛交易的货币。有人相信，欧元将来有一天会成为世界上最重要的货币，能与美元相抗衡。

三个老的欧盟成员国——英国、丹麦和瑞典，决定持观望态度。那些同意使用欧元的国家在1999年1月1日锁定了各自的汇率。而在此期间，各参与国的国家货币继续在本国流通。不过，在每个参与国内，本国货币代表规定数量的欧元。2002年1月1日后，欧元纸币和硬币发行，各国货币退出流通领域。到2002年中期，欧元区内的所有标价和日常经济交易全部使用欧元。

1. 欧元的好处

欧洲人决定在欧盟采用统一货币有若干理由。第一，他们认为从使用多种货币到一种统一的货币，企业和个人可以节省很多开支。这些节省来自更低的国际汇兑和对冲费用。例如，人们从德国到法国不再需要支付佣金给银行以便把马克兑换成法郎，他们可以使用欧元。根据欧盟委员会的估计，这些节省的费用可达欧盟GDP的0.5%。

第二，这一点可能更为重要，采用统一货币可以更容易地在欧洲进行价格比较，这增加了竞争，因为消费者更容易货比三家。例如，如果德国人发现汽车在法国卖得比在德国便宜，他们就可能考虑从法国汽车经销商而不是从当地汽车经销商那里购买汽车。或者，经销商可能利用这些价格差异进行套利，在法国购买汽车，然后在德国转手卖出去。面对这样的竞争压力，德国汽车经销商维持生意的唯一方式就是降低汽车价格。由于这些压力的存在，统一货币的引入将会导致价格的降低，这将给欧盟的消费者带来可观的好处。

第三，面对降低的价格，欧洲的生产商将被迫寻找降低生产成本的方法，以便维持利润幅度。统一货币的引入通过增加竞争为欧洲公司的经济效率带来了长期收益。

第四，统一货币的引入将促进高流动性的泛欧资本市场的发展。随着时间的推移，这个资本市场的发展会降低资本成本，提高投资水平和投资资金配置的效率。这对一直很难从国内银行融资的小企业来说特别有利。例如，葡萄牙的资本市场很小且流动性差，这使得葡萄牙的企业有了好点子却难以以合理的价格筹资。而现在从理论上来说，这些企业可以利用流动性更强的泛欧资本市场了。

第五，发展以欧元为主导的泛欧资本市场将增加个人和机构投资选择的范围。例如，荷兰的个人和机构将更容易对法国或意大利的公司投资。这将使欧洲的投资者更好地分散投资风险。这样不仅可以进一步降低资本成本，还会提高资本配置的效率。

2. 欧元的成本

对有些人来说，统一货币的缺点在于各国当局丧失了对货币政策的控制权。这样一来，确保欧盟的货币政策实施良好就十分关键。《马斯特里赫特条约》要求建立独立的、在某些方面类似于美国联邦储备银行的欧洲中央银行，其受命管理货币政策以保证价格的稳定性。位于法兰克福的欧洲中央银行不应受政治压力的影响，虽然批评者质疑这一点。除此之外，欧洲中央银行要在整个欧元区确定利率、决定货币政策。

加入欧洲中央银行意味着国家主权的丧失，这是英国、丹麦和瑞典决定不加入欧元区的理由。这些国家的很多人怀疑欧洲中央银行是否有不受政治压力影响及严格控制通货膨胀的能力。

在理论上，欧洲中央银行的设计应该能够保证其不受政治压力的影响。欧洲中央银行是仿照德意志联邦银行建立的，后者一直是欧洲最独立、最成功的中央银行。《马斯特里赫特条约》规定，欧洲中央银行不得接受政府官员的命令。银行执行董事会（包括一位总裁、一位副总裁以及4位其他成员）通过向各国中央银行发布指令来实施政策，而政策本身是由管理委员会（由执行委员会加上欧元17国的中央银行行长组成）制定的。管理委员会用投票表决的方式来决定利率的变动。执行董事会成员任期8年，不能连任，这也就确保了他们不会为了连任而屈从于政治压力。到目前为止，欧洲中央银行已经在政治独立性方面树立了良好的声誉。

批评者认为，欧元的另一个缺陷是：欧盟不是经济学家所称的最优货币区。在**最优货币区**（optimal currency area），经济活动基本结构的相似性使得采用单一货币以及用单一汇率作为宏观经济政策工具成为可能。但是，欧元区内的许多欧洲经济体是极其不同的。例如，芬兰和葡萄牙有不同的工资率和税收制度、不同的商业循环，对外部经济冲击的反应也大不一样。对芬兰有利的欧元汇率变动可能会伤害到葡萄牙。显然，这些差异使宏观经济政策变得复杂。例如，当欧元区经济体不是同步发展时，共同的货币政策就可能意味着利率对经济萧条的地区来说太高了，而对经济繁荣的地区来说太低了。

欧盟可以通过财政转移，即从经济繁荣的地区拿钱投入经济萧条的地区，来应对欧元区内这些有差异的影响。但是，采取这样的行动会引发政治上的问题。德国的公民会放弃他们在欧盟资金中的"合理份额"，而为希腊的失业工人创造就业机会吗？这样的做法无疑在政治上会招致强烈的反对。

3. 欧元的历程

欧元自1999年1月1日诞生以来，同世界主要货币美元的交易极不稳定。1999年诞生伊始1欧元兑1.17美元，欧元在2008年3月初站到了有史以来的最高点：1欧元兑1.54美元。欧元升值的一个原因是：2007～2008年美国金融市场下滑导致资本停止流入美国。许多投资者将资金撤出美国，卖掉诸如美国股票和债券这样的美元资产，转而购买欧元资产，对美元需求的下降和对欧元需求的上升导致了美元相对于欧元的贬值。此外，由于对欧元和欧洲中央银行管理欧元区货币政策的信心增强，许多外国的中央银行增加了其外币中的欧元供给。在其诞生的头3年里，欧元从未在全球储备中达到过13%（由德国马克和其他前欧元区货币占据）的比例。欧元在2002年初之前一直未能越过这一高度，但到2009年达到28%。到2019年底，欧元占全球外汇储备的20%左右。

然而，自2008年起欧元相对一篮子货币变得疲软，这反映出人们长久以来对欧盟经济增长缓慢以及对一些成员国（特别是希腊、葡萄牙、爱尔兰、意大利和西班牙）巨额预算赤字的担忧。在21世纪头10年，为了给公共支出提供资金，这些国家的政府负债都急剧增加。其中很多国家的政府负债占GDP的比重已达到警戒值。到了2010年，特别是考虑到2008～2009年的全球金融危机带来的经济衰退，私人投资者越来越担心这些国家无力偿还其主权债务。他们抛售这些问题国家的政府债券，导致了政府债券价格的下跌以及政府借债成本的提高（债券价格同利率呈负相关）。这让人们担心，一些国家的政府，尤其是希腊，可能会出现主权债务违约，从而导致欧元区陷入经济危机。

为了避免发生这样的主权债务危机，2010年5月，欧元区国家以及国际货币基金组织同意向希腊提供1 100亿欧元的紧急援助。2010年11月，欧盟及国际货币基金组织决定向爱尔兰提供850亿欧元的紧急援助；2011年5

月，欧元区国家及国际货币基金组织着手向葡萄牙提供 780 亿欧元的紧急援助。作为贷款条件，这三个国家必须承诺大幅削减其政府支出，这就意味着在这些国家低经济增速以及高失业率将持续到它们的政府负债降低到一个更加可持续的水平。尽管意大利和西班牙没有申请紧急援助，但是这两个国家由于政府债券价格下降，都被迫采取紧缩计划来大幅削减政府支出。欧元区国家还设立了一个永久性的紧急援助基金——欧洲稳定机制，该基金筹资约 5 000 亿欧元以期重塑人们对欧元的信心。我们在国际聚焦 9-1 中可以详细了解到，为了防止主权债务的全面违约，到 2015 年希腊已经得到了另外三笔紧急援助。正如人们所预期的那样，经济动荡导致了欧元贬值。2020 年初，欧元兑美元的汇率稳定在 1 欧元兑 1.12 美元，明显低于 2008 年的水平。从 2008 年末到 2019 年，欧元兑世界上其他主要货币同样贬值了，主要是因为欧盟的经济增长相对缓慢。

国际聚焦 9-1

希腊主权债务危机

欧元创立之后，一些批评家担心，欧元区一些消费无度的国家（如意大利和希腊）可能过度借债，推高公共部门的巨额赤字而又无力偿还。这会动摇欧元的价值，需要更有节制的伙伴国（如德国或法国）介入并紧急救助这些开支无度的国家。2010 年，这一担忧变成了现实，希腊的金融危机使得欧元价值遭受损失。

金融危机的根源在于 10 年来希腊政府的无度开支。该国政府为公共部门的巨大开支筹措资金而累积了高额债务。这种支出的增加，主要是因为政府试图获得由教师、农场主和政府部门的雇员所构成的强大的利益集团的支持，而给予他们包括高工资在内的大量的好处。更糟的是，希腊政府在负债水平上误导了国际社会。2009 年 10 月，新政府掌权后立即宣布，2009 年公共部门的赤字比例实际上达到了 12.7%，而之前的预测大约是 5%。之前的政府显然一直在做假账。

这动摇了国际投资者对希腊经济可能抱有的任何信心。希腊政府债券的利率飙升到 7.1%，比德国债券的利率高约 4 个百分点。三大国际评级机构中有两个也降低了对希腊债券的评级，并警告说还可能下调评级。现在主要的担心是，希腊政府可能无法为 2010 年 4 月或 5 月到期的 200 亿欧元债务再融资。还有一个担心是，希腊政府可能缺乏大幅削减公共开支的政治意志力，而这正是降低赤字和恢复投资者信心所必需的。

并非只有希腊有巨额公共部门赤字。另外三个欧元区的国家——西班牙、葡萄牙和爱尔兰，也都有大额债务负担，利率也因投资者抛售债券而飙升。人们担心欧元区较弱国家的这种大规模违约会引起金融危机蔓延。如果真发生这种情况，欧盟和国际货币基金组织肯定要介入来救助这些陷入困境的国家。曾经以为非常遥远的这种可能性使得投资者开始抛售欧元，外汇市场上欧元开始贬值。

人们认识到难以想象的事情可能会发生，并且如果没有外部援助，希腊的政府债券就会违约，欧盟和欧元就会陷入重大危机。2010 年 5 月，欧元区各国在德国和国际货币基金组织的牵头下，同意向希腊提供 1 100 亿欧元的借款。这笔款项足以满足希腊 3 年的融资需求。作为交换条件，希腊政府同意实施一系列严厉的紧缩措施，包括增税、大幅削减公共部门支出、减少公共部门雇员的福利（例如退休年龄从 61 岁提高到 65 岁以及对退休金予以限制）、把公共部门机构由 6 000 个削减为 2 000 个。然而，2010～2011 年希腊经济规模萎缩的速度太快了，以至于税收大幅减少。到 2011 年末，希腊经济规模较 2005 年下降了近 29%，失业率接近 20%。税收的减少限制了希腊政府的偿债能力。2012 年初，希腊 10 年期国债的收益率达到了 34%，这暗示着许多投资者当前预期希腊将出现债务违约。这促使希腊政府向欧元区国家以及国际货币基金组织寻求进一步的援助。作为一项价值 1 300 亿欧元的新援助计划的交换条件，希腊政府要劝说其国债持有者同意历史上最大的主权债务重组。实际上，国债持有者同意勾销其持有的 53.5% 的债务。

尽管在严格意义上，希腊政府没有出现主权债务的违约，但对许多人而言，这似乎是欧盟和国际货币基金组织精心策划的一场有序的部分违约。到 2014 年初，希腊经济似乎终于有了转机并开始复苏。10 年期国债收益率已经跌至 8% 以下，政府在支付利息前也有预算盈余。

不幸的是，情况在 2014 年变得更糟。尽管经济取得了进展，但希腊显然没有资金按时偿还债权人，因此必须发行新债券。2015 年 1 月，在决定提前举行选举之后，激进的左翼"反援助"政党大获全胜。新一届政府的财政部部长建议，希腊应该拖欠其对最大债权国德国的债务。这引发了欧元区的危机，并促使欧元兑美元汇率急剧下跌。

经过进一步谈判，希腊的债权国同意在 2015 年底对希腊实施第三次救助，但前提是希腊同意实施进一步的紧缩措施和经济改革。希腊在 2018 年 8 月收到了该救助计划下的最后一笔贷款。现在希腊欠欧盟和国际货币基金组织大约 2 900 亿欧元。为了偿还债务，希腊同意在 2060 年之前保持预算盈余，接受欧盟的持续监督，并实施额外的紧缩措施。尽管希腊经济现在重新开始增长，但失业率仍为 20%，为欧盟最高水平。国际货币基金组织认为，自危机开始以来，希腊经济已萎缩 25%，可能需要进一步的债务减免。

资料来源："A Very European Crisis," *The Economist*, February 6, 2010, pp. 75–77; L. Thomas, "Is Debt Trashing the Euro?" *The New York Times*, February 7, 2010, pp. 1, 7; "Bite the Bullet," *The Economist*, January 15, 2011, pp. 77–79; "The Wait Is Over," *The Economist*, March 17, 2012, pp. 83–84; "Aegean Stables," *The Economist*, January 11, 2014; Liz Alderman, "Greece's Debt Crisis Explained," *The New York Times*, November 8, 2015; Liz Alderman, "Europe Says Greece Is a Comeback Story. The IMF Isn't Convinced," *The New York Times*, July 31, 2018.

也许欧元的长期发展所存在的潜在的麻烦是，许多新的欧盟成员国之前承诺使用欧元，而今一再推迟履行。像波兰以及捷克共和国等国家并不想加入欧元区，它们的纳税人却被要求出资援助意大利、希腊等肆意挥霍的国家。更复杂的是，主权债务危机揭露了欧元区的一个严重缺陷，即让德国这种财政上更为保守的国家限制其他国家政府的无度支出（那可能随后会造成压力并给整个欧元区带来成本）是困难的。特别是德国发现自己处于一个不利的位置，它不得不为希腊、葡萄牙和爱尔兰政府的援助贷款出资。这将削弱欧盟中的强国对欧元的支持。为了尝试弥补这一缺陷，欧盟 27 个成员国中的 25 国在 2012 年 1 月签署了一项财政协议，使得成员国更难违反有关政府赤字的严格的新规定（克罗地亚于 2013 年加入，英国以及捷克共和国未加入）。

9.4.5 欧盟的扩张

自 20 世纪 80 年代末以来，欧盟就一直商讨向东欧扩张。到 90 年代末期，已有 13 个国家申请成为欧盟成员国。要具备成为欧盟成员国的资格，这些申请国必须把国有资产私有化，放松对市场的管制，重组产业，并抑制通货膨胀。它们还必须把复杂的欧盟法律纳入本国法律体制，建立稳定的民主政府，尊重人权。2002 年 12 月，欧盟正式同意接受 10 个国家的申请，它们在 2004 年 5 月 1 日加入进来。新成员国包括波罗的海诸国、捷克共和国，还有较大一些的国家如匈牙利和波兰。两个不在东欧的新成员国是地中海岛国马耳他和塞浦路斯。它们的加入使欧盟扩展到 25 个国家，从大西洋延伸到俄罗斯边境；使欧盟的版图增加了 23%；为欧盟带来了 7 500 万新公民，使欧盟的人口达到 4.5 亿人；创造了 GDP 接近 11 万亿欧元的统一大陆经济体。2007 年，保加利亚和罗马尼亚加入欧盟，2013 年克罗地亚加入，使总成员数达到 28 个。

新成员国在加入几年后才能使用欧元，并且新、老成员国之间劳动力的自由流动直到那时才被允许。按照自由贸易理论，欧盟的扩大应为所有的成员国创造更多的收益。然而，由于东欧的经济规模很小（它们的 GDP 之和也只有现有成员国的 5%），最初的影响可能很小。最引人注目的改变可能在欧盟的官僚机构和决策程序方面，28 国（英国退出欧盟后为 27 国）间的预算谈判比 15 国间的谈判问题更多。

还在门外等候加入的是土耳其。一直在游说加入欧盟的土耳其给欧盟提出了一些难题。土耳其自 1995 年以来与欧盟建立了关税同盟，大约有一半的国际贸易是与欧盟进行的。但出于对人权问题（尤其是土耳其对其少数民族库尔德的政策）的担忧，欧盟拒绝它的完全加入。此外，土耳其方面也对欧盟是否愿意接受一个 7 400 万人口中穆斯林占绝大多数、国土延伸到亚洲的国家有所怀疑。欧盟在 2002 年 12 月正式表示，如果土耳其改善人权记录以符合欧盟的要求，欧盟将在 2004 年 12 月允许该国启动申请程序，不再拖延。2004 年，欧盟允许土耳其在 2005 年 10 月开始入盟谈判，但在 2016 年末，欧洲议会投票决定暂停谈判，原因是土耳其政府对反对派组织进行了清洗，而且人们认为土耳其正在向威权主义倾斜。

9.4.6 英国脱欧

2016年6月23日，英国选民在全民公投中以微弱优势投票决定退出欧盟。2017年初，英国政府正式通知欧盟，其有意退出欧盟。根据《里斯本条约》，英国有两年时间就脱欧条款进行谈判，谈判原定于2019年3月29日进行。随着这一日期的临近，在没有明确的脱欧协议的情况下，英国在脱欧条款方面出现了政治动荡，英国政府要求延期。欧盟批准延长至2020年1月31日。2019年12月，英国首相鲍里斯·约翰逊（Boris Johnson）领导的支持英国脱欧的保守党在大选中获胜，英国脱欧成为必然。在2020年1月31日脱欧后，英国必须在2020年12月20日之前与欧盟谈判贸易协定。在此期间，英国和欧盟将制定贸易、安全合作和一系列其他细节，而英国和欧盟之间的大部分关系将保持不变。

尽管英国人已经享受到了欧洲内部自由贸易的好处，但仍有一部分人对欧盟成员国身份所意味着的国家主权的丧失感到不安。英国人经常抱怨布鲁塞尔的欧盟官僚机构强加的法规。最近几年，移民已经成为一个关键问题。2015年，来自欧盟内部的移民达到了创纪录的水平。大部分移民来自东欧。大部分移民是低技能工人，在餐馆、酒店和零售店工作。脱欧运动声称，脱欧将使英国"夺回"对移民的控制权。在公投中，伦敦、苏格兰和北爱尔兰投票支持留在欧盟，而英国其他大部分地区投票退出欧盟。投票结果也因年龄和受教育程度而分裂。年轻人和受教育程度较高的人选择留在欧盟，而老年人和受教育程度较低的人则选择脱离欧盟。

英国脱欧给欧盟带来了一个生死攸关的问题。英国是欧盟第二大经济体。它被许多较小的成员国视为制衡德国经济实力的重要力量。在英国公投之后，荷兰、丹麦和法国的右翼政治家也呼吁就是否继续留在欧盟举行公投，人们担心英国公投可能引发"急于退出"。尽管现在看来这似乎不太可能发生，但毫无疑问，没有英国的欧盟将失去其在世界舞台上的一些经济和政治影响力，欧盟本身也将被削弱。考虑到移民问题在英国公投中的重要性，欧盟进一步扩张的可能性现在看来似乎不大，尤其是对土耳其而言。

至于英国，大多数专家预测，由于这一决定，英国将承担中短期的成本。英国现在不太可能吸引外国跨国公司的投资；一些跨国公司可能会将业务转移到其他欧盟国家，以保持单一市场的准入，对欧盟的出口可能会下降；伦敦可能失去其作为欧洲金融中心的地位，经济增长可能会比不这样做的时候要低。此外，鉴于苏格兰人有很大比例投票支持留在欧盟，这再次增加了苏格兰脱离英国独立的可能性。从长远来看，英国是否能从脱欧中获益，取决于它与欧盟和其他主要经济大国（包括美国、日本和中国）谈判贸易协定的能力高低。在一个对自由贸易协定越来越抵触的世界，没有人能保证英国能做到这一点。英国政府当然希望在脱欧谈判中获得与欧盟的有利贸易条件，但欧盟可能会坚持，为了完全进入单一市场，英国必须采用允许劳动力自由流动的欧盟法规。考虑到移民问题在公投中的重要性，英国不太可能接受这一点。

9.5 美洲的区域经济一体化

在区域经济一体化方面，在其大胆程度和对世界经济的潜在意义上，没有任何其他区域能同欧盟相提并论，但是美洲的区域经济一体化进行了很多重大尝试。最显著的是《北美自由贸易协定》（NAFA），它在2020年初被USMCA所取代。除了NAFTA和USMCA之外，美洲还有其他几个贸易集团，其中最值得注意的似乎是安第斯共同体和南方共同市场。

9.5.1 《北美自由贸易协定》

1988年，美国和加拿大政府同意签署一份自由贸易协定，并于1989年1月1日生效。这份协定的目标是在1998年以前消除加拿大和美国之间双边贸易的所有障碍。紧接着在1991年，美国、加拿大和墨西哥就三国间达成《北美自由贸易协定》（NAFTA）进行了谈判。谈判于1992年8月结束，原则上同意了建立NAFTA。第二年，三国政府正式批准，该协定在1994年1月1日正式生效。

1. NAFTA的内容
- 在2004年之前取消墨西哥、加拿大和美国之间99%的货物贸易的关税。

- 消除大部分阻碍跨国服务贸易的壁垒。例如，到 2000 年允许金融机构不受限制地进入墨西哥市场。
- 保护知识产权。
- 取消三个成员国间对对外直接投资的大多数限制，但对墨西哥能源和铁路工业、美国航空和无线电通信行业以及加拿大的文化产业给予特别对待（保护）。
- 实行国家环境标准，只要这些标准有科学依据。通过降低标准来吸引投资被描述为不恰当的行为。
- 建立两个委员会，当环境标准或者涉及健康和安全及最低工资与童工的立法被忽略时，委员会有权施以罚款及取消贸易特权。

2. 支持 NAFTA 的理由

支持 NAFTA 的人认为，自由贸易区应该被视为在整个地区创造一个更大和更有效率的生产基地的机会。支持者承认，NAFTA 的影响之一是，美国和加拿大的一些企业将把一部分生产转移到墨西哥，以利用那里较低的劳动力成本（2015 年，墨西哥汽车工厂包括福利在内的平均每小时劳动力成本为 8～10 美元，而美国为 42～58 美元）。他们认为，最可能转移到墨西哥生产的是那些低技术、劳动密集型的制造业，墨西哥在这些方面可能有比较优势。NAFTA 的支持者认为，许多人将会从这种趋势中受益。墨西哥受益是因为它获得了所需要的投资和就业。美国和加拿大受益是因为墨西哥人收入的增加会使他们进口更多的美国和加拿大商品，从而使其需求增加，以补偿那些把生产转移到墨西哥的行业的就业损失。美国和加拿大的消费者将因在墨西哥生产的产品价格较低而受益。此外，由于把生产转移到墨西哥，利用了较低的劳动力成本，美国和加拿大的企业的国际竞争力将提高，使得它们能更好地与亚洲和欧洲的对手竞争。

3. 反对 NAFTA 的理由

那些反对 NAFTA 的人宣称，签署该协定之后，当雇主从墨西哥较低的工资成本和不那么严格的环境与劳工法律中寻求利润时，会有大量的就业岗位从美国和加拿大流向墨西哥。极端反对派罗斯·佩罗（Ross Perot）认为，在 NAFTA 签署之后会有高达 590 万个美国就业岗位流到墨西哥。不过，大多数经济学家驳斥这些数字是荒谬的，是杞人忧天。他们指出，墨西哥必须在与美国的双边贸易中积累起近 3 000 亿美元的盈余，才能造成这样规模的就业岗位流失，而 3 000 亿美元几乎是墨西哥目前的国内生产总值。换句话说，佩罗所描述的景象是不可信的。

对于 NAFTA 的影响，更符合实际的估计是：美国会净增 17 万个就业岗位（由于墨西哥对美国商品与服务的需求增加），美国和墨西哥的 GDP 每年将共增加 150 亿美元，而美国净损失 49 万个就业岗位。根据这些数字进行分析，预计美国在 1993～2003 年可增加 1 800 万个就业岗位。正如大多数经济学家一再强调的那样，NAFTA 对加拿大和美国都将只有一些小的影响，不太可能出现其他情况，因为墨西哥的经济规模只有美国的 5%。NAFTA 的签署，要求墨西哥而不是加拿大或美国对经济的信心有一个巨大的飞跃。降低贸易壁垒使得墨西哥的企业暴露于高效率的美国和加拿大的竞争者面前。同一般的墨西哥企业相比，美国和加拿大的企业有更多的资本资源，有受教育程度高、技术熟练的劳工，以及更为尖端的技术。在短期内，墨西哥必然会经历痛苦的经济重构与失业。但 NAFTA 的支持者声称，从长期来看，当墨西哥的企业经调整适应了更具竞争性的市场时，它们就会因高效率而获得动态的收益。他们认为，当这种情况出现时，墨西哥的长期经济增长率将会加快，而墨西哥会成为加拿大和美国的企业的一个主要市场。

环境保护主义者也表达了对 NAFTA 的担忧，他们的矛头指向格兰德河的淤泥和笼罩墨西哥城的烟雾。他们警告说：墨西哥会使整个美洲大陆的空气清洁度以及有毒废物的标准降低。他们指出，格兰德河下游是美国污染最严重的河流，由于 NAFTA，从得克萨斯的埃尔帕索到墨西哥湾，化学废料和污水会越来越多。

墨西哥也有一些人不断表示反对，他们担心会失去国家主权。墨西哥的批评者说，他们整个国家将会被美国企业控制，这些美国企业对墨西哥的经济增长不会有实际贡献，反而会将墨西哥作为一个低成本的装配地，却把它们高收益、高技术的工作留在墨西哥的边境以北。

4. NAFTA：迄今为止的结果

迄今为止对 NAFTA 的影响的研究表明，其初始的影响是微不足道的，支持者和反对者都有夸张之嫌。研究显示，平均而言，NAFTA 总的影响不大，但却是正面的。NAFTA 旨在增加这三个成员国之间的贸易，而且似乎已经做到了。

1990 年，美国与加拿大和墨西哥的贸易占美国总贸易量的 25% 左右。到 2017 年，这一数字已超过 40%。加拿大和墨西哥目前是美国的三大贸易伙伴之二（另一个是中国），2017 年的跨境商品和服务贸易总额为 1.3 万亿美元，远高于 1993 年的 2 900 亿美元。在这一时期，这三个国家的劳动生产率也有了很大的提高。墨西哥的劳动生产率在 NAFTA 生效的头十年里提高了 50%。

然而有关估计表明，NAFTA 对就业的影响很小。对失业人数最悲观的估计来自左倾的经济政策研究所（Economic Policy Institute）发表的一项研究。这项研究表明，1993～2013 年，NAFTA 导致美国失去了约 85 万个就业岗位，平均每年失去 42 500 个就业岗位。1992～2000 年，美国经济平均每年创造 286 万个就业岗位。其他研究表明，NAFTA 对美国就业的影响要温和得多。近期的一项研究表明，美国每年最多有 5% 的失业可以追溯到 NAFTA，而大多数失业的人都在其他地方找到了工作。同样，经合组织（OECD）的一项实证研究回顾称："净就业效应相对较小，尽管有取代工人的跨部门调整。"

一项考虑到 NAFTA 对国民收入影响的福利效应的研究表明，墨西哥和美国的福利增幅分别为 1.31% 和 0.08%，而加拿大的福利损失为 0.06%。该研究还指出，NAFTA 所有成员国的实际工资都有所增长，其中墨西哥的增幅最大。同样，彼得森国际经济研究所（Peterson Institute for International Economics）的一项研究的结论是，由于 NAFTA，美国每年增加 1 270 亿美元的收入。这些研究支持了一个普遍的结论，即与政治辞令相反，NAFTA 的影响相当小。

9.5.2 《美国–墨西哥–加拿大协定》

尽管数据显示，NAFTA 对美国国民收入有小幅度的积极影响，不好的是对就业有微小的负面影响，但该协定仍是批评的对象。右翼政客特朗普和左翼政客伯尼·桑德斯（Bernie Sanders）等都把矛头对准了 NAFTA，声称该协定导致了美国大量的就业岗位流失。虽然经济数据并没有为这些主张提供太多支持，但在一些行业，如汽车行业，墨西哥近年来取得了重大进展，却出现了因 NAFTA 而裁员的零星证据。

尽管 NAFTA 的影响不大，但在特朗普当选美国总统后，NAFTA 已被重新谈判。《美国–墨西哥–加拿大协定》（USMCA）实质上是 NAFTA 的更新版本，有一些关键的变化。最重要的是，NAFTA 要求，汽车制造商必须在北美生产一辆汽车 62.5% 的零部件，才能享受零关税。USMCA 将这一门槛提高到 75%。这一想法是为了迫使汽车制造商减少从德国、日本、韩国或中国采购在北美组装的汽车零部件。

USMCA 还规定，到 2023 年，任何免征关税汽车的 40% 的零部件必须来自所谓的高工资工厂。这些工厂必须向生产工人支付最低 16 美元/小时的平均工资，这大约是目前墨西哥工厂平均工资的三倍。

特朗普政府显然希望这些条款将增加美国的汽车和零部件生产。批评者认为，USMCA 很可能导致贸易转移，而不是贸易创造，并辩称，其后果可能包括北美汽车制造商的成本更高，消费者支付的价格更高。

除了改变汽车贸易，USMCA 还包括一项向美国生产商开放加拿大乳制品市场的协议，这对特朗普来说是一个重要问题。USMCA 还对知识产权法规做了一些修改。版权期限从作者去世后 50 年延长到 70 年。该法案还包括处理数字经济的新条款，包括禁止对音乐和电子书等物品征税，并保护互联网公司，使它们不必对用户制作的内容负责。最后，USMCA 增加了一个 16 年的"日落条款"，意思是协议的条款在 16 年后到期。该协议还需要每六年进行一次审查，届时美国、墨西哥和加拿大可以决定延长 USMCA 的条款期限。

要想成为法律并取代 NAFTA，USMCA 必须得到这三个国家立法者的批准。在美国，行政部门和国会已经同意修订 USMCA，为美国工人提供更大的保护。加拿大和墨西哥已经批准了修改后的协定，因为特朗普试图让美国退出 NAFTA 可能对他们来说是一个糟糕得多的结果。

9.5.3 安第斯共同体

玻利维亚、智利、厄瓜多尔、哥伦比亚和秘鲁于 1969 年签署了《安第斯公约》。安第斯共同体大体上以欧盟为原型，但是它与达到原定目标尚有很长的距离。开始于1969年的一体化包括一项内部关税减免计划，创建一项共同的对外关税政策、一项运输政策、一项共同的产业政策以及对最小成员国玻利维亚和厄瓜多尔的特惠政策。

到20世纪80年代中期，《安第斯公约》几乎崩溃，它没有达到任何它所陈述的目标。成员国之间没有免关税的贸易，没有统一的对外关税，也没有经济政策的协调。政治问题和经济问题阻碍了成员国之间的合作。《安第斯公约》成员国不得不应付经济的低增长、恶性通货膨胀、高失业率、政治动荡不安以及沉重的债务负担问题。另外，在这段时间内，许多《安第斯公约》成员国占支配地位的政治意识形态朝着激进社会主义这一端倾斜。因为这样一种意识形态是与作为《安第斯公约》基础的自由市场经济原理相敌对的，所以不可能期望更加紧密的一体化了。

20世纪80年代后期，该趋势开始转变，在几年的经济衰退之后，拉丁美洲各国政府开始采取自由市场的经济政策。1990年，《安第斯公约》当时的5个成员国玻利维亚、厄瓜多尔、秘鲁、哥伦比亚和委内瑞拉的首脑在加拉帕戈斯群岛会面。其结果是在《加拉帕戈斯宣言》中重新发起《安第斯公约》，1997年《安第斯公约》更名为安第斯共同体。宣言的目标包括到1992年建立一个自由贸易区，到1994年建立一个关税联盟，到1995年建立一个共同市场。虽然2003年秘鲁选择了退出，玻利维亚接受了优惠待遇，最后一个里程碑还没有达到，但是1995年实施了关税同盟。也就是说，安第斯共同体现在是一个关税同盟。2005年12月，它同南方共同市场签订了一个协定，就两个贸易集团间建立一个自由贸易区的问题重新展开谈判。这些谈判目前正在缓慢进行。2006年末，委内瑞拉从安第斯共同体退出，这是其争取加入南方共同市场的行动的一部分。

9.5.4 南方共同市场

作为巴西与阿根廷之间的一个自由贸易协定，南方共同市场（Mercosur）开始于1988年。有报告称，20世纪80年代后期，伴随这个协定的关税与配额的适度削减，两国间贸易增长了80%。在这种成功的鼓舞下，1990年3月巴拉圭和乌拉圭成为其正式成员。2012年，南方共同市场由于委内瑞拉的加入而进一步扩大，然而，2016年，委内瑞拉因违反该协定的民主原则和广泛侵犯人权而被暂停参与南方共同市场。

南方共同市场最初的目标是到1994年底建立一个完全的自由贸易区，然后在将来某个时间建立一个共同市场。1995年12月，南方共同市场成员国达成了一项5年计划，各国希望通过该计划完善自由贸易区，并向完全的关税同盟迈进。这一目标尚未实现。在最初的8年时间里，南方共同市场对其成员国的经济增长似乎起到了积极的作用。南方共同市场4个核心成员国之间的贸易在1990～1998年增长了4倍。4个国家的GDP总和在1990～1996年每年以平均3.5%的速度增长，经济表现远远超过这4个国家在20世纪80年代所取得的成就。

然而，南方共同市场也遭到一些人的批评，包括亚历山大·耶茨（Alexander Yeats）。他是世界银行的一位资深经济学家，写过一篇激烈批评南方共同市场的文章。按照耶茨的观点，南方共同市场的贸易转移效应超过了其贸易创造效应。耶茨指出：在南方共同市场的内部贸易中，增长最快的是小汽车、公共汽车、农业机械以及其他资本密集型产品，这些都是4个成员国生产效率相对较低的产品。换句话说，南方共同市场各成员国通过对汽车征收高达70%的关税隔离了外部竞争，投资的工厂所生产的产品价格过高，以至于这些产品除了它们自己其他任何人都不会买。按照耶茨的观点，这种行为的结果是：一旦这个集团的对外关税壁垒倒塌，南方共同市场各国将无法参与全球竞争。同时，资本也会从效率更高的企业抽离出来。近期来看，制造业效率更高的国家会遭受损失，因为南方共同市场的对外贸易壁垒将它们限制在市场之外了。

南方共同市场在1998年遇到了严重阻碍，其成员国陷入经济衰退，集团内贸易急剧下滑。1999年巴西出现金融危机，导致巴西雷亚尔贬值，这立即使得其他南方共同市场国家的商品价格在巴西上涨了40%。而巴西是它们最大的出口市场，贸易因此进一步下滑。这时，建立完全关税同盟的进程几乎停顿。2001年，陷入经济压力困境的阿根廷建议暂时停止关税同盟，使得情况进一步恶化。阿根廷希望废除南方共同市场的关税，这样它就能取消进口资本设备的关税，而把消费品关税提高到35%（南方共同市场对这两类商品所设定的进口关税都是14%）。巴西同意了这一要求，实际上是终止了南方共同市场走向完全的关税同盟的步伐。2003年，当巴西新任总统路易斯·伊纳西奥·卢拉·达席尔瓦（Luiz Inácio Lula da Silva）宣布支持按欧盟模式扩大成员国、建立统一货币和通过民主选举组成南方共同市场议会，以激活和扩大南方共同市场时，南方共同市场起死回生的希望被重新点燃。2010年，南方共同市场的成员国同意采用统一的海关法以避免外部的商品重复纳税。然而自2010年以来，南方共同市场在这条道路上几乎没有任何进展，关税同盟似乎越来越难以实现了。

9.5.5 中美洲共同市场、《中美洲自由贸易协定》和加勒比共同体

在美洲还有其他两个贸易协定也没有取得很大进展。早在20世纪60年代初，哥斯达黎加、萨尔瓦多、危地马拉、洪都拉斯和尼加拉瓜试图建立中美洲共同市场（Central American Common Market）。它于1969年瓦解，原因是洪都拉斯和萨尔瓦多的球队在一场足球比赛中发生骚乱，进而爆发了国家间的战争。此后这6个国家（5个缔约国之外又加进了多米尼加共和国）在恢复这一协定方面取得了某些进展。其所提议的这个共同市场在2003年出现了一个高潮，当时美国表示有意与该集团就双边自由贸易进行磋商。磋商的结果是这6个国家于2005年与美国签署了协议，以便建立自由贸易区。签署的《中美洲自由贸易协定》（Central America Free Trade Agreement，CAFTA）的目标是降低美国和这6个国家的大部分货物和服务的贸易壁垒。

1991年，在加勒比共同体的主持下，加勒比地区的英语国家打算创建一个关税同盟。这里提到的加勒比共同体，最早是在1973年成立的。然而，它朝经济一体化的努力不断地遭受失败。1984年，加勒比共同体成员国做出了一项经济与货币联盟的正式承诺，但并未取得任何进展。1991年10月，加勒比共同体各国政府在连续失败两次之后，第三次仍没能确定建立共同的对外关税的截止日期。尽管如此，加勒比共同体的成员国在2005年扩大到15个。2006年初，6个加勒比共同体成员国建立了加勒比国家单一市场经济体（Caribbean Single Market and Economy，CSME）。该经济体以欧盟的统一市场为模板，目标是降低成员国之间的贸易壁垒，协调宏观经济和货币政策。

9.6 其他地区的区域经济一体化

亚洲、非洲和其他地区在区域经济一体化方面也做了许多尝试，其中最著名的组织之一就是东南亚国家联盟。不仅在非洲已经有许多建立自由贸易协定的尝试，而且美国和11个太平洋沿岸国家之间、美国和欧盟之间建立自由贸易协定的努力也正在进行。

9.6.1 东南亚国家联盟

东南亚国家联盟（Association of Southeast Asian Nations，ASEAN），简称东盟，成立于1967年，目前包括文莱、柬埔寨、印度尼西亚、老挝、马来西亚、缅甸、菲律宾、新加坡、泰国和越南，形成了一个有6亿多人口、总GDP有2万多亿美元的区域集团。ASEAN的基本目标是促进成员国之间更为自由的贸易，并在产业政策方面取得合作，但是目前为止进展非常有限。

直到最近几年，在ASEAN内部贸易中，通过ASEAN的特惠贸易安排减让了关税的商品目前只占5%。这一点可能正在改变。2003年，由6个创始国组成的东盟自由贸易区（ASEAN Free Trade Area，AFTA）完全生效。AFTA把工业品和农产品的关税降到5%以下。不过这种关税的降低有一些重要的例外安排。例如，马来西亚直到2005年才同意降低进口汽车的关税，而且关税只降到20%而不是自由贸易区要求的5%。马来西亚想要保护其低效的本土汽车制造商宝腾汽车公司，以免其受外来竞争。类似地，菲律宾拒绝降低石油化学制品的关税，仍然对该地区最重要的农产品大米征收高关税，至少要到2020年才可能降低关税。

尽管存在问题，ASEAN和AFTA至少在朝着建立一个自由贸易区的方向发展。越南于2006年加入AFTA，老挝和缅甸于2008年、柬埔寨于2010年加入。其目标是6个创始国到2010年、新加入的国家到2015年，取消相互间的贸易关税（尽管一些重要的例外情况无疑仍将保留，例如对农产品的关税）。ASEAN和中国签订了自由贸易协定，取消了90%的贸易品关税。这一协定于2010年1月1日生效。在21世纪的第一个10年里，中国和东盟成员国之间的贸易增长了3倍。该协定将促进贸易的进一步增长。

9.6.2 非洲的区域贸易集团

半个多世纪以来,非洲国家一直在尝试建立区域贸易集团。名义上现在非洲大陆有19个贸易集团,不少国家参与了不止一个集团。虽然贸易集团的数量众多,但朝着建立有实际意义的贸易集团迈进的步伐仍很缓慢。

非洲的许多贸易集团已沉寂多年。一些非洲国家严重的政局动荡长期阻碍着贸易集团取得重大进展。此外,一些非洲国家对自由贸易深存疑虑。常见的观点是:因为这些国家发展水平低、经济多样化程度低,所以它们需要关税壁垒的保护,以免遭受不公平的外国竞争。由于这种观点的盛行,非洲很难建立自由贸易区或关税同盟。

一个有意义的尝试是,非洲大陆在2001年初重新发起自由贸易运动,当时肯尼亚、乌干达和坦桑尼亚这三个东非共同体(East African Community,EAC)的成员国宣布继24年前集团破裂之后重新建立贸易集团。共有8 000万人口的3个国家计划建立关税同盟、区域法庭和立法机构,并且最终形成政治联盟。

它们的计划包括在移民、公路和通信网络、投资及资本市场等方面的合作。然而,虽然当地商业界领袖欢迎重建贸易集团,认为这代表迈出了积极的一步,但他们也批评EAC没能在自由贸易方面取得实质进展。1999年11月签署EAC条约时,成员国给了自己4年的时间来商谈建立关税同盟,并且到2001年末出台一份草案。但早前立即建立自由贸易区的计划目标并未实现,而且后来还因为坦桑尼亚和乌干达害怕来自肯尼亚的竞争而被搁置。这两个国家担心会在自由贸易区形成某种不平衡,而致使它们的首个联盟崩溃的正是这种不平衡。尽管如此,EAC确实于2005年开始建立关税同盟。2007年,布隆迪和卢旺达加入了EAC。2010年,ECA建立了共同市场,目前正朝着货币联盟的最终目标迈进。

2015年,26个非洲国家的代表签署了一项协议,承诺共同努力建立一个自由贸易区,取消或降低许多关税,并取消它们之间耗时的海关手续,这是一个令人鼓舞的迹象。这个被称为三方自由贸易区的共同市场将包括6.3亿多人,并将南部和东部非洲现有的三个区域贸易集团连接在一起,其国内生产总值合计为1.2万亿美元,成员国之间的贸易额超过1 020亿美元。随后,44个国家于2018年3月签署了一项更雄心勃勃的自由贸易协定,即大陆自由贸易区。这些协议是否会比以前的非洲贸易自由化尝试更有意义还有待观察,但非洲领导人似乎正以前所未有的方式积极拥抱自由贸易,因此我们有理由感到乐观。

9.6.3 其他贸易协定

如第7章所述,在多哈回合延长世界贸易组织期限的谈判失败后,美国和许多其他国家重新强调双边和多边贸易协定。在时任总统奥巴马的领导下,美国寻求两项主要的多边贸易协定:与其他11个环太平洋国家(包括澳大利亚、新西兰、日本、韩国、马来西亚和智利等,但不包括中国)达成的《跨太平洋伙伴关系协定》(TPP),以及与欧盟达成的《跨大西洋贸易与投资伙伴关系协定》(Transatlantic Trade and Investment Partnership,TTIP)。TPP的目标之一是为成员国之间的贸易制定规则,除了降低关税外,还将限制对国有企业的补贴,并加强对知识产权的保护。然而,特朗普让美国退出了TPP,TTIP谈判也被搁置。

美国退出TPP后,发生了两件事。首先,TPP剩下的11个成员国决定推进修订后的协议。2018年3月8日在智利签署的协议更名为《全面与进步跨太平洋伙伴关系协定》,将显著降低11个国家之间的关税和其他贸易壁垒。修订后的协议仍不包括中国,涵盖了5亿人口,这些国家的国内生产总值占全球的13%以上。新西兰贸易部前部长大卫·帕克(David Parker)表示:

> 我认为这个协议是我们在世界上看到的保护主义趋势的解毒剂。我认为《全面与进步跨太平洋伙伴关系协定》比一年前更重要。贸易保护主义的兴起令人担忧……签署协议的国家走上了一条不同的道路,它们可以友好地团结在一起,促进本国经济的增长,造福本国人民。

尽管美国不再是该协议的成员国,但一些签署国领导人表示,他们欢迎美国重返协议。也有迹象表明,脱欧后的英国可能寻求加入《全面与进步跨太平洋伙伴关系协定》。

其次,围绕建立RCEP的谈判加速,RCEP由东盟所有10个成员国加上澳大利亚、中国、日本、新西兰和韩国组成。

全景视角：管理启示

区域经济一体化的影响

当前，在区域经济一体化中最具重大意义的发展是欧盟（EU）和《北美自由贸易协定》（NAFTA）。尽管一些拉丁美洲贸易集团、东南亚国家联盟（ASEAN）未来也许会有经济意义，但当前EU和NAFTA对商业实践有更加深入和直接的影响。因此，在这里我们将集中讨论这两个集团的商业启示。不过，无论在世界哪个地方创建单一市场，都可以得出类似的结论。

1. 机遇

通过区域经济一体化创建单一市场，为企业开拓商品和服务市场、降低生产要素成本创造了重要的机遇，从前受到保护、防止外来竞争的市场变得更加开放，做生意的成本也下降了。后者尤其适用于欧盟的单一市场，也在较小程度上适用于《北美自由贸易协定》（及其后续的USMCA）。区域中商品跨国界的自由流动、协调的产品标准以及简化的税收体系，在欧元区采用单一货币，使企业越来越有可能在地区要素成本与技能组合最优的地点集中生产产品及零部件，进而实现潜在的成本节约。不需要在28个EU国家（英国退出后为27个）或3个NAFTA/USMCA国家中的每一国都生产一种产品，企业可以从单一的地方服务于整个EU或北美市场。当然，这个生产地点必须谨慎选择，要充分考虑当地的要素成本和技术。对这一利益的追求使得欧盟和北美都建立了广泛的跨境供应链，这继而意味着这些地区的经济更加紧密地一体化。

话虽如此，重要的是要认识到，即便在消除了贸易和投资壁垒之后，文化和竞争实践方面存在的差异也可能限制企业通过在主要地点集中生产，以及为统一的多国市场生产标准化产品来实现成本节约的能力。荷兰厨具制造商埃塔格控股公司的案例就说明了这一点。埃塔格公司原以为它的地理位置极佳，可以使它在单一市场中受益，但后来发现形势很严峻。埃塔格公司的工厂离德国边境只有1.61km，靠近欧盟人口中心。这家公司原认为它既能满足"马铃薯"地带的需要，也能满足"意大利面条"地带的需要。"马铃薯"地带和"意大利面条"地带是营销术语，分别指北欧和南欧的消费者。埃塔格公司试图通过两种主要产品线向"欧元消费者"销售标准化的"欧洲产品"。这种做法的主要收益源于大量标准化产品的生产所带来的规模经济。埃塔格公司很快就发现所谓的"欧元消费者"是一个神话。各国消费者之间偏好的差别比埃塔格公司料想的要大得多。比如陶炉，埃塔格公司原计划在整个欧洲只生产两种样式，结果却发现需要11种。比利时人喜欢使用大壶，就要求特大号的火炉；德国人喜欢椭圆形的壶，需要与之相匹配的火炉；法国人需要用小炉子和文火来炖酱汁与肉汤。德国人喜欢烤箱旋钮置于顶部，而法国人则希望放置在前面。大多数德国人和法国人喜欢黑色和白色的炊具；英国人则需要各种各样的颜色，包括桃色、鸽子蓝以及薄荷绿。

2. 挑战

正如单一市场的出现为商家创造了机遇一样，它也带来了大量挑战。首先，各个贸易集团内部的商业环境将变得更具有竞争性。国家间贸易与投资壁垒的降低可能会导致整个EU和NAFTA/USMCA的价格竞争不断加剧。

例如，1992年以前，买一辆大众汽车公司的高尔夫牌轿车在英国要比在丹麦多花费55%，而在爱尔兰价格要比在希腊高出29%。这种价格差异在单一市场中会逐渐消失，这对任何一家在EU或者NAFTA/USMCA国家从事商务活动的企业来说都是一种直接的威胁。为了能在更为艰难的单一市场环境中生存，企业必须利用单一市场创造出的机会将生产合理化以及降低成本。否则，它们就将处于极为不利的地位。

对处于这些贸易集团之外的企业来说，进一步的威胁来自这些贸易集团内部的企业的竞争地位可能在长期中得到改善。这一点对欧盟尤为重要，许多企业长期以来因高成本结构而限制了其同北美企业和亚洲企业进行全球竞争的能力。单一市场的创建以及由此导致的竞争加剧，迫使欧盟的众多企业开始通过生产合理化来降低成本。这使得许多欧盟企业转变为高效率的全球竞争者。对非欧盟企业来说，这意味着它们需要通过降低自己的成本来准备应对更有能力的欧洲竞争者。

贸易区以外的企业面临的另一个威胁是，由于"贸易堡垒"的出现，它们被关在单一市场门外。区域经济一体化可能会导致堡垒心态，这是欧盟最常受到的指责。尽管建立在自由贸易理念基础上的欧盟在理论上反对任何欧洲堡垒的建立，但仍有一些迹象表明，欧盟可能会在某些"政治敏感"领域（比如汽车领域）增加进口与投资壁垒。因此，对于非欧盟企业，最好的建议莫过于尽快建立自己的欧盟业务。美洲自由贸易区各国也可能出现这种情况，但是可能性看来较小。

欧盟委员会在竞争政策方面发挥的作用日益显现，表明欧盟希望并能够对企业的并购活动进行干预和施加条件。这也是一种挑战，因为这会限制企业实施其选择的企业战略的能力。欧盟委员会可以要求企业做出重大让步，以作为允许其实施并购的先决条件。虽然这会限制企业的战略选择，但欧盟委员会采取这样的行动是为了维护欧盟单一市场的竞争水平，这对消费者是有好处的。

最后，越来越多的人反对自由贸易区，这对企业构成了明显的威胁。我们在美国看到了这一点，特朗普让美国退出了TPP，并发起了有争议的《北美自由贸易协定》重新谈判。我们在欧盟也看到了这一点，英国在2020年退出欧盟，可能会导致欧盟的弱化。如果欧盟和《北美自由贸易协定》/UMSCA被削弱，贸易的一些收益将会损失，企业享受的许多好处也将消失。

本章小结

本章有三个主要目标：考查围绕区域经济一体化的经济与政治争论；回顾欧洲、美洲和其他地区区域经济一体化所取得的进展；明确区域经济一体化对国际商务企业的重要启示。本章要点如下：

（1）从理论上讲，区域经济一体化可能有一系列的层次。依据一体化的深度，可分为自由贸易区、关税同盟、共同市场、经济联盟和完全的政治联盟。

（2）在自由贸易区内，成员国之间的贸易壁垒已被消除，但是每个国家都可以自行决定其对外贸易政策。在关税同盟里，内部的贸易壁垒也被废除了，并采用共同的对外贸易政策。共同市场与关税同盟类似，只是共同市场还允许生产要素在各国之间自由流动。经济联盟涉及进一步的经济一体化，包括创建统一的货币和税率的协调。政治联盟则是试图实现日益紧密的经济一体化努力的必然结果。

（3）区域经济一体化是为了从相邻国家之间贸易与投资的自由流动中获取经济利益。

（4）区域经济一体化并非能够轻易实现或维持。尽管区域经济一体化给大多数人带来了利益，但它对少数人来说绝非没有损失。对丧失国家主权的担心常常会放慢或停止区域经济一体化的进程。2016年，这些担忧导致英国投票退出欧盟。

（5）如果自由贸易区内的贸易转移效应超过了贸易创造效应，那么区域经济一体化就不能增进经济福利。

（6）《单一欧洲法案》的宗旨是，通过废除欧盟各国之间阻碍贸易和投资自由流动的行政壁垒来创建一个真正的单一市场。

（7）17个欧盟成员国现在使用一种统一货币，即欧元。使用统一货币的经济效益来自兑换成本的降低和汇率波动导致的风险的下降，以及欧盟内价格竞争的加剧。

（8）欧盟委员会在竞争政策方面开始采取积极的干预立场，并对其认为会削弱欧盟内竞争的并购事件予以限制。

（9）尽管其他地区在区域经济一体化方面的潜在经济和政治意义无法与欧盟相比，但各种各样的尝试出现在世界各地。最引人注目的是《北美自由贸易协定》、拉丁美洲的《安第斯公约》和南方共同市场、东南亚的东盟。

（10）欧盟和北美统一市场的建立意味着以前备受保护的许多市场现在向国外竞争者进一步敞开了大门。这就为区域内及区域外的企业创造了大量的投资和出口机会。

（11）商品在各国间的自由流动、各国产品标准的协调和税收制度的简化，使得自由贸易区内的企业在要素成本和技能组合达到最优的地点进行集中生产，以使在规模经济的基础上实现潜在的大量成本节约成为可能。

（12）当贸易集团内部各国之间的贸易和投资壁垒降低之后，可能会引起价格竞争的加剧。

PART 4

第 4 部分

全球货币体系

第 10 章　外汇市场
第 11 章　国际货币体系

第10章

外汇市场

学习目标

- 10-1 描述外汇市场的功能
- 10-2 理解什么是即期汇率
- 10-3 认识远期汇率在防范外汇风险方面的作用
- 10-4 理解决定即期汇率的各种理论以及这些理论的相对优点
- 10-5 认识不同的汇率预测方法的优点
- 10-6 比较和对照折算、交易及经济风险的区别,并解释管理人员可用何种方式管理每种风险

开篇案例　　　　　　　汇率与韩国航空公司的盈利能力

2019年5月,韩国两大航空公司大韩航空(Korean Airlines)和韩亚航空(Asiana Airlines Inc.)因韩元兑美元走软而遭受外汇亏损。大韩航空宣布,2019年1~3月的营业利润为1 482亿韩元(1.244 9亿美元),较2018年同期下降16.2%。韩亚航空同日宣布,第一季度营业利润同比下降89%至72亿韩元(605万美元)。2020年2月,这种情况再次发生。韩亚航空宣布,截至2019年最后一个季度,由于外汇损失,其净亏损从2018年同期的1 639亿韩元扩大到2 348亿韩元(1.99亿美元)。

这些外汇损失有两个来源。第一,在全球市场上,航空燃料和其来源石油一样,是以美元计价的。因此,当韩元兑美元价格下跌时,燃料购买成本就会上升。第二,大韩航空和韩亚航空都承担了以美元计价的债务,以便为从波音(Boeing)和空中客车(Airbus)购买喷气式飞机提供资金。它们之所以这样做,是因为美元计价债券的利率明显低于韩元计价债券的利率。然而,借入外币会带来外汇风险。韩元兑美元的价格下跌,将推高以美元计价债务的韩元偿债成本——事实正是如此。

那么,韩元兑美元下跌了多少呢? 2018年2月中旬,1美元兑换约1 065韩元。到2020年2月中旬,1美元兑换约1 200韩元。换句话说,韩元兑美元贬值了12.5%。当以美元支付的航空燃油和偿债的美元成本折算回韩元时,这意味着这些韩国航空公司在此期间的成本增加了12.5%,从而导致其盈利能力下降。

韩元兑美元汇率下跌的主要原因是,自唐纳德·特朗普就任总统以来,美国大举加征关税所造成的经济不确定性,以及投资者希望将资金投入更安全的资产,这些资产不那么容易受到美国强加的关税和贸易冲突的影响。这些安全资产包括美国国债。因此,投资者将他们的资金从其他货币(包括韩元)中取出,投入美元资产。这增加了对美元的需求,减少了对韩元的需求。因此,韩元兑美元贬值。

展望未来，由于2020年初新型冠状病毒的传播和2019年新型冠状病毒疾病感染的全球大流行，经济不确定性似乎正在增加。经济预测显示，2019年新型冠状病毒疾病的蔓延可能严重扰乱全球供应链，对企业盈利造成打击，并损害韩国等严重依赖国际贸易推动经济发展的国家。因此，韩元兑美元汇率有可能进一步下跌，这将给韩亚航空和大韩航空带来各种各样的财务痛苦。

资料来源：Kim Bo-eun, "Won Expected to Lose More Dollar against the US Dollar," *Korean Times*, February 21, 2020; Michael Herh, "Korea's Two Biggest Airlines Hit Directly by Currency Depreciation," *Business Korea*, May 16, 2019; "Asiana Airlines Q4 Loss Widens on Currency," *Yonhap News Agency*, February 12, 2020.

引言

与全球经济中的许多企业一样，航空公司的盈利和收入受到货币汇率变化的影响。正如开篇案例中所解释的，韩国最大的两家航空公司韩国航空和韩亚航空的利润因韩元兑美元价值下跌而受到冲击。由于两家航空公司都以美元支付航空燃油费用并以美元借款，因此，当韩元相对美元贬值时，航空公司的燃油成本和偿债费用转换为韩元时都有所上升，从而降低了它们的盈利能力。这个案例告诉我们，外汇市场所发生的一切对销售、利润和企业战略都有根本性的影响。因此，管理者了解外汇市场的运行以及汇率的变动对自己的企业有何影响，这是非常重要的。

基于这个考虑，本章有三个主要目的：第一，解释外汇市场是如何运作的；第二，考察决定汇率的因素，并讨论在多大程度上可以预测未来的汇率变动；第三，描绘汇率变动对国际商务的影响。第10章和第11章研究国际货币体系及其与国际企业的关系。在第11章中，我们将探讨国际货币体系的制度结构。制度结构是指外汇市场运作的环境。正如我们要看到的那样，国际货币体系的制度结构变化可以对外汇市场的发展产生深远的影响。

外汇市场（foreign exchange market）是将一国货币兑换成另一国货币的市场。**汇率**（exchange rate）就是一种货币被兑换成另一种货币的比率。例如，丰田公司利用外汇市场把它在美国销售汽车赚取的美元兑换成日元。没有外汇市场，国际贸易与国际投资将不可能达到我们今天所看到的规模，公司将不得不以物物交换的方式进行贸易。外汇市场是一种润滑剂，使总部在不同国家的公司能够使用不同的货币相互交易。

我们从前面几章知道国际贸易与投资是有风险的。其中一些风险的存在是因为不能完全预测未来汇率。一种货币被兑换成另一种货币的比率通常随时间而变化。例如，2001年伊始，1美元可兑换1.065欧元，而到2014年初，1美元只能兑换0.74欧元。美元兑欧元汇率急剧下降。这使得美国商品在欧洲更便宜，从而刺激了出口销售。与此同时，这使得欧洲商品在美国更贵，从而损害了向美国销售商品与服务的欧洲公司的销售和利润。然而，美国公司享有的定价优势在2015～2019年消失了，原因是欧洲经济疲软和美国经济强劲导致欧元贬值。到2020年初，1美元可兑换0.88欧元，这意味着美国对欧元区的出口变得更加昂贵。诸如此类的货币价值变化常常让管理者感到猝不及防，如果他们没有对冲可能出现的风险，销售和利润就会受到重大影响。

外汇市场的功能之一是提供针对汇率反复无常的变化所产生的风险（通常被称为外汇风险）的某种保险。尽管外汇市场提供针对外汇风险的某种风险预防措施，但它不能提供完全的保障。国际企业由于汇率变化无常而遭受损失的情况并不罕见。币值波动可以使看起来赢利的贸易与投资无利可图，反之亦然。

本章首先从探讨外汇市场的功能和形式入手，这包括区别即期汇率、远期汇率和货币互换。其次我们将考虑决定汇率的因素。我们还将考察当一国的货币不能被兑换为其他货币时，即当其货币是不可兑换货币时，对外贸易是如何进行的。最后我们通过讨论这些情况对企业的影响来结束本章。

10.1 外汇市场的功能

外汇市场具有两个主要功能：第一个是将一国的货币兑换成另一国的货币；第二个是提供针对**外汇风险**（foreign exchange risk）的某种保险，外汇风险指的是无法预料的汇率变动所带来的不利影响。

10.1.1 货币兑换

每个国家都有自己的货币,并以这种货币来为各种商品或服务定价。在美国,货币是美元,在英国是英镑,在法国、德国以及其他 17 个欧元区国家是欧元,而在日本是日元,等等。一般来说,在特定国家的边界之内,人们必须使用该国的货币。一位美国游客走进苏格兰爱丁堡的一家商店,不能用美元购买苏格兰威士忌。因为美元不是苏格兰的法定货币,游客必须使用英镑才行。幸运的是,这位游客可以到一家银行去把她的美元兑换成英镑,然后她就可以买到威士忌了。

当一个游客把一种货币兑换成另一种货币时,她就参与了外汇市场。汇率就是市场上将一种货币兑换成另一种货币的比率。例如,1 欧元 =1.07 美元的意思是 1 欧元可以兑换 1.07 美元。汇率使我们能比较不同国家的商品与服务的相对价格。美国的游客可能会发现她必须为爱丁堡的那瓶苏格兰威士忌付出 30 英镑,也知道同样一瓶酒在美国要花 35 美元。这是一桩好买卖吗?设想一下当前英镑/美元的汇率是 1 英镑 =1.25 美元(即 1 英镑可兑换成 1.25 美元),游客拿出她的计算器并把 30 英镑兑换成 37.5 美元(30 英镑 × 1.25 美元/英镑 =37.5 美元)。她发现这瓶苏格兰酒在苏格兰要花 37.5 美元,她很惊讶一瓶苏格兰威士忌在美国居然要比在苏格兰花费少,尽管运费很贵(酒在英国被课以重税)。

游客只是外汇市场上较小的参与者,从事国际贸易与投资的公司才是主要的参与者。外汇市场对国际企业有四种主要的用途。

第一,公司出口商品收到的付款、从对外投资中所获得的收入或者从授予外国企业许可合同中所得到的收入等都可能是以外汇的形式出现的。要在自己的母国使用这些资金,公司必须将它们兑换成本国的货币。以出口威士忌到美国的那家苏格兰的酿酒厂为例,酒厂收到的付款是美元,但因为这些美元不能在英国使用,所以它们必须被兑换成英镑。类似地,当丰田出口汽车到美国换回美元时,它也必须把这些美元兑换成日元在日本使用。

第二,国际企业在必须为一家外国公司的产品或服务按其国家的货币来付钱时会利用外汇市场。例如,戴尔公司从马来西亚的一些公司购买计算机零部件,马来西亚的公司要求必须用马来西亚货币林吉特付款,于是戴尔公司必须把钱从美元兑换成林吉特来支付给它们。

第三,国际企业有余钱并希望短期投资于货币市场时会利用外汇市场。以一家美国的公司为例,假设它有 1 000 万美元且想要投资 3 个月。在美国,它用这笔钱能赚到的最高利率可能是 2%,然而通过投资一个韩国的货币市场账户,它可能会赚到 6%。于是,这家公司可能将 1 000 万美元兑换成韩元并将其投资于韩国。不过要注意,该项投资的回报率不仅取决于韩国的利率,也取决于在此期间韩元兑美元的汇率变动。

第四,货币投机是外汇市场的另一种用途。**货币投机**(currency speculation)通常包括资金从一种货币到另一种货币的短期流动以期在汇率变动中赢利。再以那家有 1 000 万美元且想要投资 3 个月的美国公司为例。假设公司怀疑美元相对日元被高估了,即公司预期美元相对于日元会贬值(下降)。设想当前美元/日元的汇率是 1 美元 =120 日元,公司将其 1 000 万美元兑换成日元,收到了 12 亿日元(1 000 万美元 × 120 日元/美元 = 12 亿日元)。过了 3 个月,美元的价值贬到了 1 美元 =100 日元,现在公司在将其 12 亿日元换回美元时发现它有了 1 200 万美元。该公司在 3 个月初始投资为 1 000 万美元的货币投机中赚得了 200 万美元的利润。不过一般来说,公司应该明白投机本身是很有风险的,因为公司无法确切知道汇率将会发生什么变动。虽然投机者在正确预测未来汇率变动方向时可以获利丰厚,但如果投机出错就会损失惨重。

近年来有一种更为常见的投机被称为**套息交易**(carry trade)。套息交易就是当一种货币利率低时以该货币借贷,然后将所得资金投资于另一种利率高的货币。例如,如果日元的借贷利率是 1%,而美国的银行的存款利率是 6%,那就很有理由用日元借款,然后再兑换成美元存入美国的银行。这么做交易者可以赚得 5% 的利润,当然其中要减去把一种货币兑换成另一种货币的交易成本。这种交易的投机成分是:其成功是基于相信汇率(或上述例子中的利率)不会发生不利变动,从而使交易变得无利可图。然而,如果日元兑美元快速升值,就要用更多的美元归还当初的借款,这宗交易马上就变得无利可图了。21 世纪头 10 年中期,美元兑日元的套息交易实际上是举足轻重的,2007 年时达到 1 万亿美元的峰值,当时东京外汇市场大约 30% 的交易是套息交易。2008~2009 年,这种套息交易的重要性下降了,因为利率差随着美国利率的下降而下降,导致这场交易的利润随之降低。到 2016 年底，有迹象表明，美元/日元套利交易再次变得重要起来，日本的负利率加上美国利率的上升，使得再次借入日元并将其转换为美元的做法变得有利可图。

10.1.2 防范外汇风险的保险

外汇市场的第二个功能是提供针对外汇风险的风险预防措施，外汇风险指的是无法预料的未来汇率变动对企业造成不利影响的可能性。当一家企业防范外汇风险时，我们说它是在进行**对冲**（hedging）。为了解释市场是如何实现这一功能的，我们必须首先来区分即期汇率、远期汇率和货币互换。

1. 即期汇率

当双方同意交换货币并马上交割买卖时，该项交易就被称为现货交易。支配这种"当场"交易的汇率就被称为即期汇率。**即期汇率**（spot exchange rate）是这样一种汇率：在一个特定的日子里，外汇交易者以这一汇率将一种货币兑换成另一种货币。于是，当在爱丁堡的美国游客去银行把她的美元兑换成英镑时，所使用的汇率就是那一天的即期汇率。

许多财经网站会实时报道即期汇率。汇率可以以两种方式报价：1 美元所能兑换的外币数量，或一单位外币的美元价值。在美国东部标准时间 2020 年 3 月 6 日上午 9 点 25 分，1 美元可兑换 0.88 欧元，1 欧元可兑换 1.13 美元。

即期汇率不断在变化，通常以分钟为基准（尽管在这么短的期间内变化量很小）。货币的价值是由这种货币的需求与供给及其他货币的需求与供给之间的交互作用来决定的。例如，如果许多人都想要美元但美元的供应短缺，而很少有人想要英镑但英镑的供应充裕，则把美元换成英镑的即期汇率就会变化，美元就可能相对于英镑升值（或者英镑就会相对于美元贬值）。假设当市场开盘时即期汇率是 1 英镑 =1.25 美元，在当天交易中交易商需要更多的美元和更少的英镑，到交易日的最后，即期汇率可能是 1 英镑 =1.23 美元。每一英镑所能兑换的美元要比当天开盘时少了，即美元升值了，而英镑贬值了。

2. 远期汇率

即期汇率的变动可能会给国际企业带来麻烦。例如，从日本进口高端相机的一家美国公司知道，在 30 天后货物抵达时必须为每台相机向日本供货商支付日元。公司为每台相机向日本供货商支付 20 万日元，而当前美元与日元的即期汇率为 1 美元 =120 日元。按这个汇率，每台相机要花费进口商 1 667（=200 000/120）美元。进口商知道她可以在相机到达的那一天按每台 2 000 美元的价格出售相机，这能在每台相机上产生 333 美元的毛利润（=2 000-1 667）。然而，只有当相机被卖掉之后进口商才有钱付给日本供货商。如果在接下来的 30 天后美元出人意料地相对于日元贬值的话，比如说贬值到 1 美元 =95 日元，则进口商仍将必须付给日本公司每台相机 20 万日元，但是按美元计算，这将等于每台相机 2 105 美元，比她将相机卖出去的价格还要高。可见，美元相对于日元从 1 美元 =120 日元贬值到 1 美元 =95 日元会把一桩赢利的生意变成亏本的生意。

为了防范或对冲这一风险，美国的进口商可以选择远期交易。当双方同意交换货币并在未来的特定时间里进行交割时**远期交易**（forward exchange）发生。决定着这种未来交易的汇率就是**远期汇率**（forward exchange rate）。对于大多数的主要货币，远期汇率是汇率在未来 30 天、90 天和 180 天的定价。在某些情况下，可以得到未来好几年的远期汇率。再回到相机进口商的例子，假设美元兑日元 30 天的远期汇率是 1 美元 =110 日元，相机进口商以这个汇率与外汇交易商达成了一份 30 天的远期汇兑交易，保证了她每台相机将支付不超过 1 818（=200 000/110）美元，从而保证了她每台相机有 182（=2 000-1 818）美元的利润，使自己避免了因美元/日元汇率出乎意料地变动将其赢利的生意变为亏本的生意的可能性。

在这个例子中，即期汇率（1 美元 =120 日元）和 30 天的远期汇率（1 美元 =110 日元）是不同的。这种差异是正常的，它反映了外汇市场对未来货币变动的预期。在这个例子中，1 美元以即期汇率所换得的日元要多于 30 天以远期汇率所换得的日元的事实表明：外汇交易商预期美元在未来 30 天内会相对于日元贬值。当这种情况发生时，我们说美元正在 30 天的远期市场折价出售（即它要比在现货市场中价值少）。当然，相反的情况也会发生，例如，如果 30 天远期汇率为 1 美元 =130 日元，那么 1 美元在远期汇率下就要比在即期汇率下换得更多的日元。在这样一种情况下,我们说美元正在30天的远期市场溢价出售。这反映了外汇交易商对美元兑日元在未来30天内将要升值的预期。

总之,当一家企业进行远期合约交易时,它是在防范将来交割时汇率的变动会使这桩交易不赢利的可能性。虽然许多企业通常会签订远期交易合约以防范外汇风险,但有时候这会对公司不利。聚焦管理10-1说明了巴西支线飞机制造商巴西航空工业公司(Embraer)采取的对冲策略如何适得其反。

◎ 管理聚焦 10-1

巴西航空工业公司与巴西雷亚尔的波动

多年来,巴西一直受到持续高通货膨胀的打击。结果,巴西货币雷亚尔兑美元稳步贬值。这种情况在21世纪初发生了转机,当时巴西政府成功地将年度通货膨胀率降至个位数。较低的通货膨胀率,加上为巴西经济扩张铺平道路的政策,导致雷亚尔兑美元稳步升值。2004年5月,1雷亚尔兑换0.312 1美元;2008年8月,1雷亚尔兑换0.65美元,升值幅度超过100%。

对巴西航空工业公司而言,雷亚尔兑美元升值是一个喜忧参半的消息。巴西航空工业公司是全球最大的拥有多达110个座位的支线客机制造商,也是巴西最知名的工业企业之一。巴西航空工业公司从美国制造商那里购买了飞机的许多零部件,包括引擎和电子器件。由于雷亚尔兑美元升值,这些零部件转换成雷亚尔的成本更低,这有利于提升巴西航空工业公司的利润率。然而,该公司的飞机也是以美元定价的,就像全球市场上所有的商用喷气式飞机制造商一样。因此,随着雷亚尔兑美元升值,巴西航空工业公司的美元收入在兑换回雷亚尔时缩水了。

为设法应对货币升值对其收入的影响,2005年前后,巴西航空工业公司开始通过购买远期合约来对冲雷亚尔未来的升值(远期合约使持有者有权在未来某个时候以约定的汇率兑换一种货币,在这种情况下是美元兑换雷亚尔)。如果雷亚尔继续升值,这对巴西航空工业公司来说将是一个很好的策略,因为该公司本可以锁定以美元计价的销售额兑换回雷亚尔的汇率。

对巴西航空工业公司来说,不幸的是,随着2008年全球金融危机的蔓延,投资者纷纷转向美元,他们认为美元是避风港,从而雷亚尔兑美元贬值。2008年8月~11月,雷亚尔兑美元汇率下跌了近40%。如果不是为了对冲,这种贬值实际上会增加巴西航空工业公司的实际收入。然而,巴西航空工业公司将自己锁定在一个高得多的雷亚尔/美元汇率,该公司被迫为实际上糟糕的货币押注承担了1.21亿美元的损失。

自2008年金融危机以来,巴西航空工业公司减少了外汇对冲,其大部分美元销售和购买都没有进行套期保值。这使得巴西航空工业公司的销售收入对实际兑换美元的汇率非常敏感。到2010年,雷亚尔兑美元再次升值,这对巴西航空工业公司的收入造成了压力。然而,到2012年,巴西经济停滞不前,而通货膨胀率又开始上升。这导致雷亚尔的价值持续下跌,从2011年7月的1雷亚尔=0.644美元下跌到2017年2月的1雷亚尔=0.32美元,贬值了50%。然而,对巴西货币不利的情况对巴西航空工业公司却是有利的。巴西雷亚尔的股价飙升至2008年2月以来的最高水平,因为市场预测雷亚尔贬值将推动巴西航空工业公司收入的增长。

资料来源:D. Godoy, "Embraer Rallies as Brazilian Currency Weakens," *Bloomberg*, May 31, 2013; K. Kroll, "Embraer Fourth Quarter Profits Plunge 44% on Currency Woes," *Cleveland.com*, March 27, 2009; "A Fall from Grace: Brazil's Mediocre Economy," *The Economist*, June 8, 2013; "Brazil's Economy: The Deterioration," *The Economist*, December 7, 2013.

3. 货币互换

上述关于即期和远期汇率的讨论可能会使你得出结论:选择购买远期对从事国际贸易的公司非常重要。你是对的。最新数据显示,远期合约占了所有外汇交易的2/3,而即期交易约为1/3。但是,这些远期交易的绝大多数不是我们所讨论的那类远期交易,而是被称为货币互换的更为复杂的契约。

货币互换（currency swap）是指在两个不同的起息日同时购买并售出一定数量的外汇。互换在国际企业及其银行之间、银行之间以及政府之间进行，这是在短期内退出一种货币，进入另一种货币而不冒外汇风险的一种可取方法。一种常见的互换是即期对远期的互换。以苹果公司为例，苹果公司在美国组装便携式计算机，但显示屏是在日本制造的。苹果公司也把一些成品计算机卖给日本。所以，像许多公司一样，苹果公司既从日本买货又向日本销售。设想苹果公司今天需要把 100 万美元换成日元以向供货商支付计算机显示屏的货款。苹果公司知道 90 天后，购买它的成品计算机的日本进口商将要支付给它 1.2 亿日元。它可能想要把这些日元兑换成美元在美国使用。假定今天的即期汇率是 1 美元 = 120 日元，而 90 天的远期汇率是 1 美元 = 110 日元。苹果公司到银行卖掉 100 万美元得到 1.2 亿日元。现在苹果公司可以向日本供货商支付货款了。同时，苹果公司同其银行签订 90 天的远期交易合约，把 1.2 亿日元兑换成美元。于是，90 天后，苹果公司将收到 109 万美元 [1.2 亿日元 / 110（日元 / 美元）= 109 万美元]。因为日元在 90 天的远期市场是以升水卖出的，苹果公司最后得到的美元比其开始时要多（虽然相反的情况也可能出现）。在很重要的程度上，互换交易就像常规的远期交易：它保证了苹果公司不会遭受外汇风险。通过进行互换交易，苹果公司现在就能知道 90 天后它所收到的 1.2 亿日元付款将会换来 109 万美元。

4. 外汇市场的性质

外汇市场并不是位于某个地方的市场，它是各家银行、经纪人和外汇交易商通过电子通信设备连接的一个全球网络系统。当公司希望兑换货币时，它们通常通过银行而不是直接进入市场。近几年来，外汇市场已经得到了飞速发展，这反映了跨境贸易与投资数量的普遍增长（见第 1 章）。1986 年 3 月，全球外汇交易平均总量大约是每天 2 000 亿美元。到 2019 年 4 月，外汇交易已达到每天 6 600 亿美元。最重要的外汇交易中心有伦敦（占交易活动的 43%）、纽约（占交易活动的 17%）以及苏黎世、东京、香港和新加坡（四者共占交易活动的 5% ～ 6%）。

伦敦在外汇市场上的优势地位得益于其历史和地理位置。作为世界上第一个主要的工业贸易国的首都，到 19 世纪末，伦敦已经成为世界上最大的国际银行业中心，这个地位一直保持到现在。伦敦位于东方的东京和新加坡与西方的纽约之间的中心位置，这使得其在今天仍然是东亚和纽约市场的关键联结点。由于时区的不同，伦敦在东京夜间闭市后不久开市，而在纽约的头几个交易小时里它仍然处于开市中。

外汇市场具有特别引人注意的两个性质，第一个是市场永远不会休息。东京、伦敦和纽约在每天的 24 个小时中只有 3 个小时同时处于闭市状态。在这 3 个小时里，交易仍在一些较小的交易中心里继续，特别是在旧金山和悉尼。外汇市场的第二个性质是各个交易中心整合在一起。联结全球各交易中心的高速计算机有效地创造出一个单一的市场。金融中心的整合意味着这些交易中心的汇率行情可以没有太大的差别。例如，如果在伦敦日元 / 美元的汇率行情在下午 3 点时为 120 日元 = 1 美元，那么在纽约日元 / 美元的汇率行情在相同时间（纽约时间上午 10 点）将是一样的。如果纽约日元 / 美元汇率为 125 日元 = 1 美元的话，交易者会通过**套利**（arbitrage）而获利，这是一个低价买入一种货币并高价卖出它的过程。例如，如果像假定的那样，伦敦和纽约的价格不同，交易者就会在纽约用 100 万美元买入 1.25 亿日元，并立刻在伦敦卖掉这 1.25 亿日元，从这桩交易中得到 1 041 666 美元，快速赢利 41 666 美元。不过，如果所有的交易者都试图乘机利用这个机会的话，那么在纽约对日元的需求就会导致日元相对于美元升值，于是纽约汇率和伦敦汇率的差异将会十分迅速地消失。因为外汇交易者一直在观看他们的计算机屏幕以寻找套利机会，所以，偶尔有这种机会，也是很小的，并且它们在几分钟内就会消失。

外汇市场还有一个特质是在该市场中，美元扮演着重要的角色。尽管外汇交易可以涉及任何两种货币，但大多数交易都涉及美元，甚至当一位交易商想要卖出一种非美元货币并买进另一种非美元货币时也是这样。例如，交易商希望卖出墨西哥比索并买进日元，他通常会卖出比索换回美元，然后用美元去买日元。尽管这种做法看起来像是绕弯，但实际上这要比寻找一个持有比索且想要买日元的人的成本低。因为涉及美元的国际交易数量如此巨大，所以不难找到希望用美元换取比索或日元的交易商。

美元在如此多外汇交易中的中心作用，使它成为一种媒介货币。2019 年，88% 的外汇交易是涉及美元的交易。在美元之后,另一些最重要的媒介货币是欧元(32%)、日元(17%)和英镑(13%),它们反映了这些贸易实体在世界经济中的重要性。

10.2 汇率决定的经济理论

在最基本的层次上,汇率是由一种货币的需求与供给相对于另一种货币的需求与供给所决定的。例如,如果对美元的需求超过了其供给,而日元的供给比其需求更大的话,那么美元/日元的汇率将会变化。美元相对于日元将会升值(或者换一种说法是日元相对于美元将会贬值)。不过,相对需求与供给的差异仅仅能够从表层意义上解释汇率的决定因素。这种简单的解释并没有告诉我们什么因素是货币需求与供给的基础,也没有告诉我们什么时候对美元的需求将超过其供给(反之亦然),或者什么时候对日元的供给会超过对它的需求(反之亦然)。它也没有告诉我们一种货币在什么样的条件下是有需求的,或者在什么样的条件下是没有需求的。在本节,我们将要回顾经济理论并对这些问题进行解答。这会让我们更深入地了解汇率是如何被决定的。

如果明白了汇率是如何被决定的,也许我们就能预测汇率的变动。因为未来汇率的变动会影响出口机会、国际贸易与投资的盈利性以及外国进口商品的价格竞争力,这些对于一家国际企业来说都是有价值的信息。然而,关于这方面没有简单的解释。决定汇率的动因是复杂的,即使是那些每天都研究其现象的经济学家在理论上也没有达成一致。尽管如此,有关汇率变动的大多数经济理论似乎都认为,有三种因素对一国货币未来汇率的变动会有重要影响:一国的通货膨胀、货币利率和市场心理。

10.2.1 物价与汇率

为了理解物价是如何与汇率变动有关系的,我们首先需要来讨论一个被熟知的称为一价定律的经济论点,然后讨论购买力平价(PPP)理论,它把两国货币之间汇率的变动与两国之间物价水平的变动联系在一起。

1. 一价定律

一价定律(law of one price)是指在无运输成本也无贸易壁垒(诸如关税)的竞争市场中,在不同国家出售的相同产品,在其价格被表示为相同的货币时,必须按相同的价格来出售。例如,如果英镑与美元之间的汇率为1英镑=2美元,一件夹克在纽约的零售价为80美元,那么,在伦敦其零售价就应该是40英镑〔因为80美元/2(美元/英镑)=40英镑〕。考虑如果夹克在伦敦卖30英镑(即60美元)会发生什么。这一价格会使一家公司在伦敦购买夹克,然后在纽约卖出它而获利(套利的例子)。通过先在伦敦以每件30英镑(即60美元)买入,然后在纽约以每件80美元卖出,这家公司每件夹克可以赚得20美元的利润(假设不存在运输成本和贸易壁垒)。不过,伦敦对夹克的需求增长会抬高其价格,而纽约夹克的供给增长会使那里的价格降下来。这会继续下去直到价格相等。于是,当伦敦的夹克价格为35英镑、纽约夹克的价格为70美元时(假定1英镑=2美元的汇率没有变动),价格就相等了。

2. 购买力平价理论

如果一价定律对所有的商品和服务都适用,购买力平价(purchasing power parity,PPP)汇率就可以从物价的任何个体集合中发现。如果市场是有效的,通过比较以不同的货币标价的相同产品的价格,来确定可能存在的"实际的"或购买力平价汇率是可能的。**有效市场**(efficient market)没有诸如贸易壁垒这样一些阻碍商品和服务自由流动的因素。

购买力平价(PPP)理论的一个不那么极端的形式说明:考虑到相对有效市场,即基本不存在国际贸易阻碍的市场,一揽子商品的价格在每一个国家都应大致相等。为了用符号叙述PPP理论,用 $P_\$$ 表示一揽子特定商品的美元价格,用 $P_¥$ 表示同一揽子商品的日元价格。PPP理论预测:美元/日元的汇率 $E_{\$/¥}$ 应该等于:

$$E_{\$/¥} = P_\$ / P_¥$$

于是,如果一揽子商品在美国需要花费200美元,而在日本需要花费20 000日元的话,那么,PPP理论指出:美元/日元的汇率应该是200美元/20 000日元,或者是0.01美元/1日元(即1美元=100日元)。

每年,《经济学人》杂志都发表它对 PPP 理论的看法,它把这称为巨无霸指数(Big Mac Index)。《经济学人》挑选了麦当劳的巨无霸作为一揽子商品的替代,因为它在 120 个国家或地区都是按照基本相同的方法烹制的。巨无霸 PPP 是使汉堡在每个国家价格都相同的汇率。按照《经济学人》的说法,将一个国家或地区的实际汇率和建立在巨无霸相对价格基础上的 PPP 理论所提出的汇率相比较,是一种检验一国货币是否被低估了的方法。《经济学人》也承认,这并不是一种很严谨的方法,但是它的确对 PPP 理论进行了有用的阐述。

为了计算指数,《经济学人》把一国的巨无霸价格按当前汇率转换为美元,并除以美国巨无霸的平均价格。按照 PPP 理论,价格应该是一样的。如果不一样,这意味着该种货币相对于美元不是被高估了,就是被低估了。例如,2019 年 1 月,一个巨无霸在美国的平均价格是 5.58 美元,而在中国是 20.9 元人民币(按 2019 年 1 月的汇率计算,3.05 美元 = 6.85 元人民币)。这意味着美元/人民币汇率应该是 1 美元 =3.75 元人民币,而人民币被低估了 45%。

在 PPP 理论中,下一步是说明当相对价格变化时汇率也会变化。例如,假定美国没有通货膨胀,而日本每年物价上涨 10%。在一年初始,美国一揽子商品的价格是 200 美元,在日本是 20 000 日元,这样,按照 PPP 理论,美元兑日元的汇率应该是 1 美元 =100 日元。到该年底,这一揽子商品在美国的价格仍然是 200 美元,而在日本是 22 000 日元。PPP 理论预测汇率最终也将随之变动。更准确地说,到年底时的汇率为:

$$E_{\$/¥} = 200 \text{ 美元} / 22\,000 \text{ 日元}$$

于是,1 日元 = 0.009 1 美元(或者 1 美元 = 110 日元)。由于 10% 的通货膨胀率,日元相对于美元贬值了 10%。1 美元在年底应该比在年初多兑换 10% 的日元。

3. 货币供给与通货膨胀

实质上,PPP 理论预言:相对价格的变化会导致汇率的变化。从理论上来说,在通货膨胀肆虐的国家应该能看到其货币相对于那些通货膨胀较低的国家的货币贬值。如果我们可以预测一国未来的通货膨胀率可能是怎样的,我们就能预测其货币相对于其他货币的价值——汇率可能怎样变化。一国货币供给的增长率决定了其可能的未来通货膨胀率。所以,至少在理论上,我们可以利用货币供应增长的信息来预测汇率的变动。

通货膨胀是一种货币现象,通货膨胀发生在流通中的货币数量增长速度快过商品和服务的存量增长时,即货币供给增长快过产出增长。假如某个国家中的每个人都突然得到政府给予的 1 万美元,想象一下会发生什么。许多人都会跑出去把他们额外的钱花在他们梦寐以求的东西上,如新汽车、新家具、更好的服装等,对商品和服务的需求会急剧上升。汽车代理商、百货公司以及其他商品和服务的供给者会提高价格来回应这种需求激增的现象,结果将导致通货膨胀。

政府增加货币的供给与给人们更多的钱相类似。货币供给的增长使银行从政府那里借贷更容易,也使个人和公司从银行那里借贷更容易。信贷的最终增长引起对商品和服务需求的增长。除非商品和服务的产出正在以类似于货币供给的速度增长,否则结果将是通货膨胀。这种关系在一个又一个国家被一次又一次地观察到。

现在我们知道了一国货币供给的增长、通货膨胀与汇率变动之间的联系。简单地说,当一国货币供给的增长快过其产出的增长时,通货膨胀就被加速了。PPP 理论告诉我们:在具有高通货膨胀率的国家将会看到其货币汇率的贬值。以一个最为突出的历史事例来说明,20 世纪 80 年代中期,玻利维亚经历了恶性通货膨胀——一种爆炸式的、似乎失控的通货膨胀,在这种通货膨胀中货币迅速地失去其价值。表 10-1 给出了恶性通货膨胀期间玻利维亚货币供给、通货膨胀率及其比索兑美元的汇率等数据。汇率实际上是"黑市"汇率,因为玻利维亚政府在这一时期禁止把比索兑换成其他的货币。货币供给的增长、通货膨胀率和比索相对于美元的贬值都同步变动。这正是 PPP 理论和货币经济学所预测到的。1984 年 4 月～1985 年 7 月,玻利维亚的货币供给增长了 17 433%,价格上涨了 22 908%,比索的价值相对于美元下跌了 24 662%。1985 年 10 月,玻利维亚政府制订了一项引人注目的稳定计划,包括引入一种新的货币并严格控制货币供给,到 1987 年,该国的年通货膨胀率降到了 16%。

表 10-1　玻利维亚 1984 年 4 月～1985 年 10 月的宏观经济数据

月份	货币供给/10 亿比索	相对于 1982 年的价格水平（平均 =1）	汇率（美元/比索）
1984 年			
4 月	270	21.1	3 576
5 月	330	31.1	3 512
6 月	440	32.3	3 342
7 月	599	34.0	3 570
8 月	718	39.1	7 038
9 月	889	53.7	13 685
10 月	1 194	85.5	15 205
11 月	1 495	112.4	18 469
12 月	3 296	180.9	24 515
1985 年			
1 月	4 630	305.3	73 016
2 月	6 455	863.3	141 101
3 月	9 089	1 078.6	128 137
4 月	12 885	1 205.7	167 428
5 月	21 309	1 635.7	272 375
6 月	27 778	2 919.1	481 756
7 月	47 341	4 854.6	885 476
8 月	74 306	8 081.0	1 182 300
9 月	103 272	12 647.6	1 087 440
10 月	132 550	12 411.8	1 120 210

资料来源：Juan-Antonio Morales, "Inflation Stabilization in Bolivia," in *Inflation Stabilization: The Experience of Israel, Argentina, Brazil, Bolivia, and Mexico*, ed. Michael Bruno et al. (Cambridge, MA: MIT Press, 1988).

考察这种现象的另一种方法是：一国货币供给的增长，增加了可用货币的数量，改变了外汇市场中货币的相对需求和供给。如果美国的货币供给正在比美国的产出更快地增长，美元就要比那些货币增长接近于产出增长的国家的货币更充裕。作为美元供给的这种相对增长的结果，美元在外汇市场上将会相对于那些货币增长得慢一些的国家的货币贬值。

政府的政策决定了一国货币供给的增长是否比其产出的增长更快。政府只需告诉国家的中央银行发行更多的货币就可以增加其货币供给。政府为了给公共支出（修路、为政府职员支付薪酬、国防开支等）提供资金，往往倾向于这样做。政府还可以通过增加税收来为公共开支筹措经费，但因为没有人喜欢多纳税，而且政治家也不想这么不得人心，所以他们自然更愿意增加货币供给。不幸的是，世上没有摇钱树，货币供给的过快增长带来的不可避免的结果就是通货膨胀，但这并没有阻止世界各地的政府发行更多的货币，结果自然可想而知。如果一家国际企业试图预测一国货币的价值在外汇市场上未来的变动，就应该考察该国对货币增长的政策。如果政府愿意控制货币供给增长的速度，该国未来的通货膨胀率会低（即便目前高），其货币在外汇市场上也不会贬值太多。如果政府缺乏控制货币供给增长的政治意愿，未来的通货膨胀率就会高，这可能会引起其货币贬值。从历史上看，许多拉丁美洲的政府都属于后面这一类，包括阿根廷、玻利维亚和巴西。委内瑞拉货币供应量的失控增长导致其 2018 年的通货膨胀率达到 100 万 %（也就是说，货币基本上一文不值）。2010 年末，为了刺激经济发展，美联储决定实施量化宽松政策增发美元来促进增长，批评者指责这会引发通货膨胀和美元在外汇市场上价格下降，但这些指责究竟又是否正确呢？国家聚焦 10-1 将对此进行讨论。

国家聚焦 10-1

量化宽松、通货膨胀和美元

2010年秋季，美联储决定通过公开市场从债券持有人那里购买6 000亿美元美国政府债券以增加货币供应量，这一行为采用了量化宽松的方法。6 000亿美元的资金从何而来？美联储只是创造新的银行准备金，并以此购买债券。实际上美联储这是在印钞票。美联储这样做的目的是刺激美国经济，因为在2008～2009年的全球金融危机之后，美国的经济增长缓慢，失业率高企。美联储之前已经试图通过降低短期利率来刺激经济，但短期利率已经接近0，因此美联储决定降低中期和长期利率。它采取的方法是将6 000亿美元注入美国经济，增加货币供应量并降低资金价格——利率。2011～2013年，美联储又推进了多次量化宽松，2014年，随着美国经济越来越强劲，失业率降至6%以下，美联储逐步减少了债券购买计划。该项目于2014年10月结束。到那时，美联储已经有效地向美国经济注入了超过3.5万亿美元。

批评者迅速地对美联储的做法予以攻击。许多人认为，货币供应量扩张会助长通货膨胀，导致美元在外汇市场上的汇率下跌。有些人甚至把这项政策看作美联储故意降低美元价值，使美元汇率下降，从而促进美国的出口。如果确实如此，这就是重商主义的一种形式。

然而仔细分析的话，有两点理由表明这些指责的依据好像并不充分。第一，美国的核心通货膨胀指标已经达到50年来的低点。事实上美联储担心的是通货紧缩风险（价格的持续下跌），这是对经济极其有害的现象。随着商品价格的下跌，人们会停止购买，因为他们知道明天的商品价格会比今天更低。这会导致总需求崩溃和失业率高企。美联储认为，温和的通货膨胀，例如每年2%，也许是好事。第二，美国的经济增长比较疲软，失业率很高，经济存在大量的产能过剩。因此，将货币注入经济，确实刺激了需求，也不会引发通货膨胀，因为企业的第一反应是增加产出以便过剩的产能得到利用。美联储的支持者认为，反对者似乎忽略了一个重要方面：只有在失业率相对较低，经济中不存在大量的产能过剩时，货币供应量的扩张才会导致较高的通货膨胀。2010年秋季，这种情况并不存在。至于外汇市场，其反应并不明显。2010年11月初，就在美联储宣布这项政策之前，美元兑一揽子其他主要货币的贸易加权指数是72，而在2014年1月，则是78，升值幅度较小。简言之，外汇交易商并没有因为担心通货膨胀率上升而抛售美元。

资料来源：P. Wallsten and S. Reddy, "Fed's Bond Buying Plan Ignites Growing Criticism," *The Wall Street Journal*, November 15, 2010; S. Chan, "Under Attack, the Fed Defends Policy of Buying Bonds," *International Herald Tribune*, November 17, 2010; "What QE Means for the World; Positive Sum Currency Wars," *The Economist*, February 14, 2013.

4. PPP理论的经验检验

PPP理论预言：汇率是由相对价格决定的，相对价格的变化将导致汇率的变化。在通货膨胀肆虐的国家应该能看到其货币相对于那些通货膨胀率较低的国家的货币贬值。这一理论从直观上看是具有吸引力的，但在实际中是真的吗？关于一国物价通货膨胀与汇率情况之间的联系有一些典型的例子（例如，玻利维亚）。不过，PPP理论广泛的经验检验得到的是多样化的结果。虽然PPP理论在长期似乎能提供相对精确的预测，但它对5年或更短时间的短期汇率变动的预测性不是很强。另外，该理论对那些有高通货膨胀率和资本市场欠发达的国家的汇率变化的预测似乎最准确，而对于通货膨胀率差异相对较小的发达工业国，该理论在预测这些国家货币之间短期汇率变动方面的用途要小一些。

在相对通货膨胀率和汇率变动之间找不到很强的联系，这一直被认为是PPP理论的难题。有一些因素可以解释PPP理论为什么不能更精确地预测汇率。PPP理论假设没有运输成本和贸易壁垒，而在实践中这些因素都是非常重要的，往往造成国家之间物价的巨大差异。运输成本对许多商品来说肯定不是小数目。而且，正如我们在第7章中看到的那样，政府在国际贸易中通常通过对跨境贸易建立关税和非关税壁垒来进行干预。贸易壁垒限制了贸易商利用套利平抑不同国家间相同产品的价格的能力，而这种能力正是一价定律所需要的。政府对跨境贸易的干预有悖于有效市场的假定，从而削弱了 PPP 理论所预测的相对物价变化与汇率变化之间的联系。

此外，如果许多国家的市场由若干跨国企业主导，它们有足够的市场力量来影响物价、控制经销渠道以及为不同的国家提供不同的产品，PPP 理论也可能会失效。实际上，在很多行业都是这种情况。在这些情况中，主导企业可能行使一定程度的定价能力，在不同市场确定不同的价格以反映各种不同的需求，这被称作价格歧视。要使价格歧视起作用，就必须限制套利。根据这一论点，具有一定市场控制能力的企业可能控制经销渠道，从而限制对购自另一国市场的产品进行未经许可的转售（套利）。它们还可以通过使本来相同的产品在不同的国家有所区别（如在设计或包装上）来限制转售（套利）。

例如，即便微软办公软件在中国销售的版本价格比在美国销售的版本便宜，也几乎没有美国人想要使用汉字版本的办公软件，所以这限制了通过套利对价格的平抑。即便是运输成本微不足道，中美之间不存在关税壁垒，微软对中国和对美国设计的区别也意味着一价定律对微软办公软件不起作用。如果普遍都不能实施套利，就会打断 PPP 理论所预测的相对价格变化与汇率变化之间的联系，并有助于解释对这一理论经验上的支持为何是有限的。

具有一定重要性的另一个因素是政府也干预外汇市场，试图影响其货币的价值。在第 11 章里我们将看到为什么它们会这样做，以及它们是如何做的。现在，重点要注意的是：政府经常性地干预外汇市场进一步削弱了物价变化与汇率变化之间的联系。对于 PPP 理论无法预测外汇汇率的短期变动还有一个解释是，投资者心理与其他因素对于货币购买决策和汇率变动的影响。稍后在本章中，我们会更详细地讨论这一点。

10.2.2 利率与汇率

经济理论告诉我们，利率能够反映对未来可能的通货膨胀率的预期。在那些人们预期通货膨胀率较高的国家里，利率也会较高，因为投资者想要为他们钱财价值的下降而得到补偿。这种关系是由经济学家欧文·费雪（Irvin Fisher）首先提出的，被称为费雪效应。**费雪效应**（Fisher effect）指出：一国的名义利率（i）是所要求的实际利率（r）与借贷期内预期通货膨胀率（I）的和，更正式的表达式是：

$$i = r + I$$

例如，如果一国的实际利率为 5%，预期通货膨胀率为 10%，则名义利率是 15%。正如费雪效应所预期的那样，通货膨胀率与利率之间存在着一种强联系。

我们可以进一步讨论，考虑一下费雪效应是如何在一个有着许多国家和资本自由流动的世界里应用的。当投资者在不同国家之间可以自由转移资本时，实际利率在每个国家都会是相同的。当国家之间的实际利率真的出现差别时，套利会使其最终相等。例如，如果日本的实际利率为 10%，而美国的实际利率只有 6%，那么从美国借钱并投资于日本可以为投资者带来收益。最终，在美国，对货币的需求增加会提高那里的实际利率，而在日本，货币供应的增加会降低那里的实际利率。这会继续下去直到两国的实际利率相等。

由费雪效应可以得出结论：如果实际利率在世界范围里都是相同的，那么国家之间利率的任何差别反映的都是对于通货膨胀率的不同预期。于是，如果美国通货膨胀率预期比日本的更高，那么美国的名义利率也会比日本的更高。

我们从 PPP 理论中知道：在通货膨胀率与汇率之间存在着一种联系（起码在理论上），且因为利率反映对于通货膨胀率的预期，于是在利率和汇率之间肯定也存在着某种联系。这种联系被称为国际费雪效应。**国际费雪效应**（international Fisher effect）阐明：对于任何两个国家，即期汇率的变化应该与两国的名义利率之差数量相等、方向相反。即期汇率在美国和日本之间的变化更为正式的表达可以写成下列形式：

$$(S_1 - S_2) / S_2 \times 100 = i_\$ - i_¥$$

式中，$i_\$$ 和 $i_¥$ 分别为美国和日本的名义利率；S_1 为期初的即期汇率；S_2 为期末的即期汇率。如果美国的名义利率比日本的要高，那么反映出其有更高的预期通货膨胀率，由于利差，美元兑日元贬值。所以，如果美国的利率是 10%、日本的利率是 6%，我们可以预期美元相对于日元会贬值 4%。

利差可以帮助预测未来的货币变动吗？证据是混杂的；正如 PPP 理论的情况，从长期来看，在利差以及随

后的即期汇率的变化之间似乎有某种联系。不过，会有大量的短期偏差出现。就像 PPP 理论，国际费雪效应也不能很好地预测即期汇率的短期变化。

10.2.3 投资者心理与跟风效应

经验证据表明：无论 PPP 理论还是国际费雪效应都不能很好地解释汇率的短期变动，原因之一可能是投资者心理对短期汇率变动的影响。证据表明：各种心理因素在决定市场交易者对未来汇率可能变动的预期时起到了重要的作用。进而，预期可能就是自行实现的预言（把倾向于理解成了一种可能性）。

这种机制的一个典型例子出现在 1992 年 9 月，当时著名的国际理财专家乔治·索罗斯（George Soros）赌英镑会下跌。索罗斯用他投资基金的资产做抵押借了几十亿英镑，随后又立即将英镑卖出换成德国马克（这是在欧元出现之前）。这种技巧称为卖空，如果他随后以更有利的汇率再买回英镑，然后用这笔便宜买回的英镑来偿还贷款的话，那么他就可以获得巨大的利润。通过卖出英镑、买进德国马克，索罗斯帮助推动了英镑在外汇市场上的价值下跌。更重要的是，当索罗斯开始卖空英镑时，由于索罗斯的名声很大，许多外汇交易商都跟风卖出英镑并买进德国马克。这引发了经典的**跟风效应**（bandwagon effect），即市场交易者的行为像羊群一样，在彼此觉察到对方的行为后同时采取相同的交易策略。随着跟风效应的增强，越来越多的交易商在英镑会下跌的预期之下卖出英镑并买进德国马克，他们的预期变成了自行实现的预言，大量抛售英镑迫使英镑兑德国马克的价值下跌。换句话说，英镑价值的下跌并不是因为宏观经济基本面发生任何重大的改变，而是因为投资者跟随了投资大师索罗斯所下的赌注。

大量的研究表明，投资者心理和跟风效应在决定汇率短期变动时起到了重要的作用，但这些效应是很难预测的。投资者心理会受到政治因素的影响，也会受到诸如个别企业投资决策这种微观经济事件的影响，有许多企业的投资决策都只是松散地与宏观经济基本面相联系，例如，相对通货膨胀率。而且，跟风效应可以被政治家极其另类的行为所触发并加剧。1997 年在东南亚发生的事情就与此类似，那时泰国、马来西亚、韩国和印度尼西亚的货币相对于美元的价值在几个月里相继损失了 50%～70%。

10.2.4 汇率理论小结

我们已经看到相对货币增长、相对通货膨胀率和名义利差都能很好地预测汇率长期变化的趋势，但也许是由于心理因素、投资者期望和跟风效应对短期货币动向的影响，导致它们都不能准确地预测汇率的短期变化。对于一家国际企业来说，这一信息是有用的。鉴于外国投资的长期盈利性、出口机会和外国进口商品的价格竞争力都会受到汇率长期动向的影响，所以，建议国际企业要注意各国货币增长、通货膨胀以及利率的变动。那些每天都从事外汇交易的国际企业，了解一些对短期外汇动向具有预测作用的指标对其是有益的。然而，短期汇率的动向是难以预测的。

10.3 汇率预测

公司需要预测未来汇率的变动，这就提出了公司投资于汇率预测服务以帮助决策制定是否值得的问题。有两个思想学派提到了这个问题。一个学派是有效市场学派，他们认为远期汇率可能是最好的预测未来即期汇率走势的方法，所以，投资于预测服务纯粹是浪费金钱。另外一个思想学派是无效市场学派，他们认为公司可以通过投资于预测服务来改善外汇市场对未来汇率（包含在远期汇率中）的估计。换句话说，该思想学派不相信远期汇率是未来即期汇率最好的预测。

10.3.1 有效市场学派

远期汇率代表着市场参与者对在未来特定日期可能的即期汇率的集中预测。如果远期汇率是未来即期汇率最好的可能预测，那么公司花钱试图预测短期汇率动向就没有什么意义。许多经济学家都相信外汇市场在确定远期汇率时是有效的。有效的市场是价格能反映所有可用公共信息的市场（如果远期汇率反映的是关于未来汇率可能变化的所有可用信息，那么公司便无法靠投资于预测服务来赶在市场的前面行动）。

如果外汇市场是有效的，远期汇率就应该是未来即期汇率的无偏预测。这并非意味着预测在任何具体的情形下都是精确的，这仅仅意味着误差不会总是高于或低于未来即期汇率，即它们将会是随机的。许多经验性的检验都涉及有效市场假设，尽管大多数早期研究似乎证实了该假设（意味着公司不应该把它们的金钱浪费在预测服务上），但仍然有一些研究对它提出了挑战。有一些证据说明远期汇率并不是未来即期汇率的无偏预测，未来即期汇率更精确的预测可以由公开可得的信息来计算。

10.3.2 无效市场学派

一些经济学家援引证据反驳有效市场假定，他们相信外汇市场是无效的。**无效市场**（inefficient market）是一个价格不能反映所有可得信息的市场。在一个无效市场上，远期汇率不是未来即期汇率最佳的可能预测。

如果这是真的，那么国际企业投资于预测服务（就像许多公司所做的那样）可能就是值得的了。它们相信专业的汇率预测可以比远期汇率更好地提供对未来即期汇率的预测。不过，专业预测服务的预测历史记录并不是那么好。比如，预测服务没有预测出1997年横扫东南亚的货币危机，同样也没预测出发生在2008年末的美元升值。当时美国正深陷金融危机，一些人认为这会导致美元的贬值（而美元升值似乎是因为许多国家也正经历经济困境，美元被视为相对安全的货币）。

10.3.3 预测方法

假定无效市场学派是对的，外汇市场对未来即期汇率的估计可以被改进，那么应该在什么样的基础上进行预测呢？这里也有两种学派，一种坚持基本面分析，而另外一种使用技术分析。

1. 基本面分析

基本面分析（fundamental analysis）利用经济理论为汇率变动的预测构造了复杂的经济计量模型。这些模型所包含的变量通常包括那些我们已经讨论过的变量，如相对货币供给增长率、通货膨胀率和利率。另外，它们可能还包括与国际收支状况有关的变量。

国际收支平衡表的经常账户上的赤字（一国商品与服务的进口比出口更多）会产生导致一国货币在外汇市场上贬值的压力。设想一下，如果美国国际收支平衡表的经常账户一直处于赤字状态（事实上它一直是这样），可能会发生些什么。美国的进口会比其出口更多，其他国家的人会增持美元。如果这些人愿意继续持有美元，那么美元的汇率就不会受到影响。不过，如果这些人将他们的美元兑换成其他货币，外汇市场上美元的供给就会增加（对其他货币的需求也会增加）。这种需求和供给的改变会产生导致美元相对于其他货币贬值的压力。

这样的论点是以其他国家的人是否愿意持有美元为转移的，而这取决于美国的利率、持有以美元计值的资产（如美国公司的股票）的回报，以及最重要的，通货膨胀率这样一些因素。所以，国际收支状况并不是未来汇率变动的基本面预测。但是，是什么使得诸如股票和债券这样的金融资产具有吸引力呢？答案在于当时的利率和通货膨胀率，它们都影响潜在经济增长和持有美国金融资产的实际回报。假定是这样的话，我们又回到了汇率的基本决定因素是货币增长率、通货膨胀率和利率的论点上。

2. 技术分析

技术分析（technical analysis）使用价格和交易量数据来判定过去的趋势，并期望这种趋势能持续到未来。这种方法并不依赖于对经济基本面的考虑。技术分析基于这样的假定：存在可分析的市场趋势和波动，并且从前的趋势和波动可以被用来预测未来的趋势和波动。因为这种可预测性的假定没有理论上的依据，所以许多经济学家把技术分析比喻为"算命"。尽管被怀疑，技术分析在近几年来还是获得了支持。

3. 货币可兑换性

到现在为止，我们都是假定各国的货币都是可自由兑换为其他货币的。然而，由于政府的限制，许多种货币都不能自由兑换为另一种货币。一国的货币被称为**可自由兑换货币**（freely convertible currency），是指其政府允许居民和非居民用该货币购买不限数量的外汇；一种货币被称为**对外可兑换货币**（externally convertible currency），是指只有非居民才可以将其没有限制地兑换为外汇；一种货币被称为**不可兑换货币**（nonconvertible currency），是指居民和非居民都不被允许将其兑换为外汇。

可自由兑换货币并不多。许多国家都会对其居民将国内货币兑换为外汇的能力施加一些限制（一种表面可兑换的政策）。对居民兑换货币的限制小到诸如限制他们出国旅游所携带的外汇数量，大到诸如限制国内企业将外汇带到国外的能力。对外可兑换的限制可以是对国内公司投资海外的能力的限制，但是它们对那些愿意到该国做生意的外国公司不会产生什么影响。例如，即使日本政府对其居民把日元兑换为美元的能力施加严格的控制，但是所有在日本银行有储蓄的美国企业却可以将它们所有的日元兑换为美元，并把这些美元带出日本。于是，一家在日本有子公司的美国公司得到了一个保证：它能把在日本经营所获的利润兑换成美元并将其带出日本。

不过，不可兑换货币政策会产生严重的问题。苏联采取的就是不可兑换货币政策，而在苏联解体后的许多年，俄罗斯仍然采用这种货币政策。当不可兑换货币政策被严格执行时，这意味着尽管一家美国公司在俄罗斯做生意，可以产生大量的以卢布计量的利润，但这家企业却不能把那些卢布兑换成美元并带出境。显然这对国际企业来说是不利的。

政府限制可兑换性是为了保护它们的外汇储备。一国需要这些充裕的储备来履行其国际债务承诺并购买进口商品。当担心自由可兑换将导致它们的外汇储备流失时，政府通常会对它们货币的可兑换性施加限制。当居民和非居民蜂拥去把他们持有的国内货币兑换为外汇时，通常被称为**资本外逃**（capital flight），这种限制就会被施加。当恶性通货膨胀使国内货币迅速贬值时，或当一国经济前景在其他方面一片暗淡时，资本外逃最有可能发生。在这种情况下，居民和非居民都倾向于认为只有把他们的钱都换成外汇并投资于海外才更可能维持其价值。资本外逃不仅会限制一国偿付其国际债务及支付进口的能力，而且当居民和非居民在外汇市场上抛售其所持有的本币时（因而增加了该国货币的市场供给），还会导致汇率的急剧下降。政府担心货币贬值所导致的进口价格上升会进一步加重通货膨胀。这种担心为其限制货币的可兑换性提供了另外一个根据。

公司可以通过进行补偿贸易来应对不可兑换货币带来的问题。**补偿贸易**（counter trade）指的是一系列物物交换协议，通过这种贸易协议，一种商品或服务可以被交易成其他商品或服务。补偿贸易在一国货币是不可兑换的情况下才有意义。例如，通用电气公司与罗马尼亚政府之间在当时该国的货币不可兑换时敲定了一桩买卖。当通用电气公司得到了一份罗马尼亚的1.5亿美元发电机项目的合同时，它同意以能在国际市场上卖得1.5亿美元的罗马尼亚商品的形式来接受付款。在另一个类似的例子中，委内瑞拉政府与卡特彼勒公司商议了一份合同，在这份合同之下，委内瑞拉用35万吨铁矿石交换卡特彼勒公司的重型建筑设备。后来，卡特彼勒公司为了交换罗马尼亚的农产品而把这些矿石运到了罗马尼亚，然后在国际市场上将这些农产品换成了美元。

补偿贸易有多重要？20年前，世界上存在许多不可兑换货币，补偿贸易的意义重大。不过近些年来，许多国家的政府允许它们的货币自由兑换了，涉及补偿贸易的国际贸易占总国际贸易的百分比可能已经下降到5%以下了。

全景视角：管理启示

外汇风险

本章包含了许多对企业明确的建议。首先，了解汇率对贸易与投资盈利性的影响对于国际企业是至关重要的，不利的汇率变化可以使显然能够赢利的买卖变为无法赢利的买卖。汇率变化带给国际企业交易的风险被称为外汇风险。外汇风险通常被分为三大类：交易风险、折算风险和经济风险。

交易风险

交易风险（transaction exposure）是指单笔交易的收入受外汇价值波动影响的程度。这样的风险包括履行以之前商定的外币价格买卖商品和服务以及借入或贷出资金的义务。例如，假定2014年美国航空公司同意以单价1.2亿欧元的价格购买10架空客330飞机，总价是12亿欧元，交货时间是2018年，货到付款。在2014年签订合同时，美元/欧元的汇率是1美元=1.1欧元，所以美国航空公司预期在交货时将为10架飞机支付10.9亿美元［12亿欧元/1.1（欧元/美元）

=10.9亿美元］。然而，设想一下，在合同期间，美元相对于欧元贬值，当2018年交货付款时，1美元只能兑换0.8欧元了。那么，以美元计价的总成本将达到15亿美元［12亿欧元/0.8（欧元/美元）=15亿美元］，增加了4.1亿美元。这里的交易风险就是4.1亿美元，也就是在买卖合同签订和交付货款期间由于汇率的不利变动所造成的金钱损失。

折算风险

折算风险（translation exposure）是指汇率变动对公司财务报表的影响。折算风险是关于过去事件的现行度量。其所产生的账面盈亏被说成是未实现的（是"纸上"盈亏），但它们仍然很重要。以一家在墨西哥建有子公司的美国企业为例，如果墨西哥比索相对于美元大幅贬值，这会大大减少墨西哥子公司股本的美元价值。继而，这又会减少该公司合并资产负债表上所报告的企业股本的美元总价值。这会提升企业的杠杆（债务比），从而增加企业的借贷成本，并且可能会限制其进入资本市场的能力。类似地，如果一家美国企业在欧盟建有子公司，假定一年后欧元相对于美元急速贬值，这会减少欧洲子公司赚取的欧元利润的美元价值，导致不利的折算风险。事实上，2000年，许多美国公司在欧洲遭遇了重大的负向折算风险敞口，完全是因为欧元的确相对于美元急速贬值。2002～2007年，欧元相对于美元升值，这一正面折算风险使得在欧洲有大量经营的美国跨国公司的美元利润激增。2014年中～2015年初，欧元兑美元价值大幅下跌，压缩了拥有显著的欧洲风险敞口的美国跨国公司的美元利润。

经济风险

经济风险（economic exposure）指的是企业未来国际盈利能力受到汇率变化影响的程度。经济风险是关于汇率变化对未来价格、销售额和成本的长期影响，这有别于交易风险，后者是关于汇率变化对单笔交易（大多是要在几周或几个月内交割的短期交易）的影响。让我们考虑一下美元价值的大幅波动对许多美国企业国际竞争力的影响。20世纪90年代外汇市场美元价值的急升损害了许多美国厂商在国际市场的价格竞争能力，主要依赖出口的美国制造商，眼看自己的出口量和所占的世界市场份额下降。这一现象在2000～2009年出现了逆转，这时，美元对于大多数主要货币贬值。美元贬值帮助美国制造商提高了其在世界市场的价格竞争力。2014年中～2015年初，美元兑大多数主要货币大幅升值，降低了美国出口商的价格竞争力。但在2018年和2019年，美元再次逆转方向，增加了价值，使美国出口商品更加昂贵。

降低折算和交易风险

有许多策略可以帮助企业使其交易和折算风险最小化。这些策略主要是保护短期现金流，使其免受汇率不利变动的影响。本章已经详细讨论了两种主要的策略：签订远期汇率合约和购买互换。除了购买远期和利用互换，企业还可以通过提前和拖延应付款与应收款，即根据预期汇率变动提前或延后向供货商付款或从客户那里收取款项来使其外汇风险最小化。**领先策略**（lead strategy）包括当预期一种外汇会贬值时，尽量早点收取外汇应收款（顾客的付款），以及当预期一种货币会升值时，在到期之前就支付外汇应付款（给供货商的付款）。**滞后策略**（lag strategy）包括预期外汇会升值时延迟收取该外汇应收款，以及预期外汇会贬值时延迟支付该外汇应付款。领先和滞后策略应是加快从弱势货币国到强势货币国的付款，推迟从强势货币国到弱势货币国的收款。

不过，领先和滞后策略实施起来可能较难。企业必须处于对支付条款有些控制权的地位。而企业并不总能有这种讨价还价的能力，尤其当它们同能够控制支付条款的重要顾客打交道时。此外，因为领先和滞后策略可能会对弱势货币产生压力，许多国家的政府限制领先和滞后策略。例如，一些国家设定了180天的出口收款和进口付款的期限。

降低经济风险

降低经济风险所要求的策略选择超出了财务管理的范畴。降低经济风险的关键在于把企业的生产性资产分散到不同地区，这样企业的长期财务状况就不会受到汇率不利变动的严重影响。无论企业是大还是小，它们有时都会采用这一策略。例如，因为担心欧元兑美元会持续走强，所以在美国有大量生意的欧洲企业都在当地建有生产设施以确保升值的欧元不会使它们与本土对手相比处于竞争劣势。类似地，丰田汽车公司在世界各地建有生产工厂，部分原因是要保证日元的升值不会造成丰田汽车的价格过高而被挤出当地市场。卡特彼勒公司也是采用的这种策略，在全球建立工厂，作为一种对冲，以防可能走强的美元使其出口价格过高而被挤出国外市场。2008～2009年以及2014～2015年都是美元强势的时期，这种实物对冲被证明非常有用。

管理外汇风险的其他步骤

企业需要发展出一种机制以确保拥有一套使外汇风险最小化的战术和战略的适当组合。尽管对于这种机制的组成部分没有一个一致的说法，但有一些共同的主题较引人注目。

第一，需要有对风险的核心控制，以有效保护资源，并确保每个下级单位采用正确的战术和战略组合。许多公司建立了内部外汇中心，虽然这样的外汇中心也许不能进行所有的外汇交易，尤其是在大量的各种各样的交易同时进行的大型综合性跨国公司，但它们至少应该为企业的子公司确定它们要遵循的指导方针。

第二，企业一方面要区分交易风险和折算风险，另一方面要区分交易风险和经济风险。许多企业似乎把重点放在降低交易风险和折算风险上，而对可能具有更深远的长期影响的经济风险不怎么关注。企业需要研究应对经济风险的策略。例如，生产电动工具的史丹利百得公司（Stanley Black & Decker）有一种积极的控制经济风险的策略。史丹利百得公司所用策略的关键是灵活寻求采购来源。为应对外汇变动，史丹利百得公司可以把生产从一个地方转移到另一个地方，以提供最有竞争力的定价。公司在全球10多个地方进行生产，如欧洲、澳大利亚、巴西、墨西哥以及日本等地。超过50%的公司生产性资产是在北美洲以外的地区。虽然史丹利百得公司的每一家工厂专注于生产一两种产品，以获得规模经济，但仍有相当多的重合。公司工厂的生产平均不超过其生产能力的80%，这样大多数工厂都能快速从一种产品的生产转到另一种产品的生产，或者增加一种产品的生产。这使工厂能改变生产以应对外汇变动。例如，如果美元兑其他货币贬值，从海外子公司到美国的进口就可以减少，而从美国子公司到其他地区的出口则可以增加。

第三，不能过分强调对未来汇率变动进行预测的必要性，尽管如我们在本章前面所见，这是件需要慎重对待的事。没有任何模型能完全准确地预测汇率的未来动向。至多能说在短期里，远期汇率能提供汇率动向的最佳预测，而在长期里，基本经济要素，尤其是相对通货膨胀率，应该被加以关注，因为它们影响着汇率的动向。一些企业试图在企业内部预测汇率的动向，而另一些企业则依赖外部预测者。不过，所有这些预测都是不完善的。

第四，企业需要建立良好的报告体系，以便中央财务部门（或内部外汇中心）能定期监控企业的风险状况。这样的报告体系应该能使企业识别任何账户的敞口、不同货币账户的敞口头寸以及涉及的时间段。

第五，根据从汇率预测以及自身的定期报告体系中所接收到的信息，企业应该按月出具一份外汇风险报告。这些报告应该指出现金流和资产负债表各要素会如何受到所预测的汇率变动的影响，然后管理层才可以用这些报告作为制定防范外汇风险的战术与战略的依据。

让人惊奇的是，一些最大、最复杂的企业不采取这样的防范措施，而是把自己暴露在极大的外汇风险之中。

本章小结

本章解释了外汇市场是如何运作的，考察了决定汇率的因素，并讨论了这些因素对国际商务活动的影响。汇率的变化可以极大地改变对外贸易与投资的盈利性，而这正是国际企业的主要兴趣所在。本章要点如下：

（1）外汇市场的一个功能是将一国的货币兑换成另一国的货币。外汇市场的第二个功能是提供防范外汇风险的保险。

（2）即期汇率是交易者在特定的一天将一种货币兑换成另一种货币的汇率。

（3）通过使用远期汇率可以降低外汇风险。远期汇率是决定未来交易的汇率。外汇风险也可以通过进行货币互换来降低。互换是指在两个不同起息日同时买入并卖出一定数量的外汇。

（4）一价定律是指在没有运输成本和贸易壁垒的竞争市场中，在不同国家出售的同质产品，当其价格用同一种货币表示时，必须按相同的价格来出售。

（5）PPP理论说的是一揽子特定商品的价格在每个国家都应该大致相等。PPP理论预言：如果相对价格变动，汇率就会变动。

（6）不同国家的相对价格的变动率取决于它们的相对通货膨胀率。一国的通货膨胀率似乎是其货币供给增长的函数。

（7）关于汇率变动的PPP理论能相对精确地预测汇率长期变化的趋势，但不能精确地预测汇率的短期变化。PPP理论不能更精确地预测汇率变动可能是因为存在着运输成本、贸易与投资的壁垒以及诸如跟风效应等心理因素对市场动向和短期汇率的影响。

（8）利率反映对通货膨胀的预期，在预期通货膨胀较高的国家，利率也会较高。

（9）国际费雪效应说的是对任何两个国家，即期汇率的变化都应该与名义利差数量相同、方向相反。

（10）汇率预测最常见的方法是基本面分析法，基本面分析法依赖于诸如货币供给增长、通货膨胀率、名义利率以及国际收支状况等变量来预测汇率未来变化。

（11）在许多国家，政府都限制居民和非居民把当地货币兑换为外汇的能力。政府限制其货币的可兑换性是为了保护一国的外汇储备并阻止资本外逃。

（12）不可兑换货币政策使在该国从事国际贸易与投资变得很困难。应对不可兑换货币政策的一种方法是参与补偿贸易，即用一种商品或服务交换其他商品或服务。

（13）三类外汇风险分别是交易风险、折算风险和经济风险。

（14）防范交易和折算风险的策略有购买远期、利用货币互换、领先与滞后付款和收款。

（15）降低企业经济风险要求企业对于如何把生产性资产分散到全球做出战略性选择。

第 11 章

国际货币体系

学习目标

- 11-1 描述现代全球货币体系的历史演进过程
- 11-2 解释世界银行和国际货币基金组织在国际货币体系中所起的作用
- 11-3 比较固定汇率体系和浮动汇率体系的区别
- 11-4 识别当今世界使用的汇率制度，为什么各国采用不同的汇率制度
- 11-5 了解关于国际货币基金组织在金融危机管理方面所起的作用的争论
- 11-6 解释全球货币体系对企业管理实践的意义

开篇案例　　国际货币基金组织帮助埃及了吗

2013年，阿卜杜勒·法塔赫·塞西（Abdel Fatah al-Sissi）通过军事政变上台，他承诺解决埃及日益严重的经济问题。三年后，这些问题愈演愈烈。这个国家正在为低经济增长、13%的失业率、12%的通货膨胀率、高达国内生产总值7%的巨额贸易赤字、持续约占国内生产总值12%的预算赤字以及到2016年占国内生产总值92%的公共债务而苦苦挣扎。外汇的主要来源是旅游贸易，但伴随人们对恐怖主义的担心，包括发生在西奈半岛的叛乱活动在2016年造成一架俄罗斯客机爆炸，埃及的旅游业崩溃。另一个外汇来源对外直接投资，也因埃及的经济和政治问题而大幅下降。

一个主要问题是该国缺乏外汇，因此难以支付进口费用，并导致关键商品短缺。例如，埃及1/3的糖是进口的。到2016年中，由于埃及贸易商无法获得支付进口糖所需的外汇，这种商品供应短缺。历史上，在困难时期，波斯湾石油资源丰富的阿拉伯国家，以低利率向埃及提供外汇贷款，但石油价格暴跌使这些国家财政紧张，贷款无法到位。当埃及镑的官方汇率固定在9英镑兑1美元时，黑市汇率却飙升至18英镑兑1美元。埃及问题的严重程度可见一斑。

2016年中，埃及外汇储备迅速枯竭，埃及政府向国际货币基金组织申请贷款。国际货币基金组织同意向埃及提供高达120亿美元的贷款，但前提是埃及政府必须进行一系列经济改革。这些措施包括放开汇率，让埃及镑兑其他货币自由浮动。当时的想法是，埃及镑相对于美元和欧元等主要货币将会贬值，从而使埃及的出口商品更便宜，进口商品更贵。国际货币基金组织认为，这将有助于该国改善其贸易赤字和赚取更多的外汇。与此同时，国际货币基金组织要求埃及政府实施紧缩计划，包括立即停止人为压低能源价格的能源补贴；改革公营企业以提高效率；收紧货币政策以抑制通货膨胀；国有企业私有化；征收增值税以增加政府收入。

2016年11月，埃及镑开始自由浮动。埃及镑兑美元的汇率立即下跌了50%，约为13埃及镑兑换1美元。埃及也迅速采取行动征收增值税。作为回应，国际货币基金组织向埃及发放了第一笔27.5亿美元的贷款。随着埃及在执行国际货币基金组织的政策方面取得进展，国际货币基金组织在后来三年发放了更多部分，最后一笔贷款是在2019年7月支付的。

那么，国际货币基金组织的计划起作用了吗？迹象好坏参半。一方面，尽管出口增长低于预期，埃及镑贬值，但由于天然气出口增加和旅游业略有改善，埃及的经常账户赤字已经缩小。对外直接投资流入有所增加。通货膨胀率从2017年的30%下降到2019年的9%左右，同期失业率从12%下降到8.1%。按照国际货币基金组织的要求，政府也削减了公共开支，并进行了一些私有化。

另一方面，尽管这些宏观经济数字有所改善，但大多数埃及人的生活水平显著下降，原因是政府补贴减少，烹饪用气、石油、电力和食品等基本商品价格上涨。今天，大约一半的埃及人口生活在贫困或接近贫困的状态，世界银行将贫困定义为每天靠1.90美元生活。自2011年以来，生活在贫困线以下的埃及人口比例从25.2%上升到32.5%。

此外，实质性的结构性问题依然存在。埃及军队拥有的公司在埃及经济中占有很大的比例，这些公司被排除在私有化计划之外。在国际货币基金组织计划下，埃及对消费品征收增值税，军队拥有的企业也免征征增值税。也许正因为如此，生产率增长仍然很低，这可能会限制未来的经济增长。在一个人口仍在快速增长的国家，这是一个严重的问题。发展经济学家呼吁进行更深层次的改革，但在一个军队拥有强大政治权力的国家，这似乎不太可能。自2016年以来，政府还大幅增加了国际借款。外债现在相当于埃及国内生产总值的40%左右。到2019年，埃及公民缴纳的税款中有70%用于偿还债务，而不是用于公共产品投资。如果外国机构限制未来对埃及的贷款，埃及可能再次陷入麻烦，并被迫向国际货币基金组织求助。

资料来源：Heba Mahfouz and Paul Schemm, "Struggling Egypt Devalues Currency by Almost 50% Ahead of IMF Loan," *Washington Post*, November 3, 2016; Lin Noueihed and Ahmed Aboulenein, "Egypt on Track to Receive IMF Loan's Second Tranche," *Reuters*, January 18, 2017; "State of Denial," *The Economist*, August 6, 2016; Tom Stevenson, "Egypt and the IMF: Success or failure?" *Middle East Eye*, August 6, 2019.

引言

本章考察国际货币体系及其在汇率决定方面的作用。**国际货币体系**（international monetary system）指的是管理汇率的制度安排。在第10章中，我们假定外汇市场是决定汇率的主要机构，非人格化的市场供求力量决定了两种货币的相对价值，即它们的汇率。此外，我们解释了货币的供求受它们各自国家相对通货膨胀率和利率的影响。当一国货币的相对价值由外汇市场决定时，我们说该国实行的是**浮动汇率**（floating exchange rate）制度。世界四大主要交易货币，即美元、欧元、日元和英镑相互之间是完全自由浮动的。所以，它们的汇率是由市场决定的，相互之间每天（即使不是每分钟）都在波动。但许多货币的汇率不是由市场自由决定的，而是采用其他的制度安排。

世界上许多发展中国家都将本国货币主要钉住美元或者欧元。**钉住汇率**（pegged exchange rate）意味着货币的价值相对于一种参考货币（例如，美元）是固定的，然后这些货币与其他货币之间的汇率是由参考货币的汇率决定的。

其他的国家虽然没有正式采用钉住汇率，但也试图将其货币兑某种重要的参考货币（如美元，或者一揽子货币）的汇率控制在某个范围内。这通常被称为**肮脏浮动汇率制度**（dirty float rate system）或**有管理的浮动汇率制度**（managed-float rate system）。它是一种浮动的汇率体系，因为在理论上，货币的价值是由市场决定的。但它是有管理的浮动汇率（与完全浮动汇率相对），因为如果一国的货币相对于一种重要的参考货币贬值或升值太快，该国中央银行会干预外汇市场以维持其货币的价值。中国自2005年7月以来就一直实行这种政策，人民币的价值与一揽子其他货币（包括美元、日元、欧元）相联系，它相对于个别货币的价值也被允许有变动，但变动幅度有限。

还有一些国家采取**固定汇率制度**（fixed exchange rate system），即一组货币相互间的价值以某种共同认可的汇率固定下来。在 1999 年欧元诞生之前，欧盟的几个成员国在**欧洲货币体系**（European Monetary System，EMS）内采取固定汇率。在第二次世界大战之后的 25 年时间里，世界主要工业国都加入了固定汇率体系。尽管这一体系在 1973 年瓦解，但依然有人认为应该恢复这一体系。

另一个选择是，一个国家放弃自己的货币，转而采用另一种货币（通常是美元，这个过程被称为美元化）。当一个国家正在遭受严重的宏观经济问题（例如高通货膨胀）使得本国货币变得一文不值时，有时会采用美元化。2000 年的厄瓜多尔就是这种情况，在遭受恶性通货膨胀之后，厄瓜多尔放弃了自己的货币，转而使用美元。美元化现在被认为是委内瑞拉的一种选择，这个国家的货币已经因为恶性通货膨胀而变得一文不值。

本章还将解释国际货币体系是如何运作的，并指出其对国际商务活动的意义。要了解国际货币体系是如何运作的，我们必须回顾该体系的演变过程。我们将从讨论金本位制及其在 20 世纪 30 年代的解体开始。然后我们将讨论于 1944 年举行的布雷顿森林会议。布雷顿森林会议创建了两个在国际货币体系中起作用的主要的国际机构，即国际货币基金组织（International Monetary Fund，IMF）和世界银行。IMF 的任务是维护国际货币体系的秩序，世界银行的任务是推动世界经济的发展。采用固定汇率的布雷顿森林体系在 1973 年瓦解了，从那以后，世界各国对汇率采取不同的管理方式。在这个体系中，有的货币被允许自由浮动，但许多货币要么受到政府的干预管理，要么钉住另一种货币。

最后，我们将讨论所有这些内容对国际商务活动的意义。我们将看到，政府采取的汇率政策如何能对一个国家的商业活动前景起到重要作用。我们还将研究 IMF 采用的政策如何能够影响一国的经济前景，进而会对在该国做生意的成本和收益产生怎样的影响。

11.1 金本位制

金本位制最早源于使用金币作为交换媒介、记账单位以及价值储存手段，这一行为可追溯到远古时期。当国际贸易数量有限时，对从其他国家购买的商品通常用黄金或白银来支付。但是，随着工业革命所带来的国际贸易的规模扩大，就需要有一种更为方便的对国际贸易进行支付的方式。在世界范围内运输大量的黄金和白银来支付国际贸易似乎不太现实。实际采用的解决办法是用纸币来支付，并且政府同意以固定的比率把纸币兑换成黄金。

11.1.1 金本位制的机制

金本位制（gold standard）是指将货币钉住黄金并保证其可兑换性。到 1880 年，世界上大多数的主要贸易国（包括英国、德国、日本和美国）都已经采用了金本位制。在共同的金本位制下，任何货币以其他货币单位表示的价值（汇率）都可以很容易地确定。

例如，在金本位制下，1 美元被定义为与 23.22 格令⊖的纯金等值。这样一来，从理论上来讲，人们可以要求美国政府把 1 美元兑换成 23.22 格令黄金。因为 1 盎司⊜黄金有 480 格令，那么 1 盎司黄金值 20.67（=480/23.22）美元。购买一盎司黄金所需要的货币量被称为**黄金平价**（gold par value）。一单位英镑定价为 113 格令黄金。换句话说，1 盎司黄金值 4.25（=480/113）英镑。从英镑和美元的黄金平价我们可以计算出英镑兑换成美元的汇率是多少，即 1 英镑等于 4.87 美元（=20.67 美元/4.25 英镑）。

11.1.2 金本位制的优点

据称，金本位制的巨大优点是它包含让所有国家同时达到贸易收支平衡的强有力的机制。当一国居民从出口中获得的收入等于该国居民为进口支付给其他国家的金额（其国际收支的经常账户处于平衡）时，就可以说这

⊖ 1 格令 ≈ 0.065 克。
⊜ 1 盎司 ≈ 28.350 克。

个国家处于**贸易收支平衡**（balance-of-trade equilibrium）状态。假定世界上只有两个国家——日本和美国。设想日本处于贸易顺差，因为它出口到美国的收入要多于从美国进口的支出。日本的出口商得到的是美元，他们再将其在日本银行兑换成日元。日本银行把美元交给美国政府，并要求美国支付黄金（这将实际可能发生的情况简化了，但可以说明问题）。

在金本位制下，当日本有贸易顺差时，就会发生黄金从美国净流入日本的情况。这些黄金的流动自动地减少了美国的货币供给，增加了日本的货币供给。正如我们在第10章中所看到的，货币供给增长和通货膨胀是紧密联系在一起的。货币供给的增加会提升日本的物价，而美国货币供给的减少会推动美国的物价下降。日本产品价格的提高会降低对这些产品的需求，而美国产品价格的下降会增加对这些产品的需求。因而日本会开始从美国购买更多的商品，美国从日本购买的商品会减少，这样一直持续到贸易收支平衡。

这种调节机制似乎如此简单和富有吸引力，以至于到了今天，在金本位制最终瓦解的80年后，还有人认为世界应该回到金本位制。

11.1.3 两次世界大战之间

金本位制从19世纪70年代直到1914年第一次世界大战爆发被废除，在这期间一直运转良好。在第一次世界大战期间，有些国家的政府通过印刷钞票来筹集一部分军费开支。这导致了通货膨胀，到1918年战争结束时，各地的价格水平都提高了。美国、英国和法国分别在1919年、1925年和1928年回到金本位制。

尽管1914~1925年出现了严重的通货膨胀，英国还是以战前每盎司黄金等于4.25英镑的水平与黄金挂钩。这种过高的定价导致英国商品被挤出外国市场，使国家陷入深度萧条。当英镑的外国持有者对英国维持其货币价值的承诺失去信心时，他们就开始把所持有的英镑兑换成黄金。英国政府看到，要满足对黄金的需求就要严重消耗自己的黄金储备，所以它在1931年停止了黄金的兑换。

美国依葫芦画瓢，在1933年放弃了金本位制，但在1934年又恢复了它，把黄金的美元价格从每盎司20.67美元提高到每盎司35美元。因为比以前需要更多的美元来购买一盎司黄金，所以这意味着美元的价值降低了，相当于美元相对于其他货币贬值。贬值前英镑兑美元的汇率是1英镑等于4.87美元，而贬值后是1英镑等于8.24美元。通过降低美国出口商品的价格，提高进口商品的价格，美国政府试图通过提高产量来创造就业（事实上美国政府是将调整汇率作为实施贸易政策的一项工具，而现在又以此来谴责中国）。许多其他的国家也采取了类似的战略，但是，在很快就出现的竞争性贬值的循环中，没有哪个国家是赢家。

最后的结果是对该体系残存的信心土崩瓦解。因为各国随意对货币贬值，人们不再能确定一种货币能购买多少黄金了。人们不再愿意持有另一国的货币，反而常常立即把货币换成黄金，以提防该国在干预期内使其货币贬值。这对各国的黄金储备都构成了压力，迫使它们延缓了黄金的可兑换性。到1939年第二次世界大战爆发时，金本位制已不复存在。

11.2 布雷顿森林体系

在1944年第二次世界大战达到高潮时，来自44个国家的代表在新罕布什尔州的布雷顿森林碰头，筹划新的国际货币体系。这些政治家对金本位制的瓦解和20世纪30年代的大萧条记忆犹新，他们决定建立能推动战后经济增长的持久的经济秩序。普遍的意见是希望有一个固定的汇率。此外，与会者希望避免30年代无意义的竞争性贬值，他们意识到金本位制不能保证这一点。从前设立的金本位制的主要问题是，没有一个能够阻止国家进行竞争性贬值的跨国机构。

在布雷顿森林达成的协议设立了两个跨国机构——国际货币基金组织（IMF）和世界银行。IMF的任务是维护国际货币体系的秩序，而世界银行的任务是推动世界经济的发展。布雷顿森林协议还要求建立由IMF监督的固定汇率体系。在这个协议之下，所有国家要确定本国货币的黄金价值，但不要求将其货币兑换成黄金。只有美元还可以以每盎司35美元的价格兑换成黄金。其他国家决定它们所想要的相对于美元的汇率，然后根据所选定的汇率计算出自己货币的黄金平价。所有与会国都同意按需要购买或售出货币（或黄金），以尽力保持其货币的价值在平价 1% 的范围内。例如，如果外汇交易商卖出的一国货币比所需求的要多，该国政府就会干预外汇市场，买进其货币以增加需求，保持其黄金平价。

布雷顿森林协议的另一方面是承诺不使用本币贬值作为竞争性贸易政策的武器。不过，如果一种货币弱得无法防守，那么在 IMF 未正式批准的情况下最多可贬值 10%，更大的贬值必须经 IMF 的批准。

11.2.1 国际货币基金组织的作用

IMF 协议条款深受全球性的金融崩溃、竞争性贬值、贸易战、高失业率、德国及其他地方恶性通货膨胀以及在两次世界大战之间普遍的经济崩溃的影响。布雷顿森林协议的目的是试图通过纪律性和灵活性相结合的手段避免重现那种混乱，IMF 是这一协议的主要监管者。

1. 规范作用

固定汇率体系以两种方式起着规范作用。第一，维持固定汇率的需要抑制了竞争性贬值，并给世界贸易带来稳定的环境。第二，固定汇率体系为各国施加了货币纪律，因而减少了通货膨胀。例如，如果英国通过印刷英镑迅速增加其货币供应，想一想在固定汇率体系下会发生什么情况。就像在第 10 章里所解释的那样，货币供给的增加会导致通货膨胀。有了固定汇率，通货膨胀会使得英国商品在世界市场上没有竞争力，而进口商品的价格在英国会变得具有吸引力。结果将会是英国的贸易赤字扩大，进口多于出口。要在固定汇率体系下消除这种贸易不平衡，英国会被要求限制其货币供给的增长率，以便使通货膨胀得到控制。所以，固定汇率体系被看作控制通货膨胀和给各国施加经济纪律的一种机制。

2. 灵活性

虽然货币纪律是布雷顿森林协议的中心目标，但人们也意识到严格的固定汇率制度会过于死板。它可能会像金本位制一样瓦解。在某些情况下，一个国家试图减少其货币供给增长及消除持续的国际收支逆差的努力可能会迫使该国陷入经济衰退，并且造成高失业率。布雷顿森林协议的设计者想要避免高失业率，所以他们将某种有限的灵活性注入这个体系中。IMF 协议条款中的两个主要特征加强了这一灵活性，这两个主要特征是 IMF 的贷款机制和可调节的平价制度。

当迅速的货币政策或财政政策紧缩会损害国内的就业时，IMF 随时准备借给成员外币，以使它们度过短期的国际收支逆差。IMF 成员捐赠的黄金和货币池为这些借出操作提供了资源。持续的国际收支逆差会导致一国外汇储备的枯竭，迫使其货币贬值。通过向存在赤字的国家提供短期外币贷款，IMF 的资金会为这些国家争取时间降低通货膨胀率和减少国际收支逆差。人们相信这样的贷款会减轻货币贬值的压力，使得一国的调整更有秩序，减少其痛苦。

国家可以从 IMF 借贷一定数量的资金而不必遵守任何特定的协定。但是，一个国家从 IMF 基金中支取大额款项，必须同意受到 IMF 对其宏观政策日益严格的监督。从 IMF 进行大额借贷的国家必须接受由 IMF 制定的关于货币政策和财政政策的条件，这些条件通常包括 IMF 批准的有关国内的货币增长、汇率政策、税收政策、政府支出等目标。

可调节的平价制度允许一国的货币贬值超过 10%，条件是 IMF 认可该国的国际收支状况处于"根本失衡"。"根本失衡"这个词在 IMF 条款中没有定义，但它适用于对其产品的需求长期遭受不利变动的国家。如果不贬值，在国内的价格水平下降到足够恢复国际收支均衡以前，国家将遭受高失业率和持续的贸易赤字。人们相信贬值能够帮助国家避免在这种情况下痛苦的调节过程。

11.2.2 世界银行的作用

世界银行的正式名称是国际复兴开发银行（International Bank for Reconstruction and Development，IBRD）。当布雷顿森林体系的与会者设立世界银行时，他们脑海中首先想到的是需要重建被战争摧毁的欧洲经济。世界银行的最初任务是通过提供低息贷款帮助筹措建设欧洲经济的资金。结果，世界银行的这一作用被马歇尔计划蒙上阴影，因为在马歇尔计划中，美国直接把钱借给欧洲国家帮助它们重建经济。所以世界银行把注意力转移到"发展"上，并开始把钱借给第三世界国家。20 世纪 50 年代，世界银行主要关注的是公共部门的项目。发电站项目、道路建设以及其他的交通运输投资更受偏爱。60 年代，世界银行开始大量放贷来支持农业、教育、人口控制以及城市发展。

世界银行在两种方案下会放贷。在 IBRD 方案下，通过在国际资本市场出售债券来筹款。借贷者支付银行所称的市场利率，即银行的资金成本加上费用边际。这种市场利率要低于商业银行的市场利率。在 IBRD 方案下，银行提供低息贷款给部分信用等级较差的有风险的客户，例如欠发达国家的政府。

第二种方案受到国际开发协会（International Development Association，IDA）的监管，IDA 是建立于 1960 年的世界银行的分支。IDA 贷款的资金来源于诸如美国、日本、德国这样的富裕成员的捐款。IDA 只向最贫穷的国家提供贷款。借贷者可以长达 50 年以低于 1% 的年利率偿还贷款，而且，世界上最贫穷的国家还可以得到援助以及无息贷款。

11.3 固定汇率制度的瓦解

布雷顿森林会议确立的固定汇率制度在 20 世纪 60 年代末期以前一直很有效，但之后就开始显得力不从心。该体系最终于 1973 年瓦解。此后，我们一直采用有管理的浮动汇率制度。要了解固定汇率体系为什么会解体，我们必须了解美元在该体系中的特殊作用。作为可兑换成黄金的唯一货币，以及作为所有其他货币的参照货币，美元在该体系中占据着中心位置。任何美元贬值的压力都会对该体系造成巨大破坏，而这正好发生了。

大多数经济学家把固定汇率制度的瓦解归因于美国 1965～1968 年的一揽子宏观经济政策。林登·约翰逊（Lyndon Johnson）总统为给越南战争及他的福利计划融资，支持增加美国政府的支出。这项支出并不是通过增加税收而是通过增加货币供应来筹集的，这就导致了通货膨胀率从 1966 年的不足 4% 上升到 1968 年的接近 9%。与此同时，政府支出的上升还刺激了经济。人们口袋里有了更多的钱，花得就更多了，尤其是花在进口品上面的钱，于是美国的贸易差额开始恶化。

通货膨胀率的上升和美国对外贸易状况的恶化引起了人们对外汇市场中美元会贬值的猜测。1971 年春季，当美国的贸易数字公布出来时，情况达到紧要关头。数字显示，从 1945 年以来，美国的进口第一次超过了出口。这使得外汇市场上的投资者猜测德国马克相对于美元会升值，于是他们大量购买德国马克。就在 1971 年 5 月 4 日这一天，由于对德国马克的大量需求，德意志联邦银行（德国的中央银行）不得不购买 10 亿美元以维持美元兑德国马克的固定汇率。5 月 5 日上午，德意志联邦银行在外汇市场开市后的一个小时里又购买了 10 亿美元。这时，德意志联邦银行面对无法扭转的态势，允许其货币浮动了。

在决定让德国马克浮动的随后几个星期里，外汇市场开始越来越相信美元将不得不贬值。然而，使美元贬值并非易事。在布雷顿森林体系的条款下，任何其他国家只要将其货币兑美元的汇率固定在一个新水平，就可以改变其货币相对于所有货币的汇率。但是作为该体系的关键货币，美元只有在所有的国家都同意兑美元升值的情况下才能贬值。而许多国家不想这样，因为这会使它们的产品相对于美国产品变贵。

为了强行解决这一问题，1971 年 8 月，理查德·尼克松（Richard Nixon）总统宣布美元不可再兑换成黄金。他还宣布在美国的贸易伙伴同意使它们的货币相对于美元升值之前，新增的 10% 的进口税仍然有效。这使得它的贸易伙伴们回到谈判桌上，并在 1971 年 12 月达成了一项协定，美元相对于外国货币贬值大约 8%。然后，进口税被取消。然而，问题并没有解决。美国的国际收支状况在 1973 年继续恶化，而美国的货币供应继续暴涨。投机仍然在加剧，人们推测美元仍然被高估，有必要进行第二次贬值。在这个预期之下，外汇交易商把美元兑换成德国马克及其他货币。1973 年 2 月出现大规模的投机浪潮，以 3 月 1 日欧洲央行拿出 36 亿美元来试图阻止其货币兑美元升值而告终，同时外汇市场也关闭了。当外汇市场在 3 月 19 日重新开市时，虽然许多发展中国家继续把它们的货币钉住美元（其中许多国家现在仍然如此），但日本及大多数欧洲国家的货币开始相对于美元浮动了。当时，转向浮动汇率体系被看作对外汇市场投机失控的暂时性应对措施。但如今固定汇率体系瓦解已 40 多年了，暂时的解决办法似乎成了永久的办法。

布雷顿森林体系有一个致命的弱点，即如果其关键货币美元受到投机冲击，该体系就不能正常运转了。布雷顿森林体系只有在美国保持低通货膨胀率及没有陷入国际收支赤字时才能起作用。一旦这些情况发生，该体系就会濒临崩溃。

11.4 浮动汇率制度

在固定汇率制度瓦解之后，浮动汇率制度在1976年1月正式形成，当时IMF的成员在牙买加举行会议，同意了当今国际货币体系的规则。

11.4.1 《牙买加协定》

牙买加会议修订了IMF协议条款，以使其体现浮动汇率的新现实。《牙买加协定》的主要内容包括以下3点。

- 浮动汇率被宣布可接受。IMF成员被允许进入外汇市场，以抵消"无端的"投机性波动。
- 取消黄金作为储备资产的做法。IMF以当前的市场价格把黄金储备还给其成员，将所获收入放入信托基金以帮助贫穷国家（地区）。允许IMF成员以市场价格卖掉自己的黄金储备。
- IMF年度总配额，即成员捐赠给IMF的数额增加到410亿美元［从那时起，数额已经增加到7 670亿美元，成员已经扩大到188个。非石油输出国、欠发达国家（地区）可获得更多的IMF基金］。

11.4.2 1973年以来的汇率

比起1945～1973年的汇率，自从1973年3月以来，汇率的变动更加剧烈和不可预测。这种波动性部分原因是对世界货币体系的一系列始料未及的冲击，这些冲击包括：

- 1971年的石油危机，当时石油输出国组织将石油价格提高到原来的4倍。这种情况对美国通货膨胀率和贸易状况的不利影响导致了美元进一步贬值；
- 随着1977～1978年美国通货膨胀率的急剧上升，人们对美元的信心开始丧失；
- 1979年的石油危机，当时石油输出国组织再次大幅提高石油价格，这次翻了一番；
- 1980～1985年美元在美国的国际收支状况恶化的情况下出乎意料地升值了；
- 1985～1987年美元相对于日元和德国马克的迅速贬值，以及1993～1995年美元再次相对于日元贬值；
- 1992年欧洲货币体系部分崩溃；
- 1997年的亚洲货币危机，当时包括韩国、印度尼西亚、马来西亚和泰国在内的几个亚洲国家的货币相对于美元的价值在几个月内损失了50%～80%；
- 2008～2010年的全球金融危机，以及2010～2011年的欧盟主权债务危机。

图11-1总结了在1973年1月和2019年1月期间美元价值是如何相对于一个主要贸易国货币指数波动的（该指数在1973年3月的值被设定为100，这是美元相对于一揽子其他货币的一个加权平均数）。图11-1中的一个有趣的现象是1980～1985年美元价值的迅速升高，以及随后期间的下跌。类似地，还有发生在1995～2012年的美元涨跌，尽管这次涨跌不那么突出。同时还可以注意到，从2014年中期到2019年初，美元汇率有所上升。我们将简要讨论美元在这些时期的涨跌，这可以告诉我们国际货币体系近些年来是如何运行的。

1980～1985年，美元价值的上涨发生在美国出现数目较大且不断增长的贸易赤字时，当时美国的进口大幅超过了出口。按常理，由贸易赤字引发的外汇市场上美元供给的增加应该导致美元价值的下降，但正如图11-1所示，美元的价值却上升了，为什么？

许多有利因素克服了贸易赤字带来的不利影响。美国强劲的经济增长吸引了大量的资本流入，这些资本来自那些寻求资本资产高回报的外国投资者。高的实际利率吸引着外国投资者来寻求金融资产的高回报，同时，世界上部分国家的政治风暴以及欧洲发达国家相对较低的经济增长，有助于"美国是一个好的投资地方"观点的形成。这些资本的流入增加了外汇市场上对美元的需求，推动了美元相对于其他货币价值的上涨。

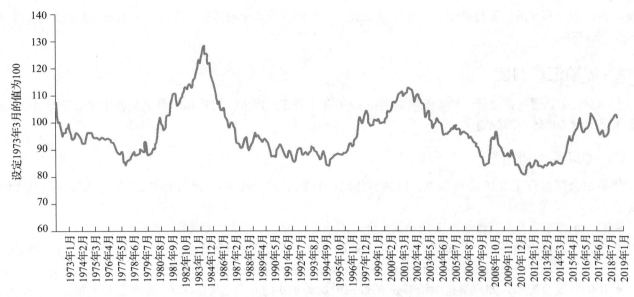

图 11-1　美元相对于主要贸易货币的价值指数：1973～2019 年

资料来源：Data from www.federalreserve.gov.

1985～1988 年，美元价值的下跌是由政府干预和市场力量双重因素引起的。美元的升值将美国商品挤出外国市场，并使进口商品变得相对便宜，造成令人沮丧的贸易形势。1985 年，美国的贸易赤字超过 1 600 亿美元，达到历史最高纪录，这导致了美国贸易保护主义的抬头。1985 年 9 月，被称为五大产业国集团（英国、法国、日本、德国和美国）的财政部部长和中央银行行长在纽约的广场饭店召开会议，达成了后来被称为《广场协议》（Plaza Accord）的协定。他们宣称大多数主要货币相对于美元升值的行为将会是可取的，他们还保证会干预外汇市场、出售美元来鼓励这么做。美元在 1985 年夏季已经开始疲软，这一宣布进一步加速了其下跌。

美元的下跌态势一直持续到 1987 年。五大产业国集团的政府开始担心，美元可能会跌得太厉害了。因此，1987 年 2 月，五大产业国集团的财政部部长在巴黎开会，达成了一个新的协定，这个协定被称为《卢浮宫协议》（Louvre Accord）。他们认为汇率已经重新调整得足够了，并承诺在必要时通过买进和卖出货币干预外汇市场以便将汇率稳定在现在的水平。虽然美元在《卢浮宫协议》之后又继续下跌了几个月，但跌速放缓了，到 1988 年初，下跌停止了。

除了在 1991 年海湾战争期间短暂的投机波动之外，美元在 20 世纪 90 年代的前 5 年里相对稳定。然而，在 90 年代后期，尽管美国仍然有明显的国际收支逆差，但美元开始相对于包括后来发行的欧元在内的大多数主要货币升值。美元再一次的升值压力来自外国投资者持续不断地投资于美国的金融资产（主要是股票和债券），资金的流入驱动了外汇市场上美元的升值。外来投资流入是由于人们相信美国的金融资产会给他们提供一个满意的回报率。

但到 2002 年，外国人开始对美国的股票和债券失去兴趣，资金向美国流入的速度开始放缓。他们不再将从出口中赚到的美元再投资于美国的金融资产，而是将其换成其他货币，特别是欧元，并将其投资于非美元计价的资产。他们这样做的一个原因是美国连续增长的贸易赤字在 2005 年已创下 7 910 亿美元的纪录（到 2016 年，这一数字降至 5 020 亿美元）。尽管几十年来美国的贸易赤字一直在创纪录，但这个赤字按占国家 GDP 的百分比来衡量就空前得大了（2005 年占 GDP 的 6.3%）。

创纪录的赤字意味着更多的美元流出美国，进入外国人手中，那些外国人不再倾向于以一个可以维持美元价值稳定的速度将这些美元再投资于美国。外国人越来越不愿意投资于美国是因为以下几个因素。第一，2001～2002 年美国的经济活动开始放缓。第二，2001 年后美国政府的预算赤字迅速扩大。这造成了恐慌，人们担心最终美国政府会通过实行扩张的货币政策来为预算赤字买单，而这会导致更高的通货膨胀。第三，从 2003 年起，美国政府官方开始"唱空"美元价值，部分原因是管理者相信更便宜的美元会增加出口、减少进口，这样可以改善美国的国际收支状况。外国人将其视为美国政府不会干预外汇市场以托起美元价值的信号，这使他们更不愿意将出口销售赚来的美元再投资于美国的金融资产。作为这些因素的结果，他们对美元的需求减弱了，外汇市场上美元的价值下滑，2011年6月，美元相对于主要贸易货币的价值指数下滑到80.5，是1973年该指数开始以来的最低值。一些人认为，如果石油生产国没有使从原油销售中赚取的美元流回美国，美元还会进一步贬值。当时，这些国家受益于（以美元计价的）高油价，它们选择将赚来的美元投资回美国，而不是将其出售换成另一种货币。

有意思的是，从2008年中期到2009年初，尽管美国经济仍处于严重的金融危机中，美元却稍有反弹。原因似乎是尽管美国出现了种种问题，但其他许多国家的情况更糟，外国投资者视美元为一个相对安全港，所以把他们的钱投到低风险的美国资产，特别是低收益的美国政府债券。这一反弹到2009年中期因为投资者担忧美国的负债水平而停止。

由此，我们看到，美元的价值既由市场决定又由政府的干预决定。在浮动汇率体系下，市场力量导致了美元汇率的波动。政府有时会通过购买和出售美元来干预市场，试图限制市场的波动性，来修正其所认为的美元高估（1985年）或潜在低估（1987年）。除了直接干预外，美元价值还经常受到美国官方表态的影响。例如，如果美国官方没有公开宣布不会采取任何行动来阻止美元下跌，美元未必会像2004年那样的下跌。自相矛盾的是，一个不干预的信号会影响市场。政府频繁地干预外汇市场解释了为什么现在的体系有时被称为有管理的浮动汇率制或受控制的浮动汇率制。

11.5 固定汇率与浮动汇率

布雷顿森林体系的瓦解并没有终止关于固定汇率体系与浮动汇率体系的相对优劣性的争论。近年来，对浮动汇率体系的失望引起了关于固定汇率体系的优点的新的争论。本节中我们将回顾支持固定汇率体系和支持浮动汇率体系的论点。在讨论为什么许多评论者对浮动汇率感到失望，希望回到固定汇率之前，我们先讨论浮动汇率的情况。

11.5.1 赞成浮动汇率的理由

支持浮动汇率的理由主要体现在三个方面：货币政策自主权、自动的贸易差额的调节以及严重经济危机后的经济复苏。

1. 货币政策自主权

人们争论说，在固定汇率体系下，一个国家会认为自己在需要时适当扩大或收缩其货币供应的能力被维持汇率平价的需要限制了。扩张的货币政策会导致通货膨胀，这会对固定汇率施加向下的压力（正如购买力平价理论所述，见第10章）。类似地，紧缩的货币政策要求高利率（减少对货币的需求）。较高的利率导致国外的货币流入国内，这对固定汇率施加了向上的压力。因而要维持固定汇率平价，各国利用货币政策扩大或者紧缩经济的能力就被限制了。

支持浮动汇率体系的观点认为，取消维持汇率平价的义务可恢复政府对货币政策的控制能力。如果一个政府面临着失业问题，想要增加其货币供应以刺激国内需求，减少失业，它就可以这样做而不用考虑维持汇率的需要。不过，货币扩张可能导致通货膨胀，这会引起该国货币的贬值。如果购买力平价理论是正确的，那么随之而来的外汇市场上的货币贬值应该会抵消通货膨胀的影响。虽然在浮动汇率体系下国内通货膨胀会影响汇率，但因为汇率的贬值，它对该国企业的国际成本竞争力应该没有影响。国内成本的上升应该会被外汇市场上该国货币价值的下跌所抵消。类似地，一国政府可以用货币政策来紧缩经济而不用担心维持汇率平价的需要。

2. 自动的贸易差额的调节

在布雷顿森林体系下，如果一个国家在其贸易状况上形成长期赤字（进口多于出口），且无法用国内的政策来校正，这就需要IMF同意其货币贬值。批评这种体系的人认为，调节机制在浮动汇率体系下会运作得更顺利。他们坚定地认为，如果一个国家出现贸易赤字，该国货币在外汇市场上的供求不平衡（供应超过需求）将会导致其汇率的下跌。而货币贬值使得出口商品变便宜了，进口商品变贵了，这样可以消除贸易赤字。

3. 经济复苏

浮动汇率体系的倡导者认为，汇率调整可以帮助一个国家应对经济危机。当一个国家遭受严重的经济危机时，它的货币在外汇市场上会贬值。这是由于面对危机的时候，投资者采取了一些行动，例如将资金带出这个国家、抛售当地货币以及压低当地货币价值。然而，货币的贬值却刺激了出口。这正是2008年冰岛银行业危机使得克朗兑美元及欧元贬值50%后在冰岛所发生的事。到2009年，冰岛渔产品以及铝产品的出口量大幅增加，这极大地帮助了冰岛从危机中走出来。同样的情形发生在1997年亚洲银行业危机之后的韩国。当时韩币从800韩元兑换一美元贬值到1 700韩元兑换一美元。贬值的货币促进了韩国出口的增加，同时让韩国通过出口带动了经济的复苏。另外，这两个国家也确实都出现了币值下跌所引起的进口品价格上升以及通货膨胀的加剧，因此由货币贬值带来的出口拉动的经济复苏是要付出一定的代价的。

一个相反的情况可以在希腊看到。2008～2009年的全球金融危机之后，希腊拼尽全力恢复其崩溃的经济。希腊的问题部分源于它在2001年就放弃了本国货币而使用欧元，而欧元一直相当强势，因此希腊无法通过货币贬值来刺激出口，从而拉动经济复苏。

11.5.2 赞成固定汇率的理由

支持固定汇率的理由集中在关于货币纪律、投机、不确定性以及贸易差额的调整和经济恢复的论点上。

1. 货币纪律

在谈到布雷顿森林体系时，我们已经讨论过固定汇率体系中固有的货币纪律的本质。维持固定汇率的需要保证了政府不会以通货膨胀率来扩大货币供应。虽然主张浮动汇率体系的人坚定地认为应该允许每一个国家选择自己的通货膨胀率（货币自主论点），但主张固定汇率的人却认为政府经常屈从于政治压力，太快扩大货币供应会引起令人无法接受的高通货膨胀。固定汇率体系则可以保证这样的事不会发生。

2. 投机

批评浮动汇率体系的人还坚定地认为投机会导致汇率的波动。他们提到了美元在20世纪80年代的快速涨跌，声称这与相对通货膨胀率和美国贸易赤字没有任何关系，但却和投机有很大关系。他们坚定地认为，如果外汇交易商意识到一种货币会贬值，他们往往在预计未来货币会贬值时卖掉该种货币，而不管该货币更长期的前景如何。由于更多的外汇交易商跟风，贬值的预期就成了现实。这种造成不稳定的投机往往会加剧汇率围绕其长期价值的波动。它会通过扭曲出口和进口价格来毁坏一个国家的经济。因而，支持固定汇率体系的人坚定地认为这样的体系可以限制投机所造成的不稳定影响。

3. 不确定性

投机还增加了未来货币动向的不确定性，这是浮动汇率体系的特点。在后布雷顿森林体系时期，汇率变动的不可预测性使得企业规划变得困难，它增加了出口、进口和外国投资活动的风险。在不稳定的汇率下，国际企业不知道如何应对变化，因此它们常常不采取行动。即使这个月美元下跌了6%，然而如果下个月美元能上涨6%，那么它们为什么要改变有关出口、进口或外国投资的计划呢？按照那些批评者的观点，这种不确定性阻碍了国际贸易与投资的发展。他们坚定地认为固定汇率消除了这种不确定性，推动了国际贸易和投资的发展。支持浮动汇率的人则回答说，远期汇率市场能够防御与汇率波动有关的风险（见第10章）。因此，不确定性对国际贸易和投资发展的不利影响被夸大了。

4. 贸易差额的调节和经济复苏

那些赞成浮动汇率的人认为，浮动汇率能帮助调节贸易失衡，同时还能帮助经济从危机中复苏。而批评者质疑汇率、贸易差额与经济增长之间联系的密切性。他们声称，贸易赤字是由一个国家储蓄和投资之间的平衡决定的，而不是由其货币的外部价值决定的。他们还坚持认为货币贬值会导致通货膨胀（由于相应的进口商品价格的增长）。这种通货膨胀会抹掉货币贬值带来的成本竞争力方面的任何明显提升。换句话说，降低汇率不会如支持浮动汇率的人所声称的刺激出口和减少进口，它只会刺激通货膨胀。那些赞成固定汇率的人指出，1985～1988年，美元价值下跌40%并没有消除美国的贸易赤字。作为回击，支持浮动汇率的人坚定地认为，1985～1992年，美国的贸易赤字从超过1 600亿美元下降到大约700亿美元，他们把这部分成果归功于美元价值的下跌。而且，韩国和冰岛的经验似乎表明，浮动汇率确实可以帮助一个国家走出严重的经济危机。

11.5.3 谁是正确的

在赞成固定汇率体系和赞成浮动汇率体系之间的激烈争论中，哪一方是正确的？经济学家在这一问题上无法达成一致。在国际贸易和投资舞台上扮演重要角色的商家，对这场争论的解决有很大的决定权。国际商务的运行是在固定汇率体系下更好，还是在浮动汇率体系下更好？证据并不明确。

不过，我们的确知道，以布雷顿森林体系为模式的固定汇率体系将不再有效，投机最终摧毁了该体系。固定汇率制的支持者声称投机这一现象是同浮动汇率制联系在一起的。不过，另一种固定汇率体系可能会更为持久，并可能有助于稳定，促进国际贸易和投资更快地发展。11.6节将考查这样一个体系的潜在模式和这类体系的问题。

11.6 实践中的汇率体系

世界各国（地区）政府采用许多不同的汇率政策，从汇率由市场力量决定的纯粹的"自由浮动"到具有某些1973年之前布雷顿森林体系的固定汇率特征的钉住汇率制等。大约21%的IMF成员允许自己的货币自由浮动，另有23%仅以有限的方式干预（所谓有管理的浮动）。有大约5%的IMF成员现在还没有自己独立的法定货币（这其中不包括已采用欧元的欧盟国家）。它们主要是位于非洲和加勒比海的较小的国家。它们没有本国货币，在本国境内采用外国（地区）货币，通常是将美元或欧元作为法定货币。其余的国家采用更不灵活的体系，包括固定钉住制（43%）。在这样的体系下，它们将其货币钉住其他国家（地区）的货币，如美元、欧元或一揽子货币。还有一些国家采用的体系允许其汇率在一个目标区域内相对于其他货币浮动（可调节的钉住汇率制）。本节将更密切关注与其他货币挂钩或允许汇率在目标区域内波动的汇率制度的机制和含义。

11.6.1 钉住汇率制

在钉住汇率制度下，一个国家会将其货币的价值钉住一种主要货币的价值，比如美元。这样，如果美元升值，则其货币也升值。钉住汇率制在世界上许多较小的国家很普遍。与完全固定汇率体系一样，钉住汇率体系的巨大好处是它对一个国家施加了货币纪律，并带来较低的通货膨胀率。例如，如果伯利兹将其伯利兹美元的价值钉住美元的价值，这样1美元=1.97伯利兹美元，那么，伯利兹政府就必须确保伯利兹的通货膨胀率与美国类似。如果伯利兹的通货膨胀率高于美国的通货膨胀率，这就会形成伯利兹美元贬值的压力（即改变钉住汇率制）。要保持钉住汇率，伯利兹政府必须降低通货膨胀率。当然，就钉住汇率制给一个国家带来的货币纪律来说，被钉住货币的国家也必须有合理的货币政策。

有证据表明采用钉住汇率制可以减轻一个国家的通货膨胀压力。IMF的一项研究总结指出，采用钉住汇率制的国家，其平均年通货膨胀率为8%，与之相比，采用干预制度的国家的通货膨胀率是14%，而采用浮动制度的是16%。不过，许多国家采用的是名义上的钉住制，倾向于让其货币贬值，而非实行严格的货币政策。对于一个较小的国家而言，如果资本不断流出，且外汇交易商对其货币进行投机，那么它将很难保持钉住另一种货币。当1997年不利的资本流出和货币投机结合在一起迫使几个亚洲国家（包括泰国和马来西亚）放弃钉住美元，让其货币自由浮动时，就发生了类似的情况。如果泰国和马来西亚早就处理好在20世纪90年代出现的许多经济问题，包括过度的私营部门的债务积累和不断扩大的经常账户贸易赤字问题，它们就不会陷入这种境地。

11.6.2 货币发行局制度

中国香港地区在1997年亚洲货币危机中的经历为关于如何管理钉住汇率制的争论增添了新的思考维度。

1997年底，当亚洲其他地区的货币接近崩溃时，虽然港元也受到了几次联合投机的攻击，但中国香港地区仍将其货币相对于美元的价值维持在大约 1 美元 =7.8 港元。中国香港地区的**货币发行局制度**（currency board）由于这一成功而受到称赞。一个国家（地区）引入货币发行局制度，意味着其承诺在需要时以固定汇率将其货币兑换成另一种货币。为使这一承诺可信，货币发行局应持有足够的外汇储备，至少相当于将所发行的当地货币以固定汇率兑换成的外币的数额。中国香港地区所使用的体系意味着其货币必须受到美元以特定汇率的完全支持。这仍然不是真正的固定汇率体系，因为美元（进而港元）可相对于其他货币自由浮动，但它有着某些固定汇率体系的特征。

在这种安排下，只有当有外汇储备的支持时，货币发行局才可以发行额外的当地纸币和硬币。这限制了政府印发货币，进而制造了通货膨胀压力。在严格的货币发行局体制下，利率自动调整。如果投资者想把境内货币兑换成比如美元，境内货币供应就会收缩。这会导致利率上升，直到又变得对投资者持有本地货币有吸引力。在中国香港地区的案例中，1997 年底当投资者把港元兑换成美元时，3 个月期的储蓄利率攀升了 20%。不过港元仍继续钉住美元，利率又降了下来。

从 1983 年设立以来，中国香港地区的货币发行局制度经受住了几次风暴。这一成功似乎在说服其他发展中国家（地区）也考虑类似的体系。阿根廷在 1991 年引入货币发行局制度（但在 2002 年放弃），并且保加利亚、爱沙尼亚、立陶宛最近几年也都这样做了。尽管对这一方法的兴趣越来越浓，但批评者还是迅速指出货币发行局制度也有其弊端。如果本地的通货膨胀率比其货币所钉住的国家（地区）的通货膨胀率要高，实行货币发行局制度的国家（地区）的货币可能变得没有竞争力和价值被高估（这是阿根廷在实行货币发行局制度时所发生的情况），而且在货币发行局体制下，政府缺失了制定利率的能力。另外，阿根廷 2001 年的经济崩溃以及随后放弃货币发行局体制的决定大大挫伤了对这种汇率管理机制的积极性。

11.7　国际货币基金组织对危机的管理

很多观察家最初相信布雷顿森林体系于 1973 年的瓦解会削弱国际货币基金组织（IMF）在国际货币体系中的作用。IMF 最初的功能是提供一个货币池，其成员可为调节它们的国际收支状况并维持其汇率而进行短期借贷。一些人相信在浮动汇率制度下，短期借贷的需要将会大大减少。贸易赤字可能会导致一个国家汇率的下跌，这会帮助减少进口、刺激出口。短期的 IMF 调节性贷款将不再有国家需要。与此相对应的是在 1973 年之后，大多数工业国倾向于由外汇市场上的供求来决定汇率。自从 20 世纪 70 年代初以来，全球资本市场的迅速发展使得像英国和美国这样的发达国家可以通过私人借贷来填补赤字，而不是依赖 IMF 的资金。

尽管有这些发展，IMF 的活动在过去的 30 年中仍然扩大了。截至 2019 年，IMF 有 189 个成员，其中 40 个成员有某种类型的 IMF 项目。1997 年，该机构实施了到 1997 年为止规模最大的一揽子救助计划——提供超过 1 100 亿美元的短期贷款给韩国、印度尼西亚和泰国这三个遇到麻烦的亚洲国家。接下来 IMF 另一揽子救助的是土耳其、俄罗斯、阿根廷和巴西。2008 年底，由于全球金融危机的出现，IMF 的贷款再一次增加。2008～2010 年，IMF 向遇到麻烦的国家（如拉脱维亚、希腊和爱尔兰）提供了大约 1 000 亿美元的贷款。2009 年 4 月，为应对进一步加深的金融危机，IMF 主要成员同意把该机构的资金增加两倍，从 2 500 亿美元增加到 7 500 亿美元，从而为 IMF 在全球危机时期采取积极的应对措施提供财务杠杆。

在后布雷顿森林体系时期，由于间歇性的金融危机冲击许多国家的经济，因此 IMF 的活动扩大了。IMF 不断地把钱借给那些正在经历金融危机的国家，作为交换，它要求这些国家的政府制定特定的宏观经济政策。IMF 的批评者声称，这些政策并不总像 IMF 所希望的那样有益，在某些情况下，可能会使事情变得更糟。随着 IMF 向几个亚洲经济体的贷款增加，批评开始升级，关于 IMF 应如何恰当地摆正自己的位置、发挥自己的作用的争论非常激烈。在本节中，我们将讨论 IMF 在过去 30 年中不得不应对的一些主要挑战，并回顾不断进行的关于 IMF 发挥的作用的辩论。

11.7.1　后布雷顿森林体系时期的金融危机

在过去的 30 多年里，出现过若干次金融危机，其中有许多需要 IMF 的参与。当对一种货币的兑换值的投机性冲击导致该货币价值的急剧下跌，或迫使当局耗费大量的国际货币储备并急剧提高利率以守住现行的汇率时，就会出现**货币危机**（currency crisis）。这正是2018～2019年在巴基斯坦发生的情况，当时IMF借给巴基斯坦外汇以帮助稳定巴基斯坦货币在外汇市场上的价值。**银行业危机**（banking crisis）指的是这样的情形：对银行体系信心的丧失导致了对银行的挤兑，个人和企业争相从银行提取存款。冰岛在2008年遭受了银行业危机（见开篇案例）。当一个国家不能履行其外债偿还义务（无论是私营部门的还是政府的债务）时，就会发生**外债危机**（foreign debt crisis）。国际聚焦11-1深入讨论了冰岛与IMF的经验。2010年，希腊、爱尔兰和葡萄牙出现了这种情况，这也是开篇案例提到的IMF干预巴基斯坦的问题。

⊙ 国际聚焦 11-1

国际货币基金组织与冰岛经济复苏

2008年全球金融危机爆发时，小小的冰岛遭受的打击比大多数国家都要严重。自2000年政府将银行业私有化以来，冰岛三大银行一直在以非常惊险的速度扩张。冰岛人口约32万，对于银行业的雄心壮志来说太少了，因此银行开始向其他斯堪的纳维亚国家和英国扩张。它们进入当地的抵押贷款市场，购买外国的金融机构，开设国外分支机构，通过提供高利率吸引储户。扩张的资金来自债务，其中大部分是短期贷款，需要定期再融资。到2008年初，这三家银行持有的债务几乎是冰岛整个经济价值的6倍！只要它们能够定期为这些债务进行再融资，这就不是问题。然而，2008年，随着雷曼兄弟的破产和美国房地产市场的崩溃，全球金融市场突然崩溃了。此后，金融市场冻结。冰岛的银行发现它们无法为其债务再融资，即将面临破产。

冰岛政府缺乏救助银行的资金，因此决定让三大银行倒闭。紧接着，当地股市暴跌了90%，失业率上升了9倍。冰岛货币冰岛克朗在外汇市场上暴跌，推高了进口商品的价格，通货膨胀率飙升至18%。冰岛经济似乎在自由落体式下跌。冰岛经济在2009年萎缩了近7%，2010年又萎缩了4%。

为了阻止经济衰退，政府从国际货币基金组织和其他国家获得了100亿美元的贷款。冰岛政府出手帮助当地储户，没收冰岛银行的国内资产，利用国际货币基金组织和其他贷款来支持存款担保。冰岛政府并没有采取紧缩措施来解决危机，而是寻找方法来支撑消费支出。例如，政府提供按收入调查结果支付的补贴，以减少借款人的抵押贷款利息支出。这样做是为了防止国内消费支出突然崩溃，从而进一步抑制经济。

得益于国际货币基金组织和其他外国贷款，冰岛的金融体系逐渐稳定，接下来发生的事情是关于浮动汇率制度价值的经验教训。克朗贬值有助于提振冰岛的鱼类和铝等的出口，同时抑制了对汽车等昂贵进口商品的需求。到2009年，克朗兑美元和欧元的汇率是危机前2007年的一半。冰岛的出口激增，进口锐减。虽然高昂的进口成本确实激起了通货膨胀，但蓬勃发展的出口开始将资金重新注入冰岛经济。2011年，冰岛经济再次以每年3.1%的速度增长。然后是2012年2.7%的增长和2013年4%的增长，而失业率从近10%的高点下降到2013年底的4.4%。

资料来源：Charles Forelle, "In European Crisis, Iceland Emerges as an Island of Recovery," *The Wall Street Journal*, May 19, 2012, pp. A1, A10; "Coming in from the Cold," *The Economist*, December 16, 2010; Charles Duxbury, "Europe Gets Cold Shoulder in Iceland," *The Wall Street Journal*, April 26, 2012; "Iceland," *The World Factbook 2013* (Washington, DC: Central Intelligence Agency, 2013).

这些危机往往有共同的潜在宏观经济因素：较高的相对通货膨胀率、不断增大的经常账户赤字、国内借贷的过度扩张、极高的政府赤字以及资产价格的膨胀（如股票价格和财产价格的急剧上涨）。有时，货币危机、银行业危机和债务危机可能同时出现，就像1997年的亚洲金融危机、2000～2002年的阿根廷危机、2010年发生在爱尔兰的危机以及巴基斯坦2018～2019年的危机一样。

为了评估金融危机发生的频率，IMF考察了53个国家（其中22个是发达国家，31个是发展中国家）1975～1997年的宏观经济表现。IMF发现，这期间出现过158次货币危机，其中有55次一国的货币贬值超过

25%，另外还出现过 54 次银行业危机。IMF 的数据显示，发展中国家发生货币危机和银行业危机的概率要比发达国家多两倍多。因此，自 20 世纪 70 年代中期以来 IMF 的大多数贷款活动都是针对发展中国家的，这就一点也不奇怪了。

1997 年，当国际投资者意识到亚洲存在投机性投资泡沫时，几种亚洲货币开始迅速贬值。他们抛售当地货币，将自己的资产兑换成美元，因而这些亚洲货币开始急剧贬值。货币贬值最初发生在泰国，其后像传染病一样迅速蔓延至亚洲其他国家。稳定这些货币需要 IMF 提供大量的帮助。以韩国为例，韩国公司由于大量投资于新的工业产能而积累了巨额债务。到 1997 年，它们发现，它们有太多的工业产能，却不能产生所需的收入来偿还用来建立这些产能的债务。韩国的银行和企业还在美元借贷上犯了错误，因为这些借贷中许多都是 1 年内到期的短期贷款。因而，当韩元在 1997 年秋季受到亚洲其他地方的问题连累而开始下跌时，公司发现它们的债务激增。有几个大公司因不能履行其债务清偿义务而申请破产了。这引发了难以控制的韩国货币的贬值和股市的下跌。

由于经济濒于崩溃的边缘，1997 年 11 月 21 日，韩国政府请求 IMF 提供 200 亿美元备用贷款。随着谈判的进展，很明显韩国需要的资金将远远超过 200 亿美元。1997 年 12 月 3 日，IMF 和韩国政府达成了一项 550 亿美元的借款协议。协议要求韩国政府对外国投资者开放其经济和银行体系。韩国还保证通过减少财阀在银行融资中的份额和要求他们公布合并财务报表及每年接受独立的外部审核来限制财阀。在贸易自由化方面，IMF 要求韩国遵守它对世界贸易组织的承诺，取消与贸易有关的补贴和限制性的进口许可，并简化进口认证程序，所有这些都将使韩国的经济面对更激烈的外国竞争。

11.7.2 评价国际货币基金组织的政策处方

截至 2019 年，IMF 向 40 多个被经济和货币危机所困扰的国家发放过贷款。所有 IMF 的贷款都附有条件。直到最近几年，IMF 还一直坚持要组合使用严格的宏观经济政策，包括削减公共开支、提高利率、实行紧缩的货币政策。它还要求放松对受到保护免于国内外竞争的部门的管制，将国有资产私有化，改善银行部门的财务报告。这些政策都是为了通过控制通货膨胀、减少政府开支和债务来给过热的经济降温。最近几年，这一套政策处方招致了许多观察家的猛烈批评，IMF 自己也开始改变套路。

1. 不恰当的政策

第一个批评是，IMF 在宏观经济政策上"一刀切的模式"对许多国家来说并不适合。批评者认为，在 1997 年亚洲危机的情况中，IMF 强加的严格的宏观经济政策对一个问题不在于过度的政府开支和通货膨胀，而在于具有紧缩状况的私营部门债务危机的国家来说是不太合适的。

例如，在韩国，政府多年来一直有预算盈余（1994～1996 年占韩国 GDP 的 4%），通货膨胀很低，约 5%。韩国甚至还在经济合作与发展组织中占有第二强的金融地位。批评者说，尽管这样，IMF 仍坚持采取与遭受高通货膨胀的国家相同的政策。IMF 要求韩国将通货膨胀率维持在 5%。然而，批评者认为，货币价值的崩溃以及随之而来的石油之类进口商品价格的上升会使通货膨胀压力不可避免地增加。所以，要达到 5% 的通货膨胀率，韩国政府就不得不采用不必要的货币紧缩政策。韩国同 IMF 签署了最初的协议之后，短期利率立即从 12.5% 跃升为 21%。提高的利率使得公司更难偿还已经过多的短期债务，因此批评者将此作为凭证，认为 IMF 所开出的药方实际上可能增加了韩国公司广泛违约的可能性，而不是降低了这种可能性。

IMF 反驳这种批评。按照 IMF 的说法，关键任务是重建对韩国货币韩元的信心。一旦这个目的达到了，韩元就会从极度的超卖水平中恢复过来。这会降低以美元计值的韩国债务负担。如果韩国债务用韩元表示的话，就会使得公司更容易偿还债务。IMF 还坚定地认为，通过要求韩国取消对对外直接投资的限制，外国资本会流入该国，利用其廉价的资产。这也会增加对韩元的需求，帮助提高美元/韩元的汇率。

韩国的确快速从危机中恢复了过来，这支持了 IMF 的立场。虽然韩国经济在 1998 年紧缩了 7%，但到 2000 年，又反弹至 9% 的增长速度（以 GDP 的增长计算）。通货膨胀率从 1998 年的最高点 8% 下降到 2000 年的 2%，同一期间，失业率从 7% 降到 4%。韩元在 1998 年初创下汇率低点的 1 美元 =1 812 韩元，但到 2000 年又回到了

1美元=1 200韩元的汇率,并且此后似乎一直稳定在这一汇率水平。

2. 道德风险

对IMF的第二个批评是,IMF的援助努力恶化了被经济学家们称为道德风险的问题。当人们因为知道如果情况变糟了会有人救他们,所以其行为会不顾后果时,就会产生**道德风险**(moral hazard)。批评者指出,在20世纪90年代的繁荣时期,许多日本和西方银行非常乐意把大笔的资金借给过度举债经营的亚洲公司。这些批评者认为,银行现在应该被迫为其轻率的借贷政策付出代价,即便这意味着一些银行不得不倒闭。只有通过采取这种猛烈的行动,银行才会从这种错误中吸取教训,将来才不会轻率借贷。通过为这些国家提供资助,IMF是在降低债务违约的可能性,并且实际上是在帮助那些因贷款造成这种局面的银行摆脱困境。

这一论点忽略了两个关键点。第一,如果受到亚洲经济危机严重冲击的日本或西方银行由于广泛的债务违约被迫勾销其贷款,这将会产生难以控制的影响。例如,日本大银行的破产可能引发日本金融市场的崩溃。这几乎会不可避免地导致全球股市的严重下跌,而这正是IMF极力要通过金融支持来避免的。第二,暗示有些银行不用为轻率的借贷政策付出代价是不正确的。1997年亚洲金融危机后,IMF一直坚持关闭韩国、泰国和印度尼西亚的一些银行。对韩国企业提供短期贷款而未获偿还的外国银行,由于形势所迫,不得不按无法偿还贷款到期延长的利率重新安排了那些贷款。

3. 缺乏责任机制

对IMF的第三个批评是,作为一个缺乏实际责任机制的机构,IMF的权力太大了。IMF决定这些国家的宏观经济政策,但按照著名的经济学家如杰弗里·萨克斯(Jeffrey Sachs)等批评者的说法,拥有不到1 000名工作人员的IMF缺乏做好一项工作所需要的专门知识。根据萨克斯的观点,在这些事实中可以看到证据,即就在泰国和韩国突然陷入危机之前的几个月,IMF还在对这两国政府大唱赞歌。然后IMF又在没有深入了解韩国之前,就为该国拼凑起一个严厉的计划。萨克斯针对这一问题的解决办法是改革IMF以使其更好地利用外部专家,并要求其进一步开放对运作过程的外部监督。

4. 实际观察

像许多关于国际经济问题的争论一样,在有关IMF政策的适当性的争论中,不清楚哪一方是正确的。在有些情况下,人们可以坚定地认为,IMF的政策产生了相反的效果,或仅取得了有限的成功。例如,人们也许对IMF对土耳其的干预是否获得成功心有疑虑,因为土耳其自1958年起执行了18次IMF的方案。但IMF也取得了一些显著的成就,包括成功地控制亚洲的危机,如果任其发展不加以控制,就可能会彻底动摇全球的国际货币体系;2008~2010年,为了遏制全球金融危机,它迅速采取了救助冰岛、爱尔兰、希腊和拉脱维亚的行动。类似地,许多观察家赞誉IMF机智地应对一些政治上的困难局面(如墨西哥的比索危机)以及成功地推广了自由市场理念。

在IMF干预几年之后,亚洲经济恢复了。它们确实避免了如果没有IMF的介入就可能出现的灾难。虽然有些国家仍面临着严重的问题,但不清楚IMF应对此承担多少责任。说到底,IMF不能强迫国家采取它所要求的纠正经济失误的政策。虽然一国政府可能承诺采取纠正行为以换取IMF的贷款,但其国内的政治问题可能使得政府很难按照这一承诺去做。在这样的情况下,IMF便处于左右为难的境地,因为如果它决定不提供贷款,可能会触发它所极力要避免的金融崩溃及其带来的可怕影响。

最后,值得注意的是,近年来,IMF开始改变政策。在应对2008~2009年的全球金融危机时,IMF开始敦促各国采用包括财政刺激和货币宽松在内的一些政策,这和它从前一直倡导的政策正好相反。IMF的一些经济学家现在开始主张如果高通货膨胀的结果是总需求有更大的增长,那么这或许是件好事,因为这有助于国家摆脱经济萧条的局面。换句话说,IMF在政策应对方面开始显示出灵活性,而这正是批评者指责它所缺乏的。虽然严格控制财政政策和收紧货币政策目标的传统政策对那些遭受高通货膨胀率的国家可能适用,但亚洲经济危机和2008~2009年的全球金融危机不是由高通货膨胀率而是由过度举债所引起的,而IMF的"新政策"似乎是为此量身打造的。

全景视角：管理启示

货币管理、企业战略、企业与政府的关系

本章所讨论的材料对国际企业的启示表现在三个方面：货币管理、企业战略以及企业与政府的关系。

货币管理

关于货币管理的明显启示是，企业必须意识到外汇市场并不像第10章所描述的那样运行。货币体系是一种政府干预和投机活动结合起来可以驱动外汇市场的混合体系。参与大量外汇活动的公司需要了解这一点，并相应调整自己的外汇交易。例如，卡特彼勒公司的货币管理部声称，在《广场协议》宣布后的数小时内，它通过卖出美元并买进它预计在政府干预后会在外汇市场上升值的货币赚了数百万美元。

在目前的体系下，货币的投机买卖可能使汇率产生非常大的波动（如在20世纪80年代出现的美元的起落和90年代后期出现的亚洲的货币危机）。同购买力平价理论的预测相反（见第10章），八九十年代汇率的变动似乎没有受到相对通货膨胀率的很大影响。汇率波动增加了外汇风险，这对企业不是个好消息。另外，正如我们在第10章中所看到的，外汇市场开发了大量工具，如外汇远期和互换，它们可以帮助防御外汇风险。毫不奇怪，自从1973年布雷顿森林体系瓦解以来，对这些工具的使用显著地增加了。

企业战略

现行全球汇率体系的不稳定性给国际企业提出了一个复杂的难题。汇率变动难以预测，而它们的变动又对企业的竞争地位有着重大影响。本章管理聚焦11-1提供了一个这方面的具体例子。面对货币未来价值的不确定性，企业可以利用远期外汇市场，空中客车就是这么做的。不过，远期外汇市场作为未来汇率的预测器远非完善（见第10章）。而且，对在未来几年内可能出现的汇率变化所带来的风险进行充分的对冲覆盖，即便不是不可能，也是很困难的。远期外汇市场通常能对未来几个月而不是几年的汇率变化所带来的风险进行对冲。考虑到这一点，在面对不可预期的汇率变动时，采用一些能提高公司战略灵活性的战略，即采用降低企业经济风险的战略是有道理的（我们在第10章中也讨论过）。

保持战略灵活性可以采取把生产分散到全球不同地点的形式来规避汇率波动风险。以德国的出口导向型汽车和航空航天公司戴姆勒－奔驰公司为例。1995年6月，该公司宣布它预计在1995年将有7.2亿美元的亏损，这使得德国的企业团体大吃一惊。其原因是德国坚挺的货币自1995年初相对于一揽子主要货币升值4%，而从1994年底开始相对于美元上涨了30%多。到1995年中期，汇率是1美元=1.38德国马克。戴姆勒－奔驰公司的管理层认为，当汇率低于1美元=1.60德国马克时，它不可能赚钱。戴姆勒－奔驰公司的高级管理人员得出结论说，德国马克兑美元的升值可能是长期的，于是他们决定将大量生产移出德国并增加购买外国配件。该想法是为了减少公司在未来汇率波动中所受到的损害，甚至在1998年收购克莱斯勒公司之前，梅赛德斯－奔驰事业部已经计划在2000年之前将其10%的汽车生产在德国之外进行，大多数放在美国。类似地，日本汽车公司也在美国和欧洲扩大了生产能力，这一行动发生在1985～1995年日元升值后抬高日本出口商品价格的情况下。对日本公司来说，在海外建立生产能力是对日元持续升值的对冲（也是为了防范贸易壁垒）。

另一种保持战略灵活性和降低经济风险的方式是通过合同把生产外包出去，这使得公司可以在不同国家变换不同的供应商，以应对由于汇率波动而造成的相对成本的变动。然而，这一战略只有在附加值低的制造业（如纺织业）才起作用。在这样的行业，单个制造商几乎没有任何有助于提高产品价值的企业特定技能。这一战略不太适用于高附加值的制造业。在高附加值的行业（如重型设备行业），企业特定技术和技能极大地增加了产品的价值，且转换成本也相应地较高。在高附加值的制造业转换供应商会导致产品价值增值的减少，抵消从汇率波动中所产生的任何成本收益。

IMF和世界银行在当前国际货币体系中发挥的作用也对企业战略有影响。IMF越来越像是世界经济的宏观经济"警察"，它坚持要求向它寻求大量借贷的国家采用IMF批准的宏观经济政策。这些政策通常包括控制通货膨胀的货币政策和减少政府开支。从短期来看，这样的政策通常导致需求的急剧收缩。在这些国

家进行生产和销售的国际企业需要意识到这一点并制订相应的计划。从长期来看，IMF 强制推行的这种政策会推动经济的增长和需求的扩大，这会为国际企业创造机会。

企业与政府的关系

作为国际贸易和投资的主要参与者，企业可以影响政府对国际货币体系的政策。例如，美国出口商的极力游说有助于使美国政府相信干预外汇市场是必要的。了解到这一点，企业就可以而且应当使用其影响力来促进国际货币体系朝着有利于国际贸易和投资的方向发展。固定汇率制好还是浮动汇率制好，这是一个有争议的话题。但是，世界在 20 世纪八九十年代所经历的汇率波动产生了与较为稳定的汇率相比不太利于国际贸易和投资的环境。因此，推动国际货币体系，将汇率波动减至最小，似乎是合乎国际企业的利益的，尤其当汇率波动与长期的经济基本面无关时。

◎ 管理聚焦 11-1

空中客车和欧元

2003 年，空中客车有理由欢欣鼓舞，因为该公司的商用喷气式飞机的销量在历史上第一次超过长期的竞争对手波音。2003 年，空中客车交付了 305 架飞机，而波音是 281 架。但欢快的心情很快就消散了，因为欧元兑美元汇率的上升给公司的未来蒙上了阴影。空中客车的所在地是法国的图卢兹，而飞机则以美元计价，和波音的做法一样。但空中客车的成本有一半以上是以欧元计价的。因此，随着美元兑欧元的价值下跌，2002～2009 年底，美元兑欧元价值的下跌幅度超过了 50%，空中客车的成本随收入同比上升，挤压了利润。

短期里，美元兑欧元价值的下跌并没有影响空中客车。该公司对 2005 年的美元风险进行了完全的对冲，对 2006 年的大部分风险也进行了对冲。然而，由于预计美元兑欧元将继续疲软，空中客车开始采取其他措施来降低欧元走强带来的经济风险。空中客车意识到，面对来自波音的激烈竞争，它不能选择提高价格，因此决定将重点放在降低成本上。作为这方面的一个举措，空中客车在制造新的机型（如 A380 超大型喷气式客机和 A350）时让美国的供应商承担更大的工作份额。公司还将一些旧机型的配件采购从欧洲转向美国的供应商。这就提高了以美元计价的成本的比重，使得利润不那么容易受到欧元升值的影响，并且降低了以欧元计价的制造飞机的成本。

此外，空中客车还督促其欧洲的供应商用美元报价。由于许多供应商的成本是以欧元计价的，供应商发现为了满足空中客车的要求，他们不得不将更多的业务转移到美国或货币钉住美元的国家。于是，法国的一家大型供应商 Zodiac 宣布它正在考虑在美国进行采购。空中客车不仅督促供应商对商用喷气式飞机配件以美元报价，对于计划卖给欧洲各国政府的以欧元计价的 A400M 军用飞机的配件，公司也要求其供应商以美元计价。除了这些措施，空中客车的母公司 EADS 的首席执行官还公开表示，如果有助于从美国获得重要的合同，公司也许会准备在美国装配飞机。

资料来源：D. Michaels, "Airbus Deliveries Top Boeing's; but Several Obstacles Remain," *The Wall Street Journal*, January 16, 2004, p. A9; J. L. Gerondeau, "Airbus Eyes U.S. Suppliers as Euro Gains," *Seattle Times*, February 21, 2004, p. C4; "Euro's Gains Create Worries in Europe," *HoustonChronicle.com*, January 13, 2004, 3; K. Done, "Soft Dollar and A380 Hitches Lead to EADS Losses," *Financial Times*, November 9, 2006, p. 32.

本章小结

本章解释了国际货币体系的运作，并指出了其对国际企业的意义。本章要点如下：

（1）金本位制是把货币与黄金挂钩并保证可兑换黄金的货币标准。金本位制被认为包含有助于让所有国家同时达到国际收支均衡的自动机制。金本位制在20世纪30年代由于各国货币竞相贬值而瓦解。

（2）布雷顿森林体系固定汇率建立于1944年。美元是这一体系的中央货币，其他货币都与美元的价值挂钩。只有在IMF允许的情况下汇率才可以大幅下调。IMF的作用是维持国际货币体系的秩序，以避免20世纪30年代竞争性贬值的再次出现，并通过对国家强制实施货币纪律来控制通货膨胀。

（3）固定汇率体系于1973年瓦解，主要是由于美国通货膨胀加剧和贸易逆差增加之后对美元造成的投机压力。

（4）自从1973年以来，世界在浮动汇率体系下运行，汇率更不稳定，更谈不上可预测性。不稳定的汇率变动重新引起了关于固定汇率制和浮动汇率制孰优孰劣的争论。

（5）支持浮动汇率体系的论点声称：①这样的体系给予国家自主决定货币政策的权力；②浮动汇率有利于顺利调节贸易失衡。

（6）支持固定汇率体系的论点声称：①维持固定汇率的需要，给国家施加货币纪律；②浮动汇率体系易受投机冲击；③伴随浮动汇率体系的不稳定性抑制了国际贸易和投资的发展；④在外汇市场上使一种货币贬值不仅不能消除贸易失衡，还往往会引起通货膨胀。

（7）在当今的国际货币体系中，一些国家采用浮动汇率；一些国家把自己的货币钉住另一种货币，如美元；还有一些国家把它们的货币钉住一揽子其他货币，让其货币相对于这一揽子货币在一定的区域内浮动。

（8）在后布雷顿森林体系时代，IMF通过把大笔资金借给一些陷入困境的政府及要求它们采用某些宏观经济政策的方式，继续在帮助国家度过金融危机方面起着重要作用。

（9）关于IMF强制实施的宏观经济政策是否合适的争论正在展开。批评者指责说，IMF常常把不合适的条件强加于接受其贷款的发展中国家。

（10）目前有管理的浮动汇率体系增加了国际企业货币管理的重要性。

（11）在有管理的浮动汇率体系下，汇率的不稳定性既创造了机会又形成了威胁。企业对这种不稳定性的一种应对措施是通过订立合同把生产外包出去（针对低附加值的制造业），将生产分散到全球不同地方进行，以提高战略上的灵活性及降低经济风险。

PART 5

第 5 部分

国际商务战略与进入战略

第 12 章　国际商务战略
第 13 章　进入战略

第 12 章

国际商务战略

学习目标

☞ 12-1 解释国际商务战略的概念
☞ 12-2 认识公司如何从全球扩张中增加收入和利润
☞ 12-3 理解降低成本的压力和当地响应的压力如何影响战略选择
☞ 12-4 认识国际竞争的各种战略以及它们的优缺点
☞ 12-5 解释利用战略联盟来支持国际战略的利弊

⊙ 开篇案例   吉利控股集团

浙江吉利控股集团有限公司（以下简称吉利）是一家中国汽车制造商，成立于 1986 年，当时是一家冰箱制造商。这家总部位于杭州的公司是由充满活力的企业家和汽车爱好者李书福创建的，直到 1997 年才进入汽车行业。如今，它是中国第二大私营汽车制造商，2019 年销售了 136 万辆汽车。

据报道，李书福对设计要求很高。他放弃了三批设计和制造糟糕的车型，最终得到了一款符合他期望的车型：2002 年推出的四门超小型轿车，被称为自由舰。但是，吉利尚未开发出自己的设计和工程技术。实际上，这辆车是由韩国大宇汽车公司设计的。

就在这个时候，李书福开始考虑收购他个人最喜欢的汽车制造商沃尔沃。沃尔沃总部位于瑞典，1999 年被福特汽车公司以 64.5 亿美元收购。2009 年，在美国和欧洲汽车市场上受到大衰退重创的福特公司宣布将出售包括沃尔沃在内的许多专业汽车品牌，李书福获得了机会。2010 年，吉利和沃尔沃达成协议，以 18 亿美元收购沃尔沃。当时，这是中国汽车制造商最大的海外收购案。

许多观察家对此次收购的期望很低，但后来事实证明他们错了。事实证明，沃尔沃的品牌和工程设计技能与吉利的制造能力的结合是成功的。如今，沃尔沃汽车仍在瑞典哥德堡进行设计、制造和测试，它们仍保留着瑞典的特色，但它们在中国的两个新工厂和南卡罗来纳州的一个新工厂组装，所有这些工厂都是在收购后建造的。吉利对南卡罗来纳州的工厂有着宏伟的计划。目前，该公司正在生产沃尔沃 S60 轿车，以在美国销售，但几年后，该工厂预计将扩大生产沃尔沃 SUV，年产量将增加到 15 万辆，美国员工数量将增加一倍，达到近 4 000 人。沃尔沃美洲制造和物流副总裁 Katarina Fjording 称，这家美国工厂需要比中国工厂更大的承诺。吉利在中国已经在生产汽车，并拥有一个成熟的物流和供应商基地。在南卡罗来纳州，该公司不得不从头做起。

吉利和沃尔沃的高管承认,这并非一帆风顺,一路上也发生了一些文化冲突。例如,2012年,当李书福访问瑞典并讨论中国版沃尔沃S90高级轿车的计划时,他对后座的设计感到震惊。瑞典汽车的"后座是心爱的宠物待的地方,"沃尔沃的首席执行官说,"我们的工程师不太注意后座。""但你们不明白,"李书福反驳道,"在中国,大部分买车的人会坐在后面!"

自收购以来,中国已成为沃尔沃汽车的主要市场,该品牌因其安全性和优雅性而受到青睐。该公司的目标是生产道路上最安全的汽车,在任何路况条件下都能操控自如。吉利已承诺生产一款"防死亡"的汽车,并承诺坐在新的沃尔沃汽车里,将没有人受到重伤或死亡。实现这一目标所需的技术包括自动转向、自适应巡航控制、警告和避免碰撞的行人和动物探测,所有这些技术都是在哥德堡研发的。

这一策略的证明就体现在销售数据中。2018年,吉利旗下沃尔沃品牌的销售额同比增长12.4%,创下92年品牌的历史新高。所有地区都为64.2万辆沃尔沃汽车的销售做出了贡献。汽车在中国的销售额增长了14%,在美国的销售额增长了20%。中国目前是沃尔沃品牌最大的市场,2018年销量为131 000辆,其次是美国,销量为9 8000辆。初步数据表明,2019年对沃尔沃来说是更好的一年。

自收购以来,吉利和沃尔沃继续作为独立的公司进行管理。吉利和沃尔沃由李书福的投资基金浙江吉利控股集团持有。然而,2020年2月,李书福宣布两家公司正在谈判将两家实体合并为一个单一的一体化业务实体。如果该计划得到批准,合并后的实体将在中国香港地区上市,可能也在瑞典斯德哥尔摩上市。

在其他方面,吉利在与沃尔沃的合作中取得了成功,这让它更加大胆,现在它正在进行更多的对外投资。2017年,它收购了英国跑车制造商莲花汽车(Lotus Cars)的控股权、马来西亚最大的汽车公司宝腾49.9%的股份以及瑞典卡车公司、沃尔沃集团(沃尔沃汽车的前母公司)和戴姆勒-奔驰(戴姆勒-奔驰持有该公司10%的股份,目前是该公司的最大股东)的少数股权。

资料来源:Pamela Ambler, "Volvo and Geely: The Unlikely Marriage of Swedish Tech and Chinese Manufacturing," *Forbes*, January 23, 2018; Sui-Lee Wee, "Geely Buys Stake in Volvo Trucks," *The New York Times*, December 27, 2017; "Volvo Cars Sets New Global Sales Record in 2018", Volvo Car Group, January 4, 2019; B. Gruley and J. Butler, "How China's 36th Best Car Company Saved Volvo," *Bloomberg Businessweek*, May 24, 2018; Trevor Moss, "How China's Geely Turned a Disassembled Mercedes into a Global Car Company," *The Wall Street Journal*, March 4, 2018; William Boston, "Chinese Auto Tycoon Aims to Merge Volvo and Geely," *The Wall Street Journal*, February 10, 2020.

引言

在本书中,到目前为止我们主要关注的是国际企业竞争的大环境。正如我们在前面的章节中所描述的那样,这一环境包括各国建立的政治、经济和文化制度,国际贸易和投资框架以及国际货币体系。现在我们把重点从环境转移到企业本身,特别是转移到为使国际企业更能有效竞争,管理人员可能采取的行为上。本章中我们要考虑企业如何通过扩展海外市场来加强其盈利能力。我们要讨论在国际竞争中企业所采取的各种不同战略,思考这些战略的利弊,并讨论影响企业进行战略选择的各种因素。我们还要考察为什么企业常常同其全球竞争者结成战略联盟,并研究战略联盟的利益、成本和风险。

吉利是中国顶级汽车公司之一,也是瑞典标志性的沃尔沃汽车公司的所有者,其战略概述说明了我们将在本章中涉及的一些问题。为了最大限度地发挥其潜力,增加收入和利润,吉利的创业创始人认识到,该公司需要在国内市场之外扩张,以利用其他地方的机会。吉利目前正在成为一家全球汽车公司,在世界三大主要地区(中国、北美洲和欧洲)拥有可观的销售额。2010年吉利收购沃尔沃是这一战略的核心部分,将沃尔沃的品牌和设计知识与吉利的制造技能结合起来。该公司的目标是建立一个全球实体,但它已经认识到,追求多品牌战略并利用沃尔沃品牌和设计声誉扩大其在北美洲和欧洲的足迹具有重大价值,而吉利品牌在北美洲和欧洲没有任何知名度。从本质上讲,该公司认识到,尽管有全球性的雄心,但全球汽车行业仍存在地区差异,利用沃尔沃的品牌力量可以促进在中国以外的销售。

12.1 战略与企业

在讨论跨国企业的管理者可以采取的战略之前，我们需要来回顾战略的一些基本原理。企业的**战略**（strategy）可以被定义为管理者为达到企业目标而采取的行动。对于大多数企业来说，其首要的目标就是使企业的所有人和股东的价值最大化（受到非常重要的限制，即以合乎法律、合乎道德、合乎社会责任的方式实现，详见第5章）。要使股东的价值最大化，管理者必须随着时间的推移不断采取能提高企业利润率和利润增长率的战略（见图12-1）。**利润率**（profitability）可以由若干方式来衡量，不过为保持一致性，我们把它定义为企业所投入的资本回报率，由企业的净利润除以总投资资本而得。**利润增长率**（profit growth）由随着时间推移净利润增长的百分比计量。一般来说，较高的利润率和较高的利润增长率会增加企业的价值，从而增加其所有人即股东所获得的回报。

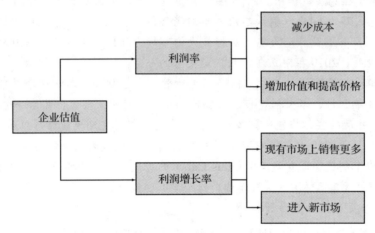

图12-1　企业价值的决定因素

通过采用降低成本的战略，或者采用增加企业产品价值从使企业能提高产品价格的战略，管理者可以提高企业的利润率。管理者可以通过在原有市场上销售更多的产品，或通过采用进入新市场的战略，久而久之，可以提高企业利润增长率。我们将看到，随着时间的推移，全球扩张可以帮助管理者提高企业的利润率和利润增长率。

12.1.1　价值创造

提高企业盈利能力的方式是创造更多的价值。企业所创造的价值量是由生产成本与消费者对其产品的感知价值的差来度量的。一般来说，顾客对企业产品的估值越高，企业就可以对这些产品制定更高的价格。不过，企业对其产品或服务所收取的价格通常低于顾客对这些产品和服务的价值评价，这是因为这样做顾客就能得到经济学家所说的"消费者剩余"价值。顾客能得到这部分价值，是因为企业在与其他企业争夺顾客，所以企业收取的价格必须低于作为垄断者所能收取的价格。此外，把市场细分为如下程度通常也不可能：企业对每位顾客收取能反映个人对产品价值评价的价格，经济学家称这种价格为顾客的保留价格。出于这些原因，企业所收取的价格通常低于许多购买产品的顾客对其产品的估价。

图12-2描述了这些概念：产品对于普通消费者的价值为V；考虑到企业的竞争压力与企业分割市场的能力，企业对该产品从消费者那里所能收取的平均价格为P；生产该产品的平均单位成本为C（C包含所有相关成本，包括企业的资本成本）。企业每单位销售利润（π）就等于$P-C$，同时，每单位消费者剩余等于$V-P$（看待消费者剩余的另一种方式为"物有所值"：消费者剩余越大，消费者付出的钱所得到的价值越大）。只要$P>C$，企业即可获得利润，C比P低得越多，利润就越大。V和P的差额部分由市场上的竞争压力决定，竞争压力越小，就可向消费者收取相对于V越高的价格P。总的来说，在其他条件相等的情况下，企业每单位销售利润越高，其利润率就越高。

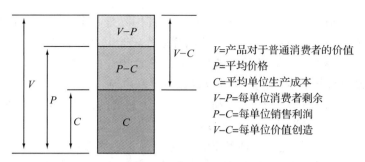

图 12-2　价值创造

企业的**价值创造**（value creation）是由 V 与 C 之间的差（$V-C$）来度量的；公司通过把成本为 C 的投入转换成消费者感知价值为 V 的产品来创造价值。通过降低生产成本 C，或者通过更优的设计、款式、功能、特色、可靠性、售后服务等使产品更具吸引力，让消费者认定更大的价值（V 增加），从而愿意付出更高的价格（P 增加），企业就可以创造更多的价值（$V-C$）。这一讨论显示，当企业以较低的成本为消费者创造更多的价值时，能获得更高的利润。我们称专注于降低成本的战略为低成本战略，专注于提高产品吸引力的战略为差异化战略。

迈克尔·波特认为，低成本战略和差异化战略是创造价值并获得行业竞争优势的两种基本战略。按照波特的看法，要获得超额利润，企业需要创造更大的价值。而创造更大的价值的方法是优化企业的成本结构，或者以某种方式使产品差异化，从而使消费者对其估价更高并愿意支付更高的价格。优于竞争对手的价值创造并不要求企业在行业中具有最低的成本结构，或者是创造出消费者眼中最有价值的产品。不过，它的确要求产品价值（V）与产品成本（C）之间的差要大于竞争者所获得的价值成本差。

12.1.2　战略定位

波特指出，企业明确在价值创造（差异化）与降低成本方面的战略重点选择，并且部署支持这一战略重点的内部运营是很重要的。图 12-3 阐明了他的观点。图 12-3 的凸曲线是经济学家所称的"效率边界"（或生产可能性边界）。假设企业可以有效部署内部运营，效率边界这条曲线显示了一家企业所能采取的增加产品价值（V）和降低成本（C）两种战略的所有组合（注意图 12-3 中横轴的刻度，沿着轴线向右移动意味着成本变低）。效率边界是凸形的，是因为报酬递减。递减的报酬意味着当一家企业已经在其产品中建立了很大的价值时，增加相对较小的价值都要求付出较大的额外成本。反过来也可以说，当一家企业已经有了较低的成本结构时，它必须放弃产品中更多的价值才能使额外成本降低。

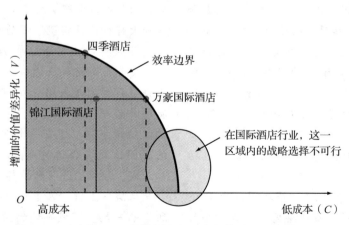

图 12-3　国际酒店行业中的战略选择

图 12-3 描绘了三家在全球经营的受国际旅游者欢迎的酒店企业：加拿大的四季酒店、美国的万豪国际酒店以及中国的锦江国际。四季酒店将自己定位于豪华连锁酒店，注重所提供的产品的价值，这提高了它的经营成

本。万豪国际酒店提供的大部分服务都是中档市场上的，锦江国际是一个价格亲民的酒店。从图12-3可以看出四季酒店和万豪国际酒店在效率边界上，表明它们的内部运作符合其战略且在有效经营。锦江国际酒店在边界内，说明它不是在以其能达到的效率有效经营，成本过高。这意味着它不像四季酒店和万豪国际酒店那么赢利，其管理人员必须采取措施改善公司的业绩，并使其位置移向效率边界。

波特强调，由管理层来决定公司在价值（V）和成本（C）上想要的定位，并相应部署内部运营，进行有效管理，以确保企业正在效率边界上运营，这是极其重要的。

基本的战略框架的一个中心宗旨是，为使利润最大化，企业必须做到三点：①在效率边界上找一个位置，这一位置应该是切实可行的，即有足够的需求支持这一选择；②部署支持这一战略组合的内部运营，包括生产、营销、物流、信息系统、人力资源等；③确保企业具有正确的组织结构来实施这一战略。如果想要获得竞争优势并取得高额利润，企业的战略、运营、组织必须相互协调一致。运营是指企业进行的各种价值创造活动，下一节我们将讨论这一概念。管理聚焦12-1说明了百威英博是如何通过采用以盈利能力最大化为中心的战略范式，在全球啤酒行业创造价值的。

◎ 管理聚焦 12-1

百威英博：全球啤酒，创造价值

百威英博（AB InBev）公司听起来可能不是每人都熟悉，但它的完整名字对某些人尤其是世界上热爱啤酒的人群来说可能会更熟悉。安海斯－布希英博（Anheuser-Busch InBev）起源于比利时鲁汶的登霍恩啤酒厂（可追溯至1366年），以及自1852年起，起源于密苏里州圣路易斯的安海斯啤酒厂的开拓精神。如今，百威英博是全球领先的啤酒厂和世界顶级的消费品公司之一。

百威英博在25个国家开展业务，在100多个国家销售，年收入440亿美元，员工15.5万人，在前十大最有价值啤酒品牌中占有7个。这7个品牌分别是：百威、百威淡啤、时代、狮威、科罗纳、梵天和莫代尔特制。百威、科罗纳和时代被称为"全球品牌"，而贝克、莱福和福佳白则被视为百威英博品牌组合中的"国际品牌"。该公司还拥有15个"本地冠军"，代表着在各自本地市场的领先地位。这些本土品牌包括Jupiler（比利时最受欢迎的啤酒）、Quillmes（1890年以来源自阿根廷的拉格啤酒）和哈尔滨（来自中国东北最古老的啤酒厂）等。百威英博的产品组合总共包括200多个品牌。

百威英博拥有200多个品牌，并在国际上广泛覆盖不同品牌，从战略上讲，百威英博是一家独特且高度组织的全球公司。首席执行官卡洛斯·布里托（Carlos Brito）和董事会主席奥利维尔·古迪（Olivier Goudet）表示，公司的目标是在未来100年内打造一家伟大、持久的公司。核心管理团队由1位首席执行官、9名执行董事和6名区域总裁组成。6名区域总裁分别负责南拉丁美洲、北拉丁美洲、亚太地区、北美洲、墨西哥和欧洲。

通过这种管理结构，百威英博通过组织成长和精选的增值收购，在全球重要的啤酒利润市场上建立了领先地位。该公司遵循专注品牌战略，其中大部分资源用于那些具有最大长期增长潜力的品牌。品牌背后的投资由严格的成本管理和效率方法推动。百威英博在行业领先的利润率和现金流的产生方面有着良好的业绩记录。2015年，这推动该公司的三个全球品牌（百威、科罗纳和时代）增长了12.6%，并在北美洲和拉丁美洲大部分地区实现了强劲的盈利。

百威英博公司全球战略的基础是公司的"梦想－人－文化"的方法。其目标是，尽管百威英博在世界上许多国家都有业务，拥有不同的民族文化，但百威英博作为一家公司运营，用一个梦想和一种文化将它们团结在一起。还有一个重点是，让合适的人在合适的时间出现在合适的地点。这种文化建立在所有权、非正式、坦率、透明和精英管理的基础上。

从战略上讲，百威英博拥有10条原则来驱动他们所做的一切。百威英博的核心是一个共同的梦想，这个梦想激励着每个人朝着同一个方向努力，即成为世界上最好的啤酒公司，让人们团结在一起，并渴望世界变得更美好。其他原则包括人员优势、团队质量、努力提高满意度、以消费者为中心、所有权、常识和简单性、成本管理、领导力以及努力工作和责任。

资源来源：D. Leonard, "Can Craft Beer Survive AB InBev?" *Bloomberg Business*, June 25, 2015; V. Wong, "Why AB InBev and Big Brewers Are Betting on Hard Cider," *Bloomberg Business*, May 13, 2013; J. Colley, "The Big Beer Merger Won't Bring Down the Price of a Pint," *Newsweek*, October 18, 2015; C. Purdy, "There's a Less Obvious Reason Why AB InBev Is Buying Up Craft Breweries," *Quartz*, December 23, 2015; *AB InBev Annual Report 2015*, http://annualreport.ab-inbev.com.

12.1.3 运营：企业的价值链

企业的**运营**（operations）可被看作由包括生产、营销和销售、材料管理、研发、人力资源、信息系统和企业基础设施在内的一系列不同的价值创造活动所构成的价值链。我们可以把这些价值创造活动或运营分为基本活动和支持活动（见图 12-4）。如上所述，如果一家企业要有效实施其战略，在如图 12-3 所示的效率边界上找准定位，它必须有效地并以与其战略一致的方式管理这些活动。

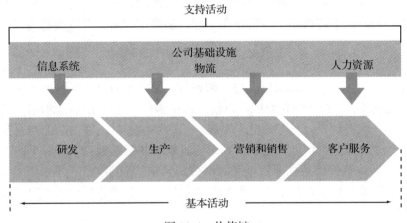

图 12-4 价值链

1. 基本活动

企业的基本活动包括产品的设计、制造与配送、产品营销及其支持和售后服务。按照通常的做法，在图 12-4 所描述的价值链上，基本活动被分为 4 个功能：研发、生产、营销和销售以及客户服务。

研发关注的是产品的设计与生产流程。尽管我们认为研发是与制造企业实物产品的设计和生产流程有关的，但许多服务性企业也进行研发。例如，银行通过研发新的金融产品以及以新的方式将那些产品提供给客户来相互竞争。网络银行和智能借记卡就是银行业研发新产品的两个例子，早期银行业创新的例子包括自动出纳机、信用卡和借记卡。通过卓越的产品设计，研发可以增加产品的功能性，使它们对消费者更具吸引力（增加 V）。另外，研发可以带来更有效的生产流程，进而可以降低成本（降低 C）。无论通过两种方式中的哪一种，研发功能都可以创造价值。

生产与产品或服务的创造有关。对于实物产品而言，当说到生产时，一般指的是制造，所以我们可以将汽车生产称为汽车制造。对于银行业或医疗保健等服务业而言，"生产"通常发生在为客户提供服务时（例如，当银行为客户办理一项贷款时，就是在从事贷款的"生产"）。对于像沃尔玛这样的零售商来说，生产包括挑选商品、商店备货、在收款处把交易款项记入现金出纳机。对于 MTV 来说，生产与内容的创作、编排和播放有关，如《真实世界》（*The Real World*）。企业通过有效地完成其活动以降低成本（C 更低），或者通过生产质量更高的产品（形成更高的 V）的生产活动来创造价值。

企业的营销和销售部门可以通过几种方式来创造价值。通过品牌定位和广告宣传，营销部门可以增加消费者认同的包含在产品中的价值。如果使消费者对企业产品形成了良好的印象，企业就可以提升对该产品的定价。例如，福特生产了一款高价值的 SUV 福特远征者车型，这款车在销售时被冠名为林肯领航员且定价比传统福特远征者车高。它具有与传统福特远征者车同样的车身、发动机、底盘和设计，但通过巧妙的广告宣传和营销推广,再辅之以些许较小的性能改变(如更多的车饰及增加林肯款发动机格栅和铭牌),福特公司让人们觉得林肯领航员是一款"豪华SUV"。这一营销策略提升了林肯领航员相对于福特远征者的感知价值(V),使得福特可以以更高的价格(P)出售这款车。

营销和销售也能通过发现消费者的需求和将与消费者沟通所获得的信息反馈给企业的研发部门,以使其更好地设计迎合这些需求的产品来创造价值。例如,世界上最大的制药公司辉瑞公司研究预算的分配是由营销部门对医药需求潜在市场规模的评估决定的。因此,目前辉瑞正拨出大笔资金用于研发工作,以期研发治疗阿尔茨海默病的药物,这一行动的主要原因是营销部门已确认,在世界上人口步入老龄化的国家,对阿尔茨海默病的治疗是一个未满足的医疗需求。

企业的客户服务活动的作用是提供售后服务与支持,这一部门在客户购买产品之后为客户提供支持服务从而解决他们的问题,在消费者心中创造出物超所值(V)的感觉。例如,卡特彼勒是美国的一家重型推土设备制造商,它可以在24小时之内把零件送达世界的任何地点。所以,当客户的卡特彼勒设备出故障时,公司可以把它们不得不忍受的停工时间降到最短。在一个停工成本十分高的行业里,这是一种极有价值的能力。它有助于提高价值,又因为客户将其同卡特彼勒产品联系在一起,从而也有助于卡特彼勒提高对它的产品所能收取的价格。

2. 支持活动

价值链上的支持活动提供了让基本活动得以进行的条件(见图12-4)。在获得竞争优势方面,支持活动即便不比企业的基本活动更重要,也是同等重要的。以信息系统为例,这些系统指的是用于存货管理、销售追踪、产品定价、产品销售、客户服务调查处理等的电子系统。信息系统和网络通信功能结合起来,可以改善企业管理其他价值创造活动的效率和效果。例如,戴尔就利用信息系统获得了领先竞争对手的竞争优势。当客户在戴尔的网站上订购戴尔产品时,这一信息立即通过互联网传递到供货商那里,后者做出生产及运送产品的计划,以便产品在恰当的时间到达恰当的组装厂。这一系统使戴尔的产品在组装厂存放的时间减少到两天以下,这是节省成本的一个主要来源。

物流功能控制着价值链上实物材料的传送,即从采购到生产最后到配送。高效地完成这一过程可以极大地减少价值创造的成本(降低C),从而创造更多的价值。在许多企业,物流系统和信息系统的结合是特别重要的节省成本的来源。例如,戴尔可以利用信息系统实时了解其零配件处于全球物流网的哪个位置,将何时到达装配厂,从而有效规划生产。

人力资源功能可以通过几种方式帮助企业创造更多的价值。它保证了企业技能人员的正确组合来有效完成价值创造活动,还保证了雇员在完成价值创造任务方面训练有素、有工作动力并获得相应的报酬。跨国公司在利用人力资源提升企业的竞争地位方面,可以利用它的跨国影响力识别、招聘及培训有技能的经理人骨干队伍。在该经理人骨干队伍中,无论应聘者是何国籍,都可以担任高级管理职位。因而,企业可以从世界各地挖掘最优秀的人才。的确,随着不同国别背景的经理人升至高级领导职位,跨国公司的高级管理层越来越多样化。

最后一项支持活动是公司的基础设施,即所有其他价值创造活动得以发生的环境。基础设施包括组织结构、控制系统以及企业文化。因为高管层能对企业这些方面的构成施加相当大的影响,所以高管层也应被视为企业基础设施的一部分。通过强有力的领导,高管层可以有意识地塑造企业的基础设施,并通过这些基础设施塑造所有的价值创造活动的表现。

3. 组织:战略的实施

企业的战略是通过其组织实施的。具有较高投入资本回报率的企业,其组织必须支持其战略与运营。**组织架构**(organization architecture)指的是企业组织总体,包括正式组织结构、激励与控制、组织文化、流程以及人员。图12-5展示了这些不同元素。**组织结构**(organizational structure)有三种含义:第一,企业正式划分的下级单位,如生产部门、国内运营以及各种职能部门(大多数组织图表展示了组织结构的这一方面);第二,机构内决策制定责任的划定(如集权或分权);第三,建立整合机制以协调下级单位的活动,包括跨职能部门团队和

（或）泛地区委员会。

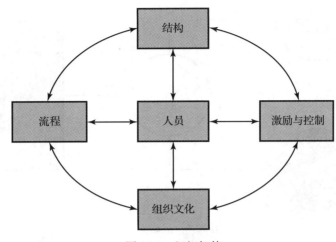

图12-5　组织架构

控制（control）是衡量下级单位业绩及评判管理人员经营这些单位好坏的标准。**激励**（incentive）是用于奖励适当管理行为的措施。激励同业绩度量标准紧密联系在一起。例如，对一位负责全球运营的子公司经理的激励措施可能会和该公司的业绩联系在一起。特别是，如果子公司的业绩超过了预期设定的目标，她就能得到奖金。

流程（processes）是指组织内决策得以制定、工作得以完成的方式，如战略制定流程、开发新产品流程、企业内资源配置决策流程、经理人业绩评估和反馈流程。工作流程在概念上区别于机构内决策责任的划定，尽管两者都包括决策。虽然首席执行官可能最终负责决定企业的战略（决策制定责任的集中化），但他做出该决定的流程可能包括征询下级管理人员的想法。

组织文化（organizational culture）是一个组织内所有员工共享的规范和价值体系。正如社会有文化一样（详见第4章），组织也有文化。组织就是由为完成共同的任务而聚到一起的个人所构成的集体。它们有自己特有的文化和亚文化模式。正如我们将要看到的，组织文化对企业如何运营具有深远的影响。最后，**人员**（people）不仅指组织内的员工，还指用于招聘、补偿及留住这些个人的策略以及人员在技能、价值及取向方面的类型（第17章将深入讨论）。

如图12-5中的箭头所示，组织架构的各个组成部分并不是相互独立的，每一个组成部分都与其他部分相互影响。关于人员战略的例子可以明确地说明这一点。企业在招聘时会主动地雇用那些内在价值与企业在其组织文化中所强调的价值相符的人员，因此组织架构中的人员构成可以被用来强化（或弱化）组织的主流文化。如果一家企业要使自己的盈利能力最大化，那么它必须密切关注架构内部各个组成部分之间的内在一致性，其架构也必须支持整个公司的战略及其运营。

4. 战略契合

总之，正如我们不断强调的，企业要获得优良的业绩和高额的资本回报，在一定的市场条件下（必须有足够的需求支持这一战略选择），其战略（效率边界上的理想战略位置）必须是合理的。企业运营的方式必须能支持企业的战略，且企业的组织架构必须与企业的运营和战略相匹配。换句话说，如图12-6所示，市场条件、战略、运营和组织架构必须相互协调一致或相互适应，这样企业才能取得优良业绩。

当然，情况比如图12-6所示的更为复杂，例如，企业可以通过战略选择影响市场条件，它可以通过利用核心技能创造新的市场机遇来创造需求。此外，如果新技术、诸如放松管制这样的政府行为、人口分布或社会趋势等造成市场条件的改变，企业的战略就可能不再适合该市场。在这样一些情况下，企业必须改变战略、运营和组织以适应新的现实，这是一个极为艰难的挑战。最后但绝不是最不重要的，国际扩张给企业所面临的挑战又增加了一层复杂性。我们现在来考察这一点。

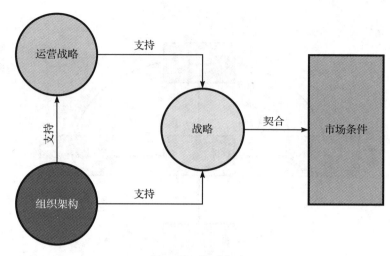

图 12-6　战略契合

12.2　全球扩张、盈利能力与利润增长

向全球扩张是企业增加利润、提高利润增长率的一种方式，这对于纯粹的国内企业来说是不可能实现的。全球运营的企业可以：

- 通过把产品销往国际市场为其国内产品扩大市场；
- 通过把价值创造活动分散到全球可以最有效果、最有效率实施的地方来实现区位经济；
- 通过在一个中心位置为需求巨大的全球市场提供产品或服务，从经验曲线效应中实现更大的成本经济，从而降低价值创造的成本；
- 利用在海外经营中开发的有价值的技能并将其转移到企业全球经营网中的其他实体来获得更大的回报。

不过，正如我们将要看到的，企业通过采用这些战略增加盈利以及提升利润增长的能力受到限制，即需要特别调整产品提供、营销战略、业务战略以适应不同国家或地区的条件，也就是受到本土化需要的限制。

12.2.1　扩张市场：利用产品和核心能力

企业可以通过在国内研发产品和服务然后进行国际销售来提高利润增长率。几乎所有跨国公司都是这样开始的。例如，宝洁公司在美国研发大部分畅销产品，如尿不湿、象牙牌香皂等，然后卖往全世界。类似地，尽管微软公司在美国研发软件，但从很早以前，该公司就开始着重在国际市场销售软件。像大众和丰田这样的汽车公司也是通过在国内研发产品然后销往国际市场发展起来的。如果公司进入的国家国内竞争者缺乏可比产品，那么由这种战略产生的回报可能会更大。所以，丰田公司通过进入北美洲和欧洲汽车市场，以优越的质量和性能提供与当地竞争者（福特公司和通用公司）不同的产品，来增加其利润。

许多以这种方式扩张的跨国公司的成功不仅依赖于它们在国外销售的产品和服务，而且依赖于使研发、生产、营销和销售这些产品或服务得以进行的核心能力。**核心能力**（core competence）指的是竞争对手无法与之匹敌或无法轻易模仿的存在于企业内部的技能。这些技能可能存在于企业价值创造活动中的任何一个环节，如生产、营销、研发、人力资源、物流、一般管理等。这些技能通常体现在所生产的产品中，其他企业很难与之匹敌或模仿。因而，核心能力是企业获得竞争优势的基础，它们使得企业能够降低价值创造的成本，或者创造更高的感知价值使得价格可被提高。例如，丰田公司在汽车制造方面有核心能力，它能够以比世界其他任何企业更低的成本生产高质量、设计精美的汽车。使丰田公司能做到这点的能力似乎主要存在于企业的生产和物流职能中。类似地，宜家的核心能力在于它对家具的设计，它设计的家具时尚又实惠，并且能够以低成本生产，可进行平板包装；麦当劳在管理快餐经营上有核心能力（它似乎是世界上这一行业中最有技能的企业之一）；宝洁公司在研发和营销名牌消费品上有核心能力（它是世界上这一行业中最有技能的企业之一）。

从定义上来说，核心能力是企业竞争优势的来源，但是像丰田和宝洁这样的制造业公司，其全球扩张的成功就不仅基于研发产品并在国外上市场销售，还基于其把核心能力转移到缺乏这些能力的本土竞争者所在的国外市场。一个经济体中的服务部门，如金融机构、零售商、餐饮连锁、酒店业等同样如此。扩大服务市场常常意味着在外国复制自己的经营模式（尽管会有些改变以适应当地的差异，这点我们稍后会详细讨论）。例如，星巴克和宜家在美国和瑞典之外的快速扩张，就是以在美国使用的基本商业模式为蓝本来开展国际业务的。

12.2.2 区位经济

我们从前面的章节中了解到：各国在许多方面是不同的，包括经济、政治、法律和文化，这些差异既可以提高也可以降低在一个国家做生意的成本。我们还从国际贸易理论中得知：由于要素成本的差异，某些国家在生产某些产品方面有比较优势。日本在生产汽车和日用电子产品方面出类拔萃，美国在生产计算机软件、药物、生物技术产品和金融服务方面胜过他国，瑞士在生产精密仪器和药物方面技高一筹，韩国在生产半导体产品方面占有优势，孟加拉国在生产服装方面占有优势。

对于在充满竞争的全球市场中努力求生的企业来说，这意味着如果贸易壁垒和运输成本允许，企业将会通过把每一种价值创造活动安排在经济、政治和文化条件（包括相关要素成本）最有利于该项活动实施的地区来获益。所以，如果一种产品的最佳设计师在法国，企业应该将设计机构设在法国；如果进行装配生产，生产率最高的劳动力在墨西哥，装配活动就应该在墨西哥进行；如果最好的营销商在美国，营销战略就应该在美国形成；依此类推。

采取这样一种战略的企业会实现区位经济。**区位经济**（location economies）是指无论在世界的哪个地方，只要贸易壁垒和运输成本允许，在最适合某一活动的地点进行价值创造活动所获得的经济收益。把一种价值创造活动放置于最适宜该项活动的地点，可以产生两种效果中的一种。一种效果是降低价值创造的成本，并帮助企业取得低成本优势地位；另一种效果是使企业的产品区别于竞争者的产品。按照图12-2，它可以降低 C 和/或者提高 V（这一般会支持更高的定价），这两者都会提高企业的盈利能力。

关于这如何在国际商务中起作用，可以参考视明眼镜公司（Clear Vision Co.）的例子。视明眼镜公司是由戴维·格拉斯曼（David Glassman）创建的眼镜制造商和经销商。这家企业如今的年总收入超过了1亿美元，既不算太小，也不算太大。视明眼镜公司是一家在三个洲建有生产设施的跨国公司，其客户遍布世界各地。它开始朝跨国企业迈进是在其销售额不到2 000万美元的时候。当时坚挺的美元使得在美国本土进行生产成本非常高。低价格的进口产品占据了美国眼镜市场的较大份额，视明眼镜公司意识到除非它也开始进口，否则它将无法生存下去。起初，公司从独立的海外制造商那里购买产品，主要是从中国香港地区购买。然而后来，公司开始对这些供应商的产品质量和送货感到不满意了。随着视明眼镜公司进口量的增加，格拉斯曼认为，保证质量和送货的最好办法是建立视明眼镜公司自己的海外企业。于是视明眼镜公司找了一个中国的合伙方，它们一起在中国香港地区开了一家制造厂，其中视明眼镜公司是大股东。

选择中国香港地区作为生产地是考虑到其低廉的劳动力成本、熟练的劳工和香港当局所给予的税收减免。此时公司的目标是通过把价值创造活动安排到合适的地区来降低生产成本。不过几年之后，香港的日益工业化和劳工越来越短缺使得工资上涨了很多，它已经不再是"低成本"的地方了。为了解决这一问题，视明眼镜公司和它的中国合伙方把部分生产转移到了中国内地以利用那里较低的工资率。同样，这一转移的目的是降低生产成本。在这家内地工厂生产的眼镜框的零部件被运到香港工厂进行最后的组装，然后运往北美洲和南美洲的市场。香港工厂现在雇用80位员工，内地工厂有三四百人。

与此同时，视明眼镜公司还开始寻找机会在享有时尚设计和高品质盛誉的外国眼镜企业中投资。它的目的不是降低制造成本，而是研发一系列高品质的与众不同的"设计师"眼镜。视明眼镜公司内部没有设计能力来支持研发这样一个系列，但格拉斯曼知道哪些外国制造商有这样的能力。于是，视明眼镜公司在日本、法国和意大利的工厂投资，在每一个工厂拥有少量股份。这些工厂现在为视明眼镜公司专营高价的设计师眼镜的Status

Eye 分公司提供眼镜。

为应对来自外国（和地区）的竞争，视明眼镜公司运用了旨在降低成本（降低 C）的策略，即将其生产从高成本地区美国转移到低成本地区，随后它又采用了旨在增加产品感知价值（增加 V）的策略以便能收取溢价（P）。意识到眼镜的溢价取决于优越的设计，视明眼镜公司又在享有卓越设计盛誉的法国、意大利和日本投资。总之，视明眼镜公司的战略包括采取旨在降低价值创造成本的行动和旨在通过差异化提高产品感知价值的行动。总的目标是增加视明眼镜公司所创造的价值，从而提高企业的盈利能力。只要这些战略成功，公司就可以获得比它仍在美国制造眼镜更高的利润率和更强的盈利能力。

1. 建立全球网

从视明眼镜公司的例子可以概括出，这种考虑的一个结果是建立价值创造活动的**全球网**（global web），价值链的各个阶段分散在全球那些可以将感知价值最大化或价值创造活动成本最小化的地方。我们看看联想集团 ThinkPad 笔记本电脑的例子（联想集团是中国的一家计算机公司，收购了 IBM 的个人计算机业务）。这款产品是在美国由工程师设计的，因为美国是全球从事基础设计工作的最佳地区之一。计算机外壳、键盘、硬盘在泰国制造，显示屏、内存在韩国生产，内置无线网卡在马来西亚生产，微处理器在美国生产。在每一种情况下，这些零配件都是在现有要素成本最优的地区制造和供应的。然后，这些零配件被运往中国的组装厂，在那里组装，然后运往美国销售。联想集团在墨西哥进行组装，是因为管理层经计算认为那里低价的劳动力可以使组装成本最小化。针对北美洲的营销和销售战略由联想集团在美国员工策划，因为他们对当地市场足够了解，美国员工可以比其他地区的员工为产品增加更多的价值。

理论上，通过把每种价值创造活动分散到最优的地方来实现区位经济的企业，同把价值创造活动都集中在一个地方的企业相比，应该更具有竞争优势。它应该能够比后者在使产品差异化（因而提升感知价值 V）及降低成本（C）方面做得更好。在竞争压力日益加剧的世界，这样的战略可能对企业的生存极为重要。

2. 一些告诫

引入运输成本和贸易壁垒会使情况复杂化。由于有利的要素禀赋，新西兰在汽车装配活动方面可能具有比较优势，但高昂的运输成本会使得当新西兰服务于全球市场时它就变成了一个"不经济"的地方。另一个告诫是在做选址决定时评估政治和经济风险的重要性。即使用所有标准来衡量某个国家看起来它都是一个极具吸引力的生产地，但如果其政府不稳定或者是极权主义政府，企业可能会被告诫不要把生产地建在那里（政治风险见第 3 章）。类似地，如果政府采取的是不恰当的可能会导致外汇风险的经济政策，那也是不在那里建立生产设施的理由，即便该国其他要素看起来很有利。

12.2.3 经验效应

经验曲线（experience curve）指的是在产品生命周期内所观察到的生产成本的系统性降低。一些研究观察到，几乎每次累计产量翻番时，产品的生产成本就会下降一些。这一关系是在飞机产业首次观察到的，每次飞机机体的累计产量翻番时，单位成本通常下降到原来水平的 80%。于是，第 4 架机体的生产成本就会是第 2 架机体的 80%，第 8 架机体的生产成本是第 4 架的 80%，第 16 架机体的生产成本是第 8 架的 80%，依此类推。图 12-7 描绘了单位生产成本和累计产量（是指随着时间的推移累计的产量，而不是指在任意时间段内的产量，如一年的产量）的关系。两件事情解释了这一点：学习效应和规模经济。

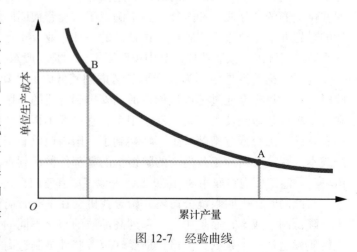

图 12-7 经验曲线

1. 学习效应

学习效应（learning effect）指的是从干中学而产生的成本节省。例如，劳动者通过重复完成一项任务（比如组装飞机机体）来学习是最有效的。当个人逐渐掌握如何最有效地完成一项工作时，劳动生产率随之提高。同样重要的是，在新的生产设施中，管理部门通常会随着时间的推移逐渐学会如何更有效地管理新的业务。这样，由于劳动生产率和管理效率的提高，生产成本就会降下来，于是企业的盈利能力就提高了。

当重复一项在技术上较为复杂的任务时，学习效应往往更有意义，因为关于这项任务所需要学习的东西更多。因此，学习效应在涉及1 000个复杂步骤的组装程序中比在只涉及100个简单步骤的程序中更有意义。但是，无论这项任务有多么复杂，学习效应在一段时间之后就消失了。有人认为，学习效应只在新工序的起始阶段才重要，两三年后就没有作用了。在这一点之后，任何经验曲线的下降都是由于规模经济。

2. 规模经济

规模经济（economies of scale）指的是由于产品的大量生产而实现的单位成本的下降。获得规模经济可以降低企业的单位成本，提高盈利能力。规模经济的来源很多，其中一个是把固定成本分摊到大量的产品上的能力。固定成本是建立生产设施、开发新产品等所需要的成本，这些成本可能很高。例如，建立一个新的半导体芯片的生产线的固定成本现在要超过10亿美元。类似地，据估计，研发一种新药并投放到市场大约要花8亿美元和12年的时间。补偿如此高的固定成本的唯一方法是把产品销往全世界，通过把固定成本分散到大量的产品上来降低单位成本。销售量累计得越迅速，固定成本就分摊得越快，单位成本也就下降得越快。

如果不服务于全球市场，企业就可能无法获得有效的生产规模。例如，在汽车行业，一个工厂的有效规模是每年要生产约20万辆。汽车公司可能宁愿每家工厂生产一种型号，因为这可以消除从生产一种型号转换到生产另一种型号的成本。如果不能达到年产20万辆的生产量，就会使平均单位成本上升，然而国内对某某型号汽车的需求每年只有10万辆。通过同时服务于国际市场，公司就可以使年产量达到20万辆，从而获得较大的规模经济、降低单位成本以及提高盈利能力。通过利用其生产设施服务于国内和国际市场，企业可以更充分地利用这些生产设施。例如，如果英特尔公司只在美国销售微处理器，它的工厂员工就只需要上一个班次，一周工作五天，而若要通过这些工厂服务于国际市场，英特尔公司就可以更充分地利用它的生产资产，这又会转化成更高的资本生产率和更强的盈利能力。

最后，因为全球销售扩大了企业的规模，所以它同供货商议价的能力也提高了。这使得它在采购时也能获得规模经济，通过讨价还价压低重要投入的成本从而提高盈利能力。例如，沃尔玛就一直能够利用它巨大的销售量来作为筹码，与在其店铺销售商品的供货商讨价还价，从而压低价格。

3. 战略意义

经验曲线的战略意义是很清楚的。沿经验曲线向下移动会使企业降低价值创造的成本（图12-2中降低C）并提高盈利能力，沿经验曲线向下移动最快的企业与其竞争对手相比会具有成本优势。所以，图12-7中的企业A由于沿经验曲线向下移动得更快，因此相对于企业B，它具有明显的成本优势。

基于经验的成本经济大部分来源于工厂。大多数学习效应，以及通过把建立生产能力的固定成本分散到大量的产品上来达到有效的产量规模，或通过更充分地利用厂房设施来实现规模经济，都是如此，所以使经验曲线尽快向下移动的关键是尽快提高单个工厂的生产量。全球市场比国内市场更大，从单一区位服务于全球市场的企业，有可能比只服务于国内市场的企业或者从全球多个生产地服务于全球多个市场的企业更快地建立起累积量。因而，从单一生产地服务于全球市场同经验曲线向下移动及建立低成本地位是一致的。此外，要使经验曲线迅速下移，企业必须在定价和销售上非常积极进取，才能使需求迅速扩大，同时还需要具备足够的生产能力以便为全球市场服务。另外，如果该区位是实施价值创造活动的最佳区位，那么从单一区位服务于全球市场的成本优势将会更有意义。

一旦企业确立了低成本地位，它对新的竞争者来说就成为一个障碍。特别地，一个在经验曲线上非常靠下的企业，如图12-7中的企业A，可以把价格定在自己仍然有钱可赚的水平，而在经验曲线非常靠上位置的新进入者，在这样的价格上则会赔钱。英特尔就擅长使用这种策略。新建一个最先进的设备来生产微处理器的成本极高（现在约为50亿美元），以至于要使这项投资得到回报，英特尔必须寻求经验曲线效应，利用其有限数量的工厂为世界市场提供产品，通过规模经济和学习效应来实现成本经济。

12.2.4　利用子公司的技能

我们之前在讨论核心能力时暗含着这样一种观点：有价值的技能最早在母国开发，然后转移到国外公司。不过，对于更为成熟的跨国公司来说，它们已经在国外市场上建立起了子公司网，有价值的技能也可以在海外子公司被开发出来。在跨国公司的全球经营网络中，只要员工拥有机会去尝试新的事物并且获得激励，技能就可以在任何地方被创造出来。创造那些有助于降低生产成本或提高感知价值并支持更高产品定价的技能，并不是只有母公司才能做到。

利用在子公司创造出的技能并将其运用到企业全球网络的经营中也可以创造价值。例如，麦当劳越来越发现其海外特许经营商是产生有价值的新点子的源泉。由于在法国业绩增长缓慢，其法国的特许经营商不仅开始尝试改变菜谱，而且改变快餐店的设计和主题，去掉了无处不在的金色拱门和桌椅，改变了作为快餐巨头所具有的其他固有特征。现在，法国的许多麦当劳快餐店都是硬木地板，有裸露的砖墙，甚至还有扶手椅。菜单也改变了，里面有主要的汉堡，如佛卡夏鸡肉面包，定价要比一般的汉堡高30%。至少在法国，这一战略似乎有效。做出这些改变之后，同样的餐店，年销售额增长率从1%上升至3.4%，现在法国是麦当劳第二大市场。被这一影响所触动，麦当劳的高管现在正考虑在麦当劳的其他一些快餐店也做出类似的改变，这些快餐店（包括在美国的）销售额的增长处于停滞状态。

对于跨国公司的管理者，这一现象成了重要的新挑战。首先，他们必须虚心地认识到，提高竞争力的有价值的技能可以在企业全球网络里的任何地方产生，并非只是在公司中心。其次，他们必须确定一种激励机制，以鼓励当地雇员获得新技能。这并不像听起来那么容易，创造新技能会有一定程度的风险，并非所有新技能都能增加价值。麦当劳海外分支机构提出的每一个有价值的想法，都是在经历若干次的失败之后才产生的。跨国公司的管理者必须确立激励机制，以鼓励雇员承担必要的风险。他们必须奖励成功者，对不成功的承担风险者没必要制裁。再次，管理者必须有一种方法，用于识别子公司是何时创造出有价值的技能的。最后，他们需要起推动作用，以帮助在企业内部转移有价值的技能。

12.2.5　盈利能力与利润增长总结

我们看到了进行全球扩张的企业是如何提高它们的盈利能力和利润增长率的，它们采用的方式是进入本土竞争者缺乏类似能力的新兴市场、通过获得区位经济降低成本并增加产品价值、利用经验曲线效应以及在企业的全球子公司网络间转移有价值的技能。为表述完整，需要注意的是，提高盈利能力的战略也可能扩大企业的生意，因而使得它能获得更高的利润增长。例如，通过同时实现区位经济和经验曲线效应，企业可能以较低的单位成本生产出具有更高价值的产品，从而提高盈利能力。产品感知价值的提升也可能吸引更多的消费者，从而增加收入和利润。此外，企业管理者可能不是用提升价格来反映产品较高的感知价值，而是选择维持低价以增加全球市场份额并获得更大的规模经济（换句话说，他们可能选择向消费者提供"物超所值"的产品）。这样的战略可能会进一步提高企业的利润增长率，因为消费者可能会被就相对价值来说较低的价格所吸引。如果市场份额带来的规模经济巨大，这一战略还可能提高企业的盈利能力。总之，管理者在做定价战略决策时需要明确盈利能力和利润增长之间的复杂关系。

12.3　成本降低的压力和当地响应的压力

在全球市场竞争的企业通常要面对两种竞争压力，这两种压力影响到它们实现区位经济和经验曲线效应、在企业内部利用产品及转移核心能力和技能的能力。它们要面对的是成本降低的压力和当地响应的压力（见图12-8）。这两种竞争压力把互相冲突的需求摆在企业面前。对成本降低的压力做出响应要求企业尽量降低单位成本。但在对当地响应的压力做出响应时，要求企业使其产品提供和营销战略在各国（地区）都有所不同，以满足各国消费者因国家（地区）差异所带来的不同需求，这些差别广泛存在于消费者的品位和偏好、商业实践、分销渠道、竞争条件以及政府政策方面。不同国家的差异化可能会涉及严重的重复和缺乏产品标准化，这可能会增加成本。

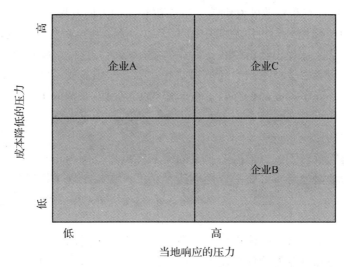

图 12-8 成本降低的压力和当地响应的压力

虽然有些企业（如图 12-8 中的企业 A）面对的成本降低的压力高、当地响应的压力低，而另一些企业（如图 12-8 中的企业 B）面对的成本降低的压力低、当地响应的压力高，但许多企业都是处于图 12-8 中企业 C 的地位，它们既面对成本降低的高压力，又面对当地响应的高压力。应付这些相互冲突和矛盾的压力对企业来说是一个困难的战略挑战，主要是因为要做到当地响应往往会增加成本。

12.3.1 成本降低的压力

在竞争性全球市场上，国际企业常常面临成本降低的压力。应对成本降低的压力要求企业尽量降低价值创造的成本。例如，一位制造商可能在世界上任何最优地区大量生产标准化的产品以实现规模经济、经验曲线效应和区位经济。或者，一家企业可能向低成本的国外供货商外包某些职能，以降低成本。所以，许多计算机公司把电话客户服务职能外包给印度，在那里可以雇用到会讲英语的高素质技术人员，而其工资却比美国的员工低。以同样的方式，像沃尔玛这样的零售商，可能也会使其供货商（制造商）这样做。沃尔玛对供货商施加的降价压力被认为是北美洲制造商把生产转移到中国的一个主要原因。像银行这样的服务业可能通过把一些后台服务职能（如信息处理）转移到工资较低的发展中国家以应对成本降低的压力。

成本降低的压力在生产某些商品的行业尤其大，这些商品的非价格因素很难有显著区别，价格是主要的竞争武器。满足普遍需求的产品往往都是这样。当不同国家的消费者的品位与偏好即使不完全一致但类似时，就存在**普遍需求**（universal needs）。常规大宗商品如散装化学品、石油、钢铁、糖等就是这样。许多工业品和消费品也是如此，如智能手机、半导体芯片、个人计算机和液晶显示屏。对于在低成本地区有大量竞争者云集的行业、生产能力持续过剩的行业以及消费者势力强大并且消费者转换成本较低的行业，成本降低的压力也很大。近几十年世界贸易和投资环境的自由化加剧了国际竞争，也进一步增加了成本降低的压力。

12.3.2 当地响应的压力

当地响应的压力有好几个来源，包括各国（地区）消费者品位和偏好的不同、基础设施和传统习惯的差异、分销渠道的差别、东道国政府的要求、区域主义的上升。应对当地响应的压力要求企业使其产品和营销策略在各国（地区）有所区别，这些都会抬高企业的成本。

1. 消费者品位和偏好的不同

当消费者的品位和偏好在国与国之间有显著差异时（通常是出于各国根深蒂固的历史或文化原因）就会出现强大的当地响应的压力。在这样的情况下，跨国公司的产品和销售广告词不得不按照当地消费者的品位和偏好量身定制。这通常会产生将生产和销售的责任与职能授权给企业海外子公司的压力。

例如，在20世纪90年代，汽车行业朝着创造"世界汽车"的方向发展。按照这一观念，像通用汽车公司、福特公司、丰田公司这样的全球性公司可以在集中的生产地制造，在全世界卖相同的基本型汽车。如果成功，这一战略就可以使汽车公司从全球规模经济中获得巨大收益。然而，这一战略通常会在消费者现实这块硬石头上触礁。不同汽车市场的消费者似乎有不同的品位和偏好，所以他们需要不同款型的汽车。北美消费者喜欢轻型卡车，尤其在南部和西部，许多家庭都拥有轻型卡车作为家里的第二辆或第三辆车。但在欧洲，轻型卡车被看作一种纯粹的功能汽车，购买者主要是企业，而非个人。所以，企业需要调整产品组合和营销用词，以顾及北美洲和欧洲的不同性质的需求。

有些人坚定地认为，消费者对于按当地需要制造的需求在世界范围内正在下降。按照这种论点，现代通信和运输技术为不同国家消费者兴趣与喜好的一致性创造了条件。结果出现了标准化消费品的巨大全球市场。麦当劳汉堡、可口可乐、iPhone、三星智能手机、微软的Xbox、索尼的PS游戏机都是在全球销售并被接受的标准化产品。

不过，在许多消费品市场上，这样的论点似乎有点站不住脚。不同国家、地区和文化间消费者的品位和偏好仍存在着相当大的差异，国际企业的管理者还不可能奢望忽略这些差异，因为这些差异还会长时间存在。为了解释降低成本的压力对于当今世界的企业非常重要，管理聚焦12-2以宜家的全球战略为例进行了阐述。

◎ **管理聚焦 12-2**

宜家的全球战略

走进世界任何地方的宜家商店，你都会立刻认出它。全球战略标准化泛滥！仓库类型的商店都出售同样种类的价格合理的家具、厨房用品、配件和食品。大多数产品都可以被立即识别出是宜家商品，线条干净而雅致，设计实用。从瑞典继承下来的传统（宜家成立于1943年，是一家邮购公司，1958年在瑞典开设了第一家店），店外包裹着瑞典国旗的蓝色和黄色。宜家的销售额约为每年342亿欧元（约370亿美元），员工超过15万名。有趣的是，宜家的木材消费量约占全球商业产品木材消费量的1%。

宜家（IKEA）的名字来源于其创始人。首字母缩略词包括创始人姓名（Ingvar Kamprad）的首字母缩写，以及他成长的农场（Elmtaryd）和他的家乡瑞典（Agunnaryd）的首字母缩写。总体而言，瑞典有20家宜家店，仅少于德国（49家）、美国（42家）、法国（32家）和意大利（21家）。西班牙也有20家宜家店。最大的宜家店位于韩国光明，占地约64万英尺^2（约6万米^2）。宜家在46个国家拥有351家店，是世界上最大的家具零售商。基本上，家具市场是最不全球化的市场之一，当地的品位、需求和兴趣与许多其他行业的产品大不相同。

宜家店本身就是一个迷宫，它要求顾客在到达收银台之前必须经过每个部门。这些商店通常是单向布局，引导顾客逆时针走宜家所谓的"自然长路"。这种"路"旨在鼓励顾客看到整个商店。虽然存在截断点和近路，但不容易找到。在著名的宜家餐厅吃过一顿瑞典菜（有人喜欢肉丸子吗？）后，甚至很难再返回来。

在宜家收银台的必经之路上有一个店内仓库，顾客可以在那里提取他们购买的物品。家具都是扁平包装的，便于运输，需要客户组装。宜家在很大程度上强调了价值（即客户为他们获得的优质家具支付的价格）。如果你观察商店里的顾客，你会发现他们中的许多人都是二三十岁。宜家在全球范围内的销售对象都是同样的基本客户：年轻的、社会地位在上升的人，他们正在以愿意支付的价格寻找具有一定质量标准的雅致而廉价的"一次性"家具。

宜家在全球50多个国家拥有1 000多家供应商，生产宜家销售的12 000多种产品中的大部分。宜家本身专注于产品设计，并与供应商密切合作，以降低制造成本。开发一条新的产品线可能是一个需要数年时间的艰苦过程。宜家的设计师开发一个原型设计（例如，一个小沙发）时，会参考竞争对手对类似产品的价格，然后与供应商合作，找出一种在不影响质量的情况下降价40%的方法。宜家还生产其10%的内部销售产品，并利用所获得的知识帮助其供应商提高生产率，从而降低整个供应链的成本。

然而，再仔细看一看，你会发现宜家在北美洲、欧洲和中国销售的产品之间存在细微的差异。在北美洲，尺寸是不同的，以反映美国对更大的床、家具和厨房用具的需求。这种对当地口味和偏好的适应是宜家痛苦的学习经历的结果。当该公司在20世纪80年代末首次进入美国时，它认为消费者会像在西欧一样涌向它的商店。起初他们买了，但他们没有买那么多，销售额也低于预期。宜家发现其欧式沙发不够大，衣柜抽屉不够深，眼镜太小，厨房也不适合美国家电。因此，该公司开始重新设计其产品，以更好地满足美国人的口味，并获得了销售加速增长的回报。

宜家吸取了教训。在21世纪初进入中国时，宜家对当地市场进行了调整。商店布局与大多数人居住的许多中国公寓的布局相似，而且由于许多中国公寓都有阳台，宜家的中国商店也包括阳台部分。在西方，宜家商店位于郊区，那里有很多停车位。但是在中国，宜家商店多位于公共交通站附近，因为中国的汽车保有量少于欧洲和北美洲。宜家还提供送货服务，以便中国客户可以将购买的物品带回家。

资料来源：Lindsey Rupp, "Ikea, Dollar General CEOs Lobby Republicans in Tax Showdown," *Bloomberg Businessweek*, March 7, 2017; D. L. Yohn, "How IKEA Designs Its Brand Success," *Forbes*, June 10, 2015; J. Kane, "The 21 Emotional Stages of Shopping at IKEA, From Optimism to Total Defeat," *Huffington Post*, May 6, 2015; J. Leland, "How the Disposable Sofa Conquered America," *The New York Times Magazine*, October 5, 2005, p. 45; "The Secret of IKEA's Success," *The Economist,* February 24, 2011; B. Torekull, *Leading by Design: The IKEA Story* (New York: HarperCollins, 1998); P. M. Miller, "IKEA with Chinese Characteristics," *Chinese Business Review*, July–August 2004, pp. 36–69.

2. 基础设施和传统习惯的差异

当两国之间在基础设施或传统习惯上存在差异时，会出现当地响应的压力。相应地，会产生对按需制造产品的需要，满足这一需要可能要求企业把制造和生产职能授予外国子公司。例如，在北美洲，家用电器设备的电压是按110伏设置的，而在一些欧洲国家240伏的设备才是标准的。因此，家用电器必须根据基础设施的这一差异来按需制造。各国的传统习惯也不尽相同。例如，在英国，人们靠道路的左侧行驶，产生了对驾驶座在右侧的汽车的需求。但在法国及其他欧洲国家，人们却是靠道路的右侧行驶，产生了对驾驶座在左侧的汽车的需求。显然，汽车必须按特定要求制造，以适应这种传统习惯的差异。

3. 分销渠道的差别

企业的营销战略可能要配合各国不同的分销渠道，这可能需要把营销职能授权给各国子公司。例如，在制药行业，英国和日本的分销系统与美国截然不同。英国和日本的医生不会接受美国式的高压销售，或对此做出有利的反应。因此，制药公司在英国和日本要采取与在美国不同的营销方式，采取软销售而不是硬销售。类似地，波兰、巴西和俄罗斯按购买力平价人均收入差不多，但这三个国家的分销系统区别非常大。在巴西，超市占了食品零售的36%，波兰是18%，而俄罗斯不到1%。分销渠道的这些差异要求各公司采用各自的分销和销售战略。

4. 东道国政府的要求

东道国政府所施加的经济和政治方面的压力可能需要当地响应。例如，制药公司要受当地临床检验、注册程序及定价限制的约束，所有这些都要求药物的生产和销售符合当地要求。因为在大多数国家，政府和政府机构控制着医疗保障预算的大部分比例，它们在要求高度的当地响应方面处于强有力的地位。

更通常的是，环境保护主义、经济民族主义和当地成分要求（即要求一定比例的产品必须在当地生产）都要求国际企业在当地进行生产。考虑加拿大的有轨车、飞机、快艇和摩托雪橇制造商庞巴迪公司的情况，庞巴迪公司在全欧洲有12家有轨车制造厂。批评该企业的人认为：由此产生的生产设施的重复导致高成本，并且有助于解释为什么庞巴迪公司有轨车业务的利润边际要低于其他的种类。对此，庞巴迪公司的管理者确信，在欧洲，有关当地成分的非正式规定对雇用当地工人的企业有利。要在德国出售有轨车，必须在德国制造。比利时、奥地利和法国同样是这种情况。为了解决在欧洲的成本结构问题，庞巴迪公司把它的设计和采购职能集中起来了，但它尚没有计划把生产集中起来。

5. 区域主义的上升

在传统意义上，我们会认为当地响应的压力来自品位、偏好、基础设施等方面的国别差异。虽然现在大部分情况下仍然是这样，但是也同样存在着各国品位、偏好、基础设施、分销渠道以及由两个或两个以上国家组成的整体区域内东道国要求趋同的趋势。当存在着巨大的趋同压力时，会出现这样的情况。而存在压力往往是因为这些国家或地区有着共同的历史和文化，或者是因为贸易集团的建立，在贸易集团内部，各国或各地区会采取政策来统一集团内部的贸易政策、基础设施、规章制度等。

区域化最明显的例子是欧盟，特别是该贸易集团内的欧元区国家，存在着制度力量推动区域内各国家的趋同（详见第9章），在欧盟单一市场内使用统一的货币、共同的商业规则、相同标准的基础设施等。该市场的建立使得欧盟内国家间的差异不由自主地减少，同时创造了一个区域性市场而不是一个个分离的国家市场。的确，至少在经济层面，这是建立欧盟的明确意图。

另一个地区趋同化的例子是北美洲，包括美国、加拿大以及某种程度上的墨西哥的产品市场。加拿大和美国有着共同的历史、语言并且两者都曾是北美自由贸易区的成员，现在是后继的USMCA的成员。墨西哥在很多方面有明显的不同，但是由于和美国在地域上接近，加上它也是北美自由贸易区以及USMCA的成员之一，这意味着对于墨西哥的部分商品（比如汽车）市场，将它当作相对同质化的地区市场也是合理的。我们可能还会提到拉美地区，这里拥有的是西班牙历史、文化传承以及语言（除了巴西，因为巴西过去是葡萄牙的殖民地），这意味着这里的国别差异也是适度的。我们也可以认为包含中国的香港和台湾地区以及新加坡的大中华地区是一脉相承的区域，这点很像中东地区，在中东，强大的阿拉伯文化和共同的历史限制了国别差异。类似地，俄罗斯和前苏联的一些国家（比如白俄罗斯和乌克兰）至少对于某些种类的商品来说可以被看成一个更大的区域性市场。

采用区域性视角看问题是非常重要的，因为这暗示着地区层面的本土化比国家层面的本土化是更为合适的战略反应。比如，对于汽车制造企业来说，为欧洲消费者和北美消费者制造适合他们的汽车就远比针对欧洲和北美市场上的每个国家来制造汽车有意义得多。对于企业来说，针对地区提供标准化产品的这种能力比针对各国提供产品可以获得更大的规模经济，从而降低成本。但是，这种视角也不能被推得太远。在法国、德国和意大利这些国家甚至所有的欧盟成员国之间仍然存在着非常深远的文化差异，这些可能会反过来要求企业在国家层面进行一定程度的当地定制。因此针对现有的企业关注的产品市场以及国别差异的本质和地域趋同化趋势，管理层必须选择适当程度的区域本土化策略。比如，对于汽车来说，合适的策略不一定适用于包装食品这类商品。

12.4 战略选择

当地响应的压力意味着企业也许不能实现规模经济、经验曲线效应和区位经济所带来的全部利益。企业也许不能从单一低成本区位服务于全球市场，不能生产全球化的标准产品，并在全球销售以获得经验曲线效应，从而降低成本。按当地条件生产产品，不论是国家还是区域的条件，都可能不利于这样一种战略的实施。例如，汽车公司已经发现，日本、美国和欧洲的消费者需要不同种类的汽车，这就要求它们生产出满足当地市场需要的产品。像本田、福特和丰田这样的企业正在采取在每个地区建立全方位的设计和生产设施的战略，以便更好地满足当地需求。虽然按需生产带来了利润，但它也限制了企业实现巨大的规模经济和区位经济的能力。

此外，当地响应的压力还表明：把同企业的核心能力有关的技能和产品全部从一个国家转移到另一个国家不太可能，企业常常需要根据当地条件做出一些让步。尽管麦当劳被描述成标准化全球产品的"招牌"，但它对于自己的产品（即菜单）也要按顾客需要进行制作，以迎合不同国家在口味和偏好上的差异。

成本降低与当地响应的压力强度的差异如何影响企业的战略选择呢？企业在国际上竞争时通常在四种主要战略中进行选择：全球标准化战略、本土化战略、跨国战略和国际战略。每种战略的适合性因成本降低的压力和当地响应的压力的程度不同而各异。图12-9说明了实施每种战略的最佳条件。

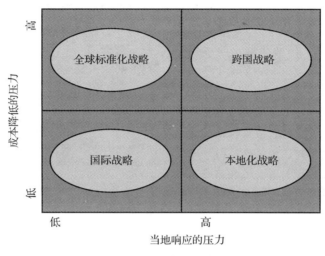

图12-9 四种主要战略

12.4.1 全球标准化战略

采用**全球标准化战略**（global standardization strategy）的企业把重点放在通过降低成本来提高盈利能力和利润增长上，而成本的降低来自规模经济、学习效应和区位经济，即它们的战略目标是在全球范围内采取低成本战略。采用全球标准化战略的企业，把生产、营销和研发工作集中在少数几个地区进行。它们尽可能不因当地条件的差异而制定不同的产品提供和营销策略，因为按需定制需要减少生产批次并造成职能的重复，这些往往会提高成本。因此，它们更愿意在全球销售标准化的产品，以从规模经济和学习效应中获得最大的利润。它们还往往利用成本优势来支持在全球市场上的侵略性定价。

当成本降低的压力很高，而当地响应的压力很小时，这一战略最为有效。这在许多工业品行业十分常见，这些产品常常是满足普遍需要的。例如，在半导体行业，全球标准的出现创造了对全球标准化产品的巨大需求。相应地，像英特尔、德州仪器、摩托罗拉这样的公司，采用的都是全球标准化战略。不过，这种情况在消费品市场较为少见，因为这些市场对当地响应的要求仍然很高。在当地响应的要求高时，这种战略不适合。为了关注具有当地响应性的全球战略，请看关于联合利华全球组织的管理聚焦12-3。

◎ **管理聚焦 12-3**

联合利华的全球组织

联合利华（unilever.com）是一家荷兰-英国公司，联合总部设在荷兰鹿特丹和英国伦敦。该公司成立于1930年，由荷兰人造黄油生产商Margarine Unie和英国肥皂制造商Lever Brothers合并而成。联合利华拥有400多个品牌，但其产品组合的核心是14个品牌：凌仕LYNX、多芬、奥妙、Becel/Flora、和路雪、Hellmann's、家乐、立顿、力士、Magnum、Rama、舒耐、夏士莲、Surf，年销售额超过10亿欧元。

荷兰-英国背景的联合利华是一家双重上市公司，由位于鹿特丹的联合利华NV和位于伦敦的联合利华PLC组成。双重上市公司作为一家公司运营，拥有一个共同的董事会。然而，联合利华NV和联合利华PLC拥有不同的股东群体，股东不能将一家公司的股份转换或交换为另一家公司的股份。

联合利华集团由联合利华NV（荷兰）和联合利华PLC（英国）组成，通过NV和PLC的母公司之间的一系列协议进行组织和运作。这些协议连同其各自章程中的规定，共同被称为基础协议。这些基础协议使得联合利华能够实现管理、运营、股东权利、宗旨和使命的统一。

联合利华的平等协议规定了 NV 和 PLC 股东的共同权利。平等协议的目标是确保这两组股东的地位尽可能相似。这样做的目的是确保这两类所有者都被视为持有同一家公司的股份。

联合利华的统一运营由共同契约促成。该契约是 NV 和 PLC 之间的协议，规定了联合利华集团内的资产分配。与此相关的是，借款相互担保协议也有助于创建单一运营平台，其目标同样是实现管理、运营、股东权利、宗旨和使命的统一。实际上，这一相互担保协议确保联合利华在向贷款机构申请某些重大公共借款时，能够利用 NV 和 PLC 的综合实力，在财务上尽可能稳健。

为了实现 400 多个品牌的运营和管理，联合利华分为四个主要部门：食品、点心（饮料和冰激凌）、家庭护理和个人护理。这些部门雇用约 17 万人，生产销售额大约每年 550 亿欧元（约 600 亿美元），57% 的业务在新兴市场。每天，全世界使用联合利华产品的人数达到惊人的 25 亿。

资料来源："About Unilever," March 22, 2017, www.unilever.com/about/who-we-are/about-Unilever; "Unilever's Legal Structure and Foundation Agreements," March 22, 2017, www.unilever.com/investor-relations/agm-and-corporate-governance/ legal-structure-and-foundation-agreements; Port Sunlight, "Unilever: In Search of the Good Business," *The Economist*, August 9, 2014; Rob Davies, "Unilever Bids to Heal Shareholder Rift amid 'Garage Sale' Warnings," *The Guardian*, March 19, 2017.

12.4.2 本土化战略

本土化战略（localization strategy）把重点放在通过按需定制企业的产品和服务以迎合不同国家或地区市场的品位和偏好来提高盈利能力上。当各国或各地区之间消费者的品位和偏好差异很大而成本压力不那么强烈时，本土化战略最为适合。通过根据当地需求生产产品，企业增加了该种产品在当地市场的价值。但不利的一面是，因为一些职能的重复以及较小批量的生产，按需定制限制了企业通过大批量生产全球消费的标准化产品来降低成本的能力。不过，如果按当地需求定制为产品增加的价值能支持更高的定价，使得企业能够补偿较高的成本；或者能使当地需求大幅增加，使得企业能够通过在当地市场获得部分规模经济降低成本，那么这样的战略还是有意义的。

与此同时，企业仍需关注成本。采用本土化战略的企业只要有可能，仍需提高效率，从全球范围内获得一定的规模经济。如前面所提到的，许多汽车公司发现，它们有些产品必须根据当地市场的要求定制，如针对北美消费者制造的轻型卡车要大一些，而为欧洲和日本制造油耗较小的车。同时，这些跨国公司也试图通过对不同款型的汽车使用共同的汽车平台和零配件，并在最佳区位以效率规模制造这些平台和零配件来从供应全球的产量中获取一些规模经济。通过以这种方式设计产品，这些公司既能按当地需求提供产品，又能获得一定的规模经济、学习效应和区位经济。

12.4.3 跨国战略

我们论证过，当成本压力巨大、当地响应的需求有限时，全球标准化战略最为明智。相反，当当地响应的需求高、成本降低的需求一般或较低时，本土化战略最为明智。但是，当企业既面临强大的成本压力又面临较高的当地响应压力时，会发生什么呢？管理者如何平衡压在企业身上的这两种不同又相互对抗的需求呢？按照一些研究人员的观点，答案是采用所谓的跨国战略。

两位研究人员克里斯托弗·巴特利特（Christopher Bartlett）和苏曼特拉·戈沙尔（Sumantra Ghoshal）认为：在当今的全球环境中，竞争条件是如此之严酷，以至于要在全球市场中生存，企业必须尽其所能应对成本降低压力和当地响应的压力。它们必须努力实现区位经济和经验曲线效应，必须将产品推向国际，必须在企业内部转移核心能力和技能，并且同时关注当地响应的压力。巴特利特和戈沙尔注意到：在现代的跨国企业里，核心能力和技能不仅仅存在于母国，而是可以在企业全球运营中的任何环节开发出来。因此，他们主张技能和产品的流动不应是单向的，即从母国企业到国外子公司。相反，这种流动还可以是从国外子公司流入母国以及在国外子公司之间流动。换句话说，跨国企业也必须重视利用子公司的技能。

从实质上来说，采用**跨国战略**（transnational strategy）的企业试图同时达到所有这些目的：既通过区位经济、规模经济和学习效应达到低成本，又向各地市场提供不同产品以迎合当地差异，同时还要促进企业全球业务网络中各子公司之间技能的多方位流动。这在理论上听起来颇具吸引力，但采用这种战略并非易事，因为它把相互冲突的需求摆在了企业的面前。制造差异化产品，以响应不同地区市场的需求，就会提升成本，这和降低成本的目标相抵触。像3M公司和ABB公司（一家瑞士 – 瑞典跨国工程制造联合公司）就一直在试图采用跨国战略，但发现实施起来很难。

如何才能最好地实施跨国战略？这是当今大型跨国公司正在苦苦思索的一个最为复杂的问题。只有很少的企业能够完美地实施这种战略，但怎样才是正确的方式，一些企业还是给我们提供了一些线索。以卡特彼勒公司为例。由于需要同诸如日本的小松公司这样的低成本的竞争对手竞争，卡特彼勒公司不得不追求更大的成本经济。与此同时，各国及各地区建筑方式和政府条令的差异意味着卡特彼勒公司必须响应当地的需求。因此，卡特彼勒面临着相当大的成本降低和当地响应的压力。

为了应对成本压力，卡特彼勒公司重新设计了产品，使它们能够使用许多同样的零配件，并在几个有利地区投资兴建了大型的配件生产厂，以便满足全球需求和实现规模经济。同时，该企业在主要的全球市场设立了装配厂，扩大了零部件的集中制造。在这些工厂，卡特彼勒公司增强了当地产品的性能，按照当地的需求修改完成最终产品。通过采用这种战略，卡特彼勒公司获得了全球生产的许多好处，同时又通过使其产品在各国市场有所不同对当地响应的压力做出了回应。卡特彼勒公司在几年后成功地使每名员工的人均产出增长了一倍，显著降低了生产过程的总体成本。与此同时，小松公司和日立公司仍然执着于以日本为中心的全球战略，它们看到自己的成本优势在消失，而且正在一点一点地将市场份额输给卡特彼勒公司。

改变企业的战略态势，建立能够支持跨国战略的组织是一项复杂而艰巨的任务。一些人会说这太复杂了，因为创建一个有效的组织结构和控制系统来管理这一战略的实施问题太大了。

12.4.4 国际战略

有时候，有些跨国公司可能发现自己很幸运：它们面临的成本降低压力和当地响应的压力都很低。许多这样的企业采用的是**国际战略**（international strategy），即它们一开始为国内市场生产产品，然后根据国外市场当地的情况稍做改变再将产品拿到国际上去销售。许多这样的企业的显著特点是，它们销售的是服务于普遍需求的产品，而它们又没有很强大的竞争者，因而不像采用全球标准化战略的企业，它们不用面对成本降低的压力。20世纪60年代，施乐公司在发明了复印机并使之商业化之后，就发现自己处于这种情况。因为复印机技术受到强有力的专利保护，所以在好几年中施乐公司占据着垄断地位，没有竞争对手。该产品服务于普遍需求，在大多数发达国家里它的价值极高。于是，施乐公司可以在全世界出售相同的基本产品，并收取相对较高的价格。因为施乐公司没有面临直接的竞争者，所以它不用应对使成本最小化的巨大压力。

采用国际战略的企业在向外国市场扩张时，遵循的是类似的发展模式。它们往往把产品的研发工作集中在国内进行。不过，它们常常也会在做生意的每个主要国家设立生产和销售职能部门。虽然因此引起的重复可能会提高成本，但如果企业面临的成本降低的压力不大，这就不算是太大的问题。尽管它们也可能适当采取满足当地顾客需要的产品提供和营销战略，但这往往有限。最终，在大多数采用国际战略的企业中，总公司对营销和产品战略保留相当牢固的控制。

采用国际战略的企业还包括宝洁公司和微软公司。具有历史意义的是，宝洁公司在辛辛那提研发了创新产品并把它们全部转化为了对当地市场的批发（见管理聚焦12-4）。类似地，微软公司在华盛顿州雷德蒙的公司总部进行大量的产品研发工作。尽管在其他地方会进行一些本土化工作，但大部分只限于生产微软公司受欢迎程序的外语版本。

◎ 管理聚焦 12-4

宝洁公司的战略演化

1837年成立，起家于美国辛辛那提市的宝洁公司已经稳居世界最大的国际化公司很久了。现在宝洁公司是全球快消产品商业巨头，年销售额超过800亿美元，其中约54%来自美国本土之外。宝洁公司在世界180个国家销售包括象牙牌香皂、汰渍、帮宝适、爱慕斯宠物食品、科瑞、福爵等在内的超过300个品牌的产品。在历史上，宝洁公司很好地建立起了它的发展战略。公司在辛辛那提研发出新产品，随后依赖其国外的半自治性的子公司进行制造、市场推广并分销到不同国家。大多数情况下，国外子公司有自己的生产设施、定制的包装、品牌名称和针对当地市场品位偏好的营销信息。很长时间以来，这种战略使得宝洁公司持续稳定地推出新产品并且销售额和利润也获得了可靠增长。然而到了20世纪90年代，宝洁公司的利润增长开始减缓。

问题的本质很简单，即宝洁公司在不同国家的子公司的生产、营销和行政设施过多地重复，公司的成本变得过高。重复性资产在20世纪60年代的时候还算可行，那个时候国家市场被跨境贸易壁垒彼此分隔。比如产品在英国生产出来，但是德国征收的高额进口关税导致产品并不能在德国便宜地出售。不过到80年代，国家之间的贸易壁垒在世界范围内迅速减少，碎片式的国家市场逐渐融合成更大的区域性市场或者全球性市场。在宝洁公司进行分销的这些市场中的零售商也成长壮大，并且更加全球化，比如美国的沃尔玛、英国的乐购、法国的家乐福。这些新兴的全球零售商也在向宝洁公司要求价格折扣。

20世纪90年代，宝洁公司为了控制成本并认识正在兴起的全球市场的新现实，着手进行了一次重大的改组。公司关掉了全球约30家生产工厂，裁掉13 000名雇员，将制造集中于少数工厂以更有效地实现规模经济，更好地服务于区域性市场。但这还远远不够！利润增长仍然很迟缓，因此在1999年，宝洁公司启动了10年内的第二次重组。名为"组织2005"的行动的目标是使宝洁公司成为一个真正的全球性公司。

公司粉碎了原来建立在国家和地区基础上的组织，以7个独立的全球业务部门取而代之，业务范围从婴幼护理到食品产品。每一个业务部门各自对其从产品中获得的利润，以及产品的制造、营销和研发承担全部的责任。每一个业务部门都被要求实现生产合理化，以更少的、更为集中的生产设施来进行生产；无论在什么地方都要努力建立其全球化品牌，从而缩减国家间的营销差异化；加速开发并发布新的产品。

宝洁公司宣布这项措施的结果就是它将会关掉10家工厂，裁掉15 000名员工，主要是在仍有大量重复资产的欧洲。年成本节约约为8亿美元。宝洁公司利用节省的资金来降低价格，并在营销活动中增加投入，以期通过获得规模效应在更大程度上削减成本。这次的战略似乎是行之有效的。进入21世纪后的大部分时间，宝洁公司都宣布在销售和利润上有着强劲的增长。更为有意义的是，宝洁公司的全球竞争对手比如联合利华、金佰利克拉克、高露洁棕榄同期也在努力挣扎。

资料来源：J. Neff, "P&G Outpacing Unilever in Five-Year Battle," *Advertising Age*, November 3, 2003, pp. 1–3; G. Strauss, "Firm Restructuring into Truly Global Company," *USA Today*, September 10, 1999, p. B2; *Procter & Gamble 10K Report*, 2005; M. Kolbasuk McGee, "P&G Jump-Starts Corporate Change," *Information Week*, November 1, 1999, pp. 30–34.

12.4.5 战略的演进

国际战略的缺点是：随着时间的推移，竞争者会不可避免地出现；如果管理者没有预先采取措施降低企业的成本，有效率的国际竞争者很快就会超越它。这正是施乐公司面临的情况。诸如佳能这样的日本公司，最终围绕施乐公司的专利研发出了自己生产复印机的方式，在高效率的制造厂生产出了自己的复印机，并且定价低于施乐公司的产品，很快从施乐公司手中夺走了市场份额。根据最终的分析，施乐公司的失败不是由于竞争者的出现（这终归是会发生的），而是因为它没有先见之明，没有在有效率的全球竞争者出现之前就降低自己的成本。这个例子所传递的信息是：国际战略不可能长期有效，要想生存，企业就需要先于竞争者转向全球标准化战略或跨国战略（见图12-10）。

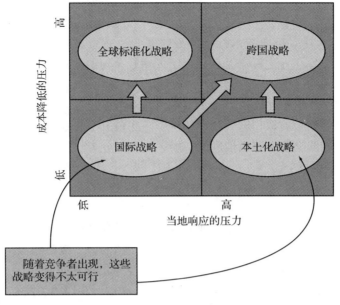

图12-10 战略的演进

本土化战略同样如此，本土化可能赋予企业竞争优势，但如果它同时面临步步紧逼的竞争者，公司也必须降低成本，而这样做的唯一方式可能是转向跨国战略。宝洁公司已经在这样做了（参照管理聚焦12-4）。这样，随着竞争加剧，国际战略和本土化战略往往会变得无效，管理者需要将自己的公司转向全球标准化战略或跨国战略。

12.5 战略联盟

战略联盟（Strategic alliances）指的是潜在的或实际的竞争对手之间达成的合作协议。本节中，我们要特别关注的是不同国家的企业之间的战略联盟。战略联盟包含从两家或更多的公司共同持股的正式的合资企业（如富士－施乐公司）到两家公司同意合作完成某一特定任务的短期合约协议（如研发新产品）等。竞争对手之间的合作是很流行的，最近几十年见证了战略联盟的爆炸式增长。

12.5.1 战略联盟的优势

企业出于各种战略目的而同潜在的或实际的竞争对手结成联盟。

第一，战略联盟可能为进入外国市场提供方便。例如，许多企业觉得如果它们想要成功地进入中国市场，就需要有一个了解生意情况、熟悉业务流程（见第4章）的当地合伙人。所以，华纳兄弟公司与两家中国合伙人组建了合资企业，在中国制作和分销电影。作为一家外国电影公司，华纳兄弟公司发现，如果它想要自己为中国市场制作电影，需要通过一套复杂的审批程序，还得把分销外包给本地公司，这使得它在中国做生意有些困难。不过，如果有中国电影公司的参与，合资制作电影的审批程序就会比较简单，而合资企业也可以分销自己所制作的任何影片，而且，合资企业还可以为中国电视节目制作影片，这是外资企业不被允许的。

第二，战略联盟还可使企业分担研发新产品和工艺的固定成本及相关风险。波音公司和几家日本公司联盟建造波音商用喷气式飞机787，其原因就是波音公司希望与其他公司共同分担研发这款飞机预计需要的80亿美元的投资。

第三，战略联盟是一种把任何一家企业都不可能独自开发的互为补充的技能和资产结合在一起的方法。例如，2003年，微软公司和东芝公司建立了一家旨在研发一种能在汽车上实现各种娱乐功能（如能够运行后座的

DVD 播放机或无线网络连接）的内嵌式微处理器（基本算是微型计算机）的联合企业。这种处理器可以运行微软公司 Windows 的操作系统。微软公司把它的软件设计技术带给战略联盟，而东芝公司带来开发微处理器的技术。

第四，形成能够帮助企业建立行业技术标准的战略联盟是有意义的，这个标准将对该企业有利。比如，2011 年，智能手机市场上的领军企业之一诺基亚加入了同微软公司的战略联盟，双方达成一致：在诺基亚手机上使用微软公司的 Windows 手机操作系统。组成战略联盟部分是为了使 Windows 手机操作系统成为智能手机行业中手机操作系统的标准，以此来对抗 iPhone 的 iOS 系统和谷歌的安卓系统。但对于微软公司来说，不幸的是，诺基亚的 Windows 系统手机没有取得有效的市场份额。2013 年，微软公司决定收购诺基亚手机业务，使它成为自己的一部分从而保证能够继续有力地推进其智能手机硬件业务。但到目前为止，诺基亚还没有在竞争激烈的手机市场上取得微软公司的优势。

12.5.2　战略联盟的劣势

尽管如此，某些评论家还是批评战略联盟，理由是它们给了竞争对手以低成本得到新技术和进入市场的途径。例如，20 多年前一些评论家坚持认为，美国和日本企业之间的许多战略联盟是日本用来将高工资、高附加值的工作保留在日本国内，同时获取许多美国公司赖以成功竞争的项目设计和生产加工技术的一种隐性战略。他们认为，日本在机床和半导体行业的成功是建立在通过战略联盟所获得的美国技术的基础上的。他们还认为，美国的经营者与日本组成的战略联盟通过将新发明输送到日本，并为最终产品提供美国的销售和分销网络从而帮助了日本企业。尽管这样的交易可能产生短期利益，但从长远来看，其结果是日本企业"掏空"美国企业，令它们在全球市场没有了竞争优势。

这些批评者有一定的道理，战略联盟的确有风险。除非企业很小心，否则它所付出的就会超过它所得到的。但是有着如此多的明显的企业之间战略联盟成功的例子（包括美国和日本企业之间的战略联盟），因而批评者的这种观点似乎太极端了。很难看出微软－东芝公司的战略联盟、波音－三菱公司战略联盟制造波音 787 或富士－施乐公司的战略联盟符合批评者的论断。在这些例子中，合作双方似乎都从战略联盟中获益了。为什么有些战略联盟对双方都有好处，而另一些则只对一方有好处，却不利于另一方？下一节我们将会回答这个问题。

12.5.3　让战略联盟发挥作用

国际战略联盟的失败率似乎很高。对国际战略联盟的一项研究发现：其中有 2/3 的战略联盟在结成的 2 年内遇到严重的管理和财务困难，虽然这些问题许多得到了解决，但仍有 33% 的战略联盟最终被参与方视为失败。战略联盟的成功似乎是三种主要因素的共同作用：伙伴选择、战略联盟结构以及管理战略联盟的方式。

1. 伙伴选择

使战略战略联盟发挥作用的一个关键是选择正确的盟友。一个好的同盟者或伙伴有三个特点。①好的伙伴会帮助企业达到战略目标，无论是获得市场准入、分担新产品研发的成本与风险还是获取关键核心能力。伙伴必须具有企业所缺乏且有价值的能力。②好的伙伴与企业对于战略联盟的目的看法一致。如果两家企业在走向战略联盟的议程上完全不一致，那么很有可能它们的关系不会和谐，也就不会成功，最终会分离。③好的伙伴不会试图为了达到自己的目的而机会主义地利用战略联盟。也就是说，把企业的核心技术据为己有，自己却回馈很少。从这点上看，有"公平竞争"声誉的是最佳同盟者。例如，通用电气（GE）公司参与了如此多的战略联盟，侵犯任何一个战略联盟伙伴的利益对它都没有好处。这样的行为会损害 GE 公司的声誉，使得自己在将来无法吸引到战略联盟伙伴。IBM 公司非常重视自己的战略联盟伙伴，它不可能做出批评者所强调的那种机会主义行为。类似地，像长期与非日本企业结盟的日本企业，如索尼公司、东芝公司和富士公司，由于其名声较好，也不太可能（但并非绝不可能）机会主义地利用战略联盟伙伴。

要选择具有这三个特点的伙伴，企业需要综合研究潜在的战略联盟候选人。要增加挑选到一个好伙伴的可能性，企业应该：

- 尽可能多地收集与潜在的同盟者相关的、公开可得的信息；
- 从知情的第三方处收集数据。这些第三方包括从前与潜在伙伴已有结盟关系的企业、同其有交易的投资银行家、一些前雇员等；
- 在做出战略联盟承诺之前尽可能多地了解潜在的伙伴。这应该包括企业间高层管理人员（也许还有中层管理人员）面对面的会晤，以确保双方能合得来。

2. 战略联盟结构

选择好了伙伴之后，战略联盟的结构应该保证企业向伙伴泄密过多的风险降到可接受的水平。

第一，战略联盟的设计要使转移不应该转移的技术变得很困难（如果不是绝不可能的话）。战略联盟产品的设计、研发、制造及服务可以规划成将敏感技术"隔绝"起来，以防泄露给其他参与者。例如，在 GE 公司和斯奈克玛公司结成的为单通道商用喷气式飞机制造商用飞机发动机的长期战略联盟中，GE 公司通过隔离生产过程的某些环节降低了"过量转移"的风险。模块化有效地切断了 GE 公司认为的关键的有竞争力技术的转移，同时又允许斯奈克玛公司能够进行最终装配。1974 年建立的这个战略联盟获得了引人注目的长期成功，今天它主宰了用于波音和空客的某些喷气式发动机市场。类似地，在波音公司和日本企业制造 767 飞机的战略联盟中，波音公司把它认为对其竞争地位起重要作用的研究、设计和营销职能隔离起来，同时与日本企业分享其生产技术。波音公司还隔离了生产 767 所用不着的新技术。

第二，契约性的防护措施可以写进战略联盟协议，以防备伙伴的机会主义风险（机会主义包括窃取技术和/或市场）。例如，天合汽车公司同日本汽车配件大供货商结成生产汽车座椅安全带、发动机阀门和方向盘三个战略联盟，并销售给日本在美国的汽车装配厂。天合汽车公司在每一个战略联盟合约中都有条款禁止这几家日本企业同天合汽车公司竞争，向美国汽车公司提供汽车配件。通过这种做法，天合汽车公司保护了自己，以防日本公司加入战略联盟可能只是为了进入美国市场同天合汽车公司在它的本国市场竞争。

第三，战略联盟的双方可以事先同意交换对方想要的技术和技能，因而确保双方同等受益。交互许可协议是达到这一目的的一种方法。

第四，如果企业事先从其伙伴方设法得到重要的可靠承诺，战略联盟一方采取机会主义的风险可以降低。施乐公司和富士公司结成长期战略联盟为亚洲市场生产复印机也许最能说明这一点。施乐公司不是签订一个非正式的协定或是某种许可安排（富士公司最初想这样），而是坚持要富士公司投资组建一个各占 50% 的合资企业，为日本和东亚市场服务。这一合资企业在人员、设备和设施上进行了如此大的投资，以便使富士公司从一开始就承诺让战略联盟发挥作用，从而从该投资中获得回报。通过同意组建合资企业，富士公司基本上对战略联盟做出了可靠的承诺。鉴于此，施乐公司感到把复印机技术转移到富士公司是安全的。

3. 管理战略联盟的方式

一旦选好伙伴且各方已就恰当的结构达成一致，每一方所面临的任务就是从战略联盟中获得最大收益。和所有的国际商务活动一样，一个重要的因素是对文化差异的敏感度（见第 4 章）。在管理方式上的许多差异可以归结为文化上的区别，管理人员在同其伙伴打交道时要考虑到这些。除此之外，从战略联盟中获得最大收益需要伙伴之间相互信任以及取长补短。

成功管理一个战略联盟就要求在各方企业管理人员之间建立人际关系，即有时所称的"关系资本"。这是从福特公司与马自达公司之间成功的战略联盟中得到的经验。福特公司和马自达公司建立了一个会晤框架，在这个框架内双方的管理人员不仅讨论有关战略联盟的事情，还花时间逐渐加深对对方的了解。他们相信：由此产生的友谊有助于建立信任和促进两个企业之间和谐的关系。通过人际关系还培养了两家企业间非正式的管理网络。这个网络可以用来帮助解决在更正式的情况下（如在两个企业人员间联合委员会的会议上）出现的问题。

学者们认为，决定一个公司能够从战略联盟中获益多少的一个主要因素是其向战略联盟伙伴学习的能力。例如，在对 15 个大型跨国公司之间的战略联盟进行的为期 5 年的调查研究中，加里·哈默尔（Gary Hamel）、伊弗斯·多兹（Yves Doz）和 C. K. 普拉哈拉德（C. K. Prahalad）重点研究了一些日本公司和西方（欧洲和美国）伙伴组成的战略联盟。在每一个案例中，如果日本公司在战略联盟中比其西方伙伴更强，那么日本公司一定做出了更大的努力去学习。他们调查的西方公司中没有几个想要向日本伙伴学习。它们往往把战略联盟看作纯粹的成本分担或风险分担机构，而不是看作学习潜在的竞争对手如何做生意的机会。

考虑通用汽车公司和丰田公司为生产雪佛兰诺瓦汽车而于1985年组成的战略联盟。该战略联盟是以正式合资企业的结构形成的，叫作新联合汽车制造有限公司，双方各占50%的股份。合资企业在加利福尼亚州的弗里蒙特拥有一家汽车厂。根据一位日方管理人员所说，丰田公司很快就达到了自己结成战略联盟的大部分目标："我们了解了美国的供货和运输，我们对管理美国工人有了信心。"然后所有这些知识被转移到肯塔基州的乔治镇，1988年，丰田公司在那里开了自己的工厂。可能通用汽车公司从战略联盟中所获得的只不过是新产品雪佛兰诺瓦。通用汽车公司的一些管理人员抱怨说，他们通过同丰田公司战略联盟所获得的知识一直没有在通用汽车公司内部很好地运用过。他们相信，他们应该作为一个团队集中起来培训通用汽车公司的工程师和工人们，让他们了解日本的系统。但是相反，他们被分散到通用汽车公司的各个子公司。

要使战略联盟的学习收益达到最大，企业必须尽量从其伙伴那里学习，然后把所学知识运用到自己的组织中。有人建议所有从事生产的雇员应该简要了解合作方的长处和短处，应当了解如何获得能够提高他们的企业的竞争地位的特定技能。哈默尔、普拉哈拉德注意到这已是日本公司的标准做法。他们观察到如下情况：

> 我们跟随一位日本开发工程师参观了一个伙伴方的工厂。这位工程师很尽责地记下了工厂的布局、生产步骤的数量、生产线的工作速度以及雇员数量。他记录了所有这些，尽管他在自己的工厂并不负责生产，而且战略联盟的任务并不包含联合生产。这样的敬业精神极大地推动了学习。

全景视角：宏观环境的影响

在本书的前12章中，我们详细描述了国际企业竞争的宏观环境，并在每章末尾的"全景视角：管理启示"中强调了该环境对管理实践的影响。在本章以及本书其余各章末尾的"全景视角：管理启示"中，我们通过探索宏观环境和该环境中的变化如何影响该章中描述的战略和职能实践，重新强调这一观点。

跨境贸易、投资与战略

关于国际企业战略，也许最重要的一点是，国际贸易和投资规则的改变会影响不同战略的可行性。在过去50年的大部分时间里，我们看到跨境贸易和投资壁垒逐步降低（见第1、6、7、8和9章）。这一趋势使得更容易实现区位经济，并使企业能够创建全球生产活动网络。继而，这种发展使本土化战略和国际战略变得不太可行，但增加了全球标准化战略和跨国战略的吸引力。直到现在，迈向以跨境贸易和投资低壁垒为特征的更全球化的宏观环境似乎是不可避免的。大多数国际企业都是基于这一假设制定战略的。

然而，在过去几年中，这一趋势发生了急剧逆转。美国前总统特朗普发起的行动使跨境贸易壁垒有所增加。这导致了一些商品（如钢铁和铝）的贸易壁垒提高，以及与中国的贸易摩擦也影响了许多商品。这些行动之所以重要，是因为美国和中国是世界上最大的两个经济体，它们对全球其他国家都有影响。如果特朗普政府发起的贸易冲突持续下去，并可能扩大到包括欧盟和美国之间更大的冲突，那么这将改变许多企业的战略演算。实现区位经济将更加困难；企业更难建立全球生产活动网络、降低成本，同时创造更多价值。因此，全球标准化战略和跨国战略的实施可能会变得更具挑战性，吸引力也会降低。在极端情况下，国家或地区之间的经济民族主义持续增加，本土化战略可能不仅再次变得更可行，而且是必要的。

这一情景的一个变化设想了一个区域经济集团团结在一起并继续发展的世界。如果出现这种情况，本土化可能不是基于国家，而是基于地区。例如，不难想象，我们会发现自己身处一个欧盟、北美洲的USMCA以及东南亚和太平洋地区的RCEP等新兴贸易集团的成员之间将有相对自由的贸易的世界，每个贸易集团之间的壁垒相对较高（有关这些贸易集团的详细信息，请参见第9章）。如果我们最终进入这样一个世界，本土化战略的多地区版本可能会成为常态，企业在每个集团内寻找本土化经济，并建立区域而非全球生产活动网络。在这种情况下，企业可能在每个区域贸易集团内有一组相对独立的活动。

要记住的另一点是，到目前为止，美国与其贸易伙伴之间的贸易冲突主要集中在商品贸易,而不是服务贸易,并且没有明确限制跨境投资。如果这些冲突扩大到包括服务和跨境投资,采取本土化或多区域战略的理由将得到加强。更高的跨境投资壁垒也可能限制在不同国家设立全资子公司,并使战略联盟作为一种进入战略变得更为重要(这是我们将在第13章中讨论的问题)。

外部冲击与战略

最后,需要指出的是,战争、恐怖主义、气候变化、新型疾病等外部冲击,很容易改变贸易投资环境,影响国际企业的战略选择。例如,2020年新冠疫情的全球大流行导致全球感染和死亡人数不断增加,不仅在全球范围内造成了严重的经济混乱,抑制了许多国家的需求,还扰乱了全球供应链,并导致许多人质疑建立一个全球分散的生产活动网络以支持全球标准化战略的价值。显然,全球供应链很容易因疾病或类似的混乱事件(如战争)而中断。我们将在第15章中更详细地讨论这个问题,但目前值得注意的是,这种混乱事件增加了基于国家或区域贸易集团的本地化战略的吸引力。

本章小结

本章回顾了战略的基本原理以及企业从全球扩张中获益的各种方法,考察了企业可以用来在全球市场上竞争的战略。本章要点如下:

(1)战略可被定义为管理者为达到企业的目标而采取的行动。对大多数企业来说,最主要的目标就是使股东的价值最大化。要使股东的价值最大化,就要求企业注重提高盈利能力和利润增长。

(2)通过把包含其核心能力的产品转移到当地竞争者缺乏该类产品提供和能力的市场,国际扩张可以使企业获得更大的回报。

(3)把价值创造活动安排在最有益于该活动进行的地方完成的企业会获得回报,我们把这种战略称为专注于实现区位经济。

(4)通过迅速增加标准化产品的销售量,国际扩张可以帮助企业通过实现学习效应和规模经济沿着经验曲线下移。

(5)通过识别海外子公司创造的有价值的技能并将这些技能运用到其全球经营网络中,跨国企业可以创造额外的价值。

(6)企业可能采取的最佳战略常常取决于对降低成本和当地响应的压力的考虑。

(7)采用国际战略的企业把源于核心能力的产品转移到外国市场,同时进行有限的适合当地消费者的改进。

(8)采用本土化战略的企业根据各国情况提供产品、制定营销策略和经营策略。

(9)采用全球标准化战略的企业主要关注来自经验曲线效应和区位经济的成本降低。

(10)许多行业现在的竞争性很强,所以企业必须采用跨国战略。这包括同时关注降低成本、转移技能和产品及提高当地响应。实施这样的战略可能不太容易。

(11)战略联盟是指潜在的或实际的竞争对手之间的合作协议。

(12)战略联盟的优势是便于进入外国市场,可以让伙伴分担与研发新产品和流程相关的固定成本及风险,便于在公司之间转换互补性技能以及帮助企业建立技术标准。

(13)战略联盟的不利之处是,企业有向联盟伙伴传授核心技术和市场进入途径却获得极少回报的风险。

(14)如果企业谨慎选择伙伴、密切关注对方的声誉且让战略联盟的结构能够避免无意中转移技能,那么与战略联盟相关的不利之处就可以减少。

(15)使战略联盟很好地起作用的关键因素似乎是伙伴之间建立信任和非正式的沟通网络以及积极向联盟伙伴学习。

(16)跨境贸易和投资规则的改变,以及战争、气候变化影响或新疾病传播等混乱事件,都可能改变不同战略的吸引力。

第 13 章

进 入 战 略

学习目标

- 13-1 解释企业在考虑海外扩张时必须做的三项基本决策：进入哪个外国市场、什么时候进入、以什么样的规模进入
- 13-2 比较企业进入海外市场的各种不同模式
- 13-3 识别影响企业做出进入模式选择的因素
- 13-4 评价收购与新建企业作为进入战略的优缺点

⊙ 开篇案例　　　　　　　　　　优步的海外市场进入战略

正如传说中的那样，特拉维斯·卡兰尼克（Travis Kalanick）2009 年在旧金山创立了优步，当时正值新年前夜，他在巴黎的暴风雪中打车却没能成功。卡兰尼克发现，在巴黎，出租车许可证的数量在 1937 年被限制在 14 000 张，此后几乎没有变化。到 2014 年，一个更大、更富裕的巴黎每年接待 2 700 万游客，但出租车数量仅增长了 14%，达到 15 900 辆。结果是：巴黎人必须排队等候可能永远不会来的出租车。在卡兰尼克的母国美国，情况也没有好转，那里的出租车司机需要有城市颁发的执照才能开车。在大多数大城市，执照的供应跟不上人口的增长。例如，在纽约，第二次世界大战后共颁发了 11 787 本执照，这一数字在 2004 年之前一直保持不变。到 2014 年，纽约仅颁发了 13 437 本执照。世界各地的城市也有类似的限制。在意大利米兰，共有 4 571 辆出租车，这个数字已经冻结了 20 年。在一个又一个城市，出租车的短缺导致了漫长的等待时间和普遍较差的服务。

卡兰尼克的想法是利用智能手机技术构建一个应用程序，乘客可以使用该应用程序以电子方式叫车，司机可以使用该应用程序寻找客户。该应用程序允许 GPS 跟踪、自动电子支付、乘车前价格显示、估计等待时间和驾驶时间，以及乘车人对驾驶员的评分（以及驾驶员对乘车人的评分）。他相信，使用该应用程序的乘车人和司机网络将为乘车人提供更好的客户服务，并为司机提供更多的需求。为了让这个强大的想法发挥作用，他需要将应用程序交到潜在客户手中，并建立一个司机网络。他意识到，一个地点的司机和乘客网络越大，交易双方可以获得的价值就越大。对于乘车人来说，行程会更快，而对于司机来说，他们会得到更多的生意。他还意识到，一旦这个想法被公开，它可能会很快被模仿。因此，他的目标是尽可能快地在一个地点扩大司机和乘车人网络，尝试获得无懈可击的先发优势。

从一开始，优步的战略就不是关注国家，而是关注全球那些乘车需求可能很高的城市。理由很简单：糟糕

的出租车服务是一个全球性问题；解决这个问题是一个全球性的机会，如果优步不迅速行动，其他人就会利用它的商业模式。为了推动快速增长，优步选择了拥有其所谓的"促进剂"的城市。这些"促进剂"表明了对优步服务的集中需求，包括：①大量餐厅和夜生活；②假日和活动；③恶劣的天气；④运动；⑤传统出租车供应有限。优步迅速将芝加哥、旧金山和纽约等城市确定为在美国的增长机会，但它也意识到，伦敦、巴黎、柏林、里约热内卢、上海、米兰和其他一些外国城市也代表着主要的增长机会。

优步迅速潜入世界各地的主要大都市市场，常常无视当地限制出租汽车服务供应和要求司机获得执照的法规。其理念是先进入，忽略监管机构，为乘客和司机提供价值，然后改变监管规定。优步于2010年6月在旧金山开始提供服务，2011年5月进入纽约。截至2012年4月，该公司进入美国七个城市，还有巴黎和多伦多。两年后，优步在全球36个国家的130个城市开展业务，进入了几乎所有主要的国内和国际市场。优步无视老牌出租车公司和监管机构；没有与当地其他企业合作；选择单独行动，建立自己的网络，在这个过程中经常违反规定。

有时，这一战略奏效了，特别是在美国和拉丁美洲，但在许多重要的国际市场却没有奏效。由于监管压力，2014年和2015年，优步被迫暂停其在德国、法国、意大利、西班牙和比利时的服务，理由是它依靠无执照非专业司机驾驶自己的车辆。2017年9月，优步最赚钱的市场之一伦敦的交通部门吊销了该公司的牌照。当局在这样做时表示，该公司不适合经营出租车服务。2018年，优步将其在东南亚的业务出售给新加坡的竞争对手Grab，从而退出了8个东南亚国家。这笔交易使优步再次承认，它发现在许多国家很难在与运营良好和/或关系良好的本地对手的竞争中发挥实力。

出了什么问题？问题的一部分在于，优步经常被认为是一家咄咄逼人、傲慢自大的美国公司，它误解了当地监管机构对其服务的抵制程度。在中国等其他国家，优步未能尽早与重要企业合作，限制了其影响力，并为其随后的退出奠定了基础，因为地方当局和乘客总是倾向于本国竞争对手而非美国入侵者。如今，在新任首席执行官的领导下，优步承认它在海外市场进入战略上经常犯错误。例如，在2018年写给伦敦监管机构的一封信中，这位新任首席执行官达拉·科斯罗萨西（Dara Khosrowshahi）指出："虽然优步已经彻底改变了世界各地城市居民的出行方式，但同样正确的是，我们在这一过程中出现了一些问题……我代表全球所有优步人，为我们所犯的错误表示歉意。"同样，在2018年初于德国举行的一次技术会议上，科斯罗萨西表示："优步已经从不惜一切代价的增长转变为负责任的增长……德国作为优步的一个市场，其巨大的前景尚未实现。我们在德国的战略是彻底重新启动。"

资源来源：Charles W. L. Hill, "Uber in 2018," in Charles W. L. Hill and Melissa Shilling, *Strategic Management: Theory and Cases,* 13th ed. (Cengage, Boston, MA, 2020); Dara Kerr, "Uber's U-turn: How the New CEO Is Cleaning House after Scandals and Lawsuits," *CNet,* April 27, 2018, www.cnet.com/news/ubers-u-turn-how-ceo-dara-khosrowshahi-is-cleaning-up-after-scandals-and-lawsuits/; Eric Auchard and Douglas Busvine, "Uber CEO Focused on 'Responsible Growth,' Seeks Fresh Start in Germany," *Reuters,* January 22, 2018.

引言

本章关注两个密切相关的问题：①有关进入哪个外国市场、什么时候进入以及以什么样的规模进入的决策；②进入模式的选择。任何考虑向海外扩张的企业都必须首先面对进入哪个外国市场及其进入时机和进入规模的问题。选择进入哪个市场的决策应该在评估相对长期的增长和利润潜力的基础上做出。正如在开篇案例中所讨论的，优步在作为一家出租车公司出现的早期就选择进入广泛的外国市场。这一决定的逻辑是，糟糕的出租车服务是一个全球现象，优步的商业模式承诺提供明显更好的服务，并且优步觉得如果没有迅速利用先发优势，它将很快发现模仿优步商业模式的当地竞争对手会封阻外国市场。

进入外国市场的模式选择是国际企业必须斟酌的另一个主要问题。服务于外国市场的不同模式包括出口、许可经营或特许经营、与东道国企业建立合资企业以及在东道国成立全资子公司，或在东道国并购一家已有企业。上述每一项选择各有其优缺点，而每一种进入模式的优缺点取决于一系列的因素，其中包括运输成本、贸易壁垒、政治风险、经济风险、商业风险、成本和企业战略。根据这些因素，最佳进入模式随环境的不同而不同。因此，当有的企业最好以出口的形式服务于某一特定的市场时，其他企业可能通过成立全资子公司或并购一家已有的企业来更好地服务于该市场。以优步为例，该公司决定在国外市场独立经营，成立全资子公司。正如开篇案例所表明的，这往往被证明是一个错误。回顾过去，优步与当地企业合作可能会做得更好。

13.1 基本进入决策

企业在计划海外扩张时必须做出三个基本决策：进入哪个外国市场、什么时候进入、以什么样的规模进入。

13.1.1 进入哪个外国市场

现在世界上已经有近200个国家了，但是对于那些想要进行海外扩张的企业来说，它们未必都有同样的盈利潜力。最终，企业必须在对一个国家长远的盈利潜力进行评估后才能做出决定。这种潜力是诸多要素共同作用的结果，其中许多要素我们已经在前面几章中做了研究。第2章和第3章详细地考察了影响外国市场潜在吸引力的经济和政治因素。一个国家作为潜在市场对于国际企业的吸引力有赖于在那个国家从事经营活动时利润、成本和风险的平衡。

第2章和第3章还论述了在一个国家从事经营活动的长期经济利益是由诸如市场规模（从人口统计数据看）、该市场消费者的现有财富（购买力）以及取决于经济增长率的消费者未来可能的财富等因素作用的结果。有些市场以消费者的数量来衡量显得非常大（例如，中国、巴西、俄罗斯、印度和印度尼西亚），但是企业还必须考虑到生活水平和经济增长。中国和印度发展迅速，因此，它们是富有吸引力的投资目标。相反，印度尼西亚的发展更疲软，意味着这个人口大国是一个缺乏吸引力的投资目标。正如我们在第2章和第3章中所看到的，未来可能的经济增长率显然是自由市场体制和国家的增长能力（欠发达国家可能更强）共同作用的结果。同时，在外国从事经营活动时所面临的成本和风险在那些经济发达和政治稳定的民主国家中通常较低，而在那些欠发达且政治不稳定的国家则较高。

第2章和第3章的讨论表明：在其他条件相同的情况下，利润－成本－风险的平衡对有着自由市场体制，同时没有急剧上升的通货膨胀率和私营部门债务的政治稳定的发达国家与发展中国家更有利。这种平衡可能对政治不稳定的采取混合经济或计划经济的发展中国家或那些由于投机性的金融泡沫而导致负债过高的发展中国家最为不利。

另一个重要的因素是国际企业在外国市场所能创造的价值。这取决于其产品是否满足当地市场的需求以及当地竞争的性质。如果国际企业在那个市场中能提供尚未普及并能满足人们未得到满足的需要的产品，那么这种产品对消费者的价值就比国际企业仅仅提供本土竞争者和其他外国进入者已经提供的同类产品的价值要大得多。高价值可以转化为索取高价格或/和更快地扩大销售量的能力。考虑到这些因素，企业可以根据吸引力和长期盈利潜力来为各个国家评级。那些评级高的市场就会成为进入的首选。比如乐购，一家英国大型杂货连锁店，最近几年积极地扩张其在海外的经营，而其扩张主要集中在缺少强有力的本地竞争者的新兴国家（参见管理聚焦13-1）。

◎ 管理聚焦 13-1

乐购的国际增长战略

乐购由杰克·科恩（Jack Cohen）于1919年创立，是一家英国的跨国杂货和商品零售商。它是英国最大的杂货零售商，在当地市场占有28%的份额，以收入衡量的话，它是仅次于沃尔玛的世界第二大零售商。到2019年，乐购的销售额超过550亿英镑（折合约770亿美元），员工超过47.6万人，门店6 553家。

在其英国本土市场（总部位于英国赫特福德郡切斯特纳特），该公司的优势来自它在营销和门店选址、物流和库存管理以及自有品牌产品方面的强大能力。到20世纪90年代初，这些能力已经使该公司在英国处于领先地位。该公司产生了强劲的自由现金流，高级管理人员必须决定如何使用这些现金。他们确定的一个战略是海外扩张。

在研究国际市场时，他们很快得出结论，最佳机会不是在成熟市场，如北美洲和西欧（那里已经存在强大的本地竞争对手），而是在东欧和亚洲的新兴市场，那里几乎没有有能力的竞争对手，但有强劲的潜在增长趋势。1994年，乐购首次进军匈牙利，当时它收购了43家国有杂货连锁店Global 51%的股份。到2019年，乐购已成为匈牙利市场的领导者，有200多家店铺，并计划开设新的店铺。1995年，乐购从Stavia收购了波兰31家门店；1996年，它在捷克和斯洛伐克增加了13家从凯马特（Kmart）收购的商店；1997年，它进入爱尔兰。乐购目前在波兰有450多家门店，在捷克有80多家门店，在斯洛伐克有120多家门店，在爱尔兰有100多家门店。

乐购在亚洲的扩张始于1998年，当时它在泰国购买了当地食品零售商莲花（Lotus）75%的股份，莲花拥有13家分店。在此基础上，到2015年，乐购在泰国拥有380多家门店。1999年，乐购与三星合作开发连锁超市，进军韩国市场。随后于2000年进入中国台湾，2002年进入马来西亚，2003年进入日本，2004年进入中国大陆。与许多其他西方公司一样，中国的庞大规模和快速增长吸引了乐购进入中国市场。最后，乐购与Hymall建立了一家各占一半股份的合资企业。Hymall是一家大型连锁超市，由顶新集团控制。2014年，乐购与华润企业和近3 000家门店组成合资企业，合并了其在中国的131家门店。乐购拥有合资企业20%的股份。

由于这些举措，到2019年，乐购在英国境外的销售额达到250亿美元（在英国的年收入约为520亿美元）。国际门店的增加使乐购成为全球杂货市场仅次于沃尔玛的第二大公司（如果用利润计算，乐购还落后于法国家乐福）。然而，在这三家公司中，乐购可能是国际上最成功的。到2019年，它所有的外国企业都在赚钱。

在解释乐购的成功时，乐购的管理人员详细说明了一些重要因素。首先，该公司非常重视将其零售业的核心能力转移到新企业。与此同时，它没有派遣大批外籍管理人员来管理当地业务，而是雇用当地管理人员，并由英国的一些运营专家为他们提供支持。其次，该公司认为其在亚洲的合作战略是一笔巨大的资产。乐购与一些优秀的公司合作，这些公司对它们所参与的市场有着深刻的了解，但缺乏乐购的财务实力和零售能力。因此，乐购及其合作伙伴都为合资企业带来了有用的资产，增加了成功的可能性。随着合资企业的建立，乐购通常会增加它对合资企业的所有权。例如，到2019年，乐购拥有其韩国连锁超市Homeplus 100%的股份，但在合资企业刚成立时，乐购只拥有51%的股份。最后，该公司专注于具有良好的增长潜力但缺乏强大的本土竞争对手的市场，这为乐购提供了成熟的扩张空间。

资料来源：Ivana Kottasová, "Women in Supermarkets Want Same Pay as Warehouse Workers," *CNN Money*, February 7, 2018; P. N. Child, "Taking Tesco Global," *The McKenzie Quarterly* 3 (2002); H. Keers, "Global Tesco Sets Out Its Stall in China," *Daily Telegraph*, July 15, 2004, p. 31; K. Burgess, "Tesco Spends Pounds 140m on Chinese Partnership," *Financial Times*, July 15, 2004, p. 22; J. McTaggart, "Industry Awaits Tesco Invasion," *Progressive Grocer*, March 1, 2006, pp. 8–10; Tesco's annual reports, www.tesco.com; P. Sonne, "Five Years and $1.6 Billion Later, Tesco Decides to Quit US," *The Wall Street Journal*, December 6, 2012; "Tesco Set to Push Ahead in the United States," *The Wall Street Journal*, October 6, 2010, p. 19.

13.1.2 进入时机

一旦企业找到了有吸引力的市场，对**进入时机**（timing of entry）的考虑就十分重要。当一家国际企业先于其他国际企业进入一个外国市场时，我们就称其为先行进入；而它在其他国际企业已经立足之后进入就是后行进入。与先行进入一个市场相关联的优势，我们通常称之为**先行者优势**（first-mover advantages）。第一个先行者优势是通过确立强大的品牌形象挤掉竞争对手并赢得需求的能力。正是这一欲望驱使乐购快速地向发展中国家扩张（见管理聚焦13-1）。第一个优势是能够在该市场扩大销售规模，并在经验曲线上领先于竞争对手。这使早期进入者比后来者拥有更大的成本优势。这种成本优势能使先入者把价格降到后来者之下，从而把后者逐出市场。第三个优势是先入者能够创造出将消费者与其产品或服务密切相连的转换成本。这样的转换成本使后来者很难赢得消费者。

先于其他国际企业进入外国市场也有相应的劣势，通常称之为**先行者劣势**（first-mover disadvantages）。这些劣势可能会增加企业的**开拓成本**（pioneering costs），即先入者必须承担后来者可以避免的成本。当外国市场的经营体系与企业的母国市场有很大不同时，企业必须花费巨大的精力、时间和费用以学习这些游戏规则，由此产生开拓成本。开拓成本包括企业由于不了解外国环境而犯了一些大的错误所导致的经营失败的成本。外国企业总会有一些劣势，而当外国企业很早地进入一国市场时，这种劣势就更明显了。如今的研究似乎可以证实：如果一家国际企业在其他国际企业进入之后再进入一国市场，其生存的可能性就会增加。后来者可以通过观察先入者和从先入者所犯的错误中吸取教训而受益。

开拓成本包括推广和建立产品供给的成本，而培训顾客的成本也是其中的一部分。当本地消费者对于推广的产品不熟悉时，这些成本尤其大。相反，后来者通过观察先入者在市场中如何经营业务，避免先入者代价高昂的错误以及利用先入者的顾客培训所创造的市场潜力等，可能省下许多先入者在学习和顾客培训上的投资。例如，肯德基把美国风味的快餐引入中国，但作为后来者的麦当劳却利用了现成的中国市场，即纠正肯德基犯的错误，并实施了一个更好的方法。

一旦规则发生变化，先入者的投资价值就会下降，从而往往会比后来者处于更严峻的劣势中。在管理经营活动的法规尚未定型的许多发展中国家，这种风险是巨大的。在这样的情形下，如果规则的变化导致先前对在该国从事经营活动的最佳企业模式的假设失效，先入者就会发现自己处于不利的状况。

13.1.3 进入规模和战略承诺

国际企业在准备进入外国市场时必须考虑的另一个问题是进入规模。大规模进入一个市场需要投入大量资源，但也意味着快速进入。想想荷兰保险公司 ING 于 1999 年进入美国保险市场的情形。ING 不得不花费几十亿美元开展它在美国的经营活动。并非所有的企业都拥有大规模进入所必需的资源，甚至有些大企业更愿意先以小规模进入外国市场，然后随着对市场的熟悉而慢慢发展。

大规模进入的结果，即快速进入同与此相伴的战略承诺的价值有关。战略承诺会带来长期的影响并且很难逆转。决定大规模地进入外国市场是一项重大的战略承诺。战略承诺，诸如快速的大规模的市场进入可以对市场的竞争性质产生重要影响。例如，通过大规模地进入美国金融服务市场，ING 显示了它对市场的承诺。这产生了一系列的影响。从积极的一面看，这可使公司对顾客和分销商（比如保险代理人）更有吸引力。进入规模让顾客和分销商有理由相信 ING 将在市场中长期经营。进入规模还使其他的外国企业进入美国市场时踌躇不前，因为它们现在不仅要与美国本土企业相竞争，还要与积极进取并取得成功的欧洲企业相竞争。从消极的一面看，由于对美国市场的高度承诺，ING 可能没有足够的资源用于支持它在其他理想的市场（如日本）上的扩张。对美国市场的战略承诺限制了该公司在战略上的灵活性。

正如 ING 的例子所示，重大的战略承诺既非全然好也非绝对坏。确切地说，它们往往会改变竞争状况并导致一系列的变化，其中有些是企业希望发生的，有些则不是。对于企业来说，重要的是要弄明白大规模进入的潜在意义并据此采取行动。尤为重要的是，要尽量弄清现实的及潜在的竞争对手对大规模进入市场会做出怎样的反应。同时，大规模进入比小规模进入更有可能获得需求先占、规模经济和转换成本等相关的先行者优势。

由大规模进入一个外国市场的承诺所带来的价值，必须和由此导致的风险及与大规模承诺相关的灵活性缺失相平衡。战略上的灵活性缺失同样可以有价值。军事史上一个著名的例子就显示了这种灵活性缺失的价值。当赫尔南·科尔特斯（Hernán Cortés）登陆墨西哥时，他命令手下只留下一条船，而把其他船只统统烧毁。科尔特斯认为通过切断他们唯一的退路，他的手下将别无选择，只能义无反顾地战斗直至胜利，最终他们战胜了阿兹特克人。

与大规模进入承诺的价值和风险相对的是小规模进入的好处。小规模进入使企业能在尽量控制市场风险的情况下学习有关外国市场的知识。小规模进入可以被看作在决定是否大规模进入及以何种最佳方式进入前收集外国市场信息的途径。通过给予企业一定的时间去收集信息，小规模进入减少了大规模进入所固有的风险。但是小规模进入所带来的承诺不足，也会使得企业很难扩大市场份额以及获取先行者优势。小规模进入外国市场的风险规避型企业可以以这种方式限制它们可能遭受的损失，但同时也可能失去获得先行者优势的机会。

13.1.4 进入决策小结

此处不存在所谓"正确"的决策，而只有与不同水平的风险和回报相联系的决策。先于行业中大多数的其他国际企业进入一个发展中大国，如中国和印度，并以大规模的形式进入通常会给公司带来高风险。在这种情况下，由于缺乏可借鉴的先入者的经验，因此先入者作为外国企业的劣势也就增加了。但与此同时，与这种战略相关联的潜在的长期回报又是巨大的。早期以大规模进入发展中大国的企业可能获得巨大的能支撑企业在这个国家市场中长期地位的先行者优势。相反，企业晚于其所在行业的其他国际企业进入像澳大利亚和加拿大这样的发达国家并先以较小的规模进入以便更多地了解市场情况，则将面临较小的风险。但是，潜在的长期回报也较小，因为企业基本上放弃了获得先行者优势的机会。同时因为小规模进入缺乏承诺，也可能限制它未来的增长潜力。

本节主要是以考虑进入外国市场的发达国家的企业的视角来撰写的。新兴国家的企业同样有能力进入外国市场而成为全球竞争者。尽管这样的企业都是海外市场的后来者，尽管它们的资源可能是有限的，但巴特利特和戈沙尔认为这样的后来者仍有可能通过实施恰当的战略，击败声誉卓著的全球竞争对手而取得成功。尤其重要的是，巴特利特和戈沙尔认为，新兴国家的企业应该利用外国跨国公司进入这一机会，通过把自己的运营和绩效跟它们对标，从而向这些竞争对手学习。此外，本土企业必须找到使自己有别于外国跨国公司的方法，比如聚焦于跨国公司忽略的或由于供应标准化的全球产品而无法提供有效服务的市场缺口。通过学习和产品供给差异化来改善自己的绩效，来自新兴国家的企业有可能追逐自己的国际扩张战略。即使这些企业可能是许多市场的后来者，但是，通过对标和使自己在全球市场上有别于先入者，来自新兴国家的企业依然可能强势存在。关于如何做到这一点的一个极佳的例子是管理聚焦13-2，让我们看看快乐蜂（Jollibee）这一家菲律宾快餐连锁店是如何在美国跨国公司（如麦当劳和肯德基）主宰的市场中建立起全球品牌的。

◎ 管理聚焦 13-2

快乐蜂现象

快乐蜂食品公司（缩写为JFC）俗称快乐蜂，是菲律宾非凡的商业成功案例之一。快乐蜂代表着快乐的蜜蜂，于1975年作为拥有两家分店的冰激凌商店开始运营。随后它扩展了菜单，包括热三明治和其他食物。受到早期成功的鼓舞，快乐蜂于1978年组建公司，逐步发展为拥有7家直销店的企业。1981年，当快乐蜂拥有11家分店时，麦当劳开始在马尼拉开店。许多观察者认为快乐蜂将面临与麦当劳的激烈竞争，而快乐蜂却将此视为向非常成功的全球竞争对手学习的机会。快乐蜂把自己的业绩与麦当劳做比较，开始采用与麦当劳相似的运营体系以控制各个分店的质量、成本和服务。这些措施帮助快乐蜂改善了绩效。

随着对麦当劳业务模式的深入了解，快乐蜂开始寻找麦当劳全球战略的缺陷。快乐蜂的管理层认为麦当劳的菜单对于许多当地人来说过于标准化，本土企业可以通过根据当地人的口味量身定制自己的菜单以获得市场份额。快乐蜂通过在碎牛肉中拌入秘制调料而使生产出的汉堡比麦当劳的更甜，更好地满足了菲律宾人的口味，从而使其汉堡脱颖而出。它还提供本土化菜单，包括各种米饭类菜品、菠萝汉堡，以及将桃子芒果派等作为甜点。通过实施这种战略，快乐蜂在与全球巨头的竞争中维持了领先地位。到2019年，快乐蜂在菲律宾拥有了超过801家分店，快乐蜂品牌和所有其他品牌总共约2 040家门店（如快乐蜂、超群、格林尼治、红缎带、Mang INasal和汉堡王），占有超过60%的市场份额，销售收入超过6亿美元。相比之下，麦当劳只拥有400家左右的分店。

快乐蜂的国际扩张始于20世纪80年代中期。它最初的探索是进入邻近的亚洲国家，如印度尼西亚。在那里，它推行菜单本土化战略以更好地满足当地消费者的需求，从而使自己有别于麦当劳。1987年，快乐蜂进入中东地区。在那里，大量的外派菲律宾工人为它提供了一个现成的市场。聚焦于外派工人的战略是如此成功，以至于到90年代末，快乐蜂决定进入另一个同样具有大量菲律宾人口的市场美国。

1999～2019年，快乐蜂在美国开设了32家分店，其中20家位于加利福尼亚州。尽管很多人认为美国的快餐市场已经饱和，但是这些店都运营得很好。虽然最初的顾客都对外派的菲律宾团体有着强烈的偏见，但快乐蜂的知名度非常高，非菲律宾籍顾客逐步走入餐厅。旧金山分店是开设时间最久的，且有一大半的顾客都不是菲律宾人。今天，快乐蜂名下拥有大概500家国际分店，在历来被美国跨国公司主宰的市场上，它作为细分市场的竞争者有着光明的未来。

资料来源：Tina G. Santos, "Up to 10,000 Jollibee Workers to Be Regularized," *Inquirer.net*, April 6, 2018; "Jollibee Battles Burger Giants in US Market," *Philippine Daily Inquirer*, July 13, 2000; M. Ballon, "Jollibee Struggling to Expand in U.S.," *Los Angeles Times*, September 16, 2002, p. C1; J. Hookway, "Burgers and Beer," *Far Eastern Economic Review*, December 2003, pp. 72–74; S. E. Lockyer, "Coming to America," *Nation's Restaurant News*, February 14, 2005, pp. 33–35; Erik de la Cruz, "Jollibee to Open 120 New Stores This Year, Plans India," *Inquirer Money*, July 5, 2006, business.inquirer.net; www.jollibee.com.ph.

13.2 进入模式

一旦一家企业决定进入外国市场，就面临着选择最佳进入模式的问题。企业可采用六种不同的模式进入外国市场：出口、交钥匙工程、许可经营、特许经营、与东道国企业成立合资企业以及在东道国成立全资子公司。每一种模式各有其优缺点。管理人员在决定采用哪一种模式时必须认真考虑这些模式的优缺点。

13.2.1 出口

许多制造企业在刚开始进行全球扩张时采取出口的形式，之后才转向其他模式以服务于外国市场。我们将在第14章中详细考察有关出口的操作，这里我们着重讨论出口作为一种进入模式的优点和缺点。

1. 优点

出口（exporting）有两个显著的优点。首先，它避免了在东道国建立生产设施通常所需的巨额成本。其次，出口可以帮助企业获得经验曲线效应以及区位经济（参见第12章）。通过集中在一个地区生产产品，并将其出口到其他国家市场，企业可以从它的全球销量中实现巨大的规模经济。这也是在过去的20年里许多日本汽车企业进入美国汽车市场的做法（尽管美国有税收优惠政策和对SUV的限制，它们也越来越多地在美国建立工厂）。

2. 缺点

出口也有许多缺点。首先，如果国外有更低成本的地方可以生产产品（即企业能够通过将生产设施转移到其他地方实现区位经济），那么从企业的母国出口就显然很不合算。因此，尤其对那些追逐全球标准化战略或跨国战略的企业而言，它们更愿意在要素条件组合最有利于价值创造的地方生产，并从那个地方将产品出口到世界其他地方。这就不像从企业的母国出口那样会引起人们的争议。许多美国电子企业把它们的生产活动转移到远东，因为那里有低成本、高技能的劳动力，然后再从那一地区向包括美国在内的世界其他地方出口。

其次，高运输费用使出口不那么经济，尤其对于大体积的散装产品来说。解决这个问题的办法之一就是在某些特定区域生产这些产品。这种战略使企业能够实现生产的规模经济，同时也减少了运输费用。例如，许多跨国化工企业集中于某个特定区域生产它们的产品，然后利用该生产设施服务于几个国家。

最后，关税壁垒也使出口很不经济。类似地，东道国关税壁垒的威胁可使出口这种形式极具风险。当企业把它在有业务的国家里的营销权、销售权和服务委托给另一家公司时，就产生了出口的第四个缺点。这对刚刚开始进行国际扩张的制造企业而言非常普遍。其中，另一家公司可以是当地代理商，也可以是一家有着广泛的国际分销机构的跨国公司。当地代理商往往同时出售竞争对手企业的产品，因此不可能完全忠诚。在这种情况下，当地代理商可能不如企业自己从事营销工作那么卓有成效。当另一家跨国公司得到分销权时，同样的问题也会产生。

解决这些问题的办法就是在该外国市场建立全资子公司以处理当地的市场营销、销售和服务工作。通过这个办法，企业既可以获得在单一地区或少数可选地区生产产品的成本优势，同时又可以牢牢地控制住在该国的营销和销售活动。

13.2.2 交钥匙工程

专事交钥匙工厂的设计、建筑以及新建的企业在有些行业中十分普遍。**交钥匙工程**（turnkey project）是指承包商同意为外国客户处理工程所有的细节，其中包括对经营人员的培训。一旦合同完成，外国客户就得到了一切就绪的工厂的"钥匙"，故也叫"交钥匙"。这是向其他国家出口流程技术的手段。交钥匙工程在化工、医药、炼油和金属加工行业十分普遍，所有这些行业都需要采用复杂、昂贵的生产技术。

1. 优点

装配和运行技术复杂的流程所需的专有技术（如精炼石油或冶炼钢铁）是一项重要的资产。交钥匙工程是从这些资产中获得巨大经济回报的一种方式。这个战略在对外直接投资受东道国政府的管制时尤为有用。例如，许多产油国政府开始建立它们自己的炼油工业，所以它们限制对炼油部门的对外直接投资；但是许多国家缺乏炼油技术，它们不得不借助于有这种技术的外国企业通过交钥匙工程来获得相应的技术。这种交易形式对出售方企业常常很具吸引力。因为不通过这种形式，它们就无法凭借其有价值的技术诀窍在那些国家获得回报。在一个政治经济环境不稳定的国家中，长期投资可能会使企业面临不能接受的政治和/或经济风险（如国有化或经济崩溃的风险）。交钥匙工程通常比传统的对外直接投资的风险要低。

2. 缺点

与交钥匙工程有关的缺点有三个。首先，采用交钥匙工程的企业往往对外国市场缺乏长期的兴趣。一旦通过出口的工艺过程生产的产品在这个国家最终被证明具有巨大的市场潜力，这个缺点就很明显。解决方法之一就是对此项目拥有小部分的股权。其次，与外国企业开展交钥匙工程项目可能会在无意中树立一个竞争对手。例如，许多把炼油技术出售给沙特阿拉伯、科威特和其他海湾国家的西方企业，现在发现自己必须在全球石油市场上与这些国家的企业相竞争。最后，如果企业的工艺技术是一种竞争优势来源，那么通过交钥匙工程出售技术就等于向潜在的和/或现实的竞争对手出售竞争优势。

13.2.3 许可经营

许可协议（licensing agreement）是指在协议中规定：许可方在一定期限内将无形资产的使用权授予另一个实体（被许可方）；作为回报，许可方从被许可方处收取一定的使用费。无形资产包括专利、发明、配方、工艺、设计、版权和商标。例如，为进入日本市场，发明复印机的施乐公司与富士胶片公司建立了一家合资企业，叫作富士–施乐。施乐公司把它的静电印刷的专利技术提供给富士–施乐。作为交换，富士–施乐支付给施乐公司使用费。该费用相当于富士–施乐采用施乐公司的技术生产复印机所取得的净销售收入的 5%。在富士–施乐的例子中，最初该项技术授权的期限为 10 年。但之后经过重新谈判，期限一再延长。施乐公司与富士–施乐的技术授权协议同时也限制了富士–施乐向亚太地区的直接销售（尽管富士–施乐以施乐公司的商标向施乐公司提供在北美洲销售的复印机）。

1. 优点

在典型的跨国许可交易中，一般是被许可方承担海外经营所必需的资金，因此许可经营的第一个优点就是企业不必承担开发一个外国市场所需的开发费用和风险。许可经营对那些缺乏资金去发展海外业务的企业十分有吸引力。此外，当企业不愿对一个不熟悉的或政局动荡的外国市场投入巨大的财务资源时，许可经营也相当诱人。当企业希望参与到一个外国市场中去，但是由于投资壁垒而不能这么做时，通常也采用许可经营。这正是富士–施乐合资企业最初成立的原因之一。施乐公司想要参与到日本市场中去，但受日本政府所限不能设立全资子公司，所以施乐公司就与富士建立合资企业，并把它的专利技术授权给该合资企业。

最后，当一家企业拥有一些有商业用途的无形资产，而它自身又不想开发这些用途时，常常采用许可经营。例如美国电话电报公司的贝尔实验室在 20 世纪 50 年代首先发明了晶体管电路，但是美国电话电报公司自己不愿意生产晶体管，于是把该技术授权给其他一些企业，如德州仪器公司等。同样，可口可乐曾把它著名的商标授权给服装制造商，由后者将其设计融入它们的服装中。哈雷戴维森将其品牌授权给全球金刚狼，生产体现公路精神的鞋类，哈雷戴维森在其广告和产品定位中强调了这一点。

2. 缺点

许可经营有三个重大的缺点。首先，它不能使企业对制造、营销以及实现经验曲线效应和区位经济所必需的战略进行严密的控制。许可经营通常要求每一位被许可方建立自己的生产业务。这就大大地限制了企业通过集中于某一中心区位生产产品而实现经验曲线效应和区位经济的能力。当这种经济性十分重要时，许可经营就未必是实现海外扩张的最佳途径。

其次，在全球市场竞争可能要求企业协调不同国家间的战略性行动，如利用在一个国家所赚取的利润来支持在另一个国家的竞争行动。从本质上看，许可经营限制了企业这样做的能力。技术被许可方不可能允许跨国企业利用它的利润（超过以许可使用费形式支付的盈利部分）来支持在另一个国家从事经营活动的其他被许可方。

最后是我们在第 8 章中回顾国际直接投资经济理论时曾遇到的问题，即把技术诀窍授权给外国公司时面临的风险。技术诀窍构成了许多跨国企业竞争优势的基础。大多数企业希望对它们的技术诀窍如何使用保持控制，而企业一旦做了技术授权将会很快对其失去控制。许多企业错误地认为它们可以在许可经营协议框架下保持对其技术诀窍的控制。例如，RCA 公司曾经把它的彩电技术授权给日本企业，包括松下和索尼。日本企业很快就吸收了该项技术而加以改进，并利用这项技术打入美国市场，从 RCA 手里夺取了大量的市场份额，最终，RCA 在 1986 年就停业了。

有许多方法可以减少这种风险。其中之一就是与一家外国企业签订交叉许可协议。在交叉许可协议下，一家企业可能把一些有价值的无形资产授权给一个外国合伙者。但是除了许可使用费，企业还可能要求这个外国合作伙伴也把它的有价值的技术诀窍授权给自己。这样的合同被认为可以降低与许可经营相关的风险。因为被许可方意识到，如果它破坏许可经营协议（利用所得到的知识直接与许可方相竞争），许可方也同样可以这样做。交叉许可协议使企业相互制约，减少了它们对对方做出机会主义行为的可能性。这样的交叉技术许可协议在高科技产业越来越普遍。

降低许可经营风险的另一个途径是仿效富士－施乐模式，把许可经营协议与建立许可方与被许可方都拥有重要股权的合资企业联系在一起。这种方法使许可方与被许可方的利益相联系，因为双方都占有股权以确保合资成功。因此，富士胶片公司可能使用施乐公司的技术诀窍，在全球复印机市场上与施乐公司直接竞争的风险就通过建立一家施乐公司与富士双方都占有大量股份的合资企业而降低。

13.2.4 特许经营

特许经营与许可经营很相似，然而特许经营往往比许可经营涉及更长期限的承诺。**特许经营**（franchising）从根本上讲是许可经营的一种特殊形式。在特许经营中，特许方不但向被特许方出售无形资产（通常为商标），而且坚持要求被特许方同意遵守严格的有关如何经营企业的规则。特许方还将经常帮助被特许方经营业务以求不断地发展。与许可经营一样，特许方通常收取特许权使用费，数额为被特许方收入的一定百分比。许可经营主要用于制造企业，而特许经营却主要被服务性企业所采用。麦当劳就是企业充分利用特许经营成长的一个好例子（赛百味是另一个）。麦当劳对被特许方如何经营快餐店有着极其严格的规定，包括对菜单、烹饪方法、人员配备和快餐店的设计与位置等进行的控制。麦当劳还为它的被特许方组织供应链并且提供管理培训和财务帮助。

1. 优点

特许经营作为一种进入模式的优点与许可经营十分相似。企业可以免除许多自己打开外国市场所必须承担的成本和风险。相反，被特许方承担了这些费用和风险。这对被特许方也是个极好的激励措施，使它能够尽快地开展能赚钱、能获得利润的经营活动。因此，选择特许经营的方式，服务性企业可以以相对低的成本和风险很快地树立起全球形象，就像麦当劳所做的那样。Two Men and a Truck 成立于 1985 年，是一家总部位于密歇根州兰辛的搬家公司，它有效地利用了特许经营，1989 年，很快从一家当地公司扩大到一家全国性的公司。目前，该公司在全球拥有 400 多家分店。

2. 缺点

特许经营的缺点不如许可经营那么明显。因为使用特许经营方式的大多数是服务性企业，在这种情况下，企业不需要考虑协调生产以实现经验曲线效应和区位经济，但是特许经营可能会束缚企业从一个国家获取利润来支持在另一个国家的竞争行动的能力。特许经营的一个更明显的缺点是对质量缺乏控制。特许经营合同的基础就是企业的品牌向消费者传递了有关企业产品质量的信息。因此，一个在悉尼入住四季酒店的商务旅行人士会理所当然地以为他能得到与纽约的四季酒店品质一样的房间、食物与服务。四季的品牌名称本身就是同样的产品质量的保证。一旦国外的被特许方达不到所要求的质量，就会产生问题。低质量不仅导致在某一特定国外市场销售额的减少，而且会累及企业的全球名声。例如，如果这位商务旅行人员在悉尼的四季酒店有了一次极糟的经历，那么这个人可能再也不会去其他的四季酒店，而且还会劝说自己的同事不要前往。然而，企业与它的国外被特许方之间的地理距离使得低质量的状况很难被发现。此外，被特许方的绝对数量也使得质量控制十分困难。以麦当劳为例，它拥有好几万被特许方。由于这些因素，质量问题可能会一直存在。

克服这个缺点的方法之一就是在企业扩张的每一个国家中建立分支机构。这个分支机构可以是由公司全资拥有的，也可以是与外国公司合资经营的。这个分支机构拥有在一个特定国家或地区建立特许经营店的权利和义务。以麦当劳为例，它在许多国家设立了特许经营总店。通常，这家特许经营总店由麦当劳与当地企业合资经营。由于所监督的特许经营店就在附近而且数量较少，因此减少了质量难以控制的问题。另外，由于分支机构（或特许经营总店）至少部分地由企业所拥有，企业可以把自己的管理人员派往该分支机构，以保证其能很好地管理各个特许经营店。这种组织安排被证明非常适合像麦当劳、肯德基和其他诸如此类的企业。

13.2.5 合资企业

合资企业（joint venture）是指由两个或两个以上的独立企业共同出资而成立的企业。如富士-施乐是由施乐公司与富士胶片公司建立的合资企业。长期以来，与外国企业成立合资企业是进入一个新市场的常用模式。最典型的合资企业是 50/50 的合资，即合资双方各拥有 50% 的股权，并组成一个管理团队共享经营控制权。2001 年之前，富士-施乐合资企业一直是这样的合资方式。但现在它是一家 25/75 的合资企业，施乐公司拥有 25% 的股份。2010 年之前，通用汽车和上海汽车工业（集团）总公司（SAIC）的合资企业的股权比例为 50/50。现在其股权比例变成 51/49，SAIC 拥有 51% 的股权（详见管理聚焦 13-3）。但是，一些企业也在追求它们能够握有大部分股权并实施更严密控制的合资企业。

⊙ 管理聚焦 13-3

通用汽车峰回路转

20 世纪末，通用汽车境况不佳，但该公司正处于需求强劲的上升中。特别是中国市场，正成为通用汽车最重要的海外市场之一。通用汽车是一家总部位于美国密歇根州底特律的跨国公司。通用汽车于 1908 年在密歇根州弗林特成立，玛丽·巴拉（Mary Barra）是该公司的首席执行官。2019 年，通用汽车的收入为 1 490 亿美元，员工超过 18 万人，生产了近 1 000 万辆汽车，由四个核心事业部组成（别克、雪佛兰、凯迪拉克和 GMC）。

受美国经济严重衰退和汽车销量暴跌的影响，通用汽车进入破产程序第 11 章，结束了 21 世纪的前十年。在这十年中，它的市场份额逐渐被丰田等外国竞争对手夺走。从 1980 年主导美国市场到 2009 年进入破产保护，通用汽车在美国的市场份额从 44% 下降到 19%。几个月后，这家陷入困境的公司从破产中脱颖而出，成为一家规模较小、品牌较少的企业，但仍在前行。一些人认为，新的通用汽车可能是一家利润更高的企业。拥有这种乐观情绪的一个主要原因是它在中国的合资企业的成功。

通用汽车于1997年进入中国，投资16亿美元，与国有的上海汽车工业公司（SAIC）建立合资企业，生产别克轿车。当时，中国市场很小（1996年销量不到40万辆），但通用汽车被这个拥有14亿多人口、经济快速增长的国家的巨大潜力所吸引。通用汽车最初认识到，它对中国市场有很多需要了解的地方，在早期几年可能会亏损，但通用汽车高管认为，先于全球竞争对手开展业务并与上汽集团（中国新兴汽车行业的早期领军企业之一）合作至关重要。建立合资企业的决定并不难。通用汽车不仅在中国缺乏资源和人脉，而且中国的法规使得外国汽车制造商几乎不可能在中国单独经营。

尽管通用汽车并非唯一一家在中国投资的公司，在此期间，许多世界主要汽车公司都在中国成立了合资企业，但通用汽车是最大的投资者之一。只有大众汽车，其管理层与通用汽车管理层的理念一致，做出了类似规模的投资。其他公司则采取了更为谨慎的做法，投资金额较小，设定的目标也更为有限。

到2007年，通用汽车扩大了与SAIC的合作范围，包括雪佛兰、凯迪拉克和五菱等品牌的汽车。两家公司还成立了泛亚汽车技术中心，不仅为中国，而且为其他亚洲市场设计汽车和零部件。在这一点上，中国市场和合资企业显然都超出了通用汽车最初的预期。这家合资企业不仅赢利，2007年还销售了90多万辆汽车和轻型卡车，比2006年增长了18%，在国外名牌市场上仅次于大众汽车。同样令人印象深刻的是，2007年中国售出了约800万辆汽车和轻型卡车，使中国成为世界第二大汽车市场，领先于日本，落后于美国。2015年，通用汽车在中国的销量约为316万辆，高于2010年的240万辆。

这家合资企业的成功很大程度上归功于它为中国市场设计汽车的战略。例如，通用汽车与SAIC共同生产了一款小型面包车五菱阳光。这款面包车售价3 700美元，发动机为0.8升，最高时速为96千米，重量不到1 000千克，对于中国市场来说，这款车非常完美，成为轻型卡车领域的畅销车。

让人们兴奋的是未来。从2008年中国售出的约900万辆乘用车和商用车到2019年的2 500万辆，与美国和欧洲相比，中国的汽车市场正在蓬勃发展。中国现在已经成为通用汽车最大的汽车销售市场。通用汽车还计划将其中国经销商网络扩大到5 000多家，并在中国拥有17家装配厂，超过它在美国的12家。推动这一扩张的是通用汽车预测，到2022年，中国的汽车需求将达到3 500万辆，比2019年的2 500万辆大幅增长。这些预测的基础是中国市场的汽车渗透率仍然相对较低。中国每1 000人拥有约85辆汽车，而美国每1 000人拥有约800辆汽车。

资料来源：S. Schifferes, "Cracking China's Car Market," *BBC News*, May 17, 2007; N. Madden, "Led by Buick, Carmaker Learning Fine Points of Regional China Tastes," *Automotive News*, September 15, 2008, pp. 186–90; "GM Posts Record Sales in China," *Toronto Star*, January 5, 2010, p. B4; "GM's Sales in China Top US," *Investor's Business Daily*, January 25, 2011, p. A1; K. Naughton, "GM's China Bet Mimics Toyota's Bet on U.S. Last Century," Bloomberg.com, April 29, 2013.

1. 优点

合资企业具有许多优点。首先，企业可以从当地合资者处获得有关东道国竞争状况、文化、语言、政治体制和商业上的信息并因此受益。因此，对于许多美国企业来说，合资企业通常是由美国的公司提供技术性专利和产品，而当地企业则提供在所在国竞争所必需的营销专长和当地资源。其次，如果进入一个外国市场的开发成本和/或风险很高，企业可以与当地的合资伙伴分担这些费用和/或风险。最后，在许多国家，出于政治上的考虑，合资企业往往是唯一可行的进入模式。研究发现，与当地合资者建立合资企业使得企业在受到国有化或者其他形式的不利的政府干预时面临较低的风险。这显然是由于当地的股权合资者会为其既得利益通过大声疾呼反对国有化或政府干预而对东道国的政策产生一定的影响力。

2. 缺点

尽管有上述优点，合资企业经营还是有较大的缺点。首先，与许可经营一样，进行合资经营的企业将面临把其技术控制权拱手让给合伙人的风险。因此，当2002年波音与三菱重工提出共同生产一种新型的大型客机（波音787）的合资企业方案时，人们担忧波音会在不知不觉中把它的商用飞机技术泄露给日本。但是，通过订立合伙协议可使这种风险最小化。做法之一就是在合资企业中拥有多数股权。这可使主导方对技术行使更大的控制权，但这样做的不足之处在于很难找到一个愿意接受少数股权的外国合资者。另一种做法是向合作伙伴"隔离"对本企业核心能力至关重要的技术而只与它们分享其他技术。

其次，企业如果想实现经验曲线效应和区位经济，或对竞争对手实行全球协同进攻，建立合资企业通常不能使其获得对子公司的牢固控制。以德州仪器公司进入日本的半导体市场为例。当德州仪器在日本建立半导体厂时，它主要是为了抑制日本制造商的市场份额以及限制其进军全球市场的资金。换句话说，德州仪器是为了实现全球性的战略协调。为实施这个战略，德州仪器在日本的子公司必须接受公司总部有关竞争战略的指令。这项战略还要求日本的子公司在必要时亏损经营。几乎没有一个潜在的合资者会接受这样的条件，因为它迫使合资者必须心甘情愿地接受投资亏损。事实上，许多合资企业都建立了某种程度的自主权，使得对战略决策的这种直接控制几乎不可能实现。因此，为实施该战略，德州仪器在日本建立了全资子公司。

最后，当投资企业各自的目标与目的发生了变化或它们对应该实施的战略有不同的看法时，这种共同拥有股权的安排往往会导致双方在控制权上的冲突和矛盾。显而易见，富士-施乐合资企业中并不存在这个问题。据富士-施乐的前总裁小林阳太郎称，一个主要的原因在于施乐公司和富士公司与富士-施乐之间保持一定的距离，从而给予合资企业管理层相当大的自由度以决定自己的战略。然而，很多研究表明，在合资企业中，战略和目标上的利益冲突经常发生。而如果合资是在不同国家的企业间进行的话，这种冲突会更大，常常以解除合资而告终。这样的冲突往往由于合资各方的相对讨价还价能力的变化而一触即发。以一家外国企业与一家当地企业的合资为例，随着外国合资者对当地市场状况的了解，它对当地合资者的专门知识的依赖性越来越小。这就增强了外国合资者讨价还价的能力，最终导致对合资战略和目标的控制权上的冲突。有些企业试图通过成立其中一方占有控制权的合资企业来减少这样的问题。

13.2.6　全资子公司

在一家**全资子公司**（wholly owned subsidiary）中，企业拥有100%的股权。要在一个外国市场中建立一家全资子公司可以通过两种方式：企业既可以在那个国家建立新的经营设施，即通常所说的绿地投资/新建企业；也可以并购现有的东道国企业，利用这家企业推广其产品。例如，ING进入美国保险市场的战略是并购已有的美国企业，而不是从无到有建立新的经营设施。宜家作为世界上最大的家具零售商，也青睐于全资子公司，主要是因为该公司希望保持对其门店的严格控制，以推动其品牌、概念和"瑞典经营方式"。但宜家（印度）是瑞典影响的一个例外！在印度，瑞典的经营方式很好地结合了印度的思维模式，2018年宜家（印度）成立。同样，正如开篇案例中所述，优步通过在其进入的每个国家市场创建全资子公司进行全球扩张。

1. 优点

全资子公司有几个显著的优点。首先，当一家企业的竞争优势建立在技术能力的基础上时，全资子公司常常是最合适的进入模式，因为它可以降低对这种能力失去控制的风险（详见第8章）。许多高科技企业（如半导体、电子和医药行业的企业）倾向于以这种进入模式来进行海外扩张。其次，全资子公司使企业得以对不同国家的经营进行严密的控制。这是进行全球战略协调所必需的（即利用从一个国家中获取的利润来支持在其他国家中的竞争攻势）。

再次，如果企业想要实现区位经济和经验曲线效应，就需要设立全资子公司（如同那些追逐全球标准化和跨国战略的企业所做的那样）。如我们在第12章中所见，当成本降低的压力很大时，企业就有必要使其价值链上的每一个阶段所附加的价值都最大化。因此，一个国家中的子公司可能专门生产产品线中的一部分或最终产品的某些零部件，并在企业的全球系统中与其他的子公司交换零部件和产品。建立这样的全球生产体系要求企业对每一家附属企业的经营进行高度的控制。不同的经营单位必须接受对于如何生产、生产多少以及当产出转移给下游经营单位时如何定价等问题的集中决策。由于被许可方或合资企业的合资者不愿意接受身处这样的屈从地位，故成立全资子公司就非常必要。最后，建立全资子公司还使企业享受在外国市场上获得的全部利润。

2. 缺点

从资本投资的角度看,设立全资子公司常常是服务于外国市场的各种方法中成本最高的一种。这样做的企业必须承担海外经营的全部成本和风险。如果企业并购一家东道国的现有企业,那么在全新的文化中学习经营的风险相对要小一些。但是,并购也会引起其他的问题,包括试图融合不同的企业文化而产生的问题。这些问题造成的损失可能远远超过从并购现有的企业中所得到的利益。由于绿地新建企业和并购之间的选择如此重要,因此,我们在以后的章节中做更详细的讨论。

13.3 选择一种进入模式

如上所述,所有的进入模式各有利弊,表13-1总结了它们的优缺点。由于这些优点和缺点的存在,因此当选择一种模式时,权衡利弊就不可避免。例如,当考虑进入一个陌生国家,而该国家政府在与企业签订合同这件事上存在歧视外国企业的记录时,企业可能喜欢与当地企业合资经营。它的依据可能是当地的合作者会帮助它在陌生的环境中开展业务,并帮助它赢得政府合同。然而,如果企业的核心能力建立在专利技术的基础之上,那么进行合资经营可能产生对技术失去控制的风险。在这种情况下,这种模式就不那么吸引人了。尽管存在着这样的权衡,但还是有可能对进入模式的最佳选择做出一些概括和总结。

表 13-1 进入模式的优点和缺点

进入模式	优点	缺点
出口	能够实现区位经济和经验曲线效应 提高了接触目标市场的速度和灵活性	高运输成本 存在贸易壁垒 与当地营销代理商之间的问题
交钥匙工程	能够在对外直接投资受到限制的国家通过运用其流程技术技能获取回报	创造出有效率的竞争对手 缺乏长期的市场存在
许可经营	低开发成本和风险 适度的参与和承诺	缺乏对技术的控制 不能实现区位经济和经验曲线效应 不能进行全球战略协调
特许经营	低开发成本和风险 可能会规避进口壁垒,具有强大的销售潜力	缺乏对质量的控制 不能进行全球战略协调
合资企业	可以利用当地合作者的资源 共同承担开发成本和风险 政治上的可接受性 通常没有所有权限制	缺乏对技术的控制 不能进行全球战略协调 不能实现区位经济和经验曲线效应
全资子公司	保护技术 能够进行全球战略协调 能够实现区位经济和经验曲线效应	高成本和高风险 需要更多的人力资源和非人力资源,以及与本地员工的互动和整合

13.3.1 核心能力和进入模式

我们在第12章中看到,企业通常进行国际扩张以从它们的核心能力中获得更大的回报,并把源于它们核心能力的技能和产品转移到当地竞争者缺乏这种技能的外国市场中去。这些企业的最佳进入模式在某种程度上取决于它们的核心能力的性质。以技术诀窍为核心能力的企业与以管理诀窍为核心能力的企业有以下差别。

1. 技术诀窍

如我们在第8章中所见,如果企业的竞争优势(核心能力)建立在对技术诀窍的控制的基础上,那么它应尽可能地避免采用许可经营与合资企业的模式,以使对技术的失控风险降到最低限度。因此,如果一家高科技企业想要在外国经营,并从它的技术诀窍的核心能力中获利,它就极有可能通过创建全资子公司来做到这一点。但是,这条规则也不是一成不变的。有时也可以通过许可或合资企业来减少被许可方或合资者侵占企业的技术诀窍的风险。另一种例外情况发生在企业感到其技术优势只是暂时的,预计竞争对手会很快模仿其核心技术时。

在这种情况下，企业可能希望尽快将其技术转让给外国企业，以便在模仿发生之前就获得对其技术的全球认同。这样的战略有一定的优点。首先，通过把技术转让给竞争对手，企业可以阻止它们开发自己的技术，可能是更好的技术。其次，通过转让技术，企业可以将其技术塑造成行业的技术标准。这可确保长期稳定的技术转让费。但是，许可经营的吸引力通常不及对技术失去控制的风险，故应避免许可经营。

2. 管理诀窍

许多服务性企业（如麦当劳、星巴克）的竞争优势建立在管理诀窍的基础之上。这样的企业面对被特许方或合资者，管理诀窍失控的风险并不是特别大。这些企业有价值的资产是它们的品牌，而品牌通常受到有关商标的国际法的严格保护。正因为如此，许多在技术诀窍中遇到的问题在这里就不必考虑太多。故而，许多服务性企业愿意选择特许经营与子公司相结合的方法，来对特定的国家或地区内的特许经营权进行控制。子公司可以是全资的，也可以是合资的，但是大多数服务性企业发现与当地合伙者合资经营能更好地控制子公司。合资企业往往在政治上更能被接受，并且能把当地的一系列文化带给子公司。

13.3.2 成本降低的压力和进入模式

成本降低的压力越大，企业越有可能希望选择出口与全资子公司相结合的模式。通过在要素条件最佳的区位从事制造活动并出口到世界其他的国家，企业可能实现巨大的区位经济和经验曲线效应。然后，企业可能把最终产品出口到设立在不同国家中的营销子公司。这些子公司通常是全资拥有的，担负着监督某一特定国家中分销情况的责任。建立全资销售子公司比合资企业和利用外国销售代理更胜一筹，因为它能使企业对营销工作实行牢固的控制，以协调全球分散的价值链（管理聚焦13-3讲述了通用汽车以合资企业的模式进入中国市场）。它还使企业有能力利用在一个市场中产生的利润来提升它在另一个市场中的竞争地位。换句话说，追逐全球标准化战略或跨国战略的企业往往选择建立全资子公司。

13.4 绿地新建企业或并购

企业在一个国家创立全资子公司，既可以通过白手起家建立一个子公司（这叫作绿地新建企业），也可以通过在目标市场并购一家企业。近20年来，跨国并购的数量快速增长。在过去的几十年中，40%～80%的对外直接投资是以兼并或收购的形式进行的。

13.4.1 并购的优点和缺点

并购有三个主要优点。首先，迅速完成。通过并购一家现有的企业，跨国企业很快就可在海外目标市场开展业务。当德国汽车公司戴姆勒-奔驰决定在美国的汽车市场中占据更重要的地位时，它并不是通过在美国建立新工厂来巩固自己的地位的，这样的过程往往需要很多年，而是并购了美国第三大汽车公司克莱斯勒，把两家的业务合并成戴姆勒-克莱斯勒（戴姆勒在2007年将克莱斯勒出售给了一家私募股权企业）。当西班牙电信服务供应商Telefónica想在拉丁美洲建立服务机构时，也通过一系列的并购活动买下了巴西和阿根廷的电信公司。在这些例子中，企业采取并购形式是因为它们知道这是在目标市场形成相当规模的最快的方式。

其次，在许多情况下，企业可通过并购来抢占市场先机。在快速全球化的市场中，抢占市场先机尤其必要。比如电信行业，各国都在放松国内管制，加上跨国界对外直接投资规制政策的自由化，使得企业更容易通过并购进入外国市场。在这样的市场中可以看到集中的并购浪潮，因为企业会相互竞争以获得全球规模。例如，在电信行业，管制的变化引发了所谓的大鱼吃小鱼的现象，企业纷纷通过并购进入对方市场，在全球开展业务。这其中包括英国沃达丰公司以560亿美元并购美国Air Touch电信公司，这在当时是有史以来最大的并购案。德国电信以130亿美元并购英国的One 2 One公司。加拿大环球电信公司以64亿美元并购美国的Excel电信公司。全球汽车行业也出现了类似的跨国并购浪潮：戴姆勒并购了克莱斯勒，福特并购了沃尔沃（然后将沃尔沃卖给吉利），雷诺并购了日产。

最后，管理人员认为并购的风险要比绿地新建企业更小。企业进行并购时，它买下的是能产生已知收入和利润流的一系列资产。相比之下，绿地新建企业能产生的收入和利润流是不确定的，因为它还不存在。当企业在海外市场并购时，它获得的不仅仅是一系列有形资产，如工厂、物流系统、客户服务系统，而且还获得了有价值的无形资产，包括当地品牌和管理人员对所在国家业务环境的了解。这样的了解能降低由于忽略国家文化差异而犯错的风险。

尽管有很多论据支持进行并购，但是许多并购常常带来令人失望的结果。例如，美世管理咨询公司所做的一项对并购金额在 5 亿美元以上的 150 起并购案的研究表明：50% 的并购侵蚀了股东的价值，另外 33% 获得了微小的回报，只有 17% 被认为是成功的。类似地，会计和管理咨询公司毕马威做了一项研究，分析了 700 起大型并购案，发现只有 30% 左右为并购公司实际创造了价值，31% 破坏了价值，剩下的几乎没有影响。麦肯锡公司也做了相似的研究，它估计 70% 的并购没能达到预期的收入协同效应。在一项对被并购公司并购后绩效的系列研究中，戴维·雷文斯克罗夫特（David Ravenscraft）和迈克·谢勒（Mike Scherer）提出：平均而言，并购后被并购公司的利润和市场份额是下降的。他们还指出：在这些公司中，有相当数量的规模较小的公司经历了巨大的困难，最终导致并购公司不得不卖掉它们。雷文斯克罗夫特和谢勒的证据表明，许多并购毁坏了而不是创造了价值。尽管大多数这样的研究着眼于国内的并购，但是这些发现可能同样适用于跨国并购。

1. 并购为什么会失败

并购失败有几个原因。首先，并购企业经常为被并购企业的资产支付过高的价格。如果有两家以上的企业对目标企业感兴趣，那么这家目标企业的价格就会被哄抬上去，这种情况常常发生。另外，并购企业的管理层经常对通过并购所能创造的价值过于乐观，因此愿意支付一笔高于目标企业资本市值的可观费用。这就是导致并购失败的所谓的"傲慢假说"。傲慢假说认为，高层管理者通常会高估他们通过并购创造价值的能力，主要是因为晋升到公司的高层位置使他们高估了自己的能力。例如，戴姆勒于 1998 年花 400 亿美元并购了克莱斯勒，超过克莱斯勒被收购前市值的 40%。戴姆勒支付这么高的费用是因为它相信能够利用克莱斯勒来帮助自己提高在美国的市场份额。当时，戴姆勒的管理层大胆地宣称将从两家公司的合并运营中获得"协同"效应。然而，并购后一年内，戴姆勒的德国管理层便面临克莱斯勒发生的危机：由于在美国市场销售不力，后者遭遇了突如其来的亏损。回顾这一切，戴姆勒的管理层对于美国汽车市场的未来需求潜力和通过协同效应创造价值的机会过于乐观。戴姆勒并购克莱斯勒发生在美国汽车销售兴旺多年后的尾声阶段，正好在需求下降前支付了一大笔远远高于克莱斯勒市场价值的费用（2007 年，戴姆勒承认了这次失败，并把克莱斯勒子公司出售给了一家私募股权公司，现在它属于菲亚特克莱斯勒汽车公司）。

其次，许多并购失败是因为并购企业与被并购企业之间的文化碰撞。并购后，许多被并购企业要经历管理人员的大量离职，原因可能是这些员工不喜欢并购企业的做事方式。这也发生在戴姆勒-克莱斯勒公司：许多资深管理人员在并购后的第一年离开了克莱斯勒。显然，克莱斯勒的管理层不喜欢戴姆勒的德国管理人员在决策中占主导地位，同时德国人也很反感克莱斯勒的美国管理人员得到了他们的德国同行 2～3 倍的工资。这些文化差异使气氛变得紧张起来，最终表现为克莱斯勒大量的管理人员离职。管理人员和专业的管理知识的流失会给被并购企业的绩效带来实质性的损害。这对国际企业而言尤其是个问题，因为被并购企业的管理层可能有着无法被取代的有价值的当地资源。

再次，许多并购失败是因为通过整合并购企业与被并购企业的运营来实现收益的努力经常遇到障碍，而且这个过程要比预想的长得多。管理哲学和公司文化的差异会延缓运营的整合。民族文化的差异更加剧了这些问题。管理层之间官僚式的相互推诿也会使这个过程复杂化。据报道，这也同样发生在戴姆勒-克莱斯勒并购案中。由于无休止的委员会会议以及单纯的地理原因（如底特律与德国之间有 6 小时的时差），整合两家公司运营的伟大计划就瘫痪了。当整合计划实施的时候，克莱斯勒已经亏损，并且戴姆勒的德国管理层面临着突如其来的危机。

最后，许多并购失败是因为缺乏并购前的严密审查。许多企业没有全面地分析潜在的利益和成本就决定并购其他企业。它们常常急于实施并购计划，可能是因为害怕另一家竞争对手抢占先机。然而，并购后，许多并购企业发现它们买下的是一个有麻烦的组织，而不是一家运营良好的企业。这在跨国并购中尤其是个问题，因为并购企业可能并不完全了解目标企业的民族文化和业务系统。

2. 降低失败的风险

企业如果仔细规划它的并购战略，是可以克服所有这些问题的。仔细审查将要被并购的外国企业，包括对其运营、财务状况和管理文化的详细审查将有助于保证企业：①不会为被并购企业支付太高的价格；②不会在并购后产生一些令人不愉快的意外；③不会并购一家组织文化与并购企业相敌对的企业。对并购企业来说，还有一点很重要的是减少被并购企业的管理层可能会有的担心，旨在减少并购后不希望出现的管理摩擦。最后，管理层必须在并购后快速制订一项整合计划并实施这项计划。无论是并购企业还是被并购企业，总有些人会试图延缓或阻止任何整合的努力，尤其当他们要丧失工作或管理权时，管理层必须对此制订一项计划以防患于未然。

13.4.2 绿地新建企业的优点和缺点

在海外新建企业的一大优势是：企业有更强的能力去建立一家它想要的那种类型的子公司。例如，从头开始建立组织文化要比改变被并购企业的文化容易得多。同样，在一家新的子公司中建立一系列的运营惯例要比改变被并购企业的运营惯例容易得多。这对许多国际企业而言是个非常重要的优势，因为把企业现有经营点的产品、能力、技巧和专门知识转移到新的子公司中是它们创造价值的主要途径。例如，当美国弧焊设备制造商林肯电气于20世纪80年代中期首次到海外投资时，它并购了欧洲的弧焊设备公司。然而，林肯电气在美国的竞争优势在于它强有力的组织文化和鼓励员工尽一切可能提高生产率的一系列独特的激励手段。林肯电气发现经历了痛苦的尝试后，它几乎不可能把其组织文化和激励措施转移到被并购企业中去。这些被并购企业有着自己特有的组织文化和激励手段。结果，企业于90年代中期改变了进入战略，开始通过新建企业来进入海外市场，从无到有建立经营点。尽管这种战略需要更长的实施时间，但林肯电气发现相较于并购战略，它能获得更大的长期回报。

与这种巨大优势相反的是创办新企业的劣势。创办一家新企业更缓慢，而且更具风险。作为一家新企业，未来收入和利润前景总是有某种不确定性。但是，如果这家企业已经在另一个海外市场取得了成功，并掌握了如何在别国开展业务，风险就不会那么大。例如，在已经获得了关于国际运作的大量资源后，麦当劳进入其他国家的风险就不太大了。同样，创办新企业相较于并购而言，在产生令人不愉快的意外方面的风险可能更小。最后一个劣势是，存在被更具进取心的全球竞争对手通过并购和建立强有力的市场地位来抢占先机的可能性。建立强有力的市场地位意味着制约新建企业的市场潜力。

13.4.3 哪种选择

在并购与建立一家新企业之间做出选择并不是一件容易的事。两种模式各有优缺点。总体而言，必须根据企业面临的环境做出选择。如果企业试图进入一个已有成熟的现有企业的市场，在这个市场上全球竞争对手也有兴趣去开展业务，那么并购可能是比较好的进入模式。在这种情况下，新建企业过程缓慢，以至于无法形成相当的规模。但是，如果企业打算进行并购，它的管理层就必须认识到先前讨论的风险，并在决定并购哪家企业时考虑这些问题。与一项不良的并购相比，新建企业虽然进程较慢，却可能是比较好的进入模式。

如果企业考虑进入一个没有可被并购的竞争对手的国家，那么创办一家新企业可能是唯一的模式。即使有现有企业，但如果企业的竞争优势建立在嵌入组织的能力、技能、惯例和文化的基础上，那么创办新企业依然是进入的更好的方式。诸如技能和组织文化都建立在很难清楚表达和编码的知识基础之上，比起被并购企业来说，它们更容易被嵌入新建企业中；而作为被并购企业，它可能必须克服已有的惯例和文化的限制。因此，正如我们早先的例子所揭示的，像麦当劳和林肯电气这样的企业更情愿通过创办新企业进入海外市场。

🔭 全景视角：宏观环境的影响

重要的是要认识到，进入哪些市场以及进入模式的选择取决于宏观环境中的条件。此外，宏观环境的变化可以改变不同国家市场的吸引力，并导致重新评估最佳进入模式。

政治经济与进入模式选择

正如我们已经指出的那样,进入特定国家市场所获得的长期经济效益取决于市场规模(从人口统计角度看)、该市场消费者的当前财富(购买力)以及消费者未来可能的财富等因素。由于现行政治、经济和法律制度的变化以及这些变化的后果,上述这些因素可能会随着时间的推移而变化(详情见第3章)。例如,在过去20年中,委内瑞拉作为外国企业市场的吸引力明显下降。实施价格管制、侵犯私有产权、货币管制、快速物价通货膨胀和高失业率都使委内瑞拉越来越无法吸引外国企业。世界银行将委内瑞拉在190个经济体中的经商便利度排在第188位。这个曾经是拉丁美洲最富有和最有活力的国家已经成为最贫穷的国家之一,外国企业要么退出了经济,要么大幅削减了在那里的投资。对外直接投资流入大幅下降,2017年实际上为负。

与委内瑞拉相反,随着时间的推移,其他国家变得更具吸引力。以肯尼亚为例,这个东非国家正在成为该地区一个充满活力的创业中心。肯尼亚已经摆脱了后殖民政治政策,越来越多地接受以市场为基础的改革和民主政治制度。肯尼亚和撒哈拉以南非洲的大部分国家一样,自己的人口结构也起到支持作用,其年轻人口预示着未来的经济增长(正如我们在第3章中看到的,人力资本的供应是经济增长的驱动力)。该国还将受益于最近几年建立的泛非自由贸易区(见第9章)。诚然,肯尼亚仍有许多问题需要克服,但在世界银行对经商便利度的研究中,肯尼亚在190个经济体中排名第56位,这一排名使它领先于意大利、智利和墨西哥等国,成为该地区最具投资吸引力的国家之一。当然,这里的教训是,国际企业的管理者需要密切关注政治、经济和法律发展,并根据这些发展评估外国市场机会和投资决策。

同样,宏观环境的变化,例如管理外国投资的法律规则,可能会对外资偏好的进入模式产生深远影响。考虑印度,几十年来,在许多经济领域,该国要么完全禁止对外直接投资,要么只允许建立合资企业。当英国建筑设备企业JCB于1979年首次进入印度时,它必须通过与一家印度企业Escorts建立拥有少数股权的合资企业进入印度,因为这是法律要求的。JCB在这种所有权模式下限制了它在印度的投资,因为它不希望其领先的制造技术通过合作关系泄露给印度合作伙伴和/或竞争对手。1999年,印度的法律发生了变化,允许外国企业在合资企业中占据多数股权。JCB很快就做出反应。随后,该公司增加了在该国的投资,因为它现在觉得可以更好地保护其制造技术。2002年,法律再次修改,允许外国企业在工业部门设立全资子公司。JCB的回应是收购了其合资伙伴的所有股权,并在该国建立了一家100%的全资子公司。这增加了JCB对其印度业务的信心,该公司进一步加大了在印度的投资,巩固了它作为次大陆最大建筑设备制造商的地位。

这里的关键点是,与JCB的管理者一样,国际企业的管理者应该始终根据宏观环境的变化重新评估他们的进入模式选择。关于这一点,总的来说,在过去十多年中,宏观环境中出现了两大趋势:首先,贸易壁垒的下降使出口作为一种进入模式更具吸引力;其次,各国在很大程度上对外国投资更欢迎,也更愿意允许外国企业在本国设立全资实体。这些趋势是否会继续还有待观察,因为正如本书始终强调的,在过去几年中,贸易壁垒有所增加(这使得出口的吸引力降低)。尽管我们还没有看到许多国家的对外直接投资规则发生相应的变化,但如果经济民族主义继续得到推动,这些也很可能会发生。

本章小结

本章介绍了基本的进入决策和进入模式(出口、交钥匙项目、许可、特许经营、合资企业和全资子公司)以及如何选择进入模式,回顾了发达国家(如英国、瑞典、美国等)和新兴市场(如中国、阿根廷、巴西等)进入国外市场的情况,还介绍了进入欠发达国家市场的问题。

本章要点如下:

(1)基本进入决策包括识别进入哪个市场、什么时候进入市场以及以什么规模进入。

(2)最吸引人的外国市场往往是那些政局稳定、有着自由市场体制、既无急剧上升的通货膨胀率又无日趋严重的私营部门债务的发达国家和发展中国家。

（3）先于其他的国际企业建立它们的市场，早早地进入一个国家的市场的做法有一定的优势。这些优势必须与先入者应承担的开拓成本（其中包括较大的企业失败的风险）相权衡。

（4）大规模地进入一个外国市场可以构筑很重要的战略承诺，从而可以改变该市场的竞争性质，并限制进入者未来战略的灵活性。尽管大规模的战略承诺可以带来许多利益，但是这样的战略也存在风险。

（5）进入外国市场有六种模式：出口、交钥匙工程、许可经营、特许经营、建立合资企业以及建立全资子公司。

（6）出口有着便于实现经验曲线效应和避免在另一个国家建立制造厂的成本支出的优点，缺点包括运输成本高、存在贸易壁垒以及与当地营销代理商之间的问题。

（7）交钥匙工程使企业能把其流程技术转移到那些禁止对外直接投资的国家中去，从而使企业从这些资产中获得更大的回报；缺点是企业在此过程中无意地创造出一个有效率的全球竞争对手。

（8）许可经营的主要优点是被许可方承担了开发外国市场的成本和风险，缺点包括存在把技术诀窍泄露给被许可方的风险以及缺乏对被许可方的牢固控制。

（9）特许经营的主要优点是被特许方承担了开发外国市场的成本与风险，缺点集中在对相隔遥远的被特许方的质量控制问题上。

（10）合资企业的优点是可以分担开发外国市场的成本和风险，获得当地资源和政治影响力；缺点包括存在对技术失去控制的风险以及缺乏牢固控制。

（11）全资子公司的优点包括对技术诀窍的牢固控制，主要缺点是企业必须承担开发外国市场的所有成本和风险。

（12）最佳进入模式的选择依赖于企业的战略。当技术诀窍构成企业的核心能力时，最好选择全资子公司，因为这样能最好地控制技术。当管理诀窍构成企业的核心能力时，由合资企业控制的外国特许经营方式似乎最佳。当企业追逐全球标准化或跨国战略时，对经营实施严密的控制以便实现区位经济和经验曲线效应意味着全资子公司是最佳的进入模式。

（13）当在一个国家建立全资子公司时，企业必须决定是创办新企业还是并购目标市场中的已有企业来达到目的。

（14）并购迅速完成，可以使企业较其全球竞争对手抢占先机，而且可以做到对收入和利润流心中有数。当并购企业为目标企业支付过高的价格、并购企业与被并购企业之间的文化发生碰撞、并购后发生强烈的管理层摩擦以及并购企业与被并购企业不能整合它们的运营时，并购就有可能会失败。

（15）在外国创办新企业的优点在于企业可以尽其所能地建立一家它想要的子公司。例如，从头开始建立组织文化要比改变被并购企业的文化容易得多。

PART 6

第 6 部分

国际商务职能

第 14 章　出口、进口、对等贸易
第 15 章　全球生产与供应链管理
第 16 章　全球市场营销和研发
第 17 章　全球人力资源管理

第 14 章

出口、进口、对等贸易

学习目标

☞ 14-1 了解出口的前景和与之相关的风险
☞ 14-2 描述管理人员提高企业出口业绩的行动步骤
☞ 14-3 掌握出口融资的基本步骤
☞ 14-4 找到能帮助企业出口的现有信息来源和政府项目
☞ 14-5 明确对等贸易如何促进出口

⊙ 开篇案例　　　　　　　　　缅因州海岸公司

"每一天都是一场疯狂的杂耍游戏。"龙虾批发商缅因州海岸公司的老板汤姆·安德鲁斯（Tom Andrews）早在 2016 年就说。安德鲁斯于 2011 年贷款 150 万美元创立了这家公司。到 2015 年，它的收入达到 4 300 万美元，年均增长 20%～30%。他的客户分布在首尔、马德里、旧金山和上海等地，国外销售额占该公司总收入的 55%，中国是该公司出口市场最强劲的国家，占销售额的 35%。"他们是海鲜消费人群，"他指出，"他们总是被活的海鲜所吸引。随着中产阶层人口的增长和财富的增加，越来越多的人开始购买进口食品。美国龙虾在婚礼和春节等庆祝活动中大受欢迎。那是他们一年中最忙的时候之一。"

他的产品是生鲜。"我们必须在 48～60 小时内把它们送到，"他指出，"任何延误都意味着它们不能活着到达那里。"安德鲁斯不得不担心国土安全部的规定、无休止的对华出口文件、飞机没有按时起飞，等等。但同样，安德鲁斯是非常成功的。到 2017 年，他的公司创造了 5 700 万美元的收入，其中超过 1/4 来源于中国。在出口增长的基础上，公司贷款 140 万美元来扩大设施。该公司还雇用了两名销售人员以发展在中国的业务，一名能说一口流利的普通话，另一名能说粤语。

2018 年 6 月，就在缅因州海岸公司的新设施上线之际，特朗普宣布对 500 亿美元的中国进口商品征收 25% 的关税。作为回应，2018 年 7 月 6 日，中国对从美国出口到中国的所有龙虾征收了 25% 的关税。这是意料之中的。在 2018 年的一次采访中，安德鲁斯表达了他的忧虑。"如果我们损失了 30%、40% 甚至 50% 的市场份额，会发生什么情况？我们必须继续向银行支付借来的钱。如果确实对销售有影响，那将会对岗位产生直接影响。这是我们减少开支的唯一方法。"

安德鲁斯还指出，关税为加拿大龙虾出口提供了定价优势，而加拿大龙虾出口历来比缅因州龙虾更贵。事实上，除了对美国龙虾提高关税外，中国还降低了从加拿大进口龙虾的关税。使事情复杂化的是，2017 年，加拿大与欧盟签署了一项贸易协定，将在 7 年内取消两国之间 9% 的贸易的关税。到 2018 年，欧盟已经取消了对加拿大活龙虾征收的 8% 的关税，并计划取消 6%～20% 的冷冻和加工龙虾关税。由于美国出口商仍然面临困难，加拿大现在在欧洲和中国都拥有价格优势。"在中国和欧洲之间，这是双重打击。"安德鲁斯说。

当他从震惊中恢复过来时，安德鲁斯想出了一个策略来支撑他的销售。该计划旨在扩大在其他亚洲国家和地区的市场，包括新加坡、马来西亚、越南、中国香港和韩国。他将最近雇用的两名会讲中文的销售人员的努力转向了这些市场。此外，他更专注于销售到美国的中国餐馆。该战略有所帮助。尽管销售额停止增长，但 2018 年的收入与 2017 年的收入水平大致相同。

虽然美国龙虾行业希望中美两国能够解决分歧、降低关税，但安德鲁斯等人认识到，中国的出口业务可能不会恢复。相反，许多中国进口商将同加拿大的新供应商保持合作。正如安德鲁斯指出："加拿大在为海鲜行业提供资金方面做得非常出色，并且正在向机场投入资金来支持这一业务。基础设施不会消失。""即使取消了对中国出口的关税，销售额中也将有一定比例的销售永远不会恢复。"他说。

资料来源：Deborah McDermott, "Maine Coast Co. Delivers Lobsters around the World," *Seacoastonline.com*, May 29, 2016; "Trump Boils Maine Lobstermen," *The Wall Street Journal*, June 29, 2018; Deborah McDermott, "Maine Lobster Company Pursues New Customers in Korea, Vietnam to Survive Chinese Tariffs," *Bangor Daily News*, April 3, 2019; Katie Lobosco, "How a Maine Lobsterman Got over Trump's China Trade War," *CNN*, December 1, 2019.

引言

第 13 章从战略的角度考察了出口问题。我们把出口看作从国际扩张中获利的众多战略选择中的一种。本章更多地关注出口（及进口）的具体细节，即如何进行出口活动。正如开篇案例所述，不仅大企业从事出口，许多像缅因州海岸公司这样的更小的企业也从出口中获得了巨大的收益。

随着出口变得越来越容易，在过去的 30 多年里，世界经济中出口活动的数量正在显著地增长。在关贸总协定和现在的世界贸易组织（参见第 7 章），以及区域经济协定诸如欧盟和《北美自由贸易协定》，以及它的继承者《美国—墨西哥—加拿大协定》（参见第 9 章）的推动下，贸易壁垒逐渐减少，这极大地增加了出口机会。与此同时，现代通信和交通技术减少了与出口相关的物流问题。与以前的企业不同，出口商现在可以使用电子商务和国际航空服务来减少与出口相关的成本、距离和缩短周转时间。因此，像缅因州海岸这样的公司可以在 48 小时内将活龙虾运送到新加坡、马德里和中国香港的市场上（见开篇案例）。

然而，出口对于许多公司来说仍然是个挑战。小企业占美国所有出口商的 85%，它们发现这个过程令人很恐惧。希望出口的企业必须做到以下几点：善于发现外国市场机会；在外国市场经营时，要避开许多难以预料的问题；要熟悉进出口的融资机制，知道在哪里可以获得信贷和出口信用保险；要学会处理汇率风险。贸易壁垒变化不定，这就使得这个过程更加捉摸不定。正如开篇案例所述，自 2018 年以来关税的变化给包括缅因州海岸公司在内的大大小小的出口商带来了严峻的战略挑战。当货币不能自由兑换时，另一个问题就出现了。向那些货币疲软的国家出口时安排支付就会是困难的。对等贸易使出口能够通过商品和服务的方式来支付，而不是通过货币。本章将讨论这些问题（外汇风险除外，外汇风险在第 10 章已讨论过）。本章首先探讨出口的前景和困难。

14.1 出口的前景和困难

对大多数行业的大多数企业来说，出口的大好前景就在于能在外国市场上发现巨大的商机。国际市场通常要比国内市场大得多，所以，出口几乎总是企业增加其收入和利润基础的途径。通过扩大市场规模，出口企业既可以增加销量，又可以实现规模经济，从而降低单位成本。不出口的企业常常会丧失重要的增长和降低成本的机会。

看看马林钢铁制品公司（Marlin Steel Wire Products，简称马林）的例子。这家坐落于巴尔的摩的铁丝筐和金属制品制造商年收入大约为 500 万美元，其产品包括包裹飞机引擎和汽车专用零件的铁丝筐，其工程师为波音和丰田这样的公司的生产线设计定制的铁丝筐。它拥有为这些细分市场生产高质量产品的名声。与许多小企业一样，马林此前没有出口的经历。然而，马林决定参与全球出口市场，把少量的产品运往墨西哥和加拿大。

马林的董事长和CEO德鲁·格林布拉特（Drew Greenblatt）不久就意识到出口销售可能成为增长的关键点。2008年，在全球金融危机来临、美国陷入严重衰退之际，马林的订单中只有5%是出口到国外市场的。格林布拉特应对美国的低需求的战略是积极地扩大其国际销售。马林自2008年做出关键决定以来一直在出口，向20多个国家销售。公司45名员工中约有1/3是出口成功的直接结果。现在，出口占销售额的40%左右，公司设定了出口一半产品的目标。

虽然有马林这样的例子，但研究表明：尽管许多大企业非常主动地寻找有利的出口机会，系统地研究国外市场，寻找哪里有出口机会，以便使它们的技术、产品及营销技能在国外市场发挥作用，但许多中小企业对出口机会的反应却十分被动。典型的情况是：只有当国内市场饱和，国内产能过剩迫使它们到国外市场寻找增长机会时，这些被动的企业才会考虑出口。

许多中小企业更是倾向于等国际市场来找它们，而不是主动走向国际去寻找出口机会，甚至机会来了，它们也不会做出什么反应。为卡拉OK机生产伴唱磁带的MMO音响集团就是一例。在MMO每年800万美元的销售收入中，国外销售额占15%左右，但是公司首席执行官承认，如果他重视拓展国际业务，那么这个数字可能会更高。来自亚洲及欧洲成堆的传真及电话询问信息，他都没有答复，而是集中力量经营迅速发展的国内业务。等到MMO回过头来重视国外市场时，其他竞争对手早已占领了市场，MMO发现增加出口量已变得非常困难。

MMO的经历很常见，这表明企业应该积极主动地寻找出口机会。许多企业不那么主动的原因之一是它们不熟悉国外市场机会，完全不知道市场机会究竟有多大以及这些机会在哪里。对潜在机会的茫然无知是出口的一个巨大障碍。另外，许多可能的出口商，尤其是小企业，经常被出口的复杂性和技术所吓倒。因为国外的商务惯例、语言、文化、法律制度以及货币都与国内市场大不相同。不熟悉国外市场再加上出口复杂性和技术的威慑致使有出口业务的公司只占美国公司总数一个很小的比重。根据美国小企业管理局的统计，在员工总数不超过500人的企业中，出口企业占比不到5%。

更糟的是，许多刚涉及出口业务的企业在首次试图到国外去做生意时就遇到了极大的麻烦，这使它们对以后的出口业务望而生畏。它们通常易犯的错误包括：糟糕的市场分析，对国外市场竞争形势缺乏深刻的了解，不能对自己的产品做适当的修改以满足国外客户的要求，缺乏有效的经销方案，促销活动执行不力以及难以确保融资等。初次开展出口业务的企业容易低估在国外市场拓展业务时所需的时间和专业技能。很少有企业能意识到进行这项活动所需投入的管理资源。许多国外客户要求在它们本国进行面对面的谈判。一项交易达成之前，一个出口商可能需要花几个月的时间去学习和了解进口国家的贸易规则、商务惯例以及其他更多的知识。管理聚焦14-1记录了巴西航空工业公司的经历，说明了有时会阻碍进出口的文化障碍。

◎ 管理聚焦 14-1

巴西航空工业公司和巴西进口公司

巴西航空工业公司是一家巴西公司，生产商用、军用、公务和农用飞机，并提供航空服务。其总部设在巴西圣保罗州圣何塞多斯坎波斯。重要的是，巴西航空工业公司是世界第四大飞机制造商，它进口各种原材料和零部件制造飞机，占巴西与所有其他国家贸易差额的1%以上，对于一个进口国而言，这在巴西经济中占比相对较大。自2018年以来，巴西航空工业公司一直通过波音公司作为大股东的合资企业生产商用喷气式飞机。

巴西航空工业公司自1969年成立以来一直是巴西最大的进口商之一。如今，公司拥有来自20个国家的约2万名员工，收入超过200亿雷亚尔（约60亿美元），净利润超过3亿美元。该公司由三个主要部门组成：巴西航空工业防务与安全部门、巴西航空工业商业航空部门和巴西航空工业公务机部门。在这些部门中，产出令人印象深刻。巴西航空工业公司为60多个国家的90多家航空公司提供服务：向客户交付了5 000多架飞机。

为了生产这么多飞机并实现行业前四的位置，巴西航空工业公司必须进口大量原材料和零部件，以便以圣何塞多斯坎波斯总部为主要地点以及在巴西博图卡图、欧格尼奥·德梅洛和加维尼奥·佩索托的其他核心工厂制造飞机。在现实中，其中一些部件就是成品，然后组装到飞机特定的位置，如普拉特和惠特尼公司的纯功率齿轮传动涡扇发动机为其电子喷射供电。巴西航空工业公司还与波音等业内的一些竞争对手合作，打造其KC-390军用运输/空中加油机的延伸民用机型。

巴西航空工业公司运营的供应商名单很长，它与霍尼韦尔、萨博、UTC航空航天、SNC、飞行安全国际、古德里奇、伊顿、泰雷兹、塞拉和法国航空工业公司建立了合作伙伴关系，这些是该公司的一些顶级供应商。但是，巴西航空工业公司飞机所需的供应商的完整清单比大多数汽车制造商都长得令人难以置信，因为大多数汽车制造商以使用大量供应商而闻名（例如，通用汽车公司约有50 000家）。虽然巴西航空工业公司或任何飞机制造商的供应商数量有些不稳定，但可以估计它使用的零部件数量超过30万件。这给运营高效的全球供应链系统，以及最重要的是对良好结构的巴西进口业务，带来了巨大的压力。

一些人会说，对大多数公司和产品类别来说，进口到巴西是一项艰巨的任务。在消费品方面，在1990年以前几乎不可能在巴西找到进口产品。巴西政府采取了一系列保护主义措施和高税收来阻止产品的进口。除了进口困难，世界银行认为巴西是创业最困难的地方之一。普华永道的分析师也将巴西的税收制度列为全球最复杂的税制之一。

资料来源：Jon Ostrower, "You Wait Ages for a New Airplane and Then Two Come Along," *CNN Money*, March 7, 2017; Dimitra DeFotis, "Embraer Flies Higher on Earnings," *Barron's*, March 9, 2017; Asif Suria, "Embraer: An Impressive Brazilian Jet Producer," *Seeking Alpha*, August 8, 2007; Russ Mitchell, "The Little Aircraft Company That Could," *Fortune*, November 14, 2005.

出口商通常面对着繁重的文书工作、复杂的贸易程序以及许多潜在的延误和差错。向巴西出口本身就是一种独特的经验，直到今天，它常常需要的不仅仅是遵守该国规定的规章制度。根据联合国一份有关贸易与发展的报告，一笔典型的国际交易可能涉及30个不同的参与方、60份原始单据及360份单据复印件，而所有这些单据都必须审核、传递并重新输入不同的信息系统进行处理和归档。根据联合国的计算，制备单证所花的时间成本，连同文书工作中常见错误的成本，通常占到出口商品最终价值的10%。

14.2 提高出口业绩

对于没有什么经验的出口商来说，有许多途径可以帮助它们获得关于国外市场机会的信息，避免一些易犯的错误，这些错误易使它们遭受挫折、灰心丧气。我们将在本节了解出口商可以用来增加对国外市场机会的了解的信息来源，考虑一些服务提供商，考察可以增加成功出口可能性的不同策略。不过，我们首先来看一看一些国家是如何尽力帮助它们的国内企业出口的。

14.2.1 国际比较

出口的一大障碍是对可以获得的机会缺乏认识。一个企业的产品通常会有许多市场，但这些市场所在国由于文化、语言、距离、时间的差异而与该企业的母国相隔离，所以企业并不了解这些市场。具有潜在市场机会的世界是由具有截然不同的文化背景的国家组成的，这使得识别出口机会变得更为复杂。面对如此纷繁复杂的市场环境，有时企业就会对寻求出口机会犹豫不决。

克服无知的方法就是去收集信息。世界上最成功的出口国家之一德国、贸易协会、政府机构以及商业银行都帮助小企业收集信息以便它们发现出口机会。日本国际贸易和工业部提供相似的服务，它一直注意收集有关出口机会的信息。此外，许多日本企业在一定程度上附属于综合商社。综合商社是日本的大型贸易企业，它在全球都有办公机构，它积极主动地、一刻不停地为其子公司寻求出口机会。

德国和日本的企业有一个很大的优势，就是它们可以依靠和利用各自的出口导向机构在出口经验、技能、信息等方面形成巨大的资源积累。与德国和日本的竞争对手不同，许多美国企业在寻求出口机会时相对盲目，它们在信息方面处于不利地位。在某种程度上，这种不同反映了历史的差别。无论德国还是日本，很早就成为贸易型国家，而美国相比而言还是一个相对自足的大陆型经济国家，国际贸易扮演着次要的角色。但这种情况正在改变，与 20 年前相比，进出口在美国经济中已经起到越来越重要的作用。然而，美国一直没有成立一些像德国和日本那样促进出口的机构。

14.2.2 信息来源

美国企业虽然在制度方面处于不利位置，但它们可以增强对出口机会的认识。最广泛的信息来源是美国商务部以及它在全国各地所设的地区办公室（U.S. Export Assistance Centers，USEAC）。美国商务部内有两个机构专门致力于为商业机构提供情报和援助，以便它们占领国外市场。这两个机构是：美国对外商业服务和国际贸易管理局。后者定期出版《出口指南》。这是美国在对出口的追求中"为中小企业提供的官方政府资源"。

美国对外商业服务和国际贸易管理局是政府机构，它们向潜在的出口商提供一份"最有可能的客户"名单，上面列明了国外市场潜在经销商的名称、地址、所从事的行业、经营的产品以及它们的联系人。此外，美国商务部还汇集了美国主要出口市场所在国家的"比较购物服务"。只需要很少的费用，一个公司就能获得它所指定的某一产品、某一具体市场的调查研究分析报告。此分析报告可以提供诸如市场供求情况、竞争状况、相对价格、经销渠道以及潜在销售代表的名字等方面的信息。每一项研究都是在一位美国商务部官员现场指导下进行的。

美国商务部也组织一些贸易活动，以帮助潜在出口商与国外取得联系，发掘出口机会。世界上一些主要城市定期举办国际贸易博览会，美国商务部在博览会期间会组织一些展览。另外，美国商务部还有一个中介计划。这个计划是指美国商务部代表陪同美国的一些商人团体出访国外，会见一些有资质的代理商、经销商和客户。隶属于美国商务部及其 USEAC 办事处的是地区出口理事会（也通过全国地区出口理事会相互联系）。该组织由美国商务部部长任命的约 1 500 名志愿者组成，旨在帮助美国企业提高国际竞争力。

另一个政府组织小企业管理局也可以帮助潜在的出口商（关于小企业管理局的工作示例，参见管理聚焦 14-2）。小企业管理局雇有 76 名地区国际贸易官员、10 名遍布全美的区域性国际贸易官员，并在华盛顿特区雇有 10 名国际贸易职员。小企业管理局的免费服务包括小企业发展中心、退休高管服务团和出口法律援助网络。全国各地的中小企业发展中心向企业，特别是新出口的小公司提供全面的出口支持。通过这些，小企业管理局监管 11 500 名具有国际贸易经验的志愿者为那些积极主动的新出口企业提供一对一的咨询。小企业管理局还协调一个全国性的国际贸易律师群体 ELAN，为小企业免费提供出口相关事务的初次咨询。

◎ 管理聚焦 14-2

一个西班牙裔企业家出口甜点

利用基本的原料和创造无数的口味已经使露露食品公司的全球出口获得成功。该公司于 1982 年在加州托伦斯的一家 700 英尺²（约 65 米²）的店面开业，1992 年出口到墨西哥，是一家明胶甜点企业，在美国和墨西哥拥有核心客户目标市场，但出口到全球多个国家。露露是创始人玛丽亚·德·卢尔德·索布里诺（Maria de Lourdes Sobrino）的昵称。

露露在当地商店寻找受欢迎的甜点时，想到了即食调味明胶甜点的想法。当时，她住在美国，但她来自墨西哥。即食明胶甜点是她家乡墨西哥的基本品，但是当她把它介绍给美国杂货店时，这个产品是新奇的。如今，露露食品公司的产品可以在各种知名商店（如艾伯森、西夫韦、沃尔玛）找到。

早在 20 世纪 80 年代初，露露就发现并认识到人们对明胶甜点的需求，到现在已做出 45 种不同尺寸和口味的即食产品，并通过创建第一个主要基于她母亲的食谱的即食明胶类别改变了食品行业。自公司成立以来，其商业理念已经变得相当令人惊叹，为公司带来了"勺子上的更多乐趣"的流行语。

业务开始时非常小，只有露露做她母亲的明胶食谱甜点，最初每天生产300杯明胶。最终，该业务发展得如此之大，以至于露露无法自己处理，不得不从成熟市场和批发分销商那里寻求帮助。露露希望所有触手可及的人能享受她的产品口味。在走向国际市场时，她花了大约10年的时间试图获得国际销售，但不断遇到各种麻烦和问题。经过10年的反复试验，她得到了美国进出口银行服务部的帮助，现在她对自己向全球出口产品的能力有了更强的信心。

多年来，露露不断制作越来越多的明胶甜点品种，三层明胶、水果果酱及全新颜色和口味的美食已成为标志。这种出口创新导致《今日美国》的比尔·霍普金斯（Bill Hopkins）称露露为"即食明胶女王，也是数量激增的西班牙裔企业家中的一股力量"，《华尔街日报》的哈尔·兰开斯特（Hal Lancaster）也承认她是一位创新者，在"走出去，向顾客推销你的梦想"方面非常成功。

如今，该食品公司在对全球出口，尤其是对墨西哥出口，以及在美国各地销售。其核心是明胶杯，包括水果幻想曲、橙风、肉桂奶油香草和无糖快乐等异域风味。

资料来源：D. Barry, "Maria de Lourdes Sobrino, Founder, LuLu's Dessert," Exporters: *The Wit and Wisdom of Small Businesspeople Who Sell Globally* (Washington, DC: U.S. Commerce Department, 2013); J. Hopkins, "Bad Times Spawn Great Start-Ups," *USA Today*, December 18, 2001; Lulu's Foods Inc., www.lulusfoods.com.

美国还建立了15个国际商务教育和研究中心，协助满足出口需求。它是由美国国会根据1988年《综合贸易和竞争力法案》建立的，旨在提高和促进美国的国际理解力和竞争力。该研究中心由美国教育部管理，它将美国企业界的人力资源和技术需求与全国各大学的国际教育、语言培训和研究能力联系起来。世界上许多国家都在试图复制美国的这一倡议（例如欧盟）。

此外，美国绝大多数州、地区和大城市也都有贸易委员会。它们都很活跃，其目标是促进出口。这些贸易委员会中大多数都提供商业咨询、信息收集、技术支持及融资等方面的服务。遗憾的是，许多贸易委员会因为削减财政开支或者因为与其他出口机构争夺政治和财务方面的支持而日渐衰弱。

许多私人组织也开始向打算出口的企业提供更多的帮助。商业银行以及大型会计师事务所与十几年前相比更愿意帮助小企业开展出口业务。此外，一些在全球经营中取得成功的大型跨国公司通常都非常愿意与小企业的业主或经理讨论海外市场机会。

14.2.3 服务提供商

大多数从事国际贸易的公司都寻求进出口服务提供商的帮助，但有很多选择。主要的有：货运代理、出口管理公司、出口贸易公司、出口包装公司、海关经纪人、保兑行、出口代理和出口商、背负式营销和出口加工区。

货运代理的主要业务是为公司安排国际运输。它们的主要任务是将较小的货物合并成单个大货件，以尽量减少运输成本。货运代理还提供对出口公司有利的其他服务，如文件、支付和承运人选择。

出口管理公司为以前没有出口产品经验的公司提供服务。它提供完整的服务菜单，以处理出口的所有方面事务，类似于在自己的公司内有一个出口部门。例如，处理出口单据，并作为公司的代理和分销商，这可能包括直接销售产品或运营一个销售部门来处理销售订单。

出口贸易公司为与它们签订合同的公司出口产品。它们找到外国公司并与之合作，这些公司将营销和销售这些产品。它们提供全面的出口服务，包括出口文件、物流和运输。出口包装公司，或简称出口包装商，为不熟悉出口的公司提供服务。例如，一些国家要求包装符合某些规格，而出口包装公司对这些要求的了解对新的出口商尤其具有不可估量的价值。出口包装商还可以就其物品包装的适当设计和材料向公司提供建议。出口包装商可以帮助公司将包装最小化，以最大限度地增加装运的物品数量。

海关经纪人可以帮助公司避免海关法规中涉及的陷阱。许多国家的海关要求对于新出口商或偶尔的出口商来说可能难以理解，海关经纪人的知识和经验可能非常重要。例如，许多国家对进口物品有某些法律和文件规定，而这些对出口商并不总是显而易见的。海关经纪人可以为公司提供完整的服务，当公司出口产品到许多国家时，这些服务是必不可少的。

保兑行，有时称为采购代理，代表想要购买你公司产品的外国公司。通常，它们试图以最低的价格获得它们想要的产品，并由它们的外国客户支付佣金。找到这些潜在出口联系的好地方是政府大使馆。出口代理商、出口商和再销售商直接从制造商处购买产品，并根据自己的意愿和规格对产品进行包装和贴标签。然后，它们以自己的名义通过自己的联系人在国际上销售产品，并承担所有风险。这样你在国际上推销产品所需的努力非常小，但也失去了对产品营销、促销和定位的任何控制。

背负式营销（piggyback marketing）是指一家公司分销另一家公司的产品。例如，公司可能有向海外客户提供各种产品的合同，但它不拥有要求的所有产品。在这种情况下，另一家公司可以根据合同的要求，对其产品进行背负。成功的背负通常需要互补产品和相同的客户目标市场。

目前世界上有 60 多个出口加工区，分布在 100 多个国家。出口加工区包括对外贸易区、经济特区、保税仓库、自由港和关税区。许多公司使用出口加工区接收产品，然后以较小的批次重新发货给周边地区的客户。世界出口加工区协会由联合国于 1978 年成立，是一个致力于提高出口加工区效率的私人非营利组织。

14.2.4 出口战略

除了利用出口服务提供商，企业如果恰当地选择出口战略，照样可以降低出口风险。一些经营方针能增加企业出口成功的可能性。例如，3M（原明尼苏达采矿与制造公司）是世界上最成功的出口公司之一。它出口的成功就得益于三个基本原则，即以较小的规模进入新市场以降低风险；当出口经营开始走向红火时就增加新的产品线；雇用当地员工推销公司的产品。另一家公司两个男人和一辆卡车（在管理聚焦 14-3 中有介绍）通过特许经营的方式在全球取得了成功。

通过采取一些简单的战略性步骤，企业出口成功的可能性会显著增加。第一，聘请一个出口管理公司或者至少一个经验丰富的出口顾问，这对初次出口的企业尤为重要。它可以帮助企业识别机会，处理出口中经常涉及的文件和规章。第二，在出口的初始阶段，企业通常应该集中于一个市场或少数几个市场。在进入其他市场之前，研究一下在这些市场中获得成功所需要做的事情。因为一个企业的管理资源是有限的，如果它一下子进入多个市场，那么将冒着在各个市场中管理资源严重短缺的风险。这种"霰弹枪方法"的结果可能使得出口企业在任何一个市场都不能立稳脚跟。第三，像两个男人和一辆卡车公司那样，以较小的规模进入一个外国市场，这对于减少以后任何可能出现的失败所导致的损失通常很有意义。更重要的是，以较小的规模进入市场，就可以在向该市场做出大量投资的承诺之前，有时间和机会充分了解这个国家。第四，出口商应该认识到建立出口业务所需的时间及管理投入，并且应雇用额外的人员监督这项活动。第五，在很多国家，投入大量精力与当地的经销商和/或客户建立一种稳固而又持久的关系是非常重要的。第六，正如 3M 公司经常做的那样，雇用当地员工帮助它们在该国外市场立足，这点非常重要。与那些以前从未到过该国的来自出口公司母国的经理相比，当地员工可能更清楚如何在本地经营。第七，一些研究揭示企业必须积极主动地寻找出口机会。在扶手椅上坐等出口机会是行不通的！世界不会直接把路通到你的门口。

最后，对于出口商来说，保留在当地生产的选择也是很重要的。当出口增长到一定程度，就地生产最有效时，出口企业就应该考虑在国外市场兴建生产设施。这种本土化有利于与外国培育良好的关系，并且获得更大的市场认同。出口就其本身来说常常不是目的，而仅仅是朝着海外生产迈出的一步（3M 公司再次为我们提供了这种经营哲学的实例）。

◎ 管理聚焦 14-3

两个男人和一辆卡车

根据一些说法，在亲人去世或离婚后，搬家是一个人经历的第三大压力事件。两个男人和一辆卡车是两名高中男生在密歇根州兰辛市的课后生意。作为一家专注于本地搬家服务的小企业，该公司于 1985 年以

350美元、一个手绘标志和登在当地社区报纸上的广告开始。

1989年，创始人玛丽·埃伦·希茨（Mary Ellen Sheets）的女儿梅拉妮·伯杰龙（Melanie Bergeron）在她的家乡佐治亚州亚特兰大开设了第一家两个男人和一辆卡车特许经营办公室。她现在是董事会主席，布里格·索伯（Brig Sorber）担任首席执行官，乔恩·索（Jon Sorber）担任执行副总裁。兰迪·沙卡（Randy Shacka）于2001年以实习生身份加入公司，2012年晋升为总裁。这是公司第一位不是来自创始人家族的总裁。

两个男人和一辆卡车不再是"两个男人和一辆卡车"。该公司的业务发展到美国大部分地区和全球约380个地点。两个男人和一辆卡车是美国增长最快的特许经营搬家公司（连续100多个月增长），销售额超过3 000万美元，搬家卡车超过2 800辆，员工人数约为6 000人。特许经营权每年的平均总收入约为150万美元。伯杰龙说："我们从来没有想到进入搬家业务，直到我的妈妈和我的兄弟布里格和乔恩凑了一些钱买了一辆卡车，为上大学筹集额外的资金。"

两个男人和一辆卡车一直被贴上"两个男人和一辆卡车"的标签，在它特许经营的所有地方（例如，加拿大、爱尔兰、英国），诸如"两个布洛克和一个洛里"的名字对他们没有吸引力！伯杰龙说，公司决定坚持核心的美国品牌，因为"这是主特许人及其投资者想要的"。"客户对它是不是美国品牌不感兴趣……吸引力正好相反……这是一家本地特许经营公司，当我需要他们时，他们就在那里……他们想要美国品牌的力量和神秘感。"

在走向国际市场时，两个男人和一辆卡车的主要评估因素是一个国家的中产阶级规模和人口的流动性。他们使用软件工具帮助确定按邻里分组的收入水平，以及住房市场主要基于单户还是多户单元楼。两个男人和一辆卡车在两者有很好组合的市场是最好的。此外，伯杰龙说，确定经营地点的另外两个关键领域包括获得准确的市场研究和确定潜在的主加盟商。

就两个男人和一辆卡车走向国际而言，该行业本身也是一个挑战。世界各地有很多搬家业务：为什么特许经营要代理两个男人和一辆卡车？该公司对这个市场差异化问题的回答是，它特别注重客户服务和复杂的基于网络的跟踪系统。质量控制、人工成本和完成搬家的周期时间是系统的核心业绩指标。事实上，该公司已经在其行业中因更快、更好的分析而广为人知。它安装了一个私有云系统，使其业务运营更加高效，利用业务分析来捕捉和识别全球的增长机会。

资料来源：D. Barry, "Melanie Bergeron, Chair of the Board of Two Men and a Truck," *Exporters: The Wit and Wisdom of Small Businesspeople Who Sell Globally* (Washington, DC: U.S. Commerce Department, 2013); C. Boulton, "Moving Company Gets a Lift from Faster Analytics," *The Wall Street Journal*, August 20, 2013; A. Wittrock, "Two Men and a Truck Wins State Grant, Plans $4 Million Expansion of Lansing-Area Headquarters," *MLive.com*, February 27, 2013.

14.2.5 globalEDGE™ 出口工具

globalEDGE™网站是密歇根州立大学布罗德商学院国际商务中心的产品。自2004年以来，globalEDGE™一直是谷歌国际商业资源全球排名第一的网站。现在约有1 000万人使用globalEDGE™，约有200万活跃用户。该网站是免费的，包括诊断工具部分。在该网站的这一部分，公司准备出口（company readiness to export, CORE）工具已成为各种小型、中型和大型公司经常使用的选项，以检验公司出口产品的准备情况及产品出口的准备情况。

CORE协助公司自我评估其出口熟练程度，评估公司和预期产品在国际上的准备情况，并在出口范围内系统地确定公司的优缺点（见图14-1）。CORE工具还作为出口的教程，已被美国商务部、美国地区出口委员会和其他出口促进机构使用，以帮助公司成功出口。

图14-2显示了CORE结果报告的在线界面。总体报告包括受访者根据70个问题的CORE诊断工具评估的自己的公司的出

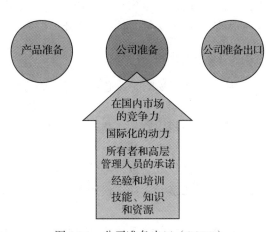

图14-1 公司准备出口（CORE）

资料来源：Charles W. L. Hill and G. Tomas M. Hult, *International Business: Competing in the Global Marketplace* (New York: McGraw-Hill, 2019).

口准备情况以及实际准备情况（组织和产品）。用户还可以获得与其出口能力相关的所有问题的分数以及各种优势和劣势。

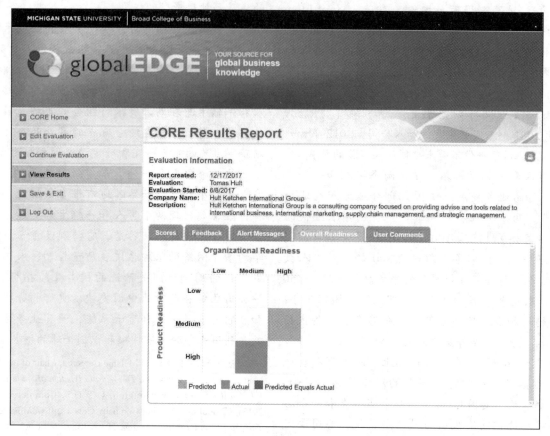

图 14-2　globalEDGE CORE 诊断工具中精选结果的截图

14.3　进出口融资

在国际贸易中，一方必须信任陌生的另一方，而问题是它们缺乏信任。为了更好地解决国际贸易中这一尖锐的问题，进出口融资机制经历了几个世纪的发展。在本节中，我们将考察在国际贸易中已经形成的用于解决这一矛盾的几种支付工具：信用证、汇票和提单。然后考察一笔典型的进出口交易所包括的 14 个步骤。

14.3.1　缺乏信任

从事国际贸易的企业必须信任一些可能素未谋面的人。他们居住在不同的国家，说着不同的语言，遵守（或不遵守）不同的法律制度。如果他们违约了，则可能很难去追查他们。假设一家美国公司向一位法国经销商出口产品，美国公司担心的可能是：如果在收到法国进口商的货款前装运货物运往法国，那么法国进口商可能会领取货物却不向它支付货款。相反，法国进口商可能担心，如果在货物装运前就向美国出口商支付货款，那么美国公司可能会收取货款但不装运货物或者装运伪劣产品。交易双方都不完全信任对方。交易双方在空间、语言及文化上存在差异，加之使用不完善的国际法律制度去履行合同义务还存在一些问题，使得这种信任危机进一步加剧。

由于交易双方缺乏信任（这很正常），因此每一方对如何进行交易都有自己的偏好。为了保证得到货款，美国公司的经理希望在装运货物前，法国经销商就支付货款（见图 14-3）。同样，为了保证收到货物，法国经销商则希望货物抵达后，它才支付货款（见图 14-4）。双方各有不同的愿望，所以若没有一种建立信任的方法，那么交易永远也不会达成。

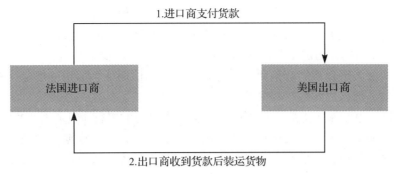

图 14-3 美国出口商的偏好

资料来源：Charles W. L. Hill and G. Tomas M. Hult, *International Business: Competing in the Global Marketplace* (New York: McGraw-Hill, 2019).

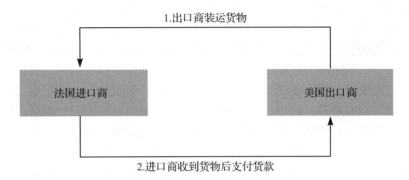

图 14-4 法国进口商的偏好

资料来源：Charles W. L. Hill and G. Tomas M. Hult, *Global Business Today* (New York: McGraw-Hill, 2020).

这一问题是通过以双方都信任的第三方（通常是信誉好的银行）作为中介的方式来解决的。解决的过程可以概括如下（见图14-5）。首先，法国进口商获得银行代它进行支付的承诺，因为它知道美国出口商信任银行。这种承诺就是信用证。见到信用证后，美国出口商就会装运货物运至法国。货物所有权以一种单据即提单的形式交给银行。接着，美国出口商要求银行支付货款（货款是由银行支付的）。要求这种支付的单据就是汇票。银行支付货款后，就将货物所有权转交给其信任的法国进口商。根据它们之间的约定，在那时或者以后某个确定时间，法国进口商对银行进行偿付。接下来，我们将更为详细地考察这一过程是如何实现的。

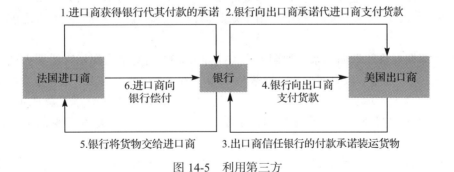

图 14-5 利用第三方

14.3.2 信用证

信用证在国际商业交易中居于中心地位。它是在进口商的请求下由银行开立的。**信用证**（letter of credit，LC）规定，在出口商提交特定的符合条件的单据后，银行将向受益人通常是出口商支付一定数目的资金。

我们再考察美国出口商和法国进口商之间交易的例子。法国进口商向当地银行（假设是巴黎银行）申请开立信用证。然后，巴黎银行对进口商进行资信调查。若巴黎银行对进口商的资信状况满意，那么它将开立信用证。

然而，巴黎银行可能要求进口商先支付一定数量的押金或者提供其他形式的担保品。此外，因为巴黎银行提供了服务，所以它还会向进口商收取一定的费用。通常情况下，这笔费用的数额是信用证价值的 0.5%～2%，这要依进口商的资信状况和交易规模而定（惯例是交易额越大，佣金率越低）。

我们假设巴黎银行对法国进口商的资信状况满意并同意开立信用证。信用证规定，只要美国出口商按照信用证规定的条款装运货物，那么巴黎银行将向美国出口商支付货款。从这一点来讲，信用证成了巴黎银行和美国出口商之间的财务合同。巴黎银行随后将信用证寄给美国出口商的银行（假定为纽约银行）。纽约银行通知出口商它已经收到信用证，而出口商可以装运货物了。出口商装运货物后，根据信用证条款开立以巴黎银行为付款人的汇票，并附上所规定的单据，然后向自己的银行即纽约银行提示按汇票要求付款。纽约银行将信用证以及相关的单据寄给巴黎银行。若信用证所列条款都得到满足，巴黎银行将会承兑汇票，并将货款划拨给纽约银行。纽约银行收到资金后，就向美国出口商支付货款。

巴黎银行将货款划拨给纽约银行后，会立即要求法国进口商付款。或者，巴黎银行也可能在要求进口商付款之前给它一段时间以转卖货物。这种情况并不少见，特别当进口商是经销商而非最终消费者时，因为这样有益于进口商的资金流。巴黎银行也可以把付款期的延长算作对进口商的贷款，并按适当的利率收取费用。

这种形式的最大优点是：即使法国进口商和美国出口商互不信任，但它们都可能信任有信誉的银行。美国出口商一旦看到信用证，就知道它的收款得到了保证，于是开始装运货物。此外，出口商可能发现通过信用证这种方式有利于它获得出口前的融资。例如，纽约银行见到信用证后可能愿意贷款给出口商，用于处理和准备装运到法国的货物。这笔贷款可以到出口商收到出口货款后再偿还。对于法国进口商而言，只有当所有的票据都齐全且符合信用证所列条款时，它才必须支付货款。然而，对于法国进口商来说，这种方式的缺点是：开立信用证时它必须向巴黎银行支付一定数额的费用。此外，由于信用证对进口商来说是一项金融负债，这会削弱它为其他目的借款的能力。

14.3.3　汇票

汇票（draft/bill of exchange）是一种工具，通常用于国际商务中的付款。它是出口商签发的要求进口商或其代理人在某一规定时间内支付一定款项的命令。在美国出口商和法国进口商的例子中，出口商签发汇票要求巴黎银行（法国进口商的代理行）支付装运到法国的货物的款项。签发汇票的企业或个人称为出票人（本例中是美国出口商），汇票所提示的一方称为受票人（本例中是巴黎银行）。

国际惯例是利用汇票实现国际贸易的结算，这与国内实践有所不同。国内实践中，卖方通常以赊销的方式装运货物，并开具一份注明一定金额和支付条款的商业发票。在国内交易中，买方通常不用开出承诺付款的票据，就可获得货物的所有权。而在国际贸易中，由于缺乏信任，在买方获得货物所有权之前，付款或付款的正式承诺是必需的。

汇票分为两类：即期汇票和远期汇票。**即期汇票**（sight draft）向受票人提示时受票人就必须付款。**远期汇票**（time draft）允许受票人延迟一段时间付款，通常是 30 天、60 天、90 天或 120 天。汇票被提示给受票人，受票人在汇票正面写上或盖上"承兑"字样就表明受票人已承兑。远期汇票一旦承兑就成了承兑方的付款承诺。远期汇票由银行开立并由银行承兑的称作银行承兑汇票，由商业企业开立并由商业企业承兑的称作商业承兑汇票。

远期汇票是一种可转让票据。也就是说，汇票一经承兑，持票人就可以按票面价值以一定的贴现率将汇票卖给投资者。假定美国出口商和法国进口商之间的合同要求美国出口商向巴黎银行（通过纽约银行）出示一份提示后 120 天付款的远期汇票。汇票由巴黎银行承兑，并进一步假定汇票金额是 10 万美元。美国出口商要么继续持有经承兑的汇票，120 天后得到 10 万美元的货款，要么按汇票面额以一定的贴现率将汇票卖给投资者，如纽约银行。若现行贴现率为 7%，美国出口商将远期汇票立即贴现可得 97 700 美元（100 000×120/360×7%=2 333，100 000−2 333=97 667）。120 天后，纽约银行将从巴黎银行获得整整 10 万美元。如果美国出口商急需给运输中的货物提供资金和/或解决资金短缺问题，那么它可立即将已承兑的远期汇票卖掉。

14.3.4 提单

国际贸易融资中第三个重要的单据是提单。**提单**（bill of lading）是货物承运人签发给出口商的。它有三个作用：收据、合同和物权凭证。作为收据，提单表明承运人已按提单所列内容收到货物。作为合同，提单规定了承运人在收取一定的费用后有义务提供运输方面的服务。作为物权凭证，在货物交付给进口商之前，它可以用来获取付款或付款的书面承诺。在装运前或装运时以及在进口商最终付款前，出口商也可将提单作为担保品，要求当地银行垫付货款。

14.3.5 一笔典型的国际贸易交易

我们已经考察了国际贸易交易中的各要素，现在我们再通过一个典型的案例来看看这一过程是怎样运作的。继续使用美国出口商和法国进口商的例子。典型的国际贸易交易包括14个步骤（见图14-6），列举如下。

（1）法国进口商向美国出口商订购货物并询问美国出口商是否愿意采用信用证下的装运安排。
（2）美国出口商同意采用信用证下的装运安排并明确了价格、运输条件等相关信息。
（3）法国进口商为拟进口的货物向巴黎银行申请开立以美国出口商为受益人的信用证。
（4）巴黎银行根据法国进口商的申请内容开出信用证，并寄交美国出口商的银行，即纽约银行。
（5）纽约银行通知美国出口商以它为受益人的信用证已经到达。
（6）美国出口商通过运输公司向法国进口商发运货物。承运人向美国出口商签发提单。
（7）美国出口商向纽约银行提交根据信用证条款开出的以巴黎银行为付款人的见票后90天付款的远期汇票以及提单。美国出口商在提单上背书，将货物所有权转交给纽约银行。
（8）纽约银行将汇票和提单寄给巴黎银行，巴黎银行承兑、持有票据并承诺90天后支付已承兑的汇票。
（9）巴黎银行将已承兑的汇票寄回纽约银行。
（10）纽约银行通知美国出口商已收到经承兑的90天后付款的银行汇票。
（11）美国出口商按汇票票面金额以一定的贴现率将汇票卖给纽约银行，得到汇票的贴现现金值。
（12）巴黎银行通知法国进口商单据已到，法国进口商承诺90天后向巴黎银行支付货款；巴黎银行向进口商放单，进口商领取货物。
（13）90天后，巴黎银行收到法国进口商支付的货款，于是它就有资金支付到期的汇票。
（14）90天后，到期的已承兑汇票的持有者（本例中是纽约银行）向巴黎银行提示付款，巴黎银行付款。

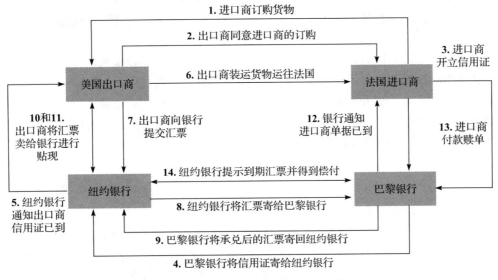

图14-6　一笔典型的国际贸易交易

14.4 出口支持

美国潜在出口商可以通过两种形式的政府支持为它们的出口项目融资：从美国进出口银行获得信贷支持；从对外信贷保险协会获得出口信贷保险（大多数国家都有类似的项目）。

14.4.1 进出口银行

美国进出口银行（The Export-Import Bank，简称 EXIM 银行）是一家成立于 1934 年的美国政府独资公司。其使命是协助美国产品和服务的出口融资，以支持美国的就业和市场竞争力。根据其章程和美国国会的授权，EXIM 银行的融资必须有一个"合理的还款保证"，并且应该补充而不是与私人资本展开借贷竞争。EXIM 银行还遵循经济合作与发展组织有关政府支持出口信贷活动的国际规则。

EXIM 银行报告说，全面投入运营时，它授权为 3 746 笔金融和保险交易提供约 205 亿美元，以支持约 275 亿美元的美国出口和 16.4 万个就业岗位。EXIM 银行的总风险敞口为 1 120 亿美元，低于其财政年度的 1 400 亿美元法定上限。有趣的是，2014 年是 EXIM 银行全面运营的最后一年，原因是董事会人数不足。EXIM 银行为美国商品和服务出口提供融资，尽管业务规模较小，但在 2018 年仍支持了 5 万多个工作岗位（在作者修订本书时，EXIM 银行正在筹备近 400 亿美元的待决交易，估计这些交易将支持近 24 万个美国就业岗位）。

总的来说，EXIM 银行通过各种贷款和贷款担保计划来履行其使命。该机构保证偿还美国商业银行向外国借款人发放的用于购买美国出口产品的中长期贷款。EXIM 银行的担保使商业银行更愿意向外资企业提供现金。这有利于美国公司的跨境贸易。大约 85% 的银行交易支持小企业（员工人数在 500 人以下）。

EXIM 银行也有直接的贷款业务，即向国外买家提供贷款用于采购美国的出口商品。在有些情况下，EXIM 银行会提供一些商业银行不愿意提供的贷款业务，如果它认为这些业务符合美国的潜在利益。国外借款人利用 EXIM 银行的贷款向美国供应商支付货款，并向 EXIM 银行连本带利偿还贷款。利用美国 EXIM 银行的结构，许多国家（如中国、印度）现在都有自己的进出口银行来促进跨境贸易。

14.4.2 出口信贷保险

前面已经说明，出口商明显偏好进口商用信用证方式支付货款，但有时坚持要求以信用证支付的出口商会将订单输给不要求使用信用证的出口商。当进口商处于非常有利的谈判地位并且能够使出口商互相竞价时更是如此，此时出口商可能不得不放弃要求信用证支付。没有信用证的保证将会使出口商面临国外进口商付款违约的风险。此时出口商为了预防这种情况，可以购买出口信贷保险。如果买方违约，保险公司将弥补相当大一部分的损失。

在美国，出口信贷保险由美国对外信贷保险协会提供。它是由私人商业机构联合组成的，在 EXIM 银行的指导下运营。对外信贷保险协会承保商业风险和政治风险。商业风险造成的损失是由于买方破产或付款违约引起的。政治风险造成的损失是由买方或卖方无法控制的政府行为而产生的。之前讨论过的位于巴尔的摩的马林获得了出口信贷保险，这给予公司继续出口销售的信心。通过支付几乎不到产品售价半个百分点的保险费，马林便可以给自己投保来应对外国买家可能不支付货款的情况。

14.5 对等贸易

对等贸易是当常规的支付方式难以实现、成本过高或根本不存在时，进行国际贸易所选择的一种替代方式。我们最初提到对等贸易是在第 10 章中讨论货币的可兑换性时。一国政府可能会限制本国的货币兑换以保持足够的外汇储备用来偿还国际债务及购买关键性的进口物资。这对出口商而言是个难题。不可兑换意味着出口商得不到用本国货币支付的货款。很少有出口商愿意接受以一种不可兑换货币支付的货款。对等贸易通常就成为解决这个问题的办法。**对等贸易**（counter trade）意味着一系列以货易货的协议。它的原则是当货物和服务的交易不能用货币支付时，就采取以一些货物和服务交换另一些货物和服务的形式。以下是一些对等贸易的实例。

- 意大利一家生产发电设备的公司 ABB SAE Sadelmi SpA，与泰国电力局签订了一份价值 7.2 亿泰铢（约合 1 770 万美元）的合同。合同规定意大利公司必须接受 2.18 亿泰铢（约合 540 万美元）的泰国农产品作为部分货款。
- 沙特阿拉伯同意从波音公司购买 10 架波音 747 飞机，用原油支付，而原油以低于国际石油标价的 10% 作价。
- 通用电气公司通过同意在罗马尼亚以前没有进入过的市场销售价值 1.5 亿美元的罗马尼亚产品，从而获得一份价值 1.5 亿美元的在罗马尼亚的发电工程合同。
- 委内瑞拉政府与卡特彼勒公司达成一份合同。合同内容是：委内瑞拉用 35 万吨铁矿石交换卡特彼勒的挖土机设备。
- 阿尔巴尼亚提出条件，即用泉水、番茄汁、铬矿石等商品交换价值 6 000 万美元的肥料和合成甲醇。
- 菲利普·莫里斯公司将香烟运到俄罗斯，得到可用于生产肥料的化学品。菲利普·莫里斯又把化学品运到中国，作为交换，中国将玻璃制品运到北美洲，以供菲利普·莫里斯公司在北美洲零售。

14.5.1　对等贸易的流行

20 世纪 60 年代，由于苏联和东欧国家的货币通常是不可兑换的，作为它们购买进口品的办法之一，对等贸易出现了。在那些缺乏购买进口必需品的外汇储备的发展中国家，这种贸易方式日渐流行。据估计，通过对等贸易实现的世界贸易额从十多年前的 2%～10% 增长到今天的 20%～25%。尽管不知道精确的数字，但鉴于国际金融市场流动性的逐步提高，可兑换货币范围的不断扩大，这个数字更多的时候处于这些估计值的最低值。但是，间歇性的金融危机（例如 1997 年和 2008 年金融危机）会带来短期内对等贸易量的增长。例如，1997 年亚洲金融危机后，对等贸易量有了显著的增加。这场危机使得许多亚洲国家几乎没有硬通货来从事对外贸易。危机之后，严格的金融管制使许多亚洲公司认识到要取得出口信贷为它们的国际贸易活动融资是非常困难的。因此它们转向唯一可行的选择，即对等贸易。

对等贸易是一种世界贸易融资方式，尽管不是主流的交易方式，但有时潜在的出口商可能不得不采取这种方式来进入特定的国际市场。一些发展中国家的政府有时也坚持一定数量的对等贸易。

14.5.2　对等贸易的类型

起源于简单的货物和服务交换的对等贸易，已经演化出多种不同的交易形式。它可以被归纳为以下五种不同的贸易形式：易货贸易、互购贸易、抵销贸易、转手贸易、补偿贸易或回购贸易。许多对等贸易不仅包括一种贸易方式，而是两种或两种以上贸易方式并用。

1. 易货贸易

易货贸易（barter）是不涉及现金交易的双方直接进行货物和/或服务的交换。尽管它是最简单的贸易方式，但使用并不普遍。原因在于两个方面。首先，如果货物不是同时交割，那么相当于一方给了另一方一定时期的融资。其次，从事易货贸易的公司面临一种风险，即货物非它所需或不能使用，或难以在合理的价位出售，但又得接受。正是出于这些原因，易货贸易被认为是限制最多的对等贸易。它主要用于资信不佳的交易双方的一锤子买卖。

2. 互购贸易

互购贸易（counter purchase）是一种相互购买的协议。一国的公司向另一国出售货物的同时，同意从该国购买一定数量的货物，这就是互购。假设一家美国企业向中国销售一些货物。中方以美元向美国公司支付，作为交换，美国企业同意将部分所得用于购买中国生产的纺织品。这样，尽管中国必须动用外汇储备支付给美国企业，但根据互购协议也能收回一些美元。在一项互购协议中，劳斯莱斯公司向芬兰出售喷气式飞机零部件，作为交易的一部分，该公司同意用出售该产品所得的部分款项购买芬兰生产的电视机并在英国出售。

3. 抵销贸易

一方同意将初始销售所得的一定比例用于购买另一方的商品和服务，在这一点上，**抵销贸易**（offset）与互购贸易是相似的。二者的不同之处在于在抵销贸易中一方可以向另一方所在国的任何一家公司购买商品或服务来履行义务。从出口商的角度来说，这种方式比直接的互购协议更具吸引力，因为它赋予出口商在回购产品的选择上更大的灵活性。

4. 转手贸易

转手贸易（switch trading）是指在对等贸易中利用专业的第三方，即贸易中介。当一个企业与某国达成了互购贸易或抵销贸易协议时，通常意味着该公司拥有了互购信用，可以用来购买该国产品。在转手贸易中，贸易中介买下该公司的互购信用并将其出售给另一个可以更有效地使用该信用的企业。例如，一家美国公司与波兰达成一项互购协议。根据协议，它将得到购买波兰商品的互购信用，但该公司既不使用也不需要任何波兰产品，于是它将此信用以一定的折扣卖给贸易中介。贸易中介寻找一家可以利用该信用的企业，然后将此信用卖出以谋取一定的利润。

举一个转手贸易的例子：波兰和希腊之间有一个互购协议，按照协议，波兰向希腊出售货物并回购同等美元价值的产品。然而，波兰找不到自己所需的足够多的希腊产品，于是波兰对希腊就有一个以美元计价的互购顺差，且不打算用掉它。一位转手贸易商从波兰那里以22.5万美元购买其25万美元的互购权，然后将它以23.5万美元的价格出售给一个欧洲葡萄商，该葡萄商再用它从希腊购买葡萄。

5. 补偿贸易或回购贸易

一个公司在某国承建一家工厂，或向该国提供技术、设备、培训以及其他服务，同时愿意以一定百分比的该厂产品作为合同项下的部分支付款，这就是**回购贸易**（buyback）。例如，西方石油公司与俄罗斯谈成的一笔交易规定，西方石油公司在俄罗斯建造制氨工厂，作为支付价款的一部分，该公司在20年的期限内可得到这些工厂生产的产品氨。

14.5.3 对等贸易的优缺点

对等贸易的主要吸引力在于：在没有其他方式可选择时，它为出口交易提供了一种支付方式。当发展中国家筹措进口所必需的外汇存在困难时，对等贸易也许是这些国家进行对外贸易唯一可行的选择。即便对等贸易并非出口交易的唯一选择，但仍有许多国家宁愿采用对等贸易也不采用现金交易。因此，一个不愿采用对等贸易的公司的出口机会有可能被愿意采用对等贸易的竞争对手夺去。

此外，企业出口商品和服务的目标市场国政府也会要求对等贸易。波音为给它的商业飞机赢得订单，经常签订对等贸易协议。例如，为了从印度航空公司获得订单，波音必须从印度公司那里购买特定的零部件，如飞机的舱门。更进一步，当面临与全球竞争对手空中客车的激烈竞争时，波音可以利用其签订对等贸易协议的意愿来赢得订单。故而，对等贸易可以成为一种战略营销武器。

但对等贸易的弊端也是很大的。在其他条件相同的情况下，所有企业都希望得到以硬通货支付的货款。对等贸易的合同可能涉及无法使用的商品或劣质商品的交换，以至于企业在处置这些商品后无法获利。例如，几年前，一家美国公司按对等贸易协议从匈牙利进口的电视因50%都存在缺陷而无法销售，以致公司蒙受损失。另外，即使所收到的货物质量很高，企业仍然需要按可以获利的方式去处理它们。为此，必须在企业内部投资设立一个贸易部门，专门安排和管理对等贸易，而这既费时又费钱。

纵使有上述不足，对等贸易对大型多元化的跨国公司还是十分有吸引力的，它们可以利用遍布全球的联系网络处理在对等贸易中接受的货物。在日本，像三井公司这样巨大的贸易企业是对等贸易的能手，它们利用广泛的附属公司网络处理对等贸易中接受的货物并从中获利。例如，三井公司的贸易部门有120家附属公司，几乎遍布制造业和服务业的各个部门。如果在对等贸易中，三井公司的一家附属公司接受了自己无法使用的货物，总公司通常能找到另一家附属公司来处置这批货物并从中获利。日本三井公司的附属公司通常在偏好对等贸易的国家有竞争优势。

西方国家大型、多元化、遍布全球的跨国公司（如通用电气公司、菲利普·莫里斯公司和3M公司）在对等贸易安排中都有类似的赢利优势。实际上，3M公司已经建立了自己的贸易公司（3M全球贸易公司）来发展和管理公司的对等贸易项目。除非别无选择，否则中小出口商可能会尽量避免采取对等贸易形式，因为它们没有全球业务网络来有效利用或处置对等贸易中接受的货物。

全景视角：宏观环境的影响

对于一家专注于向另一个国家出口其产品或服务的公司来说，宏观环境中的几个因素非常重要。首先，正如开篇案例中所述的缅因州海岸公司的经验所表明的那样，贸易壁垒的变化会影响出口战略。缅因州海岸公司已经制定了向中国销售活龙虾的战略。这是一项突然面临重大阻力的战略，2018年7月，中国对美国龙虾进口征收25%的关税，作为对美国对中国产品征收关税的回应。这里最大的挑战是，出口商需要了解贸易环境的发展，并定位自己，以利用或应对国际贸易规则的变化，包括2018年发生的现行关税领域的重大变化。

其次，由于一国内部的出口和直接投资，无论是设立全资子公司还是合资企业，往往被视为相互替代，出口商应始终权衡出口作为战略的吸引力与在目标国家建立生产设施的利弊。我们在第8章中讨论了影响这一选择的因素。这里应当指出，对外直接投资条例的改变可以使一种进入模式优于另一种进入模式的情况发生变化。例如，如果放宽了法规，允许公司在东道国建立一个多数股权控股实体，那么它可能更喜欢直接投资和本地生产，而不是作为进入战略的出口。

再次，由于跨境交易通常涉及货币兑换，因此出口商需要密切关注货币间的相对走势。它们最好还是考虑对冲策略，以免汇率出现意想不到的变动，使有利可图的交易变得无利可图。本书已经讨论了各种对冲策略（见第10章）。此外，当出口到货币不能完全可兑换的国家时，或当国内官方汇率与国外汇率有显著差异时（如委内瑞拉玻利瓦尔的情况），建议出口商要求以本国货币付款（例如，出口到委内瑞拉的美国公司可能要求以美元付款），或者，如果不可能，则要签订某种对等贸易协议（例如，向委内瑞拉出口的美国公司可能要求以商品形式如石油进行实物付款）。

最后，出口商在决定是否有必要投入时间、精力和资金来建立出口销售之前，必须考虑一个国家的长期经济前景。在这方面，第2章和第3章所讨论的材料是相关的。例如，在过去20年，委内瑞拉由于该国政治和经济环境的不利变化而未能成为一个好的出口市场。另外，随着印度经济增长的加速，印度等国家越来越有吸引力。如果出口商有足够的资源专注于只建立一个市场，那么印度显然是比委内瑞拉更好的选择。

本章小结

本章探讨了企业成为出口商所要采取的步骤。本章要点如下：

（1）出口的一大障碍是忽视国外市场机会。

（2）初次出口的出口商常因为在出口过程中面临许多问题、延误时机和犯错误而感到失望或沮丧。

（3）收集信息是克服国外市场认知缺陷的一种方式。在美国有许多机构，其中最重要的是美国商务部，它能帮助企业收集信息以及找到贸易对象。出口管理公司也能帮助企业找到出口机会。

（4）如果公司聘请一家经验丰富的出口服务提供商（例如出口管理公司），并且采取适当的出口策略，那么很多与出口相关的易犯的错误都是可以避免的。

（5）从事国际贸易的公司必须与一些它们难以信任的人或假如违约的话很难去追查的人做生意。由于缺乏信任，国际贸易的每一方对于交易方式都有自己的偏好。

（6）进出口双方互不信任的矛盾通常可以由双方都信任的第三方来解决，第三方通常是信誉好的银行。

（7）信用证是银行应进口商申请而开出的。信用证规定：在提交符合信用证规定的单据的前提下，银行保证向受益人（通常是出口商）付款。

（8）汇票是国际商务中常用的支付工具。它是由出口商开具的要求进口商或其代理人在规定的时间内支付规定数额货币的书面命令。

（9）汇票分为即期汇票和远期汇票。远期汇票是可转让票据。

（10）提单是由货物承运人签发给出口商的。它具有货物收据、运输合同和所有权凭证的作用。

（11）美国出口商可以利用两种类型的政府支持帮助它们出口融资：进出口银行的贷款和对外信贷保险协会的出口信贷保险。

（12）对等贸易包括所有以货易货的贸易方式，主要用于向外汇短缺或货币不能自由兑换的国家的出口。

（13）对等贸易的主要吸引力在于：在没有其他方法的情况下，它能为公司的出口交易提供一种支付方式。坚持以硬通货付款的公司相对于愿意采取对等贸易方式的公司来说处于不利的竞争地位。

（14）对等贸易的主要不足是公司可能会收到不能使用的或劣质的货物，不能通过处置这些货物来获利。

第 15 章

全球生产与供应链管理

学习目标

- 15-1 解释为何全球生产和供应链管理决策对许多跨国企业都至关重要
- 15-2 解释国家差异、生产技术以及生产因素是如何影响生产活动地点的选择的
- 15-3 认识随着知识的积累，海外子公司在生产中的作用是如何随时间加强的
- 15-4 识别影响公司做出"是从公司内部还是从外国供应商处寻求供货来源"决策的因素
- 15-5 理解全球供应链中物流与采购的作用
- 15-6 描述有效管理全球供应链所需要的条件

⊙ 开篇案例　　　　　　　　　　中国：世界制造业中心

过去30年最引人注目的故事之一是中国崛起成为世界制造业中心。到2018年，中国占世界制造业产出的28.4%。美国以16.6%的份额位居第二（就在2009年，美国的制造业产出还领先于中国），其次是日本（7.2%）和德国（5.8%）。中国经济增长的动力来自国际贸易的激增。1995年，中国货物进出口总额为2 809亿美元，占世界贸易总额的3%。到2018年，中国货物贸易总额跃升至4.6万亿美元，占世界贸易总额的12.4%。美国是世界第二大贸易国，占世界贸易总额的11.5%，其次是德国，占7.7%。到2019年，中国占全球出口的13.5%，远远领先于美国和德国，这两国各占8%多一点。

中国以出口为主导的制造业增长使它成为仅次于美国的世界第二大经济体。中国的贸易增长是建立在一系列因素的基础上的。最初，低劳动力成本和大量受教育程度相对较高的人口是重要因素。如今，中国世界级的物流网络、数十年的制造经验、密集的初级生产者集群和供应商网络，使中国成为一个将生产的产品出口至世界其他地区的有吸引力的国家。中国已成为一个世界制造业中心，生产从苹果智能手机、联想电脑，到孩之宝（Hasbro）和美泰（Mattel）的玩具等各种产品。

然而，自2017年以来，中国遭受了两起事件的打击，导致许多企业质疑自己对中国作为制造业中心的依赖。首先是特朗普发起的中美贸易摩擦。特朗普的目标是减少美国对中国的巨额贸易逆差。特朗普政府从2018年初开始对钢铁、洗衣机、太阳能电池板等中国产品征收有针对性的关税。然后，2018年9月，特朗普政府对2 000亿美元的中国进口产品征收10%的关税。随后，2019年8月，特朗普政府又对另外3 000亿美元的中国进口产品加征10%的关税，并威胁称如果中国不同意美国的要求，将把关税提高到25%。

面对两国之间日益激烈的贸易摩擦，许多长期依赖中国采购产品的美国进口商开始寻找其他机会。这个想

法是为了使它们的供应来源多样化，从而减少对中国的依赖。然而，这种策略并不总是容易执行的。美国玩具公司 MGA 娱乐就是一个很好的例子，它的品牌包括"LOL Surprise""Little Tikes"和"Bratz"。MGA 的首席执行官艾萨克·拉里安（Isaac Larian）指出，他的公司"在很大程度上依赖于中国"。你不可能再去找另一个国家。拉里安指出，MGA 在美国俄亥俄州无法为工厂找到负担得起的劳动力，而印度或越南等其他地方缺乏中国的劳动力和基础设施。在他看来，"没有哪个国家能像中国那样"。其他地区的公司则更坚定地试图实现供应链多元化，以防范贸易摩擦。

资料来源：Felix Richter, "China Is the World's Manufacturing Superpower," *Statista*, February 18, 2020.

引言

随着贸易壁垒的降低以及全球市场的发展，许多公司面临越来越多的一系列相互关联的问题。第一，在世界哪个地方生产？是否应该集中在一个国家，就像开篇案例中的 MGA 那样，还是应该分散到全球，把生产活动的类型与国家在要素成本、关税壁垒、政治风险等方面的差异相匹配，以使成本最小化和增值最大化？单一国家战略在运营上可能是有效率的，但在战略上往往是不奏效的。例如，如果公司集中在一个国家生产，而这个国家在政治或经济上变得不稳定，该怎么办？考虑到此类事件发生的风险，在全球生产和供应链管理实践中，有一些冗余通常是最好的方法，而这种冗余通常要求公司将其生产和供应链分散到各个国家。第二，国外生产基地的长期战略角色应该是什么？如果要素成本有变化，公司是否应该放弃一个国外生产基地，把生产转移到另一个更有利的地点，或者说如果基础经济条件有变化，保留某个生产地点的经营是否有价值？仅仅出于成本考虑而将工厂地点从一个国家转移到另一个国家通常不是战略性的转移。成功的公司通常会在考虑质量、灵活性和时间问题的同时考虑成本。成本是最重要的考虑因素之一，也是讨论从一个国家战略转移到另一个更有利的生产地点的起点。第三，公司是否应该在国外开展生产活动，还是最好把这些活动外包给独立的供应商？外包意味着更少的控制，但它可以是更具成本效率的。第四，全球分散的供应链如何管理？信息技术在全球物流和采购、运营中有什么作用？第五，类似于生产问题，公司应该自己管理全球供应链，还是应该把管理活动外包给专业企业？第三方的供应链管理有无数的选择。很少有公司想要管理从原材料到产品交付再到最终客户的整个供应链。但问题是，供应链的哪一部分应该由第三方管理，哪一部分应该由公司自己管理？

此外，管理供应链，尤其是全球范围内的供应链，是实现运营效率的关键方面：全球供应链将全球生产与全球客户联系起来。全球生产和供应链管理从设计上来说往往是复杂的，而且在地理上是脱节的，尤其是在跨国公司的全球供应商网络中。

本章还包括一些世界上运营得最好的全球供应链网络的例证。看看它们各自的做法有哪些相似之处和不同之处，以及它们在供应链中获得效率和有效性的地方（例如，本章"管理聚焦"专栏中的宜家和亚马逊）。这些公司运营全球供应链的一个重要方面是，它们不断考虑供应链的总成本。全球供应链的总成本重点确保目标不一定是在供应链的每个阶段（供应链中的每个节点）争取最低的成本，而是为客户争取最低的总成本，进而在产品供应链的末端实现最大的价值。这意味着成本的所有方面，包括供应链中公司的整合和协调，以及全球范围内的原材料、零部件和装配成本。这些成本问题已经从战略和战术上得到了解决，因为它们涉及全球物流和全球采购，而这被认为是公司的供应链职能。

15.1 战略、生产以及供应链管理

在第 13 章中，我们引入了价值链的概念，并讨论了一系列价值创造活动，包括生产、市场营销、物流、研发、人力资源及信息系统。在本章中，我们重点关注其中的两个价值创造活动，即生产与供应链管理，并试图搞清楚在国际上如何进行这两项活动以便降低价值创造的成本和通过更好地满足客户的需求来增加价值。当讨

论到全球供应链时，生产有时也被称为制造或运营。我们也将讨论信息技术对这些活动做出的贡献，这在全球整合的世界中变得尤其重要。在接下来的章节中，我们将讨论在国际情境下的其他价值创造活动（市场营销、研发和人力资源管理）。

在第 13 章中，我们将**生产**（production）定义为一种产品或服务的创造。我们用"生产"表示服务和制造两种活动，因为企业既可以生产一种服务，也可以生产一种实物产品。尽管本章把重点更多地放在实物产品的生产上，但我们不该忘了这个词也可以用于服务。最近几年，随着美国企业将某些服务活动的"生产"外包给劳动力成本较低的发展中国家（例如，许多美国企业纷纷把客户服务外包到印度这样的地方，在那里英语被广泛使用，劳动力成本也很低），生产一词用于服务变得越来越明显。**供应链管理**（supply chain management）是指物流、采购、运营以及从原材料到最终消费者的市场渠道活动的整合与协调。生产与供应链管理紧密相连，因为公司有效实施生产活动的能力依赖于高质量物料和信息投入的及时供应，而这正是采购与物流的重要功能。**采购**（purchasing）是供应链的一部分，包括在全世界采购原材料、零部件以及用于生产公司产品和服务的产品。**物流**（logistics）也是供应链的一部分，负责规划、实施和控制原材料、零部件和制造过程中所用产品的有效流动与库存。

国际企业的生产与供应链管理的功能（采购、物流）具有很多重要的战略目标。其中一项便是保证从原材料到最后成品的总成本尽可能地低于提供给最终消费者的价值。在全球范围内，国际企业将生产活动分散到该活动最能有效实施的地区，从而降低总成本。通过有效管理全球供应链以使供求更为匹配也能降低成本。这同时包括对全球企业内部以及对供应链中其他独立组织（如供应商）的供应链职能（如采购、物流、生产和运营管理）的协调与整合。例如，有效率的物流减少了系统中的库存，提高了存货周转率，并且使现行的适当运输模式更为便利。最优化的采购运营增强了订单完成、交货、外包以及供应商选择的能力。有效率的运营保证了生产在适当的地方进行，可以明确应该优先生产的产品，并且促进了供应链的高质量表现。

生产与供应链管理的另一个战略目标则是通过建立基于流程的质量标准以及消除生产过程中和供应链中有缺陷的原材料、零部件以及产品来提高产品（或服务）的质量。在本书中，质量指的是可靠性，意味着最终的成品没有缺陷并且功能表现良好。这些质量保证应被嵌入全球供应链的**上游部分**（upstream）以及**下游部分**（downstream）。上游供应链（有时称为向内的供应链）包括从原材料到生产设施这部分供应链涉及的全部组织（如供应商）和资源。下游供应链（有时被称为向外的供应链）包括从生产设施到最终消费者这部分供应链涉及的所有组织（如零售商以及批发商）。通过上游供应链以及下游供应链，降低成本和提高质量这两个目标是相互依存的。如图 15-1 所示，提高质量控制的公司也会降低价值创造的成本。提高的质量控制通过以下方面降低了成本：

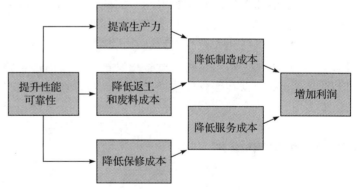

图 15-1　质量与成本的关系

资料来源：A. David Garvin, "What Does 'Product Quality' Really Mean?" *MIT Sloan Management Review*, Fall 1984, http://sloanreview.mit.edu/article/whatdoes-product-quality-really-mean/.

- 提高了生产力，因为没有把时间浪费在制造卖不出去的劣质产品上，这直接降低了单位成本；
- 与残次产品相关的返工和废料成本降低；
- 与修理残次产品相关的保修成本和时间减少。

通过降低生产与售后服务成本从而达到降低价值创造的总成本的效果，并提升了全球生产和供应链管理的整体可靠性。

大多数管理人员现在用来提高产品供给可靠性的主要工具是六西格玛质量提升法。六西格玛法直接源于**全面质量管理**（total quality management，TQM）理念，该理念在 20 世纪 80 年代和 90 年代初期被广泛采用，先是在日本公司，然后在美国公司。全面质量管理理念最初由几位美国顾问提出，包括 W. 爱德华·戴明（W.Edwards Deming）、约瑟夫·朱兰（Joseph Juran）与阿曼德·费根堡姆（Armand Feigenbaum）。戴明明确了应该存在于任何全面质量管理项目中的一些步骤。他认为，管理应怀有这样的理念，即错误、缺陷和劣质材料是不被接受的，应该将其消灭。戴明建议通过让监督者花更多时间与雇员在一起工作及通过提供他们工作所需的工具来提高监督质量。戴明认为管理层应创造一个环境，让雇员不会害怕报告问题或提出改进意见。他相信工作标准不应该仅仅定义为数量或定额，而且应该包括质量概念，从而提高无次品产品的产量。他认为，管理者有责任培训雇员学习新技能，以使他们跟上工作环境的变化。另外，他相信，提高质量需要公司每位员工有敬业精神。

六西格玛（Six Sigma）是当代版的全面质量管理，是一种基于统计学的哲理，其目的在于减少次品、提高生产率、消除浪费以及在全公司削减成本。六西格玛法被一些大公司采用，如摩托罗拉、通用电气公司以及霍尼韦尔。西格玛是希腊字母，统计学家们用它来代表从平均值得出的标准偏差，西格玛值越大，误差越小。在六西格玛里，一个生产流程的精确率是 99.999 66%，即每百万单位只产生 3.4 个次品。尽管公司要达到这样的完美程度几乎是不可能的，但六西格玛是一个奋斗目标。六西格玛项目为构建跨国公司在质量和生产率方面可以遵循的全球流程提供了特别有用的信息。因此，越来越多的公司采用六西格玛法来试图提高产品质量和生产率。

国际标准的发展也使人们更加注重产品的质量。比如在欧洲，欧盟要求企业生产工序和产品的质量达到 ISO 9000 标准后才能进入欧盟市场。尽管 ISO 9000 认证有些官僚色彩，对许多企业来说将花费不菲，但它的确让企业在管理上重视提高产品质量和生产过程质量。

除了降低成本和提高质量，从事国际商务活动的企业还有两个尤为重要的目标。第一，生产与供应链管理必须符合当地响应的要求。在第 12 章中，当地响应的要求产生于国家之间在消费者品位与偏好、基础设施、分销渠道和东道国政府要求等方面的差异。当地响应的要求会产生将生产活动分散到公司有业务的主要国家或地区市场的压力，以及实施柔性制造流程的压力。柔性制造流程能够根据销售市场的特征，将工厂生产出来的产品进行相应的改变以迎合市场需求。第二，生产和供应链管理必须能够对客户需求的改变迅速做出响应。近年来，基于时间的竞争越发重要。当消费者的需求有可能出现大的、不可预料的转变时，那些能以最快速度适应这些变化的公司会赢得优势。正如我们将会看到的，生产与供应链管理都在这里起关键性的作用。

15.2 在哪里生产

国际企业面临的一个重要决定是选择进行生产活动的地点，以最大限度地降低成本和提高产品质量。对考虑在世界范围内进行生产的公司来说，它们必须考虑一些因素。这些因素可分为三大类：国家因素、技术因素及产品因素。

15.2.1 国家因素

我们在本书前面部分详细讨论了与国家有关的要素。政治和经济制度、文化和相关要素成本在不同国家是不同的。第 6 章中谈到，因为要素成本的差异，一些国家在生产某些产品时有比较优势。在第 2 章、第 3 章以及第 4 章中谈到了政治和经济体系以及国家文化的差异如何影响在一国做生意的利益、成本和风险。在其他条件相同的情况下，公司应把各种制造活动的地点选在经济、政治、文化条件（包括相关要素成本）更有助于这些活动实施的地方（参考管理聚焦 15-1）。在第 12 章中，我们把由这种策略获得的利益称为区位经济。我们认为这一战略的结果是形成价值创造活动的全球网络。

◎ 管理聚焦 15-1

宜家在中国的生产

宜家于 1943 年由 17 岁的英格瓦·坎普拉德（Ingvar Kamprad）在瑞典创立，是全球最大的家具零售商。在第 13 章的开篇案例中，我们介绍了宜家的一些全球战略。如前所述，宜家的名字来自其创始人坎普拉德。IKEA 是他的姓和名的首字母缩写，以及他长大的农场（Elmtaryd）和他在瑞典的家乡（Agunnaryd）的首字母缩写。

除了在瑞典成立和目前总部在荷兰代尔夫特之外，宜家展示了一个惊人的全球供应链故事和生产组织。宜家是一家跨国公司，在 46 个国家拥有 350 多家门店，公司的大部分运营、管理以及家具的设计和制造都由一家名为 INGKA Holding 的信托公司负责。它是总部设在荷兰代尔夫特的信托公司。宜家产品的大部分家具设计仍在瑞典制造，但这些家具的制造，或者说，实际上，消费者购买的组装家具的部件已经外包给了中国和其他亚洲国家。

宜家生产的家具及相关产品有 1.2 万多种，因此，要想维持世界市场的主导地位，其生产能力和产能是不同寻常的。首先，宜家对自己设计和生产的产品有一个清晰的愿景。该公司的理念是以极低的价格提供设计精良、功能齐全的家具，使世界上尽可能多的人能够买得起。重要的是，实现这一目标的关键职能，如全球供应链和全球库存管理，共同支持宜家独特的价值主张。

这家瑞典家居巨头于 2013 年 8 月 28 日在中国开设了第一家全资制造工厂。在当地的搬迁中，工厂支持在亚洲，特别是在中国的快速扩张（工厂位于江苏省南通市）。作为宜家最大的采购国，中国占其全球采购总量的 20% 以上，约有 300 家中国本土供应商。这家工厂距离宜家位于上海的两个最大仓库也不远。

资料来源：Lindsey Rupp, "Ikea, Dollar General CEOs Lobby Republicans in Tax Showdown," *Bloomberg Businessweek*, March 7, 2017; D. L. Yohn, "How IKEA Designs Its Brand Success," *Forbes*, June 10, 2015; J. Kane, "The 21 Emotional Stages of Shopping at IKEA, From Optimism to Total Defeat," *Huffington Post*, May 6, 2015; J. Leland, "How the Disposable Sofa Conquered America," *The New York Times Magazine*, October 5, 2005, p. 45; "The Secret of IKEA's Success," *The Economist*, February 24, 2011; B. Torekull, *Leading by Design: The IKEA Story* (New York: HarperCollins, 1998); P. M. Miller, "IKEA with Chinese Characteristics," *Chinese Business Review*, July–August 2004, pp. 36–69.

在一些行业，把全球活动集中在某些地点也很重要。第 8 章讨论了区位外部性在影响对外直接投资决定中的作用。外部性包括拥有足够熟练的劳动力以及支持行业。这些外部性在决定生产活动的地点上起重要作用。比如，因为中国台湾地区有一大群半导体制造工厂，半导体行业的熟练劳动力在那儿发展起来。另外，这些工厂吸引了许多支持行业，例如半导体资本设备制造商和硅制造商，它们在中国台湾地区建立生产设施以贴近客户。这表明，与缺乏这些外部性的地点不同，选择中国台湾地区确实有利可图。在其他条件相同的情况下，外部性使中国台湾在半导体制造方面成为一个吸引人的地区。印度的两个城市海德拉巴和班加罗尔也是如此，许多西方国家及印度自身都在这两地成立了信息技术公司。比如海德拉巴的一个地区被叫作"赛博拉巴"（Cyberabad），即"计算机城"，在那里，微软、IBM、Infosys 以及高通都有主要的工厂。

当然，其他条件是不同的。相对要素成本、政治经济、文化以及区位外部性的差异是很重要，但其他要素也不可小觑。正式和非正式的贸易壁垒明显影响选址决定（见第 7 章），运输成本及针对对外直接投资的规章亦然（见第 8 章）。例如，尽管相对要素成本会使一国作为制造活动的地点看起来很具吸引力，但禁止对外直接投资的法规则会让人打消选择此地的念头。同样，对要素成本的考虑可能意味着公司应将特定零部件的生产外包给特定国家，但贸易壁垒会使这一策略缺乏经济性。

另一个重要的国家要素是汇率的预期未来变动（见第 10、11 章）。汇率的不利变动会迅速改变一个国家作为制造基地的吸引力。货币增值能使低成本的地方变成高成本的地方。许多日本公司在 20 世纪 90 年代和 21 世纪初期就不得不费力应对这一问题。1950～1980 年，日元在外汇市场中相对价值较低，这就增强了日本作为低成本制造地区的地位。但是近年来，日元相对美元逐步升值，增加了产品从日本出口的美元成本，从而降低了日本作为制造地的吸引力。相应地，许多日本公司把制造厂转移到了东亚的低成本地区。

15.2.2 技术因素

企业用以实施特定生产活动的技术类型对选址决定可能至关重要。例如，因为技术上的限制，在有些情况下，只能在一个地点进行某些生产活动，然后在这个地方服务于世界市场。在另一些情况下，技术因素使得生产活动在多个地方进行是可行的。在这里，制造技术的三个特点值得关注：固定成本水平、最小效率规模以及技术灵活性。

1. 固定成本水平

第 12 章谈到，有时建立一个生产工厂的固定成本太高，因而公司必须在一个地方或很少的几个地方服务于世界市场。例如，现在建立一个先进的半导体芯片厂需要花费 50 亿美元。因而，在其他条件相同时通过在一个（最理想的）地点建立一个工厂来服务世界市场是明智的选择。

相反，相对低水平的固定成本使同时在几个地点进行某一特定活动具有经济性，这可以使企业更好地满足当地响应的要求。在多个地点进行生产还有助于使公司避免过分依赖一个地点。在汇率起伏不定的世界，过分依赖一个地点是很冒险的。许多公司把制造厂分散到不同的地区，作为对潜在的不利的货币波动的"实物对冲"。

2. 最小效率规模

规模经济的概念告诉我们，随着工厂产量扩大，单位成本会下降，其原因包括资本设备更为充分的利用和工厂内部因雇员专业化水平提高而带来的生产力的提高。然而，当超出一定的产量水平时，进一步的规模经济就很难获取了。因而，"单位成本曲线"随着产量增加而下降，直至达到一定的产量水平，在这一产量水平下，产出的进一步增加基本不能实现单位成本的降低。让大多数工厂的规模经济达到极限的产量水平就是**最小效率规模**（minimum efficient scale）产量，即工厂为实现规模经济而必须达到的产量规模（见图 15-2）。

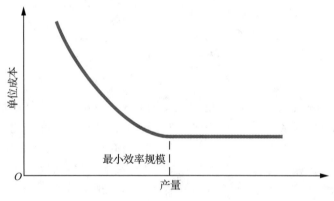

图 15-2 典型单位成本曲线

资料来源：Charles W. L. Hill and G. Tomas M. Hult, *Global Business Today* (New York: McGraw-Hill, 2020).

这一概念的含义是：一个工厂相对于全球总需求的最小效率规模越大，就越倾向于在一个地方或有限的几个地方进行集中生产。相对而言，当生产的最小效率规模相对于全球总需求较小时，在多个地方进行生产比较经济。例如，一家制造个人计算机的工厂的最小效率规模是一年约 25 万个单位，而全球每年的总需求超过 3 500 万个单位。最小效率规模相对于全球总需求的低水平使得戴尔和联想这样的公司在多个地方制造个人计算机经济可行。

在低固定成本的情况下，较低的最小效率规模的优点是可以使企业满足当地响应的要求或者通过在多个地方制造同一种产品来规避货币风险。

3. 柔性制造与规模定制

规模经济概念的核心是：达到高效率进而实现低单位成本的最佳方法是大规模生产标准化产品。该概念所隐含的是单位成本与产品种类多样性不可兼顾。一个工厂生产的产品种类越多，意味着每一种产品生产的时间就越短，从而无法实现规模经济。也就是说，产品的多样化使得公司难以提高生产效率从而降低单位成本。按照这个逻辑，提高效率与降低单位成本的方法是限制产品种类的多样化和大量生产标准化产品。

生产效率的这一观点受到日益兴起的柔性制造技术的挑战。**柔性制造技术**（flexible manufacturing technology）常被称为**精益生产**（lean production），涵盖一系列制造技术，目的是：①减少复杂设备的启动次数；②通过更合理的时间安排提高单个机器的使用率；③在制造过程的每个步骤改善质量控制。柔性制造技术使得公司能够生产种类广泛的成品，并且这些成品的单位成本之低，曾经只能通过标准化产品的大规模生产才能达到。研究表明，采用柔性制造技术会提高效率，降低单位成本，并与标准化产品大规模生产所达到的低单位成本不相上下，同时使公司较从前能够在更大程度上定制其产品供给。**规模定制**（mass customization）就是描述公司的能力的，即利用柔性制造技术调和两个一度被认为不相容的目标，也就是低成本和产品定制。柔性制造技术在精密程度和复杂程度上各有不同。

最有名的柔性制造技术的一个例子是日本丰田公司的生产系统。这一系统被公认为是使丰田公司成为全球最有效率的汽车公司的推手。丰田公司的柔性制造系统是由公司的一位工程师大野耐一开发的。在大野耐一为丰田公司工作了5年并参观了福特公司的美国工厂后，他认为在汽车制造上的批量生产理念是有缺陷的，并发现了批量生产的许多问题。

第一，大批量生产会产生大量的存货，而这些存货必须存放在大型的仓库里。这样做花费很大，因为仓储需要费用，存货也会占压资金，无法产生收益。第二，假如设备的最初设置就是有缺陷的，大批量生产就会导致生产出大量有缺陷的产品（即浪费）。第三，规模生产系统不能适应顾客对产品多样性的偏好要求。

为解决这些问题，大野耐一寻找使小批量生产更为经济的方法。他研发了一些技术，以缩短生产设备（固定成本主要来源）的启动时间。通过运用杠杆和滑轮系统，他将变换压铸机模具的时间从一整天缩短到3分钟。这就使小批量生产产品比较经济，也使丰田公司能更好地满足顾客对产品多样性的要求。小批量生产产品也消除了大量存货的问题，因而降低了仓储的成本。另外，小批量生产产品和没有存货意味着只会生产出小批量有瑕疵的零件并且它们会立即进入装配流程。这样能够减少浪费，并有助于找到瑕疵的源头，从而解决这个问题。总之，大野耐一的这些创新使丰田公司能够以比传统规模化生产更低的单位成本来生产更多样化的产品。

柔性设备单元（flexible machine cells）是另一种常用的柔性制造技术。柔性设备单元是不同类型的机器设备、通用物料的处理装置以及一个集中控制器的集合。每一单元通常包括4～6台能进行各种操作的机器。典型的单元专门生产一类零部件或产品。设备的设置是由计算机控制的，这就使每个单元能很快转换到不同零部件和不同产品的生产。

产能利用率的提高、加工过程中存货（即半成品的堆放）的减少和浪费的降低是柔性设备单元主要的效率优势。产能利用率的提高来源于设备启动时间的缩短，以及计算机控制的不同机器间生产流程的协调，这消除了技术瓶颈。设备间紧密的协调也减少了生产过程中的存货。浪费降低是由于计算机控制机器识别各种不同的投入来生产出相应的产品，同时产生最少量的不可用废料。独立的设备使用率在50%左右，而将其组成单元后，它的使用率在90%以上，即生产相同成品的浪费减半。这就提高了效率，降低了成本。

建立柔性制造技术给企业成本结构带来的影响是很惊人的。福特公司正在把柔性制造技术引入它在全球各地的汽车厂。这些新技术应该能使福特公司从同一条生产线上生产出多款汽车，并且从一款车型的生产转向另一款车型的生产时要比过去快得多，从而福特公司能够从成本结构中节省20亿美元。

除了提高效率、降低成本外，柔性制造技术还使公司能够定制出满足一小部分顾客需要的特殊产品，并且以曾经只能在大规模生产标准化产品时才能达到的低成本生产。因而这种技术在帮助公司达到规模定制的同时，也提高了对顾客的响应。对从事国际商务活动的企业最重要的是，柔性制造技术可以帮助公司为不同国家的市场定制产品。这一优势的重要性怎样强调都不过分。当柔性制造技术可行时，公司可以在一个处在最佳区位的工厂制造适合不同国家市场的多种产品，并且不会招致巨大的成本损失。因此，企业不再需要在每一个主要的国家市场建立生产设施来提供产品，以满足当地顾客的品位和偏好，而这正是本土化战略基本原理的一部分（见第 13 章）。

15.2.3 产品因素

下列几项产品因素突出体现了企业为生产设施选址并在该处以特定方式服务世界的原因：①产品特点；②生产设施的选址；③生产设施的战略角色。

1. 产品特点

产品的两个特点影响选址决策。第一是产品的价重比，因为它对运输成本有影响。许多电子元件和药品有很高的价重比，这些产品的价值高，重量较轻。因此，即使把它们从地球另一边运过来，运输成本也只占产品总成本的很小一部分。考虑到这一点，在其他条件相同时，在最理想的地点进行产品生产并从该地点服务全球市场的压力就很大。相反，低价重比的产品价格相对较低，但重量较重，如精制糖、大宗化学品、涂料、石油产品等。因而，当进行长途运输时，运输费用占产品总成本的比例很大。因此，在其他条件相同的情况下，迫切需要在靠近主要市场的多个地点生产产品，以减少运输成本。

第二影响选址决策的产品特性是产品是否满足普遍需求，即需求在世界范围内是否相同。比如许多工业产品（如工业电子产品、钢铁、大体积化学品）及现代消费品（如苹果的 iPhone 和 iPad、亚马逊的 Kindle 电子阅读器、联想的 ThinkPad 笔记本电脑、索尼的 Cyber-shot 数码相机、微软的 Xbox 游戏主机），因为各国消费者在这些产品上的品位和偏好几乎没有什么差别，所以对当地响应的需求就减少了，这就增加了在一个理想的地方集中生产的吸引力。

2. 生产设施的选址

生产设施的选址有两个基本策略：①在一个地点集中生产设施，从那里服务世界市场；②把生产设施分散到与主要市场邻近的多个地区或国家。适当策略的选择是根据本节讨论过的不同国家特点、技术因素及产品因素来决定的。表 15-1 中做出了总结。

表 15-1 选址策略和生产

	集中生产	分散生产
国家因素		
政治经济差异	大	小
文化差异	大	小
要素成本差异	大	小
贸易壁垒	低	高
区位外部性	对行业重要	对行业不重要
汇率	稳定	不稳定
技术因素		
固定成本	高	低
最小效率规模	高	低
柔性制造技术	存在	不存在
产品因素		
价重比	高	低
满足普遍需求	是	否

可以看出，集中生产在下列情况下是最为明智的：

- 国家间在要素成本、政治经济及文化上的差异对在不同国家制造的成本有很大的影响；
- 贸易壁垒很低；
- 外部性产生于偏爱特定区位的同类企业的集中；

- 主要的汇率预期保持相对稳定；
- 生产技术有很高的固定成本和相对于全球需求量很大的最小效率规模或者存在柔性制造技术；
- 产品的价重比很高；
- 产品是满足普遍需求的。

相对应地，分散生产在下列情况下是最为适宜的：

- 国家间在要素成本、政治经济和文化上的差异对在不同国家制造的成本没有很大的影响；
- 贸易壁垒很高；
- 区位外部性不重要；
- 主要的汇率预期不稳定；
- 生产技术需要的固定成本较低，最小效率规模较低，以及柔性制造技术不可行；
- 产品的价重比很低；
- 产品不能满足普遍需求（即不同国家消费者的品位和偏好存在相当大的差异）。

在实践中，选址的决策很少是清晰明确的。例如，要素成本、技术因素、产品因素的差异指向集中生产，而贸易壁垒、汇率不稳定指向分散生产，这是常有的事。这正是世界汽车工业所处的境况。尽管柔性制造技术的可行性和汽车相对较高的价重比表明应集中生产，但是正式和非正式的贸易壁垒及当前世界货币浮动汇率体系的不确定性（见第10章）阻碍企业采取这一策略。出于这些原因，一些汽车公司分别在三个主要市场，即亚洲、北美洲和西欧建立了全套生产设施。

3. 生产设施的战略角色

在过去的20多年里，跨国公司全球生产的增长一直是惊人的，超过母国国内生产增长的10倍。有一个清晰的战略理论称：跨国公司正试图通过分散的全球生产体系而获得收益。这一趋势预计将继续维持下去。因此，管理者需要准备做出在国外建立新的生产设施的决策，并决定最佳的区位。

在做这些决策时，管理者需要考虑分配给每个外国工厂怎样的战略角色，其中主要需要考虑的是**全球学习**（global learning）的重要性。全球学习认为，有价值的知识不只存在于国内公司，也可能存在于外国子公司。那些随着时间的推移而成长的外国工厂所创造的有价值的知识有可能为整个公司带来利益。外国工厂可以充当以下战略角色或接受某一职责，包括离岸型工厂、货源型工厂、侍者型工厂、贡献者型工厂、前哨型工厂和引导型工厂。

离岸型工厂（offshore factory）是指主要为以比在本国或任何其他市场更低的成本生产零部件或成品而开发和建立的工厂。离岸型工厂在技术和管理资源方面的投资，理想情况下应保持在最低限度，以实现更大的成本效益。基本上，最优的离岸型工厂应该实现从设计、开发到与供应商谈判价格再到任何形式的战略决策等各个环节的成本最小化。在现实中，我们预计至少有一些战略决策需要离岸型工厂人员的参与。

设立**货源型工厂**（source factory）的主要目的在于降低全球供应链的成本。离岸型工厂和货源型工厂之间的主要区别在于二者的战略角色，基于这一点，货源型工厂表现得更为突出。货源型工厂经理对于某些决策有更多的发言权，如原材料和在货源型工厂的生产中用到的零部件的采购决策。他们对于生产计划、流程变化、物流问题、产品定制以及必要时实现设计更新方面也会有战略投入。更为重要的是，货源型工厂位于全球供应链标准的顶端，并且这些工厂与全球企业母国的工厂一样被看待和使用。这也意味着货源型工厂应该建立在生产成本很低、基础设施很发达并且相对容易找到知识丰富且技术熟练的劳动力来生产产品的地方。

侍者型工厂（server factory）与全球企业的全球供应链相联系，充当在世界范围内特定国家或地区市场供给的角色。这种类型的工厂通常与全球公司体系中的顶级工厂具有相同的标准，为了克服全球市场中有形和无形的障碍。例如，一个侍者型工厂可能旨在克服关税壁垒、减少纳税以及将在该地区赚的钱再投资。设置侍者型工厂的另一个显著原因是减少或者杜绝高成本的全球供应链运作，这在工厂远离最终消费者时是有必要的。侍者型工厂的经理通常有更多的权利来进行规模较小的定制以取悦客户，但他们不会比同一全球企业的离岸型工厂的经理有更多的权限。

贡献者型工厂（contributor factory）同样为一个特定的国家或地区服务。它与侍者型工厂的主要区别在于，贡献者型工厂对产品、工艺设计以及研发负有责任。此类型的工厂在用哪一个供应商的原材料和零部件这一类问题上有着更多的选择。实际上，贡献者型工厂通常同全球企业母国工厂在测试新想法和产品上存在竞争。贡献者型工厂在研发、设计和生产方面拥有自己的基础设施。这意味着贡献者型工厂在自身能做什么和如何为全球企业的供应链做出贡献方面是十分独立的。

前哨型工厂（outpost factory）可以被视为一个情报收集单元。这意味着前哨型工厂通常被设立在离竞争对手的总部或主要业务近的、离最苛刻的客户近的及接近独特且至关重要零件的关键供应商的地方。前哨型工厂对于生产也很重要，它通常也作为一个侍者型和/或离岸型工厂运作。前哨型工厂与在哪个国家运营的决策也密切相关。当它们进行这一决策时，最注重的是该国家的战略重要性，而不是这一地区的生产逻辑。全球企业维护甚至潜在地提高它们在战略国家的地位有时被视为位置选择的实际因素。例如，诺基亚在芬兰建立总部可能会导致另一个手机制造商在芬兰建立运营机构，尽管该国市场相当小（约550万人）。

建立**引导型工厂**（lead factory）的目的是创建新的流程、产品和技术，以供全球企业在其遍及世界各地的部门使用。它是产生尖端产品的地方或者至少是在跨国公司生产网络的其他部分中测试尖端产品的地方。鉴于引导型工厂在设定全球企业想提供给消费者的产品标杆中的突出地位，我们期望它设立在一个富有高技能员工的地区（或者他们想要去的地区）。这意味着引导型工厂的管理者和员工将与使用哪个供应商、实施哪种设计及其他对于全球企业核心能力至关重要的问题存在直接的联系以及在这些方面拥有话语权。

15.2.4 在国外建厂的隐性成本

在国外进行生产可能会产生一些隐性成本。许多事件表明，员工离职率高、做工粗糙、产品质量差、生产率低等这些问题显著地存在于一些外包工厂中。

例如，微软之所以在印度的海德拉巴建立了一个重要的工厂，是因为以下四点：①在印度，软件程序员的工资水平是美国的1/3；②印度拥有优秀的高等教育系统，每年培养出大量的计算机科学专业毕业生；③在海德拉巴，信息技术企业和信息技术劳动力高度集中；④微软的许多印度籍高技能员工在美国工作几年后会期望回到本国发展，这让微软把海德拉巴的工厂视作留住宝贵人力资本的方式。

然而，微软发现印度员工的离职率高于美国员工。印度国内对于软件程序员的需求很高，很多员工倾向于跳槽到别家公司以得到更高的薪水。尽管微软试图通过提供良好的福利和长期的激励工资来留住员工（比如，对绩效高的员工予以无偿配股），可是许多受雇于本地企业的印度员工显然很少注重长期的激励而更喜欢眼前的高工资。较高的员工流动率当然会对生产率产生负面影响。一位印度微软经理指出，他的核心团队的40%的员工在过去12个月里纷纷离职，这使得项目开发很难走上正轨。

管理聚焦15-2讨论了亚马逊及其世界领先的全球供应链，也强调了效率和效力问题。

◎ **管理聚焦 15-2**

亚马逊的全球供应链

亚马逊多年来一直在"Gartner全球供应链25强"排名中名列前茅。其他经常上榜的全球供应链最好的公司包括联合利华、麦当劳和英特尔。亚马逊通过其全球供应链和合作伙伴每年的销售额约为2 000亿美元，考虑到该公司很少真正拥有从不同公司输送给客户的产品，这是一个惊人的数字。

亚马逊总部位于华盛顿州西雅图。它现在已经成为美国最大的在线零售商，超过了沃尔玛，成为市值最高的零售商（但沃尔玛的年收入仍高达5 000亿美元）。亚马逊成立于1994年，最初是一家在线书店，但现在已经扩展到各种产品，包括音乐下载、家具、食品和几乎所有的消费电子产品。如今，消费者似乎可以通过亚马逊平台购买任何他们需要的东西。仅在美国，每月就有约1.5亿用户访问亚马逊。

但如此大规模的供货也给亚马逊的全球供应链带来了压力。

作为客户，我们希望亚马逊能在最短的周期内发货，通常不超过两天，特别是如果客户已经注册了亚马逊 Prime 服务。亚马逊 Prime 服务包括免费的（许多产品）两天送货、视频流、音乐、照片，以及收取年费（目前每年 99 美元或每月 12.99 美元）的 Kindle 借阅库。所有这些服务都很受客户欢迎，但亚马逊 Prime 服务的真正驱动力是免费的两天送货。

资料来源：Todd Bishop, "Amazon Sales Rises 22% to $43.7B, Profit Beats Expectations But Stock Slips on Revenue Miss," *GeekWire*, February 2, 2017; Spencer Soper, "Amazon Building Global Delivery Business to Take on Alibaba," *Bloomberg Technology*, February 9, 2016; V. Walt, "How Jeff Bezos Aims to Conquer the Next Trillion-Dollar Market," *Fortune*, January 1, 2016; B. Stone, "The Secrets of Bezos: How Amazon Became the Everything Store," *Bloomberg Business*, October 10, 2013; A. Cuthbertson, "Amazon Buries Zombie Apocalypse Clause in Terms of Service," *Newsweek*, February 11, 2016.

15.3　自制或外购决策

国际企业的**自制或外购决策**（make-or-buy decision）关系到公司应该在内部"制造"产品，还是向外部供应商"购买"产品的战略决策问题。自制或外购决策包含战略和操作两个层面。在战略层面，我们更关注于长期；而在操作层面，我们则更关注短期。在某些方面，自制或外购决策是业务运营影响全球供应链的起点，也就是说，自制或外购决策是国际企业全球供应链应首先解决的问题。如果决定自制，则对公司的全球供应链应有相应的要求（例如，去哪购买原材料和零部件）。如果决定外购，则也要考虑相应的问题（例如，质量控制和竞争优先级管理问题）。

对于处于特定情况下的特定的全球企业来说，做出正确的决策需要考虑许多因素。大概来说，考虑产品成功、专门的知识和战略契合的公司会做出自制的决策。例如，如果一种商品或零部件对于产品的成功（包括主要利益相关者的看法）是至关重要的，这种情况下则偏向自制的决策。做出自制决策的另一个原因是这种商品或零部件需要专门的设计或生产技能和/或设备以及可靠的替代品非常稀缺。当然战略契合也很重要，如果这种商品或零部件符合公司当前的战略和/或预计的核心竞争力，那么跨国公司应该做出自制的决策。

然而，这些都是一般情况下的战略决策。在现实中，自制或外购决策往往基于两个关键因素：成本和生产能力。成本问题包括诸如获得原材料、零部件和任何流程中的其他投入以及一直到完成该产品的成本。生产能力以机会成本的形式呈现。也就是要问，公司是否有能力以至少不高于从外部供应商购买产品的成本进行生产？如果产品是自制的，将会产生怎样的机会成本？（例如，因为有限的生产能力，什么产品或零部件是公司无法生产的？）不幸的是，或许大多数全球企业认为成本和生产能力是进行自制或外购决策的唯一因素。这完全是不正确的！

成本和生产能力只是全球企业参与全球供应链进行自制或外购决策选择时的两个主要驱动力。对于一般的全球企业来说，自制或外购决策是一个比其预期的要复杂得多并且需要大量调查的过程。例如，有多少次我们听到，"我们把生产转移到中国吧，因为我们能够以 1/10 的成本得到和现在相同的质量，而且这将会释放生产能力，以使我们把它聚集到其他产品的生产上"。当然，1/10 的成本是不现实的，因为公司不得不考虑质量控制成本、从远离母国的地区购买原材料、外资准入要求、多方合同、外包生产运营的管理责任等。最终，公司不太可能只花费 1/10 的成本，但是最终会做出哪个决定，又如何做出决定呢？换句话说，当公司正确做出自制或外购决策时应该评估的核心要素是什么？

为了便于大家理解决定自制还是外购，我们制成了两个分别说明何时应选择自制决策与何时应选择外购决策的图（见图 15-3 和图 15-4）。如两个图所示，成本和生产能力都是在这两种情况下的核心要素。然而，其他的要素会随决策的不同而改变，而且会对决策造成不同的影响。这意味着我们需要单独评估每个决策，而不是结合起来分析。事实上，通过这一过程，我们可能会发现，无论是自制决策，还是购买决策，都是可以接受而且符合公司的战略逻辑的。要记住，这仅仅意味着我们有选择；如果两项决策似乎对公司来说都是有利的，那么就要选择那个最有战略契合而且机会成本最小的决策。

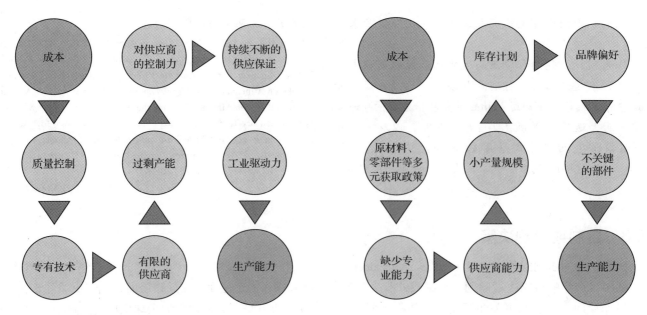

图 15-3　支持自制决策的逻辑路径　　　　图 15-4　支持外购决策的逻辑路径

　　支持自制决策的因素除了成本和生产能力这两个核心要素以外，还包括质量控制、专有技术、对供应商的控制力、过剩产能、有限的供应商、持续不断的供应保证和工业驱动力（见图15-3）。所以，自制最起码的条件是成本要低，低于（或至少不大于）把生产外包给另一个国家的公司（或者一般而言，另一个外部团体）所预期的成本。实现这一决策的限制是：我们必须拥有过剩的产能，或者发挥产能的最好方式是公司内部自制产品。

　　当我们完成对成本和生产能力决策的考量后（或者说克服二者的阻碍后），接下来要做的决策如图15-3所示。例如，如果质量控制对于全球企业来说是很重要的并且质量控制在外包时不能完全保证以及质量控制正是顾客所期待的公司战略核心，那么质量控制问题就将支持公司做出自制的决策。如果产品在生产过程中涉及的专有技术不能或不应与外包方共享，那么也必须做出自制的决策。

　　同样，认为有限的供应商将对自制或外购决策产生影响的观点也是值得注意的。具体地说，可能有些供应商不想与世界某些地区的某些公司合作，也有可能是因为对于生产和区位有所限制或存在国际壁垒而不能成为公司的供应商，在公司认为适合建立生产线的地区进行生产。

　　自然地，如果公司已经产能过剩，而且过剩的产能并不能得到有效的发挥，则该公司应做出自制的决策，在全球市场中发挥过剩的产能以使公司获益。也有一些公司只是简单地想要控制其生产过程的某些要素，这使得公司做出自制的决策。

　　当生产移至海外后，供应不能得到保证时，跨国企业也会做出自制的决策。最后，产业全球化驱动因素可能会要求：在涉及企业想要取得成功的行业和市场中，出于各种关于信任和承诺方面的原因，企业需要选择自制。

　　现如今，一些支持自制决策的因素也可能会影响企业做出外购决策。自然地，如果某一自制因素并不支持做出自制决策（比如并没有过剩产能），那么跨国企业应该对于外购决策做出更为认真的考虑。然而，外购决策也会包含一些未必是自制决策中的因素（见图15-4）。在考虑并做出成本和生产能力方面的决策后，同做出自制决策一样，图15-4富于逻辑地说明了做出外购决策的思路和过程。例如，如果一个全球企业对从其他企业或公司获取原材料和零部件提出很少的限制，那么由于外包生产会更可能地利用位于这些地区的其他和/或更多供应商，企业更可能选择外购。

　　除此之外，当公司缺少生产产品或零部件的专业能力，而供应商或外包生产商具备该专业能力时，公司也会做出外购的决策。供应商的竞争力同样可以影响外购决策，当公司离这些供应商的生产设施的距离比离自制的生产设施更近时更是如此。小产量规模也会成为支持外购决策的因素，这是因为较小的产量不容易实现成本效率。

库存规划也是至关重要的。即使你的公司在质量和期望值方面可以生产出同样好的产品，或许仅仅为了实现战略性地管理库存（全球供应链的成本中心）而直接外购产品会是一个更好的选择。在某些情况下，甚至品牌偏好也可以成为外购决策的理由。例如，许多计算机用户喜欢搭载英特尔芯片的计算机，所以许多大型计算机制造商选择购买英特尔的芯片，而不是选择自制芯片。当然，如果某一零部件是所谓的不关键部件，对于公司的核心能力几乎没有影响，也并不是客户期望的独特性，公司应该选择外购。

15.4 全球供应链职能

本章强调了全球生产作为供应链管理的组成部分的重要性，诸如在哪里生产、外国工厂的战略角色和自制或外购决策的问题则是全球生产的核心方面。除了全球生产，还有另外三项供应链功能需要与全球生产协同发展：物流、采购（外包）以及公司的分销战略（即市场营销渠道）。分销战略，在讨论营销以及研发战略的16章，我们还会提到它。在这里我们重点分析物流以及采购。根据本章此前内容，我们了解到生产与供应链管理紧密相连，这是因为公司要完成其生产活动就要依靠信息投入以及高质量原料（包括原材料、零部件，甚至是制造新产品时所需的制成品）的及时供应，所以物流和采购对于保证原料的订购交付以及库存的适当管理是至关重要的。

15.4.1 全球物流

从本章此前内容中我们了解到物流是供应链的一部分，它计划、实施、控制用于生产过程中的原材料、零部件与产品的有效流动和库存。物流的核心是：全球分销中心管理、全球库存管理、包装及物料处理、运输和逆向物流。

全球分销中心（global distribution center）或称仓库，是为了向全世界的批发商、零售商甚至直接向世界各地的消费者交付定制化的产品而建立的设施。分销中心为制造商、进口商、出口商、批发商、零售商、运输公司以及代理机构服务，为它们储存产品和提供支持产品定制化交付的地点。当被动性的产品仓储转变为战略性的分类和处理时，使用"分销中心"这一术语就能更准确地捕捉这一环节的战略和动态意义，即不仅仅是仓储，而是为存储的产品增加价值。分销中心位于全球供应链的中心，更准确地来说，它是订单完成过程中的订单处理部分。分销中心是全球供应链的基础，因为它能够为数量巨大、品种各不相同的产品提供一个单一地点或者卫星仓库用于仓储，并且对这些产品进行定制化以便为增加价值提供条件。考虑到通过分销中心从工厂或供应商那里把产品送到客户手中所消耗的总劳力和运输成本，应该对全球市场中分销中心的位置进行战略性布局。

鉴于跨国公司的原材料、零部件、制成品的库存管理，**全球库存管理**（global inventory management）可以被视为一个决策制定流程，其中包括要保持多大的库存、以何种形式保持以及应在供应链的何处放置库存。通过分析总部遍布105个国家的最大的20 910家全球公司，我们发现这些企业的业务几乎涵盖所有产业。一般来说，库存占其总资产的比重为14.41%，其中原材料占库存的32%，零部件占库存的18%，制成品占库存的50%。日本的丰田公司是全球最大的汽车制造商之一，其库存占总资产的8.71%，其中原材料、零部件、成品汽车占库存的比重分别为26%、14%、60%。另一个例子是中石化，这家石油企业同时也是中国最大的企业，其库存占总资产的21%，原材料及零部件、半成品、成品在库存中所占的比例分别为37%、43%、20%。需要注意的是，中石化的半成品在库存中的占比要比丰田高得多，而成品在库存中的占比要比丰田低得多。这说明，石油企业在制造成品决策上需要更多的灵活性。公司的全球库存战略一定要有效地权衡在靠近消费者的地方进行大批量生产得到的服务收益和经济利益与库存过多及错误库存的风险。

包装（packaging）是关于形状、规格、形式以及用途的问题。包装可以分为三种：初次包装、二次包装、运输包装。初次包装是指直接接触产品本身的包装，即终端消费者从商店（通常是零售商）购买回家时的包装。二次包装（有时称为"多箱包装"）是指用来包装多个经过初次包装的产品的包装，大宗采购或者进行仓储的顾客可以选择二次包装（例如在山姆会员商店购物），但这并不是零售商的典型模式。零售商也会在货架上存放商品时使用二次包装作为一种防护措施。运输包装通常用于运输安置在托盘或成组货载时进行过初次包装及二次包装的货物。成组货载包装（经过码垛堆积、收缩包装或集装箱化的包装）是指便于国际供应商、制造商、分销中心、零售商及其他全球供应链中的中间商处理或转运的外包装。

无论产品处于全球供应链的哪个环节，包装都是具有多层功能的，可分为履行层次、保护层次、信息层次。履行层次是指满足产品在全球供应链各节点之间流转的能力，满足特定的产品存储通常需要一段时间的能力，包装为供应链合作伙伴和终端消费者提供他们所期待的便利。保护层次是指包装可以恰当地存放产品、保持产品新鲜以及为产品以应有的形态到达其最终目的地提供必要的安全保障。信息层次是指包装符合逻辑地并充分地表明了包装内的产品的功能，包括说明产品满足当地法规的详尽要求、含有强有力的产品保证的声明以及包含必要时为产品提供服务的信息。

运输（transportation）是指贯穿于全球供应链的原材料、零部件及成品的流动。它在任何物流预算中的比重都是最大的，而对于全球企业来说，由于涉及距离因素，这一比例甚至会更大。全球供应链对原材料从供应商到生产设施之间的运输、半成品和成品在工厂和分销中心之间的运输、成品在分销中心和消费者之间的运输负有直接或间接的责任。运费及其导致的总成本的主要影响因素是距离、运输方式（海陆空）、载货量、货物特性以及油价。据推测，长距离意味着消耗更多的燃料和更长的时间，因此运费随距离增加而增加。运输方式也因涉及不同的技术而对运费产生影响：由于运输工具的尺寸和水的低摩擦，船运成为最便宜的运输方式；接下来是陆运，其中，铁路运输要比公路运输便宜。因为空运实现"反重力"从而需要大量费用，所以其费用是最高的。运费受到规模经济的强烈影响，因此大规模货运相对于小规模货运较为划算。货物特性通过产品的密度、价值、易腐性、受损可能性及其他因素影响着运费。最后，油价是影响运费的主要因素。因为无论基于何种运输方式，10%～40%的运费成本都与燃料成本有关。

逆向物流（reverse logistics）是指计划、实施、控制原材料、半成品库存、制成品以及相关信息从消费点到起点的有效、低成本流动的过程，目的是重新获得价值或进行适当处置，终极目的是优化售后活动或使其变得更有效率，以此来节约资金和环境资源。逆向物流对于全球供应链是至关重要的。例如，在美国，制造商及零售商每年要花费1 000多亿美元用于产品回收，这意味着平均丧失3.8%的利润。总的来说，制造商要花费其收益的9%～14%用于产品售后。更令人难以置信的是，全美消费者每年返修的产品价值超过世界上2/3国家的GDP。仅是这些数据就可以表明，逆向物流对于全球供应链有着难以想象的重要性。

15.4.2　全球采购

就像我们之前定义的那样，采购是供应链的一部分，包括在世界范围内购买用于制造公司产品和创造服务的原材料、零部件以及成品，其核心活动包括开发合适的采购策略以及选择最适合公司的采购策略类型。

我们将一家全球企业所能采用的采购策略由国内到国际再到全球分为五个战略层次。第一层次是指公司仅在国内进行采购。这些公司在采购原材料和零部件的时候，通常选择国内临近总部的地方（比如，一家密歇根的企业会从另外一家密歇根的企业采购诸如樱桃等原材料）。第二及第三层次都被视为"国际采购"，不过它们在程度和形式上有所不同。第二层次的公司只有在需要的时候才进行国际采购。这意味着公司内部及/或跨部门关于国际采购方式通常是被动且不协调的，比如战略业务单元和职能部门之间。第三层次的公司将国际采购提升至公司整体供应链管理战略的高度。公司认识到一个规划健全的、执行良好的世界范围内的国际采购战略可以非常有效地提升公司的市场竞争优势。第四和第五层次都可视为"全球采购"，只是程度有所不同。第四层次的公司将全球采购在全世界范围内进行整合，这需要企业的各个采购地在世界范围内整合协调采购策略。第五层次是全球采购的一种成熟的形式。第五层次的全球采购活动需要对世界范围内的采购地和采购职能团队进行整合。从广义上来说，这意味着跨国公司将在全球范围内整合及协调同种商品的采购、采购流程以及供应商选择。

除了第一层次到第五层次的国内、国际以及全球采购策略之外，采购还包括一些关于如何接触市场的决策的基本选择。首先是内部采购和外部采购之间的选择。换句话说，就是"如何采购"。我们发现如今的全球企业大概有35%的采购属于内部采购（即从自己的公司采购），而65%的采购可以被划归为外部采购（即向本公司以外的公司采购）。其次，内部采购及外部采购都要搞清楚"从哪里采购"（国内或全球）。最后，我们要考虑"采购的类型"（去哪里采购及如何采购）以及四种采购策略：国内内部采购、全球内部采购、国内外部采购以及全球外部采购。

伴随上述讨论的采购活动以及采购策略的种类而来的是在"国际竞技场"上一系列的一般选择，但我们都清楚在当今的采购活动中存在外包和境外生产，还有许多衍生的和其他相似但又截然不同的选择。基于此，我们发现有必要回顾公司具有的、不易理解的、用于战略开发和实施的与外包相关的术语和选择方式：诸如外包（outsourcing）、内包（insourcing）、离岸外包（offshoring）、离岸外包再离岸（offshore outsourcing）、近岸外包（nearshoring）、协包（co-sourcing），如表 15-2 所示。

表 15-2 外包术语以及选择

术语	描述
外包	跨国公司从其某一供应商处购买产品或服务，这些产品或服务的供应商在别处（国内或全球）生产。在这个意义上，它指的是与采购策略相关的外部采购
内包	跨国公司决定停止外包产品或服务转而开始自己内部生产，内包同外包相反。因此，在采购策略的语境下，它指内部采购
离岸外包	跨国公司从其某一供应商处购买在全球范围内（跨国公司母国以外）生产的产品或服务。就采购策略而言，离岸外包是全球外部采购的一种形式
离岸外包再离岸	跨国公司选择从某国供应商处购买产品或服务，而该国并不是产品制造地或服务的开发地。就采购策略而言，这也是全球外部采购策略的一种形式
近岸外包	跨国公司向附近国家（通常是与其接壤的国家）的供应商转移业务或信息技术流程。近岸外包本质上并不是一种采购活动，但这可以便利全球外购活动
协包	跨国公司协调自己的雇员和外部供应商的雇员完成特定的任务。这要应用所有四种形式的采购策略。这说明公司和供应商的关系本质上就具有相当的战略意义，通常包含特殊产品或零部件的顶级供应商

15.5 全球供应链管理

通过更有效的供应链管理来降低成本的潜力是巨大的。虽然在不同的行业有所区别，但是对于一个典型的制造类企业来说，物料成本通常要占其收入的五成到七成，所以即使成本只降低一点点，也会对企业的收益产生重大影响。根据一项估算，一家收益为 100 万美元的企业，其投资回报率为 5%，并且物料成本占销售收益的 50%，公司销售收益提高 30% 或者物料成本降低 3% 都会引起 15 000 美元的总利润增长。在一个饱和的市场中，相比于增长 30% 的销售收益，降低 3% 的物料成本要容易得多。因此对于一个全球企业来说，全球供应链管理是最重要的战略部署之一。在对全球供应链进行管理的过程中有四个需要重点考虑的部分，其中包括准时制存货的作用、信息技术的作用、全球供应链的协调以及全球供应链中的组织间关系。

15.5.1 准时制存货的作用

在 20 世纪六七十年代日本非凡的经济转型期间，由日本企业率先采用的准时制存货系统现如今在大多数制造企业中扮演着重要的角色。**准时制**（just-in-time，JIT）存货系统背后的基本理念是：通过使材料刚好在要进入生产流程的时候及时到达制造工厂而非在此之前到达来节省存货持有的成本。主要的成本节约来自加快存货周转速度。这降低了存货持有成本，如仓储成本。它意味着公司可以减少用于存货的流动资金量，腾出资金用作其他用途和/或减少企业的总资本需求。在其他条件相同的情况下，这会提高公司以资本投资回报率来度量的盈利能力。它还意味着公司不太可能有多余的没卖出去的存货需要从收入中冲抵或贱卖出去。

除了成本上的益处，JIT 系统也能帮助公司提高产品质量。在 JIT 系统下，零件马上进入制造流程，而不经过仓库。这就使得残次品立即被识别出来。问题也可追溯到供货源头，从而可以在更多次品被生产出来之前使问题得到修正。在更为传统的系统下，零件在使用前要在仓库中存放好几个星期，因此在发现问题前，大量的残次品已经生产出来了。

JIT 系统的缺点是：它使公司没有缓冲存货。尽管缓冲存货储存起来成本很高，但它们能帮助公司迅速应对需求增加，还能帮助公司应对因供货商中断供应而造成的短缺。这样的中断在 2001 年 9 月 11 日美国纽约世贸大厦遭袭后就出现过，当时国际航空旅行和运输关闭，使得许多依赖全球分散的供货商和严格控制 JIT 供应链的企业没有缓冲存货。一个不那么突出但类似的情形在 2003 年 4 月再一次出现，当时中国发生"非典"疫情，导致外国公司经营的一些工厂暂时关闭，中断了它们的全球供应链。类似地，2004 年，创纪录的进口品进入美国，造成西海岸的一些大港口塞满了来自亚洲的船只，致使无法快速卸货，使美国几家大企业协调有序的供应链被中断。此后，2020 年，新冠疫情全球肆虐，再度严重扰乱全球供应链达数月之久。

与建立在准时制原则上的全球供应链相关的风险可以用几种方法来降低。一些公司为降低依赖一家供货商作为重要零件来源的风险，会从位于不同国家的几家供货商采购。虽然当某个事件对全球造成严重影响时这样做可能于事无补，如 2001 年的美国"9·11"事件或 2020 年新冠疫情，但它的确可以帮助公司应对某一国的供应中断，而这种中断更为普遍。从战略上来说，所有的全球公司都需要通过对供货商拥有多种选择从而在供应链上形成一定程度的富余。

15.5.2　信息技术的作用

网络及基于云技术的信息系统在现代全球供应链中起着关键作用。例如，在全球范围内通过跟踪正在运向一个组装工厂的零部件，信息系统使企业能够按零部件预期到达的时间来制订最优生产计划。通过精确确定零部件在供货链中的位置，好的信息系统能允许企业在必要的时候通过将关键零部件从常规供应链中转移到制造工厂来加速生产。

目前，企业通常使用的供应链信息系统有好几种形式。这些系统可以协调物料到制造的流动，以及从制造到最终消费者的流动。企业对于全球供应链的管理有多种选择。如电子数据交换（EDI）系统，它可以使电子数据在两个或两个以上的公司之间进行交换。还有企业资源计划（ERP）系统，它是一个包含了供应链相关的子系统（如 MRP，即原材料需求计划）的大范围的业务规划和控制系统。协同规划、预测与补货（CPFR）系统是为了填补 ERP 系统没有涉及的组织间联系而开发的。商贩库存管理（VMI）系统能对供应链进行整体监控，可以使企业仅以单一切入点即可控制全部库存管理。仓库管理系统（WMS）通常与 ERP 系统协同使用，比如 ERP 系统确定的原材料需求可以传送到 WMS 系统的配送中心。

在互联网作为主要的沟通媒介出现之前，公司与其供货商通常必须购买昂贵的专有软件用以实施电子数据交换系统。互联网的普及和网络及云技术应用的可行性使大多数专有软件被弃之不用。更廉价、更易安装和管理的网络系统如今主导着全球供应链管理软件市场。这些网络系统在迅速地改变着全球分散的供应链管理，致使小公司也能在供需之间达到更好的平衡，从而在系统中降低了库存，获得了相关的经济利益。更为重要的是，随着越来越多的公司采用这些系统，那些尚未采用这些系统的公司会发现自己处于竞争劣势。这给许多没有足够的资源来运行最为复杂的供应链信息系统的中小公司造成了一定的影响。

至少要有某种形式的供应链信息系统，以协调物料进入制造、完成制造以及输送到客户的流动，这对于成为当今全球供应链网络的组成部分是至关重要的。现在，区块链技术正作为一个附加层进入系统中。区块链技术使供应链合作伙伴（或任何业务合作伙伴）的生态系统能够共享并就关键信息达成一致。重要的是，合作伙伴可以就信息达成一致，而无须在转移真正关键的业务信息之前处理所有复杂的谈判和制定规则所带来的权力博弈。区块链同步全球网络中的所有数据和交易。通过区块链，公司可以为其供应链网络中的所有参与者获得所有交易和供应链移动的实时数字账本。然而，公司通过区块链技术所能实现的附加协调价值至少目前还存在短期问题。例如，将区块链技术安装到全球现有系统中是困难的、昂贵的，并不能尽可能有效地获得区块链技术为公司提供的短期、直接的优势。尽管如此，全球供应链和网络的协调对于一个运转良好的系统至关重要。

15.5.3　全球供应链的协调

如果要改造一架飞机，就要考虑一系列的协作和着力点。传统上，驾驶飞机通常运用一种综合性系统，包括飞机机翼上的副翼和机尾的艄。与整个飞机相比，副翼和艄似乎非常小。然而，杠杆使副翼与艄之间协作，从而可以使飞机转向。换句话说，在合适的位置将杠杆进行正确组合并加以协调会使飞机产生令人难以置信的机动能力。全球供应链也是如此，整合与协作都相当重要。**全球供应链协调**（global supply chain coordination）指的是对于一些关键的全球供应链活动进行共同决策并在运作过程中合作。

共同决策，诸如综合考虑补货、存货持有成本、共同规划、不同流程的成本、订货频率、批量型号和开发，旨在创造一个更加完整、连贯、高效率、效果显著的全球供应链，其中包括与供应链组织内部（例如，物流、采购、运营、营销部门）和外部成员（例如，原材料生产商、运输公司、制造商、批发商、零售商）进行共同决策。共同决策不是多种决策的联合，而是涉及多种考虑的决策。共同决策帮助解决了全球供应链成员的潜在冲突并且培育了协作和整合的文化。对于大多数供应链来说，某些环节会更具影响力，而共同决策至少应该包括最为重要的价值链成员。

为了实现全球供应链内部的运营整合与协作，需要完成六个运营目标：响应、降低方差、减少存货、装运整合、质量和生命周期支持。响应是指全球企业通过全球供应链的职能及时地满足消费者的需要的能力。降低方差是指在全球供应链职能范围内整合控制系统，用以消除全球供应链的中断。减少存货是指在全球供应链职能范围内整合存货系统、控制资产投入和转变周转速度。装运整合是指使用多种安排来整合小批量货物，并及时整体供货。这需要协调全球供应链的多个部门的工作。质量是指通过对系统进行整合从而在全球供应链中达到零瑕疵。最后，生命周期支持是指将整个全球供应链职能内的逆向物流、回收、售后服务、产品召回、产品处置整合到一起。

15.5.4 组织间关系

近几十年，组织间关系在不同背景下被研究探讨，其中最主要的内容是信任和承诺。如果我们在关系中始终有百分之百的信任和承诺，那么最终绝大多数的全球供应链都能高效运行，但事实并非如此。所以，通过观察全球供应链的各个组成部分，我们可以认为并不是所有组织间关系都具有相同的价值，不应该用这样的眼光看待它。集中在上游/向内的和集中在下游/向外的两个供应链活动可以有效证明这个观点。图15-5针对上游（或向内的）供应链关系，图15-6针对下游（或向外的）供应链关系。

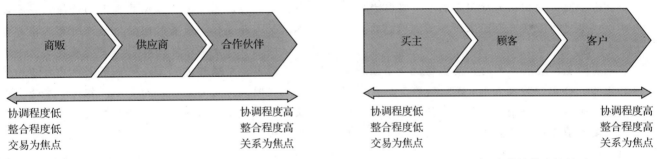

图15-5　上游/向内的供应链关系　　　　　　　图15-6　下游/向外的供应链关系

对于全球供应链的上游/向内的部分来说，互动组织的三个逻辑方案被贴上**商贩**（vendor）、**供应商**（supplier）和**合作伙伴**（partner）的标签。每个方案都基于在全球供应链中公司同合作伙伴的协调、整合程度以及强调公司应培养同全球供应链中其他企业的交易关系或者合作伙伴关系。比如，一家公司可能通过容易发生变故的交易关系售出原材料和零部件，另一家公司可能通过供应商获得原材料和零部件并基于供应商的经验与业绩维持与之的关系，而第三家公司则可以选择基于信任和承诺的合作伙伴关系来获取原材料和零部件。

对于全球供应链的下游/向外的部分，互动组织的三个逻辑方案分别为**买主**（buyer）、**顾客**（customer）和**客户**（client）。同上游/向内部分一样，每个下游/向外的方案都是基于在全球供应链中公司同合作伙伴的协调、整合程度以及强调公司应培养同全球供应链中其他企业的交易关系或者合作伙伴关系。一家企业可能通过不稳定的交易关系向买主售卖产品和零部件，另一家企业可能向顾客售卖产品和零部件并基于经验与其保持良好关系，而第三家企业向客户出售产品和零部件并基于信任和承诺与其保持良好关系。

回顾了全球供应链上游/向内和下游/向外的三种方案后，我们再说说全球企业应该重视的企业之间的关系：预期收益、有利的卓越之处、关系中的共鸣。首先，一些价值基础要适宜。在全球供应链中节点之间和参与者之间的价值是为获得质量而放弃的成本的函数。基本上，成本不变或者减少的同时提高质量，或者成本减少且质量不变能够获得更大价值。

在全球供应链上游/向内的部分，一家全球企业应将自己20%的精力用于商贩，30%的精力用于供应商，50%的精力用于合作伙伴。同样，在供应链的下游/向外的部分，一家全球企业应将20%的精力用于买主，30%的精力用于顾客，50%的精力用于客户。在供应链的商贩（上游）及买主（下游）部分，预期收益包括那些典型的交易性交换（一分价钱一分货，但得到的未必是市场上最好的商品）。在供应商（上游）及顾客（下游）部分，预期收益则是公司将获得原材料、零部件和/或产品相对于仅次于它们的替代选择的所有有利之处。这明确了一点：产品的成本等于产品的质量，并且产品是市场上最好的产品。最后，在供应链的合作伙伴（上游）及客户（下游）部分，企业可以预期的收益包括原材料、零部件和/或产品中的某一处或两处带来的差异，产品上的改进将在可预见的未来为消费者带来最大的价值（即物超所值）。

全景视角：宏观环境的影响

宏观环境总是在不断变化，过去几年的变化尤其显著。由于关税壁垒的增加，特别是中美之间的贸易摩擦导致的国际贸易规则的变化，英国退出欧盟，美国退出拟议的区域贸易协定，如《跨太平洋伙伴关系协定》，以及新冠疫情的出现，都给全球供应链带来了意想不到的重大压力。由于这样的环境变化，曾经有意义的事情可能不再有意义。例如，20世纪90年代，丰田和日产等日本汽车制造商对英国的生产设施进行了大量投资，因为它们认为英国是一个有吸引力的基地，可以从那里为欧盟其他国家服务。英国脱欧令这些决定受到质疑。

更普遍的是，过去几年的动荡已经说明了预测未来何其困难，公司决定生产和/或采购的产品来自不同的国家，而不是一个国家，即使在任何给定的时间点，一个国家似乎比其他国家更有吸引力。正如本章前面所述，供应链中的冗余可能具有在任何时间点都超过了明显成本优势的战略价值，允许企业创建对冲，以应对未来不同国家吸引力的变化。

除了贸易环境的变化和新冠疫情等"黑天鹅"事件的发生，各国政治和经济轨迹的变化以及相对汇率的变化都可能影响供应链决策。顾名思义，"黑天鹅"事件，如金融危机、战争、疾病或恐怖主义，是很难预测的，而其他变化则更容易预测。经济政策会影响一个国家的经济增长率，影响其货币的价值，并导致汇率随时间而变化。随着时间的推移，所有这些都会使一个国家作为产品来源的吸引力变得或多或少。因此，不断审视全球环境，关注一个国家内的政治和经济变化、国家特定要素成本的变化、相对汇率的变化以及其他环境变化对供应链选择的影响，一直是管理者的责任。

本章小结

本章解释了全球生产和供应链管理会通过这样一些方式来提高从事国际商务活动的企业的竞争地位：降低价值创造的总成本，以加强客户服务和使价值增值最大化的方式来实施的价值创造活动。我们密切关注围绕全球生产与供应链管理的五个问题：在哪里生产，外国生产地的战略角色，哪些自制、哪些外购，全球供应链的功能，以及全球供应链的管理。本章要点如下：

（1）最优生产地点的选择必须考虑国家因素、技术因素及产品因素。

（2）国家因素包括相对要素成本、政治经济及国家文化对生产成本的影响，以及区位外部性的出现。

（3）技术因素包括建立生产设施的固定成本、生产的最小效率规模及允许规模定制的柔性制造技术的可行性。

（4）产品因素包括产品特点、生产设施的选址、生产设施的战略角色。

（5）区位战略要么集中制造要么分散制造。选择由国家、技术及产品因素决定。所有地点决定都涉及权衡。

（6）国外工厂经过一段时间能提高能力，这对公司有很大的战略利益。管理者们需要视国外工厂为潜在的卓越中心，鼓励和促进当地管理者为提升工厂生产力而努力。

（7）许多国际企业面临的一个关键问题是决定哪些零部件应该自制，哪些应该外包给独立供货商。自制和外购零部件决策都主要基于对成本和生产力有限的考量，但二者（自制或者外购）同样受到其他多种因素的影响。

（8）全球供应链的核心功能是全球物流、全球采购、全球生产（以及运营管理）与全球营销渠道。

（9）物流是供应链的一部分，用以计划、实施、控制原材料、零部件以及生产所需的产品的库存和有效流动。物流的核心活动则是管理全球分销中心、库存、包装以及物料处理、运输与逆向物流。

（10）供应链中的采购包括在世界范围内购买原材料、零部件和用于生产公司产品和服务的产品。其核心活动包括开发合适的全球采购策略和选出最适合本公司的采购策略的类型。

（11）供应链管理包括策划有效的准时制存货系统，运用信息技术，协调链中的职能和实体并发展组织间关系。

（12）准时制（JIT）存货系统节省了大量成本，因为它降低了仓储和存货占用成本以及减少了冲销多余存货的需要。另外，JIT能帮助公司快速找出生产过程中的残次品并将它们迅速从生产线中移除，因而提高了产品质量。

（13）信息技术，尤其是基于互联网的电子数据交换（EDI）技术在物资管理方面起到了重要作用。EDI方便了对进货的跟踪，使公司制订最优生产计划，让公司与供货商实时沟通，使公司与供货商之间免于纸质文件的寄送。

（14）全球供应链协调包括共同决策的机会和全球供应链关键活动的运营协作。

（15）企业在全球供应链组织间关系中的参与度及该关系的深度应基于在全球供应链中公司同合作伙伴的协调、整合程度以及强调公司应培养同全球供应链中其他企业的交易关系或者合作伙伴关系。

第 16 章

全球市场营销和研发

学习目标

- 16-1 理解商务分析和国际市场调研的重要性
- 16-2 解释为什么使产品在不同的国家属性不同可能是有意义的
- 16-3 认识为什么公司的分销策略在不同的国家会有变化以及如何变化
- 16-4 认识为什么公司的广告和促销策略在不同的国家会有变化以及如何变化
- 16-5 解释为什么公司的定价策略在不同的国家会有变化以及如何变化
- 16-6 理解如何确定全球营销组合
- 16-7 描述全球化是如何影响产品研发的

⊙ 开篇案例　　　　　　　　　分享一杯可口可乐

　　可口可乐是世界上最知名的品牌之一。可口可乐是美国的标志性饮料,已经成为全球的基本食物。该公司在全球 200 多个国家销售其旗舰品牌,遍布六个运营区域,即亚太、欧洲、非洲、中东、拉丁美洲和北美洲。可口可乐成功的一个重要原因一直是它对品牌的强调胜过产品。可口可乐卖的不是瓶装饮料,而是瓶装的"快乐"。

　　可口可乐向消费者出售与其品牌相关的体验和生活方式。尽管它是一个全球性的标志,但可口可乐早就明白,它必须找到一种方法,在一个更个人化、本地化的层面与消费者对话。这并不总是容易的。几年前,该公司正为其旗舰品牌的销量下降而挣扎。一个问题是,该公司没有与千禧一代建立联系。这个问题的一个可能的解决方案首先在澳大利亚进行了尝试。在那里,当地的营销团队被赋予了自由发挥的权利,以创造出一个能够成为头条新闻并吸引该国注意力的颠覆性想法。他们着手加强该品牌与澳大利亚年轻人的联系,并在现实和虚拟世界中激发共同的幸福时刻。

　　他们想出了一个营销活动,被称为"分享可乐"。其核心理念简单而有力,用名字取代罐子或瓶子上的可口可乐标志。他们从澳大利亚最流行的 150 个名字开始,加上一般的昵称,如"Champ"和"Mate",以及诸如"妈妈"和"爸爸"这样的称谓。他们的活动是把可乐送给别人,而不是自己留着。这个想法是通过给别人印有他们名字而不是传统标志的可乐来分享快乐。他们在提供实体罐装或瓶装可乐的同时,还能通过 Facebook 或 Instagram 向他人发送印有他们名字的虚拟可乐。

　　2012 年活动推出时,对个性化可乐罐日益增长的需求甚至让提出这一想法的营销团队感到惊讶。这些可乐罐很快就成为人们必须拥有的物品。可口可乐公司在澳大利亚的主要购物中心设立了售货亭,顾客可以在那里定制一罐可口可乐。街区周围往往排起长队,个性化的可乐罐成为当年的圣诞礼物(澳大利亚的圣诞节是在夏季)。那年夏天,可口可乐在一个拥有2 300万人口的国家售出了超过2.5亿个命名的瓶子和罐子。青少年的消费增长了7%,总体销售增长了3%,全国每五个人中就有两个人购买"分享可乐"捆装。该活动取得了无与伦比的成功。

此后,该活动在世界各地展开,在七年内覆盖了80多个国家。来自英国、土耳其、中国和美国的可口可乐团队在保留"与(插入名字)分享可乐"这一核心理念的同时,对这一概念进行了本地创意改造。例如,在英国,可口可乐通过邀请公众"与威廉和凯特分享可乐"来庆祝皇室宝宝的诞生。在荷兰,当地的营销团队开设了弹出式商店,专门出售个性化的可乐瓶和罐。德国设立了网上商店,在那里你可以订购个性化的可乐瓶子并送货上门。该活动的巨大优势是什么?它让消费者有机会通过一瓶可乐来表达自己,并与他人分享这种体验。

资料来源:"How a Groundbreaking Campaign Got Its Start Down Under," The Coca-Cola Company, September 24, 2014; Daniel Codella, "The Winning Coca-Cola Formula for a Successful Campaign," *Business 2 Community*, May 7, 2019; Nathalie Tadena, "Coke's Personalized Marketing Campaign Gains Online Buzz," *The Wall Street Journal*, July 15, 2014.

引言

第15章考察了国际企业中全球生产和供应链管理的作用。本章仍然重点关注具体的商务职能,考察全球营销、商业分析和研发工作。特别是我们将重点关注如何进行市场营销、市场分析、研发,以降低价值创造的成本以及通过在全球市场上更好地满足客户的需求来为公司和客户增加价值,其中也包含了第15章讨论过的全球供应链的一部分,即分销策略(有时候也被称作营销渠道)。

第13章谈到了大多数国际企业面临的压力:一方面要降低成本,另一方面适应当地的实际情况又会增加成本。这一问题也是本章的主要议题。基本上,世界在某些方面正变得更加全球化,但在其他方面仍然不同。全球营销战略认为全世界的消费者有着相似的品位和偏好,这与标准化产品的大规模生产相一致。通过大规模生产标准化的产品,无论是肥皂、半导体芯片、可口可乐还是高端服装,企业都可以通过经验曲线效应和规模经济大幅降低单位成本。

在此同时,忽略消费者品位和偏好的国别差异也可能会使企业走向失败。有些行业的全球化时机比其他行业更成熟。从战略上讲,公司的全球营销职能部门需要确定什么时候产品标准化是合适的,可以有多大程度的标准化,以及什么时候对产品进行过多的标准化不符合企业的最佳利益。而且,即使产品标准化是适当的,产品在市场上的定位方式以及用于销售该产品的促销活动和信息可能仍然需要定制,以便与当地消费者产生共鸣。可口可乐的营销活动"分享可乐"就是这种情况,在开篇案例中已经讨论过。该活动最初是在澳大利亚举行的,在过去的8年中,已经在全球80多个国家推广开来。该活动的核心是邀请消费者与他人分享个性化的一瓶或一罐可乐。在该瓶或罐上,名字取代了经典的可口可乐标志。显然,名字会因国家而异,但正如案例中所指出的,活动的实施也是如此,不同国家的营销团队以他们认为最适合目标市场的方式将活动本地化。

值得庆幸的是,我们现在处在一个客户需求和愿望同质化的时代,特别是发达国家和新兴国家的年轻人口,他们帮助营销人员在全球范围内销售产品。在某种程度上,产品和服务需求的全球化是由年龄决定的。年轻人希望在全球范围内有更多类似的产品,实际上他们希望能够在任何地方购买任何产品并立即得到它们。全球化也取决于行业,因为有些行业(如电器)比其他行业(如家具)更有可能使其产品和价值主张标准化,至少在客户的愿望上没有达到同样的程度。另外,全球化增加了开展营销活动的压力,使得其必须通过有效的分销策略、适宜的沟通策略以及有竞争力的价格策略来将产品的质量、客户满意度及可得性等属性准确地传达到世界各地。

我们在同一章讨论营销、商业分析和研发,是因为它们之间关系密切。特别是,市场营销的一个关键职能是识别市场缺口,以便企业能够开发新产品填补这些缺口。开发新产品需要研发和分析,于是形成了市场营销、分析之间的纽带。企业应该基于市场需求开发新产品,而企业的营销职能最适合用于定义消费者需求,特别是可以利用营销过程终端的客户服务人员与市场的紧密联系。当然,营销人员也是与研发人员进行沟通的不二人选，从而确定是要进行基于全球的标准化生产还是基于当地的差异化生产。营销部门被认为如此适合与研发部门沟通客户需求以及产品生产的标准化程度和差异化程度的原因在于，国际企业进行的国际营销调研是营销部门的职责所在。然后，商业分析学增强了国际营销研究，并对数据和潜在客户的需求与愿望产生了更好的理解。

我们以回顾有关市场全球化的争论来开始本章，然后讨论市场细分问题。接下来，我们讨论构成营销组合的4个元素：产品属性、分销策略、沟通策略和定价策略。在许多基础营销教科书中，这些有时也被称作4P，即产品（product）、渠道（place）、促销（promotion）和价格（price）。营销组合（marketing mix）是企业在进入目标市场时关于产品性能、分销策略、沟通策略以及定价策略等的一系列选择。不同国家的文化、经济发展、产品标准、分销渠道等因素存在差异。因此，许多企业针对不同的国家制定不同的营销组合。理解营销组合最好的方法就是把它看作国际企业针对某个国家或地区特定的目标市场，基于其国际营销战略而实施的一套战略活动，其中包含产品、分销、沟通和定价几个方面。

考虑到营销组合以及生产正确的产品的重要性，在对营销组合要素进行详细的讨论后，本章将关于这些问题的讨论概括为三个部分。第一，我们为每一个独特的国际细分市场配置合适的营销组合，其中包括针对每个营销组合要素（产品、分销、沟通和定价）的一系列模板问题，以判断对于特定的国际细分市场，应当采用怎样的标准化或定制化营销组合。第二，我们将讨论商业分析和国际市场调研，以更好地理解针对国际细分市场应如何对营销要素进行组合。第三，我们将聚焦产品研发，并着重强调新产品研发的重要性。在本章中，我们会将研发、营销和生产与管理（如跨职能团队）进行整合。

16.1 市场和品牌的全球化

在1983年《哈佛商业评论》的一篇文章中，西奥多·莱维特（Theodore Levitt）以抒情的笔调描述了世界市场的全球化。莱维特的观点在对全球化程度的激烈争论中是无懈可击的。莱维特写道：

一股强大的力量驱使世界成为大同社会，这股力量就是技术，它使通信、运输和旅游变得平民化，其结果是出现了一个新的商业现实，即标准化消费品的全球化市场以前所未有的、难以想象的规模出现。

国家或地区性的偏好和习俗上的差异将从此消失。市场全球化即将到来。正因为如此，跨国商业世界即将结束，跨国公司也将不复存在。跨国公司在多个国家运作，针对国家调整产品和经营方式，从而导致了相对较高的成本。跨国公司将全世界视为一个统一体，以绝对一致性原则进行运作，获得相对较低的产品成本，并在各地以相同的方式销售相同的产品。

从商业角度来看，最能证实这一点的是麦当劳从法国香榭丽舍大街到日本银座的成功，可口可乐在巴林的成功和百事可乐在莫斯科的成功，以及摇滚乐、希腊色拉油、好莱坞电影、露华浓化妆品、索尼电视和李维斯牛仔裤在全球的大受欢迎。

不同国家自古以来在品位偏好和商务模式上的差异消失了。偏好的趋同不可避免地带来了产品标准化、制造标准化和贸易与商业机构的标准化。

这话的确富有感染力且意味深长，但莱维特的观点是否正确呢？在1983年他是正确的，今天他又是正确的吗？社交媒体的兴起，以及这种媒体塑造全球文化的能力，似乎为莱维特的论点增添了砝码。如果莱维特是正确的，其观点对国际商务中的营销战略就具有重要意义。然而，目前学术界一致认为莱维特的观点有些夸大。尽管就许多基础的工业产品（如钢铁、大宗化学制品、半导体芯片等）而言，他的观点有一定的道理，但在许多消费品市场和工业品市场，莱维特所说的全球化似乎只是例外而非绝对。即使像麦当劳这样被莱维特拿来作为典型例子的消费品企业，在世界范围内销售标准化产品时，它仍然依据当地消费者的偏好改变了它在各国使用的菜单。在富有的阿拉伯国家和巴基斯坦，麦当劳销售阿拉伯汉堡———一种阿拉伯风味的鸡肉三明治；而在法国销售Croque McDo———一种用热火腿和奶酪制作的三明治。

但是，莱维特强调技术有助于促进世界发达国家的消费者在品位和偏好上趋同的观点或许是正确的，并且在他的这篇文章问世之后这一趋势越发明显。技术和其他力量显然正在使我们更接近全球消费文化。目前，当下国家之间一直存在的独特文化与经济差异阻碍了消费者品位和偏好的趋同。尽管我们可以看到年轻人群（特别是40岁及其以下的人群）之间的需求和欲望明显变得同质化和标准化，但老年人群在品位方面仍存在巨大的差异。随着年轻人年龄的增长，其同质化是否会保持不变？这是个有趣的问题。一些迹象表明，随着人群年龄的增长，其需求和欲望的标准化依然存在。但是我们发现，随着年龄的增长，人们的需求在文化层面往往表现出更加明显的差异。

因此，我们也许永远无法看到分布在全球的260个国家和地区出现完全意义上的全球化世界。一些学者认为，全球文化的崛起并不意味着消费者享有同样的品位和偏好。不同国家的人们通常观点各异，然而，通过使用一些全球品牌，包括多芬以及可口可乐和索尼，还有丰田和大众（作为世界上最大的汽车制造商），大家越来越多地参与到"全球"对话中来。但是，由于品位与偏好的地域差异，在不同的国家对这些品牌的认知、推广和使用都不相同。

全球化趋势仍在扩张的另一个表现是某些产品在全球各地都有销售，但是这一现象并不能说明当存在这些产品的本地化替代产品时，消费者仍会偏好这些产品。更好的技术、生产工艺和创新将促使更好的当地差异化产品的出现，并在未来与全球化产品展开竞争。今天，由于成本效率和有效的供应链，全球产品在许多当地市场上获胜，而不一定是因为客户的偏好。如此，不管对于国际企业还是当地企业，国际营销都变得更加重要。另外，贸易壁垒和产品技术标准上的差异也限制了公司采用标准化营销战略向全球市场销售标准化产品的能力。在接下来的几节中考察产品如何因国而异时，我们会讨论产生这些差异的根源。

16.2 市场细分

市场细分（market segmentation）是指根据消费者的需求、欲望和购买行为等方面存在的显著差异，将整个市场划分为若干消费者群体的过程。进行市场细分的方法有很多：按地域、人口学特征（性别、年龄、收入、种族、教育水平等）、社会文化因素（社会阶层、价值观、宗教、生活方式选择）以及心理因素（个性）等。因为不同的细分市场会展现出不同的需求、欲望和购买行为方式，所以企业通常会调整其营销组合以适应不同的细分市场。产品的精确设计、定价策略、分销渠道及沟通策略都会根据细分市场的不同有所变化，其目的是使特定细分市场中的消费者的购买行为能与营销组合相适应，从而实现细分市场销售的最大化。例如，汽车公司就采用不同的营销组合向不同社会经济背景的消费群体出售汽车。丰田公司利用雷克萨斯事业部向高收入消费者销售高价豪华汽车，而向低收入的消费者销售丰田花冠等低档车型。同样，计算机制造商则会提供许多不同的计算机型号，它们有着不同的产品属性和价位，以切实迎合市场各阶层消费者（如商业用户和家庭用户）的需求。

国际企业管理者在考虑海外细分市场时，必须要认识到两个主要问题：各国细分市场在结构上存在差异以及存在超越国界的细分市场。例如，一些公司基于目标国家细分市场的多样性，选择推出一系列不同的产品，而另一些公司则只选择一国中存在的与其他国家相同的一个特定的细分市场进行产品营销。细分市场如果跨越多个国家，通常被称作**跨国界细分市场**（intermarket segment）。从战略上讲，营销经理有上述两种营销组合可供选择。若以一个国家若干潜在的细分市场为目标，使用多种营销组合，企业则需要关注这个国家的文化特征（或这个国家的商务管理特征）。如果以多个国家的跨国界细分市场为目标（这些跨越国家的市场在很大程度上有着共同的特性），企业则需关注这些不同国家的消费者共同的文化特性。

细分市场的结构在国家之间和国家内部都有可能存在相当大的差异。事实上，外国的一个重要的细分市场与母国市场可能完全没有共同点，反之亦然。在这种情况下，需要关注的重点不是跨国界细分市场，至少在该细分市场中不包含母国市场。公司必须开发独特的营销组合以迎合特定国家特定细分市场上的需求、欲望和购买行为。管理聚焦16-1给出了这样一个市场细分的例子。其中，漫威影业通过其各种超级英雄电影瞄准了某些观众，比如《黑豹》，它赢得了漫威有史以来最多样化的观众。

管理聚焦 16-1

全球品牌、漫威影业和迪士尼公司

漫威影业是美国的一家电视和电影工作室，隶属于迪士尼公司的全资子公司漫威娱乐。作为迪士尼帝国的一部分，漫威影业与迪士尼工作室共同经营漫威电影的发行和营销，如非常成功的《钢铁侠》和《复仇者联盟》系列。漫威工作室的其他高调项目包括《X战警》《蜘蛛侠》和《美国队长》系列。正如可以预期的那样，任何嵌入迪士尼公司全球品牌的东西都具有巨大的潜力、影响力和生命力。

沃尔特·迪斯尼（1901—1966）是美国商业大亨，也是动画师、漫画家、导演、慈善家、制片人、编剧和配音演员。作为一个国际偶像，他在1923年与他的兄弟罗伊·迪斯尼创办了迪士尼兄弟卡通工作室。目前的名称华特·迪士尼公司是自1986年以来才有的。迪士尼拥有世界上最大和最知名的工作室之一，它还经营许多相关业务，如ABC广播电视网络、有线电视网络（如迪士尼频道、ESPN）、出版、商品销售、剧院、主题公园（如迪士尼世界、迪士尼乐园）等。米老鼠是迪士尼公司的主要标志，也是有史以来全球最知名的品牌之一。

全球品牌是迪士尼公司的主打，而这种品牌能力也很好地转移到了漫威影业项目中。在一次全球品牌推广行动中，原版《钢铁侠》电影的片尾字幕中，神盾局局长尼克·弗瑞来到托尼·斯塔克的家中。在这个场景中，弗瑞告诉斯塔克，钢铁侠不是"世界上唯一的超级英雄"，并说他想讨论"复仇者计划"。这在2008年启动，并产生了复仇者联盟的22部电影，以及试图作为漫威电影宇宙的史诗性大结局的2019年的《复仇者联盟：终局之战》。

《复仇者联盟》和《钢铁侠》电影系列已经为漫威影业赚取了数十亿美元，它们也为使小罗伯特·唐尼成为好莱坞收入最高的演员之一做出了巨大贡献。小罗伯特·唐尼于1965年出生于美国，5岁时出演其父亲执导的电影《狗狗人生》，这是他的电影处女秀。唐尼"起起落落"的职业生涯也是一个迷人的全球品牌故事。他凭借《钢铁侠》《复仇者联盟》和《大侦探福尔摩斯》三部令人难以置信的多续集系列一路高歌猛进。他还在其他几个相关的漫威影业项目（如《绿巨人浩克》《美国队长3：内战》《蜘蛛侠：英雄归来》）和即将上映的续集中塑造了托尼·斯塔克，也就是他在《钢铁侠》和《复仇者联盟》中的角色。

《钢铁侠》于2008年4月30日在国际市场首映，几天后在美国上映。令人惊讶的是，这部电影自1990年以来一直在环球影业、20世纪福克斯和新线电影公司进行开发。漫威影业在2006年重新获得了电影的版权。基本情节是花花公子、慈善家和天才托尼·斯塔克（由唐尼扮演）担任"超级英雄"。钢铁侠是一个虚构的人物，首次出现在1963年的漫威漫画《悬疑故事》中。这个人物本身是由斯坦·李创造的。《钢铁侠2》于2010年上映，《钢铁侠3》于2013年上映，并计划在更多《复仇者联盟》系列电影之后推出更多续集。

《复仇者联盟》于2012年4月11日首映。这部电影的开发始于2005年，基于漫威漫画中同名的"超级英雄"团队，由乔斯·韦登编剧和导演。复仇者联盟是一个由钢铁侠、美国队长、绿巨人、雷神、黑寡妇、鹰眼等组成的超级英雄团队。《复仇者联盟》系列的第二部电影于2015年上映（《复仇者联盟：奥创纪元》），第三部于2018年上映（《复仇者联盟：无限战争》），第四部于2019年上映（《复仇者联盟：终局之战》），未来可能还会有更多采用各种角色配置的电影出现。

虽然电影角色钢铁侠与唐尼有很大关系，但他在《复仇者联盟》中扮演的托尼·斯塔克也是不可或缺的角色。这样一来，这位演员参与了漫威影业的各种作品，这些作品带来了超过15亿美元（《复仇者联盟》）和12亿美元（《钢铁侠3》）的收入。唐尼总共主演了六部电影，每部电影的全球票房都超过了5亿美元，还有漫威许多其他成功的电影。

自1963年以来，漫威漫画为其复仇者联盟的超级英雄们塑造了100多个角色，但钢铁侠是其最初的英雄之一（还有蚁人、黄蜂、雷神和绿巨人）。唐尼饰演的托尼·斯塔克在这两个品牌中取得的全球品牌效应的成功，对漫威影业的全球品牌效应也非常有利。但随着对黑豹、黑寡妇、奇异博士、尚气和永恒族等角色的新关注，漫威影业将获得一连串的成功，这正是人们对迪士尼公司的期望。

资料来源：Megan Peters, "The MCU Will Be Very Different After Avengers 4," *Comic Book*, April 23, 2017; K. Buchanan and J. Wolk, "How Vulture Ranked Its 2013 Most Valuable Stars List," www.vulture.com, October 22, 2013; T. Culpan, "HTC Said to Hire Robert Downey Jr. for $12 Million Ad Campaign," *Bloomberg Businessweek*, June 20, 2013; C. Isidore, "Avengers Set to Rescue Disney and Hollywood," *CNNMoney*, May 7, 2012; "Iron Man 3: Clank Clank Bang Bang," *The Wall Street Journal*, May 2, 2013; Bryan Alexander, "One for the Ages: First 'Avengers: Endgame' Social Media Reactions Hail Marvel Epic," *USA Today*, April 23, 2019.

相比之下，跨国界细分市场的存在显然增强了国际企业两方面的能力。其一是将全球市场视为单一的实体并采用全球战略的能力。其二是在世界范围内出售标准化产品和利用相同的基本营销组合在各个国家的市场对产品进行定位和销售的能力。对于跨国界细分市场，其消费者在某些重要方面具有显著的相似点，如年龄、价值观和生活方式等，且这些相似点必然转化为非常相似的需求、欲望和购买行为。如果确实如此，企业就可以针对跨国界细分市场中消费者的需求、欲望和购买行为将其营销组合策略进行全球推广。尽管这样的细分市场在某些工业品市场上客观存在，但在消费品市场中历来很少见。

然而，据预测，全球化趋势必然会使针对发达国家和发展中国家年轻消费者（40岁及其以下）的跨国界细分市场越来越趋同。例如，正在崛起的全球青少年细分市场就吸引了消费品跨国企业的注意力。全球媒体在为全球青少年细分市场铺平道路。一项对来自26个国家的6 500多位青少年的文化态度和购买行为的调查研究证明了这一群体的存在。研究结果表明，全世界的青年人正逐步迈向一致性的生活，即享有许多共同的价值观。这说明他们很有可能因为相同的理由而购买同样的消费品。

16.3 商业分析

在公司将全球市场作为其当前或潜在市场的目标客户的背景下，商业分析可以被定义为得以探索以及深入调查公司的国际商业战略和活动的知识、技能和技术，以获得洞察力并推动未来的战略开发和实施。这个定义的延伸是，当我们谈论理解数据并帮助公司发展和维护特定的客户战略时，商业分析已经成为首选术语。

大体上，使用商业分析的过程始于为解决特定国际商业问题而收集的数据集。商业分析师以前的经验和教育所带来的知识和技能成为收集数据类型的指南。在数据被收集或汇编后，计算机云、数据仓库或传统办公计算机等可以存储数据。如果数据库包括较小的数据集（例如，几百个案例和几十个变量），那么几乎可以在任何技术设备上进行存储（例如，安全的办公计算机）。如果数据较大，包括大量的结构化和非结构化的数据，其规模之大可能难以用传统的数据库和软件技术来处理，那么数据通常会被存储在大型服务器上（如计算机云、数据仓库）。

商业分析可以集中于三个核心应用之一：描述性、预测性和规范性。描述性分析指的是使用相对简单的统计技术来描述数据集中包含的内容。例如，描述性统计可以是一个年龄条形图，用来描述瑞典乌普萨拉（瑞典中部的一个中型大学城）的星巴克顾客。这将使星巴克加盟店的老板对目标客户群有一个基本的了解，也许还能更好地理解店内提供的面包类型。描述性分析的目的是粗略了解数据在最一般意义上的情况。

预测性分析可以被定义为使用高级统计技术（和软件）来识别和建立预测模型，以帮助识别描述性分析中不容易观察到的趋势和关系。通常情况下，我们谈论的是使用纵向数据，这些数据可以帮助显示因果关系（例如，瑞典乌普萨拉的星巴克在社交媒体上的曝光率增加，导致在社交媒体报道增加后的两周内，瑞典乌普萨拉当地星巴克的咖啡销量增加）。

规范性分析可以被定义为使用管理科学方法（即应用数学技术）来指导公司最好地利用可分配资源。例如，在瑞典乌普萨拉的星巴克店，分配给目标客户的广告预算是有限的（对于特许经营店主来说，他们的店面通常是这样的）。在这种情况下，管理科学工具（如线性规划）可用于将广告支出优化分配给各种广告机会（例如，由当地星巴克门店驱动的社交媒体互动，在报纸或当地电台上刊登的广告，或通过Snapchat、Instagram和类似载体的信息传递）。然后，目标是优化分配星巴克门店的有限资源，并将可能的最佳趋势或未来的机会纳入其中。

无论我们谈论的是"小数据"还是"大数据"，商业分析都可以用来更好地了解公司在全球市场上的现有产品和服务以及未来的商业机会。为了有效地配置营销组合（我们将在本章后面讨论），并回答诸如表 16-1 中的问题，国际企业使用商业分析中提供的工具包进行国际市场调研。

表 16-1　配置营销组合需要解决的问题

组合要素	要解决的问题样本
产品战略	
产品核心	国际市场上的客户是否有类似的产品需求
产品采用	国际细分市场上的客户是如何购买目标产品的
产品管理	如何为国际细分市场的客户管理成熟产品与新产品
产品品牌建设	国际细分市场的客户对产品品牌的看法是什么
分销策略	
分销渠道	国际市场上的客户通常在哪里购买产品
批发分销	批发商在目标国际细分市场中的作用是什么
零售分销	国际市场上，针对目标客户群的不同类型的零售店的可用性如何
沟通策略	
广告	如何提高产品的知名度，使其接触到国际市场的目标客户
宣传	宣传（如公共关系）在目标国际细分市场的客户中发挥什么作用
大众传媒	各种媒体（如电视、广播、报纸、杂志、广告牌）在接触目标国际细分市场的客户中发挥了什么作用
社会媒体	各种社交媒体（如 Facebook、Twitter、博客、虚拟社区）主要关注用户生成的内容，在与目标国际细分市场的客户沟通方面有什么作用
销售促进	折扣、优惠券和其他销售优惠是不是提供了活动，以激励目标国际细分市场客户购买公司产品
定价策略	
价值	在国际细分市场中，产品的价格对于客户对产品本身价值的理解（或感知）是否至关重要
需求	国际细分市场上的目标客户对产品的需求是否与国内需求相似
成本	在针对国际细分市场的客户时，产品的固定成本和可变成本是否相同（例如，在进入国际市场时，是否有可变成本发生重大变化）
零售价格	是否存在贸易关税、非关税壁垒和/或其他影响价格的监管因素，这些因素将影响用于确定国际细分市场客户的零售价格的定价公式

16.4　国际市场调研

国际企业需要进行国际市场调研来有效地细分全球市场。**国际市场调研**（international market research）是指国际企业系统地收集、记录、分析和解读市场数据，为公司决策提供有用的信息。与本土市场调研相比，国际市场调研需要考虑更多的问题，比如调研问卷与报告的翻译、环境和文化差异对数据收集的影响。在这些方面，已有一些十分出色的国际市场调研公司涌现出来。下面我们讨论实施国际市场调研的基础步骤与问题。

国际市场调研是了解全球市场最重要的方法之一。鉴于其重要性，国际企业往往拥有内部的市场调研部门来持续地评估客户的需求、欲望和购买行为。另外，国际企业通常对一些具有代表性的数据进行持续的收集，以评估客户对其产品和服务的满意度。J.D.Power 和美国客户满意度指数（American Customer Satisfaction Index，ACSI）是衡量全球各行业客户满意度的两家最著名的公司。另外，为了更好地了解一个新的目标国家市场，国际企业往往会与外部的市场调研公司合作。一流的国际市场调研公司包括尼尔森、凯度、益普索和 NPD Group 公司。

- 尼尔森是一家总部设在美国纽约和荷兰迪门的国际市场调研公司。公司成立于 1923 年，业务遍布 100 多个国家，全球雇员大约有 40 000 人，年收入在 60 亿美元左右。尼尔森在它的网站上声称："不论你盯上了下一个村庄还是下一个大陆，了解客户关注和购买什么都十分重要。"
- 凯度是一家坐落于英国伦敦的国际市场调研公司。公司成立于 1933 年，当时只是 WPP 公司（一家广告和公关公司）的市场调研和咨询部门。其业务遍布 100 多个国家，全球雇员大约有 28 000 人，年收入大约 40 亿美元。作为一家大型市场调研企业集团，凯度为超过一半的世界 500 强企业提供过服务（现今，在埃及的港口，"kantar" 仍然被用作棉花的衡重单位）。

- 益普索是一家坐落于法国巴黎的国际市场调研公司。公司成立于 1975 年，业务遍布大约 90 个国家，全球雇员大约有 15 000 人，年收入约 20 亿美元。益普索是现今唯一一家由市场研究人员控制和运行的国际市场调研公司。它追求"更好、更快、更便宜"的理念以维持自身在国际市场上的竞争力。
- NPD Group 是一家坐落于美国纽约华盛顿港的国际市场调研公司，原名为 National Purchase Diary。它是一家私人控股公司，成立于 1967 年，在全球拥有 25 家分支机构，雇员大约有 5 000 人，年收入大约 5 亿美元。NDP Group 公司因其零售追踪服务和市场规模与趋势分析而闻名于世。现今，它在全球范围内追踪的销售业务量超过 1 万亿美元。

尼尔森、凯度、益普索、NPD Group 以及许多其他的国际市场调研公司在实施国际市场调研时遵循同样的流程。在国际市场调研活动中，这些公司想要收集到的基础数据包括：①有关国家和潜在细分市场的数据（地理特征、人口学特征、社会文化因素和心理学因素）；②在特定的国家或地区内可用于预测客户需求的数据（社会趋势、经济趋势、消费趋势和产业趋势）；③用于做出营销组合决策的数据（产品、分销、沟通和定价）。这三方面的数据收集工作往往需要时间、成本、收集技术三者之间的相互配合。然而，无论是本土市场调研还是国际市场调研，往往需要经过以下步骤：①明确调研目标；②确定数据来源；③评估调研的投入与回报；④收集数据；⑤分析和解读调研数据；⑥出具调研结果（见图 16-1）。接下来我们将详细地对每个步骤进行逐一讨论。

图 16-1　国际市场调研步骤

明确调研目标包括：定义调研问题；确定国际市场调研的目标。任何国际市场调研项目开始的时候，都必须思考这样一个问题，即为了充分了解目标国家市场或目标细分市场，调研项目应当完成哪些工作以及通过调研能够完成什么。通常在调研开始时，人们对调研问题和调研目的只有一个模糊的认识。随着对一国市场及其潜在细分客户的深入理解以及更多数据的收集，调研目标会越来越明确。国际市场调研前期最重要的工作之一就是随着调研的进行明确调研问题和目的。如果不这样做，调研项目最后得出的结果可能不是企业想要的。例如，由于没有明确调研问题（如儿童为何偏好电子设备和视频游戏）和相关的调研目标，全球最大的玩具生产商美泰公司经历了一个令人失望的假期销售季。当 NPD Group 公司的报告指出美国的玩具销售仅下降了 1% 时，美泰公司的 CEO 布莱恩·斯托克顿（Bryan Stockton）宣称"我们的产品革新和市场营销活动还不够强大"。

确定能够解决特定的调研问题并最终能达到目标的数据来源并不是一项简单的任务，特别是对于跨国家的市场调研活动来讲。在市场调研中，有两种数据可以被使用，即一手数据和二手数据。一手数据是指有关国际企业和/或其雇用的国际市场调研机构所收集到的，用于处理公司确定的调研问题并能达到调研目标的数据。考虑到收集国际数据的成本，大多数公司往往试图避免收集之前已经收集过的数据。但是，对于世界上半数以上国家的市场，所谓的有帮助的二手数据往往是难以获得的、不可靠的，或者通常对全球企业更好地理解目标客户的需求、欲望和购买行为无益。二手数据是指一些组织、个人、机构之前收集过的数据，但其收集数据并不是特地为了解决手头的调研问题和达到调研目标。总的来讲，国际市场调研应当依照以下几点进行数据评估：①可用性；②国家间和潜在细分市场间的可比较性；③可靠性（调研是否产生了一致结果）；④有效性（调研所分析的内容是不是打算分析的内容）。在众多数据库中，globalEDGE 收录了关于国家和产业信息的众多二手数据，而尼尔森、凯度、益普索和 NPD Group 公司也被全球众多国际企业雇用来收集一手数据。

评估调研的投入与回报通常是指比较收集那些可直接解决调研问题和达到目标的一手数据与使用现有的二手数据的成本。如果二手数据是可用的，那么相对于收集一手数据，使用二手数据是经济合算的。抬高一手数据收集成本的项目包括调查方案开发与确定抽样框架等问题。调研提出的问题必须经过深思熟虑，以充分反映与产品或客户相关的态度、属性和特征，并为公司决策带来价值。这也意味着要克服语言、文化价值和信仰方面存在的障碍和差异。例如，将调研问题翻译成另一种语言的常用方法是先将问题翻译成外语（如从英语翻译成西班牙语），然后再由另外的人员将外语的调研问题翻译成英语。最后比较两个英文版本以确定翻译出西班牙语版本的调研问题是否忠于原文。对于抽样框架问题，一个核心要素（涉及国际层面）是要考虑它们对照样本是否适用于进行国际市场调研的国家。这包括确定潜在调查对象的可靠名单或者群体以及引导那些潜在对象回应调查。

数据收集简单地说就是通过一手途径或二手途径收集那些能帮助公司解决调研问题和达到调研目标的数据。数据收集的两种机制是定量收集与定性收集。定量收集的方法包括实验、临床试验（医药）、观察和记录事件以及通过封闭式问题进行问卷调查。定量收集的目的在于通过数值型数据和计算技术系统地了解客户的需求、欲望和购买行为。现如今，进行定量收集的流行方法是在线调研和邮寄小组调研。大多数大型的国际市场调研公司在B2B（business-to-business）和B2C（business-to-customer）领域都有针对全球顾客邮寄调查的固定样本和潜在的抽样框架。定性收集的方法包括深度访谈、观察法、资料浏览。这里关注的重点是对客户的需求、欲望和购买行为有深入的了解。

当数据被收集之后便是分析和解读调研数据。在国际市场调研活动中，假设调研本身是可靠和有效的，那么不管是一手数据还是二手数据，分析和解读数据都是一个非常重要的步骤。分析和解读国际市场调研数据需要相当高的知识水平，不论是统计学方面还是社会文化方面。首先，统计学方面需要达成的目标是利用能够最佳地解决调研问题的技术，通常以调研问题和假设的形式（研究变量之间的特定关系）陈述。关于分析数据的定量与定性收集还有众多的方法，在全球被一些复杂的市场调研活动采用。在这些调研活动中，诸如SAS、SPSS、LISREL和Smart-PLS等软件被广泛应用于定量分析，ATLAS.ti和MAXQDA等被用来进行定性研究。其次，调研人员在解读调研发现时必须考虑到世界上特定国家、地区、亚文化群体中不同的价值观、信仰、惯例和环境对被访问者答案的影响。如果可能，建议至少对一个目标调研国家的当地居民进行研究，以更好地理解调研发现的内容、当地的社会风俗、语义、态度以及商务惯例。例如，一些社会文化使其往往不会用极端的答案（如强烈同意或强烈反对）去回答问题，而会倾向于选择中间项（如日本），但是在其他的一些国家中可能更多地使用极端的答案（如美国）。

出具调研结果是传递国际市场调研总体结果的有效途径。出具的这些报告通常包含影响国际企业针对目标国际细分市场做出恰当营销组合决策的各种信息，涉及顾客、竞争者、国家、产业和环境等方面。最终，关注的焦点集中在如何以最好的方式满足顾客的需求和欲望，刺激其购买行为，同时还要同已存在的竞争者与市场的潜在进入者展开竞争。理想化的情况是：参阅报告的高级管理层应当是先前国际市场调研进程中解决调研问题与达到调研目标的参与者。他们最好是参与到一些现场工作中去收集数据，以更好地倾听顾客的声音。国际企业的各关键层级的员工，从一线的服务人员到市场调研人员，再到高级管理层，如果都能深入了解目标消费者的文化，那么许多误解和市场调研的错误是可以避免的。最糟糕的是：顾客误解调研问题并且管理者误解顾客的答案。一个典型的例子是2010年日本丰田公司的油门踏板失灵事件。丰田公司已经承认其油门踏板可能卡住，从而导致行车速度无故失控。丰田公司解决其油门踏板问题的进展十分缓慢，因为其问题确认（即他们并不知道油门踏板为何会被卡住）、损害分析、向更高级管理层汇报进行整改的工作是割裂开来进行的。在文化方面，日本以其高质量的产品而自豪，这就意味着揭露产品的质量问题、承担责任、与高层管理人员沟通以及解决问题在日本公司内部变得非常困难。

16.5 产品属性

一个产品可被视为一系列属性的集合体。例如，汽车的属性包括动力、设计、质量、性能、能耗和舒适度，汉堡的属性包括口味、松软程度及大小，旅店的属性包括氛围、品质、舒适度和服务。当产品属性与消费者需求相匹配（且价格适宜）时，产品就卖得好。宝马汽车面向追求豪华、品质和性能的人群就好销售，这完全是因为宝马公司在其生产的汽车中注入了这些属性。如果消费者的需求在全球是相同的，企业就可以在世界范围内销售同样的产品。然而消费者的需求因文化和经济的发展程度而在各国有所差异，并且企业在世界范围内销售相同产品的能力还进一步受到各国不同产品标准的制约。在本节中我们将逐一探讨这些问题，以及它们对产品属性的影响。

16.5.1 文化差异

我们在第4章中探讨了国家间的文化差异。国家之间在许多方面存在差异，包括社会结构、语言、宗教和教育，这些差异对营销策略的制定有重要的意义。例如，由于伊斯兰教法禁止消费火腿，汉堡在伊斯兰国家无法打开销路，因此这个三明治的名字被改变了。文化差异最重要的一方面可能体现在传统习惯所带来的影响上。传统习惯在食品和饮料方面显得尤为重要。例如，考虑到传统饮食习惯的差异，瑞士食品业巨头雀巢公司的芬达冷冻食品部向英国市场供应冻鱼饼和鱼条，而向法国市场供应勃艮第牛肉和葡萄酒烩鸡，向意大利市场则供应蘑菇烩蛋白等。除了一般的系列产品以外，可口可乐公司在日本市场推出"乔治亚"（一种罐装冷咖啡）和水动乐（一种滋补饮品），这两款产品都很合日本人的口味。

出于历史和习惯的原因，国家之间存在着一系列其他的文化差异。例如，不同国家的人群对气味有着不同的偏好。SC Johnson是蜡和抛光产品制造商，在日本却遭到老年顾客对带有柠檬味的Pledge牌家具抛光剂的抵制。详细的市场调查显示，该抛光剂闻上去与日本在公厕中广泛使用的消臭剂的味道相似。当抛光剂的气味被调整后，其销量直线上升。

品位和偏好的全球化证明了莱维特所谈到的趋势。咖啡在日本和英国比茶更受欢迎，而美国式的冷餐在欧洲也流行起来（只需根据当地口味稍加调整）。利用这一趋势，雀巢公司发现它能把速溶咖啡、通心面、低热量烹调冷餐以基本相同的方式推向北美洲和西欧市场。然而，在世界其他大多数地区，冷餐没有市场，也许永远也不会有。尽管存在一些文化融合现象，尤其在北美洲和西欧的发达工业化国家，但莱维特所谓的以标准化品位和偏好为特征的全球文化仍然遥不可及。

16.5.2 经济发展

与文化差异一样重要的是经济发展水平的差异。我们在第3章中讨论了国家在经济发展程度上的差异。消费者的行为受一国经济发展水平的影响，处于像美国这样高度发达的国家的公司，其产品往往被注入大量附加的性能及属性。这些附加属性通常并非欠发达国家消费者所需要的，那里的消费者只要求产品具有最基本的功能。因而，在欠发达国家销售的汽车缺少在西方国家销售的汽车所具有的许多性能，如空调、动力转向、自动窗、收音机及CD播放机。对大多数耐用消费品而言，产品的可靠性在欠发达国家可能比在西方发达国家更重要，因为购买这种耐用产品会使欠发达国家的消费者花费大部分的收入。

与莱维特的建议相反，最发达国家的消费者通常不愿意因为低价格而牺牲他们偏好的产品属性。最发达国家的消费者通常不会理睬那些在开发时设计的只包含最基本功能的全球标准化的产品，他们喜欢花更多的钱购买那些有附加属性和特征、符合他们品位和偏好的产品。例如，一流的四轮驱动运动型轿车，如克莱斯勒公司的吉普、福特公司的探险者、丰田公司的陆地巡洋舰等，几乎仅限于在美国销售。这是由多种原因造成的，包括美国消费者的高收入水平、广阔的地域、相对低廉的汽油费以及美国文化中以户外活动为主题的生活方式。

16.5.3 产品与技术标准

即便在发达工业国家中有一些促使消费者品位和偏好趋同的力量，但由于各国产品与技术标准的差异，莱维特所说的全球市场的景象仍然遥遥无期。然而，如果说有些什么的话，近年来越来越多的区域性贸易协定的发展和实施（而这些协定中通常都包含对于技术标准的规定）将有利于这些地区市场变得更为全球化，就像莱维特所说的那样。

现在，各国政府颁布的不同的产品标准迫使企业放弃了大规模生产以及对完全全球化和标准化产品的营销。技术标准的差异也限制了市场全球化，其中一些差异是很早以前特定的决策造成的，而不是政府行为的结果，但这些决策的长期影响无疑是深刻的。比如为美国市场制造的 DVD 机无法播放为英国、德国和法国生产的 DVD 机上录的带子，反之亦然。但值得庆幸的是，现在大多数歌曲和电影都是流媒体，因此，几乎可以在世界任何地方以兼容的方式播放。

16.6 分销策略

企业营销组合的一个重要元素是分销策略，即企业所选择的将产品送达顾客的方法。产品分销的方式由公司的市场进入策略决定，这一点我们在第 13 章中已有讨论。本节我们将考察一种典型的分销体系，研究其结构在不同的国家如何存在差异，以及针对不同国家市场的分销策略有何不同。

图 16-2 展示了一个典型的分销体系，其渠道包括批发商和零售商。如果公司在一个特定的国家制造产品，就能直接向消费者、零售商或批发商出售产品。如果公司在国外制造产品，也可以选择同样的经销方式。此外，公司还可以决定找一个进口代理商，让他去同批发商、零售商或消费者打交道。下面将讨论决定公司渠道选择的要素。

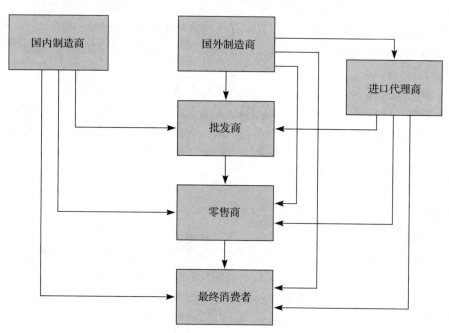

图 16-2 典型的分销体系

16.6.1 国家间的差异

分销体系在四个方面存在差异，分别是：零售集中度、渠道长度、渠道排他性和渠道质量。

1. 零售集中度

零售体系在一些国家是非常集中的，在另一些国家则相当分散。在**集中零售体系**（concentrated retail system）中，少数零售商供应大部分的市场需求。而在**分散零售体系**（fragmented retail system）中，零售商很多，但没有一个占据市场的主要份额。集中度的差异根植于历史与传统。在美国，汽车的普及和城区的相对年轻使得零售体系集中在人们能够通过开车到达的大商场或大型购物广场，这就有助于零售体系的集中化。而日本的人口则稠密得多，并且它在汽车出现之前就有了成长起来的大量的都市中心，因此日本的零售体系较分散，由许多服务于临近街坊的小店组成，人们通常步行去购物。另外，日本的法律体系保护小型零售商，小型零售商可以通过向当地政府请愿来阻碍大型零售商店的设立。

在发达国家存在大型零售商集中化的趋势。造成这种趋势的因素有三个：汽车拥有量、拥有冰箱和冷藏柜的家庭的数量以及双收入家庭数量的增加。所有这些因素已经改变了消费者的购物习惯，并有助于远离传统商店区域的大型零售商店的建立和成长。过去十几年已经见证了全球零售业的合并，像沃尔玛和家乐福这样的公司试图通过收购不同国家的零售商而成为全球零售商，这更增强了零售业的集中性。

相反，在许多发展中国家，零售渠道非常分散，这给分销带来了有趣的挑战。在印度，联合利华公司需要将商品销售给60万个乡村零售商，其中许多根本无路可通，这意味着产品只能靠公牛、自行车或马车运往目的地。在相邻的尼泊尔，地势坎坷不平，甚至连自行车和马车都无法通行，商家只能依赖牦牛队和人力肩挑背驮把产品运给成千上万的小零售商。

2. 渠道长度

渠道长度（channel length）是指生产者（或制造者）与消费者之间存在的中间环节的数量。如果生产者直接将产品卖给消费者，那么渠道就非常短。如果生产者通过进口代理商、批发商、零售商出售产品，那么这就是一个很长的渠道。渠道长短的选择是公司战略决策的一部分。但是，有些国家的销售渠道比其他国家的要长。渠道长度主要由零售体系的分散程度决定。分散的零售体系往往促进了服务于零售商的批发商的发展，这就增加了渠道长度。

零售体系越分散，企业与单个零售商打交道所产生的成本就越高。假如一家企业在某个国家销售牙膏，该国有100多万个小零售商（如印度的农村），企业必须建立一个庞大的销售队伍以便直接销售给零售商，其花费必然会很高，尤其是当每次只要一小份货时。但设想该国有几百家批发商为零售商提供牙膏，同时还提供其他个人护理产品和日用品。因为这些批发商经销一系列产品，他们每笔订单的需求量就比较大，这也使他们直接与零售商做生意变得有利可图。因此，对于企业来说，把产品出售给批发商，让批发商与零售商打交道是比较经济合理的。

由于这些因素的存在，零售体系分散的国家容易出现较长的分销渠道，有时会有好几层渠道。日本就是典型的例子，通常在企业和零售商之间有两三道批发商。相比之下，英国、德国和美国的零售体系则更集中，渠道也短得多。当零售部门非常集中时，企业就可以省去批发商这一环节，直接与零售商进行交易，那么就可以用相对较少的销售力量来集中应付商品零售，而且每笔订单的要货量也很大。这种情况在美国十分盛行，比如大型食品公司直接向超市出售食品而非通过批发商。

在一些国家，渠道长度缩短的另一个因素是大型折扣超市（如家乐福、沃尔玛、乐购）的进入。这些零售商的生意模式部分是基于这样的想法：为了尽量把价格降低一些，它们脱离批发商，而直接同生产商打交道。所以，当沃尔玛进入墨西哥时，它的策略是直接同制造商打交道，而不是通过批发商购买商品，这有助于缩短沃尔玛在该国的经销渠道。类似地，日本一直以来较长的经销渠道也在随着大型零售商的出现而变短。其中的一些零售商是外资的，如沃尔玛。还有一些是效仿美国模式的本土企业，它们都在逐渐脱离批发商，直接同制造商打交道。

3. 渠道排他性

独家分销渠道（exclusive distribution channel）使得外来者很难进入市场。例如在超市，新公司的产品通常很难获得货架空间。之所以如此，是因为零售商往往偏好历史长久、在全国有知名度的老牌食品制造商的产品，而不愿冒风险销售名不见经传的公司的产品。销售体系的专有性在不同国家有所不同，日本的分销体系常被视为专有体系的范例。在日本，制造商、批发商和零售商的关系通常可以追溯到几十年前。许多关系是以销售商不会代理竞争对手的产品为基础的。作为回报，销售商从制造商那里获得有吸引力的补偿。许多美国及欧洲的制造商已经知道，这种模式导致他们进入日本市场非常困难。但用新的消费品打开日本市场是可能的，就像宝洁公司在20世纪90年代推出的Joy品牌的洗涤灵。宝洁公司能克服传统排他性的原因有两个：第一，经过20多年低迷的经济表现，日本在发生变化，零售商为了寻求更高的利润愿意违背旧的排他模式；第二，宝洁公司在日本的时间较长，有足够丰富的消费品品种，能给销售者带来可观的利益，这使其能够通过分销渠道推出新产品。

4. 渠道质量

渠道质量（channel quality）指的是一国零售商的专业知识、能力和技巧及其销售与支持国际企业的产品的能力。尽管在大多数发达国家，零售商的质量都不错，但在新兴市场以及欠发达国家，渠道质量差异很大。缺乏高质量的渠道可能会阻碍市场进入，尤其是那些需要大量销售点协助工作、提供售后服务和支持的新产品或复杂产品的进入。当渠道质量较差时，国际企业可能需要将大量精力放在升级渠道上，比如通过对现有零售商进行教育及提供支持。在极端的情况下，企业也会建立自己的渠道。于是，在美国打造出自己的苹果零售店概念之后，苹果公司在英国、法国、德国、日本和中国等国家开设了零售店，以便为其畅销的iPad、iPhone和MacBook产品提供销售点的培训、服务和支持。苹果公司相信，这一策略会帮助它赢得这些国家的市场份额。

16.6.2 分销策略的选择

分销策略的选择决定公司将利用哪种渠道将产品转移到潜在的消费者手中。公司应该把产品直接销售给消费者吗？还是通过零售商、批发商，利用进口代理商，或者投资建立自己的渠道？最合适的策略取决于每个选择中的相对成本与相对盈利。这在各个国家是不一样的，主要由我们刚刚讨论过的四个要素来决定：零售集中度、渠道长度、渠道排他性和渠道质量。

因为渠道中的每一次转手都会增加产品的标价，所以渠道长度、最终产品售价和公司的利润额度之间有重要的关联。渠道越长，产品加价越多，对消费者收取的最终产品的价格就越高。为了保证价格不会因为中间商的转手加价而变得太高，公司在经营中可能不得不降低利润空间。因此，假如价格是一个重要的竞争武器，如果公司不想看到利润额度缩小，在其他条件不变的情况下，就会偏好更短的渠道。

然而，使用更长渠道的优点常常比其缺点更加重要。正如我们所看到的，渠道更长的一个好处是：当零售部分非常分散时，它可以降低销售成本。因此，对国际企业来说，在零售业较分散的国家应用更长一些的渠道，而在零售业较集中的国家应用较短一些的渠道是比较明智的。应用更长一些的渠道的另一个好处是市场进入能力，即进入排他渠道的能力。进口代理商与批发商、零售商及重要客户可能会有长期的关系，因而能比企业自身更好地赢得订单和进入分销渠道。同样，批发商与零售商可能保持长期的关系，批发商也能比企业自身更好地劝说零售商选择该公司的产品。

进口代理不限于独立的贸易公司，任何一家在当地有良好声誉的公司都可以从事这项业务。例如，为了打破渠道的排他性和在日本市场获得更大的份额，苹果公司在最初进入日本市场时，与日本的5家大公司——商业设备巨头兄弟工业公司、文具龙头企业国誉公司、三菱公司、夏普公司和美能达公司签订了销售协议。这些公司利用它们建立起来的与消费者、零售商及批发商之间长期的销售关系，通过日本的销售体系推广苹果计算机。现如今，苹果公司通过自己开店来补充这种战略。

如果这种模式是不可能的，公司就会考虑其他的不太传统的方式来进入市场。比如一些外国消费品制造商被日本渠道的排他性所困扰，试图通过目录选购和邮购的方式向日本消费者直接出售产品。最后，如果渠道质量较差，企业应该考虑采取哪些步骤提升渠道质量，包括建立自己的分销渠道。

16.7 沟通策略

营销组合的另一个重要元素是向潜在消费者通报产品的属性。有若干个沟通渠道可供企业选用，包括社交媒体（一种促进信息共享以及建立虚拟全球网络和社区的技术）、直销、促销及各种形式的广告。公司的沟通策略在一定程度上被其所选用的渠道所限制。公司的沟通策略部分是由其选择的渠道决定的。但不幸的是，今天的渠道数量也导致了公司对其产品和服务所做的信息传递的控制力下降。

传统上，有些公司依靠直销，有些公司依靠销售点促销，有些公司依靠大宗广告，还有一些公司同时使用几个渠道向潜在客户传递信息。在社交媒体出现之前，企业能够在全球市场上"发出"它们提供何种产品或服务的信号。今天，这种信息传递是由客户和公司共同完成的。因此，跨国公司需要有积极的、互动的社交媒体平台，以配合它们所使用的更传统的直接销售、销售推广和各种形式的广告。

本节关于沟通策略的内容首先着眼于这些类型的国际沟通的障碍。请记住，与客户以及客户之间的沟通方式（如社交媒体、直销、销售推广和各种形式的广告）是全球公司沟通战略的一个方面。另一个是沟通的潜在障碍和可以使用的广告形式。在这些限制和机会中操作，管理聚焦16-2很好地说明了像巴宝莉这样的老牌品牌是如何利用社交媒体营销来复兴和重塑其高调的奢华品牌的。

◎ 管理聚焦 16-2

巴宝莉的社会媒体营销

巴宝莉这个由托马斯·巴宝莉（Thomas Burberry）在1856年创立、以风衣和格子图案配饰闻名的英国标志性奢侈服装零售商，近年来一直在不断发展。20世纪90年代末，一位评论家将巴宝莉描述为"一家过时的企业，其时尚储备几乎为零"。但到了2019年，巴宝莉已被广泛认为是世界上首屈一指的奢侈品牌之一，在世界许多最富有的城市拥有强大的影响力，约有500家零售店、10 800名员工，年收入超过36亿美元。原因是巴宝莉利用社交媒体成为数字营销的标志和顶级社交媒体品牌之一。

两位美国首席执行官是巴宝莉转型的幕后推手，而且是在当前的数字市场革命之前开始的。第一位是罗丝·玛丽·布拉沃（Rose Marie Bravo），她于1997年从萨克斯第五大道加入该公司。布拉沃看到了巴宝莉品牌巨大的隐藏价值。她的第一个举动是聘请世界级设计师为品牌重新注入活力。该公司还将其定位转向更年轻、更时尚的人群，也许以超级名模凯特·莫斯（Kate Moss）为主角的广告就是最好的例证，这有助于重新定位该品牌。到2006年布拉沃退休时，她已经将巴宝莉转变为一个被一位评论家称为"极度时髦"的高端时尚品牌，其防水衣、衣服、手袋和其他配件是全球年轻、富有、有时尚意识的消费者的必备品。

布拉沃的继任者是安吉拉·阿伦茨（Angela Ahrendts），她出生于印第安纳州的一个小镇，在波尔州立大学获得学位，在46岁时成为巴宝莉的首席执行官。阿伦茨意识到，尽管布拉沃取得了很大的成功，但巴宝莉仍然面临着重大问题。该公司长期以来一直奉行许可战略，允许其他国家的合作伙伴使用巴宝莉的标签设计和销售自己的产品。这种对产品缺乏控制的做法损害了其品牌资产。例如，西班牙合作伙伴销售的休闲装与伦敦设计的产品毫无关系。如果这种状况继续下去，巴宝莉将很难建立一个统一的全球品牌。

阿伦茨的解决方案是开始收购合作伙伴和/或买回许可权，以重新获得对品牌的控制权。与此同时，她推动了公司零售店战略的积极扩张。在阿伦茨的领导下，公司的核心消费人群仍然是富裕的、年轻的、有时尚意识的人群。为了接触到这一人群，巴宝莉把重点放在世界上25个较富裕的城市，关键市场包括纽约、伦敦和北京。根据巴宝莉的说法，这些城市占了全球奢侈时尚贸易的一半以上。采用这一战略的结果是，零售店的数量从2007年的211家增加到今天的556家。

巴宝莉战略的一个重要方面是拥抱数字营销工具，以接触精通技术的客户群。事实上，很少有奢侈品牌公司像巴宝莉这样积极地利用数字技术。巴宝莉在纽约、洛杉矶、迪拜、巴黎和东京同步播放其3D走秀。在家的观众可以通过互联网流媒体观看表演，并实时发表评论。外衣和包包通过"点击购买"技术提供，并在到达商店前几个月交货。截至2018年，巴宝莉在Facebook上的粉丝超过了1 700万。在公司运营的社交媒体网站The Art of the Trench上，人们可以上传自己穿着该公司标志性防水衣的照片。

全球营销战略似乎正在发挥作用。从2007年到今天，巴宝莉的收入从大约13亿美元增加到36亿美元。2014年4月，克里斯托弗·贝利（Christopher Bailey）接替阿伦茨成为首席执行官（阿伦茨在苹果公司担任零售和在线高级副总裁，并于2019年离开苹果公司）。贝利来自英国哈利法克斯，2001年5月加入巴宝莉，担任创意总监。他在担任创意总监期间做出的一个品牌决策是，将巴宝莉品牌的标志性格子图案从几乎所有巴宝莉产品中移除，只留下10%的产品带有著名的格子图案。他还亲自操刀设计了巴宝莉最大的门店——英国伦敦摄政街121号。在英国伦敦摄政街121号，该店作为品牌网站的实体化身而开业。

资料来源：S. Davis, "Burberry's Blurred Lines: The Integrated Customer Experience," *Forbes*, March 27, 2014; A. Ahrendts, "Burberry's CEO on Turning an Aging British Icon into a Global Luxury Brand," *Harvard Business Review*, January–February 2013; Nancy Hass, "Earning Her Stripes," *The Wall Street Journal*, September 9, 2010; "Burberry Shines as Aquascutum Fades," *The Wall Street Journal*, April 17, 2010; Peter Evans, "Burberry Sales Ease from Blistering Pace," *The Wall Street Journal*, April 17, 2010; "Burberry Case Study," *Market Line*, http://marketline.com.

16.7.1 国际沟通的障碍

国际沟通通常出现在公司利用营销信息向另一个国家的市场销售其产品时。企业国际沟通的效果可被三个潜在的关键变量影响：文化障碍、信息源效应和噪声水平。

1. 文化障碍

文化障碍使跨文化沟通信息变得困难。我们在第4章及本章前面几节中讨论了国家间文化差异的起源及其带来的影响。因为文化差异，同样一则信息在不同的国家意思可能完全不同。贝纳通公司（Benetton）是一家因广告陷入文化差异问题的意大利服装制造商兼零售商。该公司在世界范围内开展了以"贝纳通统一色彩"为主题的广告活动，并在法国获奖。其中一则广告是一位非洲裔美国妇女在给一个白种族婴儿哺乳的特写，另一个情节是一个非洲裔美国人与一个白人被铐在一起。当广告被美国的民权组织攻击为宣传白人种族的优越性时，贝纳通公司很是吃惊。最后贝纳通公司撤换了广告并解雇了其法国广告代理商。

一家公司克服文化障碍的最佳方式是发展跨文化认知能力（见第4章）。另外，公司应该雇用当地人才开发市场营销信息，如利用当地广告代理商。如果是用直销方式而不是用广告的方式来沟通信息，无论如何公司都应该发展一支当地的销售力量。文化差异限制了公司在世界范围内使用相同的市场营销信息和销售手段的能力。在一个国家起作用的活动在另一个国家可能就会遭人反感。

2. 信息源效应

信息源效应（source effects）出现在信息接收者（在这里指潜在的消费者）根据信息发出者的地位和形象来评价信息时。当目标国家的潜在消费者对外国公司存在偏见时，信息源效应会对该国际企业造成伤害。例如20世纪90年代初，美国出现了排日风潮，本田公司担心美国消费者会以负面的眼光看待其产品，于是就创作了一段广告，强调其轿车中美国产零部件的含量，以显示公司已经非常美国化了。

许多国际企业试图通过弱化其外国渊源来应对负面的信息源效应。1999年法国反全球化抗议者裘斯·博夫（José Bové）因拆掉一家建了一半的麦当劳，被一些法国人视为英雄从而受到热情赞扬。法国的麦当劳特许经销商做出的反应是拍了一则广告，广告表现的是一位肥胖、无知的美国人不明白为什么麦当劳的法国店要用本地产的非转基因食品。这则机智的广告奏效了，现在麦当劳在法国的业务在公司全球经营网中是最具活力的。

信息源效应的影响之一是**原产地效应**（country of origin effects），即制造地在多大程度上影响产品评价。研究显示，在评价产品时，消费者通常把原产国作为评价产品的线索，尤其在消费者缺乏更多关于产品的详细知识的情况下。例如，一项研究发现，日本消费者在很多方面对日本产品的评价往往要优于美国产品，即便公正的分析显示日本产品实际上较差。一旦原产国的负面影响存在，国际企业就必须通过例如强调产品正面属性的促销信息等手段来尽力消除这一负面影响。

信息源效应和原产地效应并不总是负面的。法国的葡萄酒、意大利的时装以及德国的豪华汽车都得益于广为人知的正面的信息源效应。在这种情况下，公司强调其外国渊源是有利的。

3. 噪声水平

噪声往往会降低有效沟通的可能性。这里的**噪声**（noise）指的是竞相吸引潜在消费者注意的其他信息，这在不同国家也有很大的不同。在高度发达国家（如美国），噪声非常多。而在发展中国家，很少有公司争相吸引潜在消费者的注意，所以噪声水平较低。

16.7.2 推动策略与拉动策略

关于沟通策略的主要决策就是在推动策略与拉动策略之间做出选择。**推动策略**（push strategy）强调的是营销组合中的人员销售而非大众媒体广告。尽管个人销售作为推销工具非常有效，但它要求广泛地利用销售队伍，且相对花费较高。**拉动策略**（pull strategy）则更依赖大众媒介广告来向潜在消费者传递市场信息。

尽管一些公司只使用拉动策略，另一些公司只使用推动策略，但还有一些公司把直销与大众媒体广告结合起来，以最大限度地发挥沟通效力。决定推动策略与拉动策略哪个相对更有吸引力的因素包括消费者成熟度、渠道长度和媒体的可用性等。

1. 产品种类与消费者成熟度

拉动策略通常受到试图向大范围市场销售产品的消费品公司的欢迎。这种公司利用大众媒体广告有很大的成本优势，因此它们很少用直销的方式。这一规则在文化水平低的贫穷国家是个例外，在那里直销也许是与顾客沟通的唯一有效方式。推动策略受生产工业产品和其他复杂产品的公司的欢迎。直销可以让公司向潜在消费者讲解产品的性能。这种方式在发达国家也许不必要，因为较复杂的产品已经被使用了一段时间，产品属性已被充分理解，消费者已有经验，且高质量的销售渠道已存在并可提供点对点的服务。然而，无论在发展中国家还是发达国家，当一个新的复杂产品被引进或者当地缺乏甚至没有高质量的销售渠道，而消费者又缺乏使用产品的经验时，此时对消费者的指导就很重要。

2. 渠道长度

销售渠道越长，就需要说服越多的中间商让他们选择该产品，这就会导致渠道的惯性，使得进入该渠道非常困难。使用直销方式通过层层销售渠道推出产品的花费很高。在这种情况下，公司会试图利用大众媒体广告创造消费者需求，从而通过这个渠道拉动产品销售。一旦需求形成，中间商就不得不进货。

在日本，产品往往要经过两三级甚至四级批发商之手才能到达最终的零售商店，这就使外国公司很难进入日本市场。外国企业不仅要说服日本零售商进货，还要说服每一个环节的中间商进货。在这种情况下，大众媒体广告可能是消除销售渠道阻力的一种方式。不过，在印度这样的国家，为了服务大量的农村人口，分销渠道变得很长。由于消费者的文化水平较低，大众媒体广告可能并不起效。在这种情况下，企业可能需要回到直销模式或者依靠分销商的商业信誉进行产品销售。

3. 媒体的可用性

拉动策略依靠广告媒介。在世界各地，特别是包括约80个相对发达国家的世界，有大量的可用媒介，包括印刷媒介（报纸和杂志）、广播媒介（电视和收音机）以及各种形式的社交媒体。这些媒体有助于向市场中的特定人群打广告（如MTV面向青少年、Lifetime面向女性、ESPN面向体育爱好者）。在这种情况下，推动策略更有吸引力。比如，联合利华公司采用推动策略在印度乡村销售日用品，因为在那里没有什么大众媒介可用。

媒体的可用性在某些情况下受到法律的限制。大多数国家通常允许在印刷媒体上做烟草和烈酒产品的广告，但很少有国家允许在电视、收音机里播放这些产品的广告。当日本最有名的威士忌酒厂三得利公司进入美国市场时，它不得不放弃最喜爱的媒体电视广告。而在日本，该公司每年的电视广告费用在5 000万美元左右。类似地，虽然美国允许播放直接面向消费者的药品广告，但许多发达国家却禁止。在这种情况下，制药公司必须严重依赖直接面向医生的广告和直销，以便让它们的产品列入处方。

4. 推拉组合

推动、拉动策略之间的最优组合取决于产品种类、消费者经验、渠道长度以及媒体复杂程度。

推动策略往往适用于下列情形：

- 工业产品或复杂的新产品；
- 销售渠道较短；
- 可用印刷品或电子媒介很少。

拉动策略往往适用于下列情形：

- 消费品；
- 销售渠道较长；
- 有充足的印刷品和电子媒介可用于传播市场信息。

16.7.3 全球性广告

近年来，受到西奥多·莱维特这样空想家的作品的大力激励，出现了大量关于全球标准化营销广告利弊的讨论。

1. 支持标准化广告

支持标准化广告的原因有三个。第一，标准化广告具有很大的经济优势。标准化广告因为可以在许多国家使用，所以分散了开发广告的固定成本，从而降低了价值创造的成本。例如，麦肯光明公司（McCann Erickson）通过在全球范围内使用广告中的某些元素，在过去20多年中帮助可口可乐公司节省了1亿多美元。第二，创造性的天才很少，因而齐心协力共同完成一次广告策划会比进行四五十个小的尝试的效果更好。第三，许多品牌的名称是全球性的。随着当今国际旅行的频繁和跨国媒体的重叠，许多跨国公司想突出单一品牌形象，以避免地方性广告活动引起的形象混乱。这一点在诸如西欧那样的地区尤为重要，因为在那里跨国旅行就像在美国跨州界旅行一样普遍。

2. 反对标准化广告

反对全球标准化广告的主要有两大论点。第一，在本章及第4章中我们看到，国家间文化的差异非常显著，在一国有效的信息在另一国可能会毫无效用。因为文化多样性的存在，所以很难在全球范围内开发有效的单一广告主题。面向特定国家文化的信息也许比全球化的信息更加有效。第二，国家间广告规定的差异会阻碍标准化广告的实施。例如，凯洛格公司（Kellogg）不能在许多欧洲国家的电视上播放其在英国制作的推销玉米片产品的广告。在广告中提到的玉米片含有铁、维生素等信息，这在荷兰是不被允许的，因为在荷兰，在广告中声称有健康和医疗方面的益处是违法的。在广告能够在法国播放之前，广告中一个穿着印有"凯洛格"字样T恤衫的儿童的画面必须被删掉，因为法国的法律禁止在产品广告中使用儿童形象。另外，凯洛格公司的口号"凯洛格公司的玉米片是世界上最好的"在德国被禁止，因为德国禁止竞争性声明。

3. 应对国家间的差异

一些公司在认识到国家间文化和法律环境差异的同时，也试图从全球标准化中获取一定的好处。一家公司可能在其所有广告活动中使用一些共同的元素，再将其他元素本地化。这样做既能节省成本并建立国际品牌的认知度，又能使其广告适应不同的文化。

诺基亚一直在试图这样做。一直以来，诺基亚都是在不同的市场使用不同的广告，但在2004年，当诺基亚还是一家芬兰公司时（诺基亚在2013年被微软收购，但因为实际目标，2016年微软解散了诺基亚部门），公司发起了一场全球广告运动，使用的标语是"一千零一个使用诺基亚影像电话的理由"。诺基亚这样做降低了广告成本，获得了一些规模经济，并建立起了全球统一的品牌形象。与此同时，诺基亚也为适应不同的文化而改变广告。广告活动从广告播放的地区选用演员以代表当地人口，但他们说的台词都是一样的。也许诺基亚的战略应该对文化更加敏感，因为它被微软收购又解散，被苹果的iPhone和三星的Galaxy等产品所取代。使用电话的地方场景也有所改变，比如在意大利的广告场景是一个市场，而在中东的广告里是一个集市。

16.8 定价策略

国际定价策略是国际营销组合中的重要组成部分。本节我们考察国际定价策略的三个方面：第一，考察采用差别定价的情况，即相同产品在不同国家要价不同的情况；第二，看一看什么是战略性定价；第三，回顾一些会限制公司在某一国家确定其产品价格的能力的法律因素，如政府的价格管制与反倾销条例。

16.8.1 价格歧视

只要同一产品在不同国家的定价不同，即使只有微小的差别，就表示存在价格歧视。价格歧视包含在市场容忍的范围内所能收取的任何价格，同一件产品在竞争市场的价格可能要低于其在垄断市场上的价格。价格歧视能帮助公司达到利润最大化。在不同国家定价不同能够使公司获得经济效益。

价格歧视要有利可图必须具备两个条件。首先，企业必须将它在各个国家的市场分隔开。假如不能，个人或商家就可以通过套利来削弱该企业在价格歧视上的企图。当个人或商家通过购买价格低的国家的产品，再卖给价格高的国家，利用两国间产品的价格差异时，就会出现套利。例如许多汽车公司在欧洲长期实施价格歧视。福特公司的一辆雅驰特汽车曾经在德国的售价比在比利时的售价高出 2 000 多美元。汽车经销商为了赚取利润，在比利时买了福特雅驰特，开到德国去卖，价格比福特公司在德国的售价稍微便宜一些。由此，福特公司的价格歧视策略就被打破了。为了保护其在德国的汽车经销商的市场份额，福特公司不得不把德国的车价与比利时的车价统一起来。换句话说，福特公司无法把市场分隔开。而英国的汽车市场就完全可以和欧洲其他国家分隔开来，因为英国市场需要的是右座驾驶车辆。

其次，各国有不同的需求价格弹性。**需求价格弹性**（price elasticity of demand）衡量的是需求对产品价格变化的反应程度。当价格发生小变动使得需求发生大变动时，需求就是**富有弹性的**（elastic）；当价格发生大变动只使需求发生小变动时，需求就是**缺乏弹性的**（inelastic）。图 16-3 显示了富有弹性的和缺乏弹性的需求曲线，一般来说，企业在需求缺乏弹性的国家的定价可以高一些。

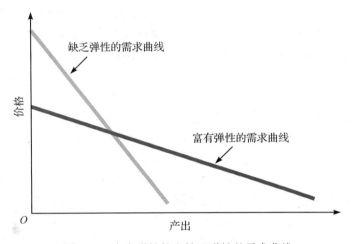

图 16-3　富有弹性的和缺乏弹性的需求曲线

产品在一个特定国家的需求弹性由几个因素决定，其中最重要的两个因素是收入水平和竞争状况。低收入水平的国家的需求价格弹性会更大。因为收入有限的消费者钱少，所以更关注价格，对价格非常敏感。因此，产品（如计算机）的需求价格弹性在印度就比在美国的大。在这些国家，计算机仍然属于奢侈品，起码对很大一部分人来说，而在美国计算机则被视为必需品。安装在个人计算机上的软件也是如此。因此，为了在印度销售更多的软件，微软公司把其产品的低价版本（如 Windows 入门版）引入该市场。

一般来说，竞争越激烈，消费者讨价还价的能力越强，就越有可能买定价最低的公司的产品。因此，大量的竞争者会造成较高的需求价格弹性。在这种情况下，如果一家公司把价格抬高，高于其竞争者的定价，消费者就会转向购买其竞争者的产品。当公司面对很少的竞争者时，情况正好相反。当竞争者不多时，消费者讨价还价的能力减弱，且价格不是重要的竞争武器。因而，公司在竞争不强的国家可能把产品的价格定得比在竞争激烈的国家高。

16.8.2　战略性定价

战略性定价（strategic pricing）的概念包含三个层面，分别为掠夺性定价、多点定价和经验曲线定价。掠夺性定价和经验曲线定价可能会违反反倾销法规。我们在回顾掠夺性定价和经验曲线定价后，再看一看反倾销法规和其他监管政策。

1. 掠夺性定价

掠夺性定价（predatory pricing）是指利用价格作为竞争武器，把较弱的竞争者赶出一国的市场。一旦竞争者离开市场，公司就提高价格，以享有高利润。公司要实施这种策略，一般情况下必须能够从另一个国家的市场获利以补贴它们为了垄断这个市场所定的过分低的价格。历史上，许多日本公司就被指责实施了这一价格策略。

人们是这样说的：因为日本的市场是被保护的，它对外国竞争者设有很高的非正式的贸易壁垒，所以日本公司在其国内市场可以通过高定价获得高利润，然后它们用这些利润来补贴其在海外过分压低的定价，以赶走海外市场上的竞争者。据称，一旦成功赶走竞争者，日本公司就提高价格。松下公司曾被指责运用这种策略进入美国的电视机市场。作为日本主要的电视机制造商之一，松下公司在日本国内赢利很多。它利用这些利润来补贴在美国市场上前几年的损失，从而使其可以极力压低价格以进一步打入市场。最终，松下公司成为世界上最大的电视机制造商。

2. 多点定价

当两家或多家国际企业在两个或多个国家的市场竞争时，就出现了多点定价的问题。**多点定价**（multipoint pricing）指的是这样一个事实：一家公司在一个市场上的定价策略会影响其竞争对手在另一个市场中的定价策略。在一个市场中过低的定价会引发竞争对手在另一个市场中的竞争性反应。例如，在美国柯达公司的本土市场上，富士公司向柯达公司发起了竞争性攻击，把一些产品的价格削减了50%。这次大降价使得富士产品的供货量增加了28%，而柯达公司的供货量则减少了11%。这一进攻使柯达公司左右为难，因为该公司不愿在其最大、最有利可图的市场开展降价行动。柯达公司的反应是：在富士公司最大的市场日本市场开展大幅降价行动。这一战略性的反应说明了柯达公司与富士公司之间相互依存的关系，以及它们在许多国家相互竞争的事实。后来，富士公司停止了在美国对柯达公司的进攻，以此来回应柯达公司的反攻行为。

柯达公司的故事说明了多点定价的一个重要问题：在一个市场中过激的价格行为会引发竞争对手在另一个市场中的反应。企业需要先考虑其全球竞争对手对其定价策略的变化会做出何种反应，之后再着手行动。当两家或多家全球公司关注某些特定国家的市场，并在这些市场展开激烈的价格战以赢得市场支配地位时，就产生了多点定价的第二个问题。在巴西的一次性尿布市场上，美国的两家公司金佰利公司和宝洁公司都试图赢得市场支配地位，双方由此展开了价格战。结果，一次性尿布的价格在3年里从每条1美元降到每条33美分，致使其他竞争者（包括巴西本土公司）都被赶出了市场。金佰利公司与宝洁公司在全球范围内争夺市场份额和市场支配地位，巴西只是它们的战场之一。虽然这一行动降低了两家公司在巴西的利润，但它们都能承受得起这样的代价，因为它们在世界其他地方的利润足以补贴其在巴西遭受到的损失。

企业需要对全世界各地的定价策略进行集中监控。虽然让各国子公司的管理者全权负责定价决策以获得分散定价的好处显得很诱人，但因为世界一个地方的定价策略会引起竞争对手在另一个地方做出反击，所以公司最高管理层有必要监督和批准特定国家市场的定价策略；而当地管理者也必须明白，他们的定价策略会影响到该公司在其他国家的竞争状况。

3. 经验曲线定价

我们第一次谈到经验曲线是在第15章。随着生产量的累积，由于经验曲线效应，产品的单位成本会下降。学习效应和规模经济是经验曲线的基础。因为积极的定价（以及强劲的促销和广告）可以快速累积销量，并使产量沿着经验曲线下移，所以价格问题是关键问题。经验曲线进一步走低的公司相对于那些经验曲线进一步上扬的公司在成本上更具有优势。

许多在全球范围内采用**经验曲线定价**（experience curve pricing）策略的公司定价都很低，试图尽快提升全球销售量，即使起初要承担很大的损失。这些公司相信，在未来的几年，当经验曲线走低时，它们就可以赚取巨大的利润，且会在成本上比那些采取不那么积极的价格策略的竞争者更有优势。

16.8.3 监管对价格的影响

公司实施价格歧视或战略性定价的能力会被国家规范或国际规范所限制。最重要的是，公司自主定价的自由会受到反倾销法规和竞争政策的约束。

1. 反倾销法规

掠夺性定价和经验曲线定价都会与反倾销法规冲突。**倾销**（dumping）出现在公司以低于生产成本的价格出售产品时。不过，大多数法规对于倾销的界定很模糊。例如，一个国家依据《关税及贸易总协定》第六条，只要符合两个标准，即以低于公平价值的价格进行销售，以及对进口国国内行业形成了实质性的损害，就可以采取反倾销行动。这一术语的问题在于它并未说明什么是公平价值。模棱两可的表述导致一些人认为：只要在国外的销售价格比在本国的价格低，即便不低于成本，也算是倾销。

反倾销法规为出口价格设定了底线，限制了公司进行战略性定价的能力。大多数反倾销行动中使用的相当模糊的术语表明：公司采取价格歧视的定价策略也可能遭到反倾销法规的挑战。

2. 竞争政策

大多数发达国家都有法规条例来促进竞争以及限制垄断。这些法规条例可用来限制企业在特定国家所能收取的价格。例如，瑞士制药商罗氏公司曾经垄断了安定和利眠宁的供应。该公司被英国垄断与合并委员会调查，该委员会承担着在英国促进公平竞争的责任。委员会发现罗氏公司对其镇静剂定价过高，责令该公司将价格降低50%～60%，并偿还高达3 000万美元的超额利润。罗氏公司虽然坚持认为其定价仅涉及价格歧视的问题，但并没有得到支持。类似的行为使罗氏公司后来又遭到德国联邦卡特尔局、荷兰和丹麦政府的一致指责。

16.9 配置营销组合

考虑到当地文化、经济条件、竞争状况、产品和技术标准、分销体系、政府规定等的差异，企业在不同国家所采用的营销组合需要有所不同。这些差异可能要求企业在产品属性、分销策略、沟通策略和定价策略上做出调整。

由于这些因素的影响相互叠加，因此很少有企业会在全球范围内采取相同的营销组合。就在几年前，这一点在许多情况下仍然适用。但我们也看到新一代的客户，即年轻的客户，他们在全球范围内似乎越来越愿意以"全球"的方式购买他们在日常生活中想要、需要和使用的东西。

电影业和金融服务业通常被认为是采用全球标准化营销组合模式的行业。虽然金融服务业公司（如美国运通公司）可能在世界范围内销售相同的签账卡服务、使用相同的基本费用结构、采用相同的最基本的全球化广告信息（"离开家时总带着它"），但各国在法规上的差异仍意味着它必须在不同的国家使用不同的沟通策略。类似地，虽然麦当劳常被认为是在世界范围内销售同样的标准化产品的企业典范，但在现实中，它在各国的营销组合中有一个显著的不同，即它在各个国家推行的菜单不同。麦当劳在不同国家的销售策略也有所不同。在加拿大和美国，大多数麦当劳餐厅坐落在汽车容易到达的地区；但在人口稠密且较少依赖汽车的国家，如日本和英国，其店铺选址就得考虑处于步行方便到达的地方。因为国家与国家之间在一个或几个方面存在差异（之前已经讨论），所以营销组合发生一些因地制宜的变化也是正常的。

不过，在营销组合的一个或几个因素方面通常存在较大的标准化机会。公司会发现为了大幅降低成本使全球的广告信息标准化，或者使核心产品属性标准化是可能的，也是值得的。它们可能发现，利用地区差异来制定分销策略和定价策略是有好处的。在现实中，"定制"与"标准化"的争论不是非此即彼的问题，公司通常较为明智的做法是在营销组合的一些方面标准化，而在另外一些方面则实行定制，这取决于各国市场的情况。

表16-1说明了如何针对若干国际细分市场来确定营销组合的标准化或定制化策略。请记住，真正的"全球化"产品，即在全球市场上百分之百标准化的产品，通常是一种幻觉，但公司可以通过利用某些营销组合属性和定制其他属性来接近这种标准化。

16.10 产品的开发与研发

目前为止，本章讨论了有关市场和品牌的全球化、商业分析和国际市场研究、营销组合（产品属性、分销策略、沟通策略和定价策略）的特征、营销组合的确定等问题。这些是本章关于国际营销和研发的核心问题。企业成功研发并推出新产品往往会使其获得大量的回报。本章的剩余部分将讨论国际营销、研发以及生产之间的相互作用。

成功掌控国际营销、研发和生产之间关系的例子有很多，如杜邦公司生产出了一系列的创新产品，包括玻璃纸、尼龙、氟利昂、铁氟龙（不粘锅）；索尼公司旗下的 PlayStation 和蓝光；开发"伟哥"的药物公司辉瑞公司；3M 公司将其核心能力应用在胶带和胶黏剂领域，生产了一系列新产品；英特尔在驱动个人计算机运行的微处理器革新领域一直处于领先地位；苹果公司拥有一系列的革新产品，包括 iPod、iPhone 和 iPad。这些公司以及其他公司成功的故事反映出一个明确的值得关注的焦点。同样，我们将利用本章内容，并结合第 15 章中关于全球生产的内容来讨论国际营销、研发以及生产之间的相互作用。

在当今世界，技术创新的竞争与其他方面的竞争一样激烈。从 18 世纪工业革命以来，技术变革的步伐不断加速，今天依然如此，其结果是大大缩短了产品生命周期。技术创新既创造产品也毁灭产品。一项创新能使一个成功的产品一夜之间成为过时的东西，但同时它也能创造出许多新的产品。回顾电子工业发生的变化。在 20 世纪 50 年代之前的 40 年间，真空管是收音机、录音机和早期计算机中的主要部件。晶体管的出现破坏了真空管的市场，同时又创造了与晶体管有关的新的机遇。晶体管比真空管的体积小得多，开创了微型化的趋势，并使之延续至今。然而，晶体管在电子业作为主要原件只持续了 10 年。70 年代，微处理器被开发出来，晶体管的市场迅速缩小。同时，微处理器创造了另外一些新产品的机遇，如掌上计算器（破坏了计算尺的市场）、CD 光盘播放机（破坏了模拟录音机的市场）、个人计算机（破坏了打字机的市场）、智能手机（正在淘汰掉固定电话）。

由于技术变化而带来的"创造性破坏"，公司保持领先的技术优势变得愈加重要，否则它就会被竞争者的创新所淘汰。这不仅需要公司在研发上进行投资，还要求公司在专业人才集中的地方开展研发活动。我们将看到，技术的领先本身并不足以保证公司的生存。公司还必须利用技术开发满足消费者需求的产品，同时产品的设计要考虑到降低生产成本。为了达到这一目的，公司必须在研发、营销和生产几个环节间建立密切的联系。对国内公司来说做到这点已经很困难，但是对于国际企业而言，做到这一点更为棘手，因为它们还必须面对其竞争所在的行业里各国消费者在品位和偏好方面存在的差异。带着这些问题，我们接着讨论研发活动的选址和研发、营销与生产之间联系的建立。

16.10.1 研发活动选址

新产品的创新是在科研、需求条件和竞争状况的共同作用下激发出来的。在其他条件相同的情况下，新产品的开发速度在具有下列条件的国家似乎更快一些：

- 在基础和应用研发上投入更多的资金；
- 潜在需求非常强烈；
- 消费者很富有；
- 竞争很激烈。

基础和应用研发是要发现新技术，并使其转化成商业成果。强烈的需求和富有的消费者为新产品创造了潜在的市场。企业间激烈的竞争刺激了创新，因为各个企业都试图击败竞争者，以获得因成功的创新而带来的潜在的巨大的先行者优势。

第二次世界大战后的大部分时期内，根据这些标准，排位最高的是美国。美国每年用于研发的费用占国内生产总值的比重超过其他任何国家。美国拥有世界上最大、最活跃的科研机构；美国的消费者是世界上最富有的人群，市场巨大；同时美国企业间的竞争很激烈。正是因为这些因素，美国成为领先全球的市场，大多数新产品在这个市场开发和引入。因此，美国是当时进行研发活动的最佳地点。

但过去 25 年间，情况发生了很大的变化。美国对新产品研发的垄断已经被削弱了许多。尽管美国公司在许多新技术方面仍处于领先地位，但是亚洲和欧洲公司已经成为其强大的对手，如索尼公司、夏普公司、三星公司、爱立信公司、诺基亚公司和飞利浦公司，它们在各自的行业引领着产品的创新。另外，日本、欧盟、中国以及其他发展中国家拥有巨大而富裕的市场，它们与美国之间的财富差距正在缩小。

因此，说美国依然是主导市场已不再合适。例如，在电子游戏机方面，通常日本是主导市场。一些公司，如索尼公司和任天堂公司，在日本推出一款最新的电子游戏机通常要比在美国推出同款游戏机早 6 个月左右。然而，对于发达国家能否成为主导市场这个问题，仍然存有疑虑。要在当今的高科技领域取得成功，公司通常需要同时在几个主要工业国家的市场上推出新产品。例如英特尔公司推出一款新型的微处理器时，它并不是先在美国市场推出一年后再在欧洲市场推广，而是在全球市场同步推出。微软新版本的Windows操作系统和三星新款的智能手机同样如此。

因为全球许多地方都开展了前沿研究，所以将美国视为集中研发地域的观点不再像30年前那么强烈（过去人们常认为集中进行研发能避免重复）。许多前沿研究现在在亚洲和欧洲展开。将研发活动分散到这些地点使公司能够接近前沿研究活动的中心，以收集科学和竞争信息及利用当地科技资源。这可能会导致研发活动在一定程度上的重复，但分散带来的好处要超过这种重复造成的成本劣势。

例如，为了参与日本正在进行的研究和新产品的研发，许多美国公司在日本建立了"卫星"研发中心。在日本建立研发机构的美国公司包括康宁公司、德州仪器、IBM、宝洁、辉瑞、杜邦、孟山都和微软。美国国家科学基金会报告说美国公司现在在国外总体的研发支出的比率在急速增加。例如施贵宝公司（Bristol-Myers Squibb）在5个国家设立了12个机构。与此同时，据美国国家科学基金会报告，许多欧洲和亚洲公司为使自己的研究国际化并吸引美国的研究人才，已经开始向美国建立的研发机构投资。

16.10.2 研发、营销与生产的整合

尽管成功开发新产品的企业可能赢得大量的经济回报，但新产品的开发也有很高的失败率。一项针对化工、药品、石油和电子行业的16家公司的产品研发所进行的调查显示，只有大约20%的研发项目产生了成功的商业产品或工艺流程。另一项对三家公司（一家化工公司、两家药品公司）产品研发的深入调查报告显示：在所有的研发项目中，大约有60%达到了技术上完成的程度，30%进入了商业生产，而只有12%的公司获得的经济利润超过了公司为此付出的资本成本。同样针对这些行业的另一项研究得出的结论是：1/9的大型研发项目（即大约11%）产生了商业上成功的产品。总之，证据显示，只有10%~20%的大型研发项目产生了商业上成功的产品。

失败率如此高的原因各不相同：所研发的技术的需求量有限；没能使有前途的技术实现充分商业化；没能以合理的成本制造新产品。新产品研发设计需要考虑三个核心职能：研发、营销和生产。通过坚持在这三个职能间进行紧密的跨职能协调和整合，企业可以减少犯这类错误的可能性。在研发、生产和营销方面，紧密的跨职能整合可以帮助公司确保：

- 产品研发项目是由客户需求驱动的；
- 研发的新产品方便制造；
- 开发成本受到控制；
- 尽可能快地进入市场。

要求对研发和营销进行紧密整合是为了保证产品研发项目是由客户需求驱动的。公司的客户可能是新产品创意的主要来源。识别客户的需求，尤其是尚未满足的需求，能刺激成功的产品创新。作为与客户的接触点，公司市场营销部门可以在这方面提供有价值的信息。想把新产品恰当地商业化，整合研发和营销是关键。没有研发和营销的整合，公司研发的产品就存在需求不足甚至没有需求的风险。

研发与生产之间的整合会帮助公司在设计产品时考虑到生产要求，这样就可以降低生产成本、提高产品质量。整合研发和生产还可以促进研发成本的降低并缩短新产品上市的时间。如果新产品不以生产能力为前提进行设计，在现有的制造技术条件下就可能无法生产。产品将不得不重新设计，总的研发费用会显著增加，产品进入市场的时间也会延长。在产品规划期间修改设计会增加50%的总开发成本，产品进入市场的时间会延长25%。许多重要的产品创新要求新的制造工艺，这就使得研发与生产之间的紧密联系更加重要。最小化上市时间和研发成本可能要求同时研发新产品与新工艺。

16.10.3 跨职能团队

跨职能整合的方法之一是建立由研发、营销和生产部门的代表组成的跨职能的产品研发团队。由于这些职能部门可能位于不同的国家，因此团队有时会由多国成员组成。团队的目标应该是完成从最初的概念设计到引

入市场的产品研发项目。产品研发队伍为了有效地发挥作用并完成研发各阶段的工作，下面几个方面是非常重要的。

第一，团队应由一位"重量级"项目经理带队。他在组织内应有很高的地位，有权利和权威得到团队成功所需的人力和财力资源。这位领导即便不能把全部也应该把主要精力放在项目上。领导者应当信任这个项目，并善于整合各职能部门的观点，帮助来自不同职能部门和不同国家的员工为实现一个共同的目标一起工作。对于高层管理者而言，该领导也应该是该团队的支持者。

第二，团队在各个关键职能上至少有一名成员。团队成员应当具有一些技能和特长，包括提供有效的专业知识的能力，在本领域有较高的权威，愿意为团队的结果承担责任，以及能够把部门和本国的利益放在次要位置。如果核心团队成员在项目过程中全心全意地为项目做贡献，那就更为完美了。这能确保他们把精力放在项目上，而不是放在他们本部门正在进行的工作上。

第三，在可能的情况下，团队成员应在一个地点工作，以便沟通并创造出一种战友式的感觉。如果团队成员是从不同国家的机构聚集起来的，就会产生问题。一个解决的办法是：在产品研发期间把关键成员都调到一个地区。

第四，团队应当有一个清晰的计划和目标，尤其在关键的研发进度和研发预算方面。为了达到这些目标，团队应有激励机制，如当研发上完成了重大的阶段性目标后发放奖金。

第五，每个团队必须制定出自己的沟通方式和解决冲突的方法。例如，昆腾公司（Quantum Corporation）是一家总部设在加利福尼亚州的个人计算机磁盘驱动器制造商。它的产品研发团队有一个规定，即所有的重大决定和冲突的解决必须在每周一下午的例会上进行。这个简单的规定有助于团队达到研发目标。在这种情况下，团队成员从日本的产品生产地飞到美国的研发中心参加周一下午的例会是件很平常的事情。

16.10.4 培养全球研发能力

整合研发和营销以使新技术充分实现商品化的需要引出了国际商务中的一些特殊问题，因为商品化可能要求企业在不同的国家生产不同版本的新产品。要做到这一点，企业必须在其研发中心和它在各国的生产经营之间建立密切的联系，同样也需要整合研发和生产之间的关系，对于那些因考虑相对要素成本等而把生产活动分散到世界各地的国际企业来说更是如此。

整合一个国际企业的研发、营销和生产，可能要求在北美洲、亚洲和欧洲的研发中心通过正式或非正式的整合机制与各国所在地区的营销机构及生产机构相联系。另外，国际企业必须建立一些由分散在全球各地的成员组成的跨职能团队。这种复杂的尝试要求企业利用一系列正式和非正式的整合机制把遍布各地的经营实体结合起来，使它们能够有效及时地生产新产品。

虽然不存在针对不同的研发中心分配产品研发职责的最佳模式，但许多国际企业采用的一个解决办法是建立全球研发中心网络。在这一模式下，分布在全球的基础研究中心将进行基础性研究。这些基础研究中心一般设在能够创造有价值的科学知识的地方和研究人才集聚的地方，如美国硅谷、英国剑桥、日本神户、新加坡。这些中心是公司创新的"发动机"，它们开发出最终能转化为新产品的基础性技术。

这些技术由附属于全球产品部门的研发单位来挑选，用来生产新产品，服务全球市场。在这个阶段，技术的商品化和对生产过程的设计是重点。如果需要进一步定制产品使其迎合某一特定市场顾客的品位和偏好，那么重新设计的工作会由该国的一个子公司的研发小组进行，或者在为该区域的不同国家定制产品的区域中心进行。

惠普公司有7个基础研发中心，分布在美国加利福尼亚州的帕罗奥多、英国英格兰的布里斯托尔、以色列的海法、中国的北京、新加坡、印度的班加罗尔和俄罗斯的圣彼得堡。这些研发中心是将技术转变为最终新产品和新业务的温床，它们是公司创新的"发动机"。例如，帕罗奥多中心引领惠普公司的热喷墨技术。产品由研发中心联合惠普公司全球产品部共同研发。因此，总部设在加利福尼亚州圣迭戈的惠普消费品集团利用惠普公司先进的热喷墨技术设计、开发、制造一系列的成像产品，然后各子公司可能修改产品以更好地满足重点国家市场的需求。例如，惠普公司在新加坡的子公司负责为日本和其他亚洲市场设计与生产热喷墨打印机。这家子公司把原先在圣迭戈研发的产品拿过来，重新设计后投入亚洲市场。另外，新加坡子公司在设计和研发某些便携式热喷墨打印机方面已经领先于圣迭戈总部。惠普公司将该产品授予新加坡的子公司负责，因为它在设计和生产热喷墨打印机方面已经获得了重要的竞争力，所以它已成为世界上承担这一活动的最佳地点。

全景视角：宏观环境的影响

当我们审视宏观环境的趋势及其对国际企业营销的影响时，有三件事非常突出。首先，过去50年的大趋势是：全球市场和跨国界细分市场稳步上升。跨境贸易和投资的壁垒降低，加上全球媒体（包括社交媒体）的发展，以及大量的跨境旅行，都促进了这一趋势。跨国界细分市场的崛起在年轻人中尤其引人注目，他们是新的社交媒体平台，如Facebook、Instagram、Pinterest和Twitter的消费者。由于这些发展，几十年来，我们似乎一直在朝着西奥多·莱维特关于相对同质的全球市场和全球品牌的愿景几乎成为现实的世界发展。重要的是要记住，跨国公司不是被动的参与者。通过在世界各地以相同的基本方式开发和推广相同的商品与服务，可口可乐、星巴克、宜家、苹果、微软、索尼和三星等公司都主动促进了发展日益同质化的全球消费文化，并在以前不存在的地方创建了全球品牌。考虑开篇案例中介绍的可口可乐的"分享可乐"活动。尽管有一些地方性的定制以顾及各国在名字和语言上的差异，尽管各国在如何最好地实施营销活动方面进行了一些试验，但全世界对该活动都有类似的感觉。它以年轻人为目标，并关注与每个消费者的重要人物分享可乐所带来的快乐。

尽管如此，我们在本章中还是一直不厌其烦地强调，重要的地方差异仍然存在，国际企业如果忽视这些差异，就会面临危险。这就引出了第二点，即美国等国家向经济民族主义的转变以及由此产生的贸易壁垒的增加可能预示着对全球化的反应。特朗普的"美国优先"理念显然与全球化背道而驰。事实上，特朗普经常把那些不同意他观点的人贬低为"全球主义者"，明确暗示全球化是不可取的。为了应对可能伴随我们多年的新冠疫情，各国将开始向内看，跨境旅行和贸易可能会下降。这意味着商业系统和文化的地方差异可能会再次开始增加。这种全球化的反潮流可能要求国际企业开始更加关注品牌和营销战略的本地化。

最后，有一些重要的技术趋势是国际营销人员需要密切关注的。大数据分析的兴起正在彻底改变营销情报，并允许更好地定位细分市场以及更多的商品和服务的个性化。我们数十亿人通过无数的数字设备，包括电话、手表和计算机，一直与互联网相连。我们消费的媒体，我们访问的地方，我们互动的产品，我们的朋友，所有这些以及更多的东西都被复杂和强大的计算机算法收集、存储和分析，使营销人员能够更好地掌握个人的品位和偏好。这一发展已经允许营销信息的超级个性化，以及在国家内部和国家之间识别重要的利基市场。虽然公司需要认识和处理一些重要的隐私问题，但国际营销管理者如果忽视这些趋势，很可能会带来危险，因为他们将面临被更好地利用大数据的公司所淘汰的风险。

本章小结

本章讨论了国际企业中的营销、商业分析和研发功能。贯彻本章的主题是成本降低需求与当地响应需求（这会增加成本）之间的紧张关系。本章要点如下：

（1）西奥多·莱维特认为，由于现代通信工具和交通运输技术的到来，消费者的品位和偏好会越来越全球化，这就产生了标准化消费品的全球市场。然而，这个说法被众多评论人士视为极端情况，他们认为不同国家和文化的消费者之间仍存在着重大的差别。

（2）市场细分是指识别需求、欲望和购买行为上与其他群体有重大差别的消费者群体的过程。国际企业的管理者需要知道有关市场细分的两个主要问题：细分市场结构上的国别差异和超越国界的细分市场的

（3）在公司将全球市场作为其当前或潜在目标客户市场的背景下，商业分析可以被定义为得以探索以及深入调查公司的国际商业战略和活动的知识、技能和技术，以获得洞察力并推动未来的战略开发和实施。

（4）一个产品可被视为一组属性的集合体。产品属性需要在不同国家有所不同，以满足不同消费者的品位和偏好。

（5）不同国家在消费者品位和偏好方面的不同是由于文化和经济发展差异引起的。另外，产品和技术标准的差异会要求公司根据不同的国家定制产品属性。

（6）分销策略决策是指试图确定将产品提供给消费者的最佳渠道。在全球供应链中，营销渠道是供应链下游（也称为外向供应链）的一部分（参见第15章）。

（7）各国的分销系统存在着显著的差异。在一些国家，零售系统很集中；在另一些国家，零售系统是分散的。在一些国家，渠道很短；在另一些国家，渠道则很长。在一些国家很难进入销售渠道，渠道的质量也可能较差，特别是在发展程度较低的国家。

（8）营销组合中的一个关键因素是沟通策略，它决定了公司与潜在消费者沟通产品属性时所要使用的程序。

（9）国际沟通方面的障碍包括文化差异、信息源效应及噪声水平。

（10）沟通策略有"推动"和"拉动"两种。推动策略强调人员销售，而拉动策略则强调大众媒体广告销售。到底是推动策略好还是拉动策略好，取决于产品种类、消费者成熟度、渠道长度和媒体的可用性。

（11）全球标准化的广告活动在全世界使用相同的市场营销信息，在经济上有优势，但不能适应文化上和广告法规的差异。

（12）当同一种产品对不同国家的消费者定价不同时就存在价格歧视。价格歧视有助于公司实现利润的最大化。要使价格歧视起作用，不同国家的市场必须分隔开，且它们的需求价格弹性必须不同。

（13）掠夺性定价是指利用在一个市场赢得的利润支持在另一个市场的积极定价，以期达到把竞争对手赶出该市场的目的。

（14）多点定价是指公司在一个市场的定价策略会影响竞争对手在另一个市场上的定价策略，尤其是在一个市场的积极定价会引发竞争对手针对其另一个重要市场的竞争性回应。

（15）经验曲线定价是利用积极定价尽快积累一定的销售量，使公司经验曲线迅速走低。

（16）国际市场调研的步骤包括：①明确调研目标；②确定数据来源；③评估调研的投入与回报；④收集数据；⑤分析和解读调研数据；⑥出具调研结果。

（17）新产品研发是高风险、高潜在回报的活动。为了在新产品研发上获得竞争力，国际企业必须做两件事：把研发活动分散到新产品研发领先的国家以及把研发、营销和生产整合起来。

（18）要达到研发、营销与生产之间的紧密整合，需要启用跨职能团队。

第 17 章

全球人力资源管理

学习目标

- 17-1 概述在国际商务活动中人力资源管理的战略角色
- 17-2 探讨在国际商务活动中不同人员配备政策的优缺点
- 17-3 解释外派经理为何在国外的职位中不能大显身手
- 17-4 说明人才发展与培训项目如何增加从事国际商务活动的企业的人力资本价值
- 17-5 解释绩效评估系统为何有国别差异以及具有怎样的差异
- 17-6 理解薪酬为何具有国别差异以及具有怎样的差异
- 17-7 理解劳工组织如何影响从事国际商务活动的企业的战略选择

⊙ 开篇案例

IBM 人力资源战略的演进

IBM 长期以来一直是世界上最重要的信息技术企业之一,在制造信息处理硬件和软件以及开展世界一流的信息技术咨询服务业务方面有着悠久的历史。最近,该公司大力进军云计算业务,雄心勃勃地成为全球企业混合云服务的主要提供商。

当 IBM 在第二次世界大战后首次开始进行国际扩张时,它采用了许多企业采取的经典"国际"模式,即在国内开展大部分活动,并通过海外销售办公室在国际上销售其产品。然而,到了 20 世纪 70 年代,该公司已经不再采用这种模式,那时,它已成为一家典型的"跨国"企业,在全球主要国家市场拥有微型 IBM。这些小型企业都是半自治的,专注于本地客户。这种结构在 70 年代对 IBM 来说是有意义的,因为许多市场仍然因跨境贸易的高壁垒而相互分割,而且商业实践中的国家差异往往需要相当大的产品和服务本地化。

然而,在 20 世纪 90 年代和 21 世纪初,IBM 放弃了这种模式,转向采取一种被称为"全球整合企业"的模式。用一位前 CEO 的话来说:"我们基于经济、专业知识和合适的商业环境,在世界任何地方开展工作和运营。我们正在横向地、全球性地整合这些业务。我们过去在不同的市场有不同的供应链。现在我们有了一条供应链,一条全球供应链。多年来,我们的研发一直是全球性的,我们在世界各地的实验室进行研究和软件开发。但在我们的专业服务业务中,我们过去常常从国家、地区和业务单位的角度来考虑我们的人力资本,即我们的员工,现在我们将他们视为一项全球资产进行管理和部署。"

因此,今天的 IBM 将其半导体研发和制造业务设在纽约州北部和佛蒙特州,全球采购中心位于中国,全球服务交付在印度,而支持 IBM 外部和内部网站的许多服务在爱尔兰和巴西等地。每个中心的员工都没有专注于本国市场，他们是全球整合运营的领导者。

这一战略转变是对三件事的回应：世界经济的全球化、许多IBM客户的全球化（它们自己也正在转向全球整合战略）以及来自中国和印度等新兴市场企业的激烈竞争。以印度为例，20世纪90年代，印度的三家外包公司塔塔咨询服务公司（Tata Consulting Services）、Infosys和Wipro开始从IBM的核心信息技术服务业务中抢走市场份额。印度拥有大量受过高等教育但相对廉价的工程和管理人才，因此享有优势。IBM认为，为了竞争，它必须采用印度首创的低成本模式。因此，2004年，它收购了印度的Daksh公司。Daksh是印度三大信息技术服务公司的一个缩小版。IBM在印度部门投入了大量资金，将其打造成一家拥有领先的市场份额的大型全球企业，目前该企业在成本和质量方面与印度的竞争对手展开了有效竞争。虽然在印度扩张的最初动机是获得低成本劳动力，但IBM现在认为印度的高技能基础同样重要，甚至更重要。IBM可以在印度找到大量高技能人员，他们可以为其全球服务运营提供人员，并在世界各地流动。大多数印度人能够熟练掌握英语，这一点并没有坏处，因为英语已经成为世界上大部分地区事实上的商业语言。

IBM仍在努力成为一家完全整合的全球企业。该企业的一个主要目标是开发企业的人力资本——培养一批能将他们自己视为全球专业人士和全球公民的管理人员与工程师。他们能够毫不费力地在世界各地流动，并在广泛的国家背景下有效地开展业务，无论他们来自哪个国家。也许这一进展最明显的迹象发生在2020年初，印度安得拉邦人阿文德·克里希纳（Arvind Krishna）成为IBM的首席执行官，他是第一个担任该职务的非美国人。

资料来源："The Empire Fights Back," *The Economist*, September 30, 2008, pp. 12–16; S. Palmisano, "The Globally Integrated Enterprise," *Vital Speeches of the Day*, October 2007, pp. 449–53; S. Hamm, "IBM vs Tata: Which Is More American?" *BusinessWeek*, October 5, 2008, p. 28; John Boudreau, "IBM's Global Talent Management Strategy," Society for Human Resource Management, 2010; Charles King, "IBM's Leadership Succession Strategy," *eWeek*, February 5, 2020.

引言

本章通过研究全球人力资源管理，继续关注在有约77亿人的全球市场中经营的公司的业务职能。**人力资源管理**（human resource management，HRM）是指某一组织有效运用其人力资源的活动。这些活动包括制定公司的人力资源战略、人员配备、绩效评估、人才发展、薪酬以及劳动关系等，其中任何一项全球人力资源管理活动都不是凭空进行的，而是和企业全球战略紧密相关的。正如本章后面将要阐述的，人力资源管理具有重要的战略意义。通过影响公司人力资源的特征、发展、质量和生产率，人力资源管理职能可以帮助公司削减价值创造的成本，以及实现通过更好地服务客户来增加价值的主要战略目标。本章的开篇案例讨论了人力资源需要如何整合到战略中。尽管公司的重心仍在美国，但IBM已经从强调本地化的企业战略和每个国家的子公司关注本地客户，转向为其全球一体化的公司服务的全球战略。作为这一战略转变的一部分，IBM的人力资源战略是找到世界上最优秀的人才，无论他们在什么地方，并将他们培养成熟练的贡献者，可以在全球任何需要的地方工作。2020年1月，当阿文德·克里希纳成为IBM的首席执行官时，这个人力资源战略得出了合乎逻辑的结论。克里希纳是IBM百年历史上第一个担任该职务的非美国人。

无论像IBM这样的跨国公司的经理们多么想建立拥有全球劳动力的真正的全球企业，现实却是人力资源管理实践常常需要根据国家背景做出相应调整。人力资源管理的战略作用在纯粹的国内企业中已经相当复杂，在跨国公司中将更为复杂，因为跨国公司中的人员配备、人才发展、绩效评估以及薪酬会因国家间劳动力市场、文化、法律制度、经济制度等的不同而更加复杂（参见第2、3、4章）。例如：

- 补偿办法可能因各国习俗而有所不同；
- 劳工法可能在一个国家禁止工会，但在另一个国家却强制设立；
- 平等就业法规可能在某个国家被执行，在另一个国家则不然；
- 面对种族和文化的现实可能需要对公司政策进行一些修改。

如果要建立一支国际经理的核心队伍来管理跨国公司，那么其人力资源管理部门必须处理一系列问题。它必须决定如何给公司的重要管理岗位配备人员，如何培训经理使他们能够了解在不同国家做生意的细微差别，如何向在不同国家工作的员工支付薪酬，以及如何对不同国家的经理进行绩效评估。人力资源管理部门还必须解决一些有关外派经理的问题。**外派经理**（expatriate manager）就是指在本国以外的子公司工作的经理。它必须决定何时需要外派经理，外派岗位的人选，明确知道选择的原因，以及支付合适的外派薪酬，并确保外派经理的问询得到充分答复以及在他们回国后职位的重新调整。

本章将主要研究人力资源管理在国际商务中的作用，首先简要介绍人力资源管理的战略作用；其次将注意力转向人力资源管理职能的四大主要任务：人员配备政策、人才培训和发展、绩效评估和薪酬，并指出每一项任务的战略意义；再次我们看看企业如何构建多元化的全球员工队伍，以及为什么这样做可以使企业受益，从而产生更高的财务业绩；最后讨论国际劳工关系，以及公司劳工关系管理和整体战略之间的关系。

17.1 全球人力资源管理的战略作用：管理全球员工

大量且还在不断增加的学术研究表明，公司的高盈利性需要人力资源管理实践与其战略之间的高度协调。我们在第12章中曾阐述过，优秀的绩效表现不仅需要正确的战略，而且这一战略要有合适的组织架构来支撑，战略要通过企业的组织来执行。如图17-1所示，人员是企业组织架构的关键。企业若想使其绩效在全球市场中优于竞争对手，那么它必须给适当的职位安排适当的人选。这些人必须经过适当的培训以具备高效完成本职工作的技能，并且以符合企业文化的方式行事。他们获得的薪酬必须能够激励他们采取与公司战略一致的行动，而公司的绩效评估体系必须能够衡量公司想要鼓励的行为。

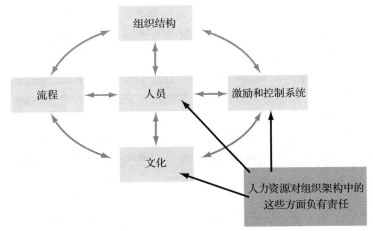

图17-1 人力资源对于形成组织架构的作用

如图17-1所示，人力资源管理职能通过人员配备、培训、薪酬和绩效评估政策能够对企业组织架构中的人员、文化、激励和控制系统等因素产生重要的影响（绩效评估系统是企业控制系统的一部分）。所以人力资源管理的专业人员具有尤为重要的战略作用，他们有责任以与企业战略一致的方式在公司的组织架构中塑造以上这些因素，从而使公司能够有效地实施其战略。

总之，优秀的人力资源管理可以在全球经济中成为维持高生产率和竞争优势的持久源泉。同时，研究表明，许多跨国公司的人力资源管理职能还有提高其有效性的空间。在一项关于326家大型跨国公司竞争力的研究中，研究人员发现，人力资源管理在大多数公司中是最薄弱的环节之一，并且他们指出，通过改进国际人力资源管理实践的有效性可以给公司带来巨大的业绩收益。

在第12章中，我们探讨了跨国公司实施的四种战略：本土化战略、全球标准化战略、跨国战略、国际战略。在本章中我们会看到，公司的成功需要人力资源管理政策与公司战略相一致。例如跨国战略与本土化战略在人员配备、人才发展和薪酬等方面的要求各不相同。采取跨国战略的公司需要在组织内部建立浓厚的企业文化与传递信息和知识的非正式管理网络。通过人员配备、人才发展、绩效评估和薪酬，人力资源管理职能有助于实施公司战略。因此，正如我们所提到的，人力资源管理对于实施公司战略具有关键性作用。接下来，我们将通过一些细节来探讨人力资源管理的战略作用。

17.2 人员配备政策

人员配备政策（staffing policy）主要是指为特定的工作岗位选择员工。从一方面来讲，就是根据特定的工作岗位选择具有岗位所需技能的人员。从另一方面来讲，人员配备政策是发展和促进理想的企业文化的一种工具。**企业文化**（corporate culture）指的是组织的规范和价值体系。强有力的企业文化可以帮助企业实施其战略。例如通用电气公司并不仅仅考虑为了某一特定职位而聘用拥有所需技能的人员，它更希望聘用行为方式、信念以及价值体系与公司保持一致的人员。无论被聘用的是美国人、英国人、德国人还是瑞典人，也无论招聘活动是为美国子公司还是国外子公司开展的，这一点都不会改变。公司相信如果员工的个性类型与公司的准则和价值体系一致，那么公司将能够实现更高的绩效。

17.2.1 人员配备政策的类型

研究发现，跨国公司有三类人员配备政策：母国中心模式、多国中心模式和全球中心模式。我们将探讨每一种人员配备政策并将它与公司战略相联系。其中最具吸引力的人员配备政策应该是全球中心模式，尽管它在实施中存在一些障碍。

1. 母国中心模式

在**母国中心模式人员配备政策**（ethnocentric staffing policy）下，所有关键的管理职位都由母国人员担任。这一做法曾经非常普遍。诸如宝洁、飞利浦、松下等公司最初都采用这一政策。例如荷兰的飞利浦公司，其大多数国外子公司的重要职位一度由母公司指定的荷兰人担任，那些荷兰人曾被非荷兰籍的同事称作"荷兰黑手党"。长期以来，许多日本和韩国的公司，如丰田、松下和三星等，其国际运作的关键职位经常由母国人员担任。例如，据日本海外企业协会统计，日本公司的海外子公司中，只有29%的子公司总裁由非日本人担任。相比之下，有66%的外国公司驻日子公司任用日本籍总裁。如今，有证据表明，随着中国公司开始国际化扩张，它们也在国外的子公司中使用母国中心模式人员配备政策。

公司推行母国中心模式人员配备政策通常有三大原因。首先，公司可能认为东道国缺乏合格的高层管理人员。在欠发达国家设立子公司时，这一理由比较普遍。其次，公司将这一政策作为维系统一的企业文化的最佳方法。例如，许多日本公司倾向于外派日本经理来领导国外子公司，因为这些人员在日本受雇时已经融入公司的文化。宝洁至今仍喜欢让那些在美国公司工作数年并已融入宝洁企业文化的美国人担任其国外子公司的重要管理职位。当公司对企业文化非常重视时，这一原因显得尤为突出。

最后，当公司实施跨国战略，力图通过向国外子公司转移核心能力来创造价值时，它会认为最好的途径是将那些具有相关知识和能力的母国员工转移到国外子公司。试想如果公司打算将市场营销方面的核心能力转移到国外子公司，却不相应地转移母国营销人员，将会发生什么。转移可能会因为蕴含核心能力的知识不能简单地用口头和文字的方式表达清楚而无法产生预期的收益。这一类知识来源于实践经验，通常只可意会不可言传。就像伟大的网球运动员不可能只靠写一本手册就能教会别人成为成功的网球运动员一样，在营销或其他方面拥有核心能力的公司也不可能仅靠写一本手册就可以教会国外子公司在全新的环境中打造起这一核心能力。它需要向国外子公司转移管理人员，向国外的经理展示如何成为优秀的营销人员。公司之所以有必要向海外转移经理，是因为那些蕴藏于核心能力中、储存在本地经理头脑中的知识，是他们多年工作经验的积累，不是其他人靠读一本手册就能获取的。因此，公司如果要向国外子公司转移某项核心能力，就必须转移合适的经理。

尽管母国中心模式人员配备政策有其合理性，但现今大多数的跨国公司已逐渐不使用它了，主要有以下两个原因。第一，母国中心模式人员配备政策限制了东道国员工的发展机会。这会导致员工怨恨不满、低生产率以及组织中频繁的人员变动。通常外派经理的薪酬大幅度高于母国经理，这会进一步加剧其不满情绪。

第二，母国中心模式会导致文化短视，即公司无法了解东道国的文化差异，而文化差异要求公司采取不同的营销和管理方法。外派经理需要较长的适应期，而在这段时期他们很可能犯下重大失误。例如，外派经理不能正确评价适合东道国条件的产品属性、分销策略、沟通策略以及定价策略，往往因此而付出高昂的成本代价。由于外派经理并不了解他们负责管理的子公司所在地的文化，因此可能做出伦理上有问题的决策。美国曾有一个著名的案例，三菱汽车公司因容忍伊利诺伊州一家工厂中存在的广泛而持续的性骚扰而被联邦公平就业委员会起诉。该厂的所有高层管理人员都是日本外派经理，他们拒绝接受这项指控。日本经理没有意识到，在日本可以被接受的行为在美国却是不能被接受的。

2. 多国中心模式

多国中心模式人员配备政策（polycentric staffing policy）要求在母国人员担任公司总部的关键职位的同时，子公司管理层由东道国人员担任。多国中心模式在许多方面克服了母国中心模式的缺点，其中一个优点就是尽可能地避免了文化短视。外派经理易犯的文化误解方面的错误在东道国经理身上可以避免。另一个优点是多国中心模式人员配备政策的实施成本低，降低了价值创造的成本，因为外派经理的成本非常高。

多国中心模式人员配备政策也有其不足之处。东道国人员获得本土以外经验的机会有限，因而难以在本国子公司的高级职位之后再有所发展。与实施母国中心模式的情况一样，这也会引发员工的不满情绪，最大的弊端在于：东道国经理和母国经理之间很可能产生隔阂。语言障碍、民族忠诚以及一系列的文化差异会将公司总部人员与各个国外子公司的人员隔离开来。如果母公司与东道国之间缺乏管理人员的流动，这种隔阂就会进一步恶化，最终导致总部与国外子公司之间无法实现一体化。结果就是形成多个独立的国外联合体，与公司总部之间只存在名义上的联系。在这种情况下，公司转移核心能力、实现经验曲线或区位经济所需的协调性就难以获得。因此，虽然多国中心模式人员配备政策可能对实施本土化战略的企业有效，但对实施其他战略的企业不一定适合。

这种多国中心模式的人员配备政策产生的联合体，也可能成为公司内部惰性产生的推动力。食品及清洁用品巨头联合利华公司发现，在推行了数十年多国中心模式人员配备政策后，要从本土化战略向跨国战略转变是非常困难的。联合利华的国外子公司已经演化为准自主经营公司，各自有着强烈的国别性。这些"小王国"强烈反对公司总部限制它们的自主权和改进全球制造的意图。

3. 全球中心模式

全球中心模式人员配备政策（geocentric staffing policy）在整个组织内为关键岗位寻找最佳人选时不考虑国籍因素。这种政策有许多优点。首先，公司能够最好地利用其人力资源。其次，也许是更为重要的一点，公司可以通过全球中心模式人员配备政策建立起一支国际管理人员的核心队伍，他们可以在各种不同的文化环境中轻松自如地工作。建立这样一支队伍，就是向建立牢固统一的企业文化以及构建非正式的管理网络迈出了关键性的第一步，而这两者正是实施全球标准化战略和跨国战略所要求的。同推行其他人员配备政策的公司相比，采用全球中心模式的公司更易实现经验曲线、区位经济和多方向转移核心能力，从而创造更多的价值。此外，全球中心模式人员配备政策所形成的多国管理队伍有利于减少文化短视，增强当地响应。

总之，在其他条件相同的情况下，全球中心模式人员配备政策显得最具有吸引力。的确，近几十年来许多跨国公司都向全球中心模式人员配备政策迅速转变。我们在开篇案例中看到，IBM已经发生了这种转变。类似地，目前价值超过1 000亿美元的全球性企业集团印度塔塔集团，其许多分支机构由美国和英国高管运营。日本索尼公司在2005年打破了60年的传统，任命了第一位非日籍董事长兼CEO霍华德·斯金格（Howard Stringer）。他是哥伦比亚广播公司前任总裁，是一名出生并成长于威尔士的美国公民。越来越多的美国公司从海外吸引优秀的管理人才。例如，2014年，微软公司任命印度人萨蒂亚·纳德拉（Satya Nadella）为其印度分公司CEO。一项研究发现，截至2005年，美国公司前100～250位管理人员中有24%来自美国以外的国家。对于欧洲的公司，这一比例是40%。

然而许多难题制约着公司推行全球中心模式人员配备政策的能力。许多国家都希望国外子公司雇用本国公民。为实现这一目标，它们利用移民法，规定如果本国有足够数量的人员且具有职位所需的必备技能，则公司必须雇用东道国公民。大多数国家（包括美国在内）都要求那些打算雇用外国人员而非本国人员的公司提供大量相关的证明资料。准备这些资料不但费时、成本高昂,而且还常常无功而返。实施全球中心模式人员配备政策的成本是很高的。在国家之间调动管理人员时,培训费用和再安置费用也随之增加。公司的薪酬结构往往需要基于国际标准水平,从而会高于许多国家的薪资标准。此外,这些处于国际"快车道"的管理人员的高额薪酬可能导致公司其他人员的不满。

4. 人员配备政策的类型:小结

表 17-1 归纳了三种人员配备政策的利弊。总体来看,母国中心模式人员配备政策适用于国际战略,多国中心模式人员配备政策适用于本土化战略,而全球中心模式人员配备政策对全球标准化战略和跨国战略都适用(参见第 13 章中的战略介绍)。

表 17-1 人员配备政策的比较

人员配备政策	适用的战略	优点	缺点
母国中心模式人员配备政策	国际战略	克服东道国缺乏职业经理人的问题 统一企业文化 有利于核心能力的转移	在东道国引发怨恨、不满 会引起文化短视
多国中心模式人员配备政策	本土化战略	削弱文化短视 实施成本低	限制职位流动 将总部与各国外子公司隔离开来
全球中心模式人员配备政策	全球标准化战略和跨国战略	有效利用人力资源 有利于建立强大、牢固的企业文化和非正式的管理关系网络	可能会受到国家移民政策的限制 实施成本高

虽然上述人员配备政策在跨国公司的实践和学术研究中得以广泛传播及应用,但是有批评者声称这一分类过于简单化,掩盖了跨国公司管理实践中的内部差异。他们认为在有的跨国公司中,人员配备政策会因子公司国别的不同而有显著的不同,即一些子公司采用母国中心模式人员配备政策,另一些却采用多国中心模式或全球中心模式人员配备政策。还有的批评者注意到,公司的人员配备政策主要是由其地理范围决定的,而不是由战略导向决定的。地理范围广泛的公司最可能采用全球中心模式人员配备政策。

17.2.2 外派经理

在上述讨论的三种人员配备政策中,母国中心模式和全球中心模式人员配备政策都依靠大量使用外派经理。**外派人员**(expatriates)是指一国公民到另一国去工作。有时候用**内派人员**(inpatriates)来定义外派人员的一个子集,即指外国公民受跨国公司的聘用到母公司工作。因此,一个日本公民到美国微软总部工作,就会被视为内派人员(微软有许多来自世界各地的内派人员在其西雅图附近的美国总部工作)。在母国中心模式下,外派经理都是转移到国外的母国人员。在全球中心模式下,外派经理不一定是母国人员,国籍不再是企业人员转移的考虑因素。国际人员配置的一个突出问题就是**外派失败**(expatriate failure),即外派经理提早回国。在讨论使外派失败率最小化的方法之前,我们先简要叙述外派失败现象。

1. 外派失败率

外派失败反映了公司甄选政策的失败,它们选定的外派人员不能在国外很好地发展。外派失败的结果包括提前回国和高离职率,外派人员的离职率大约是国内管理层离职率的两倍。外派失败的成本很高。据估计,每次外派失败带给母公司的平均成本是外派人员在本国的年收入加上再安置成本(要受汇率和任职地的影响)的 3 倍。估计每次外派失败的成本介于 4 万和 100 万美元之间。此外,在那些平均年薪为 25 万美元的美国外派人员中,有 30%~50% 留在其国外岗位上,但是其工作被公司认为是无效的或勉强有效。罗莎莉·佟(Rosalie Tung)调查了大量美国、欧洲和日本的跨国公司。表 17-2 概括了其研究成果:有 76% 的美国跨国公司外派失败率在 10% 以上,7% 的公司外派失败率超过了 20%。佟还发现,美国的跨国公司的外派失败率要远远高于欧洲或日本的跨国公司。然而,近期更多的研究显示,佟被广泛引用的研究结果也许站不住脚。例如,最近一项对来自 4 个不同国家的 136 个跨国公司的研究表明,外派经理提早归国率降至 6.3%,并且这一数据对于来自不同国家的跨国公司来说并没有什么差别。研究人员表明,在佟的研究之后,跨国公司在甄选和培训外派人员方面做得好得多了。

表 17-2 外派失败率

外派失败率 / %	公司占比 / %
美国跨国公司	
20～40	7
10～20	69
＜10	24
欧洲跨国公司	
11～15	3
6～10	38
＜5	59
日本跨国公司	
11～19	14
6～10	10
＜5	76

资料来源：R. L. Tung, "Selection and Training Procedures of U.S., European, and Japanese Multinationals," *California Management Review* 25, no. 1 (1982), pp. 51–71.

佟要求参加研究的跨国公司经理列出外派失败的原因。美国的跨国公司提出的原因按重要性排列如下：

- 配偶难以适应；
- 经理本人难以适应；
- 其他家庭问题；
- 经理个人和情感的成熟度；
- 难以担当起较大的国外重任。

欧洲公司的经理一致认为外派失败的原因只有一个，就是经理的配偶无法适应新环境。日本公司列出的外派失败的原因如下：

- 难以担当起较大的国外重任；
- 难以适应新环境；
- 个人或情感问题；
- 缺乏技术方面的能力；
- 配偶难以适应。

上述原因中最显著的区别在于："配偶难以适应"是美国和欧洲的跨国公司外派失败的首要原因，但是日本跨国公司将它排在第五位。佟认为这一差别并不令人吃惊，因为已婚女性在日本社会中地位较下，并且这次研究中的日本外派经理大多数是男性。

自佟以后，大量的研究都已证实，配偶难以适应、经理难以适应新环境以及其他家庭问题是外派失败率持续走高的主要原因。一家名为 International Orientation Resources 的人力资源管理咨询公司的研究发现，60%的外派失败都是由这三大原因引起的。另一项研究发现，外派失败最常见的原因是配偶不满意，这在调查反馈信息中占27%。对于正被调任的经理来说，外派经理不能适应国外任命的原因在于他们对外国文化了解不够。根据某人力资源管理咨询公司的研究，这是因为许多公司在挑选外派人员的过程中存在根本问题。外派人员任命失败很少是由于此人不能满足工作岗位的技术要求。通常，外派人员是由部门经理根据其技术能力进行挑选的。外派人员的家庭和私人问题以及对外国文化缺乏充足的了解才是造成外派失败的原因，而公司对外派人员的挑选过程却不包含对这些因素的考察。

配偶不适应导致外派失败是有多种原因的。通常，配偶到国外后会发现自己没有了熟悉的家人和朋友社交圈子。语言差异也使他们难以结交新的朋友。由于外派经理可以在工作中结交朋友，因此这对他们来说不算是问题，但对配偶而言却很困难，配偶会由此产生被困在家里的感觉。移民法规中禁止配偶就业的条款更是加剧了这一问题。随着许多发达国家双职工家庭的增加，这一问题显得越发重要。一项调查发现，69%的外派人员已婚，其中配偶随同外派人员一起出国的时间占据外派总时长的77%。在随同出国的配偶中，有一半的配偶在出国前是有工作的，但是出国后却只有12%的配偶有工作。有研究显示，一些经理拒绝接受国际任命主要是考虑到这一任命会影响其配偶的职业生涯。有关的项目类型的示例，请参阅管理聚焦17-1。

◎ 管理聚焦 17-1

阿斯利康和全球人员配备政策

阿斯利康是世界上最大的制药公司之一。该公司总部位于英国伦敦，在全球拥有61 000名员工，其中约22%在美国、33%在欧洲（包括总部）、18%在中国，其余27%的员工分布在全球其他地方。阿斯利康活跃于100多个国家，2018年销售额超过220亿美元，利润约20亿美元。这家跨国公司的一项关键战略任务是建立一支有才华的全球员工队伍，由具有全球视野、能够娴熟地在世界各地流动、与拥有其他文化背景的人互动并在不同国家开展业务的管理人员领导。

为了帮助公司建立国际水准的实力，该公司会将管理人员调任到另一个国家，为期三年。这样的任务对公司来说成本不低，对员工及其家人来说也不容易。阿斯利康估计，员工被派遣到国外的费用可能是其工资的2～4倍（以抵消生活成本差异）。费用包括孩子的学费、税收平衡、文化培训和补贴住房等。由于这些费用，阿斯利康仅将其国际派遣的重点放在最有前途的"高潜力"员工身上，这些员工未来可能获得晋升，担任领导职位。

在每一次国际派遣中，阿斯利康的人力资源部门都会根据员工在公司的潜力来评估对员工的投资是否值得。仅仅将一名员工派驻国外是不够的。要获得晋升，员工还必须学会在国际团队中工作，并学会跨境管理。如果一个人被判断为缺乏能力或兴趣这样做，该人将不会得到外派职位。如果一名员工未能完成外派任务，其晋升前景将受到影响。

为了帮助员工适应新国家的生活，阿斯利康为员工及其配偶提供搬家、为子女安排学校、学习当地语言以及理解文化差异方面的帮助。该公司还为在国外长期任职后回国的员工提供回国培训。阿斯利康之所以这样做，是因为经验表明，许多外籍人士及其家人在异国他乡待了很长时间后难以重新适应原来的生活。

阿斯利康人力资源部门必须解决的另一个问题是，如何在新兴市场提升员工的人才基础。近年来，阿斯利康一直在这些新兴市场进行大量的投资。中国就是一个例子，2003年，该公司在中国有1 000多名员工。到2020年，中国有超过10 000名员工。阿斯利康一直在努力提高中国关键员工的技能水平。

对于关键的中国管理人才，该公司一直将他们派往国外，以接触其他文化，并使他们适应阿斯利康的经营方式。它希望这些员工能体会到成为全球业务的一部分是什么感觉。公司除监控外派员工进展的母国经理外，还为每位外派员工指派一名东道国经理。一段时间后，他们中的大多数人返回中国，在中国，最成功的人将在中国子公司担任未来的领导职位。然而，最有才华的人可能会超越这一点，最终进入公司层面的高级管理职位。

阿斯利康也一直在努力增加其全球员工的多元化。该公司认为，多元化促进了创新，强调团队需要思维不同、应对挑战方式不同的人。女性员工占公司全球员工的一半，占董事会的30%，占公司所有高级职位的43%。几年来，该公司一直在实施一项欧洲女性领导者计划，以支持高潜力女性的加速发展。阿斯利康还试图确保来自快速增长的新兴市场的员工晋升为领导。在向高级领导团队汇报工作的经理中，约15%来自新兴市场或来自日本。

资料来源：John Lauerman, "AstraZeneca Departures Continue as Medical Chief Bohen Exits," *Bloomberg Businessweek*, January 14, 2019; "AstraZeneca Says China Drug Plan Opens Up Room for New Medicine," *Bloomberg Law*, March 13, 2019; "AstraZeneca Announces Organizational Changes," *AstraZeneca.com*, January 7, 2019; "AstraZeneca Global Policy," *AstraZeneca.com*, April 15, 2019.

2. 外派人员的甄选

降低外派失败率的一种办法是改善甄选程序，筛选出不合适的候选人员。在对这一问题的研究中，门登霍尔（Mendenhall）与奥德欧（Oddou）指出，多数公司存在的主要问题是：其人力资源管理经理通常将国内工作表现与国外潜在的工作表现等同起来，事实上两者并不是一回事。在国内环境中表现出色的经理很可能无法适应不同的文化环境。门登霍尔与奥德欧在这项研究中归纳出四个可预测国外任职成功的因素：自我导向、他人导向、感知能力以及文化刚性。

（1）**自我导向**（self-orientation）。这一因素可以强化外派人员的自尊、自信与良好的心态。拥有自尊、自信和良好的心态的外派经理更容易在国外任职中成功。门登霍尔与奥德欧得出以下结论：这类人员能够调整他们在饮食、运动与音乐方面的兴趣，拥有工作以外的兴趣（如业余爱好），能在技术上胜任其工作。

（2）**他人导向**（others-orientation）。这一因素可以增强外派人员与东道国人员有效交际的能力。与东道国人员的相互交往越有效，外派人员就越有可能成功。这里有两点特别重要：关系发展和沟通意愿。关系发展是指与东道国人员发展长期友好关系的能力。沟通意愿是指外派经理使用东道国语言的意愿。尽管流利的语言对外派经理很有帮助，但要表达沟通意愿并不一定需要流利的语言，重要的是为使用语言做出的努力。这种姿态通常会赢得东道国员工的合作。

（3）**感知能力**（perceptual ability）。这是指理解他国人员行为的能力，也就是感同身受的能力。这对外派经理管理东道国员工非常重要。缺乏这一能力的外派经理容易将国外员工当成母国员工来对待。结果，他们可能会面对重大的管理难题，甚至是相当沮丧。如惠普公司的一位外派经理所说，正如门登霍尔和奥德欧研究的那样，"我花了6个月的时间才接受员工会议迟开30分钟的事实，而除我之外，并没有任何人为此而苦恼"。根据门登霍尔与奥德欧的研究，适应性强的外派经理在描述东道国员工的行为时不会带有判定和评价的色彩，并且其本人愿意根据文化环境的特性来调整他们的管理风格。

（4）**文化刚性**（cultural toughness）。这一因素是指所选派去的国家与外派人员适应特定职位的能力之间的关系。有的国家文化不是大家所熟悉的，或是不为其他国家所接受的，在这样的国家任职尤其困难。例如，许多美国人认为英国的文化与美国有许多相同点，因而在英国任职相对容易，但是在非西方文化地区（如印度、东南亚和中东）任职就比较困难。其中的原因有很多，包括医疗和住房条件差、气候不适应、缺乏西方人熟悉的娱乐场所以及语言障碍。此外，许多国家的文化传统中男性占支配地位，在这些国家任职对西方女性经理而言特别困难。

17.2.3　全球思维

一些研究人员认为，以认知的复杂性和世界观为特点的全球思维是一名全球经理人应具备的基本素质。这样的经理人能够处理高度复杂和模棱两可的问题并且视野开阔。在一项对615个美国人（为了编写本书）的研究中，对测试组每个人现在拥有的及其对未来20年希望或预计会拥有的全球思维方式进行了评估。结果如图17-2所示。

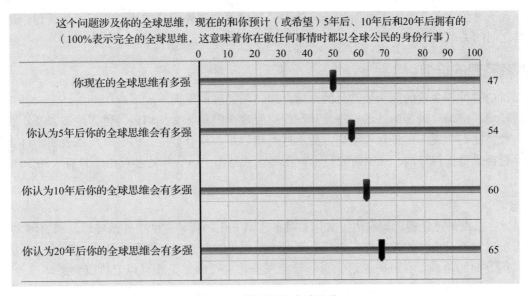

图17-2　测试组的全球思维

随着时间的推移，人们的思想将变得更全球化，你如何培养这些属性（高度复杂、模棱两可和对世界的开放性）？这些属性通常是在早期的生活中形成的，而这样的生活可能来自这样的家庭：①两种文化混合的；②居住在外国；③学习外语作为正常家庭生活的一部分。门登霍尔和奥德欧发现，前两个因素可以用标准的心理学测试来评估，第三个因素可以通过文化比较来评估。门登霍尔和奥德欧主张在为国外职位挑选经理时，除国内表现外，还应考虑上述三个因素，但是目前企业的实际做法中很少与他们的建议一致。例如，佟的研究指出，在她的采样中只有 5% 的公司使用了正规的程序和心理学测试来评估外派经理候选人的个性特点与人际关系能力。International Orientation Resources 的研究表明，在它调查的 50 家《财富》500 强企业中，只有 10% 的公司在挑选外派人员时对重要的心理特性做了测试，如文化敏感度、人际关系技能、适应能力及灵活性等。相比之下，90% 的公司在挑选时是基于员工的技术专长而非跨文化适应性。

门登霍尔与奥德欧并没有把外派失败归结为配偶无法适应新环境。根据许多其他学者的研究，家庭状况调查也应成为外派经理挑选程序的一部分。另外一家国际人力资源管理咨询公司 Windam International 的调查显示，只有 21% 的外派经理的配偶参加了国外职位预选的面试，其中只有半数受过跨文化培训。双职工家庭的增加使这一长期存在的问题变得更加棘手。越来越多的配偶在考虑：为什么要为另一半的职业发展而牺牲自己的事业？

17.3　培训与人才发展

甄选过程只是使外派经理与工作岗位相匹配的第一步。下一步就是对外派经理进行培训，使其能够胜任这一特定的工作。例如，可以通过集中培训项目使外派经理具备在国外任职时取得成功所需的技能。然而，人才发展是一个比较宽泛的概念，旨在开发外派经理在职业生涯中的技能。因此作为人才发展项目的一部分，公司通常会在数年内，将外派经理派到几个不同的外国岗位上来培养其跨文化敏感性和经验。同时，他们每隔一段时间会同公司的其他经理一起参加管理教育培训。职位转换背后的考虑是：丰富的国际经验能够提高外派经理的管理水平和领导技能。研究表明，这样做也许是有效的。

长期以来，大多数的跨国公司一直认为培训比人才发展更为重要，特别是母国员工赴国外任命的培训。但是随着日趋激烈的全球竞争和跨国公司的涌现，这一情况有所改变。除了为特定职位设立的培训外，企业越来越普遍地提供一般的人才发展项目。对许多跨国公司而言，这些人才发展项目具有明确的战略性目标。人才发展不仅能培养经理人员特定的技能，也有助于加强企业文化并促进跨国公司内部信息共享的非正式网络的形成，从而被视为帮助企业实现战略目标的工具。

根据培训和人才发展的区别，我们首先考察外派经理接受的国外职位的培训类型，然后讨论国际商务中人才发展与战略之间的关系。

17.3.1　外派经理的培训

本章前面讨论过外派失败的两个最常见的原因，即外派经理的配偶不能适应国外的环境和外派经理本人不能适应国外的环境。培训可以帮助外派经理及其配偶克服这类问题。文化培训、语言培训以及实践培训都有助于减少外派失败，我们将逐一讨论这些培训。虽然这类培训是非常有益的，但是有证据表明，许多外派经理在被外派之前没有接受过任何培训。一项研究显示，在那些被外派 1～5 年的经理中，只有大约 30% 的人在就任前接受过培训。

1. 文化培训

文化培训旨在帮助外派经理理解东道国文化。对东道国文化的理解有助于外派经理与东道国文化产生共鸣，从而提高其与东道国人员交往的有效性。企业应该对外派人员进行东道国文化、历史、政治、经济、宗教以及社会和商务惯例方面的培训。有可能的话，在外派经理正式就任前，企业可以安排以熟悉环境为目的的旅行，来缓解文化冲击。考虑到配偶适应性问题，让配偶或整个家庭参与文化培训计划也是非常重要的。

2. 语言培训

全球商务用语是英语，所以（即使你）只会用英语还是很有可能在全世界范围内从事商务活动的。然而，尽管全球流行英语，但是过多地使用英语会降低外派经理与东道国员工互动的能力。正如之前所提到的，即使外派经理使用东道国语言并不流利，但是使用该国语言交流的意愿有助于外派经理与当地员工建立良好的关系并提高工作效率。尽管如此，一项对74名美国跨国企业经理的调查表明，只有23人认为就国外任职而言掌握外语是必要的。那些为外派人员提供外语培训的公司相信，这将有助于提高外派人员的工作效率，并使他们更容易融入外国文化，从而为公司在东道国树立更好的形象。

3. 实践培训

实践培训旨在帮助外派人员及其家人适应东道国的日常生活。日常生活习惯形成得越快，外派人员及其家人适应的成功率就可能越高。外派人员拥有当地的人际关系网络是非常关键的。企业通常在有外派人员社区的地方投入大量的精力，以保证新外派人员的家庭能够尽快融入这一集体。外派人员社区可以有效提供信息与支持，在帮助外派人员家庭适应国外文化方面的作用是不可估量的。

17.3.2 外派人员的归国

一个在外派经理的培训和发展中极其重要却被忽略的问题就是为外派人员重返母国组织做好准备。从外派经理的合理甄选、跨文化培训到其国外任职期满重新融入本国组织，归国成为这一循环整合过程的最终环节。然而，通常外派人员回国后并不能与其他优秀的经理分享其知识和经验，鼓励他们走上相同的国际职业轨道，反而面临着完全不同的境遇。

外派人员在国外任职期间就像小池塘里的一条大鱼，拥有高度的自主权，被高薪聘用，且受员工的拥戴。然而回国后，组织对其过去几年的表现并不清楚，不知道怎样运用他们的新知识，对他们没有特别的关注。最糟糕的情况是：归国后的外派经理不得不自己找工作，或者公司设置一些后备职位，但是这些职位根本不能充分施展他们的技术和能力，这使得公司在他们身上的投资收效甚微。

一项研究说明了这个问题的严重程度。根据对外派归国人员的研究，他们之中有60%～70%不清楚归国后会获得怎样的职位。60%的人认为他们的组织不清楚外派归国、他们的新角色以及他们在公司未来的职业发展。被调查人士中有77%在母公司担任了比在外派时低的职位，15%的外派归国人员在回国不到一年就离开了公司，有40%在3年内离职了。

解决这一问题的关键是良好的人力资源规划。人力资源管理部门不但要为外派人员制定良好的甄选程序和培训计划，还必须为外派人员归国的工作问题制定好规划，应该让他们为生活和职业的前景转换及利用他们在国外获得的知识经验做好准备。例如，可能采用的这类规划可以参见管理聚焦17-2中孟山都公司的外派人员遣返规划。

◎ 管理聚焦 17-2

孟山都公司的归国规划

孟山都公司[一]是一家拥有22 000名员工的全球农产品供应商。任何时候该公司都有100名中高层外派经理，其中2/3是派往海外的美国人，其余的是在美国工作的外国人。在孟山都公司，对外派人员及其归国问题的管理是以对外派经理及其家属进行严格的甄选以及密集的跨文化培训为基础的。正如许多其他全球性公司一样，孟山都公司的目标是建立一支能在未来领导企业的、具有国际思维和出色的能力的管理人员队伍。

这一规划突出的特征之一就是员工与他们的母国

[一] 2018年，拜耳完成对孟山都公司的收购。

经理、东道国经理或该任命的提议者就这一任命如何合乎公司的发展目标达成了一致，这一问题的焦点在于为什么派人到国外任职，员工归国后对孟山都公司有何贡献等。提议任命的经理需要对外派人员归国后的工作机会类型有非常明确的说明。

当外派经理回到母国后，他们会在述职会议上与进行跨文化培训的人员开展交流，同时企业提供机会，让他们和同事、下属以及上司等进行专门的信息交流，讲述他们的海外经历。

然而孟山都公司的归国规划所关注的并不仅仅是商务业务，同时也关注外派人员家庭的回归。孟山都公司发现，外派人员的个人问题或家庭问题通常比工作问题更加棘手。个人问题显然会影响员工的工作表现，所以公司有必要对这类问题加以关注。

这就是孟山都公司为归国员工提供克服个人困难的机会的原因。在回国后大约三个月内，他们在工作时间内每天有三个小时可以选择与一些同事进行交流。培训部门会举办述职会议来帮助外派人员克服归国后的所有重要的问题。这种述职会议是由一名训练有素的主持人协助进行的对话，主持人有一个大纲，以帮助外派人员涵盖归国工作的所有重要方面。这能够使员工分享重要的经验，并通过其自身的专长启发管理者、同事和朋友，从而使全球性知识在组织中得到应用。某外派人员说道：“这些听起来很无聊，但这是家庭生活中最忙乱的时期，你没有时间坐下来思考究竟发生了什么，你正在经历一场变动，转到一个新的工作岗位、新的住所，子女也许需要转到新的学校。这也许是一个可以敞开心扉、畅所欲言的契机。"显然这一规划很有效，自从该规划被孟山都公司引入后，归国外派人员的流失率显著下降。

资料来源：A. Walton, "Who Says Monsanto Roundup Ingredient Is 'Probably Carcinogenic.' Are They Right?" *Forbes*, March 21, 2015; C. M. Solomon, "Repatriation: Up, Down, or Out?" *Personnel Journal*, January 1995, pp. 28–34; J. Schaefer, E. Hannibal, and J. O'Neill, "How Strategy, Culture and Improved Service Delivery Reshape Monsanto's International Assignment Program," *Journal of Organizational Excellence* 22, no. 3 (2003), pp. 35–40.

17.3.3 人才发展及战略

人才发展项目旨在通过对经理进行一系列的管理教育，并让他们在公司内部轮换担任不同的岗位来获取各种经验，以此提高管理人员的总体技能水平，其目的是提高公司总的生产率和管理资源的整体质量。

越来越多的国际企业将人才发展作为一项战略工具，在那些数量不断增多的实施跨国战略的企业中尤其如此。这些企业需要浓厚统一的企业文化以及非正式的管理网络来进行协调与控制。此外，跨国企业管理人员需要了解东道国的文化，以便他们能够察觉到当地响应的压力。

人才发展项目可以使新的经理融入和遵循企业的行为规范与价值体系，从而有助于建立起统一的企业文化。公司内部的培训和外部培训中的强化互动能培养团队精神，即分享经验和非正式关系网络，形成企业文化等，并有助于培养技术能力。这些培训活动通常还包括可以促进感情联络的唱歌、野餐和体育活动等。这些一体化仪式包括"入会仪式"，员工的穿着不再个性化，大家都穿公司统一的服装（如印有公司标识的T恤）。所有活动都旨在强化经理对企业的认同。

在较长时期内将经理集中起来，让他们在几个不同的国家轮换担任不同的岗位，有利于企业建立起非正式的管理关系网络。这个关系网络是在组织内部交换有价值的能提高工作绩效的知识的渠道。以瑞典电信企业爱立信公司为例，各单位之间的合作对爱立信公司极其重要，特别是专有技术和核心能力从母公司转移到国外子公司，从国外子公司转移到母公司，以及不同子公司之间的转移。大量人员在爱立信公司的总部和子公司之间来回转移以促进彼此的合作。该公司每1～2年就会将50～100名工程师和经理在不同的单位之间进行调动，这有助于建立人际关系网络。这一政策对稳固公司的共有文化和协调分散在全球的子公司非常有效。

17.4 绩效评估

绩效评估制度是用来评价管理人员的工作表现的，而评价的依据就是一系列对执行公司战略和实现全球竞争优势而言十分重要的标准。企业的绩效评估制度是其控制体系的重要组成部分，而控制体系是组织架构的核心部分。如何有效地评估外派经理的绩效表现对许多跨国公司来说都是一个非常棘手的问题。我们在本节关注绩效评价，并研究评估外派经理绩效的指导原则。

17.4.1 绩效评估存在的问题

无意识的偏见使客观地评估外派经理的绩效很困难。在大多数情形下，评估外派经理绩效的两大主体，即东道国经理和母国经理都会受偏见的影响。东道国的经理很有可能被他们自己参照和预期的文化框架所影响。例如，奥德欧与门登霍尔提到的一位美国经理在印度子公司工作时引入民主参与式决策的案例。这位经理随后就得到了来自东道国经理的负面评价，因为在印度严格的社会等级观念下，经理被视为专家，不应该向下级寻求帮助。显然，当地员工都将美国经理尝试进行的参与式管理视为他不了解自己的工作以及不能胜任工作的表现。

距离遥远和自身缺乏海外工作经验是母国经理在评估中产生偏见的原因。通常，本国的管理层并不了解国外子公司的情况，因而在评估外派经理的绩效时依赖于硬性数据，例如子公司的生产率、盈利性或市场占有率，但这些数据很可能受一些外派经理无法控制的因素的影响（如汇率的负面波动及经济走低）。同时，硬性数据无法反映出许多同样很重要却不明显的软变量，如外派经理发展跨文化知识的能力，与东道国经理有效合作的能力等。由于这些偏见，许多外派经理认为总部的管理层对他们的评估不公正，没有充分地评价他们的技能和经验的价值。这很可能成为许多外派经理认为海外任职不能给他们的职业生涯带来好处的一个原因。在一项对美国跨国公司经理的研究中，56%的经理人员表明，国外任职对他们的事业无益甚至有害。

17.4.2 绩效评估的指导原则

有一些方法可以减少在绩效评估过程中的偏见。首先，大多数外派经理人员认为东道国经理评估的权重应该高于母国经理。由于在一起工作，东道国经理更有可能评价其软变量，这是外派经理人员绩效的一个重要方面。如果东道国经理的国籍与外派经理相同，其评估会因文化偏见的缓解而特别有效。实际上，母国经理通常是在收到东道国经理的评价内容后才撰写绩效评估报告的。在这种情况下，大多数专家建议让曾在同一地方任职过的外派人员参与评估，这有利于减轻偏见的影响。当公司政策侧重于与外派经理人员国籍不同的东道国经理做出的绩效评估时，母国经理应该在东道国经理完成正式的评估报告之前与其进行商讨。这使得母国经理有机会平衡可能由于文化误解而造成的颇有敌意的评估。

17.5 薪酬

谈及国际企业的薪酬实践，总会涉及两个问题：一是薪酬应该如何调整才能反映不同国家在经济环境和薪酬实践上的差别；二是如何支付外派经理的薪酬。从战略的视角来看，重要的是无论使用怎样的薪酬体系，都应该奖励那些行为与企业战略一致的管理者。

17.5.1 薪酬的国别差异

不同国家同一级别的经理的薪酬存在很大的差别。例如，韬睿咨询公司（Towers Watson）进行的一项调查显示，平均来看，美国的CEO所获得的薪酬大约是其他国家的CEO的两倍。

薪酬上的国别差异向国际企业提出了一个令人困惑的问题：公司究竟应该根据每个国家的现行标准向各国经理支付薪酬，还是应该按照全球标准使薪酬均等化？实施母国中心模式或多国中心模式人员配备政策的企业不存在这一问题。在实施母国中心模式的企业中，这个问题简化为应如何向母国的外派经理支付薪酬（我们将在后面讨论）。而对于采取多国中心模式的企业，经理在各国子公司之间缺乏流动性，因此可以按照国别标准支付薪酬。如果英国经理与美国经理根本不会在一起工作，却支付给他们相同的薪水，这显然是没有实际意义的。

然而，对实施全球中心模式人员配备政策的企业而言，这是一个非常现实的问题。全球中心模式人员配备政策是与跨国战略相一致的。而这个政策的一个方面就是需要一支由不同国籍人员组成的国际经理核心队伍。是否应该给这一队伍的所有成员支付相同的薪资和奖励？对美国公司来说，这意味着将外籍经理的薪酬提高到美国的水平，这个成本很高。如果公司不采取公平支付的方式，就会引起国际经理队伍中那些与美国人共事的外国成员的强烈不满。假如企业非常重视建立这支国际经理核心队伍，则无论经理的国籍或任命地在哪里，都必须支付相同的基本工资。然而，目前这一做法并不普遍。

过去的十年内，许多公司采纳了基于一致的全球标准的薪酬结构。在这种体制下，无论雇员在哪里工作，都以相同的评级体系来评估，并且获得奖金和福利的途径一致。美世管理咨询公司（Mercer Management Consulting）的一项调查显示，目前约85%的公司采用全球薪酬战略，麦当劳就是其中之一（管理聚焦17-3将介绍）。另一项调查发现，目前有2/3的跨国公司对不同国家的福利计划实施集中控制。然而，除了一些较小规模的国际流动管理队伍外，大多数公司的基本薪酬都是依据当地市场状况而定的。

◎ 管理聚焦 17-3

麦当劳的全球薪酬实践

截至21世纪初期，麦当劳已经在全球118个国家拥有超过40万管理人员和高级员工，这使它不得不考虑开发一套与之相适应的全球薪酬管理政策和业绩评估战略。与许多已经扩展到世界许多角落的公司一样，麦当劳发现自己拥有一个分散和不一致的薪酬计划。这种新的全球人力资源薪酬战略存在很多原因。其中最重要的是，麦当劳全球人力资源领域的高管里奇·弗洛尔施（Rich Floersch）指出，有必要制定一致的全球人力资源战略，以吸引和留住更优秀的人才。经过与全球经理进行数月的协商，以确保通过合作方式形成某种新制度，麦当劳于2004年推出全新的全球薪酬计划。

该计划的一个重要方面是要求公司总部为东道国经理提供未来一年的一系列业务宗旨。这些宗旨包括客户服务、市场营销以及餐厅的重新装潢等方面。每个东道国经理从中选取3～5个方面作为重点，以在当地市场获得成功。例如，如果法国餐厅要引入新菜品，那么当年就要围绕这一点设定商业目标。人力资源主管向总部的主管提交经营计划及目标以待批准。到年末，各国年终奖金则是基于该地区是否实现了目标以及各网点的营业收入。以上两项指标综合起来构成了每个员工年终奖的一部分。

年终奖的另一部分则是基于员工的个人表现。麦当劳也有绩效评估体系，但是在其新的人力资源管理战略中，公司现在已经引入了全球指南，即20%的员工达到最高等级，70%达到中级，10%达到最低等级。通过提供指南而非强制排名，麦当劳希望可以在允许当地具有一定的灵活性的状况下，鼓励业绩差异化。通过提供宗旨和指南，并允许东道国经理调整薪酬管理计划以迎合当地需求，麦当劳宣称其人员流动在减少。公司内部调查显示，更多的员工现在相信他们的薪酬是公平的，反映了当地市场的情况。总的来说，麦当劳的福利和薪酬计划旨在吸引、留住和聘用优秀人才，他们将交出出色的业绩，帮助麦当劳实现业务目标。

资料来源：J. Marquez, "McDonald's Rewards Program Leaves Room for Some Local Flavor," *Workforce Management*, April 10, 2006, p. 26; C. Zillman, "McDonald's Loses Big on Labor Ruling," *Forbes*, July 29, 2014; "McDonald's Corporate Careers," http://careers.mcdonalds.com/corporate/benefits.jsp, accessed May 9, 2018; V. Black, "How I Got Here: Rich Floersch of McDonald's," *Bloomberg Business*, August 14, 2012.

17.5.2 外派人员的薪酬支付

确定外派人员薪酬的最常见的方法是平衡表法。Organizational Resources咨询公司的调查结果显示，781家接受调查的公司中有80%的公司使用这种方法。这一方法将不同国家间的购买力均等化，从而使员工能够在国外任职时享受到与母国一样的生活水平。此外，在这种方法下，任命地区间生活质量的差别可以通过物质激励手段得以补偿。图17-3是一张典型的平衡表。母国员工的支出被划分为所得税、住房支出、商品服务支出（食品、服装、娱乐等）以及储备（如储蓄、养老金等）。平衡表法力图通过在东道国为外派人员提供与母国相同的生活标准，并加上一定的物质激励（如奖金、津贴），使其接受海外任命。

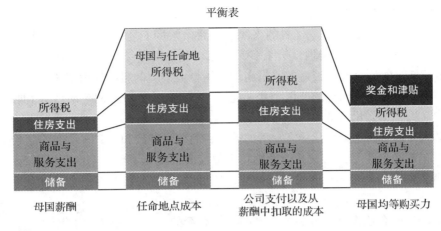

图 17-3　外派人员薪酬支付平衡表法

典型的外派人员薪酬体系包括基本工资、外派奖金、津贴、税负补贴以及福利。我们将简单介绍这些要素。一个外派人员的总体薪酬通常相当于他在母国任职时公司所支付薪酬的三倍。考虑到高昂的外派成本，许多公司已经开始逐渐减少对外派人员的任用，但企业减少任用外派人员的能力是受到限制的，尤其当该公司实施母国中心模式或全球中心模式人员配备政策时。

1. 基本工资

外派人员的基本工资通常应与他们在母国担任类似职位的基本工资水平相同，与此同时，虽然外派人员的基本工资可能与母国的基本工资相同，但这些外派人员所在地的外籍人士并不一定能得到相同水平的工资。通常，发达国家（如德国、美国）的基本工资高于该公司在其他发展中国家或欠发达国家的可比工作和职位的工资。基本工资通常以母国货币或当地货币进行支付。

2. 外派奖金

外派奖金是外派人员由于在本国以外的地方工作而得到的额外薪酬，是激励员工接受国外任命的手段。外派人员必须生活在远离家庭和朋友的异国他乡，必须面对陌生的文化和语言，必须适应新的工作习惯和做法，而外派奖金对此做出补偿。许多公司的外派奖金额是税后基本工资的10%～30%，平均为16%。

3. 津贴

外派人员的薪酬体系中通常有四种津贴形式：艰苦补助、住房津贴、生活成本补贴以及教育补助。当企业将外派人员派往那些医疗、学校、零售商店等基础设施与母国标准相差很大的艰苦地区任职时，通常会支付艰苦补助。住房津贴一般是用以保证外派人员在国外能够支付得起与母国同等质量的住房的费用。在住房非常昂贵的地区（如伦敦、东京），这类补贴会高达外派人员总体薪酬的10%～30%。生活成本补贴用以确保外派人员在国外能够享受到与本国相同质量的生活。教育补助确保外派人员的子女能够接受充分的母国标准的学校教育。对外派人员的子女来说东道国的公立学校有时是不合适的，这种情况下他们需要就读于私立学校。

4. 税负补贴

除非东道国与外派人员的母国间有互惠纳税协议，否则外派人员必须向母国和东道国政府双重纳税。当没有互惠纳税协议时，公司一般要为外派人员支付其在东道国的所得税。此外，当东道国较高的所得税税率减少了外派人员的净收入时，公司会对此差额给予补偿。

5. 福利

许多公司还要保证外派人员在国外的医疗、养老金等福利与母国一致。对公司来说，这项花费成本很高，因为许多福利在母国属于纳税可抵扣项目（如医疗和养老金福利），而在国外却不可抵减。

6. 构建多元化的全球员工队伍

多元化的全球员工可以成为公司竞争优势的来源。多元化的员工是指所有性别的员工的显著混合，文化和种族上的少数群体在其中有很好的代表性。员工多元化与卓越的财务绩效相关。麦肯锡公司的一项研究发现，性别和种族多元化排名前 1/4 的公司，其财务回报高于本国行业中值的可能性大于 35%。另一项研究得出结论，在提升女性高管职位方面表现最为出色的公司，其表现优于行业标准，资产回报率高出 18%。

我们有许多理由认为，多元化的员工将提高绩效。

第一，多元化的人才能够洞察多元化的客户群的需求，而单一种族和/或单一性别的同质管理团队无法洞察这种需求。由于不同的视角和生活经历，其他性别和少数族裔可能会看到这个同质群体看不到的东西。拥有不同生活方式和不同背景的人彼此之间更容易相互挑战，这可以带来创造性的见解。这可以更好地解决问题，带来更好的产品设计和交付、更有效的营销和更好的促销。

第二，员工基础同质的企业没有充分利用女性和少数族裔的人才。它的人力资本将不会非常强大，其业绩将因此受到影响。

第三，当客户群多元化时（许多全球企业经常如此），这些客户可能会喜欢与员工和他们相似的企业互动，从而企业能更好地了解他们的需求、品位和偏好。

第四，多元化的员工队伍可以改善企业的品牌形象，建立一个良性循环，使企业在客户群中表现得更好，更能吸引女性和少数族裔中的顶尖人才。

第五，有证据表明，只要员工足够多元化，就可以提高员工满意度，从而提高其生产率。对于少数族裔员工来说，当代表人数超过员工的 15% 时，其满意度就会提高。相比之下，当多元化招聘是一种象征性的努力时，员工的心理结果会更差。

现有证据表明，在促进多元化方面，许多公司还有很长的路要走。例如，美世咨询公司对来自 28 个不同国家的 164 家公司的性别多元化进行了调查。调查发现，在全球劳动力的各个层次，女性的代表性仍然不足。参与全球劳动力市场的女性人数较少，在大多数组织中，女性在高级管理职位中所占的比例很小。例如，研究发现，在北美洲，只有 24% 的高级管理人员是女性，欧洲为 18%，拉丁美洲为 12%。一个组织层级越高，男性和女性之间的不平衡程度往往会越高。美世咨询公司发现，在一般的全球组织中，36% 的低级别管理人员是女性，而只有 26% 的高级管理人员和 19% 的公司高管是女性。

建立一支多元化的员工队伍并不容易，特别是对于一家国际企业来说，因为构成文化和少数族裔的定义可能因国家而异，工作场所对女性的接受程度也可能不同。如果这些数字有什么指导意义的话，拉丁美洲接受女性担任高级管理人员的程度低于北美洲，这可能是出于文化原因。同样，与北美洲相比，在强调传统价值观的日本或中东，不太可能有许多女性担任高级管理职位。

尽管如此，国际企业可以采取许多措施来促进员工队伍的多元化，例如，索迪斯（Sodexo）已经采取了许多措施（参见管理聚焦 17-4）。重要的是要理解，多元化的努力代表了一种组织变革。与所有的变革努力一样，它必须从顶层开始，但也必须包含组织的所有级别。高层管理者必须创建一个明确的价值主张，确定建立多元化和包容性文化的好处。他们还必须设定明确的目标（而不是配额），确定当前状况与期望状态之间的差距，并随时间的推移衡量绩效的提高。同样重要的是，管理者应对实现全球多元化目标负责，并奖励达到或超过目标的人。高级管理层还必须以身作则，雇用和提拔来自不同背景的人员。

◎ 管理聚焦 17-4

索迪斯：构建多元化的全球员工队伍

索迪斯于 1966 年由皮埃尔·贝隆（Pierre Bellon）在法国创建，它在提供一系列"生活质量"服务方面处于世界领先地位，包括工作场所设计、现场食品供应、设施管理、清洁、医疗保健、员工福利和奖励以及个人和家庭服务。该公司在80个国家拥有42.5万名员工,每天为7500万客户提供服务,年收入超过230亿美元。总部设在法国,43%的收入来自北美洲,英国占11%,包括法国在内的欧洲大陆占30%,世界其他地区占16%。

索迪斯以致力于建设多元化的全球员工队伍而闻名,并在2017年、2018年和2019年度Diversity Inc员工多元化顶级公司排行榜中名列前10%。索迪斯对员工多元化的承诺源于一种根深蒂固的信念,即员工多元化与公司绩效之间存在关系。麦肯锡公司的一项研究证实了这一观点。该研究发现,性别和种族多元化排名前1/4的公司,其财务回报高于本国行业中值的可能性大于35%。索迪斯将多元化视为市场差异的一个重要因素,这对其自身具有多元化的许多客户来说非常重要。多元化举措也可用于吸引顶尖人才。此外,从不同的角度看待问题可以改进决策,为客户提供创新的解决方案。

索迪斯关注五个关键的多元化领域:世代、性取向、是否残疾、文化与出身以及性别。在全球范围内,索迪斯的董事会中有50%是女性,其全球执行团队中有31%是女性,其1400名高层领导中有30%是女性。首席执行官米歇尔·兰德尔(Michel Landel)希望到2025年,所有高级领导中有40%是女性。索迪斯约60%的经理是有色人种。

索迪斯通过多种机制将其建设多元化员工队伍和管理团队的承诺转化为实践。它从首席执行官丹尼斯·马丘尔(Denis Machuel)开始,他也是公司多元化领导委员会的主席,该委员会负责制定公司范围内的多元化优先事项,并监督公司人员配置和多元化培训计划。然后,公司将制订和微调计划,并将执行权力下放给每个国家的经理。每个国家都向区域多元化领导委员会(北美洲、欧洲、南美洲等)报告,该委员会由该区域的首席执行官担任主席。该公司允许每个国家建立自己的地方多元化计划,同时也要求他们参与一些公司计划,如多元化培训。

这种分权的方法可以在整个公司内产生不同的进展,反映不同的国情,正如该公司在美国的首席多元化办公室所解释的:"尽管我们在多元化工作方面在美国更为先进,我们真的不一定能够利用这些成功让组织的其他成员参与进来,因为一切都是从头开始的。对于欧洲25个国家中的每一个,我们必须从零开始建立多元化,让他们拥有更多的自主权。每个国家都觉得如果不是在这里(本地)建立多元化,那就是被拒绝。"同时,索迪斯已经设立了一个跨市场多元化委员会,以确保好的想法可以在整个公司内共享。

为了让员工明白多元化的重要性,索迪斯根据多元化计分卡来衡量各个经理的绩效。该计分卡包括定量和定性指标,并且可以根据不同的文化背景而有所不同。高管团队成员25%的年度奖金以及高级和中级经理10%~15%的奖金与他们在多元化计分卡指标上的表现有关。

资料来源:"The 2017 DiversityInc Top 50 Companies for Diversity," *Diversity Inc*, www.diversityinc.com/sodexo-2017; "Leaders in Diversity and Inclusion," Aperian Global, www.aperianglobal.com/leaders-diversity-inclusion-5-lessons-top-global-companies; "Driving Global Diversity: Selected Examples of Global Diversity Efforts," *Diversity Best Practice*, May 2013; V. Hunt, D. Layton, and S. Prince, "Diversity Matters," McKinsey & Co, February 2, 2015; Betsy Silva, "Diversity and Inclusion: A Strategic Imperative—The Sodexo Story," Commission on Economic Inclusion, Greater Cleveland Partnership Change Management Conference, July 17, 2011. " Sodexo scores among the highest in the Diversity Best Practices Inclusion Index," Sodexo Press Release, October 24, 2019.

多元化研讨会可用于指导各级员工,让他们了解建设一支更具包容性和多元化的员工队伍的价值。这里的一项关键任务是克服大多数人的潜意识偏见和成见,这些偏见和成见可能导致对少数族裔雇员的歧视。技巧包括:①角色扮演,让大多数成员亲身体验偏见;②在关键时刻提醒人们注意偏见,比如在绩效评估之前;③帮助人们关注差异,减少刻板印象。在一项实验中,法国学生歧视阿拉伯人,但如果被要求描述照片之间的差异,他们会停止歧视。表达差异的行为使学生意识到了他们自己的潜意识偏见。

与所有性别和少数族裔的联系有助于从这些人群中招募员工。调整工作政策有助于培养更加多元化的员工(例如,设置托儿设施可以使公司对在职父母更具吸引力)。一些公司还发现,建立员工咨询小组,少数族裔可以通过网络、建议相互支持、相互帮助,这是有益的。

17.6 国际劳工关系

国际企业的人力资源管理部门通常负责处理国际劳工关系。从战略视角来看,国际劳工关系的关键问题是劳工组织能够限制国际企业选择的程度。劳工组织会限制企业整合并巩固其全球运营以实现经验曲线和区位经济的能力，阻碍企业实施跨国战略或全球标准化战略。普拉哈拉德（Prahalad）和多茨（Doz）引用了通用汽车公司的例子，该公司以承诺不用最有效的方式整合其运营为代价向工会换取了和平。在德国金属业工会的要求下，通用汽车公司在德国进行了巨额投资，与其在奥地利与西班牙的投资额不相上下。

人力资源管理部门的一大职能就是要促进企业与劳工组织之间相和谐，使二者之间的冲突最小化。本节据此分为三个部分，首先讲述劳工组织对跨国公司的顾虑，然后探讨劳工组织如何应对这些顾虑，最后讨论国际企业如何处理劳工关系来使劳工冲突最小化。

17.6.1　劳工组织的顾虑

劳工组织常常通过与企业管理层进行集体劳资谈判，来为其成员争取更有利的薪酬、更稳定的工作保障以及更优越的工作条件。工会的谈判能力主要来自它们通过罢工和其他抗议形式（如拒绝加班）干扰生产的威慑力。但是，这种威胁只在管理层没有其他选择、只能雇用工会的工人时才有可信度。

劳工组织对跨国公司的主要顾虑是：企业可以通过将生产转移到其他国家来反击工会的谈判能力。例如，福特公司曾非常明确地威胁英国工会，除非英国工人放弃那些限制生产力的劳动章程，否则会将生产转移到欧洲大陆，这显示出该公司在加薪谈判、削减罢工及其他破坏生产方面的主动权。

劳工组织的另一顾虑是：跨国公司会将高技能的工作留在母国，而只把那些低技能的工作转移到国外工厂。这种做法使得跨国公司可以在经济条件允许的情况下，将生产相对简单地从一个地方转移到另一个地方。结果，劳工组织的谈判能力再次被削弱。

最后，当跨国公司试图引入母国的雇用惯例和契约协议时，工会也会产生担忧。当这些做法与东道国背道而驰时，劳工组织担心这些变化会降低他们的影响力和权威。在日本，当跨国公司试图将其劳工关系的风格转移到其他国家时，劳工组织的这一担忧就出现了。例如，许多在美国的日本汽车工厂没有工会组织，这使美国汽车工人联合会（United Auto Workers）非常担忧。结果，汽车行业的工会影响力在不断下降。

17.6.2　劳工组织的策略

劳工组织采取以下三种方式来应对跨国公司日益增强的谈判力：①努力建立国际劳工组织；②游说国内立法机构对跨国公司加以限制；③通过联合国等机构实现对跨国公司的国际管理。到目前为止，这些措施并不是很成功。

20世纪60年代，劳工组织就建立了国际贸易秘书处（International Trade Secretariats，ITS），在某些特定行业为各国工会提供全世界范围内的联系，其长远目标就是能够与跨国公司进行跨国谈判。劳工组织认为，通过ITS在国家间协调各国工会，它能够获得全球范围内干扰生产的威慑力，以此来与跨国公司抗衡。以福特公司为例，假如欧洲各国工会都联合起来反对它，则该公司将生产从英国转移到欧洲其他地区就不那么具有威胁性。

然而，ITS实际上并未获得真正的成功。尽管各国工会希望相互合作，但它们同时也互相竞争以吸引跨国公司的投资，为其成员增加工作机会。比如汽车行业的工会为了让其成员获得新工作，就经常想方设法吸引那些在为新工厂选址的汽车企业。日产公司选择将欧洲生产基地设在英国而不是西班牙的原因之一就是英国工会做出的让步比西班牙工会更大。各国工会之间的竞争使合作关系难以建立。

劳工组织结构各不相同是建立合作关系的又一大障碍。各国的行业公会都是独立发展的，因而工会的组织结构、意识形态在各国之间差异很大，集体谈判的性质也各异。例如，英国、法国和意大利的许多工会由左翼领导，他们是透过"阶级冲突"的视角来看待集体谈判的。与此相反，德国、荷兰、瑞士等国和斯堪的纳维亚地区的许多工会领袖的政治色彩要温和得多。各国工会领袖意识形态上的差异使合作非常困难。各国工会对其扮演的社会角色以及对跨国公司所应采取的姿态有着根本不同的看法，这就是意识形态差异的反映。

劳工组织在促进国内和国际机构管制跨国公司方面也收效甚微。经合组织及国际劳工组织等国际组织为跨国公司规定了劳工关系方面必须遵循的章程，但这些准则远远没有达到大多数工会期望的程度，也缺乏具体的实施机制。许多研究人员都认为这些准则的有效性相当有限。

17.6.3 劳工关系的处理

跨国公司在处理国际劳工关系的方式上有着显著的不同，主要的区别在于企业中劳工关系活动的集中与分散程度。长期以来，由于各国的劳动法规、工会力量、集体谈判性质等各不相同，大多数跨国公司都将国际劳工关系活动下放到国外子公司中。将劳工关系职能下放给东道国经理是合理的。人们认为集中管理不能有效解决在多个不同的环境中同时管理劳工关系的复杂问题。

虽然这种逻辑仍然存在，但是目前已经出现了更加集中化控制的倾向。这一倾向反映出跨国公司正力图使其全球运作合理化。各行各业日益激烈的竞争使得成本控制对企业越来越重要。由于劳动力成本占企业总成本的比例相当大，许多公司开始在与工会的谈判中通过转移生产的威胁来改变劳动章程，限制工资增长（正如福特公司在欧洲的做法）。由于这种生产转移涉及大量新投资与工厂关闭的问题，谈判策略需要总部管理层的介入，因此，劳工关系中的集中程度呈上升趋势。

此外，人们越来越意识到工厂中工作的组织方式可以成为企业竞争优势的主要来源。例如，日本汽车制造商的竞争优势很多来自其日本工厂中自主管理小组、工作轮换制和交叉培训等的应用。为了在国外工厂中获得与国内相同的效果，日本企业试图在国外工厂复制它们的工作实践，但这常常会与当地工会认可的传统工作方式发生直接冲突，并会因此受到当地工会的制裁，所以日本企业通常依照当地工会能否接受工作方式的根本变更来决定其对外投资。为达到这个目的，许多日本企业的总部直接与当地工会进行谈判，在投资前先与工会就劳动章程的改变达成协议。例如，日产公司决定在英国北部投资之前，已经取得了英国工会同意改变传统工作方式的承诺。从本质上来讲，实施这种战略需要对劳工关系职能进行集中控制。

全景视角：宏观环境的影响

正如本书通篇所述，过去几十年环境的最大趋势是向全球化的转变。这一趋势要求企业在人员配备政策上采取更加全球化的方法，构建一支由管理者、科学家和工程师组成的全球员工队伍，使其能够在不同国家的运营之间无缝移动。随着企业的观点和战略变得更加全球化，它们的许多人才也必须全球化。本章讨论的另一个重要的相关趋势是全世界朝着更大的种族和性别多元化的方向发展。对于国际企业来说，建立多元化的员工队伍变得越来越重要，这是理所当然的。正如本章前面所讨论的，拥有多元化员工的公司表现更好的原因有很多，显然，他们能够更好地利用现有的人才，并在公司内的人才储备和工作之间实现更好的匹配。

我们在前面几章中已经看到，世界上一些主要经济体之间的贸易摩擦，让我们可能正在目睹全球化的扭转。目前尚不清楚这种转变是否会持续，但这并不是管理者可以忽视的趋势。这种转变会如何影响国际企业的人力资源战略？也许更大的民族主义最具影响力的方面是几个国家反移民情绪的兴起。例如，英国脱欧的部分原因是出于限制移民（主要来自东欧）的愿望。在美国，特朗普的呼吁很大程度上是基于实施更严厉的移民政策的承诺（在他执政期间，针对合法和非法移民的政策已经收紧）。

对于一家国际企业来说，更严格的合法移民政策可能会使人才在世界各地流动变得更加困难。它们将使全球中心的人员配备政策变得更加困难。选拔和培养最佳人才以及将该人才与最合适的工作相匹配的一些相关收益可能会丧失。继而，一些国际企业可能会发现，它们必须重新转向更为多国中心的人员配备方式。此外，如果对跨境人力资本流动实施更严格的限制的趋势持续下去，我们可以预期国际企业将通过加大对某些外国子公司的投资来应对。例如，为应对对印度工程人才工作签证的更严格的限制，几家美国科技公司在印度业务上投入了更多资金，它们认为这是将这些工人带回美国的替代方案。另一个可能的结果是，公司将在其他对移民持欢迎态度的国家扩大业务。因此，随着美国收紧移民限制，有一些逸事证据表明，加拿大正在吸引更多的人才。严重依赖世界各地高科技工程人才的公司，诸如亚马逊和微软等，它们的一个应对措施是扩大在加拿大的业务，而不是把这些人带到美国。

本章小结

本章研究了跨国企业的人力资源管理。人力资源管理活动包括人力资源战略、人员配备、绩效评估、人才发展、薪酬以及劳工关系。这些活动必须符合企业制定的战略，而不能凭空进行。本章要点如下：

（1）企业的成功要求人力资源管理政策与企业战略、正式和非正式结构以及控制相一致。

（2）人员配备政策是指为执行特定的工作而挑选出具有相应技能的员工。人员配备政策是发展和促进企业文化形成的工具。

（3）在母国中心模式人员配备政策下，跨国企业所有重要的管理职位都由母国人员担任。这个政策与国际战略相一致。该政策的缺点是会导致文化短视。

（4）在多国中心模式人员配备政策下，国外子公司由东道国人员管理，公司总部的关键职位仍由母国人员担任。这种政策可以将文化短视的危害降到最低，但会导致母国与东道国子公司间产生隔阂。该政策最适合于本土化战略。

（5）在全球中心模式人员配备政策下，不考虑国籍因素，在整个组织内部寻找最合适的人选担任公司重要的职位。该政策与建立浓厚统一的企业文化以及建立非正式的管理关系网络是一致的。该政策适合于全球标准化战略和跨国战略。各国的移民政策可能会限制企业实施这一政策的能力。

（6）国际人员配备政策的突出问题是外派失败，它是指外派经理过早地返回其母国。外派失败的成本是巨大的。

（7）通过筛选程序取消不合适的候选人资格，可以减少外派失败。最成功的外派经理必须有高度的自尊、自信，与他人相处融洽，愿意使用外语进行沟通，并且能够与其他文化背景下的人产生共鸣。

（8）培训可以降低外派失败的可能性。培训包括文化培训、语言培训和实践培训，并且外派经理及其配偶都要接受培训。

（9）人才发展项目力图提高管理人员的整体技能水平。一方面，对管理人员进行持续的管理教育；另一方面，让他们在公司内部轮换担任不同的岗位，以获取各种实践经验。人才发展通常被认为是一种战略性的工具，用以建立浓厚统一的企业文化以及非正式的管理关系网络，并以这两者支持跨国战略和全球标准化战略。

（10）由于无意识偏见的存在，客观评估外派经理的绩效是比较困难的。企业可以采取一些措施来减少偏见。

（11）国别差异给跨国企业的薪酬实践提出一个难题：企业应该根据各国的现行标准向各国的管理人员支付薪酬，还是应该基于全球标准使薪酬均等化？

（12）向外派人员支付薪酬的最常见的方法是平衡表法。这一方法使国家间的购买力均等化，从而使员工在国外任职时能享受到与在母国一样的生活水平。

（13）多元化的全球员工可以成为企业竞争优势的一个来源。多元化的员工是指所有性别的员工的显著混合，文化和种族上的少数群体在其中有很好的代表性。员工多元化与卓越的财务绩效有关。

（14）国际劳工关系的关键问题是劳工组织能够限制跨国企业选择的程度。劳工组织的行动会极大地限制企业实施跨国战略或全球标准化战略的能力。

（15）跨国企业可以通过将生产转移到他国来对抗工会的谈判能力与威胁，这是劳工组织最担心的问题。